AF869386

Apprentissage statistique

+ 1 CD ROM

CHEZ LE MÊME ÉDITEUR

Dans la même collection

P. NAÏM, P.-H. WUILLEMIN, P. LERAY, O. POURRET, A. BECKER. – **Réseaux bayésiens**.
N°11972, 3e édition, 2007, 424 pages (collection Algorithmes).

G. FLEURY, P. LACOMME et A. TANGUY. – **Simulation à événements discrets**.
Modèles déterministes et stochastiques – Exemples d'applications implémentés en Delphi et en C++.
N°11924, 2006, 444 pages avec CD-Rom.

J. RICHALET *et al.* – **La commande prédictive**.
Mise en œuvre et applications industrielles.
N°11553, 2004, 256 pages.

P. LACOMME, C. PRINS, M. SEVAUX – **Algorithmes de graphes**.
N°11385, 2003, 368 pages, avec CD-Rom.

J. DRÉO, A. PÉTROWSKI, P. SIARRY, E. TAILLARD – **Métaheuristiques pour l'optimisation difficile**.
Recuit simulé, recherche tabou, algorithmes évolutionnaires et algorithmes génétiques, colonies de fourmis...
N°11368, 2003, 368 pages.

A. CORNUÉJOLS, L. MICLET. – **Apprentissage artificiel**.
Concepts et algorithmes.
N°11020, 2002, 638 pages.

Y. COLLETTE, P. SIARRY – **Optimisation multiobjectif**.
N°11168, 2002, 316 pages.

C. GUÉRET, C. PRINS, M. SEVAUX. – **Programmation linéaire**.
65 problèmes d'optimisation modélisés et résolus avec Visual XPress.
N°9202, 2000, 365 pages, *avec CD-ROM.*

Autres ouvrages

I. HURBAIN, avec la contribution d'E. DREYFUS. – **Mémento UNIX/Linux**.
N°11954, 2006, 14 pages.

C. JACQUET. – **Mémento LaTeX**.
N°12244, 2007, 14 pages.

Apprentissage statistique

G. Dreyfus, J.-M. Martinez, M. Samuelides
M. B. Gordon, F. Badran, S. Thiria

Sous la direction de Gérard Dreyfus

EYROLLES

ÉDITIONS EYROLLES
61, bd Saint-Germain
75240 Paris Cedex 05
www.editions-eyrolles.com

Cet ouvrage est la troisième édition, avec mise à jour et nouveau titre,
de l'ouvrage paru à l'origine sous le titre
« Réseaux de neurones – Méthodologie et applications »
(ISBN : 978-2-212-11464-5)

Remerciements

Je tiens à exprimer ma chaleureuse gratitude à la direction de l'École Supérieure de Physique et de Chimie Industrielles (Jacques Prost, Directeur, et Claude Boccara, Directeur Scientifique) et à leurs prédécesseurs Pierre-Gilles de Gennes et Jacques Lewiner, qui, dès 1982, à une époque où le sujet n'était guère populaire, ont apporté un soutien continu aux recherches menées sur l'apprentissage artificiel dans mon laboratoire.

Je remercie également, de la manière la plus vive, mes collaborateurs, présents ou passés, dont les travaux ont contribué à faire progresser ce sujet difficile.

Mes remerciements vont aussi aux managers, ingénieurs et chercheurs des sociétés françaises et étrangères qui font ou ont fait confiance aux méthodes que nous avons développées. Je tiens à mentionner spécialement Netral S.A., qui a accepté de contribuer au contenu du CD-Rom qui accompagne cet ouvrage.

Enfin, je suis heureux de remercier amicalement l'éditeur de ce livre, Muriel Shan Sei Fan, qui en a assuré la bonne fin avec une énergie et une bonne humeur inépuisables, ainsi que tous les auteurs : ils ont apporté leurs contributions avec enthousiasme et ponctualité, et ils ont accepté de bonne grâce les contraintes de vocabulaire, de style et de notation qu'imposait notre volonté commune de rédiger un ouvrage didactique, accessible aux ingénieurs comme aux étudiants et aux chercheurs.

Gérard Dreyfus

Je tiens à remercier Jean-Baptiste Thomas et Patrick Raymond, responsables à la Direction de l'Énergie Nucléaire du CEA au Centre d'Études de Saclay, pour la confiance et le soutien qu'ils m'ont accordés sur les activités réseaux de neurones artificiels. Je voudrais également remercier chaleureusement mes anciens thésards : Fabrice Gaudier, Manuel Dominguez, Lionel Montoliu et Vincent Vigneron qui ont contribué largement aux travaux de recherche et développement des réseaux de neurones dans mon laboratoire.

Jean-Marc Martinez

Je remercie la direction scientifique de l'ONERA et le chef de projet Jean-Louis Gobert pour le soutien accordé à des recherches d'ordre général sur les réseaux de neurones notamment dans le cadre du projet fédérateur de contrôle actif des écoulements.

Je tiens à remercier parmi mes étudiants en thèse actuels ou passés, ceux qui ont directement contribué à faire progresser notre compréhension collective du contrôle neuronal à savoir : Emmanuel Daucé (Université d'Aix-Marseille), Alain Dutech (INRIA, Nancy), Marc Lion (ingénieur informaticien), Laurent Perrinet (ONERA-DTIM). Il faut aussi mentionner les étudiants de Supaéro dont j'ai guidé les projets l'an dernier et dont les réactions m'ont aidées à améliorer le contenu des chapitres 4 et 5.

Enfin, je voudrais ajouter mes remerciements personnels à Gérard Dreyfus pour le dialogue scientifique qui s'est instauré entre nous à travers ces échanges très enrichissants pour moi. Bien conscient que les justifications mathématiques ne suffisent pas à évaluer l'intérêt d'un algorithme, j'ai donc attaché un grand prix à l'expérience pratique que Gérard m'a transmise par ses observations.

Manuel Samuelides

Je remercie mes étudiants du DEA de Sciences Cognitives de Grenoble. Au fil des années, ils ont contribué à faire évoluer mon cours par leurs remarques et leurs questions. Ils ont apporté des corrections à mes notes, dont une partie a servi de base à la rédaction du chapitre 6.

Le travail avec mes étudiants de thèse : Juan Manuel Torres Moreno, Arnaud Buhot, Sebastian Risau Gusman, Christelle Godin, m'a apporté la joie de la recherche partagée, et a enrichi ma compréhension du domaine de l'apprentissage. Je les en remercie chaleureusement.

Enfin, je tiens à remercier mon collègue Bernard Amy pour sa relecture critique, amicale et pleine de remarques pertinentes.

Mirta B. Gordon

Le chapitre qui est présenté est le résultat de nombreux efforts, il représente une collaboration fructueuse entre informaticiens, physiciens et mathématiciens. Nous tenons à remercier amicalement tous les chercheurs qui, par leur travail ou l'intérêt qu'ils lui ont porté, ont permis la réalisation de ce travail et tout particulièrement : Méziane Yacoub, Carlos Mejia, Michel Crépon, Awa Niang, Ludvine Gross, F. Anouar, Philippe Daigremont et Dominique Frayssinet.

Fouad Badran, Sylvie Thiria

Je tiens à remercier tous les collaborateurs du CEA et les étudiants qui ont participé à ces travaux de recherche. Sans être exhaustif, je tiens à exprimer toute ma gratitude à Caroline Privault, Dominique Derou-Madeline, Muriel Pitiot, Joël Feraud, Jean-Marc Bollon, Georges Gonon, Claire Jausions, Pierre Puget et enfin Jean-Jacques Niez, qui a initié les recherches en réseaux de neurones au CEA-LETI.

Laurent Hérault

Sommaire

Avant-propos et guide de lecture

En une vingtaine d'années, l'apprentissage artificiel est devenu une branche majeure des mathématiques appliquées, à l'intersection des statistiques et de l'intelligence artificielle. Son objectif est de réaliser des modèles qui apprennent « par l'exemple » : il s'appuie sur des données numériques (résultats de mesures ou de simulations), contrairement aux modèles « de connaissances » qui s'appuient sur des équations issues des premiers principes de la physique, de la chimie, de la biologie, de l'économie, etc. L'apprentissage statistique est d'une grande utilité lorsque l'on cherche à modéliser des processus complexes, souvent non linéaires, pour lesquels les connaissances théoriques sont trop imprécises pour permettre des prédictions précises. Ses domaines d'applications sont multiples : fouille de données, bio-informatique, génie des procédés, aide au diagnostic médical, télécommunications, interface cerveau-machines, et bien d'autres.

Cet ouvrage reflète en partie l'évolution de cette discipline, depuis ses balbutiements au début des années 1980, jusqu'à sa situation actuelle ; il n'a pas du tout la prétention de faire un point, même partiel, sur l'ensemble des développements passés et actuels, mais plutôt d'insister sur les principes et sur les méthodes éprouvés, dont les bases scientifiques sont sûres. Dans un domaine sans cesse parcouru de modes multiples et éphémères, il est utile, pour qui cherche à acquérir les connaissances et principes de base, d'insister sur les aspects pérennes du domaine.

Cet ouvrage fait suite à *Réseaux de neurones, méthodologies et applications*, des mêmes auteurs, paru en 2000, réédité en 2004, chez le même éditeur, puis publié en traduction anglaise chez Springer. Consacré essentiellement aux réseaux de neurones et aux cartes auto-adaptatives, il a largement contribué à populariser ces techniques et à convaincre leurs utilisateurs qu'il est possible d'obtenir des résultats remarquables, à condition de mettre en œuvre une méthodologie de conception rigoureuse, scientifiquement fondée, dans un domaine où l'empirisme a longtemps tenu lieu de méthode.

Tout en restant fidèle à l'esprit de cet ouvrage, combinant fondements mathématiques et méthodologie de mise en œuvre, les auteurs ont élargi le champ de la présentation, afin de permettre au lecteur d'aborder d'autres méthodes d'apprentissage statistique que celles qui sont directement décrites dans cet ouvrage. En effet, les succès de l'apprentissage dans un grand nombre de domaines ont poussé au développement de très nombreuses variantes, souvent destinées à répondre efficacement aux exigences de telle ou telle classe d'applications. Toutes ces variantes ont néanmoins des bases théoriques et des aspects méthodologiques communs, qu'il est important d'avoir présents à l'esprit.

Le terme d'apprentissage, comme celui de réseau de neurones, évoque évidemment le fonctionnement du cerveau. Il ne faut pourtant pas s'attendre à trouver ici d'explications sur les mécanismes de traitement des informations dans les systèmes nerveux ; ces derniers sont d'une grande complexité, résultant de processus électriques et chimiques subtils, encore mal compris en dépit de la grande quantité de données expérimentales disponibles. Si les méthodes d'apprentissage statistique peuvent être d'une grande utilité pour créer des modèles empiriques de telle ou telle fonction réalisée par le système nerveux, celles qui sont décrites dans cet ouvrage n'ont aucunement la prétention d'imiter, même vaguement, le fonctionnement du cerveau. L'apprentissage artificiel, notamment statistique, permettra-t-il un jour de donner aux ordinateurs des capacités analogues à celles des êtres humains ? Se rapprochera-t-on de cet objectif en perfectionnant les techniques actuelles d'apprentissage, ou bien des approches radicalement nouvelles sont-elles indispensables ? Faut-il s'inspirer de ce que l'on sait, ou croit savoir, sur le fonctionnement du cerveau ? Ces questions font l'objet de débats passionnés, et passionnants, au sein de la communauté scientifique : on n'en trouvera pas les réponses ici.

Les objectifs de ce livre sont, plus modestement :

- de convaincre les ingénieurs, chercheurs, et décideurs, de l'intérêt et de la grande efficacité de l'apprentissage statistique ;
- de leur permettre de le mettre en œuvre de manière simple et raisonnée dans des applications.

Guide de lecture

La variété des motivations qui peuvent amener le lecteur à aborder cet ouvrage justifie sans doute un guide de lecture. En effet, les applications de l'apprentissage statistique ne nécessitent pas toutes la mise en œuvre des mêmes méthodes.

Le premier chapitre (« L'apprentissage statistique : pourquoi, comment ? ») constitue une présentation générale des principes de l'apprentissage statistique et des problèmes fondamentaux à résoudre. À partir d'exemples académiques très simples, le lecteur est amené à découvrir les problèmes que pose la conception de modèles par apprentissage. Ces problèmes sont ensuite formalisés par la présentation de quelques éléments de la théorie de l'apprentissage. La conception des modèles les plus simples – les modèles linéaires en leurs paramètres – est décrite. Enfin, les différentes étapes de la conception d'un modèle par apprentissage statistique sont détaillées : sélection de variables, apprentissage, sélection de modèle, test du modèle sélectionné.

Le chapitre 2 est entièrement consacré aux réseaux de neurones, qui constituent une des familles de modèles les plus utilisés. Les lecteurs qui s'intéressent à un problème de *modélisation statique* liront ce chapitre jusqu'à la section « Techniques et méthodologie de conception de modèles statiques (réseaux non bouclés) » incluse. Ils tireront également profit de la lecture du chapitre 3 (« Compléments de méthodologie pour la modélisation : réduction de dimension et validation de modèle par ré-échantillonnage »).

Les lecteurs qui se posent un problème de *modélisation dynamique* liront le chapitre 2 en entier, le chapitre 3 et le chapitre 4 (« Identification "neuronale" de systèmes dynamiques commandés et réseaux bouclés (récurrents) ». S'ils veulent utiliser ce modèle au sein d'un dispositif de commande de processus, ils liront ensuite le chapitre 5 (« Apprentissage d'une commande en boucle fermée »).

Les lecteurs qui s'intéressent à un problème de *classification supervisée* (ou discrimination) liront le chapitre 1, la section « Réseaux de neurones à apprentissage supervisé et discrimination » du chapitre 2, puis le chapitres 3 (« Compléments de méthodologie pour la modélisation : réduction de dimension et validation de modèle par ré-échantillonnage ») et surtout le chapitre 6 (« Discrimination »), qui introduit, de manière originale, les machines à vecteurs supports.

Enfin, les lecteurs qui cherchent à résoudre un problème qui relève de l'*apprentissage non supervisé* passeront du chapitre 1 au chapitre 3, puis au chapitre 7 (« Cartes auto-organisatrices et classification automatique »).

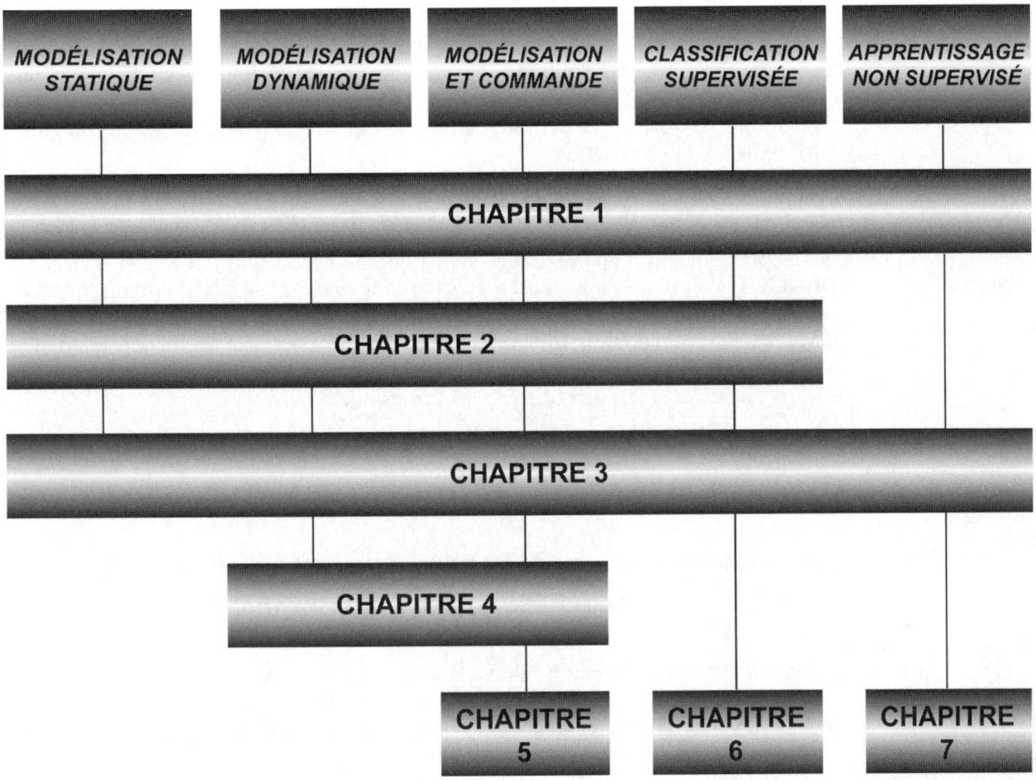

Détail des contributions

Chapitres 1 et 2	**Gérard Dreyfus** est professeur à l'École Supérieure de Physique et de Chimie Industrielles (ESPCI-Paristech), et directeur du Laboratoire d'Électronique de cet établissement. Il enseigne l'apprentissage statistique à l'ESPCI, ainsi que dans plusieurs masters et mastères. Depuis 1988, il organise chaque année deux sessions de formation continue pour ingénieurs, consacrées à l'apprentissage statistique et à ses applications industrielles et financières. Depuis 1982, les recherches de son laboratoire sont entièrement consacrées à la modélisation et à l'apprentissage, pour l'ingénierie et la neurobiologie. ESPCI, Laboratoire d'Électronique, 10 rue Vauquelin, F – 75005 Paris – France
Chapitre 3	**Jean-Marc Martinez**, ingénieur au Centre d'Études de Saclay, effectue des recherches dans le domaine des méthodes adaptées à la supervision de la simulation. Il enseigne les méthodes d'apprentissage statistique à l'INSTN de Saclay et à Évry en collaboration avec le LSC, unité mixte CEA – Université. DM2S/SFME Centre d'Études de Saclay, 91191 Gif sur Yvette – France

Chapitres 4 et 5	**Manuel Samuelides**, professeur à l'École Nationale Supérieure de l'Aéronautique et de l'Espace (Supaéro), et chef du département de Mathématiques Appliquées de cette école, enseigne les probabilités, l'optimisation et les techniques probabilistes de l'apprentissage et de la reconnaissance des formes. Il effectue des recherches sur les applications des réseaux de neurones au Département de Traitement de l'Information et Modélisation de l'ONERA. École Nationale Supérieure de l'Aéronautique et de l'Espace, département Mathématiques Appliquées, 10 avenue Édouard Belin, BP 4032, 31055 Toulouse Cedex – France
Chapitre 6	**Mirta B. Gordon**, physicienne et directrice de recherches au CNRS, est responsable de l'équipe « Apprentissage: Modèles et Algorithmes » (AMA) au sein du laboratoire TIMC-IMAG (Grenoble). Elle effectue des recherches sur la modélisation des systèmes complexes adaptatifs, et sur la théorie et les algorithmes d'apprentissage. Elle enseigne ces sujets dans différentes écoles doctorales. Laboratoire TIMC – IMAG, Domaine de la Merci – Bât. Jean Roget, 38706 La Tronche – France
Chapitre 7	**Fouad Badran**, professeur au CNAM (CEDRIC), y enseigne les réseaux de neurones. **Mustapha Lebbah** est maître de conférences à l'université de Paris 13. Laboratoire d'Informatique Médicale et Bio-Informatique (LIMBIO), 74, rue Marcel Cachin 93017 Bobigny Cedex – France **Sylvie Thiria** est professeur à l'université de Versailles Saint-Quentin-en-Yvelynes, chercheur au LODYC (Laboratoire d'Océanographie DYnamique et de Climatologie). Elle effectue des recherches sur la modélisation neuronale et sur son application à des domaines comme la géophysique. Laboratoire d'Océanographie Dynamique et de Climatologie (LODYC), case 100, Université Paris 6, 4 place Jussieu 75252 Paris cedex 05 – France

1

L'apprentissage statistique : pourquoi, comment ?

Introduction

Une des tâches essentielles du cerveau consiste à transformer des informations en connaissances : identifier les lettres qui constituent un texte, les assembler en mots et en phrases, en extraire un sens, sont des activités qui nous paraissent naturelles une fois l'apprentissage nécessaire accompli avec succès.

L'objectif de l'apprentissage statistique est d'imiter, à l'aide d'algorithmes exécutés par des ordinateurs, la capacité qu'ont les êtres vivants à *apprendre par l'exemple*. Ainsi, pour apprendre à un enfant la lecture des lettres ou des chiffres, on lui présente des exemples de ceux-ci, écrits dans des styles et avec des polices différents. On ne fournit généralement pas à l'enfant une description analytique et discursive de la forme et de la topologie des caractères : on se contente de lui montrer des exemples. À la fin de l'apprentissage, on attend de l'enfant qu'il soit capable de lire non seulement tous les chiffres et lettres qui lui ont été présentés durant son apprentissage, mais également tous les chiffres et lettres qu'il est susceptible de rencontrer : en d'autres termes, on attend de lui qu'il ait une capacité de *généralisation* à partir des exemples qui lui ont été présentés. De même, à l'issue de l'apprentissage d'un modèle statistique à partir d'exemples, celui-ci doit être capable de *généraliser*, c'est-à-dire de fournir un résultat correct, dans des situations qu'il n'a pas connues pendant l'apprentissage.

Considérons deux exemples simples de tâches qui peuvent être accomplies par apprentissage artificiel :

- Dans les centres de tri postal, la lecture automatique des codes postaux, et des autres éléments de l'adresse des lettres et paquets, est fréquemment effectuée à l'aide de modèles obtenus par apprentissage statistique, à partir d'exemples de chacune des classes de chiffres. Il s'agit là d'un problème de *classification* : chaque chiffre inconnu doit être attribué à une classe parmi les 10 classes de chiffres possibles (ou être attribué à une classe dite « de rejet » si le chiffre est trop mal écrit pour être reconnu par la machine : l'objet postal doit alors être traité manuellement).
- Dans l'industrie pharmaceutique, on cherche à prédire l'activité thérapeutique d'une molécule à partir de sa structure, avant même de synthétiser cette molécule, afin d'éviter qu'une synthèse coûteuse risque de se révéler finalement inutile. Cette prédiction est fréquemment effectuée par des modèles, construits par apprentissage statistique, à partir de bases de données de molécules dont les activités thérapeutiques sont connues.

Ces deux problèmes, quoique très différents, ont une caractéristique commune essentielle : ils ne peuvent pas être résolus par l'application de connaissances existant a priori. Il n'existe pas d'équation mathématique, issue des connaissances des chimistes et des pharmaciens, qui permette de prédire précisément l'activité d'une molécule connaissant sa structure ; de même, il n'existe pas d'équation qui décrive les propriétés topologiques des chiffres manuscrits. C'est dans de telles conditions que le recours à l'apprentissage statistique à partir d'exemples se révèle très fructueux. Nous présenterons bien d'autres exemples d'applications dans ce chapitre et les suivants.

Cet ouvrage présente trois grandes familles de modèles statistiques obtenus par apprentissage artificiel – les *réseaux de neurones*, les *machines à vecteur supports* et les *cartes auto-adaptatives* – qui connaissent un grand succès, depuis plusieurs années ; ils font l'objet de très nombreuses applications.

L'objectif de ce chapitre est de présenter les bases de la conception d'un modèle par apprentissage, de manière aussi intuitive que possible, mais avec la rigueur nécessaire pour une mise en œuvre raisonnable et l'obtention de résultats fiables. On présente tout d'abord un exemple très élémentaire de modélisation par apprentissage, qui montre la dualité entre l'approche algorithmique, traditionnelle en apprentissage, d'une part, et l'approche statistique, qui en est devenue indissociable, d'autre part. La notion fondamentale étant celle de modèle, on présente ensuite quelques définitions qui précisent ce que l'on entend par modèle dans cet ouvrage ; on introduit notamment la distinction entre modèles linéaires et modèles non linéaires en les paramètres, ainsi que la distinction entre modèles statiques et modèles dynamiques. La section suivante décrit deux problèmes académiques d'apprentissage, l'un dans le domaine de la classification, l'autre dans celui de la prédiction ; ces exemples simples permettent de mettre en évidence le dilemme biais-variance, qui constitue un problème central pour la pratique de l'apprentissage statistique. On présente ensuite, de manière plus formelle, les éléments de la théorie de l'apprentissage : fonction de perte, erreur de prédiction théorique, classifieur de Bayes, dilemme biais-variance. Il s'agit là essentiellement de résultats asymptotiques, valables dans l'hypothèse où le nombre d'exemples est infini. La cinquième section est plus proche de la pratique, en ce sens que les résultats qui y sont présentés tiennent compte du fait que les données sont en nombre fini : ce sont les bornes sur l'erreur de prédiction, fournies par la théorie de V. Vapnik. Les quatre sections suivantes sont de nature entièrement pratique : elles exposent les différentes tâches à accomplir pour concevoir un modèle par apprentissage – collecte des données, prétraitements, sélection des variables, apprentissage, sélection de modèles. Ces deux dernières tâches font l'objet de deux sections suivies d'un résumé de la stratégie de conception de modèles. On présente ensuite a conception des modèles les plus simples : les modèles linéaires en leurs paramètres. Enfin, la dernière section du chapitre fournit les éléments de statistiques nécessaires à une bonne compréhension de la mise en œuvre des méthodes décrites tout au long de l'ouvrage.

Premier exemple : un problème élémentaire d'apprentissage statistique

Comme indiqué plus haut, l'objectif de l'apprentissage statistique est de réaliser, à partir d'exemples, un modèle prédictif d'une grandeur numérique, de nature quelconque (physique, chimique, biologique, financière, sociologique, etc.).

La démarche de conception d'un modèle par apprentissage nécessite de postuler une fonction, dont les variables (également appelées *facteurs*) sont susceptibles d'avoir une influence sur la grandeur à modéliser ; on choisit cette fonction parce que l'on pense qu'elle est susceptible

- *d'apprendre* les données existantes, c'est-à-dire de les reproduire le mieux possible,
- *de généraliser*, c'est-à-dire de prédire le comportement de la grandeur à modéliser dans des circonstances qui ne font pas partie des données d'apprentissage.

Cette fonction dépend de *paramètres* ajustables : l'apprentissage artificiel consiste en l'ajustement de ces paramètres de telle manière que le modèle ainsi obtenu présente les qualités requises d'apprentissage et de généralisation.

Dans cet ouvrage, toutes les variables seront regroupées en un vecteur noté $\boldsymbol{x}$, et tous les paramètres en un vecteur noté $\boldsymbol{w}$. Un modèle *statique* sera désigné par $g(\boldsymbol{x}, \boldsymbol{w})$: après apprentissage, c'est-à-dire estimation des paramètres $\boldsymbol{w}$, la valeur que prend la fonction, lorsque les variables prennent un ensemble de valeurs $\boldsymbol{x}$, constitue la prédiction effectuée par le modèle. Les modèles *dynamiques* seront définis dans la section suivante, intitulée « Quelques définitions concernant les modèles ».

À titre d'exemple très simple de modèle statique, supposons que l'on ait effectué N mesures ($p_1, p_2, \ldots, p_N$) du poids d'un objet, avec des balances et dans des lieux différents. Nous cherchons à estimer le poids de cet objet. Nous observons que les résultats des mesures sont tous à peu près identiques, à des fluctuations près qui peuvent être dues à l'imprécision des mesures, aux réglages différents des balances, ou à des variations locales de l'accélération de la pesanteur. On peut donc supposer raisonnablement que la masse de l'objet est constante ; en conséquence, la première étape de conception d'un modèle prédictif consiste à postuler un modèle de la forme

$$g(\boldsymbol{x},\boldsymbol{w}) = w,$$

où w est un paramètre constant dont la valeur est l'estimation du poids de l'objet. La deuxième étape consiste à estimer la valeur de w à partir des mesures disponibles : c'est ce qui constitue l'apprentissage proprement dit. Une fois l'apprentissage terminé, le modèle fournit une estimation du poids de l'objet, donc une prédiction du résultat de la mesure de celle-ci, quels que soient la balance utilisée et le lieu de la mesure.

Cet exemple contient donc, sous une forme très simplifiée, les étapes que nous avons décrites plus haut :

- On s'est fixé un objectif : prédire la valeur d'une grandeur ; dans cet exemple très simple, cette valeur est constante, mais, en général, la valeur prédite dépend de variables $\boldsymbol{x}$.
- On a postulé un modèle $g(\boldsymbol{x}, \boldsymbol{w})$, où $\boldsymbol{x}$ est le vecteur des variables du modèle, et $\boldsymbol{w}$ est le vecteur des paramètres du modèle ; dans cet exemple, il n'y a pas de variable puisque la grandeur à prédire est constante, et il y a un seul paramètre w. Le modèle postulé est donc simplement la fonction constante $g(\boldsymbol{x}, \boldsymbol{w}) = w$.

Il reste alors à estimer l'unique paramètre du modèle, c'est-à-dire à effectuer l'apprentissage du modèle à partir des données disponibles.

Cet apprentissage peut être considéré sous deux points de vue, qui suggèrent deux méthodes d'estimation différentes ; elles conduisent évidemment au même résultat.

Point de vue algorithmique

Nous cherchons la valeur du paramètre w pour laquelle la prédiction du modèle est aussi proche que possible des mesures. Il faut donc définir une « distance » entre les prédictions et les mesures ; la distance la plus fréquemment utilisée est la *fonction de coût des moindres carrés*

$$J(\boldsymbol{w}) = \sum_{k=1}^{N} \left(p_k - g(\boldsymbol{x}_k,\boldsymbol{w})\right)^2,$$

c'est-à-dire la somme des carrés des différences entre les prédictions $g(\boldsymbol{x}_k, \boldsymbol{w})$ et les mesures p_k. $\boldsymbol{x}_k$ désigne le vecteur des valeurs que prennent les variables lors de la mesure k. Puisque nous avons postulé un modèle constant, cette fonction de coût s'écrit

$$J(w) = \sum_{k=1}^{N} \left(p_k - w\right)^2.$$

Pour trouver la valeur de w pour laquelle cette fonction est minimale, il suffit d'écrire que sa dérivée est nulle :

$$\frac{dJ(w)}{dw} = 0,$$

ce qui donne :

$$w = \frac{1}{N}\sum_{k=1}^{N} p_k.$$

Le meilleur modèle prédictif, au sens de la « distance » des moindres carrés que nous avons choisie, et compte tenu des données dont nous disposons, sous l'hypothèse que la masse de l'objet est constante, est donc

$$g(\boldsymbol{x},\boldsymbol{w}) = \frac{1}{N}\sum_{k=1}^{N} p_k.$$

Le poids prédit est donc simplement la moyenne des poids mesurés.

Point de vue statistique

Prenons à présent le problème sous l'angle des statistiques. Puisque l'on a de bonnes raisons de penser que le poids p_0 de cet objet est constant, il est naturel, d'un point de vue statistique, de modéliser les résultats de ses mesures comme des réalisations d'une variable aléatoire P. Celle-ci est la somme d'une variable aléatoire certaine P_0, d'espérance mathématique p_0, et d'une variable aléatoire B, d'espérance mathématique nulle (le lecteur qui n'est pas familier avec ces notions en trouvera les définitions dans la dernière section de ce chapitre) :

$$P = P_0 + B$$

de sorte que l'on a :

$$E_P = p_0$$

où E_P désigne l'espérance mathématique de la variable aléatoire P.

La variable aléatoire B modélise l'ensemble des perturbations et bruits de mesure. Le « vrai » poids (inconnu) de l'objet étant p_0, l'apprentissage a donc pour objectif de trouver une valeur du paramètre w qui soit aussi proche que possible de p_0. Dans cet exemple, l'objectif de l'apprentissage est donc d'estimer l'espérance mathématique de la variable aléatoire P connaissant des réalisations p_k (k = 1 à N) de celle-ci. Or la moyenne est un estimateur non biaisé de l'espérance mathématique, c'est-à-dire qu'elle tend vers p_0 lorsque le nombre de mesures tend vers l'infini (ce résultat est démontré dans la dernière section de ce chapitre, intitulée « Éléments de statistiques »). La meilleure estimation de p_0 que nous puissions obtenir, à partir des données disponibles, est donc la moyenne des mesures :

$$\frac{1}{N}\sum_{k=1}^{N} p_k.$$

On retrouve donc le modèle prédictif obtenu par l'approche algorithmique : $g(\boldsymbol{x},\boldsymbol{w}) = \frac{1}{N}\sum_{k=1}^{N} p_k$.

Ayant ainsi déterminé le modèle par apprentissage, il est très important d'estimer la confiance que l'on peut avoir en cette prédiction : pour cela, on calcule un *intervalle de confiance* sur la prédiction fournie.

Le calcul de l'intervalle de confiance sur la moyenne d'observations est décrit dans la dernière section de ce chapitre.

Ces deux points de vue, algorithmique et statistique, ont longtemps été séparés. Les tout premiers développements de la théorie de l'apprentissage, apparus dans les années 1980, étaient essentiellement inspirés par le point de vue algorithmique, ce qui n'intéressait guère les statisticiens. Ce n'est que dans les années 1990 qu'une véritable synergie s'est créée entre les deux approches, permettant le développement de méthodologies efficaces et fiables pour la conception de modèles par apprentissage.

Quelques définitions concernant les modèles

Dans tout cet ouvrage, on désignera sous le terme de *modèle* une équation paramétrée (ou un ensemble d'équations paramétrées) permettant de calculer la valeur de la grandeur (ou des grandeurs) à modéliser à partir des valeurs d'autres grandeurs appelées *variables* ou *facteurs*. On distinguera les *modèles statiques* des *modèles dynamiques*, et les *modèles linéaires en leurs paramètres* des *modèles non linéaires en leurs paramètres*.

Modèles statiques

Un modèle statique est une fonction paramétrée notée $g(\boldsymbol{x},\boldsymbol{w})$, où $\boldsymbol{x}$ est le vecteur dont les composantes sont les valeurs des variables, et où $\boldsymbol{w}$ est le vecteur des paramètres du modèle.

Modèles statiques linéaires en leurs paramètres

Un modèle statique est linéaire en ses paramètres s'il est une combinaison linéaire de fonctions non paramétrées des variables ; il est de la forme

$$g(\boldsymbol{x},\boldsymbol{w}) = \sum_{i=1}^{p} w_i f_i(\boldsymbol{x}),$$

où f_i est une fonction connue, non paramétrée, ou à paramètres connus. Ce modèle peut encore s'écrire sous la forme d'un produit scalaire :

$$g(\boldsymbol{x},\boldsymbol{w}) = \boldsymbol{w} \cdot \boldsymbol{f}(\boldsymbol{x}),$$

où $\boldsymbol{f}(\boldsymbol{x})$ est le vecteur dont les composantes sont les fonctions $f_i(\boldsymbol{x})$.

Les polynômes, par exemple, sont des modèles linéaires en leurs paramètres : les fonctions $f_i(\boldsymbol{x})$ sont les monômes des variables $\boldsymbol{x}$. Les polynômes sont néanmoins non linéaires en leurs variables.

On appelle *modèle linéaire* un modèle qui est linéaire en ses paramètres et en ses variables. Les modèles linéaires sont donc de la forme :

$$g(\boldsymbol{x},\boldsymbol{w}) = \sum_{i=1}^{p} w_i x_i = \boldsymbol{w} \cdot \boldsymbol{x} .$$

Un *modèle affine* est un modèle linéaire qui contient une constante additive :

$$g(\boldsymbol{x},\boldsymbol{w}) = w_0 + \sum_{i=1}^{p-1} w_i x_i .$$

Remarque

Un modèle affine peut donc être considéré comme un modèle linéaire dont une des variables est constante, égale à 1. Il est donc inutile, en général, de faire une distinction entre modèles linéaires et modèles affines.

Modèles statiques non linéaires en leurs paramètres

On peut imaginer une grande variété de modèles non linéaires en leurs paramètres. Nous étudierons particulièrement dans cet ouvrage les modèles non linéaires en leurs paramètres qui sont de la forme

$$g(\boldsymbol{x},\boldsymbol{w}) = \sum_{i=1}^{p} w_i f_i(\boldsymbol{x},\boldsymbol{w}')$$

où les fonctions f_i sont des fonctions non linéaires, paramétrées par les composantes du vecteur $\boldsymbol{w}'$. Le vecteur $\boldsymbol{w}$ a donc pour composantes les paramètres w_i (i = 1 à p) et les composantes de $\boldsymbol{w}'$. Les *réseaux de neurones*, qui sont largement étudiés dans cet ouvrage, constituent un exemple de modèles non linéaires en leurs paramètres et non linéaires en leurs variables.

Modèles dynamiques

Dans les modèles décrits dans la section précédente, le temps ne joue aucun rôle fonctionnel : si les variables $\boldsymbol{x}$ sont indépendantes du temps, la valeur fournie par le modèle (ou *sortie* du modèle) est indépendante du temps. Les modèles dynamiques, en revanche, ont une forme de *mémoire* : la sortie du modèle à un instant donné dépend de ses sorties passées. En conséquence, elle peut évoluer dans le temps, à partir d'un état initial, même si les variables $\boldsymbol{x}$ sont constantes, voire nulles.

La très grande majorité des applications des modèles statistiques sont réalisées à l'aide d'ordinateurs, ou de circuits électroniques numériques. Dans les deux cas, les mesures des variables sont effectuées à intervalles réguliers, dont la durée est appelée *période d'échantillonnage*. De même, les prédictions du modèle ne sont pas fournies de manière continue, mais à intervalles réguliers, généralement caractérisés par la même période d'échantillonnage que les mesures des variables. De tels systèmes sont dits *à temps discret*, par opposition aux systèmes physiques naturels, qui sont des systèmes *à temps continu*.

Ces derniers sont décrits par des modèles dynamiques à temps continu, qui sont des équations (ou des systèmes d'équations) différentielles du type :

$$\frac{dy}{dt} = g(y,\boldsymbol{x},\boldsymbol{w})$$

où t désigne le temps, y la prédiction effectuée par le modèle, $\boldsymbol{x}$ et $\boldsymbol{w}$ les vecteurs des variables et des paramètres respectivement.

Pour les modèles à temps discret, le temps n'est plus une variable continue :

$$t = kT$$

où T désigne la période d'échantillonnage et k est un nombre entier positif. La prédiction de la valeur prise par la grandeur à modéliser à l'instant kT, connaissant les prédictions effectuées aux n instants précédents, et les valeurs des variables aux m instants précédents, peut alors être mise sous la forme :

$$y(kT) = g\left[y((k-1)T), y((k-2)T), ...y((k-n)T), \boldsymbol{x}((k-1)T), \boldsymbol{x}((k-2)T), ...\boldsymbol{x}((k-n')T), \boldsymbol{w}\right]$$

où n et n' sont des entiers positifs ; n est appelé *ordre* du modèle. Cette forme de modèle est assez naturelle, mais nous verrons, dans les sections du chapitre 2 consacrées à la modélisation dynamique « boîte noire », et dans les chapitres 4 et 5, qu'il existe des formes plus générales de modèles dynamiques.

Comme pour les modèles statiques, la fonction $g(y, \mathbf{x}, \mathbf{w})$ peut être soit linéaire, soit non linéaire, par rapport à ses variables et à ses paramètres. Dans la suite de ce chapitre, nous ne considérerons que des modèles statiques ; les modèles dynamiques seront abordés dans les chapitres 2, 4 et 5.

Deux exemples académiques d'apprentissage supervisé

On considère à présent deux exemples académiques, qui permettent de mettre en évidence les problèmes fondamentaux qui se posent dans le domaine de l'apprentissage statistique. Ces deux exemples entrent dans la catégorie de l'apprentissage *supervisé*, dans lequel un *professeur* détermine la réponse que devrait fournir le modèle : dans un problème de classification, le professeur fournit, pour chaque exemple, une étiquette indiquant à quelle classe appartient l'objet ; dans un problème de prédiction, le professeur associe à chaque exemple une mesure de la grandeur à modéliser. L'apprentissage supervisé n'est pas le seul type d'apprentissage ; le chapitre 7 de cet ouvrage sera consacré à un outil très important de l'apprentissage *non supervisé*, les *cartes topologiques*.

Un exemple de modélisation pour la prédiction

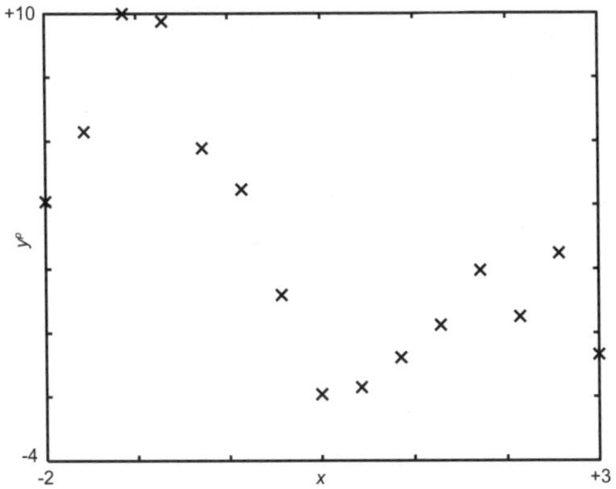

Figure 1-1. Un problème académique de modélisation

Considérons une grandeur y^p, engendrée par un *processus* de nature quelconque – physique, chimique, biologique, sociologique, économique, ... – , que l'on cherche à modéliser afin d'en prédire le comportement ; elle dépend d'une seule variable x. Un ensemble d'apprentissage est constitué de $N_A = 15$ mesures y_k^p ($k = 1$ à N_A), effectuées pour diverses valeurs x_k ($k = 1$ à N_A) de la variable x. Elles sont représentées par des croix sur la figure 1-1. Nous cherchons à établir un modèle $g(\mathbf{x}, \mathbf{w})$ qui permette de prédire la valeur de la grandeur à modéliser pour une valeur quelconque de x dans le domaine considéré ($-2 \leq x \leq +3$).

Il s'agit d'un problème académique en ce sens que le processus par lequel ont été créées ces données est connu, ce qui n'est jamais le cas pour un problème réaliste d'apprentissage statistique : on sait que chaque élément k de l'ensemble d'apprentissage a été obtenu en ajoutant à la valeur de $10 \sin(x_k)/x_k$ une réalisation d'une variable aléatoire obéissant à une loi normale (gaussienne de moyenne nulle et d'écart type égal à 1).

Comme indiqué plus haut, il faut d'abord postuler une fonction $g(\mathbf{x}, \mathbf{w})$. Puisque la grandeur à modéliser ne dépend que de la variable x, le vecteur $\mathbf{x}$ se réduit à un scalaire x. En l'absence de toute indication sur la nature du processus générateur des données, une démarche naturelle consiste à postuler des fonctions de complexité croissante, dans une famille de fonctions données. Choisissons la famille des polynômes ; dans cette famille, le modèle polynomial de degré d s'écrit :

$$g(x, \mathbf{w}) = w_0 + w_1 x + w_2 x^2 + \ldots + w_d x^d$$

C'est donc un modèle à d+1 paramètres w_0, w_1, ..., w_d. Le modèle le plus simple de cette famille est le modèle constant $g(\boldsymbol{x}, \boldsymbol{w}) = w_0$, mis en œuvre dans la section intitulée « Premier exemple ».

Pour effectuer l'apprentissage de ces modèles, on peut utiliser la méthode des moindres carrés, déjà mentionnée. Les détails en seront décrits plus loin, dans la section intitulée « Conception de modèles linéaires par rapport à leur paramètres » ; pour l'instant, il est intéressant d'observer les résultats de ces apprentissages, représentés sur la figure 1-2 pour d = 1 (fonction *affine*), d = 6 et d = 10 ; le même graphique comporte également une représentation de la fonction 10 sin x / x.

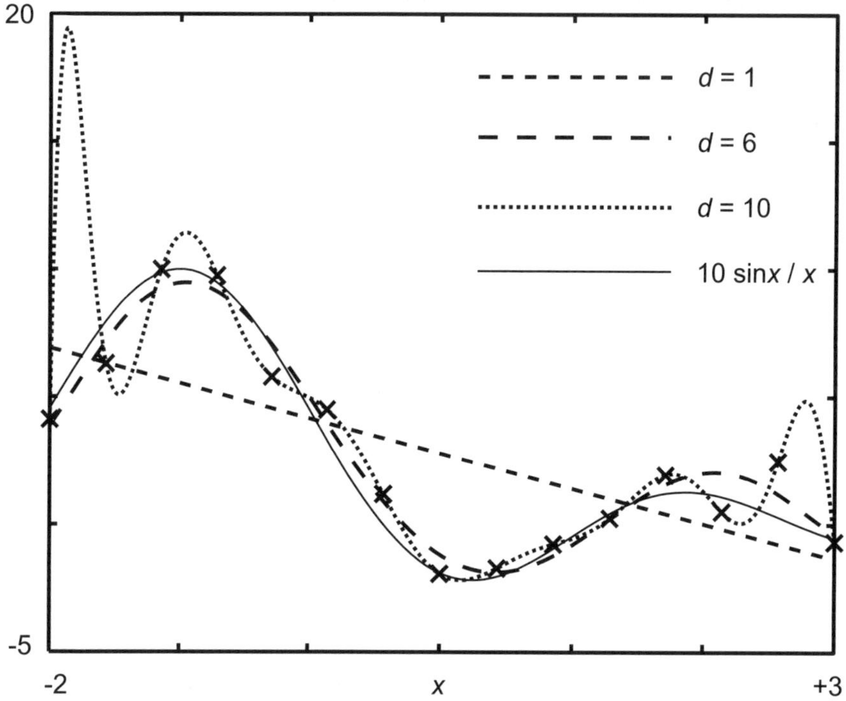

Figure 1-2. Trois modèles polynomiaux

Le modèle affine (d = 1) ne rend pas du tout compte des observations car il n'a pas la « souplesse » souhaitable pour s'adapter aux données ; dans le jargon de l'apprentissage statistique, on dira que la *complexité* du modèle est insuffisante. À l'inverse, le modèle polynomial de degré 10 est suffisamment complexe pour passer très précisément par tous les points d'apprentissage ; on observe néanmoins que cette précision sur l'ensemble d'apprentissage est obtenue au détriment des qualités de généralisation du modèle : c'est le phénomène de *surajustement*. En effet, au voisinage de $x = -2$ comme au voisinage de $x = +3$, ce modèle fournit des prédictions très éloignées de la « réalité » représentée en trait plein. En revanche, le modèle polynomial de degré 6 présente un bon compromis : la courbe ne passe pas exactement par tous les points – ce qui est normal puisque ces points résultent en partie d'un tirage aléatoire – mais elle est assez proche de la « vraie » fonction 10 sin$x$ / x.

Afin de rendre ces considérations plus quantitatives, on a constitué, outre l'ensemble d'apprentissage, un deuxième ensemble de données, dit *ensemble de test*, indépendant du précédent, mais dont les N_T

éléments sont issus de la même distribution de probabilité. On définit *l'erreur quadratique moyenne sur l'ensemble d'apprentissage* (EQMA) et *l'erreur quadratique moyenne sur l'ensemble de test* (EQMT) :

$$EQMA = \sqrt{\frac{1}{N_A}\sum_{k=1}^{N_A}\left(y_k^p - g(\mathbf{x}_k,\mathbf{w})\right)^2} \qquad EQMT = \sqrt{\frac{1}{N_T}\sum_{k=1}^{N_T}\left(y_k^p - g(\mathbf{x}_k,\mathbf{w})\right)^2}.$$

L'ensemble de test, comprenant $N_T = 1000$ éléments, est représenté sur la figure 1-3. De plus, 100 ensembles d'apprentissage de $N_A = 15$ éléments chacun ont été constitués.

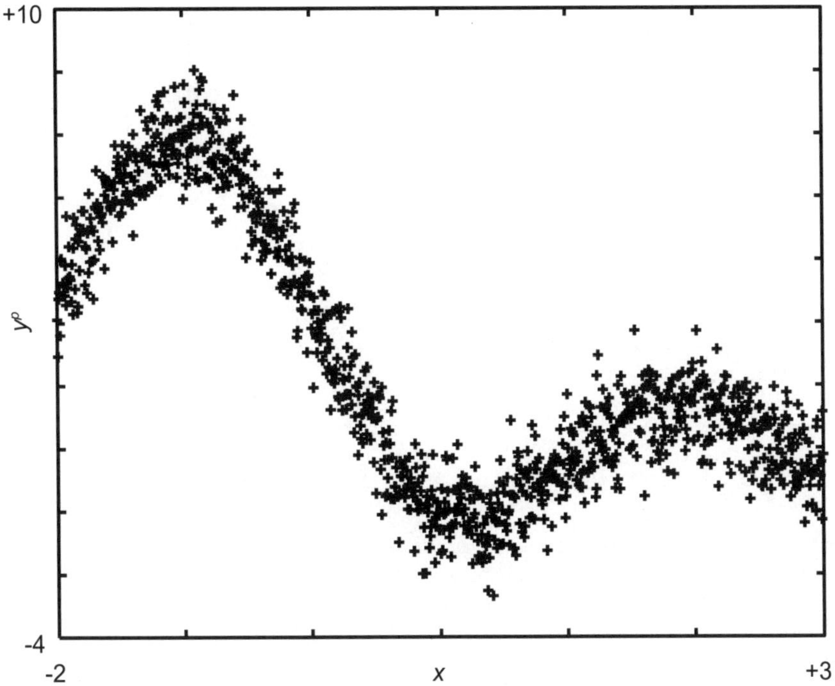

Figure 1-3.
Ensemble de test

100 modèles ont été créés à partir de ces ensembles d'apprentissage, et, pour chacun de ces modèles, l'EQMA et l'EQMT ont été calculées. La figure 1-4 montre l'évolution des moyennes des EQMA et EQMT, en fonction de la complexité (degré) du modèle polynomial postulé.

Remarque 1

Le fait de présenter des moyennes des EQMA et EQMT, sur 100 modèles obtenus à partir de 100 ensembles d'apprentissage différents, permet d'éviter l'observation de phénomènes liés à une réalisation particulière du bruit présent dans les observations d'un ensemble d'apprentissage donné. Dans la pratique, on ne dispose évidemment que d'un seul ensemble d'apprentissage.

Remarque 2

Dans la pratique, si l'on disposait d'un ensemble de 1 000 exemples, on utiliserait beaucoup plus que 15 exemples pour effectuer l'apprentissage. Par exemple, on utiliserait 500 exemples pour l'apprentissage et 500 pour tester le modèle. Dans cette section, nous nous plaçons volontairement dans un cadre académique, pour mettre en évidence les phénomènes importants. La méthodologie à adopter pour la conception de modèles est présentée dans la section de ce chapitre intitulée « La conception de modèle en pratique », et elle est largement développée dans le chapitre 2.

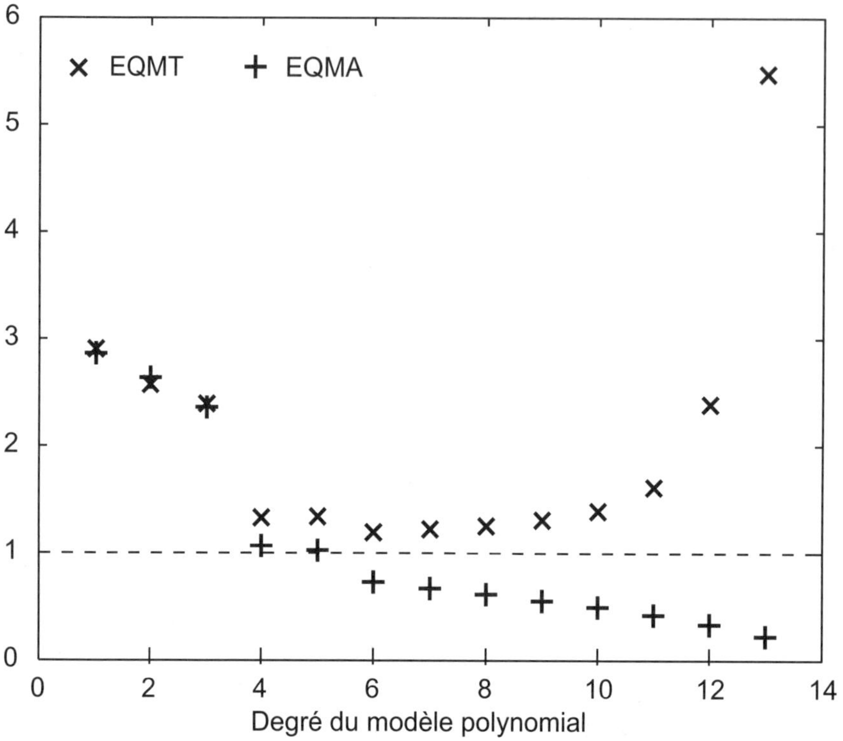

Figure 1-4. Erreurs quadratiques moyennes sur l'ensemble d'apprentissage et sur l'ensemble de test

On observe que l'erreur d'apprentissage (EQMA) diminue lorsque la complexité du modèle augmente : le modèle apprend de mieux en mieux les données d'apprentissage. En revanche, l'erreur sur l'ensemble de test (EQMT) passe par un optimum ($d = 6$) puis augmente : l'augmentation de la complexité du modèle au-delà de $d = 6$ se traduit par une dégradation de ses capacités de généralisation.

Remarque

Les brusques variations de l'EQMA et de l'EQMT observées lorsque l'on passe du degré 3 au degré 4 sont dues à la nature particulière de l'exemple étudié : en effet, dans le domaine de variation de x considéré, la fonction $\sin x / x$ présente deux points d'inflexion (points où la dérivée seconde de la fonction est nulle). Or un polynôme de degré d a au plus $d - 2$ points d'inflexion : pour que le modèle polynomial puisse reproduire les deux points d'inflexion de la fonction génératrice des données, il faut donc qu'il soit au moins de degré 4.

On observe également que l'EQMT reste toujours supérieure à l'écart-type du bruit (qui vaut 1 dans cet exemple), et que l'EQMT du modèle qui a la meilleure généralisation est voisine de l'écart-type du bruit.

Ainsi, le meilleur modèle réalise un compromis entre la précision de l'apprentissage et la qualité de la généralisation. Si le modèle postulé est trop peu complexe, l'apprentissage et la généralisation sont peu précis ; si le modèle est trop complexe, l'apprentissage est satisfaisant, mais la généralisation ne l'est pas. Ce compromis entre la qualité de l'apprentissage et celle de la généralisation, gouverné par la complexité du modèle, est connu sous le terme de *dilemme biais-variance* : un modèle qui a un *biais* faible apprend très bien les points d'apprentissage, mais il peut avoir une *variance* élevée car il peut être fortement tributaire de détails de l'ensemble d'apprentissage (modèle surajusté). En revanche, un modèle peut avoir un *biais* élevé (il n'apprend pas parfaitement les éléments de l'ensemble d'apprentissage) mais une variance faible (il ne dépend pas des détails de l'ensemble d'apprentissage). Le phénomène observé dans cet exemple est absolument général, comme nous le démontrerons dans la section intitulée « Dilemme biais-variance ».

Dans la section intitulée « Éléments de théorie de l'apprentissage », on donnera une expression quantitative de la notion de complexité. On montrera notamment que, *pour les modèles polynomiaux,* la complexité n'est rien d'autre que le nombre de paramètres du modèle, soit $d + 1$ pour un polynôme de degré d ; on montrera également que le dilemme biais-variance est gouverné par le rapport du nombre de paramètres au nombre d'exemples disponibles.

Retrouvons à présent le même phénomène sur un second exemple académique, qui est cette fois un problème de classification.

Un exemple de classification

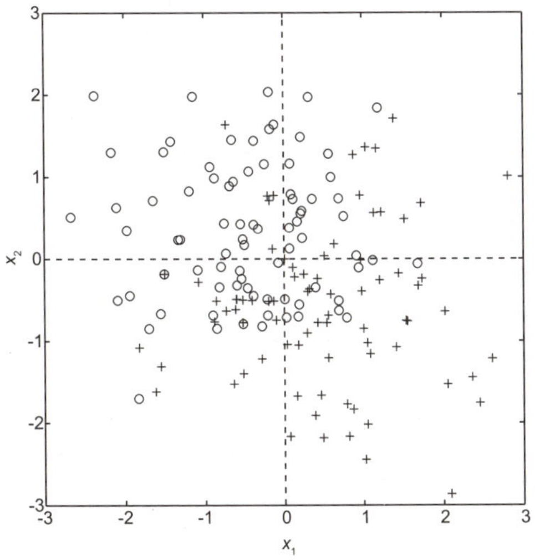

Figure 1-5. Ensemble d'apprentissage pour un problème académique de classification

Rappelons qu'un problème de classification consiste à affecter un objet inconnu à une classe parmi plusieurs. Considérons un problème à deux classes A et B. On souhaite que soit attribuée à tout élément de la classe A une *étiquette* $y^p = +1$, et à tout élément de B une étiquette $y^p = -1$. On dispose d'un ensemble d'apprentissage, constitué d'exemples de chacune des classes, dont la classe est connue : des étiquettes exactes leur ont été affectées. Dans le problème considéré ici, chaque « objet » est décrit par un vecteur $\boldsymbol{x}$ à deux composantes : on peut donc le représenter par un point dans le plan des variables (x_1, x_2). La figure 1-5 représente un ensemble d'apprentissage comprenant 80 exemples par classe. Les exemples de la classe A sont représentés par des croix, ceux de la classe B par des cercles. On cherche la *frontière* entre ces classes, c'est-à-dire une ligne, dans ce plan, qui sépare les exemples avec un nombre d'erreurs minimal : on souhaite que la plupart des exemples d'une classe (voire tous) soient d'un côté de la frontière, et que la plupart des exemples de l'autre classe (voire tous) soient de l'autre côté ; on dit qu'il y a une erreur de classification lorsqu'un exemple est situé « du mauvais côté » de la frontière.

Comme dans l'exemple de modélisation, on présente ici un problème académique : le processus générateur des données est connu, ce qui n'est pas le cas pour un problème réel. Les exemples de l'ensemble d'apprentissage ont été tirés de deux distributions gaussiennes isotropes d'écart-type égal à 1, dont les centres sont respectivement le point ($x_1 = + 0{,}5$; $x_2 = - 0{,}5$) pour la classe A, et ($x_1 = - 0{,}5$; $x_2 = + 0{,}5$) pour la classe B. On démontrera, dans la section intitulée « Classifieur de Bayes », que la diagonale du carré, qui est l'axe de symétrie du problème, est la frontière pour laquelle le risque d'erreur de classification est minimal. On voit que cette frontière théorique idéale ne sépare pas parfaitement bien tous les exemples d'apprentissage : le taux d'erreur sur l'ensemble d'apprentissage n'est pas nul si l'on choisit cette frontière, mais nous montrerons que le taux d'erreur sur l'ensemble de tous les objets, engendrés par le même processus générateur, mais n'appartenant pas à l'ensemble d'apprentissage, est minimal.

Le classifieur de Bayes présente donc une généralisation optimale ; malheureusement, on ne peut le déterminer que si les distributions des exemples sont connues, ce qui n'est généralement pas le cas dans un problème réel. On peut seulement s'efforcer de trouver un classifieur qui en soit proche. C'est ce qui va être tenté par les deux méthodes décrites ci-dessous.

La méthode des k plus proches voisins

Une approche naïve consiste à considérer que des points voisins ont une grande chance d'appartenir à une même classe. Alors, étant donné un objet inconnu décrit par le vecteur $\boldsymbol{x}$, on peut décider que cet objet appartient à la classe de l'exemple d'apprentissage qui est le plus proche de l'extrémité de $\boldsymbol{x}$. De manière plus générale, on peut décider de considérer les k plus proches voisins de l'objet inconnu, et d'affecter celui-ci à la classe à laquelle appartient la majorité des k exemples les plus proches (on prend de préférence k impair). Cette approche, appelée *méthode des k plus proches voisins*, revient à postuler une fonction $g(\boldsymbol{x},k)=\frac{1}{k}\sum_{i=1}^{k} y_i^p$, où la somme porte sur les k exemples les plus proches de $\boldsymbol{x}$, et à mettre en œuvre la règle suivante : l'objet décrit par $\boldsymbol{x}$ est affecté à la classe A si $\mathrm{sgn}\left(g\left(\boldsymbol{x},k\right)\right)=+1$, et il est affecté à la classe B dans le cas contraire[1]. On construit ainsi un modèle constant par morceaux, égal à la moyenne des étiquettes des k exemples les plus proches. Le seul paramètre du modèle est donc k, le nombre de plus proches voisins pris en considération dans la moyenne.

Pour visualiser les résultats, le calcul est effectué pour 10 000 points disposés régulièrement sur une grille de 100×100 points. La figure 1-6 montre les résultats obtenus pour $k = 1$, $k = 7$, $k = 21$ et $k = 159$ (cette dernière valeur est la valeur maximale de k puisque l'ensemble d'apprentissage comporte en tout 160 exemples) ; les points affectés à la classe A par le classifieur sont représentés en gris foncé, ceux qui sont affectés à la classe B en gris clair.

Pour $k = 1$, on observe que la frontière est très irrégulière, et définit des « îlots » de l'une des classes dans l'autre classe. Ce phénomène s'explique facilement : comme chaque point de l'ensemble d'apprentissage est son propre plus proche voisin, il est forcément bien classé. La frontière dépend donc complètement de l'ensemble d'apprentissage choisi : un autre tirage aléatoire de points dans les *mêmes* distributions gaussiennes aurait produit une frontière très différente. C'est un modèle qui a un biais faible (tous les exemples de l'ensemble d'apprentissage étant bien appris, le taux d'erreur sur l'ensemble d'apprentissage est nul) et une variance élevée (la frontière varie beaucoup si l'on change l'ensemble d'apprentissage). La capacité de généralisation est donc certainement très faible, le modèle étant complètement surajusté à l'ensemble d'apprentissage disponible. La croix en traits épais ($x_1 = -2$, $x_2 = -2{,}5$), qui n'appartient pas à l'ensemble d'apprentissage, est mal classée.

Lorsque l'on augmente k, la frontière devient plus régulière, et plus proche de la frontière optimale ($k = 7$, $k = 21$). La croix en traits épais est correctement classée dans l'ensemble des croix. Pour $k = 159$, on observe en revanche que la frontière devient très régulière, mais qu'elle est très éloignée de la solution optimale (la diagonale du carré). La croix en traits épais est à nouveau mal classée.

On passe ainsi de modèles de faible biais et grande variance (faibles valeurs de k) à des modèles de faible variance mais de biais élevé (grandes valeurs de k). Comme dans l'exemple précédent, on voit apparaître la nécessité de trouver un compromis satisfaisant entre le biais et la variance ; ce compromis dépend la valeur de $1 / k$.

---

1. La fonction $\mathrm{sgn}(u)$ est définie de la manière suivante : $\mathrm{sgn}(u) = +1$ si $u > 0$, $\mathrm{sgn}(u) = -1$ si $u \leq 0$

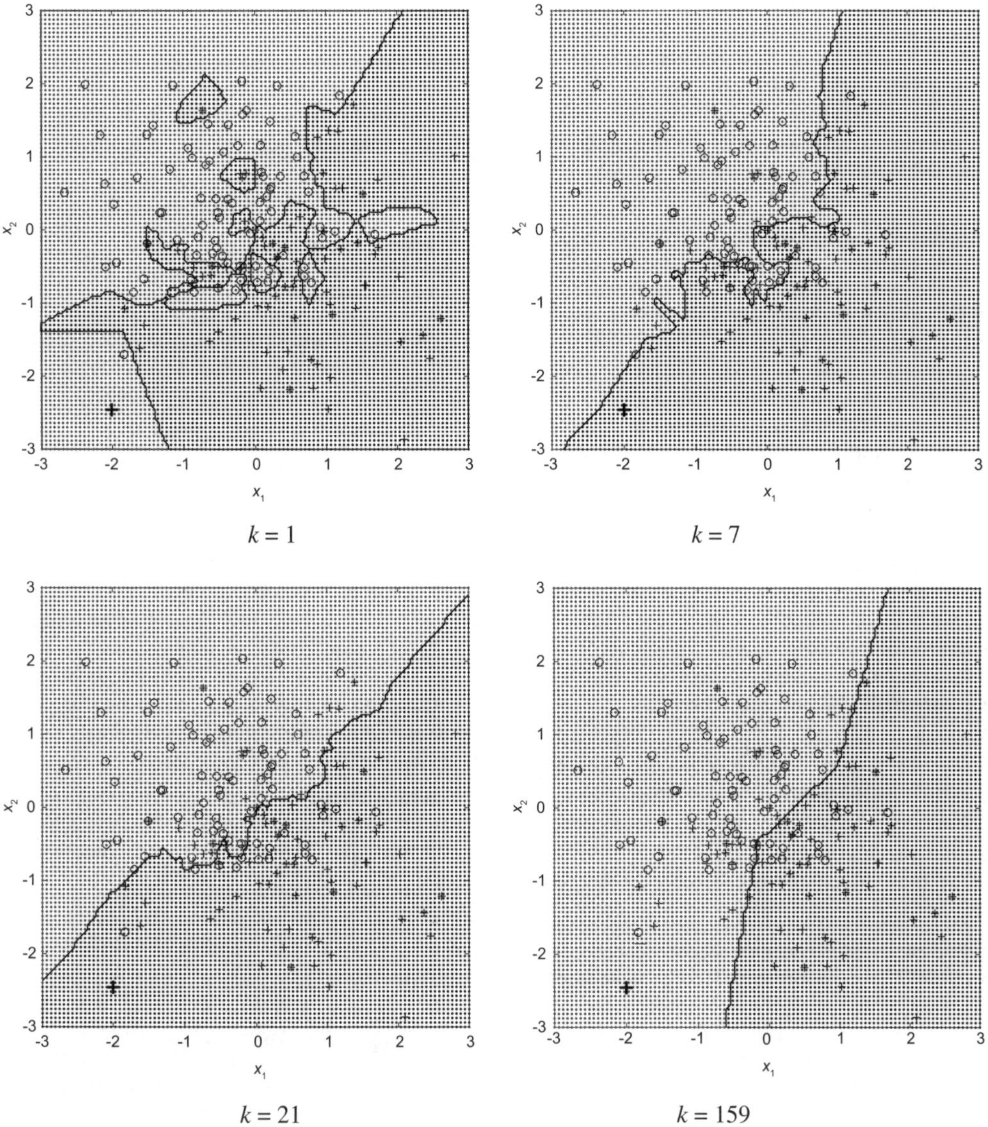

Figure 1-6. Classification par la méthode des k plus proches voisins

Pour caractériser quantitativement ce phénomène, on peut procéder comme pour l'exemple précédent : on constitue un ensemble de test de 1000 points, et 100 ensembles d'apprentissage de tailles identiques (100 exemples par classe), tirés des mêmes distributions de probabilités. Pour différentes valeurs de *k*, on construit un modèle à partir de chaque ensemble d'apprentissage par la méthode des plus proches voisins, soit 100 modèles pour chaque valeur de *k*. Pour chaque modèle, on calcule le taux d'erreur de classification (rapport du nombre d'exemples mal classés au nombre total d'exemples) sur l'ensemble d'apprentissage et sur l'ensemble de test ; on calcule enfin la moyenne de ces taux d'erreur sur les 100 ensembles d'apprentissage considérés. La figure 1-7 présente les taux moyens d'erreur de classification sur l'ensemble d'apprentissage (+), et l'erreur sur l'ensemble de test (x), pour *k* variant de 3 à 199. Pour les faibles complexités (*k* grand), le taux d'erreur sur les ensembles d'apprentissage et de test sont grands, et du même ordre de grandeur ; pour les complexités élevées (*k* petit), le taux d'erreur sur l'ensemble d'apprentissage tend vers zéro, tandis que le taux d'erreur sur l'ensemble de test croît. Ce comportement est donc tout à fait analogue à celui qui a été observé pour la prédiction (figure 1-4). Le taux d'erreur sur l'ensemble de test passe par un minimum, appelé « limite de Bayes », qui, dans le cas particulier de deux distributions gaussiennes, peut être calculé si l'on connaît les moyennes et écarts-types de ces distributions (voir la section « Classifieur de Bayes ») ; avec les valeurs numériques considérées ici, ce taux théorique est de 23,9 %, ce qui est bien le résultat observé dans cette expérience numérique (la valeur du taux d'erreur théorique est établie dans la section de ce chapitre intitulée « Classification : règle de Bayes et classifieur de Bayes »).

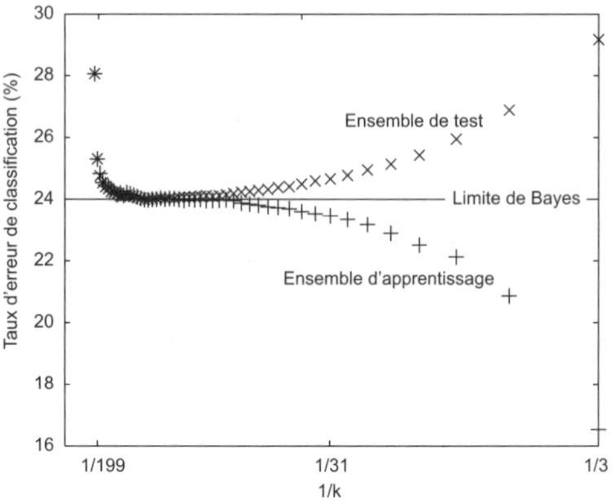

Figure 1-7. Erreurs d'apprentissage et de test pour la méthode des k plus proches voisins

Ainsi, le dilemme biais-variance, illustré dans l'exemple de modélisation, se retrouve ici sous une forme différente : l'augmentation du nombre de plus proches voisins, donc la diminution de la « complexité », entraîne une augmentation du nombre d'erreurs de classification dans l'ensemble d'apprentissage, mais une diminution du nombre d'erreurs en-dehors de l'ensemble d'apprentissage, donc une meilleure généralisation.

Le tableau 1-1 résume les aspects du dilemme biais-variance, pour la classification par la méthode des plus proches voisins d'une part, et pour la prédiction d'autre part.

	Classification (*k* plus proches voisins)	**Prédiction (modèles linéaires)**
Dilemme biais-variance gouverné par	$\frac{\text{Nombre d'exemples}}{\text{Nombre de plus proches voisins}}$	$\frac{\text{Nombre de paramètres}}{\text{Nombre d'exemples}}$
Limite inférieure de l'erreur de généralisation	Limite de Bayes	Variance du bruit

Tableau 1-1. Dilemme biais-variance pour la classification par la méthode des plus proches voisins et pour la prédiction par des modèles linéaires ou polynomiaux

Classification linéaire ou polynomiale

Rappelons que la méthode des *k* plus proches voisins consiste à calculer, pour tout objet décrit par $\boldsymbol{x}$, la fonction

$$g(\boldsymbol{x}) = \frac{1}{k} \sum_{\substack{k \text{ plus proches} \\ \text{voisins de } \boldsymbol{x}}} y_k^p$$

et à utiliser la règle de décision suivante : si $\text{sgn}\left(g\left(\boldsymbol{x}\right)\right) = +1$ l'objet décrit par $\boldsymbol{x}$ est affecté à la classe A, si $\text{sgn}\left(g\left(\boldsymbol{x}\right)\right) = -1$ il est affecté à la classe B.

Cette approche peut être généralisée de la manière suivante : on cherche à estimer, par apprentissage, les paramètres d'une fonction $g(\boldsymbol{x},\boldsymbol{w})$ telle que $\text{sgn}(g(\boldsymbol{x},\boldsymbol{w})) = +1$ pour tous les objets de la classe A et $\text{sgn}\left(g\left(\boldsymbol{x},\boldsymbol{w}\right)\right) = -1$ pour tous les objets de la classe B. La fonction $\gamma(\boldsymbol{x},\boldsymbol{w}) = \dfrac{1+\text{sgn}\left[g(\boldsymbol{x},\boldsymbol{w})\right]}{2}$, qui vaut $+1$ pour tous les éléments de A et 0 pour tous les éléments de B, est appelée *fonction indicatrice*.

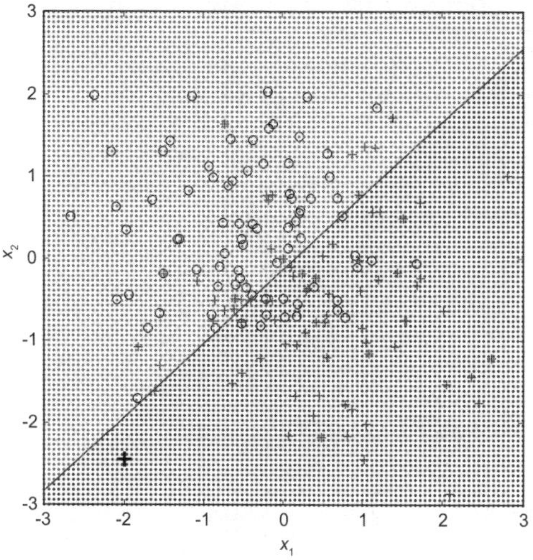

Figure 1-8. Séparation linéaire

Au lieu de postuler une fonction constante par morceaux comme on le fait dans la méthode des k plus proches voisins, postulons à présent une fonction polynomiale. La plus simple d'entre elles est la fonction affine $g(\boldsymbol{x},\boldsymbol{w}) = w_0 + w_1 x_1 + w_2 x_2$, que l'on peut encore écrire $g(\boldsymbol{x},\boldsymbol{w}) = \boldsymbol{x} \cdot \boldsymbol{w}$, où le symbole $\cdot$ représente le produit scalaire ; $\boldsymbol{x}$ est le vecteur de composantes $\{1,\ x_1,\ x_2\}$ et $\boldsymbol{w}$ est le vecteur de composantes $\{w_0,\ w_1,\ w_2\}$. Pour chaque exemple k de l'ensemble d'apprentissage, on écrit que $g\left(\boldsymbol{x}^k,\boldsymbol{w}\right) = y_k^p$, où $y_k^p = +1$ pour tous les exemples de la classe A et $y_k^p = -1$ pour tous les exemples de la classe B. On met alors en œuvre la méthode des moindres carrés, décrite plus loin dans la section « Apprentissage de modèles linéaires », pour estimer le vecteur des paramètres $\boldsymbol{w}$. Pour l'ensemble d'apprentissage représenté sur la figure 1-5, le résultat obtenu est représenté sur la figure 1-8. On observe que la frontière ainsi définie est proche de la première diagonale du carré, laquelle garantit la meilleure généralisation.

Comme dans le cas de la modélisation que nous avons étudié plus haut, le dilemme biais-variance est gouverné par le rapport du nombre de paramètres du modèle (1 + degré du polynôme) au nombre d'exemples disponibles. La figure 1-9 montre l'évolution du taux d'erreur de classification, sur l'ensemble d'apprentissage et sur l'ensemble de test, à complexité donnée (3 paramètres), en fonction du nombre d'exemples.

Lorsque le nombre d'exemples est faible, le taux d'erreur sur l'ensemble d'apprentissage est très petit (biais faible) et le taux d'erreur sur l'ensemble de test est très grand (variance importante). En revanche, lorsque le nombre d'exemples augmente, les deux taux d'erreur convergent vers le taux d'erreur de Bayes (qui, rappelons-le, peut être calculé analytiquement dans ce cas, et vaut 23,9 %).

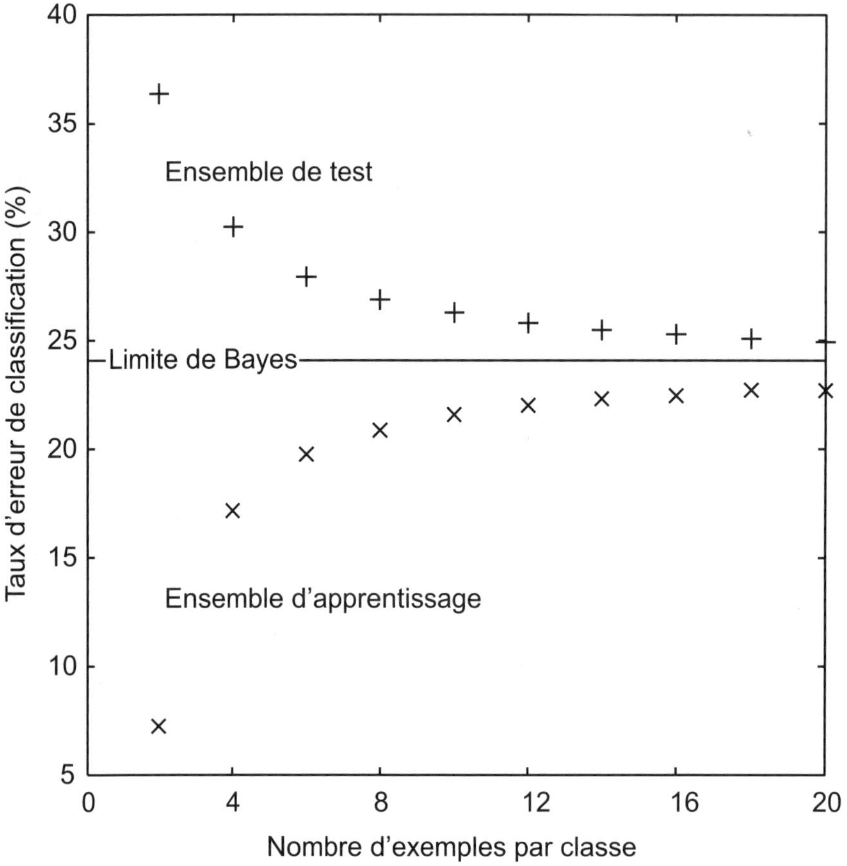

Figure 1-9. Taux d'erreur en fonction du nombre d'exemples, à complexité fixée

Conclusion

Dans cette section, deux problèmes académiques simples d'apprentissage supervisé ont été présentés : un exemple de prédiction et un exemple de classification. Ces deux exemples ont permis de mettre en évidence un problème central de l'apprentissage artificiel : le dilemme biais-variance, c'est-à-dire la nécessité de trouver le meilleur compromis possible entre la capacité du modèle à apprendre les exemples d'apprentissage et sa capacité à généraliser à des situations non apprises. Ces observations empiriques vont à présent être justifiées de manière plus rigoureuse.

Éléments de théorie de l'apprentissage

Cette section présente quelques résultats théoriques fondamentaux concernant l'apprentissage supervisé, pour la prédiction et la classification. On présentera tout d'abord un formalisme général pour la modélisation par apprentissage. On introduira ensuite le classifieur de Bayes, et l'on en démontrera les propriétés. Enfin, on prouvera que le dilemme biais-variance est un phénomène général.

Fonction de perte, erreur de prédiction théorique

Puisque l'apprentissage cherche à reproduire les données, il faut définir une « distance » entre les prédictions du modèle et les données : on définit donc une fonction dite « fonction de perte »

$$\pi\left[y^p, g(\boldsymbol{x},\boldsymbol{w})\right] \geq 0,$$

où y^p est la valeur souhaitée et $g(\boldsymbol{x}, \boldsymbol{w})$ est la valeur prédite par le modèle, dont les paramètres sont les composantes du vecteur $\boldsymbol{w}$, étant donné le vecteur de variables $\boldsymbol{x}$. Pour une tâche de prédiction, y^p est la valeur mesurée de la grandeur à prédire ; pour une tâche de classification à deux classes, y^p vaut +1 pour un objet d'une classe et –1 (ou 0) pour un objet de l'autre classe.

Exemples

Une distance naturelle, très fréquemment utilisée, est l'erreur quadratique de modélisation :

$$\pi\left[y^p, g(\boldsymbol{x},\boldsymbol{w})\right] = \left[y^p - g(\boldsymbol{x},\boldsymbol{w})\right]^2.$$

Il arrive aussi que l'on utilise la valeur absolue de l'erreur :

$$\pi\left[y^p, g(\boldsymbol{x},\boldsymbol{w})\right] = \left|y^p - g(\boldsymbol{x},\boldsymbol{w})\right|.$$

Comment décrire mathématiquement la « qualité » du modèle ? Comme dans la première section de ce chapitre, on peut modéliser les résultats des mesures y^p comme des réalisations d'une variable aléatoire Y^p, et les vecteurs des variables $\boldsymbol{x}$ comme des réalisations d'un vecteur aléatoire $\boldsymbol{X}$. Alors les valeurs de la fonction de perte π deviennent elles-mêmes des réalisations d'une variable aléatoire Π, fonction de Y^p et de $\boldsymbol{X}$, et il est naturel de caractériser la performance du modèle par l'espérance mathématique de Π, ou erreur de prédiction théorique, que nous noterons P^2 (cette quantité est toujours positive, d'après la définition de π) :

$$P^2 = E_\Pi = \int\int \pi\left(y^p, g(\boldsymbol{x},\boldsymbol{w})\right) p_{Y^p,\boldsymbol{X}}\, dy^p\, d\boldsymbol{x}$$

où $p_{Y^p,\boldsymbol{X}}$ est la probabilité conjointe de la variable aléatoire Y^p et du vecteur aléatoire $\boldsymbol{X}$; les intégrales portent sur toutes les valeurs possibles de la grandeur à modéliser et des variables qui la gouvernent. Cette erreur de prédiction est bien une erreur *théorique* : en pratique, on ne dispose que d'un ensemble de données de taille finie, et les distributions de probabilités sont inconnues. On ne peut donc jamais calculer cette erreur, mais seulement l'estimer à partir de l'ensemble de données dont on dispose.

Notons que, pour les modèles dont les paramètres $\boldsymbol{w}$ sont déterminés par apprentissage, ces derniers dépendent aussi des réalisations de Y^p présentes dans l'ensemble d'apprentissage : les paramètres du modèle peuvent donc aussi être considérés comme des réalisations de variables aléatoires. Nous utiliserons cette remarque dans la section intitulée « Dilemme biais-variance ».

L'erreur de prédiction théorique peut alors s'écrire :

$$P^2 = E_{\boldsymbol{X}}\left[E_{Y^p|\boldsymbol{X}}(\Pi)\right]$$

où $E_{Y^p|\boldsymbol{X}}(\Pi)$ désigne l'espérance mathématique de la variable aléatoire $\Pi\left(Y^p|\boldsymbol{X}\right)$, c'est-à-dire l'espérance mathématique de la fonction de perte pour les prédictions effectuées par le modèle *pour un vecteur de variables* $\boldsymbol{x}$ *donné.*

Démonstration

La probabilité conjointe peut s'écrire $p_{Y^p,\boldsymbol{X}} = p_{Y^p}\left(y^p|\boldsymbol{x}\right)p_{\boldsymbol{X}}$. L'erreur de prédiction théorique s'écrit donc

$$P^2 = \int\int \pi\left(y^p, g(\mathbf{x},\mathbf{w})\right) p_{Y^p}\left(y^p|\mathbf{x}\right) p_X dy^p d\mathbf{x}$$
$$= \int\left[\int \pi\left(y^p, g(\mathbf{x},\mathbf{w})\right) p_{Y^p}\left(y^p|\mathbf{x}\right) dy^p\right] p_X d\mathbf{x}$$
$$= E_X\left[E_{Y^p|X}(\Pi)\right].$$

Considérons un exemple caractérisé par le vecteur de variables $\boldsymbol{x}$. En ce point, le meilleur modèle est le modèle pour lequel l'erreur de prédiction théorique est minimum. Appliquons cette propriété successivement à deux tâches : la prédiction et la classification.

Prédiction

Comme indiqué plus haut, la fonction de perte la plus fréquemment utilisée pour la prédiction est

$$\pi\left[y^p, g(\boldsymbol{x},\boldsymbol{w})\right] = \left[y^p - g(\boldsymbol{x},\boldsymbol{w})\right]^2$$

Alors le meilleur modèle possible est la *fonction de régression* de la grandeur à modéliser :

$$f(\boldsymbol{x}) = E_{Y^p|X}$$

Démonstration

Rappelons que l'espérance mathématique de la fonction de perte est donnée par :

$$E_{Y^p|X}(\Pi) = \int\left(y^p - g(x,\mathbf{w})\right)^2 p_{Y^p}\left(y^p|\mathbf{x}\right) dy^p.$$

Son minimum est obtenu pour le modèle $f(x)$ tel que

$$0 = \left(\frac{dE_{Y^p|X}}{dg(\mathbf{x},\mathbf{w})}\right)_{g(\mathbf{x},\mathbf{w})=f(\mathbf{x})}$$
$$= \left(\frac{d\int\left(y^p - g(x,\mathbf{w})\right)^2 p_{Y^p}\left(y^p|\mathbf{x}\right) dy^p}{dg(\mathbf{x},\mathbf{w})}\right)_{g(\mathbf{x},\mathbf{w})=f(\mathbf{x})}$$
$$= 2\int\left(y^p - f(x)\right) p_{Y^p}\left(y^p|\mathbf{x}\right) dy^p$$
$$= 2\int y^p p_{Y^p}\left(y^p|\mathbf{x}\right) dy^p - 2f(\mathbf{x})\int p_{Y^p}\left(y^p|\mathbf{x}\right) dy^p.$$

La première intégrale n'est autre que l'espérance mathématique de Y^p étant donné $\mathbf{x}$; la seconde est égale à 1 par définition de la densité de probabilité. On obtient ainsi : $E_{Y^p|X} = f(\mathbf{x})$.

La distribution de probabilité des observations étant inconnue, la fonction de régression est inconnue. Pour connaître sa valeur en $\boldsymbol{x}$, il faudrait réaliser une infinité de mesures de la grandeur y^p pour une valeur donnée des variables $\boldsymbol{x}$ et faire la moyenne des résultats de ces mesures, ce qui n'est évidemment pas réaliste.

Classification : règle de Bayes et classifieur de Bayes

Considérons à présent un problème de classification à deux classes A et B. Affectons l'étiquette $y^p = +1$ à tous les exemples de la classe A et l'étiquette $y^p = -1$ à tous les exemples de la classe B. Comme nous l'avons fait plus haut, nous cherchons une fonction $g(\boldsymbol{x}, \boldsymbol{w})$ qui permettra d'affecter à la classe A tous les éléments pour lesquels $\text{sgn}[g(\boldsymbol{x}, \boldsymbol{w})] = +1$, et à la classe B tous les éléments pour lesquels $\text{sgn}[g(\boldsymbol{x}, \boldsymbol{w})] = -1$.

Cette fonction doit être telle que l'erreur de prédiction théorique soit minimale (on trouvera dans le chapitre 6 un traitement beaucoup plus détaillé de ce problème).

Règle de décision de Bayes

Pour la prédiction, considérée dans la section précédente, on a mis en œuvre, pour définir l'erreur théorique, la fonction de perte des moindres carrés. Pour la classification, on ne cherche pas à approcher les valeurs des résultats de mesures, mais à classer correctement des objets. On utilise donc une autre fonction de perte, mieux adaptée à ce problème :

$$\pi\left[y^p, \operatorname{sgn}(g(\boldsymbol{x},\boldsymbol{w}))\right] = 0 \text{ si } y^p = \operatorname{sgn}(g(\boldsymbol{x},\boldsymbol{w}))$$
$$\pi\left[y^p, \operatorname{sgn}(g(\boldsymbol{x},\boldsymbol{w}))\right] = 1 \text{ si } y^p \neq \operatorname{sgn}(g(\boldsymbol{x},\boldsymbol{w}))$$

Ainsi, la fonction de perte vaut 1 si le classifieur commet une erreur de classement pour l'objet décrit par $\boldsymbol{x}$, et 0 sinon. Contrairement au cas de la prédiction, cette fonction est à valeurs discrètes. L'espérance mathématique de la variable aléatoire discrète Π n'est autre que la probabilité pour que le classifieur considéré commette une erreur de classification pour un objet décrit par $\boldsymbol{x}$; en effet :

$$\begin{aligned} E_\Pi(\boldsymbol{x}) &= 1 \times \Pr_\Pi(1|\boldsymbol{x}) + 0 \times \Pr_\Pi(0|\boldsymbol{x}) \\ &= \Pr_\Pi(1|\boldsymbol{x}). \end{aligned}$$

Cette quantité est inconnue : pour l'estimer, il faudrait disposer d'une infinité d'objets décrits par $\boldsymbol{x}$, dont les classes sont connues, et compter la fraction de ces objets qui est mal classée par le classifieur considéré.

La variable aléatoire Π est fonction de Y^p. Son espérance mathématique peut donc s'écrire :

$$E_\Pi(\boldsymbol{x}) = \pi(+1, \operatorname{sgn}(g(\boldsymbol{x},\boldsymbol{w})))\Pr_{Y^p}(+1|\boldsymbol{x}) + \pi(-1, \operatorname{sgn}(g(\boldsymbol{x},\boldsymbol{w})))\Pr_{Y^p}(-1|\boldsymbol{x}).$$

La probabilité d'appartenance d'un objet à une classe C connaissant le vecteur de variables $\boldsymbol{x}$ qui décrit cet objet, notée $\Pr_{Y^p}(C|\boldsymbol{x})$, est appelée *probabilité a posteriori* de la classe C pour l'objet décrit par $\boldsymbol{x}$.

On remarque que $E_\Pi(\boldsymbol{x})$ ne peut prendre que deux valeurs :

$$E_\Pi(\boldsymbol{x}) = \Pr_{Y^p}(+1|\boldsymbol{x}) \text{ si } \operatorname{sgn}(g(\boldsymbol{x},\boldsymbol{w})) = -1,$$
$$E_\Pi(\boldsymbol{x}) = \Pr_{Y^p}(-1|\boldsymbol{x}) \text{ si } \operatorname{sgn}(g(\boldsymbol{x},\boldsymbol{w})) = +1.$$

Supposons que la probabilité a posteriori de la classe A au point $\boldsymbol{x}$ soit supérieure à celle de la classe B :

$$\Pr_{Y^p}(+1|\boldsymbol{x}) > \Pr_{Y^p}(-1|\boldsymbol{x}).$$

Rappelons que l'on cherche la fonction $g(\boldsymbol{x},\boldsymbol{w})$ pour laquelle la probabilité d'erreur de classification au point $\boldsymbol{x}$, c'est-à-dire $E_\Pi(\boldsymbol{x})$, soit minimum. La fonction $g(\boldsymbol{x},\boldsymbol{w})$ pour laquelle $E_\Pi(\boldsymbol{x})$ est minimum est donc telle que $\operatorname{sgn}(g(\boldsymbol{x},\boldsymbol{w})) = +1$, puisque, dans ce cas, $E_\Pi(\boldsymbol{x}) = \Pr_{Y^p}(-1|\boldsymbol{x})$, qui est la plus petite des deux valeurs possibles.

À l'inverse, si $\Pr_{Y^p}(-1|\boldsymbol{x}) > \Pr_{Y^p}(+1|\boldsymbol{x})$, la fonction $g(\boldsymbol{x},\boldsymbol{w})$ qui garantit le plus petit taux d'erreur en $\boldsymbol{x}$ est telle que $\operatorname{sgn}(g(\boldsymbol{x},\boldsymbol{w})) = -1$.

En résumé, *le meilleur classifieur possible est celui qui, pour tout* $\boldsymbol{x}$*, affecte l'objet décrit par* $\boldsymbol{x}$ *à la classe dont la probabilité a posteriori est la plus grande en ce point.*

Cette règle de décision (dite *règle de Bayes*) garantit que le nombre d'erreurs de classification est minimal ; pour pouvoir la mettre en œuvre, il faut calculer (ou estimer) les probabilités a posteriori des classes.

Classifieur de Bayes

Le classifieur de Bayes utilise, pour le calcul des probabilités a posteriori, la *formule de Bayes* : étant donné un problème à c classes C_i (i = 1 à c), la probabilité a posteriori de la classe C_i est donnée par la relation

$$\Pr\left(C_i|\boldsymbol{x}\right) = \frac{p_X\left(\boldsymbol{x}|C_i\right)\Pr_{C_i}}{\sum_{j=1}^{c} p_X\left(\boldsymbol{x}|C_j\right)\Pr_{C_j}}$$

où $p_X\left(\boldsymbol{x}|C_j\right)$ est la densité de probabilité du vecteur $\boldsymbol{x}$ des variables observées pour les objets de la classe C_j (ou *vraisemblance* du vecteur $\boldsymbol{x}$ dans la classe C_j), et $\Pr_{C_j}$ est la *probabilité a priori* de la classe C_j, c'est-à-dire la probabilité pour qu'un objet tiré au hasard appartienne à la classe C_j.

Si toutes les classes ont la même probabilité a priori $1/c$, la règle de Bayes revient à classer l'objet inconnu $\boldsymbol{x}$ dans la classe pour laquelle $\boldsymbol{x}$ a la plus grande vraisemblance : c'est une application de la méthode du *maximum de vraisemblance*.

Ainsi, si l'on connaît analytiquement les vraisemblances, et si l'on connaît les probabilités a priori des classes, on peut calculer *exactement* les probabilités a posteriori.

Exemple : cas de deux classes gaussiennes de mêmes variances

Reprenons le cas considéré plus haut, dans la section intitulée « un exemple de classification » : deux classes A et B dans un espace à deux dimensions, telles que les vraisemblances des variables sont gaussiennes, de même variance σ, de centres $\boldsymbol{x}_A$ (x_{1A}, x_{2A}) et $\boldsymbol{x}_B$ (x_{1B}, x_{2B}) :

$$p_X\left(\boldsymbol{x}|A\right) = \frac{1}{\sigma\sqrt{2\pi}}\exp\left[-\frac{\left(x_1 - x_{1A}\right)^2}{2\sigma^2}\right]\exp\left[-\frac{\left(x_2 - x_{2A}\right)^2}{2\sigma^2}\right]$$
$$p_X\left(\boldsymbol{x}|B\right) = \frac{1}{\sigma\sqrt{2\pi}}\exp\left[-\frac{\left(x_1 - x_{1B}\right)^2}{2\sigma^2}\right]\exp\left[-\frac{\left(x_2 - x_{2B}\right)^2}{2\sigma^2}\right].$$

Supposons que les probabilités a priori des classes soient les mêmes, égales à 0,5.

> Dans l'exemple considéré plus haut, chaque classe était représentée par le même nombre d'exemples. Si la probabilité a priori des classes est estimée par la fréquence des exemples, c'est-à-dire le rapport du nombre d'exemples d'une classe au nombre total d'exemples, on est dans le cas où les deux probabilités a priori sont égales à 0,5.

Alors la formule de Bayes permet de calculer les probabilités a posteriori :

$$\Pr(A|\boldsymbol{x}) = \frac{0,5\frac{1}{\sigma\sqrt{2\pi}}\exp\left[-\frac{(x_1-x_{1A})^2}{2\sigma^2}\right]\exp\left[-\frac{(x_2-x_{2A})^2}{2\sigma^2}\right]}{0,5\frac{1}{\sigma\sqrt{2\pi}}\exp\left[-\frac{(x_1-x_{1A})^2}{2\sigma^2}\right]\exp\left[-\frac{(x_2-x_{2A})^2}{2\sigma^2}\right]+0,5\frac{1}{\sigma\sqrt{2\pi}}\exp\left[-\frac{(x_1-x_{1B})^2}{2\sigma^2}\right]\exp\left[-\frac{(x_2-x_{2B})^2}{2\sigma^2}\right]}$$

$$\Pr(B|\boldsymbol{x}) = \frac{0,5\frac{1}{\sigma\sqrt{2\pi}}\exp\left[-\frac{(x_1-x_{1B})^2}{2\sigma^2}\right]\exp\left[-\frac{(x_2-x_{2B})^2}{2\sigma^2}\right]}{0,5\frac{1}{\sigma\sqrt{2\pi}}\exp\left[-\frac{(x_1-x_{1A})^2}{2\sigma^2}\right]\exp\left[-\frac{(x_2-x_{2A})^2}{2\sigma^2}\right]+0,5\frac{1}{\sigma\sqrt{2\pi}}\exp\left[-\frac{(x_1-x_{1B})^2}{2\sigma^2}\right]\exp\left[-\frac{(x_2-x_{2B})^2}{2\sigma^2}\right]}.$$

La règle de classification de Bayes affecte l'objet décrit par $\boldsymbol{x}$ à la classe dont la probabilité a posteriori est la plus grande (ou, puisque les probabilités a priori sont égales, à la classe pour laquelle la vraisemblance de $\boldsymbol{x}$ est la plus grande).

La frontière entre les classes est donc le lieu des points, dans l'espace des vecteurs $\boldsymbol{x}$, où les vraisemblances sont égales : c'est le lieu des points tels que

$$\exp\left[-\frac{(x_1-x_{1A})^2}{2\sigma^2}\right]\exp\left[-\frac{(x_2-x_{2A})^2}{2\sigma^2}\right] = \exp\left[-\frac{(x_1-x_{1B})^2}{2\sigma^2}\right]\exp\left[-\frac{(x_2-x_{2B})^2}{2\sigma^2}\right].$$

soit encore

$$(x_1-x_{1A})^2+(x_2-x_{2A})^2=(x_1-x_{1B})^2+(x_2-x_{2B})^2.$$

La frontière optimale entre les classes est donc le lieu des points équidistants des centres des distributions : c'est la médiatrice du segment de droite qui joint ces centres.

Dans l'exemple considéré plus haut, les centres des gaussiennes étaient symétriques par rapport à la diagonale du carré représenté sur la figure 1-6 et la figure 1-8, donc la meilleure frontière possible entre les classes était la diagonale de ce carré. Le résultat le plus proche du résultat théorique était le séparateur linéaire de la figure 1-8 ; en effet, on avait postulé un modèle linéaire, et celui-ci était « vrai » au sens statistique du terme, c'est-à-dire que la solution optimale du problème appartenait à la famille des fonctions dans laquelle nous cherchions une solution par apprentissage. On était donc dans les meilleures conditions possibles pour trouver une bonne solution par apprentissage.

Connaissant la surface de séparation fournie par le classifieur de Bayes, et sachant que les classes ont le même nombre d'éléments, il est facile de trouver le taux d'erreur de ce classifieur : c'est la probabilité de trouver un élément de la classe A (classe des +) dans le demi-plan supérieur gauche (ou, par symétrie, la probabilité de trouver un élément de B (classe des o) dans le demi-plan complémentaire) :

$$\frac{1}{\sigma\sqrt{2\pi}}\int_{-\infty}^{+\infty}\exp\left[-\frac{(x_1-x_{1A})^2}{2\sigma^2}\right]\iint_{x_2>x_1}\exp\left[-\frac{(x_2-x_{2A})^2}{2\sigma^2}\right]dx_1dx_2,$$

avec $\sigma = 1$ dans l'exemple considéré.

Cette expression se calcule très simplement en effectuant une rotation des axes de 45° dans le sens trigonométrique, suivie d'une translation, de manière que la frontière entre les classes devienne verticale et que le centre de la classe A soit à l'origine (figure 1-10). Le taux d'erreur est alors la probabilité cumulée d'une variable normale entre $-\infty$ et $-\sqrt{2}/2$. On trouve facilement cette dernière valeur à l'aide d'un logiciel de statistiques, ou sur le Web (par exemple http://www.danielsoper.com/statcalc/calc02_do.aspx) : elle vaut environ 24 %, comme indiqué plus haut.

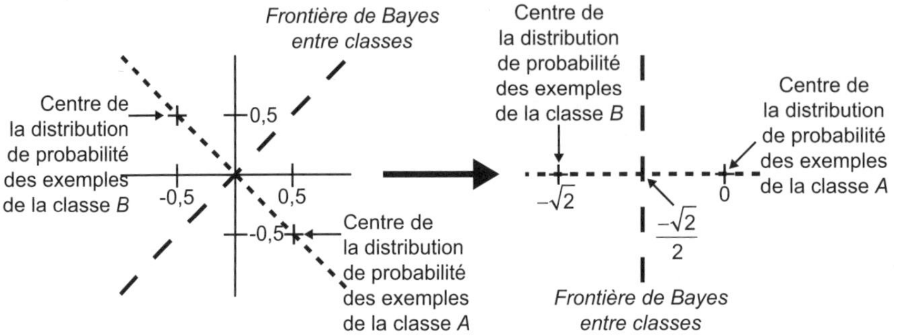

Figure 1-10. Rotation et translation des axes

Dilemme biais-variance

Les deux exemples académiques considérés en début de chapitre ont permis de mettre en évidence le dilemme biais-variance. Muni des éléments théoriques de la section précédente, on peut à présent formaliser ce problème.

Considérons le cas de la prédiction par un modèle dont les paramètres sont déterminés par apprentissage ; comme indiqué plus haut, la fonction de perte la plus fréquemment utilisée dans ce cas est le carré de l'erreur de modélisation :

$$\pi\left[y^p, g(\mathbf{x},\mathbf{w})\right] = \left[y^p - g(\mathbf{x},\mathbf{w})\right]^2$$

et l'erreur de prédiction théorique est

$$P^2 = E_X\left[E_{Y^p|X}\left[\left[y^p - g(\mathbf{x},\mathbf{w})\right]^2\right]\right].$$

Cherchons l'erreur de prédiction en un point $\mathbf{x}$ de l'espace des variables

$$P^2(\mathbf{x}) = E_{Y^p|X}\left[\left[y^p - g(\mathbf{x},\mathbf{w})\right]^2\right],$$

en supposant que les observations y^p effectuées en ce point $\mathbf{x}$ sont des réalisations de la variable aléatoire $Y^p = f(\mathbf{x}) + \varepsilon$

où ε est une variable aléatoire d'espérance mathématique nulle et de variance σ^2, et où $f(\mathbf{x})$ est une fonction certaine ; l'espérance mathématique de Y^p est donc $f(\mathbf{x})$, la fonction de régression de y^p, dont on a vu plus haut que c'est le meilleur modèle possible au sens de la fonction de perte choisie.

Supposons enfin que le modèle soit obtenu par apprentissage : les paramètres $\mathbf{w}$ du modèle doivent donc être considérés comme des réalisations d'un vecteur aléatoire $\mathbf{W}$ qui dépend des réalisations de Y^p

présentes dans l'ensemble d'apprentissage ; de même, les prédictions $g(\mathbf{x}, \mathbf{w})$ peuvent être considérées comme des réalisations d'une variable aléatoire $G(\mathbf{x}, \mathbf{W})$ qui dépendent de Y^p. Pour rendre les équations plus lisibles, on remplace ici la notation var_X par var (X) et E_X par $E(X)$.

L'erreur de prédiction théorique au point $\mathbf{x}$ est alors donnée par :

$$P^2(\mathbf{x}) = \sigma^2 + \text{var}\left[G(\mathbf{x},\mathbf{W})\right] + \left[E\left[f(\mathbf{x}) - G(\mathbf{x},\mathbf{W})\right]\right]^2,$$

où le phénomène aléatoire est la constitution de l'ensemble d'apprentissage.

Démonstration

Rappelons que, pour une variable aléatoire Z, on a la relation

$$E_{Z^2} = \text{var}_Z + \left[E_Z\right]^2.$$

Le modèle étant construit par apprentissage, ses paramètres, donc les prédictions du modèle, sont eux-mêmes des réalisations de variables aléatoires $\mathbf{W}$ et $G(\mathbf{x}, \mathbf{W})$ par l'intermédiaire de Y^p. On peut donc écrire :

$$\begin{aligned} P^2(\mathbf{x}) &= E\left[\left[Y^p - G(\mathbf{x},\mathbf{W})\right]^2\right] = \text{var}\left[Y^p - G(\mathbf{x},\mathbf{w})\right] + \left[E\left[Y^p - G(\mathbf{x},\mathbf{W})\right]\right]^2 \\ &= \text{var}\left[Y^p - f(\mathbf{x}) + f(\mathbf{x}) - G(\mathbf{x},\mathbf{W})\right] + \left[E\left[Y^p - f(\mathbf{x}) + f(\mathbf{x}) - G(\mathbf{x},\mathbf{W})\right]\right]^2 \\ &= \text{var}\left[\varepsilon + f(\mathbf{x}) - G(\mathbf{x},\mathbf{W})\right] + \left[E\left[\varepsilon + f(\mathbf{x}) - G(\mathbf{x},\mathbf{W})\right]\right]^2. \end{aligned}$$

La fonction $f(\mathbf{x})$ étant certaine (elle ne dépend pas de $\mathbf{W}$, donc de l'ensemble d'apprentissage), sa variance est nulle. D'autre part, l'espérance mathématique de ε est nulle : on a donc finalement :

$$P^2(\mathbf{x}) = \sigma^2 + \text{var}\left[G(\mathbf{x},\mathbf{W})\right] + \left[E\left[f(\mathbf{x}) - G(\mathbf{x},\mathbf{W})\right]\right]^2.$$

Le premier terme de la somme est la variance du bruit de mesure. Le deuxième est la variance de la prédiction du modèle au point $\mathbf{x}$, qui représente la sensibilité du modèle à l'ensemble d'apprentissage. Le troisième est le biais du modèle, c'est-à-dire le carré de l'espérance mathématique de l'écart entre les prédictions fournies par le modèle et celles qui sont fournies par le meilleur modèle possible (la fonction de régression $f(\mathbf{x})$).

Cette relation très importante appelle plusieurs commentaires :

- La qualité d'un modèle ne peut être évaluée que par comparaison entre son erreur de prédiction et la variance du bruit sur les mesures. Un modèle qui fournit des prédictions en désaccord de 10 % avec les mesures est un excellent modèle si les mesures ont elles-mêmes une précision de 10 % ; mais si la précision sur les mesures est de 1 %, le modèle est très mauvais : il faut chercher à l'améliorer. Si la précision sur les mesures est de 20 %, la performance de 10% annoncée pour le modèle est très suspecte : son estimation doit être remise en cause. Les trois termes de la somme étant positifs, l'erreur de prédiction théorique ne peut être inférieure à la variance des observations en $\mathbf{x}$, c'est-à-dire à la variance du bruit qui affecte les mesures ; *en d'autres termes, on ne peut pas espérer qu'un modèle, conçu par apprentissage, fournisse des prédictions plus précises que les mesures à partir desquelles il a été construit.* C'est ce qui a été observé sur la figure 1-4, où le minimum de la racine carrée de l'erreur de prédiction théorique, estimée par l'EQMT, était de l'ordre de l'écart-type du bruit.
- On retrouve par cette relation le fait que le meilleur modèle est la fonction de régression : en effet, si $g(\mathbf{x}, \mathbf{w}) = f(\mathbf{x})$, la variance est nulle puisque le modèle ne dépend pas de $\mathbf{w}$, et le biais est nul ; l'erreur de prédiction est donc la plus petite possible, égale à la variance du bruit.

- Si le modèle ne dépend pas de paramètres ajustables, la variance est nulle, mais le biais peut être très grand puisque le modèle ne dépend pas des données. Par exemple, si $g(\boldsymbol{x}, \boldsymbol{w}) = 0$, la variance est nulle et le biais vaut $\left[f(\boldsymbol{x})\right]^2$.

Dans les exemples académiques de prédiction et de classification que nous avons présentés, nous avons observé que le biais et la variance varient en sens inverse en fonction de la complexité du modèle : un modèle trop complexe par rapport aux données dont on dispose possède une variance élevée et un biais faible, alors qu'un modèle de complexité insuffisante a une variance faible mais un biais élevé. Comme l'erreur de généralisation fait intervenir la somme de ces deux termes, elle passe par un optimum qui est au moins égal à la variance du bruit. C'est exactement ce que nous avons observé sur la figure 1-4 : l'erreur quadratique moyenne sur l'ensemble de test, qui est une estimation de l'erreur de généralisation, passe par un minimum pour un polynôme de degré 6, qui présente donc la complexité optimale compte tenu des données d'apprentissage dont on dispose.

La relation qui vient d'être établie fournit l'erreur de prédiction théorique en un point $\boldsymbol{x}$. L'erreur de prédiction théorique est

$$P^2 = E_X\left[P^2(\boldsymbol{x})\right] = \int P^2(\boldsymbol{x})\, p_X d\boldsymbol{x}$$
$$= \sigma^2 + E_X\left[\mathrm{var}\left[G(\boldsymbol{x},\boldsymbol{W})\right]\right] + E_X\left[E\left[f(\boldsymbol{x}) - G(\boldsymbol{x},\boldsymbol{W})\right]\right]^2.$$

Remarque

L'espérance mathématique E_X n'a pas le même sens que l'espérance mathématique E : la première porte sur toutes les conditions expérimentales possibles, tandis que la seconde porte sur toutes les réalisations possibles de l'ensemble d'apprentissage.

Pour vérifier numériquement cette relation, reprenons l'exemple de la modélisation par apprentissage à partir de données qui ont été créées artificiellement en ajoutant à la fonction 10 $\sin(x)/x$ un bruit pseudo-aléatoire de variance égale à 1, en $N_A = 15$ points x_k. Pour estimer le biais et la variance en un point $\boldsymbol{x}$, 100 ensembles d'apprentissage différents ont été créés, en tirant au hasard, dans une distribution normale centrée, 100 valeurs de y^p pour chaque valeur de x_k ; on a fait l'apprentissage de 100 modèles différents $g(\boldsymbol{x}, \boldsymbol{w}_i)$, $i = 1$ à 100, c'est-à-dire que 100 vecteurs de paramètres ont été estimés par la méthode des moindres carrés (qui sera décrite plus loin). Un ensemble de test de 1 000 points a été créé, et, en chaque point de cet ensemble, le biais et la variance du modèle de paramètres $\boldsymbol{w}_i$ ont été estimés :

- estimation du biais du modèle $g(\boldsymbol{x}, \boldsymbol{w}_i)$ au point x_k^{test} : $\frac{1}{100}\sum_{i=1}^{100}\left(10\frac{\sin x_k^{test}}{x_k^{test}} - g\left(x_k^{test}, \boldsymbol{w}_i\right)\right)^2$

- estimation de la variance du modèle $g(\boldsymbol{x}, \boldsymbol{w}_i)$ au point $\boldsymbol{x}_k^{test}$:

$$\frac{1}{99}\sum_{i=1}^{100}\left(g\left(x_k^{test}, \boldsymbol{w}_i\right) - \frac{1}{100}\sum_{j=1}^{100} g\left(x_k^{test}, w_j\right)\right)^2.$$

L'erreur de prédiction $P^2\left(x_k^{test}\right)$ est estimée par :

$$\frac{1}{100}\sum_{i=1}^{100}\left(y_k^{test} - g\left(x_k^{test}, \boldsymbol{w}_i\right)\right)^2.$$

Finalement, les espérances mathématiques de ces trois quantités sont estimées par la moyenne de chacune d'elles sur les 1 000 points de test.

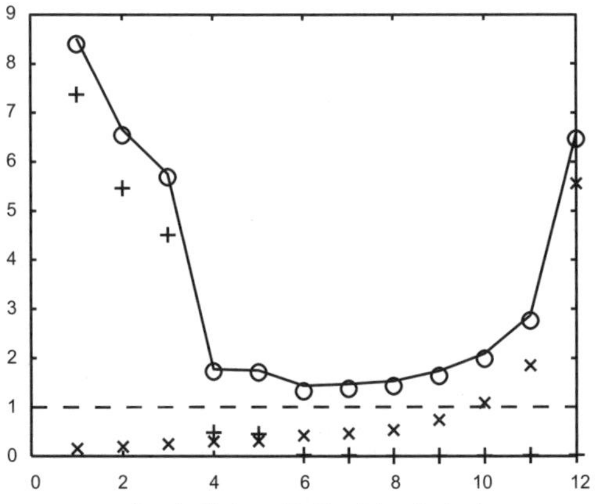

Figure 1-11. Dilemme biais-variance pour la régression
x : estimation de l'espérance mathématique de la variance ;
+ : estimation de l'espérance mathématique du biais
o : variance du bruit + variance de la prédiction + biais de la prédiction ;
trait plein : estimation de l'espérance mathématique de l'erreur de prédiction;
tirets : variance du bruit

La figure 1-11 montre, en fonction de la complexité du modèle, les estimations du biais du modèle, de la variance du modèle, ainsi que la valeur de la variance du bruit. La somme de ces trois quantités (représentée par des cercles) est en excellent accord avec l'estimation de l'erreur de prédiction (courbe en trait plein). On observe clairement que le biais et la variance varient en sens opposés, et que la somme passe par un minimum pour les polynômes de degré 6.

Les résultats ci-dessus ont été établis pour la prédiction. Pour la classification, ils prennent une forme analogue, comme illustré numériquement sur la figure 1-7. De manière générale, on peut résumer la problématique du dilemme biais-variance comme représenté sur la figure 1-12 : le meilleur modèle, au sens statistique du terme, constitue un compromis entre l'ignorance (modèles incapables d'apprendre) et la stupidité (modèles surajustés, qui apprennent très bien et sont incapables de généraliser).

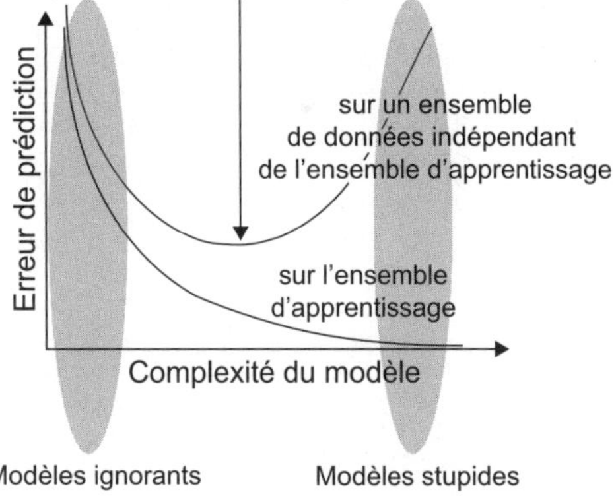

Figure 1-12. Représentation symbolique du dilemme biais-variance

De la théorie à la pratique

Les résultats qui ont été présentés dans la section précédente sont des résultats *asymptotiques*, c'est-à-dire qu'ils sont exacts si l'on dispose d'une quantité infinie de données. Ils sont très utiles, car ils expliquent les grandes lignes des phénomènes que l'on observe, et mettent en évidence les problèmes qu'il faut résoudre. Néanmoins, dans une situation réelle de mise en œuvre des méthodes d'apprentissage artificiel, on dispose toujours d'une quantité finie de données, insuffisante pour estimer de manière très précise les intégrales nécessaires au calcul des espérances mathématiques ou des variances ; de plus, les distributions de probabilités auxquelles obéissent les données sont également inconnues. Dans cette section, on présente des résultats théoriques sur lesquels il est possible de s'appuyer pour trouver des méthodes pratiques de conception de modèles par apprentissage. Le lecteur qui ne cherche pas à approfondir la théorie de l'apprentissage peut sans dommage omettre de lire cette section et passer directement à la section intitulée « La conception de modèles en pratique ».

Remplacer des intégrales par des sommes

Rappelons que l'objectif de la modélisation par apprentissage est de trouver des fonctions paramétrées qui sont susceptibles de rendre compte des données disponibles, et de fournir des prédictions aussi précises que possible concernant des données dont on ne dispose pas lors de l'apprentissage. L'objectif théorique est donc de trouver le vecteur de paramètres $\boldsymbol{w}$ pour lequel l'erreur de prédiction *théorique*

$$P^2 = E_\Pi = \int\int \pi\left(y^p, g(\boldsymbol{x},\boldsymbol{w})\right) p_{Y^p,X} dy^p d\boldsymbol{x}$$

est minimale. L'intégrale n'étant pas calculable, il convient donc de l'estimer à l'aide des données disponibles. On estime donc l'erreur de prédiction théorique par l'erreur de prédiction *empirique* (également appelée *risque empirique*)

$$P^{*2} = \frac{1}{N}\sum_{k=1}^{N} \pi\left(y_k^p, g(\boldsymbol{x}_k,\boldsymbol{w})\right)$$

où $\pi\left(y_k^p, g(\boldsymbol{x}_k,\boldsymbol{w})\right)$ est la fonction de perte choisie.

L'apport fondamental de la théorie de l'apprentissage, par rapport aux statistiques classiques, réside dans l'étude de la manière dont l'erreur empirique converge (ou ne converge pas) vers l'erreur théorique. Ainsi, en statistique, on montre que la moyenne est un estimateur non biaisé de l'espérance mathématique ; la théorie de l'apprentissage, pour sa part, s'intéresse à la façon dont la moyenne converge vers l'espérance mathématique lorsque le nombre d'exemples augmente. Ainsi on peut évaluer le nombre d'exemples nécessaires pour estimer l'espérance mathématique avec une précision donnée, ou bien évaluer l'erreur que l'on commet en estimant l'espérance mathématique par la moyenne, pour un nombre d'exemples donné.

Comme indiqué plus haut, la fonction de perte la plus utilisée dans le cas de la prédiction est le carré de l'erreur, et l'erreur de prédiction empirique est donnée par

$$P^{*2} = \frac{1}{N}\sum_{k=1}^{N} \left(y_k^p - g(\boldsymbol{x}_k,\boldsymbol{w})\right)^2$$

où la somme porte sur un ensemble de données convenablement choisies parmi les données disponibles.

La première tâche consiste à estimer les paramètres $\boldsymbol{w}$, c'est-à-dire à effectuer *l'apprentissage* proprement dit. Pour cela, on choisit, parmi les données disponibles, un *ensemble d'apprentissage*, de cardinal N_A, et l'on cherche, à l'aide d'algorithmes appropriés, le vecteur $\boldsymbol{w}$ pour lequel la *fonction de coût*

$$J = \sum_{k=1}^{N_A} \pi\left(y_k^p - g(\boldsymbol{x}_k,\boldsymbol{w})\right)$$

est minimale. Rappelons que, dans le cas où π est le carré de l'erreur, la fonction

$$J = \sum_{k=1}^{N_A} \left(y_k^p - g\left(\boldsymbol{x}_k, \boldsymbol{w} \right) \right)^2$$

est appelée *fonction de coût des moindres carrés.*

Supposons donc que l'on ait trouvé le minimum de la fonction de coût choisie ; la valeur de ce minimum est-elle représentative de la qualité des prédictions que fournira le modèle, muni des paramètres ainsi déterminés, pour des valeurs de $\boldsymbol{x}$ qui ne font pas partie de l'ensemble d'apprentissage ? Les exemples précédents montrent que la réponse est généralement négative. Ainsi, la figure 1-4 montre que l'erreur quadratique moyenne sur l'ensemble d'apprentissage (EQMA), qui vaut $\sqrt{J}$, est très inférieure à l'erreur quadratique moyenne sur l'ensemble de test pour des modèles trop complexes (de degré supérieur ou égal à 7). De même, la figure 1-9 montre que l'erreur sur l'ensemble d'apprentissage est très optimiste, c'est-à-dire très inférieure à l'erreur sur l'ensemble de test, lorsque le nombre d'exemples est petit. D'autre part, l'erreur sur l'ensemble de test elle-même n'est qu'une estimation, à l'aide d'un nombre fini d'exemples, de l'erreur de prédiction théorique. On peut donc en tirer deux enseignements :

- d'une part, il ne faut généralement pas estimer la performance d'un modèle à partir des résultats de l'apprentissage ;
- d'autre part, il faut estimer le mieux possible l'erreur de prédiction.

Les deux sections suivantes décrivent, d'une part, des éléments théoriques qui permettent de borner l'erreur que l'on commet en estimant les capacités de généralisation à partir des estimations obtenues à l'aide de données en nombre fini, et, d'autre part, des éléments méthodologiques qui permettent de définir les « bonnes pratiques » pour la conception de modèles par apprentissage.

Bornes sur l'erreur de généralisation

Les résultats théoriques présentés dans la section « Dilemme biais-variance » sont des résultats *asymptotiques,* qui sont *exacts* dans la limite où les exemples sont en nombre infini. Dans le cas, plus réaliste, où les exemples sont en nombre fini, on ne peut plus établir de résultats exacts ; en revanche, on peut obtenir des résultats *en probabilité.* Le cadre théorique le plus fréquemment utilisé est celui de la théorie de l'apprentissage établie par V. Vapnik [VAPNIK 1998].

Le résultat le plus remarquable de cette théorie consiste en une expression quantitative de la notion de *complexité* du modèle : étant donnée une famille de fonction $g(\boldsymbol{x}, \boldsymbol{w})$, la complexité de cette famille peut être caractérisée par une grandeur, appelée *dimension de Vapnik-Chervonenkis.* Le fait qu'il suffise d'une seule grandeur pour définir la complexité d'une famille de fonctions quelconque est très remarquable ; il faut néanmoins admettre que le calcul de la dimension de Vapnik-Chervonenkis pour une famille de fonctions n'est pas toujours simple.

Pour la famille des polynômes de degré d, la dimension de Vapnik-Chervonenkis est égale au nombre de paramètres du modèle, soit $d+1$.

En classification, la dimension de Vapnik-Chervonenkis admet une interprétation géométrique simple : c'est le nombre maximal de points qui peuvent être séparés sans erreur par une fonction indicatrice appartenant à la famille considérée. On trouvera dans le chapitre 6 une justification originale et bien développée de la dimension de Vapnik-Chervonenkis, dans le cadre de la classification.

Exemple

Considérons la famille des fonctions affines à deux variables x_1 et x_2. Il est facile de prouver que la dimension de Vapnik-Chervonenkis de cette famille de fonctions est égale à 3 : la figure 1-13 montre que les points appartenant à toutes les configurations possibles de 3 points appartenant à deux classes, en dimension 2, peuvent être séparés par une fonction affine. En revanche, la figure 1-14 montre une configuration de 4 points qui ne sont pas séparables par une fonction de cette famille. Cette configuration admet néanmoins un séparateur quadratique (une hyperbole), ce qui prouve que la dimension de Vapnik-Chervonenkis des fonctions affines de deux variables est égale à 3, et que celle des fonctions quadratiques de deux variables est supérieure à 3 ; comme indiqué plus haut, elle est égale au nombre de paramètres, soit 6 pour les polynômes du second degré à deux variables.

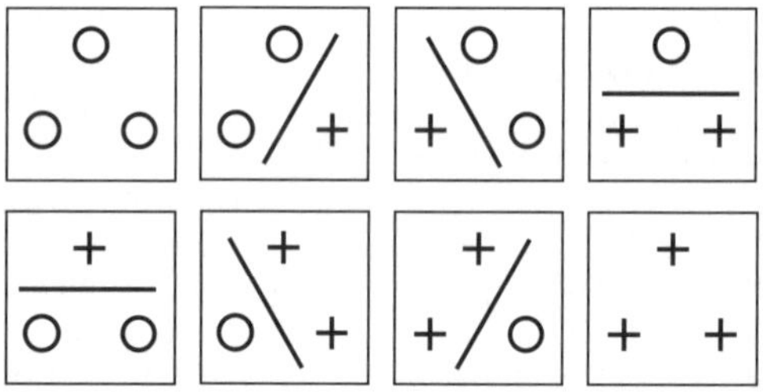

Figure 1-13. Toute configuration de 3 points dans le plan, appartenant à deux classes, admet un séparateur affine.

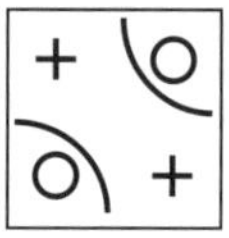

Figure 1-14. Une configuration de 4 points qui n'admet pas de séparateur affine, mais qui admet un séparateur quadratique.

La dimension de Vapnik-Chervonenkis est généralement une fonction croissante du nombre de paramètres. Mais ce n'est pas toujours le cas. Ainsi, la fonction $\mathrm{sgn}(\sin wx)$ a un seul paramètre, mais peut séparer un nombre quelconque de points : il suffit de choisir une longueur d'onde $2\pi/w$ suffisamment petite. Sa dimension de Vapnik-Chervonenkis est infinie (figure 1-15).

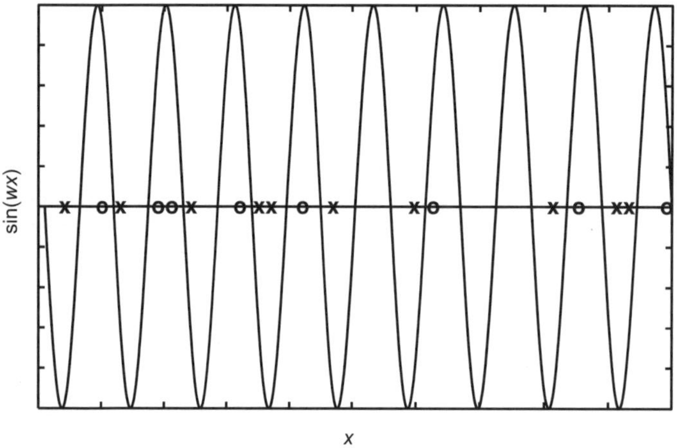

Figure 1-15. La dimension de Vapnik-Chervonenkis de la fonction sin(wx) est infinie.

Cette définition de la complexité permet d'établir des bornes sur l'erreur commise en remplaçant l'erreur de prédiction théorique P^2 par une erreur empirique P^{*2} estimée sur l'ensemble d'apprentissage. Ainsi, supposons que l'on effectue l'apprentissage d'un classifieur en cherchant la fonction indicatrice $\gamma(\boldsymbol{x},\boldsymbol{w}) = \dfrac{1+\mathrm{sgn}\left[g(\boldsymbol{x},\boldsymbol{w})\right]}{2}$ (de valeur 0 ou 1, comme indiqué plus haut) qui minimise une erreur empirique $P^{*2}(\boldsymbol{w})$ sur un ensemble d'apprentissage de cardinal N_A. Soit h la dimension de Vapnik-

Chervonenkis de $g(\boldsymbol{x}, \boldsymbol{w})$. On a le résultat suivant : si $N_A > h$, alors, avec une probabilité au moins égale à $1 - \eta$, *pour toute fonction de cette famille*, la différence entre l'erreur de généralisation (inconnue) $P^2(\boldsymbol{w})$ commise par cette fonction et l'erreur empirique $P^{*2}(\boldsymbol{w})$ calculée sur les données d'apprentissage est bornée supérieurement par la quantité

$$B(N_A, h, \eta) = \frac{E(N_A, h, \eta)}{2}\left(1 + \sqrt{1 + \frac{4P^{*2}(\boldsymbol{w})}{E(N_A, h, \eta)}}\right),$$

$$\text{où } E(N_A, h, \eta) = 4\frac{h\left[\ln\left(2\frac{N_A}{h}\right) + 1\right] - \ln\left(\frac{\eta}{4}\right)}{N_A}.$$

De plus, pour la fonction $g(\boldsymbol{x}, \boldsymbol{w}^*)$ pour laquelle l'erreur empirique est minimale (c'est-à-dire pour le modèle de la famille considérée qui est trouvé par apprentissage), avec une probabilité au moins égale à $1\text{-}2\eta$, la différence entre l'erreur de généralisation $P^2(\boldsymbol{w}^*)$ commise *par cette fonction* et la plus petite erreur de généralisation qui puisse être commise par un modèle de cette famille est bornée supérieurement par :

$$B^*(N_A, h, \eta) = \sqrt{\frac{-\ln\eta}{2N_A}} + \frac{E(N_A, h, \eta)}{2}\left(1 + \sqrt{1 + \frac{4}{E(N_A, h, \eta)}}\right).$$

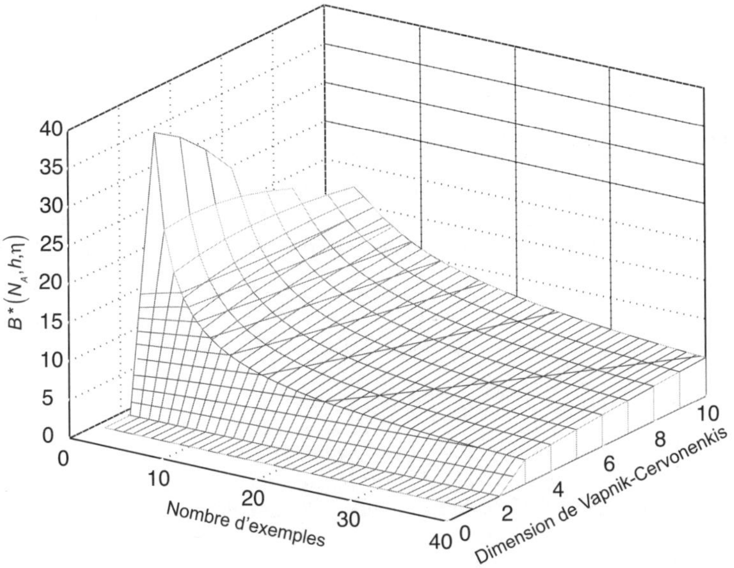

La figure 1-16 montre l'évolution de $B^*(N_A, h, \eta)$ en fonction du nombre d'exemples et de la dimension de Vapnik-Chervonenkis ($\eta = 10^{-2}$). On observe que cette borne croît lorsque le nombre d'exemples diminue, ce qui confirme le fait, mis en évidence dans les exemples présentés plus haut, que la qualité du modèle est d'autant meilleure que le nombre d'exemples est grand devant la complexité du modèle.

Figure 1-16. Exemple de borne théorique

Dans la pratique, la mise en œuvre de ces bornes est peu utile, car elles sont généralement très pessimistes ; elles peuvent éventuellement être utilisées pour comparer des modèles entre eux. Néanmoins, l'approche possède le très grand mérite de mettre en évidence des comportements universels de familles de fonctions, indépendamment de la distribution des exemples, pour des nombres d'exemples finis, et de fournir des guides pour la conception de modèles utiles dans des applications difficiles. Ainsi, les machines à vecteurs supports, décrites dans le chapitre 6, permettent un contrôle sur la dimension de Vapnik-Chervonenkis.

Minimisation du risque structurel

Les considérations développées dans les sections précédentes conduisent naturellement à un élément important de la méthodologie de conception de modèle, dite méthode de *minimisation du risque structurel*. Elle consiste à :

- postuler des modèles de complexité croissante, par exemple des polynômes de degré croissant ;
- trouver le ou les modèles pour lesquels l'erreur de prédiction empirique est minimale pour chaque complexité, éventuellement en pénalisant la variance par des méthodes de *régularisation* qui seront décrites dans le chapitre 2 ;
- choisir le meilleur modèle.

Les méthodes de conception de modèle qui seront décrites dans cet ouvrage entrent dans ce cadre.

Conception de modèles en pratique

Les exemples qui ont été exposés, et les considérations théoriques qui ont été décrites, illustrent les grandes lignes de la méthodologie de conception de modèles qu'il convient de suivre de manière rigoureuse pour obtenir, par apprentissage, des modèles précis et fiables, donc utiles. Dans cette section, nous récapitulons les étapes de conception d'un tel modèle.

Collecte et prétraitement des données

La première étape est évidemment la collecte des données. Deux situations peuvent se présenter :

- le modèle doit être conçu à partir d'une base de données préexistante, que l'on ne peut pas enrichir ;
- le concepteur du modèle peut spécifier les expériences qui doivent être effectuées pour améliorer le modèle.

Une fois les données disponibles, il convient de les traiter de manière à rendre la modélisation aussi efficace que possible.

Les données sont préexistantes

Là encore, il faut distinguer deux cas :

- les données sont peu nombreuses ; il faut alors s'efforcer de tirer le meilleur parti de ces données, en construisant des modèles aussi parcimonieux que possible en nombre de paramètres ;
- les données sont très nombreuses : on peut alors mettre en œuvre des méthodes dites de *planification expérimentale* ou d'*apprentissage actif*, afin de ne retenir que les exemples qui apportent une réelle information au modèle. La description détaillée de ces méthodes sort du cadre de cet ouvrage, mais des éléments en seront décrits dans les chapitres qui suivent.

Les données peuvent être spécifiées par le concepteur

Dans un tel cas, il est très souhaitable de mettre en œuvre des méthodes de planification expérimentale, surtout si les expériences sont longues ou coûteuses. Les plans d'expérience permettent en effet de limiter le nombre d'expériences, en n'effectuant que celles qui sont réellement utiles pour la conception du modèle.

Prétraitement des données

Une fois les données disponibles, il faut effectuer un prétraitement qui permette de rendre la modélisation aussi efficace que possible. Ces prétraitements dépendent de la tâche à effectuer et des particularités des données que l'on manipule. *Dans tous les cas*, le prétraitement minimal consiste à normaliser et à centrer les données, de manière à éviter, par exemple, que certaines variables aient de très grandes valeurs numériques par rapport à d'autres, ce qui rendrait les algorithmes d'apprentissage inefficaces. Le prétraitement le plus simple consiste donc à effectuer le changement de variables suivant, pour les variables $\boldsymbol{x}$ comme pour la grandeur à modéliser y^p :

$$u' = \frac{u - \langle u \rangle}{s_u},$$

où $\langle u \rangle$ désigne la moyenne de la grandeur u considérée

$$\langle u \rangle = \frac{1}{N} \sum_{k=1}^{N} u_k,$$

et s_u est l'estimateur de l'écart-type de u :

$$s_u = \sqrt{\frac{1}{N-1} \sum_{k=1}^{N} \left(u - \langle u \rangle\right)^2}.$$

Ainsi, toutes les grandeurs sont de moyenne nulle et d'écart-type unité.

Dans toute la suite, on supposera *toujours* que les grandeurs considérées ont été préalablement normalisées et centrées.

Sélection des variables

Lorsqu'on modélise un processus physique ou chimique bien connu, on détermine généralement, par une analyse préalable du problème, les variables qui ont une influence sur le phénomène étudié ; dans ce cas, une étape de sélection des variables n'est pas toujours nécessaire. En revanche, ce n'est pas le cas lorsqu'on cherche à modéliser un processus économique, social ou financier, ou encore un processus physico-chimique complexe ou mal connu : les experts du domaine peuvent donner des indications sur les facteurs qu'ils estiment pertinents, mais il s'agit souvent de jugements subjectifs qu'il faut mettre à l'épreuve des faits. On est alors conduit à retenir un grand nombre de variables candidates (appelées également *facteurs* ou *descripteurs*), potentiellement pertinentes. Néanmoins, la complexité du modèle croît avec le nombre de variables : par exemple, la dimension de Vapnik-Chervonenkis de polynômes de degré d vaut $\frac{(n+d)!}{n!d!}$, où n est le nombre de variables ; elle croît donc très rapidement avec n. Conserver un contrôle sur le nombre de variables est donc un élément important dans une stratégie de modélisation qui cherche à maîtriser la complexité des modèles. Nous décrirons plus en détail, dans ce chapitre, le problème de la sélection de variables et nous proposerons une méthode efficace pour le résoudre.

Les résultats de la sélection de variables sont susceptibles de remettre en cause des idées reçues concernant le phénomène à modéliser, ou, au contraire, de conforter des conjectures ou des intuitions concernant l'influence des variables candidates sur la grandeur à modéliser.

On peut également souhaiter diminuer le nombre de variables en réduisant la dimension de l'espace de représentation de la grandeur que l'on cherche à modéliser. Les principales méthodes utilisées dans ce but sont l'Analyse en Composantes Principales (ACP), l'Analyse en Composantes Indépendantes (ACI, ou ICA pour Independent Component Analysis) ou encore l'Analyse en Composantes Curvilignes (ACC). L'ACP et l'ACC sont décrites dans le chapitre 3 de cet ouvrage.

Apprentissage des modèles

Les méthodes d'apprentissage de différentes familles de modèles seront décrites en détail dans les différents chapitres de cet ouvrage. Comme nous l'avons déjà vu, elles consistent toutes à optimiser des fonctions bien choisies par des méthodes appropriées. L'apprentissage des modèles linéaires en leurs paramètres est décrit dans ce chapitre, dans la section « Conception de modèles linéaires par rapport à leurs paramètres (régression linéaire) ».

Sélection de modèles

Comme indiqué plus haut, la méthode de minimisation du risque structurel conduit à concevoir des modèles de complexités différentes et à choisir celui qui est susceptible d'avoir les meilleures propriétés de généralisation.

Nous avons vu qu'il est impossible, en général, d'estimer la capacité de généralisation d'un modèle à partir des résultats de l'apprentissage ; une telle procédure conduirait systématiquement à sélectionner un modèle de biais faible et de variance élevée, donc surajusté. Pour sélectionner le meilleur modèle parmi des modèles de complexités différentes, il convient donc de les comparer sur la base des prédictions qu'ils effectuent sur des données qui n'ont pas servi à l'apprentissage. Nous décrivons ci-dessous, dans la section intitulée « Sélection de modèles », les méthodes les plus couramment utilisées.

Sélection de modèles

Comme indiqué plus haut, la sélection de modèles est une étape cruciale dans la conception d'un modèle par apprentissage. Nous décrivons ici les trois méthodes les plus fréquemment mises en œuvre.

Validation simple (hold-out)

Lorsque l'on dispose d'un grand nombre de données, la méthode la plus simple consiste à diviser les données en trois ensembles (figure 1-17) :

- Un ensemble d'apprentissage, de taille N_A, utilisé pour l'apprentissage du modèle ; à l'issue de l'apprentissage, on calcule l'EQMA du modèle obtenu

$$EQMA = \sqrt{\frac{1}{N_A}\sum_{k=1}^{N_A}\left(y_k^p - g(\mathbf{x}_k, \mathbf{w})\right)^2}$$

  où la somme porte sur les éléments de l'ensemble d'apprentissage.

- Un ensemble de validation de taille N_V, disjoint de l'ensemble d'apprentissage, mais issu de la même distribution de probabilité, qui est utilisé pour comparer les performances des modèles du point de vue de leur aptitude à généraliser. On calcule, pour chaque modèle, son Erreur Quadratique Moyenne de Validation (EQMV)

$$EQMV = \sqrt{\frac{1}{N_V}\sum_{k=1}^{N_V}\left(y_k^p - g\left(\mathbf{x}_k, \mathbf{w}\right)\right)^2}$$

  où la somme porte sur les éléments de la base de validation.
- Un ensemble de test de taille N_T, disjoint des deux précédents, qui sert à évaluer la performance du modèle sélectionné en calculant l'Erreur Quadratique Moyenne de Test (EQMT)

$$EQMT = \sqrt{\frac{1}{N_T}\sum_{k=1}^{N_T}\left(y_k^p - g\left(\mathbf{x}_k, \mathbf{w}\right)\right)^2}$$

  où la somme porte sur les éléments de la base de test ; ces données ne doivent évidemment pas être utilisées pendant toute la phase de sélection de modèle.

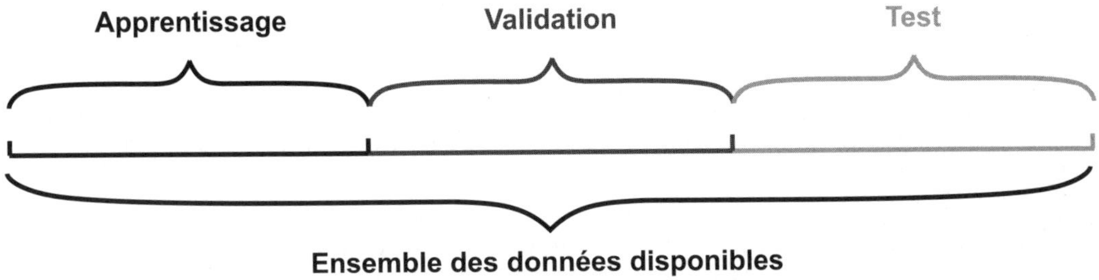

Figure 1-17. Validation simple

Parmi l'ensemble des modèles dont on a effectué l'apprentissage, on choisit évidemment celui dont l'EQMV est la plus petite ; si plusieurs modèles de complexités différentes peuvent prétendre à être choisis car leurs EQMV sont petites, et du même ordre de grandeur, on choisit celui dont la complexité est la plus faible.

Une fois déterminée la famille de fonctions de complexité optimale, on effectue un dernier apprentissage avec l'ensemble des données utilisées préalablement pour l'apprentissage et la validation ; la performance du modèle ainsi obtenu est estimée sur les données réservées pour le test.

Validation croisée (« cross-validation »)

Si l'on ne dispose pas de données abondantes, la validation simple risque de conduire à choisir des modèles surajustés à l'ensemble de validation. On utilise alors la validation croisée. Pour une famille de fonctions :

- séparer les données disponibles en un ensemble d'apprentissage-validation et un ensemble de test ;
- subdiviser le premier ensemble en D sous-ensembles disjoints (typiquement $D = 5$) ;
- itérer D fois, de telle manière que chaque exemple soit présent une et une seule fois dans un sous-ensemble de validation (figure 1-18) ;
  effectuer l'apprentissage sur D-1 sous-ensembles ; calculer la somme des carrés des erreurs sur le sous-ensemble des données restantes ;

$$S_i = \sum_{\substack{k \in \text{sous-ensemble} \\ \text{de validation } i}} \left(y_k^p - g\left(\boldsymbol{x}_k, \boldsymbol{w}_i\right)\right)^2$$

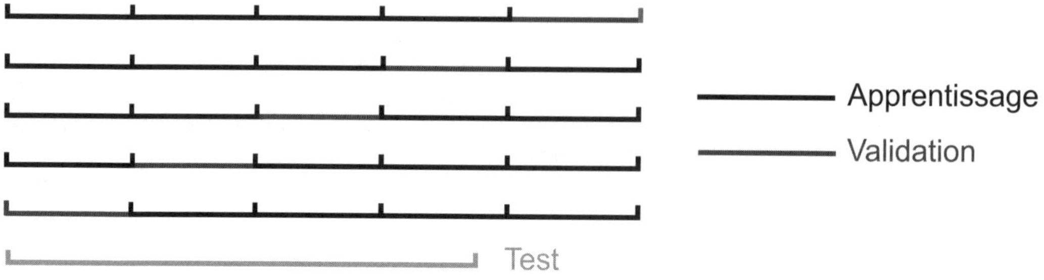

Figure 1-18. Validation croisée

- calculer le *score de validation croisée*

$$\sqrt{\frac{1}{N}\sum_{i=1}^{D} S_i} \;;$$

- sélectionner le modèle dont le score de validation croisée est le plus faible ; si plusieurs modèles de complexités différentes peuvent prétendre à être choisis car leurs EQMV sont petites, et du même ordre de grandeur, choisir celui dont la complexité est la plus faible.

Une fois déterminée la famille de fonctions de complexité optimale, on effectue l'apprentissage sur l'ensemble des données utilisées préalablement pour la validation croisée, et la performance du modèle ainsi obtenu est estimée sur les données réservées pour le test.

Leave-one-out

Le leave-one-out (également appelé *jackknife*) est la limite de la validation croisée, dans laquelle le nombre de partitions D de l'ensemble d'apprentissage-validation est égal au nombre de ses éléments N. Chaque sous-ensemble de validation est donc constitué d'un seul exemple. Pour une famille de fonctions de complexité donnée, il faut donc réaliser autant d'apprentissages qu'il y a d'exemples dans la base d'apprentissage-validation. Pour chaque exemple k exclu de l'ensemble d'apprentissage, on calcule l'erreur de prédiction

$$r_k^{-k} = y_k^p - g(\boldsymbol{x}, \boldsymbol{w}^{-k})$$

où $g(\boldsymbol{x}, \boldsymbol{w}^{-k})$ désigne le modèle, de paramètres $\boldsymbol{w}^{-k}$, obtenu lorsque l'exemple k est exclu de l'ensemble d'apprentissage.

Une fois la procédure effectuée, on calcule le score de leave-one-out

$$E_t = \sqrt{\frac{1}{N}\sum_{k=1}^{N}\left(r_k^{-k}\right)^2}.$$

Comme dans les cas précédents, on choisit le modèle qui a le plus petit score de leave-one-out ; si plusieurs modèles de complexités différentes peuvent prétendre à être choisis car leurs scores de leave-one-out sont petits, et du même ordre de grandeur, on choisit celui dont la complexité est la plus faible. L'apprentissage final est effectué avec l'ensemble des données disponibles.

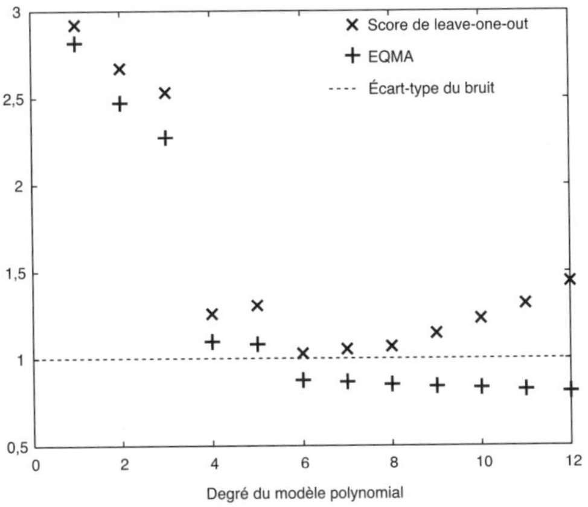

Figure 1-19. EQMA et score de leave-one-out moyens sur 100 bases d'apprentissage comprenant chacune 30 exemples

La figure 1-19 montre le score de leave-one-out et l'EQMA en fonction du degré du modèle polynomial, pour l'exemple étudié plus haut dans la section intitulée « Un exemple de modélisation pour la prédiction ». Les résultats sont remarquablement voisins de ceux qui sont représentés sur la figure 1-4 ; mais, à la différence de ces derniers, l'erreur de généralisation n'est pas estimée sur un ensemble de test de 1 000 exemples (il est tout à fait exceptionnel de disposer de données de test aussi abondantes), mais avec les seuls 30 points disponibles. La procédure conduit à la sélection d'un polynôme de degré 6 ; il faut noter que les résultats présentés ici sont une moyenne sur 100 ensembles d'apprentissage.

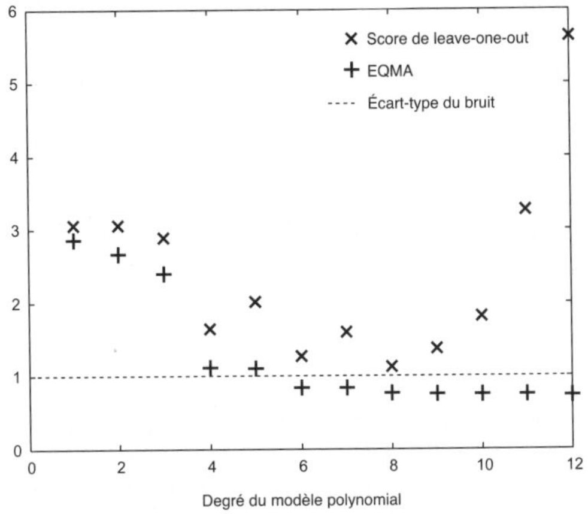

Figure 1-20. EQMA et score de leave-one-out pour un seul ensemble d'apprentissage

Dans la pratique, on ne dispose que d'un ensemble d'apprentissage, ce qui introduit une plus grande variabilité dans les résultats ; ainsi, dans le cas représenté sur la figure 1-20, les modèles de degré 6 et 8 peuvent prétendre à être choisis ; compte tenu du fait que les scores de leave-one-out sont très voisins, on choisit le modèle de degré 6.

Cette technique est donc gourmande en temps de calcul, en raison du grand nombre d'apprentissages nécessaires. Le calcul du PRESS, décrit dans la section « Conception de modèles linéaires » de ce chapitre, et la méthode du *leave-one-out virtuel*, qui sera décrite dans le chapitre 2, constituent des alternatives beaucoup plus économiques en temps de calcul.

Sélection de variables

Comme souligné plus haut, la sélection de variables constitue un élément important dans une stratégie de conception d'un modèle par apprentissage ; elle contribue en effet à la diminution de la complexité d'un modèle. L'ouvrage [GUYON 2006] fournit une excellente vue d'ensemble des approches modernes de la sélection de variables.

La sélection de variables nécessite toujours :

- de définir un critère de pertinence des variables pour la prédiction de la grandeur à modéliser ;
- de ranger les variables candidates par ordre de pertinence ;
- de définir un seuil qui permette de décider que l'on conserve ou que l'on rejette une variable ou un groupe de variables.

Dans cette section, nous poserons d'abord le problème de la définition d'un critère de pertinence sous son angle statistique, puis nous décrirons une méthode efficace de sélection de variables. Enfin, nous décrirons une stratégie générale à appliquer pour la sélection de variables.

Cadre théorique

Cette section pose les bases théoriques nécessaires à une appréhension générale du problème de sélection de variables. Le lecteur peu soucieux de ce cadre théorique peut sans dommage omettre la lecture de cette section et passer directement à la section intitulée « Méthode de la variable sonde ».

La présentation qui suit est inspirée de l'introduction de [GUYON 2006].

L'objectif de la sélection de variables est de discerner, dans un ensemble de variables candidates $\{x_1, x_2, \ldots x_n\}$, qui constituent le vecteur de variables que nous avons noté $\boldsymbol{x}$ dans les sections précédentes, celles qui sont pertinentes pour la modélisation de la grandeur y^p. Comme précédemment, ces variables peuvent être modélisées comme des réalisations des composantes $X_1, X_2, \ldots, X_n$ d'un vecteur aléatoire $\boldsymbol{X}$. On désigne par $\boldsymbol{X}^{-i}$ le vecteur dont les composantes sont celles de $\boldsymbol{X}$ à l'exception de la variable x_i. Enfin, on désigne par $\boldsymbol{S}^{-i}$ un vecteur aléatoire dont les composantes sont un sous-ensemble des composantes de $\boldsymbol{X}^{-i}$ ($\boldsymbol{S}^{-i}$ peut être identique à $\boldsymbol{X}^{-i}$). En résumé, le vecteur $\boldsymbol{X}$ modélise toutes les variables candidates, le vecteur $\boldsymbol{X}^{-i}$ modélise le vecteur des variables candidates dont on a supprimé la variable i, et le vecteur $\boldsymbol{S}^{-i}$ modélise le vecteur des variables candidates dont on a supprimé au moins la variable i, et éventuellement d'autres variables.

Il va de soi que la variable i est *certainement non pertinente* pour prédire la grandeur y^p si et seulement si les variables x_i et y^p varient indépendamment l'une de l'autre lorsque toutes les autres variables sont fixées, ce qui peut s'écrire :

$$p_{X_i,Y^p}\left(X_i,Y^p\middle|\boldsymbol{S}^{-i}\right)=p_{X_i}\left(X_i\middle|\boldsymbol{S}^{-i}\right)p_{Y^p}\left(Y^p\middle|\boldsymbol{S}^{-i}\right).$$

Une variable qui est pertinente n'obéit donc pas à cette relation. Pour savoir si une variable est peu pertinente ou très pertinente, il est donc naturel de chercher à savoir si le membre de gauche de cette égalité est peu différent, ou très différent, du membre de droite. S'agissant de distributions de probabilités, une « différence » s'exprime généralement par la *distance de Kullback-Leibler* entre les distributions. La distance de Kullback-Leibler entre deux distributions de probabilités p_U et p_V est définie par la relation [KULLBACK 1959] :

$$\int_{-\infty}^{+\infty} p_V \ln\left(\frac{p_U}{p_V}\right) du\, dv.$$

Elle s'écrit donc ici :

$$I\left(X_i,Y^p\middle|\boldsymbol{S}^{-i}\right)=\int_{-\infty}^{+\infty} p_{X_i,Y^p}\left(X_i,Y^p\middle|\boldsymbol{S}^{-i}\right)\ln\left(\frac{p_{X_i,Y^p}\left(X_i,Y^p\middle|\boldsymbol{S}^{-i}\right)}{p_{X_i}\left(X_i\middle|\boldsymbol{S}^{-i}\right)p_{Y^p}\left(Y^p\middle|\boldsymbol{S}^{-i}\right)}\right)dx_i dy^p.$$

Cette quantité n'est autre que *l'information mutuelle* entre X_i et Y^p, étant données toutes les autres variables. Plus elle est grande, plus la variable x_i est pertinente pour la prédiction de y^p, toutes les autres variables étant connues.

Puisque l'on cherche un indice de pertinence qui soit indépendant des autres variables candidates, il est naturel de proposer comme indice de pertinence, pour la variable i, la moyenne de l'information mutuelle :

$$r(i) = \sum_{S^{-i}} \Pr(S^{-i}) I(X_i, Y^p | S^{-i}).$$

On peut alors fixer un seuil ε et décider de rejeter toutes les variables telles que

$$r(i) < \varepsilon.$$

Il faut néanmoins remarquer que les intégrales qui interviennent dans l'expression de l'indice de pertinence ne sont pas calculables, puisque l'on ne dispose que d'un nombre fini N de réalisations de x_i et de y^p. Ce critère de sélection n'est donc pas applicable en pratique ; en revanche, on peut, au moins en principe, estimer la probabilité pour que l'indice de pertinence soit supérieur à un seuil ε, et décider que la variable candidate doit être rejetée si la probabilité pour que son indice de pertinence soit supérieur au seuil est inférieure à une quantité δ :

$$\Pr(r(i,N) > \varepsilon) < \delta$$

où $r(i, N)$ désigne l'indice de pertinence estimé pour la variable i à partir d'un échantillon de N exemples.

Les méthodes qui nécessitent l'estimation de densités de probabilité sont généralement de mise en œuvre délicate, notamment lorsque les exemples sont en nombre limité. Nous décrivons ci-dessous une méthode simple et robuste qui est fondée sur l'estimation de corrélations.

Méthode de la variable sonde

Rappelons l'objectif de toute procédure de sélection de variables : classer les variables candidates en deux groupes, les variables que l'on conserve car on les considère pertinentes, et celles que l'on rejette. Supposons que l'on ait défini un indice de pertinence $r(i, N)$ pour la variable i, à partir d'un échantillon de N observations. La variable i étant modélisée comme une variable aléatoire, son indice de pertinence est lui-même une variable aléatoire. La figure 1-21 représente symboliquement les distributions de probabilité de l'indice de pertinence pour les variables pertinentes et pour les variables non pertinentes ; ces distributions sont évidemment inconnues, puisque l'on ne sait pas quelles variables sont pertinentes. Néanmoins, on peut penser que, si l'indice de pertinence est bien choisi, sa distribution, pour les variables pertinentes, possède un pic situé à des valeurs plus élevées que le pic de sa distribution pour les variables non pertinentes. Dans la pratique, les deux distributions ne sont pas parfaitement séparées : si l'on choisit un seuil ε comme indiqué sur la figure, il existe une probabilité non nulle de « faux positif » (probabilité de conserver une variable alors qu'elle n'est pas pertinente), et une probabilité non nulle de « faux négatif » (probabilité de rejeter une variable alors qu'elle est pertinente). Il faut donc choisir judicieusement ce seuil compte tenu des données dont on dispose.

À la fin de la section précédente, un critère de rejet a été proposé : rejeter la variable i si

$$\Pr(r(i,N) > \varepsilon) < \delta.$$

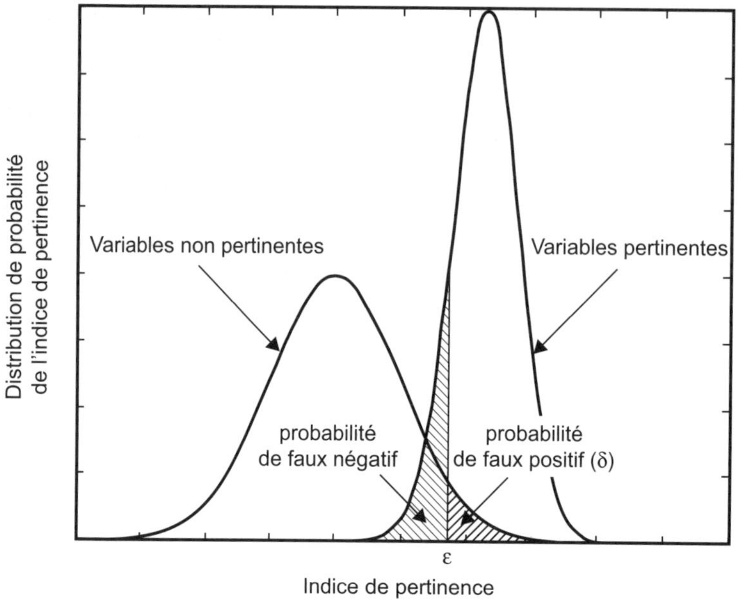

Figure 1-21. Distributions de probabilité de l'indice de pertinence pour des variables pertinentes et pour des variables non pertinentes

Cette condition se traduit sur la figure 1-21 par le fait que l'on choisit ε de telle manière que l'aire hachurée en traits gras soit inférieure à la probabilité δ que l'on s'est fixée.

Si l'on connaissait la distribution de l'indice de pertinence pour les variables non pertinentes, le seul paramètre que le concepteur du modèle aurait à choisir serait donc cette probabilité δ. L'intérêt de la méthode de la variable sonde est qu'elle permet d'estimer la densité de probabilité de l'indice de pertinence des variables non pertinentes. Muni de cette connaissance, on procède de la manière suivante : si les données sont peu nombreuses, on choisit δ « petit », donc ε « grand », car il convient d'être très sélectif afin de limiter le nombre de faux positifs. En revanche, si les données sont nombreuses, on peut se permettre de diminuer le seuil ε, donc de sélectionner un plus grand nombre de variables, au risque de conserver des variables non pertinentes.

Définition de l'indice de pertinence

Comme indiqué dans la section précédente (« cadre théorique »), un indice de pertinence peut naturellement être défini à partir de la notion d'information mutuelle, mais il est très difficile à estimer pratiquement, notamment dans le cas où de nombreuses variables sont candidates. Il est plus simple de définir un indice de pertinence à partir du coefficient de corrélation entre les variables candidates et la grandeur à modéliser, que celle-ci soit binaire (classification) ou réelle (régression).

Dans ce but, on se place dans le cadre de modèles linéaires en leurs paramètres

$$g(\boldsymbol{x},\boldsymbol{w}) = \sum_{i=1}^{p} w_i f_i(\boldsymbol{x}).$$

Dans cette expression, $f_i(\boldsymbol{x})$ peut être soit la variable x_i elle-même, qui est alors appelée « variable primaire », soit une fonction non paramétrée des variables, alors appelée « variable secondaire ». Pour simplifier, on désignera dans la suite par z_i la variable candidate de numéro i, qu'il s'agisse d'une variable primaire ou d'une variable secondaire :

$$g(\boldsymbol{x},\boldsymbol{w}) = \sum_{i=1}^{p} w_i z_i.$$

La figure 1-22 illustre la notion de variables primaire et secondaire, à l'aide d'un graphisme qui sera largement utilisé dans la suite de l'ouvrage. Les cercles représentent des fonctions ; le cercle contenant un signe Σ représente une fonction sommation. Les carrés ne réalisent aucune fonction : ils symbolisent simplement les variables du modèle. Le modèle représenté à gauche est un modèle linéaire en ses paramètres et en ses variables : les variables primaires et secondaires sont identiques. Le modèle de droite est un modèle linéaire en ses paramètres mais non linéaire en ses variables ; les variables secondaires sont obtenues à partir des variables primaires par des transformations non linéaires non paramétrées. Ainsi, le modèle de droite pourrait représenter un polynôme, les fonctions φ_i étant des monômes des variables primaires.

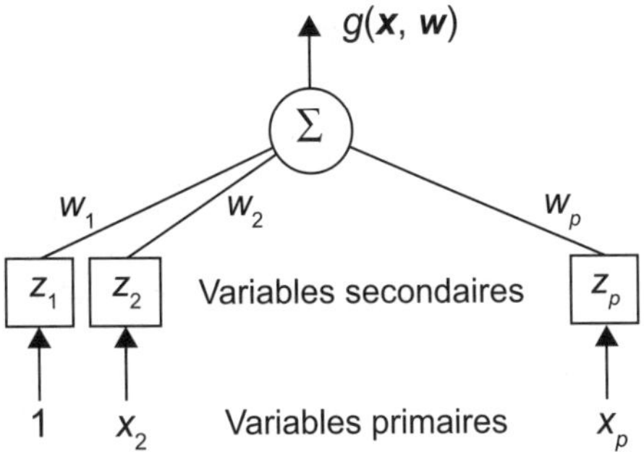

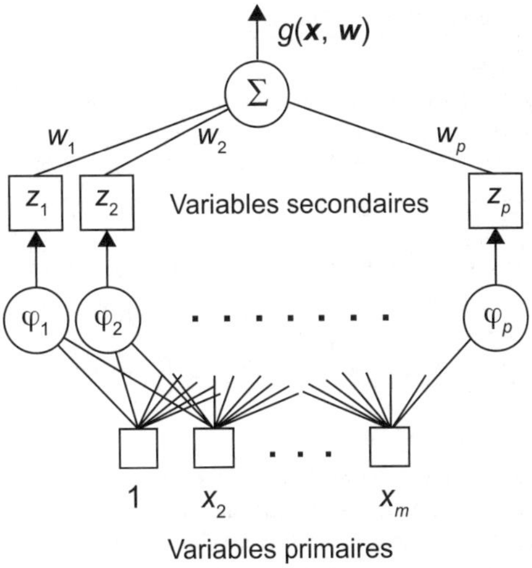

Figure 1-22. Modèles linéaires en leurs paramètres

Le carré du coefficient de corrélation entre deux variables aléatoires U et V centrées (de moyenne nulle), dont on connaît N réalisations, est estimé par la quantité

$$r_{U,V}^2 = \frac{\sum_{k=1}^{N} (u_k v_k)^2}{\sum_{k=1}^{N} u_k^2 \sum_{k=1}^{N} v_k^2}.$$

Cette quantité a une interprétation géométrique simple. Considérons *l'espace des observations*, de dimension N. Dans cet espace, la grandeur u est représentée par un vecteur $\boldsymbol{u}$, dont chaque composante est une observation u_k de u. Le carré du coefficient de corrélation est alors le carré du cosinus de l'angle θ_{uv} entre les vecteurs $\boldsymbol{u}$ et $\boldsymbol{v}$ dans cet espace :

$$r_{U,V}^2 = \cos^2 \theta_{uv} = \frac{(\boldsymbol{u} \cdot \boldsymbol{v})^2}{(\boldsymbol{u} \cdot \boldsymbol{u})(\boldsymbol{v} \cdot \boldsymbol{v})}$$

où le symbole · représente le produit scalaire dans l'espace des observations. Le coefficient de corrélation est donc compris entre zéro (observations non corrélées, vecteurs représentatifs orthogonaux dans l'espace des observations) et 1 (observations complètement corrélées, vecteurs représentatifs colinéaires).

Ainsi, le coefficient de corrélation entre la grandeur à modéliser y^p et la variable candidate z_i est donné par :

$$r^2_{Y^p, Z_i} = \frac{\left(\mathbf{y}_k^p \cdot \mathbf{z}_i\right)^2}{\left(\mathbf{y}_k^p \cdot \mathbf{y}_k^p\right)\left(\mathbf{z}_i \cdot \mathbf{z}_i\right)}$$

où $\mathbf{y}_k^p$ et $\mathbf{z}_i$ sont les vecteurs représentatifs, dans l'espace des observations, de la grandeur à modéliser et de la variable candidate de numéro i (primaire ou secondaire) respectivement.

Attention

Ne pas confondre z et z_i. Le vecteur z, qui intervient par exemple dans la notation du modèle $g(z, w)$, désigne le vecteur des variables du modèle : il est de dimension p. En revanche, le vecteur z_i représente la variable numéro i du modèle dans l'espace des observations : il est de dimension N, où N désigne le nombre d'observations.

À partir de ce coefficient de corrélation, l'indice de pertinence des variables candidates est défini comme le *rang de la variable candidate dans un classement établi par orthogonalisation de Gram-Schmidt* [CHEN 1989]. La procédure est la suivante :

- calculer les coefficients de corrélation entre y_k^p et les p variables candidates, et choisir la variable candidate z_i la plus corrélée à y_k^p ;
- projeter le vecteur $\mathbf{y}_k^p$ et toutes les variables non sélectionnées sur le sous-espace orthogonal à la variable z_i ;
- itérer dans ce sous-espace.

Les variables sont donc sélectionnées les unes après les autres. À chaque orthogonalisation, la contribution de la dernière variable sélectionnée au vecteur $\mathbf{y}_k^p$ est supprimée ; on obtient donc bien un classement des variables par ordre de pertinence décroissante. Il est alors naturel de considérer que le rang d'une variable dans ce classement est le reflet de la pertinence de cette variable par rapport à la modélisation que l'on cherche à effectuer.

La figure 1-23 illustre le processus dans un cas très simple où l'on aurait trois exemples (N = 3) et deux variables primaires ou secondaires candidates (p = 2), représentées par les vecteurs z_1 et z_2 dans l'espace des observations. La première étape a pour effet de sélectionner la variable z_1, car l'angle entre z_1 et $\mathbf{y}^P$ est plus petit que l'angle entre z_2 et $\mathbf{y}^p$. La deuxième étape consiste à projeter orthogonalement $\mathbf{y}^P$ et la variable non sélectionnée z_2 sur le sous-espace orthogonal à z_1. Toutes les variables candidates étant classées, le processus s'arrête alors. S'il y avait plus de deux variables candidates, le même processus serait itéré dans le sous-espace orthogonal à z_1.

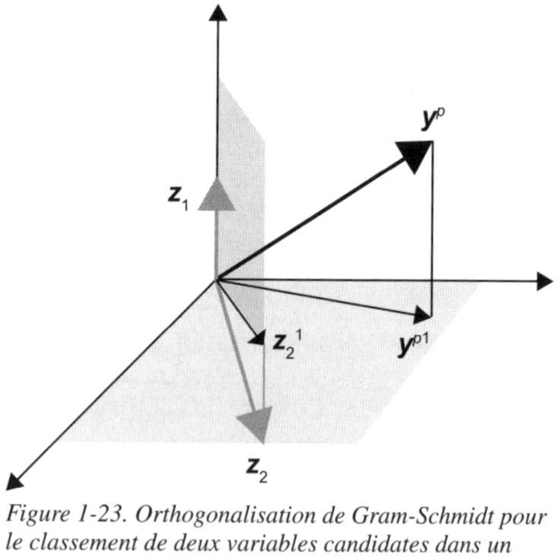

Figure 1-23. Orthogonalisation de Gram-Schmidt pour le classement de deux variables candidates dans un espace des observations de dimension trois

Remarque 1

En pratique, il est préférable d'utiliser une variante de l'algorithme de Gram-Schmidt, appelée algorithme de Gram-Schmidt modifié, qui est plus stable numériquement [BJÖRCK 1967].

Remarque 2

L'algorithme d'orthogonalisation de Gram-Schmidt décrit ci-dessus est un cas particulier d'un algorithme d'apprentissage de modèles linéaires, décrit plus loin dans la section « Moindres carrés par orthogonalisation de Gram-Schmidt »

Exemple important

Pour illustrer l'importance de considérer les variables secondaires, et de ne pas se limiter aux variables primaires, considérons un problème simple de classification, illustré sur la figure 1-24.

On dispose de quatre exemples, appartenant à deux classes : la classe A, représentée par des croix, à laquelle on affecte l'étiquette $y^p = +1$, et la classe B, représentée par des cercles, à laquelle on affecte l'étiquette $y^p = -1$. Considérons comme variables candidates les variables primaires $z_1 = x_1$, $z_2 = x_2$, ainsi que la variable secondaire $z_3 = x_1\, x_2$. Dans l'espace des observations, de dimension 4, les vecteurs représentatifs des variables candidates sont (les numéros des observations sont indiqués sur la figure 1-24)

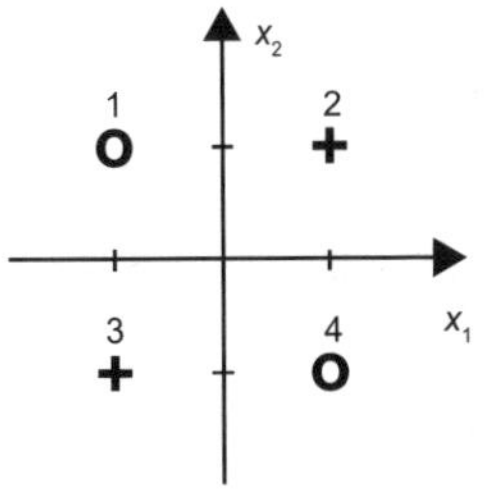

Figure 1-24. Exemple illustrant l'importance des variables secondaires

$$\mathbf{z}_1 = \begin{pmatrix} -1 \\ +1 \\ -1 \\ +1 \end{pmatrix} ; \mathbf{z}_2 = \begin{pmatrix} +1 \\ +1 \\ -1 \\ -1 \end{pmatrix} ; \mathbf{z}_3 = \begin{pmatrix} -1 \\ +1 \\ +1 \\ -1 \end{pmatrix}$$

et le vecteur représentatif de la grandeur à modéliser est

$$\mathbf{y}^p = \begin{pmatrix} -1 \\ +1 \\ +1 \\ -1 \end{pmatrix}.$$

Aucune des deux variables primaires, prise séparément, n'est pertinente pour la prédiction de y^p, puisque $\left(\mathbf{z}_1 \cdot \mathbf{y}^p\right)^2 = 0$ et $\left(\mathbf{z}_2 \cdot \mathbf{y}^p\right)^2 = 0$. En revanche, le coefficient de corrélation entre z_3 et y^p vaut 1. Par conséquent, la variable secondaire x_1x_2 détermine entièrement le modèle, alors que les variables primaires sont complètement inopérantes pour résoudre ce problème de classification (connu sous le nom de « problème du OU exclusif » ou « problème du XOR ») avec des modèles linéaires en leurs paramètres. Le modèle $g(x, w) = x_1x_2$ sépare complètement les exemples disponibles puisque $\mathrm{sgn}(g(x, w)) = +1$ pour les exemples de la classe A et $\mathrm{sgn}(g(x, w)) = -1$ pour ceux de la classe B. Il faut néanmoins remarquer que le problème peut être résolu avec comme variables x_1 et x_2 si l'on met en œuvre des modèles non linéaires en leurs paramètres, des réseaux de neurones par exemple.

Détermination du seuil de sélection des variables

Disposant d'une méthode de classement des variables candidates, il reste donc à déterminer le rang au-delà duquel les variables candidates doivent être rejetées. Comme indiqué dans la section « Cadre théorique », le problème serait simple si les distributions du rang des variables pertinentes et du rang des variables non pertinentes étaient connues. Ce n'est évidemment pas le cas, mais il est néanmoins possible d'estimer la distribution du rang des variables non pertinentes en créant artificiellement des variables non pertinentes ou « variables sondes ».

Présentation intuitive

Intuitivement, on pourrait envisager la procédure suivante :

- créer une variable sonde dont les « valeurs observées » seraient aléatoires, sans relation avec la grandeur à modéliser : cette variable est donc, par construction, non pertinente ;
- lors du classement par orthogonalisation de Gram-Schmidt, faire participer cette variable au même titre que les autres variables ;
- arrêter le classement des variables lorsque la variable sonde apparaît dans la procédure de classement : toutes les variables non encore classées sont alors rejetées, puisqu'elles sont moins pertinentes que la variable sonde qui, par construction, n'est pas pertinente.

Cette procédure est risquée : en effet, la décision de rejet est fondée sur le classement d'un seul vecteur représentatif de la variable sonde, donc d'une seule réalisation de ce vecteur aléatoire. Si l'on procédait à un autre tirage des valeurs de la variable sonde, on obtiendrait très probablement un autre rang, dans le classement, pour cette variable : on prendrait donc une autre décision de rejet. En d'autres termes, le rang de la variable sonde est lui-même une variable aléatoire, dont la distribution de probabilité est une estimation de la distribution de probabilité du rang des variables non pertinentes.

Présentation rigoureuse

Cette dernière remarque renvoie à la condition de rejet établie dans la section « Cadre théorique » : une variable candidate i est rejetée si

$$\Pr\big(r(i,N) > \varepsilon\big) < \delta$$

où $r(i, N)$ est l'indice de pertinence de la variable i, estimé à partir de N observations. Dans le cadre de la méthode de la variable sonde, l'indice de pertinence est le rang $\rho(i, N)$ de la variable candidate i ; la variable i est donc d'autant plus pertinente que son rang est petit. L'équation précédente s'écrit alors :

$$\Pr\big(\rho(i,N) < \rho_0\big) < \delta$$

où ρ_0 est le rang au-delà duquel les variables candidates doivent être rejetées. Or on souhaite que toutes les réalisations de la variable sonde soient rejetées ; l'application de la relation précédente aux variables sondes s'écrit donc :

$$\Pr\big(\rho_S < \rho_0\big) < \delta$$

où ρ_S désigne le rang d'une réalisation de la variable sonde. Ainsi, étant donnée une valeur de δ fixée, le seuil de rejet ρ_0 est le rang tel qu'une réalisation de la variable sonde soit classée au-dessus de ce rang avec une probabilité inférieure à δ, ou encore qu'une réalisation de la variable sonde ait une probabilité $1 - \delta$ d'être classée dans un rang au-delà de ρ_0. Cette situation est résumée sur la figure 1-25, où sont présentées la distribution hypothétique (puisque inconnue) du rang des variables pertinentes, et la distribution du rang de la variable sonde, qui constitue une estimation du rang des variables non pertinentes. Si l'on est prêt à admettre un risque de 10 % ($\delta = 0{,}1$) pour qu'une variable soit conservée alors qu'elle est aussi bien ou moins bien classée qu'une réalisation de la variable sonde (« risque de première espèce »), on lit, sur le graphe de la probabilité cumulée, qu'il faut rejeter toute variable de rang supérieur à 15. On peut noter que cette procé-

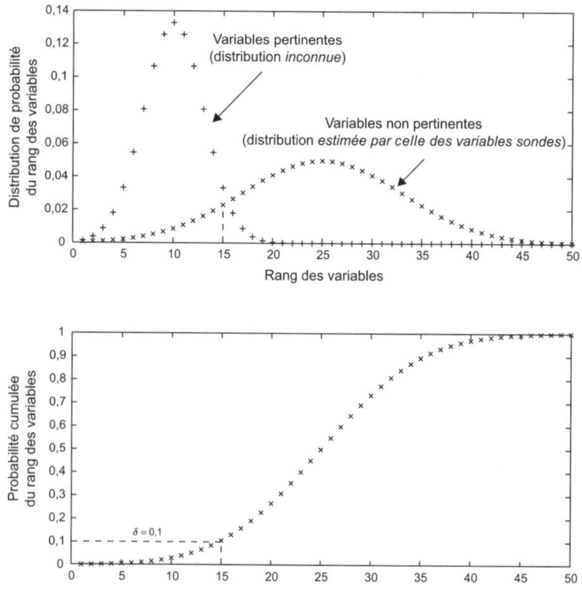

Figure 1-25. Choix du seuil de rejet des variables candidates

dure ne contrôle pas le risque de rejeter d'éventuelles variables pertinentes qui seraient classées au-delà du rang 15 (« risque de deuxième espèce ») ; on verra, dans la section intitulée « Limitations de la méthode », qu'il est néanmoins possible d'estimer ce risque, sans toutefois le contrôler.

En pratique, deux techniques sont utilisables pour engendrer les réalisations de la variable sonde :

- mélanger aléatoirement les observations des variables candidates ;
- tirer des nombres aléatoires dans une distribution de moyenne nulle et de variance 1, puisque les variables candidates ont été préalablement normalisées et centrées, comme indiqué plus haut dans la section « Prétraitement des données ».

Si les variables candidates obéissent à une distribution gaussienne, on peut légitimement considérer que la variable sonde est gaussienne. Alors, la probabilité cumulée du rang de la variable sonde peut être calculée analytiquement [STOPPIGLIA 2003], de sorte qu'il est inutile d'engendrer des réalisations de la variable sonde. On procède de la manière suivante : à chaque étape du classement par la méthode de Gram-Schmidt, on calcule la probabilité cumulée du rang de la variable sonde, et, lorsque celle-ci atteint la valeur δ choisie, on arrête le processus.

Si les variables n'obéissent pas à une distribution gaussienne, on estime la probabilité cumulée du rang de la variable sonde. Pour cela, on engendre un grand nombre de réalisations de la variable sonde, et l'on procède à l'orthogonalisation de Gram-Schmidt. Chaque fois qu'une réalisation de la variable sonde est rencontrée, on en prend note et l'on enlève cette variable du classement : on obtient ainsi une estimation empirique de la probabilité cumulée du rang de la variable sonde. Comme dans le cas précédent, on arrête le processus lorsque l'estimation de la probabilité cumulée atteint la valeur δ fixée à l'avance.

La figure 1-26 illustre cette approche à l'aide d'un exemple académique proposé dans [LAGARDE DE 1983] et repris dans [STOPPIGLIA 2003]. À partir d'un ensemble de 15 observations, on cherche à établir un modèle linéaire (en ses paramètres et en ses variables) avec 10 variables candidates, dont 5 seulement sont pertinentes : les coefficients des autres variables, dans la fonction linéaire génératrice des données, sont nuls. S'agissant d'un problème académique, les exemples ont été engendrés en ajoutant à une fonction linéaire un bruit gaussien centré ; les variables obéissent à une loi normale. L'objectif est de sélectionner les variables pertinentes. La figure 1-26 présente deux courbes : la probabilité cumulée du rang de la variable sonde *calculée* en supposant que la variable sonde obéit à une loi gaussienne, et la probabilité cumulée *estimée*, par la procédure décrite plus haut, à partir de 100 réalisations de la variable sonde, tirées d'une distribution gaussienne. On observe que, dans les deux cas, le choix d'un risque $\delta = 0{,}1$ conduit à sélectionner les 5 variables candidates les mieux classées, qui sont effectivement les 5 variables pertinentes à partir desquelles les données ont été engendrées.

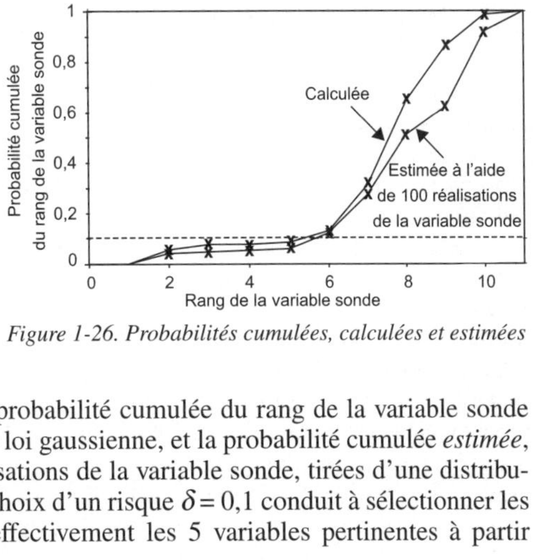

Figure 1-26. Probabilités cumulées, calculées et estimées

Limitations de la méthode

La principale limitation de la méthode de la variable sonde résulte de l'utilisation de l'algorithme de Gram-Schmidt, qui exige que le nombre de variables sélectionnées soit supérieur au nombre d'exemples. Il convient de noter que cette limitation porte sur le nombre de variables *sélectionnées*, et non sur le nombre de variables *candidates* : à l'aide de la méthode de la variable sonde, on peut traiter des problèmes où le nombre de variables candidates est très supérieur au nombre d'exemples.

D'autre part, la méthode contrôle directement le risque de faux positif, c'est-à-dire le risque de conserver une variable alors qu'elle n'est pas pertinente. Elle ne contrôle pas directement le risque de faux négatif, c'est-à-dire le risque de rejeter une variable alors qu'elle est pertinente. Néanmoins, il est possible de conserver également un contrôle sur ce phénomène en estimant le « taux de fausse découverte » (*false discovery rate* ou FDR), comme décrit dans [Dreyfus 2006].

Exemples académiques (classification)

Exemple 1

100 bases de données ont été construites de la manière suivante : pour chaque base, une fonction $g(\boldsymbol{x}, \boldsymbol{w})$ de deux variables a été choisie aléatoirement, 1 200 exemples ont été créés aléatoirement à partir de cette fonction en affectant à la classe A les exemples pour lesquels $\text{sgn}(g(\boldsymbol{x}, \boldsymbol{w})) = +1$. 10 % de ces exemples ont été affectés de manière erronée, de sorte qu'il y a 10 % d'erreur sur la base d'apprentissage. 800 exemples ont été utilisés pour l'apprentissage et 400 pour le test. Enfin, 238 variables non pertinentes ont été ajoutées à l'ensemble des variables, de sorte qu'il y a en tout 240 variables candidates, parmi lesquelles deux seulement sont pertinentes. La méthode décrite ci-dessus a été appliquée aux 240 variables candidates, et un classifieur a été réalisé à l'aide des deux premières variables sélectionnées. À titre de comparaison, un classifieur a été réalisé avec les deux « vraies » variables. Pour les 100 bases de données, la procédure a toujours trouvé au moins une des deux vraies variables, et a trouvé les deux vraies variables dans 74% des cas. Le tableau 1-2 résume les résultats moyens obtenus sur les 100 bases d'apprentissage.

Taux moyen d'erreurs de classification avec les variables sélectionnées	Taux moyen d'erreurs de classification avec les « vraies » variables	Hypothèse nulle : différence entre les taux d'erreurs moyens < 0,125
10,4% (écart-type 1,1%)	10,1% (écart-type 0,7%)	Acceptée

Tableau 1-2

On observe que le taux d'erreur de classification moyen (en moyenne sur les 100 bases de données), obtenu par un classifieur construit avec les descripteurs sélectionnés, est très voisin du taux d'erreur de classification obtenu par un classifieur établi avec les vraies variables. Un test d'hypothèse (voir la dernière section de ce chapitre) accepte l'hypothèse que la différence entre les taux d'erreurs moyens est inférieur à 0,125, c'est à dire à une erreur sur 800 ; en d'autres termes, la différence observée entre les taux d'erreurs des deux classifieurs n'est pas significative, puisque chaque base de données comprend 800 exemples d'apprentissage. Cela signifie que, lorsque la méthode n'a trouvé qu'une des deux vraies variables, l'autre variable sélectionnée permettait de discriminer les exemples de manière aussi précise que la vraie variable qui n'a pas été découverte. Les résultats sont semblables sur les bases de test.

À titre de comparaison, les taux d'erreurs sont d'environ 45 % si les deux variables sont choisies aléatoirement, et de 30 % si une des vraies variables est utilisée, l'autre variable étant choisie aléatoirement. Si l'on utilise un risque de 1% ($\delta = 0,1$), les trois premières variables du classement sont sélectionnées, ce qui ne dégrade pas les résultats de manière significative [Stoppiglia 2003].

Exemple 2

On construit 100 bases de données de 100 exemples tirés de distributions gaussiennes à deux variables x_1 et x_2, les centres étant dans les positions du problème du XOR (figure 1-24) ; 50 variables aléatoires non pertinentes sont ajoutées à l'ensemble des variables candidates. On utilise cette fois, outre les variables primaires, les monômes du second degré de celles-ci, ce qui produit en tout 1 326 variables candidates dont 52 variables indépendantes. Comme indiqué plus haut, la seule variable pertinente pour résoudre ce problème est le produit $x_1 x_2$; avec un risque de 1%, c'est effectivement la seule variable sélectionnée.

Variable sonde et test de Fisher

La méthode de la variable sonde est apparentée à l'utilisation de tests d'hypothèse pour la sélection de variables. Le lecteur qui n'est pas familier avec les tests d'hypothèses trouvera les concepts et définitions nécessaires dans la dernière section de ce chapitre.

Test de Fisher pour la sélection de variables

Comme précédemment, nous nous plaçons dans le cadre des modèles linéaires par rapport à leurs paramètres

$$g(\boldsymbol{x},\boldsymbol{w}) = \sum_{i=1}^{p} w_i z_i = \boldsymbol{w} \cdot \boldsymbol{z}$$

où les z_i sont les variables primaires ou secondaires.

On suppose que les mesures de la grandeur à modéliser peuvent être considérées comme les réalisations d'une variable aléatoire Y^p telle que $Y^p = \boldsymbol{w}^p \cdot \boldsymbol{z} + \Omega$, où $\boldsymbol{z}$ est le vecteur des variables du modèle (de dimension inconnue), où $\boldsymbol{w^p}$ est le vecteur (non aléatoire mais inconnu) des paramètres du modèle, et où Ω est une variable aléatoire gaussienne inconnue d'espérance mathématique nulle. On a donc :

$$E_{Y^p} = \boldsymbol{w}^p \cdot \boldsymbol{z}.$$

Nous cherchons à construire un modèle g, à partir d'un ensemble de N mesures $\{ y_k^p, k = 1 \text{ à } N\}$ qui constituent un ensemble de réalisations de la variable aléatoire Y^p ; nous désignons par $\boldsymbol{y^p}$ le vecteur, de dimension N, dont les composantes sont les y_k^p. Ce modèle dépend de l'ensemble des mesures utilisées pour sa construction : il est donc lui-même une réalisation d'une variable aléatoire G.

Supposons que l'on ait déterminé un ensemble de Q variables qui contient certainement les variables mesurables pertinentes pour la grandeur à modéliser. Un modèle contenant toutes les variables mesurables pertinentes est appelé *modèle complet*. On cherche alors un modèle de la forme

$$G_Q = \boldsymbol{W}^Q \cdot \boldsymbol{z}^Q$$

où $\boldsymbol{z}^Q$ est le vecteur des variables du modèle (de dimension Q+1 puisque, outre les variables pertinentes, le vecteur des variables contient une composante constante égale à 1) et où $\boldsymbol{W}$ est un vecteur aléatoire qui dépend de la réalisation du vecteur $\boldsymbol{Y^p}$ utilisée pour la construction du modèle. Rappelons que l'on dit que ce modèle complet est *vrai*, pour indiquer qu'il existe certainement une réalisation $\boldsymbol{w^p}$ du vecteur aléatoire $\boldsymbol{W}$ telle que $g_Q = E_{Y^p}$.

Supposons que l'apprentissage soit effectué par minimisation de la fonction de coût des moindres carrés

$$J(\boldsymbol{w}) = \sum_{k=1}^{N} \left(y_k^p - g_Q(\boldsymbol{z}_k,\boldsymbol{w}) \right)^2 = \left\| \left(\boldsymbol{y}^p - \boldsymbol{g}_Q(\boldsymbol{z},\boldsymbol{w}) \right) \right\|^2,$$

où $\boldsymbol{w}$ désigne une réalisation du vecteur des paramètres $\boldsymbol{W}$, z^k est le vecteur des Q+1 variables pour l'exemple k, et où $\boldsymbol{g}_Q(z, \boldsymbol{w})$ est le vecteur des valeurs des réalisations de G_Q pour les N mesures effectuées.

Soit $\boldsymbol{w}_{mc}^Q$ le vecteur des paramètres pour lequel la fonction de coût J est minimum. Le modèle obtenu est donc de la forme $g_Q = \boldsymbol{w}_{mc}^Q \cdot \boldsymbol{z}$, et l'on peut définir le vecteur $\boldsymbol{g}_Q = \boldsymbol{Z}\boldsymbol{w}_{mc}^Q$, où :

- $\boldsymbol{g_Q}$ est le vecteur dont les N composantes sont les prédictions du modèle pour chacune des N mesures effectuées ;

- $\boldsymbol{Z}$ est une matrice (dite *matrice des observations*) dont la colonne i (i = 1 à Q+1) est le vecteur z_i dont les composantes sont les N mesures de la variable numéro i : la matrice $\boldsymbol{Z}$ a donc N lignes et Q+1 colonnes :

$$\boldsymbol{Z} = \begin{pmatrix} z_{11} & \cdots & z_{1,Q+1} \\ z_{21} & \ddots & z_{2,Q+1} \\ \vdots & \ddots & \vdots \\ z_{N,1} & \cdots & z_{N,Q+1} \end{pmatrix}$$

où z_{ij} désigne la mesure numéro i de la variable candidate numéro j.

On se pose la question suivante : les Q variables du modèle complet sont-elles toutes pertinentes ? Pour répondre à cette question, on remarque que, si une variable n'est pas pertinente, le paramètre correspondant du modèle complet doit être égal à zéro. On appelle *sous-modèle* du modèle complet un modèle obtenu en mettant à zéro un ou plusieurs paramètres du modèle complet. Pour répondre à la question posée, il faut donc comparer le modèle complet à tous ses sous-modèles. Considérons un de ceux-ci, par exemple le modèle dont le vecteur $\boldsymbol{w}$ a ses q dernières composantes (numérotées de Q-q+2 à Q+1) égales à zéro : $\boldsymbol{g}_{Q-q} = \boldsymbol{Z}\boldsymbol{w}_{mc}^{Q-q}$, où $\boldsymbol{w}_{mc}^{Q-q}$ est le vecteur de paramètres obtenus en minimisant la fonction de coût des moindres carrés $J(\boldsymbol{w}) = \left\|\left(\boldsymbol{y}^p - \boldsymbol{g}_{Q-q}(z,\boldsymbol{w})\right)\right\|^2$ sous la contrainte que les q dernières composantes du vecteur des paramètres soient nulles. On veut tester l'hypothèse nulle H_0 : les q derniers paramètres du vecteur aléatoire $\boldsymbol{W}$ sont nuls. Si cette hypothèse est vraie, la variable aléatoire

$$U = \frac{N-Q-1}{q}\frac{\left\|\boldsymbol{Y}^p - \boldsymbol{G}_{Q-q}\right\|^2 - \left\|\boldsymbol{Y}^p - \boldsymbol{G}_Q\right\|^2}{\left\|\boldsymbol{Y}^p - \boldsymbol{G}_Q\right\|^2} = \frac{N-Q-1}{q}\frac{\left\|\boldsymbol{G}_Q - \boldsymbol{G}_{Q-q}\right\|^2}{\left\|\boldsymbol{Y}^p - \boldsymbol{G}_Q\right\|^2}$$

est une variable de Fisher à q et N-Q-1 degrés de liberté.

En effet, la quantité $\left\|\boldsymbol{Y}^p - \boldsymbol{G}_Q\right\|^2$ est la somme des carrés des composantes du vecteur $\boldsymbol{Y}^p - \boldsymbol{G}_Q$, dont on verra, dans la section consacrée à l'apprentissage des modèles linéaires par rapport à leurs paramètres, qu'il est orthogonal au sous-espace déterminé par les Q + 1 colonnes de la matrice Z. C'est donc la somme de N – (Q + 1) carrés de variables aléatoires indépendantes gaussiennes : elle suit une distribution de Pearson à N – Q – 1 degrés de liberté. De même, le vecteur $\boldsymbol{G}_Q - \boldsymbol{G}_{Q-q}$ est dans un espace à q dimensions, donc le carré de sa norme est une somme des carrés de q variables aléatoires indépendantes : $\left\|\boldsymbol{G}_Q - \boldsymbol{G}_{Q-q}\right\|^2$ est donc une variable de Pearson à q degrés de liberté. Le rapport U de ces deux variables est donc une variable de Fisher, comme indiqué dans la section « Éléments de statistiques ».

Supposons que l'on dispose d'une très grande quantité de mesures ; si l'hypothèse nulle est vraie, le numérateur de U est très petit car le procédé de minimisation de la fonction de coût donne des valeurs nulles aux q paramètres « inutiles » du modèle complet, donc $\boldsymbol{g}_Q$ et $\boldsymbol{g}_{Q-q}$ sont très voisins. Si l'hypothèse nulle est fausse, les deux modèles ne peuvent pas être très voisins, même si le nombre de mesures est très grand, puisque le sous-modèle est trop pauvre pour rendre compte des données expérimentales. On comprend ainsi que la valeur de la réalisation de U doit être petite si l'hypothèse nulle est vraie.

Le test de Fisher consiste donc à choisir un risque α, et à trouver, en inversant la distribution de probabilité cumulée de Fisher, la valeur u_α telle que $\Pr(u < u_\alpha) = \alpha$. On calcule alors la quantité u (réalisation de la variable U avec les mesures disponibles) :

$$u = \frac{N-Q-1}{q} \frac{\left\| y^p - g_{Q-q}\left(z, w_{mc}^{Q-q}\right)\right\|^2 - \left\| y^p - g_Q\left(z, w_{mc}^{Q}\right)\right\|^2}{\left\| y^p - g_Q\left(z, w_{mc}^{Q}\right)\right\|^2}$$

et l'on accepte l'hypothèse nulle si et seulement si $u < u_\alpha$.

Test de Fisher et méthode de la variable sonde

On trouvera dans [STOPPIGLIA 2003] la démonstration du résultat suivant : si le modèle examiné à l'itération k du procédé d'orthogonalisation de Gram-Schmidt est un modèle *complet*, c'est-à-dire s'il contient toutes les variables pertinentes, et si le modèle complet est *vrai*, c'est-à-dire si la fonction de régression appartient à la famille des fonctions dans laquelle on recherche le modèle, alors l'opération de sélection effectuée à l'itération k est équivalente à un test de Fisher entre les modèles obtenus aux itérations k et k–1.

La méthode de la variable sonde présente donc deux avantages par rapport au test de Fisher : d'une part, elle donne une interprétation claire et intuitive du critère de sélection ; d'autre part, elle est applicable, que l'on dispose ou non d'un modèle complet, et que ce modèle soit vrai ou ne le soit pas.

Résumé : stratégies de conception

Dans cette section, nous montrons comment les différentes tâches à accomplir doivent être articulées entre elles pour concevoir un modèle par apprentissage (sélection de variables, apprentissage, sélection de modèles). On suppose que les étapes de collecte des données et de prétraitement de celles-ci ont été effectuées.

Une première stratégie peut être résumée de la façon suivante :
- Effectuer la sélection de variables sur l'ensemble des données disponibles.
- Effectuer l'apprentissage et la sélection de modèles de complexités différentes par validation croisée ou leave-one-out.
- Effectuer l'apprentissage du meilleur modèle avec toutes les données d'apprentissage et de validation.
- Tester le modèle sur un ensemble de tests.

Cette stratégie est simple et relativement peu coûteuse, mais elle n'est pas complètement rigoureuse dans la mesure où toutes les données disponibles sont utilisées pour la sélection de variables.

Pour être plus rigoureux, il convient de procéder de la façon suivante :
- Séparer les données en sous-ensembles d'apprentissage et de validation.
- Pour chaque sous-ensemble d'apprentissage
  - effectuer la sélection de variables, noter le nombre de variables sélectionnées,
  - effectuer l'apprentissage de modèles de complexités différentes et calculer les erreurs de validation.
- Calculer les scores de validation croisée et choisir le meilleur modèle ; soit n_0 le nombre de variables de ce modèle.
- Avec toutes les données utilisées pour l'apprentissage et la validation
  - effectuer le classement de variables par la méthode de Gram-Schmidt et choisir les n_0 variables les mieux classées,
  - avec ces variables, effectuer l'apprentissage du modèle qui a la meilleure complexité.
- Tester le modèle sur l'ensemble de test.

Si l'on n'est pas sûr que la valeur de δ choisie pour effectuer cette procédure est optimale, on peut ajouter une boucle extérieure portant sur différentes valeurs de δ.

Cette stratégie est applicable à toute méthode de sélection de variables fondée sur un classement des variables par ordre de pertinence.

Rappelons qu'il existe un grand nombre de méthodes de sélection de variables. La méthode de la variable sonde, décrite ici, a été présentée car elle est simple et robuste ; elle a été validée sur une grande variété d'applications ; néanmoins, il n'y a pas de méthode miracle, et dans certains cas, d'autres méthodes peuvent se révéler plus efficaces. Une synthèse très complète des méthodes modernes de sélection de variables est présentée dans l'ouvrage [GUYON 2006].

Conception de modèles linéaires par rapport à leurs paramètres (régression linéaire)

On a rappelé au début de ce chapitre le lien étroit qui existe entre apprentissage artificiel et statistiques. Avant même l'introduction du terme d'apprentissage, les statisticiens avaient largement développé la conception de modèles linéaires en leurs paramètres, ou *régression linéaire*. Il est donc important, dès ce chapitre introductif, de rappeler les méthodes de conception de modèles linéaires. De nombreux ouvrages sont entièrement consacrés à ce sujet (par exemple [SEBER 1977], [DRAPER 1998])

Rappelons qu'un modèle est dit « linéaire en ses paramètres », ou simplement « linéaire » s'il est de la forme :

$$g(\boldsymbol{x},\boldsymbol{w}) = \sum_{i=1}^{p} w_i f_i(\boldsymbol{x})$$

où les fonctions $f_i(\boldsymbol{x})$ sont des fonctions non paramétrées des variables (composantes du vecteur $\boldsymbol{x}$), dites *variables primaires*. Ces fonctions peuvent être considérées comme des *variables secondaires* z_i, de sorte que l'on écrira de manière générale un modèle linéaire en ses paramètres sous la forme

$$g(\boldsymbol{z},\boldsymbol{w}) = \sum_{i=1}^{p} w_i z_i$$

où les variables z_i peuvent être soit les variables primaires elles-mêmes, soit des variables secondaires déduites des variables primaires par une transformation non paramétrée (ou à paramètres fixés). On écrira aussi un tel modèle sous la forme

$$g(\boldsymbol{z},\boldsymbol{w}) = \boldsymbol{w} \cdot \boldsymbol{z}$$

où $\boldsymbol{w}$ et $\boldsymbol{z}$ sont des vecteurs de dimension p.

Sélection de variables pour les modèles linéaires en leurs paramètres

Ce problème a été abordé plus haut, dans la section consacrée à la sélection de modèles. Les méthodes décrites dans cette section sont directement applicables à la conception de modèles linéaires en leurs paramètres.

Apprentissage de modèles linéaires en leurs paramètres : la méthode des moindres carrés

Pour l'apprentissage des modèles linéaires en leurs paramètres, on choisit généralement comme fonction de perte le carré de l'erreur de modélisation

$$\pi\left[y^p, g(z,\mathbf{w})\right] = \left[y^p - g(z,\mathbf{w})\right]^2$$

de sorte que l'on cherche les paramètres pour lesquels la fonction de coût des moindres carrés $J(\mathbf{w})$ est minimum :

$$J(\mathbf{w}) = \sum_{k=1}^{N_A}\left(y_k^p - g(z_k,\mathbf{w})\right)^2$$

où N_A est le nombre d'exemples de l'ensemble d'apprentissage, z_k est le vecteur des variables pour l'exemple k, et y_k^p est la valeur de la grandeur à modéliser pour l'exemple k.

Dans la section intitulée « Variable sonde et test de Fisher », on a défini la matrice des observations $\mathbf{Z}$, qui est une matrice à N lignes et p colonnes, dont l'élément z_{ij} est la valeur prise par la variable numéro j du modèle pour l'exemple i de l'ensemble d'apprentissage :

$$\mathbf{Z} = \begin{pmatrix} z_{11} & \cdots & z_{1,p} \\ z_{21} & \ddots & z_{2,p} \\ \vdots & \ddots & \vdots \\ z_{N,1} & \cdots & z_{N,p} \end{pmatrix}.$$

La fonction de coût peut alors se mettre sous la forme :

$$J(\mathbf{w}) = \left\|\mathbf{y}^p - \mathbf{g}(z,\mathbf{w})\right\|^2$$

où $\mathbf{y}^p$ est le vecteur dont les N composantes sont les valeurs de la grandeur à mesurer pour chacun des N exemples, et $\mathbf{g}(z, \mathbf{w})$ est le vecteur dont les N composantes sont les prédictions du modèle pour chacun des exemples. Le vecteur $\mathbf{w}_{mc}$ est le vecteur pour lequel la fonction de coût est minimum :

$$\nabla_{\mathbf{w}} J = \left(\frac{dJ(\mathbf{w})}{d\mathbf{w}}\right)_{\mathbf{w}=\mathbf{w}_{mc}} = 0,$$

qui représente un ensemble de p équations, dont les p inconnues sont les paramètres w_i, $i = 1$ à p. Comme la fonction $J(\mathbf{w})$ est quadratique en fonction des w_i, sa dérivée par rapport à w_i est linéaire : il s'agit donc d'un système linéaire de p équations à p inconnues, appelées *équations canoniques*.

On montre facilement que cette équation s'écrit

$$\nabla_{\mathbf{w}} J = -2\mathbf{Z}^T\left(\mathbf{y}^p - \mathbf{Z}\mathbf{w}_{mc}\right) = 0$$

où $\mathbf{Z}^T$ désigne la transposée de la matrice $\mathbf{Z}$, soit encore

$$\mathbf{w}_{mc} = \left(\mathbf{Z}^T\mathbf{Z}\right)^{-1}\mathbf{Z}^T\mathbf{y}^p.$$

Exemple

Considérons un modèle affine à une variable (p = 2) comme représenté sur la figure 1-27 :

$$g(\mathbf{x},\mathbf{w}) = w_1 + w_2 x.$$

Dans cet exemple, les points « expérimentaux » ont été obtenus en ajoutant à la fonction de régression $f(x) = 2 + 5\,x$ des réalisations d'une variable aléatoire gaussienne de moyenne nulle et d'écart-type égal à 3. Rappelons que, dans un problème réaliste, la fonction de régression est inconnue : l'objectif de l'apprentissage est de trouver un modèle qui soit aussi proche que possible de cette fonction inconnue.

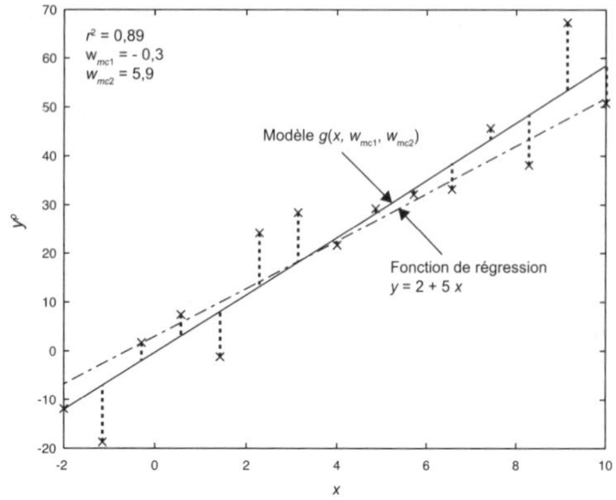

Figure 1-27. Points expérimentaux et modèle obtenu par la méthode des moindres carrés ; la somme des carrés des longueurs des segments en pointillés est minimale ; le coefficient de corrélation r^2 est défini ci-dessous, dans la section « Estimation de la qualité de l'apprentissage ».

La matrice des observations vaut $\mathbf{X} = \begin{pmatrix} 1 & x_1 \\ 1 & x_2 \\ \vdots & \vdots \\ 1 & x_N \end{pmatrix}$, où x_i désigne la valeur prise par pour l'observation i de la variable x. On a alors :

$$\mathbf{X}^T\mathbf{X} = \begin{pmatrix} N & \sum_{k=1}^{N} x_k \\ \sum_{k=1}^{N} x_k & \sum_{k=1}^{N} (x_k)^2 \end{pmatrix}.$$

Par application de la relation $\mathbf{w}_{mc} = \left(\mathbf{X}^T\mathbf{X}\right)^{-1}\mathbf{X}^T\mathbf{y}^p$, on trouve les paramètres du modèle affine :

$$w_{mc2} = \frac{N\sum_{k=1}^{N} x_k y_k^p - \sum_{k=1}^{N} x_k \sum_{k=1}^{N} y_k^p}{N\sum_{k=1}^{N}(x_k)^2 - \left(\sum_{k=1}^{N} x_k\right)^2} = \frac{\langle xy^p\rangle - \langle x\rangle\langle y^p\rangle}{\langle x^2\rangle - \langle x\rangle^2}$$

$$w_{mc1} = \frac{1}{N}\sum_{k=1}^{N} y_k^p - w_{mc2}\frac{1}{N}\sum_{k=1}^{N} x_k = \langle y^p\rangle - w_{mc2}\langle x\rangle$$

où $\langle u\rangle$ désigne la valeur moyenne de la grandeur u.

Remarque 1

La droite des moindres carrés passe par le centre de gravité des mesures.

En effet : $g(\langle x\rangle,\mathbf{w}) = w_{mc1} + w_{mc2}\langle x\rangle = \langle y^p\rangle - w_{mc2}\langle x\rangle + w_{mc2}\langle x\rangle = \langle y^p\rangle$.

Remarque 2

Si les données sont centrées ($\langle x\rangle = \langle y^p\rangle = 0$), la droite des moindres carrés passe par l'origine car w_{mc1} = 0. De plus : $w_{mc2} = \dfrac{\langle xy^p\rangle}{\langle x^2\rangle}$

Si, de plus, les données sont normalisées, on a en outre $\frac{1}{N}\sum_{k=1}^{N}\left(x - \langle x\rangle\right)^2 = 1 = \langle x^2\rangle$, par conséquent $w_{mc2} = \langle xy^p\rangle$.

Propriétés de la solution des moindres carrés

Un modèle obtenu par la méthode des moindres carrés possède des propriétés statistiques intéressantes qui justifient l'utilisation de la fonction de perte d'erreur quadratique, de préférence à d'autres fonctions de pertes envisageables telles que la valeur absolue de l'erreur.

Cas où le modèle est vrai

Supposons que le modèle linéaire postulé soit « vrai », c'est-à-dire que la fonction de régression inconnue appartienne effectivement à la famille des fonctions linéaires. Ce cas a déjà été rencontré plus haut (classification de deux ensembles d'observations issues de deux distributions gaussiennes de mêmes variances) ; le cas inverse a également été rencontré (modélisation de la fonction 10 sin$x$ / x par des polynômes). Les observations sont donc des réalisations de la variable aléatoire $Y^p = \mathbf{w}^p \cdot z + \varepsilon$, avec $E_\varepsilon = 0$. En conséquence, $E_{Y^p} = \mathbf{w}^p \cdot z$. Désignant par $\mathbf{Y}^p$ le vecteur des N observations, on a donc $E_{Y^p} = \mathbf{ZW}^p$.

Propriété

Le vecteur des paramètres w_{mc} trouvés par la méthode des moindres carrés est un estimateur non biaisé des paramètres w^p de la fonction de régression.

Démonstration

On a vu plus haut que $\mathbf{w}_{mc} = \left(\mathbf{Z}^T\mathbf{Z}\right)^{-1}\mathbf{Z}^T\mathbf{y}^p$. Par conséquent : $E_{\mathbf{w}_{mc}} = \left(\mathbf{Z}^T\mathbf{Z}\right)^{-1}\mathbf{Z}^T E_{\mathbf{Y}^p} = \left(\mathbf{Z}^T\mathbf{Z}\right)^{-1}\mathbf{Z}^T\mathbf{Z}\mathbf{W}^p = \mathbf{W}^p$, ce qui prouve la propriété.

Théorème de Gauss-Markov

Théorème

Les paramètres des modèles obtenus par minimisation de la fonction de coût des moindres carrés sont les paramètres de variance minimum.

Ainsi, dans la mesure où c'est l'augmentation de la variance qui produit le surajustement, la minimisation de la fonction de coût des moindres carrés permet de limiter le phénomène (sans toutefois le supprimer, bien entendu). L'expression de la variance des paramètres est établie plus loin, dans la section « Variance des paramètres d'un modèle linéaire ».

Cas où le bruit est gaussien

Si le bruit ε est gaussien, de variance σ^2, les estimations des paramètres obéissent à une loi gaussienne.

De plus, on démontrera, dans la section « Variance des paramètres d'un modèle linéaire », que la variance des paramètres vaut $\left(\mathbf{Z}^T\mathbf{Z}\right)^{-1}\sigma^2$ (quelle que soit la distribution de ε).

La figure 1-28 présente les histogrammes des paramètres w_{mc1} et w_{mc2} pour l'exemple considéré sur la figure 1-27. Ces histogrammes ont été obtenus en engendrant 100 ensembles d'apprentissage correspondant à 100 réalisations différentes du bruit, et en effectuant l'apprentissage de 100 modèles par la méthode des moindres carrés. On observe bien des distributions gaussiennes, centrées sur les valeurs des paramètres de la fonction de régression ($w_1^p = 2$, $w_2^p = 5$).

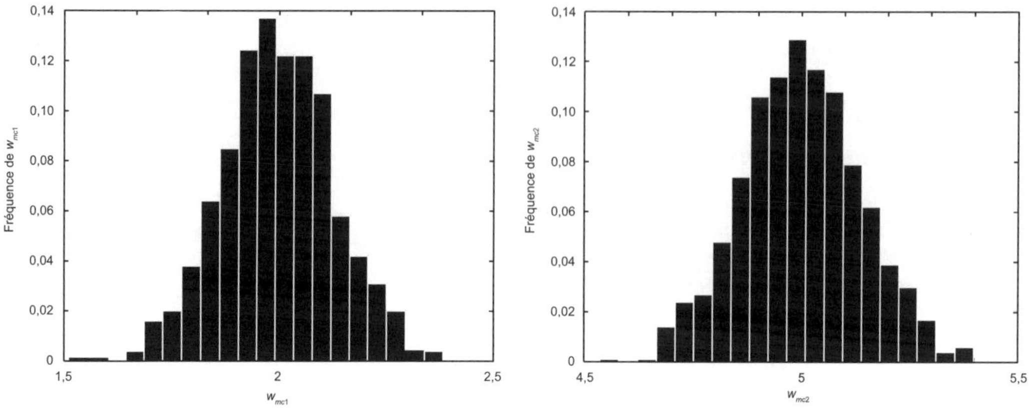

Figure 1-28. Distributions des paramètres d'un modèle linéaire avec bruit gaussien

Estimation de la qualité de l'apprentissage

La qualité d'un modèle linéaire est estimée par le coefficient de corrélation multiple r^2 entre les données et les prédictions.

Si U et V sont deux variables aléatoires, leur coefficient de corrélation $R_{U,V}$ est défini par

$$R_{U,V} = \frac{\mathrm{cov}_{U,V}}{\sigma_U \sigma_V} = \frac{E_{UV} - E_U E_V}{\sqrt{E_{U^2} - E_U^2}\sqrt{E_{V^2} - E_V^2}}$$

où $\mathrm{cov}_{U,V}$ désigne la covariance de U et V (voir la définition de la covariance de deux variables dans l'annexe « Éléments de statistiques » à la fin de ce chapitre).

Si U et V sont identiques, le coefficient de corrélation est une variable certaine qui vaut 1 ; si, au contraire, ces deux variables aléatoires sont indépendantes, le coefficient de corrélation vaut 0.

Comme cela a été fait à plusieurs reprises dans ce chapitre, considérons les données y^p et les prédictions du modèle comme des réalisations de variables aléatoires. On peut alors calculer une réalisation r de la variable R :

$$r = \frac{\sum_{k=1}^{N}\left(g(\boldsymbol{x},\boldsymbol{w}_{mc}) - \langle g(\boldsymbol{x},\boldsymbol{w}_{mc})\rangle\right)\left(y^p - \langle y^p\rangle\right)}{\sqrt{\sum_{k=1}^{N}\left(g(\boldsymbol{x},\boldsymbol{w}_{mc}) - \langle g(\boldsymbol{x},\boldsymbol{w}_{mc})\rangle\right)^2}\sqrt{\sum_{k=1}^{N}\left(y^p - \langle y^p\rangle\right)^2}} \quad (N >> 1).$$

Pour juger de la qualité du modèle, on utilise le *coefficient de détermination,* dont on démontre qu'il est une réalisation du *carré du coefficient de corrélation* entre les prédictions du modèle et les observations :

$$r^2 = \frac{\sum_{k=1}^{N}\left(g(x_k, w_{mc}) - \langle y^p\rangle\right)^2}{\sum_{k=1}^{N}\left(y_k^p - \langle y^p\rangle\right)^2}.$$

Si les variables sont centrées, cette expression se réduit à :

$$r^2 = \frac{\left(\left\langle xy^p \right\rangle\right)^2}{\left\langle x^2 \right\rangle \left\langle \left(y^p\right)^2 \right\rangle}.$$

Remarque
On retrouve ici la formule du carré du coefficient de corrélation introduit comme critère de pertinence dans la section « Sélection de variables » ; on trouve également dans cette section l'interprétation géométrique de ce coefficient.

Pour juger « visuellement » de la qualité d'un modèle, il est très commode d'utiliser son diagramme de dispersion, qui présente les valeurs prédites par le modèle en fonction des valeurs expérimentales correspondantes : les points de ce diagramme sont d'autant plus proches de la première bissectrice que la qualité de l'apprentissage est meilleure.

Remarque très importante
Rappelons qu'un apprentissage de très bonne qualité ne signifie pas que le modèle obtenu soit capable de généraliser correctement : un modèle qui a parfaitement appris les données d'apprentissage peut être surajusté, donc généraliser très mal. Il faut ainsi considérer le diagramme de dispersion sur les données d'apprentissage pour juger de la qualité de l'apprentissage, mais également le diagramme de dispersion sur des données non utilisées pour l'apprentissage, afin d'estimer la capacité de généralisation du modèle.

La figure 1-29 montre le diagramme de dispersion pour le modèle linéaire réalisé à partir des données d'apprentissage représentées sur la figure 1-27.

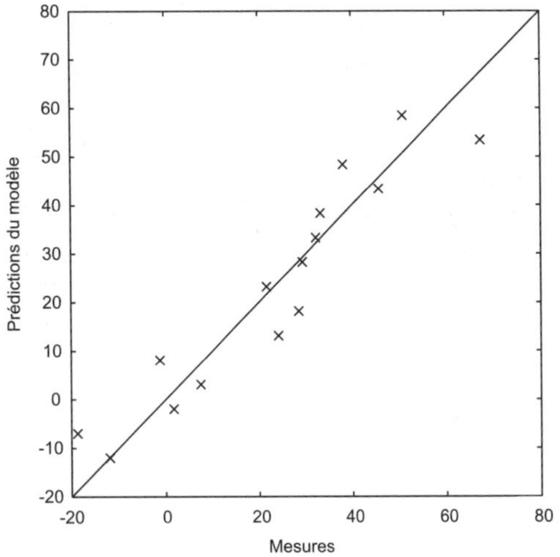

Figure 1-29. Diagramme de dispersion pour les données représentées sur la Figure 1-27.

Interprétation géométrique

La régression linéaire par la méthode des moindres carrés a une interprétation géométrique simple. Rappelons que le vecteur $\mathbf{w}_{mc}$ des paramètres du modèle

$$g(z, \mathbf{w}) = \sum_{i=1}^{p} w_i z_i = \mathbf{w} \cdot \mathbf{z}$$

est obtenu par la relation

$$\mathbf{w}_{mc} = \left(\mathbf{Z}^T \mathbf{Z}\right)^{-1} \mathbf{Z}^T \mathbf{y}^p$$

où $\mathbf{Z}$ est la matrice des observations. Par conséquent, le vecteur $\mathbf{g}(z, \mathbf{w}_{mc})$ des prédictions du modèle sur l'ensemble d'apprentissage est donné par

$$\mathbf{g}(z, \mathbf{w}_{mc}) = \mathbf{Z}\mathbf{w}_{mc} = \mathbf{Z}\left(\mathbf{Z}^T \mathbf{Z}\right)^{-1} \mathbf{Z}^T \mathbf{y}^p$$

Or la matrice $\mathbf{Z}\left(\mathbf{Z}^T \mathbf{Z}\right)^{-1} \mathbf{Z}^T$ (de dimensions N, N) n'est autre que la matrice de projection orthogonale sur les vecteurs colonnes de la matrice $\mathbf{Z}$. Le vecteur des prédictions du modèle sur l'ensemble d'apprentissage est donc la projection orthogonale du vecteur $\mathbf{y}^p$ sur le sous-espace de l'espace des observations défini par les vecteurs colonnes de la matrice des observations $\mathbf{Z}$. Ce dernier sous-espace est appelé « espace des estimations ».

Remarque
La matrice $Z\left(Z^T Z\right)^{-1} Z^T$ est souvent appelée « matrice chapeau » et notée H. En effet, le vecteur des estimations effectuées par le modèle à partir des observations y est souvent noté $\hat{y}$, donc $\hat{y} = Hy$: la matrice H est la matrice qui « met un chapeau » sur y.

L'interprétation géométrique de la méthode des moindres carrés est illustrée sur la figure 1-30, pour un modèle affine, dans le cas où l'espace des observations est de dimension 3. Dans cet espace, la matrice des observations a pour expression :

$$\mathbf{Z} = \begin{pmatrix} 1 & z_1 \\ 1 & z_2 \\ 1 & z_3 \end{pmatrix}.$$

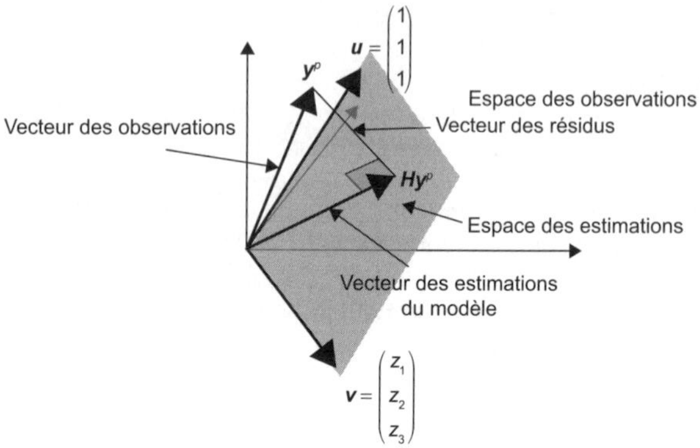

Figure 1-30. Méthode des moindres carrés : interprétation géométrique

L'espace des estimations est donc le sous-espace défini par les vecteurs colonnes de $\mathbf{Z}$, notés $\boldsymbol{u}$ et $\boldsymbol{v}$ respectivement. Le vecteur des prédictions du modèle pour l'ensemble d'apprentissage, ou vecteur des estimations, est la projection orthogonale du vecteur des observations $\boldsymbol{y}^p$ sur le sous-espace des estimations. Le vecteur des différences entre les mesures et les prédictions sur l'ensemble d'apprentissage est appelé vecteur des résidus. Le carré de son module est donc la somme des carrés des erreurs sur les éléments de l'ensemble d'apprentissage. De tous les vecteurs qui joignent l'extrémité de $\boldsymbol{y}^p$ à un point du sous-espace des estimations, c'est celui qui a le plus petit module.

Dilemme biais-variance pour les modèles linéaires

Dans les sections « Deux exemples académiques d'apprentissage supervisé » et « Dilemme biais-variance », on a constaté sur plusieurs exemples que, pour les modèles linéaires, ce dilemme est gouverné par le rapport du nombre de paramètres au nombre d'exemples. Ce résultat va maintenant être démontré de manière générale pour les modèles linéaires.

Variance des paramètres d'un modèle linéaire

Les paramètres d'un modèle linéaire obtenu par la méthode des moindres carrés sont donnés par la relation

$$\boldsymbol{w}_{mc} = \left(\mathbf{Z}^T\mathbf{Z}\right)^{-1} \mathbf{Z}^T \boldsymbol{y}^p$$

où $\mathbf{Z}$ est la matrice des observations. Si l'on considère que les observations sont des réalisations de variables aléatoires, le vecteur des paramètres est lui-même une réalisation d'un vecteur aléatoire $\boldsymbol{W}_{mc} = \left(\mathbf{Z}^T\mathbf{Z}\right)^{-1} \mathbf{Z}^T \boldsymbol{Y}^p$. Si les mesures de $\boldsymbol{y}^p$ sont indépendantes et de même variance σ^2, la variance du vecteur aléatoire $\boldsymbol{Y}^p$ est la matrice

$$\text{var}_{\boldsymbol{Y}^p} = \boldsymbol{I}_{NN}\sigma^2.$$

où $\boldsymbol{I}_{NN}$ est la matrice identité de dimension N. La variance du vecteur des paramètres d'un modèle linéaire obtenu par la méthode des moindres carrés est donc :

$$\text{var}_{\boldsymbol{W}_{mc}} = \left(\mathbf{Z}^T\mathbf{Z}\right)^{-1} \sigma^2.$$

Démonstration

D'après la propriété rappelée ci-dessous dans la section « variance d'un vecteur aléatoire », on a :

$$\text{var}_{W_{mc}} = \left(Z^T Z\right)^{-1} Z^T \text{var}_{Y^p} \left(\left(Z^T Z\right)^{-1} Z^T\right)^T = \left(Z^T Z\right)^{-1} Z^T \left(\left(Z^T Z\right)^{-1} Z^T\right)^T \sigma^2$$
$$= \left(Z^T Z\right)^{-1} Z^T Z \left(Z^T Z\right)^{-1} \sigma^2 = \left(Z^T Z\right)^{-1} \sigma^2$$

Variance de la prédiction d'un modèle linéaire

On a vu, dans la section « Dilemme biais-variance », que l'erreur de prédiction théorique est donnée par la relation

$$P^2 = \sigma^2 + E_z\left[\text{var}\left[G(z,W)\right]\right] + E_z\left[E\left[f(z) - G(z,W)\right]\right]^2.$$

où $E_z(U)$ désigne l'espérance mathématique de la variable aléatoire U, considérée comme fonction du vecteur aléatoire z.

La prédiction du modèle au point z est ici $G(z, W_{mc}) = z \cdot W_{mc}$, qui peut s'écrire, sous forme matricielle : $G(z, W_{mc}) = z^T W_{mc}$. Par conséquent :

$$\text{var}\left(G(z, W_{mc})\right) = z^T \, \text{var}_{W_{mc}} \, z = z^T \left(Z^T Z\right)^{-1} z\sigma^2.$$

Si les variables sont normalisées et centrées comme recommandé dans la section « Prétraitement des données », $\left(Z^T Z\right)^{-1} \approx \frac{1}{N} I_{NN}$ si $p << N$, de sorte que $\text{var}\left(G(z, W_{mc})\right) \approx \frac{1}{N} z^T z$.

D'autre part : $E_z\left(z^T z\right) = E_z\left(\sum_{k=1}^{p} z_k^2\right) = \sum_{k=1}^{p} E_z\left(z_k^2\right) = \sum_{k=1}^{p}\left(E_z\left(z_k\right)\right)^2 + \sum_{k=1}^{p} \text{var}_{z_k}$. Les données étant supposées normalisées et centrées, le premier terme de la somme est nul, et le second est égal à p. Il reste donc :

$$E_z\left[\text{var}\left[G(z,W)\right]\right] = \frac{p}{N}.$$

Ainsi, on retrouve le fait que, lorsque l'on augmente le nombre de paramètres du modèle (par exemple en augmentant le degré du polynôme dans le cas d'un modèle polynomial) le terme de variance augmente. La figure 1-31 montre l'évolution de la variance en fonction du nombre de paramètres, pour l'exemple décrit dans la section « Un exemple de modélisation pour la prédiction », avec $N = 100$ exemples pour l'apprentissage, et des polynômes de degré 1 à 20. Comme pour les résultats présentés sur la figure 1-11, les espérances mathématiques portant sur Y^p sont estimées par les moyennes sur 100 ensembles d'apprentissage, et l'espérance mathématique portant sur z est estimée par une moyenne sur 1 000 points de test. On observe que la variance augmente linéairement avec le nombre de paramètres, la pente de la droite valant $1/N$, conformément à la relation démontrée ci-dessus.

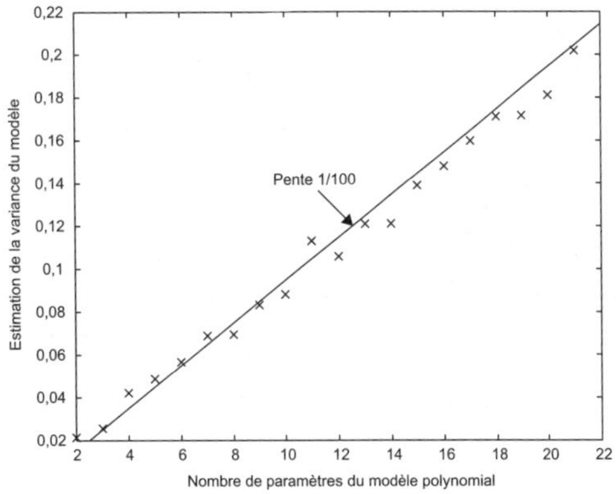

Figure 1-31. Variance d'un modèle polynomial en fonction du degré du polynôme (N = 100, p = 2 à 21)

Remarque

Dans l'exemple décrit par la figure 1-11, la variance (représentée par le symbole *x*) ne varie pas linéairement avec le degré du polynôme. Ceci est dû au fait que l'expression de la variance que l'on vient d'établir est vraie dans la limite des très grands ensembles d'apprentissage (*N* infini) ; pour $N = 100$ cette relation est raisonnablement bien vérifiée (figure 1-31) mais ce n'est pas le cas si *N* vaut seulement 15 (figure 1-11).

Sélection de modèles linéaires

La sélection de modèles linéaires peut être effectuée par les méthodes décrites dans la section intitulée « Sélection de modèles » : validation simple, validation croisée, leave-one-out. Cette dernière méthode est efficace mais gourmande en temps de calcul. On décrit ci-dessous une alternative intéressante au leave-one-out, qui est économe en temps de calcul : l'estimation du PRESS (Predicted REsidual Sum of Squares) pour les modèles linéaires, et le *leave-one-out virtuel* pour les modèles non linéaires.

Rappelons que le leave-one-out consiste à retirer un exemple *k* de l'ensemble des données disponibles, à effectuer l'apprentissage du modèle $g(z, \mathbf{w}^{-k})$ avec toutes les autres données, et à calculer l'erreur de modélisation (ou *résidu*) sur l'exemple retiré des données :

$$r_k^{-k} = y_k^p - g(\mathbf{x}, \mathbf{w}^{-k}).$$

La procédure est itérée pour chaque exemple disponible, et le score de leave-one-out est calculé :

$$E_t = \sqrt{\frac{1}{N}\sum_{k=1}^{N}\left(r_k^{-k}\right)^2}.$$

Dans le cas de modèles linéaires, il est possible de calculer ce score de manière exacte, *en effectuant un seul apprentissage avec toutes les données disponibles.*

PRESS (Predicted REsidual Sum of Squares)

Montrons cette propriété dans le cas simple d'un modèle linéaire à un seul paramètre *w*. Dans ce cas, la matrice $\mathbf{Z}$ se réduit à un vecteur dont les composantes sont les *N* mesures z_i de la variable *z*, et la matrice $\mathbf{Z}^T\mathbf{Z}$ se réduit à un scalaire :

$$\left(\mathbf{Z}^T\mathbf{Z}\right)^{-1} = \frac{1}{\sum_{k=1}^{N}\left(z_k\right)^2}.$$

Si l'on effectue l'apprentissage avec les *N* exemples disponibles, le paramètre w_{mc} vaut alors :

$$w_{mc} = \left(\mathbf{Z}^T\mathbf{Z}\right)^{-1}\mathbf{Z}^T\mathbf{y}^p = \frac{\sum_{k=1}^{N} z_k y_k^p}{\sum_{k=1}^{N} z_k^2}.$$

Supposons que l'on retire l'exemple *i* de l'ensemble des données disponibles, et que l'on effectue l'apprentissage avec tous les autres exemples. Le paramètre du modèle devient :

$$w_{mc}^{-i} = \frac{\sum_{\substack{k=1\\k\neq i}}^{N} z_k y_k^p}{\sum_{\substack{k=1\\k\neq i}}^{N} z_k^2} = \frac{\sum_{k=1}^{N} z_k y_k^p - z_i y_i^p}{\sum_{\substack{k=1\\k\neq i}}^{N} z_k^2}.$$

L'influence du retrait de l'exemple i sur le modèle se traduit donc par la variation de son unique paramètre :

$$w_{mc}^{-i} - w_{mc} = \frac{\sum_{k=1}^{N} z_k y_k^p - z_i y_i^p}{\sum_{\substack{k=1 \\ k \neq i}}^{N} z_k^2} - \frac{\sum_{k=1}^{N} z_k y_k^p}{\sum_{k=1}^{N} z_k^2} = -z_i \frac{r_i}{\sum_{\substack{k=1 \\ k \neq i}}^{N} z_k^2}$$

où r_i est le résidu (erreur de modélisation) sur l'exemple i *lorsque celui-ci est dans l'ensemble d'apprentissage* :

$$r_i = y_i^p - w_{mc} z_i = y_i^p - \frac{\sum_{k=1}^{N} z_k y_k^p}{\sum_{k=1}^{N} z_k^2} z_i .$$

Montrons à présent que l'on peut calculer l'erreur r_i^{-i} commise *lorsque l'exemple i a été retiré de l'ensemble d'apprentissage* en fonction de r_i :

$$r_i^{-i} - r_i = -\left(w_{mc}^{-i} - w_{mc}\right) z_i = z_i^2 \frac{r_i}{\sum_{\substack{k=1 \\ k \neq i}}^{N} z_k^2} = z_i^2 \frac{r_i}{\sum_{k=1}^{N} z_k^2 - z_i^2} ,$$

et par conséquent :

$$r_i^{-i} = \frac{r_i}{1 - h_{ii}} \quad \text{avec} \quad h_{ii} = \frac{z_i^2}{\sum_{k=1}^{N} z_k^2} .$$

Cette relation rend donc inutile la réalisation de N apprentissages successifs, puisque l'on peut calculer exactement l'erreur de modélisation qui aurait été commise sur l'exemple i si celui-ci avait été retiré de l'ensemble d'apprentissage.

La quantité h_{ii} est appelée *levier* de l'exemple i, compris entre 0 et 1. Elle est présentée de manière plus détaillée dans la section suivante.

À partir de cette relation, on peut définir le PRESS (Predicted REsidual Sum of Squares) E_p, par analogie avec le score de leave-one-out E_t :

$$E_p = \sqrt{\frac{1}{N} \sum_{k=1}^{N} \left(\frac{r_i}{1 - h_{ii}} \right)^2} .$$

Dans le chapitre 2, une extension de ces résultats aux modèles non linéaires sera présentée sous le nom de « leave-one-out virtuel ».

Les leviers

Ce résultat peut être étendu au cas où le modèle possède p paramètres. Le levier de l'exemple i est alors l'élément diagonal i de la matrice chapeau

$$H = Z\left(Z^T Z\right)^{-1} Z^T.$$

Cette matrice étant une matrice de projection orthogonale, les leviers possèdent les propriétés suivantes (aisément vérifiées sur l'expression des leviers dans le cas d'un modèle à un seul paramètre, présenté dans la section précédente) :

$$0 < h_{ii} < 1 \; ; \; \sum_{i=1}^{N} h_{ii} = p.$$

Cette dernière relation fournit une interprétation intéressante des leviers : *le levier de l'exemple i est la proportion des paramètres qui est utilisée pour modéliser l'exemple i.* Ainsi, un exemple qui possède un grand levier a une grande importance pour le modèle : en d'autres termes, le modèle est très sensible au bruit présent sur la mesure de y^p pour l'exemple i. Il y a un risque de surajustement à l'exemple i.

Cet effet est illustré sur la figure 1-32.

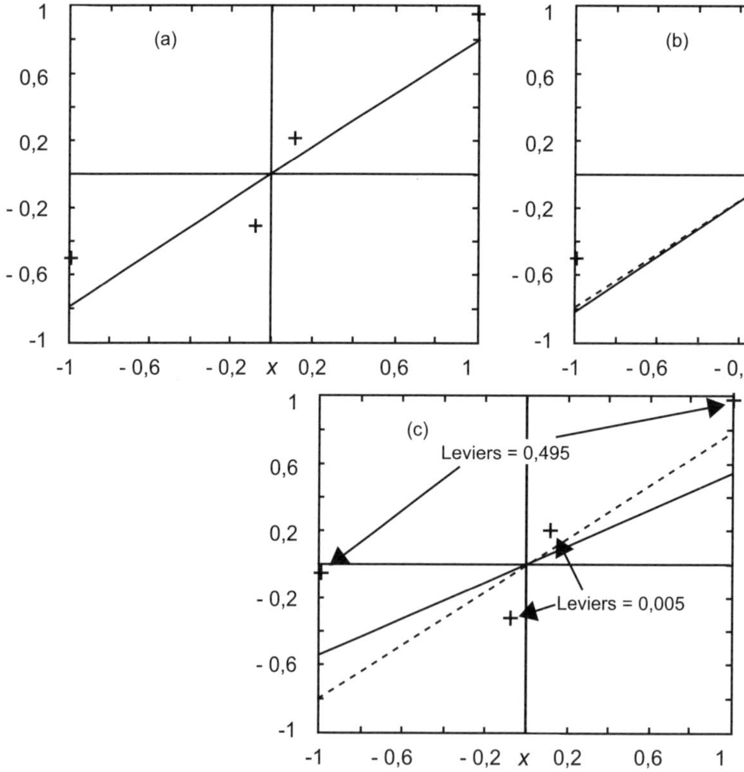

Figure 1-32. Interprétation des leviers

On dispose de 4 points expérimentaux, et l'on postule un modèle à un paramètre. La figure (a) montre le modèle linéaire ainsi obtenu. Supposons qu'une autre mesure effectuée en $x = -0{,}1$ donne un résultat différent, comme indiqué sur la figure (b) ; on obtient alors le modèle représenté en trait plein, très peu différent du modèle précédent, représenté en pointillé. Supposons en revanche que ce soit le point en $x = -1$ qui soit affecté (figure (c)). On obtient alors le modèle représenté en trait plein, très différent du modèle initial. On observe ainsi que le point situé en $x = -1$ a beaucoup plus d'influence sur le modèle que le point situé en $x = -0{,}1$. Ceci se traduit par des leviers de valeurs très différentes, dans un facteur à peu près égal à 100 : les points situés en $x = -1$ et $x = 1$ sont 100 fois plus importants pour le modèle que les points situés en $x = -0{,}1$ et $x = +0{,}1$. Les expériences qui ont été effectuées pour obtenir ces deux résultats étaient donc à peu près inutiles : il aurait été plus profitable de répéter les mesures en $x = -1$ et $x = +1$, afin de « moyenner » le bruit en ces points. On note que, conformément à ce qui a été indiqué plus haut, la somme des leviers est égale à 1, qui est le nombre de paramètres du modèle postulé.

Cette illustration numérique met en lumière l'intérêt des *plans d'expériences*, qui permettent de choisir les mesures les plus judicieuses pour établir un modèle prédictif précis.

Moindres carrés par orthogonalisation de Gram-Schmidt

Dans la section « Apprentissage de modèles linéaires en leurs paramètres », on a présenté une détermination algébrique du vecteur des paramètres pour lesquels la fonction de coût des moindres carrés est minimale, ainsi qu'une interprétation géométrique de ce résultat. La solution algébrique nécessite le calcul de l'inverse d'une matrice. La méthode d'orthogonalisation de Gram-Schmidt permet d'obtenir le même résultat de manière itérative, paramètre par paramètre ; elle est simple à comprendre dans le cadre de l'interprétation géométrique de la méthode des moindres carrés. Elle a déjà été rencontrée dans le cadre de la sélection de modèle, dans la section « Méthode de la variable sonde ».

On considère l'espace des observations, de dimension N, dans lequel la grandeur à modéliser est représentée par un vecteur $\boldsymbol{y}^p$, et chacune des variables est représentée par un vecteur z_i, $i = 1$ à p ; rappelons que p est le nombre de paramètres du modèle et que N est le nombre d'observations de l'ensemble d'apprentissage. L'algorithme est une application simple du théorème des trois perpendiculaires :

- choisir une variable i représentée par le vecteur z_i ;
- projeter $\boldsymbol{y}^p$ sur la direction de z_i, ce qui fournit le paramètre w_{mci} de la variable i : $w_{mci} = \dfrac{\boldsymbol{y}^p \cdot z_i}{\|z_i\|}$;
- projeter le vecteur des résidus $\boldsymbol{r}_i = \boldsymbol{y}^p - w_{mci} z_i$, le vecteur $\boldsymbol{y}^p$, et tous les vecteurs z_{ji} sur le sous-espace orthogonal à z_i ;
- projeter la projection de $\boldsymbol{y}^p$ sur la projection d'un deuxième vecteur z_j, ce qui fournit un deuxième paramètre du modèle ;
- itérer jusqu'à épuisement des variables du modèle.

La figure 1-33 présente l'algorithme dans le cas $N = 3$, $p = 2$. Les prédictions du modèle pour l'ensemble d'apprentissage sont représentées par $\boldsymbol{g}(z, \boldsymbol{w})$, projection orthogonale de $\boldsymbol{y}^p$ sur l'espace des estimations, qui est donc une combinaison linéaire de z_1 et z_2. On peut obtenir ce vecteur en projetant d'abord sur un des vecteurs des variables (ici z_1), puis en projetant orthogonalement $\boldsymbol{r}_1$ et z_2 sur le sous-espace orthogonal à z_1. Ce résultat s'obtient par application répétée du théorème des trois perpendiculaires.

Cet algorithme est celui qui est utilisé pour établir le classement des variables candidates en vue de la sélection de variables. La seule différence réside dans le fait que les projections ne se font pas dans n'importe quel ordre, mais en tenant compte des corrélations entre les vecteurs, comme indiqué dans la section « méthode de la variable sonde ».

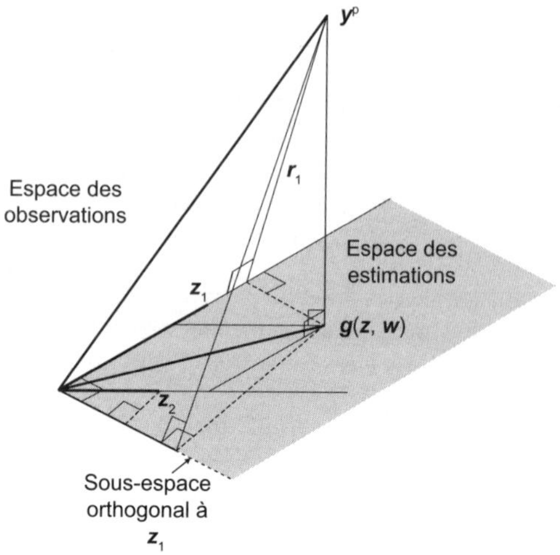

Figure 1-33. Moindres carrés par Gram-Schmidt

Éléments de statistiques

Cette introduction aux statistiques, à l'usage du lecteur peu familier avec celles-ci, termine ce chapitre introductif. Il existe de très nombreux ouvrages classiques (par exemple, [MOOD 1974], [WONNACOTT 1990]) auxquels le lecteur peut se référer pour plus de détails, notamment pour la démonstration de certains résultats.

Qu'est-ce qu'une variable aléatoire ?

Une variable aléatoire est une abstraction commode pour représenter une grandeur (par exemple, le résultat d'une mesure) lorsque sa valeur n'est pas certaine. On considère alors que la valeur de cette variable est la *réalisation* d'une variable aléatoire ; cette dernière est entièrement déterminée par sa « densité de probabilité » (ou simplement « densité », ou encore « distribution » ou « loi »).

Définition
Soit $p_Y(y)$ la densité de probabilité d'une variable aléatoire Y : la probabilité pour que la valeur d'une réalisation de Y soit comprise entre y et $y+dy$ vaut $p_Y(y)dy$.

Ainsi, si l'on traite une grandeur mesurable comme une variable aléatoire, *on fait comme si* le résultat de la mesure de cette grandeur était le résultat d'un tirage au sort dans un ensemble de valeurs possibles de y, avec la distribution (généralement inconnue) $p_Y(y)$. Utiliser une variable aléatoire pour modéliser le résultat d'une mesure ne signifie pas du tout que l'on considère la grandeur mesurée comme régie par des lois non déterministes : la variable aléatoire est un outil mathématique, dont l'utilisation est très commode lorsque les facteurs qui déterminent le résultat de la mesure ne sont pas connus, ou sont connus mais non maîtrisés ni mesurés.

Ainsi, le lancer d'un dé est un phénomène parfaitement déterministe, qui obéit à toutes les lois de la physique : si l'on connaissait la position initiale de la main du joueur, si l'on pouvait mesurer la vitesse initiale du dé, et si l'on connaissait les caractéristiques mécaniques de la matière dont sont constitués le dé et la table sur laquelle on le lance, on pourrait prédire exactement le résultat du lancer. Dans la pratique, comme toutes ces grandeurs ne sont pas connues et pas mesurées, il est commode de *modéliser* ce résultat comme la réalisation d'une variable aléatoire. Dans ce cas particulier, cette variable Y est une variable *discrète*, qui ne peut prendre que 6 valeurs, et, pour un dé non pipé, la probabilité de réalisation de chacune de ces valeurs est égale à 1/6.

De même, les méthodes statistiques sont susceptibles de prévoir les résultats d'une élection, alors que chaque citoyen ne vote pas au hasard, mais en fonction de ses convictions.

Propriété

La densité de probabilité $p_Y(y)$ est la dérivée première de la fonction de répartition ou probabilité cumulée : $p_Y(y) = \frac{dF_Y(y)}{dy}$ avec $F_Y(y) = \text{Probabilité}(Y \leq y)$.

Remarque

Toute réalisation *y* de la variable aléatoire *Y* étant comprise entre $-\infty$ et $+\infty$, on a évidemment $F_Y(-\infty) = 0$, $F_Y(+\infty) = 1$ et $\int_{-\infty}^{+\infty} p_Y(y)dy = 1$.

Variable certaine

Une variable certaine de valeur y_0 est une variable aléatoire dont la densité de probabilité est une distribution de Dirac $\delta(y - y_0)$.

Exemples de densités de probabilités (ou lois)

Densité de probabilité uniforme

Une variable aléatoire *Y* a une distribution uniforme si sa densité de probabilité vaut $p_Y(y) = 1/(b-a)$ sur un intervalle $[a, b]$, et est nulle partout ailleurs.

Densité de probabilité gaussienne

La distribution gaussienne $p_Y(y) = \frac{1}{\sqrt{2\pi\sigma^2}} \exp\left(-\frac{(y-\mu)^2}{2\sigma^2}\right)$ est très fréquemment utilisée. μ est la *moyenne* de la gaussienne et σ (>0) est son *écart-type*. La figure 1-34 représente une *distribution normale centrée réduite* (ou simplement *loi normale*), qui est une distribution gaussienne avec $\mu = 0$ et $\sigma = 1$. Les aires hachurées indiquent que la probabilité pour qu'une réalisation d'une variable suivant une loi normale soit comprise entre –1 et +1 vaut environ 0,68, et que la probabilité pour qu'elle soit entre –2 et +2 vaut environ 0,96.

Autres densités de probabilité

Les distributions de Pearson (ou du χ^2), de Student et de Fisher sont présentées plus loin.

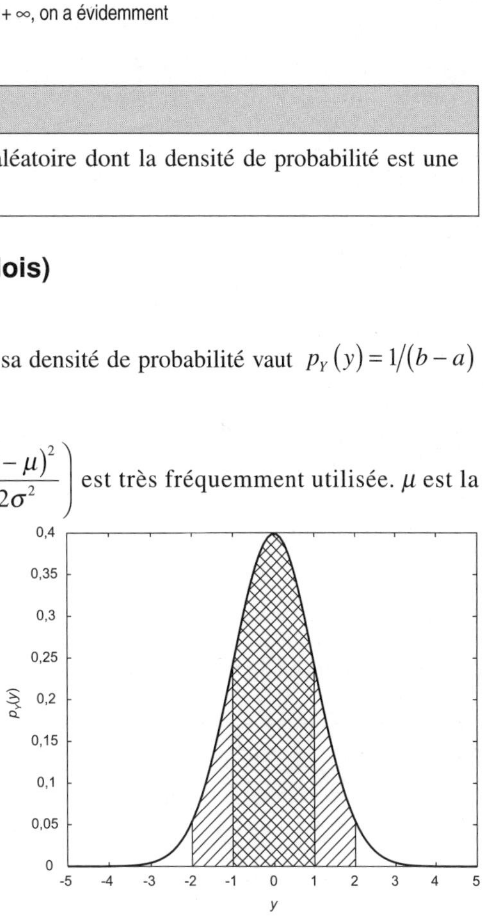

Figure 1-34. Loi normale

Densités de probabilités conjointes

Soit $p_{X,Y}(x, y)$ la densité de probabilité conjointe de deux variables aléatoires *X* et *Y* : la probabilité pour qu'une réalisation de *X* soit comprise entre *x* et *x*+d*x* et qu'une réalisation de *Y* soit comprise entre *y* et *y*+d*y* vaut $p_{X,Y}(x, y)\, dx\, dy$.

Variables aléatoires indépendantes
Deux variables aléatoires *X* et *Y* sont indépendantes si la probabilité de réalisation d'une des variables est indépendante de la probabilité de réalisation de l'autre. On a donc $p_{X,Y}(x,y) = p_X(x)\,p_Y(y)$.

Densités de probabilités conditionnelles

Soient deux variables aléatoires *X* et *Y*. La probabilité pour qu'une réalisation de la variable *Y* soit comprise entre *y* et *y+dy* lorsque la variable *X* prend la valeur *x* est notée $p_Y(y|x)dy$, où $p_Y(y|x)$ est la densité de probabilité de *y* sachant *x* ou densité de probabilité conditionnelle de *y*. On a donc

$$p_{X,Y}(x,y) = p_Y(y|x)\,p_X(x) = p_X(x|y)\,p_Y(y)$$

Remarque :
Si les variables sont indépendantes : $p_Y(y|x) = p_Y(y)$ et $p_X(x|y) = p_X(x)$.

Vecteur aléatoire

Un vecteur aléatoire est un vecteur dont les composantes sont des variables aléatoires.

Espérance mathématique d'une variable aléatoire

Définition
L'espérance mathématique d'une variable aléatoire *Y* est $E_Y = \int_{-\infty}^{+\infty} y p_Y(y) dy$.

L'espérance mathématique d'une variable aléatoire est donc le premier moment de sa densité de probabilité.

Propriétés

Il est facile de démontrer les propriétés suivantes :

- l'espérance mathématique d'une somme de variables aléatoires est la somme des espérances mathématiques des variables aléatoires ;
- l'espérance mathématique du produit de deux variables *indépendantes* est égale au produit de leurs espérances mathématiques ;
- l'espérance mathématique d'une variable certaine de valeur y_0 est égale à y_0 ;
- si une variable *Y* obéit à une distribution uniforme sur un intervalle [*a*, *b*], son espérance mathématique vaut (*a*+*b*)/2 ;
- si une variable *Y* suit une loi gaussienne de moyenne μ, son espérance mathématique vaut μ.

Comme nous l'avons vu dans la section « Éléments de la théorie de l'apprentissage », l'objectif de tout apprentissage est d'obtenir une estimation fiable de l'espérance mathématique de la grandeur à modéliser. À cet effet, il est utile d'introduire le concept d'estimateur.

Estimateur non biaisé

Un estimateur est une variable aléatoire, fonction d'une ou plusieurs variables aléatoires *observables* ; une variable aléatoire est observable si ses réalisations sont mesurables.

Définition

Un estimateur H d'un paramètre de la distribution d'une variable aléatoire observable Y est dit « non biaisé » si son espérance mathématique E_H est égale à ce paramètre. Alors une réalisation de H constitue une estimation non biaisée du paramètre de la distribution.

Estimateur non biaisé d'une variable certaine

D'après la définition précédente, un estimateur d'une variable certaine est non biaisé si son espérance mathématique est égale la valeur de la variable certaine.

Ainsi, chercher à estimer les paramètres $\boldsymbol{w}$ d'un modèle, c'est-à-dire faire l'apprentissage d'un modèle, revient à chercher des estimateurs non biaisés des paramètres, ces derniers étant considérés comme des variables certaines. C'est cette approche, dite *fréquentiste*, qui est décrite dans le présent ouvrage. L'approche *bayesienne* qui considère les paramètres du modèle comme des variables aléatoires, permet également d'obtenir d'excellents résultats, comme décrit par exemple dans [NEAL 1996] ; la description de cette approche sort du cadre de cet ouvrage.

La moyenne est un estimateur non biaisé de l'espérance mathématique

Supposons que l'on ait effectué N mesures d'une grandeur Y, dans des conditions supposées identiques. On modélise cette grandeur par une variable aléatoire dont l'espérance mathématique E_Y est inconnue. Le résultat y_i de la mesure i peut être considéré comme une réalisation d'une variable aléatoire Y_i. Supposons que le résultat d'une mesure n'affecte pas les résultats des autres mesures, ce qui est raisonnable pour une expérience bien conçue : toutes ces variables aléatoires sont donc mutuellement indépendantes, et, puisque les mesures ont été effectuées dans des conditions identiques, elles ont des distributions de probabilité identiques ; elles ont donc notamment la même espérance mathématique E_Y.

Considérons la variable aléatoire $M = (Y_1 + Y_2 + ... + Y_N) / N$. Puisque l'espérance mathématique d'une somme de variables aléatoires est la somme des espérances mathématiques de ces variables, on a évidemment $E_M = E_Y$: l'espérance mathématique de la variable aléatoire M (appelée « moyenne ») est bien égale à l'espérance mathématique de la variable aléatoire Y. La grandeur $m = (y_1 + y_2 + ... + y_N) / N$, réalisation de l'estimateur de l'espérance mathématique de Y, constitue une estimation non biaisée de cette dernière.

Il reste à évaluer la qualité de cette estimation : le fait qu'elle soit non biaisée ne garantit pas qu'elle soit précise : sa précision dépend du nombre et de la « qualité » des mesures effectuées, c'est-à-dire de la dispersion des mesures autour de l'espérance mathématique. Pour caractériser numériquement cette dispersion, on utilise la notion de *variance*.

Variance d'une variable aléatoire

Définition

La variance d'une variable aléatoire Y de distribution $p_Y(y)$ est la quantité $\mathrm{var}_Y = \sigma^2 = \int_{-\infty}^{+\infty} \left[y - E_Y\right]^2 p_Y(y)dy$.

La variance est donc le deuxième moment centré de la distribution de probabilité.

> **Remarque**
> La variance est également l'espérance mathématique de $\left[Y - E_Y\right]^2$: $\mathrm{var}_Y = E_{(Y-E_Y)^2}$.

Propriétés

- Une variable certaine a une variance nulle.
- $\mathrm{var}_Y = E_{Y^2} - \left(E_Y\right)^2$.
- $\mathrm{var}_{aY} = a^2\,\mathrm{var}_Y$.
- Si une variable aléatoire obéit à une distribution uniforme sur un intervalle $[a, b]$, sa variance vaut $(b-a)^2/12$.
- Si une variable aléatoire obéit à une loi gaussienne d'écart-type σ, sa variance vaut σ^2.

Estimateur non biaisé de la variance d'une variable aléatoire

Rappelons que, pour introduire l'estimateur moyenne M (estimateur non biaisé de l'espérance mathématique), on a considéré que N mesures, mutuellement indépendantes, d'une grandeur Y ont été effectuées, et elles ont été modélisées comme des réalisations de variables aléatoires Y_i de distributions identiques.

> **Estimateur non biaisé de la variance**
> La variable aléatoire $S^2 = \frac{1}{N-1}\sum_{i=1}^{N}\left(Y_i - M\right)^2$ est un estimateur non biaisé de la variance de Y.

Si l'on dispose de N résultats de mesures y_i, il faut donc, pour estimer la variance, calculer d'abord la valeur de la moyenne $m = \frac{1}{N}\sum_{i=1}^{N} y_i$, puis calculer l'estimation de la variance par la relation : $s^2 = \frac{1}{N-1}\sum_{i=1}^{N}\left(y_i - m\right)^2$.

L'estimation de la variance permet donc d'évaluer, de manière quantitative, la dispersion des résultats des mesures autour de leur moyenne. La moyenne étant elle-même une variable aléatoire, elle possède une variance : on pourrait effectuer plusieurs séries de mesures, calculer la moyenne de chacune de ces séries, puis estimer la variance de la moyenne, laquelle caractériserait la dispersion de l'estimation de la grandeur à modéliser. Néanmoins, cette procédure est lourde puisqu'elle requiert que l'on effectue plusieurs séries de mesures, dans des conditions supposées identiques.

Covariance de deux variables aléatoires

La covariance de deux variables aléatoires U et V est définie par :

$$\mathrm{cov}_{U,V} = E_{(U-E_U)(V-E_V)} = E_{UV} - E_U E_V.$$

> **Remarque**
>
> On a vu plus haut que
>
> $$\mathrm{var}_Y = E_{(Y-E_Y)^2}.$$
>
> La variance d'une variable aléatoire est donc la covariance de cette variable et d'elle-même.

Variance d'un vecteur aléatoire

Étant donné un vecteur aléatoire $\boldsymbol{U} = \begin{pmatrix} u_1 \\ u_2 \\ \vdots \\ u_p \end{pmatrix}$, de dimension p, sa variance est la matrice (p, p) donnée par :

$$\mathrm{var}_U = \begin{pmatrix} \mathrm{var}_{u_1} & \mathrm{cov}_{u_1,u_2} & \cdots & \mathrm{cov}_{u_1,u_p} \\ \mathrm{cov}_{u_1,u_2} & \mathrm{var}_{u_2} & \cdots & \cdots \\ \vdots & \vdots & \ddots & \vdots \\ \cdots & \cdots & \cdots & \mathrm{var}_{u_p} \end{pmatrix}.$$

Propriété
Si $\boldsymbol{A}$ est une matrice certaine : $\mathrm{var}_{AU} = \boldsymbol{A}\,\mathrm{var}_U\,\boldsymbol{A}^T$.

Autres distributions utiles

Loi de χ^2 (ou de Pearson)

Si une variable aléatoire X est la somme des carrés de N variables gaussiennes indépendantes, elle obéit à une loi de χ^2 (ou de Pearson) à N degrés de liberté. Alors $E_X = N$ et $\mathrm{var}_X = 2N$.

Loi de Student

Si Y_1 est une variable de distribution normale, et si Y_2 est une variable aléatoire, indépendante de Y_1, obéissant à une loi de Pearson à N degrés de liberté, alors la variable aléatoire $Z = \dfrac{Y_1}{\sqrt{Y_2 / N}}$ obéit à une loi de Student à N degrés de liberté.

Loi de Fisher

Si Y_1 est une variable aléatoire de Pearson à N_1 degrés de liberté, et si Y_2 est une variable aléatoire de Pearson à N_2 degrés de liberté, alors la variable aléatoire $Z = \dfrac{Y_1 / N_1}{Y_2 / N_2}$ obéit à une loi de Fisher à N_1 et N_2 degrés de liberté.

Intervalles de confiance

Dans les sections précédentes, nous avons vu que l'estimation d'une grandeur dépend à la fois du nombre d'expériences et de la variabilité des observations. On peut combiner élégamment la taille de l'échantillon et sa variabilité pour évaluer la différence qui peut exister entre l'estimation d'une grandeur et sa « vraie » valeur.

Définition

Un intervalle de confiance, au seuil de confiance $1 - \alpha$, pour une variable aléatoire Y, est un intervalle qui, avec une probabilité $1 - \alpha$, contient la valeur de l'espérance mathématique de Y.

En conséquence, plus l'intervalle de confiance est petit, plus on peut avoir confiance en l'estimation de la grandeur à modéliser.

Ainsi, supposons que l'on ait réalisé 100 ensembles de mesures ; à partir de celles-ci, on peut calculer 100 moyennes, 100 estimations de la variance, et 100 intervalles de confiance à 95 % ($\alpha = 0{,}05$). Alors, pour 95 % de ces ensembles de données, l'intervalle de confiance contient la moyenne ; on ne peut évidemment pas garantir que, pour un ensemble particulier de mesures, la vraie valeur soit à l'intérieur de l'intervalle de confiance calculé à partir de cet ensemble de mesures.

Conception d'un intervalle de confiance

Pour concevoir un intervalle de confiance pour une variable aléatoire Y, il faut trouver une variable aléatoire Z, fonction de Y, dont la distribution $p_Z(z)$ soit *connue* et *indépendante de* Y. Puisque la distribution $p_Z(z)$ est connue, il est facile de résoudre l'équation $\Pr(z_1 < z < z_2) = \int_{z_1}^{z_2} p_Z(z)dz = 1 - \alpha$: il suffit d'inverser la fonction de répartition de Z, c'est-à-dire trouver la valeur z_1 de z telle que $\Pr(z < z_1) = \alpha / 2$, et la valeur z_2 de z telle que $\Pr(z > z_2) = \alpha / 2$. Une fois déterminées les valeurs de z_1 et de z_2, on inverse la fonction $Z(Y)$ afin de trouver les valeurs a et b de y telles que $\Pr(a < y < b) = 1 - \alpha$.

Exemple : conception d'un intervalle de confiance pour la moyenne

Le tout premier exemple d'apprentissage qui a été considéré dans ce chapitre consistait en l'estimation de l'unique paramètre w d'un modèle constant ; on a vu que ce paramètre n'était autre que l'espérance mathématique de la grandeur à modéliser. On a également vu que la moyenne est un estimateur non biaisé de l'espérance mathématique. On se pose donc la question suivante : étant donné un ensemble de mesures d'une grandeur, dont on a calculé la moyenne pour estimer son espérance mathématique, quelle confiance peut-on accorder à cette estimation ?

Supposons donc, comme précédemment, que N expériences ont été effectuées, et que l'on peut modéliser les résultats de ces expériences comme N réalisations de variables aléatoires Y_i indépendantes et de même distribution. De plus, supposons que la distribution commune à ces variables est une distribution gaussienne de moyenne μ et de variance σ^2.

Il est facile de démontrer que la somme de N variables gaussiennes indépendantes est une variable gaussienne dont la moyenne est la somme des moyennes, et dont la variance est la somme des variances. Ici les distributions des N variables sont identiques, dont la moyenne est une gaussienne de moyenne $N\mu$ et de variance $N\sigma^2$. Leur moyenne M obéit donc à une loi gaussienne de moyenne μ et de variance σ^2/N ; par conséquent la variable aléatoire $\frac{M-\mu}{\sigma/\sqrt{N}}$ obéit à une loi normale (gaussienne de moyenne nulle et de variance unité).

Rappelons que l'on cherche à établir deux bornes pour l'espérance mathématique μ, qui doivent être de la forme $m \pm a$, où m est la moyenne des mesures et a le demi-intervalle de confiance. On peut prévoir que l'intervalle de confiance croît avec la variance des mesures et décroît avec leur nombre. Comme indiqué plus haut, l'estimateur non biaisé de la variance est la variable aléatoire $S^2 = \frac{1}{N-1}\sum_i (Y_i - M)^2$. Il est commode de normaliser cette variable en la divisant par son espérance mathématique σ^2 ; les variables Y_i étant supposées gaussiennes, la variable aléatoire M est également gaussienne, donc $(N-1)\, S^2/\sigma^2$ est la somme de $N-1$ variables gaussiennes indépendantes (il n'y a que $N-1$ variables indépendantes puisque M dépend des Y_i) ; elle obéit donc à une loi de Pearson.

D'autre part, comme indiqué plus haut, la variable aléatoire $\frac{M-\mu}{\sigma/\sqrt{N}}$ obéit à une loi normale.

Par conséquent, la variable aléatoire $Z = \frac{\frac{M-\mu}{\sigma/\sqrt{N}}}{\sqrt{S^2/\sigma^2}} = \frac{M-\mu}{\sqrt{S^2/N}}$ obéit à une loi de Student à $N-1$ degrés de liberté. La distribution de Student étant symétrique, il suffit alors de chercher la valeur de z_0 telle qu'une variable de Student soit comprise entre $-z_0$ et $+z_0$ avec la probabilité $1-\alpha$, soit encore telle qu'une variable de Student soit comprise entre $-\infty$ et z_0 avec la probabilité $\alpha/2$. À partir des résultats expérimentaux, on peut calculer une réalisation m de M, une réalisation s de S, et une réalisation z de Z par les relations $m = \frac{1}{N}\sum_{i=1}^{N} y_i$, $s = \sqrt{\frac{1}{N-1}\sum_{i=1}^{N}(y_i - m)^2}$ et $z = \frac{m-\mu}{\sqrt{s^2/N}}$. Avec une probabilité $1-\alpha$, l'estimation m de μ se trouve à l'intérieur de l'intervalle de confiance si z est dans l'intervalle $[-z_0, +z_0]$:

$$-z_0 < \frac{m-\mu}{\sqrt{s^2/N}} < +z_0$$

soit

$$m - z_0\sqrt{s^2/N} < \mu < m + z_0\sqrt{s^2/N}.$$

L'intervalle de confiance recherché est donc l'intervalle centré sur l'estimation de la moyenne m, et de demi-largeur $z_0\sqrt{s^2/N}$.

La figure 1-35 représente l'inverse de la distribution de probabilité cumulée d'une variable de Student, pour différentes valeurs de N. On observe que, au-delà de $N = 10$, la distribution devient à peu près indépendante de N (elle est d'ailleurs très voisine d'une distribution normale) ; pour un niveau de confiance de 0,95, on voit que $z_0 \approx 2$ pour $N \geq 10$, de sorte que la largeur de l'intervalle de confiance pour est à peu près $2\sqrt{s^2 / N} = 2s / \sqrt{N}$. La largeur de l'intervalle de confiance est donc proportionnelle à s, donc au bruit de mesure, et inversement proportionnelle à la racine carrée du nombre d'exemples : une grande variabilité dans les mesures doit être compensée par une grande taille de l'échantillon.

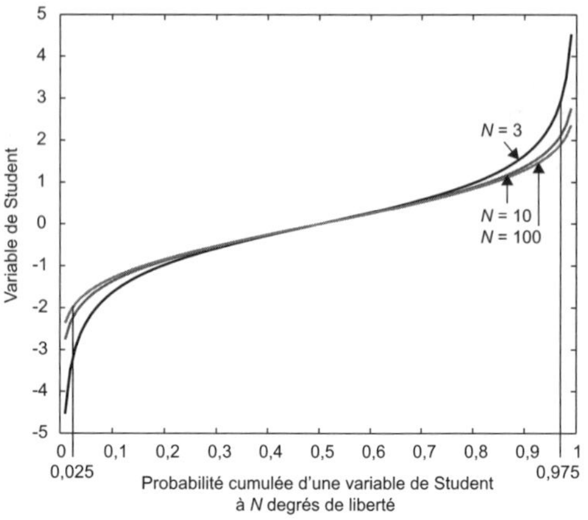

Figure 1-35. Inverse de la probabilité cumulée d'une variable de Student

À titre d'exemple, on a simulé 10 000 séries de 100 mesures en engendrant des réalisations d'une variable aléatoire selon une loi normale. Pour chaque série de mesures, la moyenne, l'estimateur de la variance, et l'intervalle de confiance déterminé ci-dessus, au niveau de confiance 0,95 ont été calculés : dans 95,7% des cas, l'espérance mathématique des « mesures » (égale à zéro) se trouve bien à l'intérieur de l'intervalle de confiance.

On a donc établi ici un intervalle de confiance pour l'estimation de l'espérance mathématique, ou, en d'autres termes, de l'unique paramètre d'un modèle constant. Il est très important de pouvoir fournir un intervalle de confiance sur les prédictions fournies par un modèle. On en rencontrera de nombreux exemples dans cet ouvrage.

Tests d'hypothèse

On a vu plus haut que des étapes importantes dans la conception d'un modèle par apprentissage artificiel, telles que la sélection de variables ou la sélection de modèles, nécessitent de prendre des décisions (sélectionner ou rejeter un modèle ou une variable) à partir des informations disponibles, qui sont généralement en nombre limité. Il faut donc prendre ces décisions de manière raisonnée. Les tests d'hypothèse sont les outils appropriés pour ce genre de situation. Ils permettent de faire une hypothèse et d'établir une des deux conclusions suivantes, avec un risque d'erreur fixé :

- les données confirment cette hypothèse,
- le fait que les données semblent confirmer cette hypothèse est simplement le résultat d'un concours de circonstances improbable, lié à la petite taille de l'échantillon et à la variabilité des mesures.

De nombreux tests d'hypothèses, adaptés à une grande variété de situations, ont été proposés (voir par exemple [Lehmann 1993]).

Le principe d'un test d'hypothèse est le suivant : pour tester la validité d'une hypothèse (appelée « hypothèse nulle » et traditionnellement notée H_0), on cherche à établir l'expression d'une variable aléatoire qui suit une loi connue si l'hypothèse nulle est vraie, et dont on peut calculer une réalisation à partir des données disponibles. Si la probabilité pour que cette réalisation se trouve dans un intervalle donné est « trop faible », on considère que la probabilité pour que l'hypothèse nulle soit vraie est trop faible : on la rejette donc.

À titre de première illustration, supposons qu'un modèle prédise que la grandeur à modéliser, par exemple l'unique paramètre d'un modèle constant, a une certaine valeur w_0. On dispose d'un ensemble de N observations de cette grandeur, et l'on veut savoir si elles confirment l'hypothèse selon laquelle la grandeur a pour « vraie » valeur w_0. Ces mesures sont modélisées comme des réalisations de N variables aléatoires Y_i supposées gaussiennes, d'espérance mathématique μ et de variance σ^2. L'hypothèse nulle est donc $H_0 : w_0 = \mu$, et l'hypothèse alternative est $w_0 \neq \mu$.

Nous avons vu dans la section précédente que, si l'hypothèse nulle est vraie, c'est-à-dire si $w_0 = \mu$, la variable aléatoire $Z = \dfrac{M - w_0}{\sqrt{S^2 / N}}$, obéit à une loi de Student à $N - 1$ degrés de liberté (M est l'estimateur de l'espérance mathématique, S^2 est l'estimateur de la variance). À partir des N données disponibles, on peut calculer une réalisation z de cette variable aléatoire. D'autre part on peut calculer la valeur z_0 telle que la probabilité pour qu'une réalisation de la variable aléatoire soit à l'extérieur de l'intervalle $[- z_0, +z_0]$ est égale au risque choisi $1 - \alpha$. Si la réalisation observée z est à l'extérieur de cet intervalle, on peut considérer que les données ne confirment pas de manière significative l'hypothèse H_0 ; on rejette donc celle-ci, avec un risque $1 - \alpha$ de se tromper. En outre, il faut définir le niveau de risque d'erreur, noté $1 - \alpha$, que l'on est disposé à admettre, l'erreur consistant à rejeter l'hypothèse nulle alors quelle est vraie (erreur de type 1).

Supposons par exemple qu'une théorie prévoie qu'une grandeur vaut $w_0 = 1$. Supposons que l'on dispose de 100 mesures de cette grandeur, dont la moyenne m vaut 2 et l'écart-type vaut $s = 10$: ces mesures sont donc très dispersées autour de la moyenne. On se pose la question : ces données confirment-elles l'hypothèse selon laquelle w_0 vaut 1 ? La réalisation de la variable aléatoire z vaut

$$z = \frac{m - w_0}{\sqrt{s^2 / N}} = 1.$$

En se reportant à la figure 1-35, on voit que $z_0 \approx 2$ (pour $\alpha = 0{,}95$), de sorte que z est dans l'intervalle $[- z_0, +z_0]$. On accepte donc l'hypothèse nulle au vu des données disponibles. À l'inverse, si les données disponibles ont toujours pour moyenne $m = 2$, mais avec une dispersion beaucoup plus petite, par exemple $s = 3$, alors $z = 3{,}3$; dans ces conditions, on est amené à rejeter l'hypothèse nulle.

La « certitude » avec laquelle on accepte l'hypothèse nulle est exprimée par la « p-valeur » de la réalisation z de la variable aléatoire Z. C'est la probabilité pour qu'une réalisation de Z soit à l'extérieur de l'intervalle $\left[-|z|,+|z|\right]$ si l'hypothèse nulle est vraie : la p-valeur de z_0 est donc $1 - \alpha$. Ainsi, dans l'exemple précédent, la p-valeur de $z = 1$ vaut 0,32, ce qui signifie que l'on est raisonnablement sûr de ne pas se tromper en acceptant l'hypothèse nulle (figure 1-36). En revanche, la p-valeur de $z = 3{,}3$ vaut $8\ 10^{-3}$: accepter l'hypothèse nulle serait donc extrêmement risqué.

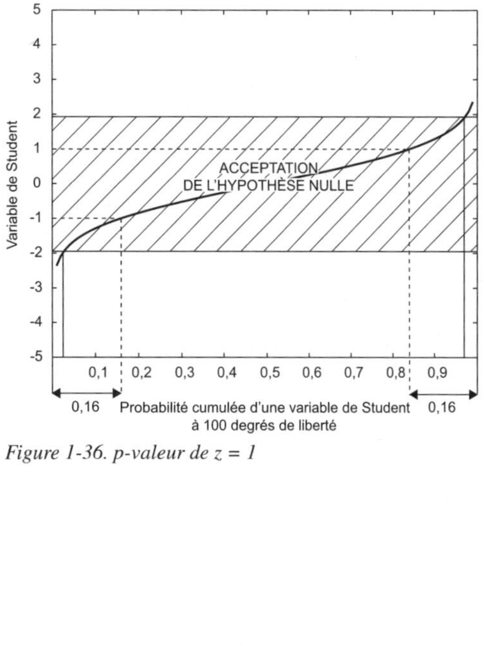

Figure 1-36. p-valeur de z = 1

Notons que la p-valeur de $z = 0$ vaut 1, ce qui veut dire que l'on accepte l'hypothèse nulle avec la plus grande certitude possible ; c'est naturel, puisque $z = 0$ correspond au cas où la moyenne est égale à la valeur postulée de l'espérance mathématique.

Remarque

Dans ce cas particulier, le test d'hypothèse consiste à regarder si la valeur de la moyenne dont on fait l'hypothèse se trouve dans l'intervalle de confiance calculé au paragraphe précédent, et à rejeter l'hypothèse nulle si cette valeur est à l'extérieur de cet intervalle.

Un autre exemple de test d'hypothèses (test de Fisher) est décrit dans la section « Sélection de variables ».

Conclusion

Dans ce chapitre, les fondements de l'apprentissage statistique et de sa mise en œuvre ont été décrits de manière succincte ; on en trouvera une présentation beaucoup plus détaillée dans [HASTIE 2001] par exemple. Pendant longtemps, les efforts de recherche en apprentissage artificiel ont porté essentiellement sur les familles de modèles et les algorithmes d'apprentissage. Le nombre et la variété des applications, leur difficulté et leur exigence croissantes, ont rendu nécessaires la mise en place d'un corps de doctrine et d'une méthodologie qui englobent tous les aspects de la conception de modèle par apprentissage statistique : sélection de variables, sélection de modèle, planification d'expériences, estimation d'intervalles de confiance sur les prédictions, sont au moins aussi importantes que l'apprentissage lui-même. Les méthodes qui ont été décrites ou esquissées dans ce chapitre peuvent être mises en œuvre pour la plupart des grandes familles de modèles. Les chapitres suivants de cet ouvrage sont consacrés à différents types de modèles – réseaux de neurones, cartes auto-organisatrices, machines à vecteurs supports – dont on montrera les spécificités, la mise en œuvre, et les applications.

Bibliographie

BJÖRCK A. [1967], Solving linear least squares problems by Gram-Schmidt orthogonalization. *BIT*, 7, p. 1-27.

CHEN S., BILLINGS S. A., LUO W. [1989], Orthogonal least squares methods and their application to non-linear system identification, *International Journal of Control*, 50, p. 1873-1896.

DRAPER N. R., SMITH H. [1998], *Applied regression analysis,* John Wiley & Sons.

DREYFUS G., GUYON I. [2006], Assessment Methods, in *Feature Extraction, Foundations and Applications*, I. Guyon, S. Gunn, M. Nikraveh, L. Zadeh, eds. (Springer), p. 65-88.

GUYON I., GUNN S., NIKRAVESH M., ZADEH L. [2006], *Feature Extraction, Foundations and Applications*, Springer.

HASTIE T, TIBSHIRANI R., FRIEDMAN J. [2001], *The elements of statistical learning, data mining, inference and predictions*, Springer.

KULLBACK S. [1959], *Information Theory and Statistics,* Dover Publications.

LAGARDE DE J. [1983], *Initiation à l'analyse des données*, Dunod, Paris.

LEHMANN E. L. [1993], *Testing statistical hypotheses*, Chapman & Hall.

MOOD A. M., GRAYBILL F. A., BOES D. C. [1974], *Introduction to the Theory of Statistics*, McGraw-Hill.

NEAL R. M. [1996] *Bayesian Learning for Neural Networks*, Springer.

SEBER G. A. F. [1977], *Linear Regression Analysis*, Wiley

STOPPIGLIA H. [1997], *Méthodes statistiques de sélection de modèles neuronaux ; applications financières et bancaires*, Thèse de Doctorat de l'Université Pierre et Marie Curie, Paris. *Disponible sur le site* http://www.neurones.espci.fr.

STOPPIGLIA H., DREYFUS G., DUBOIS R., OUSSAR Y. [2003], Ranking a Random Feature for Variable and Feature Selection, *Journal of Machine Learning Research,* p. 1399-1414.

VAPNIK V. [1998], *The nature of statistical learning theory,* Springer.

WONNACOTT T. H., WONNACOTT R. J. [1990], *Statistique économie-gestion-sciences-médecine*, Economica, 4e édition, 1990.

2

Les réseaux de neurones

Introduction

Le premier chapitre de cet ouvrage a présenté les principes de l'apprentissage statistique, ainsi qu'une méthodologie globale permettant de résoudre les problèmes pratiques qui se posent lorsque l'on souhaite concevoir un modèle précis et fiable. Il reste à appliquer ces principes à des familles de modèles répondant à des besoins spécifiques notamment, en ce qui concerne ce chapitre, aux réseaux de neurones.

Le terme de « réseau de neurones » suggère un lien fort avec la biologie. Ce lien existe : les méthodes mathématiques décrites dans ce chapitre ont été appliquées avec succès à la modélisation des systèmes nerveux vivants. Néanmoins, le terme est plus métaphorique que scientifique : si le lien avec la biologie a constitué une motivation majeure des pionniers du domaine, les réels développements des réseaux de neurones sont de nature purement mathématique et statistique ; leurs applications se situent dans des domaines qui n'ont généralement aucun rapport avec la neurobiologie. C'est la raison pour laquelle, après avoir fourni les définitions essentielles et énoncé la propriété fondamentale des réseaux de neurones – l'approximation non linéaire parcimonieuse – , les classes de problèmes que les réseaux de neurones sont susceptibles de résoudre sont rappelées : modélisation non linéaire statique ou dynamique, classification (discrimination), modélisation semi-physique (« boîte grise ») et traitement de données structurées (graphes). Des applications très diverses, choisies en raison de leur caractère exemplaire, sont décrites en détail afin de fournir au lecteur des idées précises sur le type de problèmes auxquels les réseaux de neurones sont susceptibles d'apporter des solutions élégantes.

C'est seulement après avoir décrit ces applications que sont présentés, de manière plus détaillée, les algorithmes et la méthodologie de conception qu'il convient de suivre pour obtenir des résultats solides. Les étapes de conception, décrites de manière générique dans le premier chapitre, sont abordées en détail ici : sélection des variables, apprentissage, sélection de modèles statiques. Les modèles dynamiques sont également présentés dans une optique de méthodologie ; ils sont décrits de manière plus détaillée dans le chapitre 4. Des compléments théoriques et algorithmiques clôturent ce chapitre.

Réseaux de neurones : définitions et propriétés

Dans la section du premier chapitre intitulée « Quelques définitions concernant les modèles », on a introduit la distinction entre modèles linéaires et modèles non linéaires en leurs paramètres.

Rappelons qu'un modèle linéaire statique est de la forme :

$$g(\boldsymbol{x}, \boldsymbol{w}) = \sum_{i=1}^{p} w_i f_i(\boldsymbol{x})$$

où le vecteur $\boldsymbol{w}$ est le vecteur des paramètres du modèle, et où les fonctions $f_i(\boldsymbol{x})$ sont des fonctions non paramétrées, ou à paramètres fixés et connus, des variables $\boldsymbol{x}$.

Les réseaux de neurones entrent dans la catégorie des modèles *non linéaires* en leurs paramètres. La forme la plus courante de réseau de neurones statique est une extension simple de la relation précédente :

$$g(\boldsymbol{x},\boldsymbol{w}) = \sum_{i=1}^{p} w_i f_i(\boldsymbol{x},\boldsymbol{w}')$$

où les fonctions $f_i(\boldsymbol{x}, \boldsymbol{w}')$, appelées « neurones », sont des fonctions paramétrées qui seront définies dans la section suivante.

Les neurones

Définition

Un neurone est une fonction non linéaire, paramétrée, à valeurs bornées.

Suivant en cela l'usage, on utilisera fréquemment, par abus de langage, le terme de « neurone linéaire » pour désigner une fonction paramétrée linéaire ou affine (qui n'est donc pas bornée).

Les variables sur lesquelles opère le neurone sont souvent désignées sous le terme d'entrées du neurone, et la valeur de la fonction sous le terme de sortie. Reprenant le graphisme de la figure 1-22 du premier chapitre, il est commode de représenter graphiquement un neurone comme indiqué sur la figure 2-1. Cette représentation est le reflet de l'inspiration biologique qui a été à l'origine de la première vague d'intérêt pour les neurones formels, dans les années 1940 à 1970 [McCulloch 1943] [Minsky 1969].

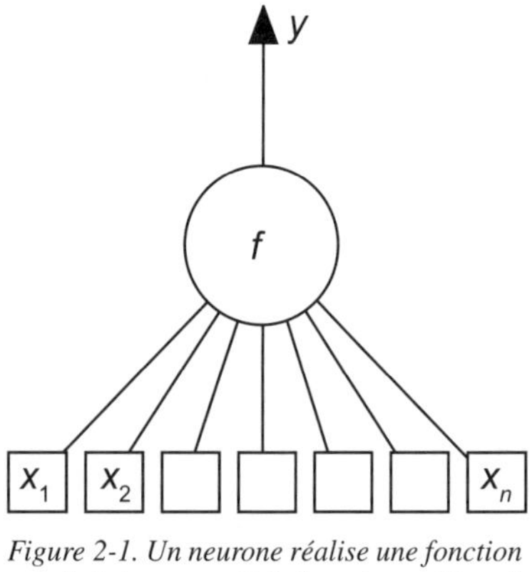

Figure 2-1. Un neurone réalise une fonction non linéaire paramétrée bornée $y = f(\boldsymbol{x}, \boldsymbol{w})$ où les composantes du vecteur $\boldsymbol{x}$ sont les variables et celles du vecteur $\boldsymbol{w}$ sont les paramètres.

La fonction f peut être paramétrée de manière quelconque. Deux types de paramétrage sont fréquemment utilisés :

- les paramètres sont attachés aux variables du neurone : la sortie du neurone est une fonction non linéaire d'une combinaison des variables $\{x_i\}$ pondérées par les paramètres $\{w_i\}$, qui sont alors souvent désignés sous le nom de « poids » ou, en raison de l'inspiration biologique des réseaux de neurones, « poids synaptiques ». Conformément à l'usage (également inspiré par la biologie), cette combinaison linéaire sera appelée « potentiel » dans tout cet ouvrage. Le potentiel v le plus fréquemment utilisé est la somme pondérée, à laquelle s'ajoute un terme constant ou « biais »[1] :

$$v = w_0 + \sum_{i=1}^{n} w_i x_i \ .$$

1. Ce terme de « biais » est malheureux, mais consacré par l'usage. Il n'a rien à voir le biais d'un estimateur, défini dans la section « Éléments de statistiques » du premier chapitre.

La fonction *f* est appelée *fonction d'activation*. Pour des raisons qui seront exposées plus loin, il est recommandé d'utiliser pour *f* une fonction « sigmoïde » (c'est-à-dire une fonction en forme de « s ») symétrique par rapport à l'origine, telle que la tangente hyperbolique ou la fonction Arctangente. Ainsi, dans la très grande majorité des applications qui seront décrites dans ce chapitre, la sortie d'un neurone a pour équation :

$$y = \text{th}\left[w_0 + \sum_{i=1}^{n} w_i x_i \right].$$

Le biais w_0 peut être considéré comme le produit du paramètre w_0 par la constante 1, de sorte qu'il est commode d'introduire une variable égale à 1 dans le vecteur des variables. La relation précédente peut alors s'écrire :

$$y = \text{th}(\boldsymbol{w} \cdot \boldsymbol{x})$$

où le symbole $\cdot$ désigne le produit scalaire de deux vecteurs ;

- les paramètres sont attachés à la non-linéarité du neurone : ils interviennent directement dans la fonction *f* ; cette dernière peut être une *fonction radiale* ou RBF (en anglais *Radial Basis Function*), ou encore une ondelette ; la première tire son origine de la théorie de l'approximation [POWELL 1987], la seconde de la théorie du signal [MALLAT 1989].

  Par exemple, la sortie d'un neurone RBF à non-linéarité gaussienne a pour équation :

$$y = \exp\left[-\frac{\sum_{i=1}^{n} (x_i - w_i)^2}{2w_{n+1}^2} \right]$$

  où les paramètres w_i, $i = 1$ à n sont les coordonnées du centre de la gaussienne, et w_{n+1} est son écart-type.

Dans les compléments théoriques et algorithmiques, en fin de chapitre, d'autres exemples de neurones sont présentés.

La différence pratique essentielle entre les deux types de neurones qui viennent d'être décrits est la suivante : les neurones tels que les RBF ou les ondelettes ont des non-linéarités *locales*, qui tendent vers zéro dans toutes les directions de l'espace des variables ; leur zone d'influence est donc limitée dans l'espace, ce qui n'est pas le cas des neurones à fonction d'activation sigmoïde.

Les réseaux de neurones

Un neurone réalise simplement une fonction non linéaire, paramétrée, de ses variables. L'intérêt des neurones réside dans les propriétés qui résultent de leur association en réseaux, c'est-à-dire de la *composition* des fonctions non linéaires réalisées par chacun des neurones.

Dans le premier chapitre, on a introduit la distinction entre modèles statiques et modèles dynamiques. Bien entendu, la même distinction s'applique aux réseaux de neurones : on différencie les réseaux statiques (ou réseaux non bouclés) et les réseaux dynamiques (ou réseaux bouclés).

Réseaux de neurones statiques ou réseaux non bouclés

Forme générale

Définition

Un réseau de neurones non bouclé réalise une (ou plusieurs) fonction(s) de ses entrées par composition des fonctions réalisées par chacun des neurones.

Un réseau de neurones non bouclé peut donc être imaginé comme un ensemble de neurones « connectés » entre eux, l'information circulant des entrées vers les sorties sans « retour en arrière ». On peut alors représenter le réseau par un graphe *acyclique* dont les nœuds sont les neurones et les arêtes les « connexions » entre ceux-ci. Si l'on se déplace dans le réseau, à partir d'un neurone quelconque, en suivant les connexions et en respectant leurs sens, on ne peut pas revenir au neurone de départ. La représentation de la topologie d'un réseau par un graphe est très utile, notamment pour les réseaux bouclés, comme on le verra dans la section « Réseaux de neurones dynamiques ». Les neurones qui effectuent le dernier calcul de la composition de fonctions sont les neurones *de sortie* ; ceux qui effectuent des calculs intermédiaires sont les *neurones cachés* (voir figure 2-2).

Remarque

Le terme de « connexions » doit être pris dans un sens métaphorique : dans la très grande majorité des applications, les opérations effectuées par un réseau de neurones sont programmées (n'importe quel langage de programmation convient) et exécutées par un ordinateur conventionnel. Le réseau de neurones n'est donc pas, en général, un objet tel qu'un circuit électronique, et les « connexions » n'ont pas de réalité physique ; néanmoins, le terme de connexion, issu des origines biologiques des réseaux de neurones, est passé dans l'usage, car il est commode quoique trompeur ; il a même donné naissance au terme de connexionnisme.

Réseaux à couches

La seule contrainte sur le graphe des connexions d'un réseau de neurones non bouclé est qu'il ne contient pas de cycle. On peut donc imaginer une grande variété de topologies pour ces réseaux. Néanmoins, pour des raisons qui seront développées dans la section « Propriété fondamentale », la très grande majorité des applications des réseaux de neurones mettent en jeu des « réseaux à couches », dont un exemple est représenté sur la figure 2-2.

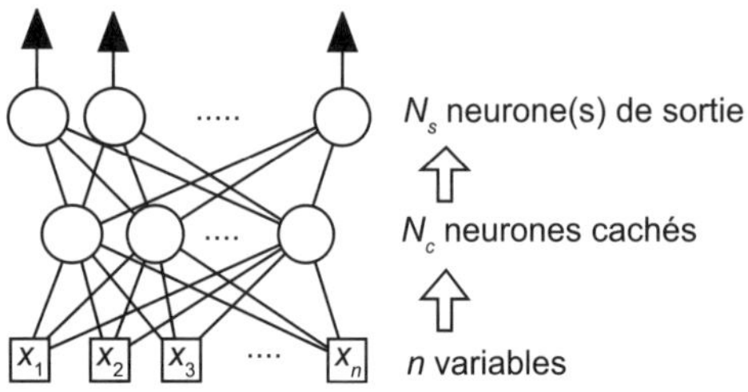

Figure 2-2. Un réseau de neurones à n variables, une couche de N_c neurones cachés et N_s neurones de sortie

Forme générale

Ce réseau réalise N_S fonctions algébriques des *n variables* du réseau ; chacune des sorties est une fonction, réalisée par le neurone de sortie correspondant, des fonctions non linéaires réalisées par les neurones cachés.

Le temps ne joue aucun rôle fonctionnel dans un réseau de neurones non bouclé : si les variables sont indépendantes du temps, les sorties le sont également. Le temps nécessaire pour le calcul de la fonction réalisée par chaque neurone est négligeable et, fonctionnellement, on peut considérer ce calcul comme instantané. Pour cette raison, les réseaux non bouclés sont souvent appelés « réseaux statiques », par opposition aux réseaux bouclés ou « dynamiques » qui seront introduits plus loin.

Terminologie
Les réseaux de neurones non bouclés à couches, dont les neurones cachés ont une fonction d'activation sigmoïde, sont souvent appelés « Perceptrons multicouche » (ou MLP pour *Multi-Layer Perceptron*).

À proscrire
On mentionne souvent, outre la couche cachée et la couche de sortie, une « couche d'entrée » voire des « neurones d'entrée ». Cette expression est trompeuse, car les entrées (représentées par des carrés sur la figure 2-2) ne sont pas des neurones : elles ne réalisent aucun traitement de l'information.

Forme de réseau la plus utile : les réseaux à une couche cachée de sigmoïdes et un neurone de sortie linéaire

Comme indiqué dans le chapitre 1 et rappelé au début de ce chapitre, l'extension la plus naturelle des modèles linéaires de la forme :

$$g(\boldsymbol{x},\boldsymbol{w}) = \sum_{i=1}^{p} w_i f_i(\boldsymbol{x})$$

est une combinaison linéaire de fonctions paramétrées :

$$g(\boldsymbol{x},\boldsymbol{w}) = \sum_{i=1}^{p} w_i f_i(\boldsymbol{x},\boldsymbol{w}').$$

C'est la forme la plus utile de modèle « neuronal » : une combinaison linéaire de fonctions non linéaires paramétrées des variables. Dans le jargon des réseaux de neurones, un tel modèle est décrit comme un réseau à une couche cachée et un neurone de sortie linéaire (figure 2-3).

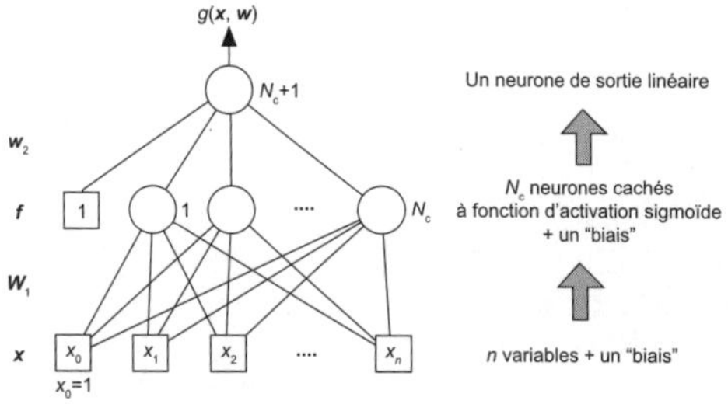

*Figure 2-3. Un réseau de neurones à n variables, un biais, une couche de N_c neurones cachés à fonction d'activation sigmoïde et un neurone de sortie linéaire. Sa sortie g(**x**, **w**) est une fonction non linéaire du vecteur des variables **x**, de composantes 1, x_1, x_2, ..., x_N, et du vecteur des paramètres **w**, dont les composantes sont les $(n+1)N+N_c+1$ paramètres du réseau.*

Le modèle représenté sur la figure 2-3 a pour expression :

$$g(\boldsymbol{x},\boldsymbol{w}) = \sum_{i=1}^{N_c}\left[w_{N_c+1,i}\,\mathrm{th}\left(\sum_{j=1}^{n} w_{ij}x_j + w_{i0}\right)\right] + w_{N_c+1,0} = \boldsymbol{w}_2 \cdot \boldsymbol{f}(\boldsymbol{W}_1\boldsymbol{x})$$

où $\boldsymbol{x}$ est le vecteur des variables (de dimension n+1), $\boldsymbol{w}_2$ est le vecteur des paramètres de la deuxième couche de connexions (de dimension N_c+1), $\boldsymbol{W}_1$ est la matrice des connexions de la première couche (de dimension (N_c+1, n+1), et $\boldsymbol{f}$(.) est le vecteur (de dimension N_c + 1) constitué du biais et des fonctions réalisées par les neurones cachés : $f_0 = 1$, $f_i = \mathrm{th}\left(\sum_{j=0}^{n} w_{ij}x_j\right)$. Les neurones cachés sont numérotés de 1 à N_c et le neurone de sortie est numéroté N_c+1. Par convention, le paramètre w_{ij} est relatif à la connexion allant du neurone (ou de l'entrée) j vers le neurone i.

Très important
Le modèle *g*(***x***, ***w***) est une fonction linéaire des paramètres de la dernière couche de connexions (qui relient les N_c neurones cachés et le biais f_0 au neurone de sortie, numéroté N_c+1), et elle est une fonction non linéaire des paramètres de la première couche de connexions

(qui relient les n+1 variables du réseau aux N_c neurones cachés). Cette propriété a des conséquences importantes qui seront examinées dans la section « Propriété fondamentale ».

Ce qu'il faut retenir

Un réseau de neurones non bouclé est une fonction non linéaire de ses variables et de ses paramètres.

Qu'est-ce qu'un réseau de neurones à zéro neurone caché ?

Un réseau de neurones non bouclé sans neurone caché, avec un neurone de sortie linéaire, réalise simplement une fonction linéaire de ses entrées. On peut donc considérer tout système linéaire comme un réseau de neurones, ce qui ne présente aucun intérêt, ni théorique ni pratique.

Les « termes directs »

Si la relation que l'on cherche à réaliser entre les variables et les sorties présente une importante composante linéaire, il peut être utile d'ajouter, à la structure de réseau à couches qui vient d'être décrite, des termes linéaires, parfois appelés « termes directs », qui se traduisent, dans la représentation graphique du réseau, par des connexions directes entre les entrées et le neurone de sortie (figure 2-4). Par exemple, pour un réseau dont les fonctions d'activation sont des sigmoïdes, le modèle devient :

$$g(\boldsymbol{x},\boldsymbol{w}) = \sum_{i=1}^{N_c}\left[w_{N_c+1,i}\,\mathrm{th}\left(\sum_{j=1}^{n} w_{ij}x_j + w_{i0}\right)\right] + w_{N_c+1,0} + \sum_{k=1}^{n} w_{N_c+1,k}\,x_k$$
$$= \boldsymbol{w}_2 \cdot \boldsymbol{f}(\boldsymbol{W}_1\boldsymbol{x}) + \boldsymbol{w}_3 \cdot \boldsymbol{x}'$$

où $\boldsymbol{w}_3$ est un vecteur de dimension n et $\boldsymbol{x}'$ est le vecteur de composantes $\{\boldsymbol{x}_1, \ldots, \boldsymbol{x}_n\}$, c'est-à-dire le vecteur $\boldsymbol{x}$ dépourvu du biais.

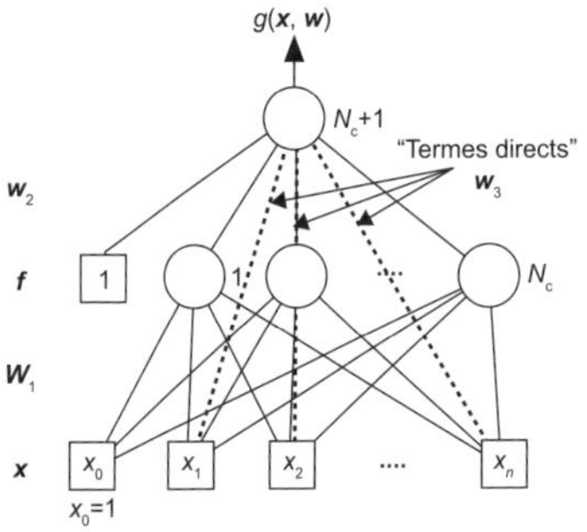

Figure 2-4. Représentation graphique d'un réseau de neurones à couches comportant des termes directs

Réseaux de RBF (fonctions radiales de base) ou d'ondelettes

Dans ce cas, comme indiqué plus haut, les paramètres relatifs aux RBF sont attachés à la non-linéarité elle-même ; en revanche, le neurone de sortie (linéaire) réalise une somme pondérée des sorties des neurones cachés. La sortie du réseau a donc pour expression (pour des fonctions radiales gaussiennes) :

$$g(\boldsymbol{x},\boldsymbol{w}) = \sum_{i=1}^{N_c} w_{N_c+1,i}\exp\left(-\frac{\sum_{j=1}^{n}\left(x_j - w_{ij}\right)^2}{2w_i^2}\right)$$

où $\boldsymbol{x}$ est le vecteur des entrées du réseau (de dimension n) et $\boldsymbol{w}$ est le vecteur des paramètres du réseau (de dimension (n+2) N_c+1) [Broomhead 1988] [Moody 1989] ; les neurones cachés sont numérotés de 1 à N_c, et le neurone de sortie porte le numéro N_c+1.

Remarquons que deux catégories de paramètres interviennent ici : ceux de la dernière couche (qui relient les N_c fonctions radiales au neurone de sortie) et les paramètres des fonctions radiales (centres et écarts-types pour des fonctions radiales gaussiennes). Les connexions de la première couche ont toutes des paramètres égaux à 1. Dans ces réseaux, *la sortie est une fonction linéaire des paramètres de la dernière couche de connexions, et elle est une fonction non linéaire des paramètres des gaussiennes*. Les conséquences de cette propriété seront examinées plus loin.

Les réseaux d'ondelettes ont exactement la même structure, l'équation de la gaussienne étant remplacée par celle d'une ondelette multidimensionnelle. Les paramètres attachés à la non-linéarité sont alors les centres et les dilatations des ondelettes [BENVENISTE 1994] [OUSSAR 2000].

Réseaux de neurones dynamiques ou réseaux bouclés (ou récurrents)

Forme générale

L'architecture la plus générale, pour un réseau de neurones, est celle des « réseaux bouclés », dont le graphe des connexions est *cyclique* : lorsque l'on se déplace dans le réseau en suivant le sens des connexions, il est possible de trouver au moins un chemin qui revient à son point de départ (un tel chemin est désigné sous le terme de « cycle »). La sortie d'un neurone du réseau peut donc être fonction d'elle-même ; ceci n'est évidemment concevable que si la notion de *temps* est explicitement prise en considération.

À l'heure actuelle, l'immense majorité des applications des réseaux de neurones est réalisée par des systèmes numériques (ordinateurs conventionnels ou circuits numériques spécialisés pour le traitement de signal) : il est donc naturel de se placer dans le cadre des systèmes *à temps discret,* régis par des « équations aux différences » (ou « équations récurrentes », d'où le terme de « réseaux récurrents »). Ces équations jouent le même rôle, en temps discret, que les équations différentielles en temps continu.

Ainsi, à chaque connexion d'un réseau de neurones bouclé (ou à chaque arête de son graphe) est attaché, outre un paramètre comme pour les réseaux non bouclés, un *retard,* multiple entier (éventuellement nul) de l'unité de temps choisie. Une grandeur, à un instant donné, ne pouvant pas être fonction de sa propre valeur au même instant, tout cycle du graphe du réseau doit contenir au moins une arête dont le retard n'est pas nul.

Définition

Un réseau de neurones bouclé à temps discret réalise une (ou plusieurs) équation(s) aux différences non linéaires, par composition des fonctions réalisées par chacun des neurones et des retards associés à chacune des connexions.

Propriété

Tout cycle du graphe des connexions d'un réseau de neurones bouclé doit comprendre au moins une connexion de retard non nul.

La figure 2-5 présente un exemple de réseau de neurones bouclé. Les chiffres dans les carrés indiquent le retard attaché à chaque connexion, exprimé en multiple de l'unité de temps (ou période d'échantillonnage) T. Ce réseau contient un cycle qui part du neurone 3 et revient à celui-ci en passant par le neurone 4 ; la connexion de 4 vers 3 ayant un retard non nul, ce réseau est causal.

Explications

À l'instant kT : le neurone 3 calcule $y_3(kT)$ en fonction de $y_4[(k-1)T]$, $u_1(kT)$, $u_2[(k-1)T]$ (où k est un entier positif et $y_i(kT)$ désigne la sortie du neurone i à l'instant kT). Le neurone 4 calcule $y_4(kT)$ en fonction de $y_3(kT)$ et $u_2(kT)$. Le neurone 5 calcule la sortie du réseau de neurones, $g(kT)$, en fonction de $y_3(kT)$, $y_4[(k-1)T]$ et $u_1(kT)$. Les équations récurrentes qui gouvernent le réseau sont donc :

$y_3(k) = f_3\,[y_4(k-1)\ u_1(k),\ u_2(k-1)]$

$y_4(k) = f_4\,[y_3(k),\ u_2(k)]$

$g(k) = f_5\,[y-(k),\ y_4(k-1),\ u_1(k)]$

où, pour alléger les notations, la période d'échantillonnage T a été omise. f_3, f_4, f_5 sont les fonctions non linéaires réalisées par les neurones 3, 4 et 5 respectivement.

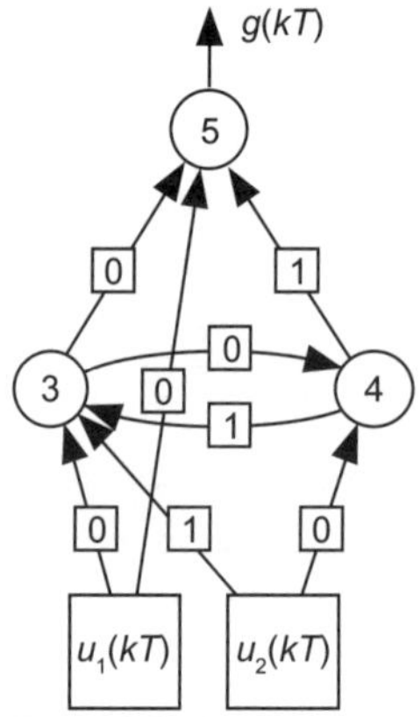

Figure 2-5. Un réseau de neurones bouclé à deux variables. Les chiffres dans les carrés indiquent le retard attaché à chaque connexion, multiple de l'unité de temps (ou période d'échantillonnage) T. Le réseau contient un cycle qui part du neurone 3, va au neurone 4, et revient au neurone 3.

Forme canonique des réseaux de neurones bouclés

Dans la mesure où les réseaux de neurones bouclés réalisent des équations récurrentes non linéaires, il est utile d'examiner les liens entre ces modèles non linéaires et les modèles dynamiques linéaires, utilisés notamment en automatique des systèmes linéaires.

La description la plus générale d'un système *linéaire* est la description d'état :

$$\boldsymbol{x}(k) = \boldsymbol{A}\boldsymbol{x}(k-1) + \boldsymbol{B}\boldsymbol{u}(k-1)$$

$$\boldsymbol{g}(k) = \boldsymbol{C}\boldsymbol{x}(k) + \boldsymbol{D}\boldsymbol{u}(k)$$

où $\boldsymbol{x}(k)$ est le vecteur des variables d'état à l'instant (discret) kT, $\boldsymbol{u}(k)$ est le vecteur des variables de commande à l'instant kT, $\boldsymbol{g}(k)$ est le vecteur des prévisions du modèle à l'instant kT, et $\boldsymbol{A}$, $\boldsymbol{B}$, $\boldsymbol{C}$, $\boldsymbol{D}$ sont des matrices. Rappelons que les variables d'état sont un ensemble de variables, *en nombre minimal,* telles que l'on peut calculer leurs valeurs à l'instant $(k+1)T$ si l'on connaît leurs valeurs initiales et si l'on connaît les valeurs des variables de commande à tout instant compris entre 0 et kT. Le nombre de variables d'état est appelé *ordre* du système.

De manière analogue, on définit la *forme canonique* d'un système non linéaire à temps discret par les équations suivantes :

$$\boldsymbol{x}(k) = \Phi\big(\boldsymbol{x}(k-1), \boldsymbol{u}(k-1)\big)$$

$$\boldsymbol{g}(k) = \Psi\big(\boldsymbol{x}(k-1), \boldsymbol{u}(k-1)\big)$$

où Φ et Ψ sont des fonctions non linéaires (des réseaux de neurones, par exemple), et x est le vecteur des variables d'état. Là encore, les variables d'état sont un ensemble de variables, *en nombre minimal,* permettant de décrire complètement le système à l'instant k si l'on connaît leurs valeurs initiales et si l'on connaît les valeurs des variables de commande à tout instant compris entre 0 et k-1. On montrera, dans la section « Mise sous forme canonique des modèles dynamiques », que tout réseau de neurones peut être mis sous une forme canonique, figurée sur la figure 2-6, où le symbole q^{-1} représente un retard d'une unité de temps. Ce symbole, habituel en Automatique, sera utilisé systématiquement dans toute la suite de l'ouvrage.

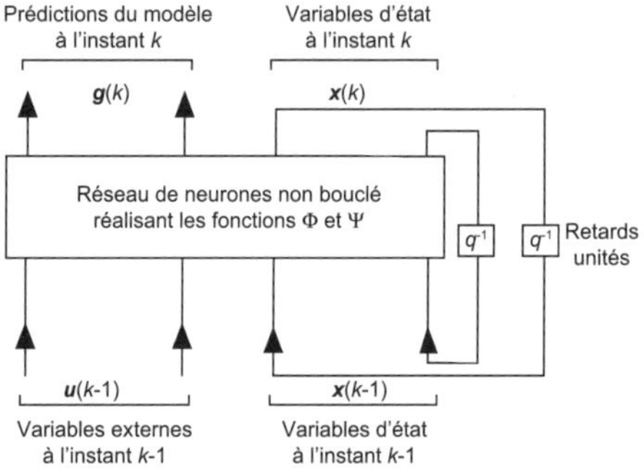

Figure 2-6. Forme canonique d'un réseau de neurones bouclé. Le symbole q^{-1} représente un retard d'une unité de temps.

Propriété

Tout réseau de neurones bouclé, aussi complexe soit-il, peut être ramené à une forme canonique, comportant un réseau de neurones non bouclé dont certaines sorties (les variables d'état) sont ramenées aux entrées par des bouclages de retard unité [NERRAND 1993].

Par exemple, le réseau de neurones représenté sur la figure 2-5 peut être mis sous la forme canonique indiquée sur la figure 2-7. Ce réseau possède une seule variable d'état (il est donc du 1er ordre), qui est la sortie du neurone 3. Dans cet exemple, ce neurone est un neurone caché, mais un neurone de sortie peut être un neurone d'état ; on en verra un exemple dans la section intitulée « Que faire en pratique ? ».

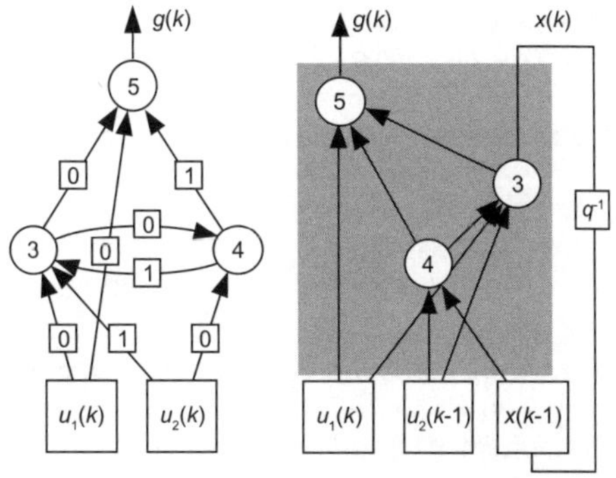

Figure 2-7. Forme canonique (à droite) du réseau représenté sur la figure 2- 5 (à gauche). Ce réseau possède une variable d'état x(kT) (la sortie du neurone 3) : c'est un réseau du 1er ordre. La partie grisée constitue le réseau de neurones non bouclé de la forme canonique.

Explications

À l'instant kT, le neurone 4 a pour variables $u_2[(k-1)T]$ et $x[(k-1)T] = y_3[(k-1)T])$: il calcule donc $y_4[(k-1)T]$; comme dans la forme non canonique, le neurone 3 a pour variables $u_1(kT)$, $u_2[(k-1)T]$, $y_4[(k-1)T]$: il calcule donc $y_3(kT)$; le neurone 5 a pour variables $y_3(kT)$, $u_1(kT)$ et $y_4[(k-1)T]$: il calcule donc sa sortie, qui est la sortie du réseau de neurones, $g(kT)$. Les deux réseaux sont donc bien équivalents fonctionnellement. On peut aussi montrer le résultat en comparant les équations qui régissent les deux réseaux : posant

$$z_3 = f_3\left(z_4, u_2(k-1)\right)$$
$$z_4 = f_4\left(z_3(k-1), u_2(k-1)\right)$$

le modèle sous forme canonique s'écrit :

$$g(k) = f_5\left(z_3, z_4, u_1(k)\right).$$

Ces équations sont bien identiques à celles de la forme non canonique :

$y_3(k) = f_3[y_4(k-1)\ u_1(k), u_2(k-1)]$

$y_4(k) = f_4[y_3(k), u_2(k)]$

$g(k) = f_5[y_3(k), y_4(k-1), u_1(k)]$

en identifiant $z_3 \equiv y_3(k)$ et $z_4 \equiv y_4(k-1)$.

Les réseaux bouclés (et leur forme canonique) seront étudiés en détail dans la section « Techniques et méthodologie de conception de modèles dynamiques » de ce chapitre, ainsi que dans les chapitres 4 et 8.

Résumé

Les définitions essentielles concernant les réseaux de neurones ont été présentées dans cette section. Reprenant la distinction générale entre modèles statiques et modèles dynamiques, on a introduit :

- les réseaux de neurones non bouclés, statiques, qui réalisent des fonctions non linéaires ;
- les réseaux de neurones bouclés, dynamiques, régis par des équations aux différences (ou équations récurrentes) non linéaires.

On a vu également que tout réseau de neurones bouclé peut être mis sous une forme canonique, comprenant un réseau de neurones non bouclé dont les variables d'état sont ramenées à ses entrées avec un retard unité.

L'élément de base est donc le réseau de neurones non bouclé ; ses propriétés sont exposées dans la section suivante.

Propriété fondamentale des réseaux de neurones statiques (non bouclés) : l'approximation parcimonieuse

Les réseaux de neurones sont des approximateurs universels

Propriété

Toute fonction bornée suffisamment régulière peut être approchée uniformément, avec une précision arbitraire, dans un domaine fini de l'espace de ses variables, par un réseau de neurones comportant une couche de neurones cachés en nombre fini, possédant tous la même fonction d'activation, et un neurone de sortie linéaire [HORNIK 1989] [HORNIK 1990] [HORNIK 1991].

Cette propriété, qui n'est qu'un théorème d'existence et ne donne pas de méthode pour trouver les paramètres du réseau, n'est pas spécifique aux réseaux de neurones. C'est la propriété suivante qui leur est particulière et fait tout leur intérêt.

Les réseaux de neurones non linéaires par rapport à leurs paramètres sont des approximateurs parcimonieux

Dans la pratique, le nombre de fonctions nécessaires pour réaliser une approximation est un critère important dans le choix d'un approximateur de préférence à un autre. Comme indiqué dans le chapitre 1, la complexité d'un modèle est liée au nombre de ses paramètres : pour contrôler le surajustement, on doit toujours faire en sorte que ce nombre soit le plus petit possible. En d'autres termes, on cherche l'approximation la plus *parcimonieuse*. Les réseaux de neurones possèdent cette propriété de parcimonie : *c'est en cela que réside leur intérêt par rapport aux modèles linéaires en leurs paramètres tels que les polynômes.*

Propriété fondamentale

On montre [BARRON 1993] que, si l'approximation dépend des paramètres ajustables de manière non linéaire, elle est plus parcimonieuse que si elle dépend linéairement des paramètres.

Plus précisément, le nombre de paramètres des modèles linéaires en leurs paramètres croît beaucoup plus rapidement avec le nombre de variables que le nombre de paramètres d'un modèle non linéaire. Par exemple, le nombre de paramètres d'un polynôme de degré d à n variables vaut $\frac{(n+d)!}{n!d!}$, alors que le nombre de paramètres d'un réseau de neurones croît linéairement avec le nombre de variables. La figure 2-8 montre l'évolution du nombre de paramètres d'un polynôme et du nombre de paramètres d'un réseau de neurones, en fonction du nombre de variables. La parcimonie est donc d'autant plus importante que le nombre de variables du modèle est grand : pour un modèle à une ou deux variables, on peut utiliser indifféremment un modèle linéaire par rapport à ses paramètres (polynôme, par exemple) ou un modèle non linéaire par rapport à ses paramètres (réseau de neurones, par exemple).

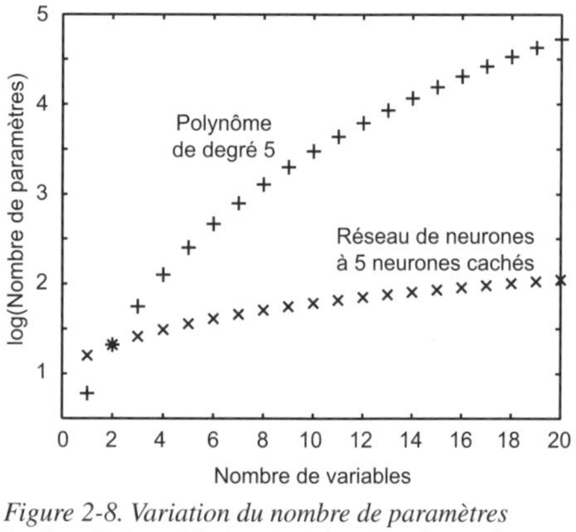

Figure 2-8. Variation du nombre de paramètres (ordonnée logarithmique) en fonction du nombre de variables pour un modèle polynomial et pour un réseau de neurones

Il faut noter néanmoins que la dimension de Vapnik-Chervonenkis, qui croît linéairement avec le nombre de paramètres pour les modèles linéaires, croît au moins quadratiquement pour les réseaux de neurones, donc on ne peut pas garantir que l'on a *toujours* intérêt à utiliser des réseaux de neurones, surtout si le nombre de variables est petit, de l'ordre de 1 ou 2. En revanche, dès que le nombre de variables devient supérieur à 2, il est généralement avantageux de mettre en œuvre des réseaux de neurones avec une couche de neurones cachés à non-linéarité sigmoïde, plutôt que des polynômes, ou des réseaux de RBF ou d'ondelettes à paramètres fixés. Si, en revanche, on considère que les centres et écarts-types des RBF gaussiennes (ou les centres et les dilatations des ondelettes) sont des paramètres ajustables au même titre que les paramètres des connexions, il n'y a pas, à l'heure actuelle, d'avantage *mathématiquement démontré* à utiliser un type de neurones plutôt qu'un autre. En revanche, des arguments *pratiques* décisifs peuvent justifier une préférence : connaissances a priori sur le type de non-linéarité souhaitable, caractère localisé ou non de la fonction, rapidité de calcul, facilité d'initialisation de l'apprentissage (voir la section « Initialisation des paramètres »), facilité de réalisation en circuit spécialisé, etc.

Expliquons qualitativement l'origine de la parcimonie. Considérons un modèle linéaire par rapport à ses paramètres, un modèle polynomial par exemple :

$g(x) = 4 + 2x + 4x^2 - 0{,}5x^3$.

Le modèle $g(x)$ est une combinaison linéaire des fonctions $y = 1$, $y = x$, $y = x^2$, $y = x^3$, avec les paramètres $w_0 = 4$, $w_1 = 2$, $w_2 = 4$, $w_3 = -0{,}5$. Ces fonctions ont une forme qui est fixée une fois pour toutes.

Considérons à présent le modèle neuronal représenté sur la figure 2-9, dont l'équation est :

$g(x) = 0{,}5 - 2\ \mathrm{th}(10 + 0{,}5\ x) + 3\ \mathrm{th}(1 + 0{,}25\ x) - 2\ \mathrm{th}(3 - 0{,}25\ x)$.

Ce modèle est aussi une combinaison linéaire de fonctions ($y = 1$, $y = \mathrm{th}(10 + 0{,}5\ x)$, $y = \mathrm{th}(1 + 0{,}25\ x)$, $y = \mathrm{th}(3 - 0{,}25\ x)$), mais la forme de ces fonctions *dépend des valeurs des paramètres de la matrice* $\mathbf{W}_1$.

Ainsi, au lieu de combiner des fonctions de formes fixes, on combine des fonctions dont la forme elle-même est ajustée par des paramètres. On comprend facilement que ces degrés de liberté supplémentaires permettent de réaliser une fonction donnée avec un plus petit nombre de fonctions élémentaires, ce qui est précisément la définition de la parcimonie.

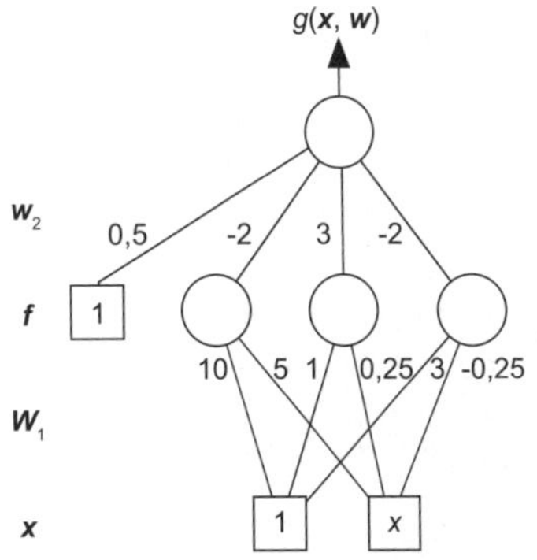

Figure 2-9. Un réseau de neurones non bouclé à une variable (donc deux entrées) et trois neurones cachés. Les nombres indiquent les valeurs des paramètres.

Un exemple élémentaire

Considérons la parabole d'équation

$y = 16{,}71\ x^2 - 0{,}075$.

Prenons 20 échantillons régulièrement espacés, pour effectuer un apprentissage, par minimisation de la fonction de coût des moindres carrés (définie au chapitre 1), d'un réseau à 2 neurones cachés (à fonction d'activation arctangente) représenté sur la figure 2-10(a). Un apprentissage à l'aide de l'algorithme de Levenberg-Marquardt (voir la section « Méthodes de gradient du second ordre ») fournit, en quelques dizaines d'itérations, les paramètres indiqués sur la figure 2-10(a). La figure 2-10(b) représente les points de l'ensemble d'apprentissage et la prédiction du modèle, qui passe par ces points avec une excellente précision.

La figure 2-10(c) représente les sorties des neurones cachés, dont la combinaison linéaire avec le biais constitue la prédiction du réseau. La figure 2-10(d) montre les points d'un ensemble de test et la prédiction du réseau : lorsque l'on s'éloigne du domaine d'apprentissage [–0,12, +0,12], la précision de l'approximation se dégrade, ce qui est normal. On notera la symétrie dans les valeurs des paramètres, qui reflète la symétrie du problème (simulation réalisée à l'aide du logiciel NeuroOne™ de NETRAL S.A.).

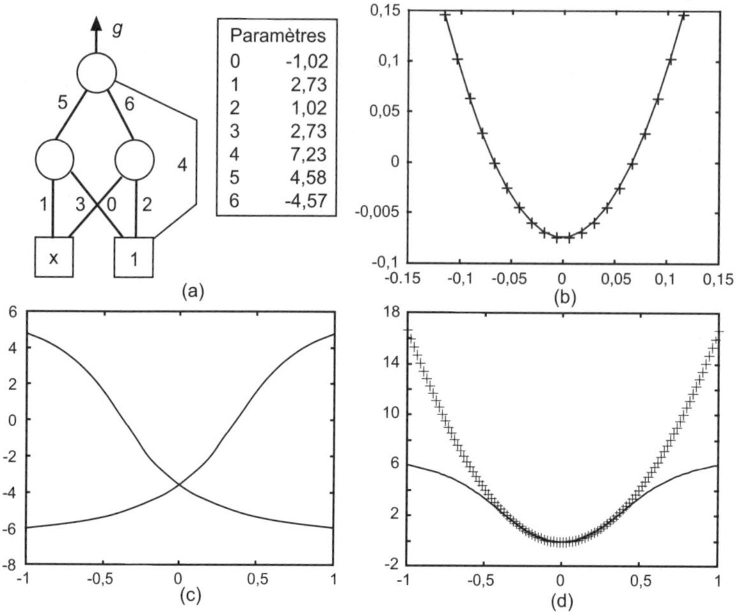

Figure 2-10. Interpolation d'une parabole par un réseau à 2 neurones cachés : (a) réseau ; (b) points d'apprentissage (croix) et modèle après apprentissage ; (c) fonctions réalisées par les deux neurones cachés (sigmoïdes) après apprentissage ; (d) points de test (croix) et modèle après apprentissage : l'approximation se dégrade en dehors de la zone d'apprentissage.

Remarque

Bien entendu, approcher une parabole à une variable par un réseau de neurones ne présente aucun intérêt pratique, puisque la parabole a deux paramètres alors que le réseau de neurones en a sept ! La seule justification de cet exemple est que, étant mono-dimensionnel, il permet d'utiliser des représentations graphiques simples.

En quoi la parcimonie est-elle avantageuse ?

Comme indiqué plus haut, la dimension de Vapnik-Chervonenkis des réseaux de neurones varie plus lentement, en fonction du nombre de variables, que celle des modèles linéaires, de sorte que les réseaux de neurones sont généralement avantageux, en termes de complexité, dès que le nombre de variables dépasse 2. Le dilemme biais-variance étant contrôlé par le rapport de la dimension de Vapnik-Chervonenkis h au nombre de variables N, la parcimonie permet, à rapport h/N fixé, d'utiliser un nombre restreint d'exemples. Ainsi, de manière générale, les réseaux de neurones permettent de tirer le meilleur parti des données numériques disponibles, pour construire des modèles à plusieurs variables.

La figure 2-34 montre un exemple de parcimonie dans une application réelle : la prédiction d'un paramètre thermodynamique d'un verre. Elle est commentée dans la section « Une application en formulation ».

À quoi servent les réseaux de neurones non bouclés à apprentissage supervisé ? Modélisation statique et discrimination (classification)

Les propriétés mathématiques décrites dans la section précédente sont fondamentales : elles donnent une base solide aux applications des réseaux de neurones à apprentissage supervisé. Néanmoins, dans la pratique, il est rare que l'on cherche à réaliser une approximation *uniforme* d'une fonction *connue*.

Le plus souvent, le problème qui se pose est celui qui a été étudié en détail dans le chapitre 1 : on dispose d'un ensemble de variables mesurées $\{\boldsymbol{x}_k, k = 1 \text{ à } N\}$ et d'un ensemble de mesures $\{y^p(\boldsymbol{x}_k), k = 1 \text{ à } N\}$ d'une grandeur relative à un processus de nature quelconque (physique, chimique, biologique, financier...). On suppose qu'il existe une relation entre le vecteur des variables $\boldsymbol{x}$ et la grandeur à modéliser, et l'on cherche à déterminer une forme mathématique de cette relation, valable dans le domaine où les mesures ont été effectuées, sachant que (1) les mesures sont en nombre fini, et que (2) ces mesures sont certainement entachées de bruit. De plus, toutes les variables qui déterminent la grandeur à modéliser ne sont pas forcément mesurées. En d'autres termes, on cherche à établir un *modèle* du processus, à partir des mesures disponibles, et d'elles seules : on dit que l'on effectue une modélisation « boîte noire ». On étudiera plus loin la modélisation « boîte noire » du comportement d'un processus (l'actionneur hydraulique d'un bras de robot) : l'ensemble de variables $\{x\}$ est constitué d'une seule variable (l'angle d'ouverture de la vanne d'admission de liquide hydraulique) et la grandeur y^p est la pression d'huile dans l'actionneur. On verra également plus loin un exemple de prédiction de propriétés chimiques ou d'activités thérapeutiques de molécules : on cherche une relation déterministe entre une propriété des molécules (par exemple leurs points d'ébullition, leur action anti-HIV, leur toxicité…) et des descripteurs de ces molécules (masse molaire, nombre d'atomes, « volume », moment dipolaire, etc.) ; on peut ainsi prédire les propriétés ou activités thérapeutiques de molécules dont la synthèse n'a pas été effectuée. Le lecteur rencontrera dans cet ouvrage de nombreux cas de ce genre.

Le terme de « boîte noire » qui vient d'être introduit s'oppose au terme de « modèle de connaissance » ou « modèle de comportement interne », qui désigne un modèle mathématique établi à partir d'une analyse physique (ou chimique, physico-chimique, économique, etc.) du processus que l'on étudie ; ce modèle peut contenir un nombre limité de paramètres ajustables, qui possèdent une signification physique. On verra, dans la section « Modélisation dynamique "boîte grise" », que les réseaux de neurones peuvent être utilisés pour l'élaboration de modèles « semi-physiques », intermédiaires entre les modèles « boîtes noires » et les modèles de connaissance.

Modélisation statique

Rappelons que l'apprentissage statistique d'un modèle consiste à estimer les valeurs des paramètres du modèle pour lesquelles l'erreur de prédiction empirique est minimale. Le plus souvent, pour la modélisation par réseau de neurones, la fonction de perte utilisée est le carré de l'erreur de modélisation, de sorte que la fonction de coût à minimiser est la fonction de coût des moindres carrés

$$J(\boldsymbol{w}) = \sum_{k=1}^{N} \left(y_k^p - g(\boldsymbol{x}_k, \boldsymbol{w})\right)^2$$

où y_k^p est la valeur prise par la grandeur à modéliser pour l'exemple k, et $g(\boldsymbol{x}_k, \boldsymbol{w})$ est la prédiction du modèle pour l'exemple k. Rappelons également que l'on a démontré, au chapitre 1, que le meilleur modèle possible est la fonction de régression du processus, laquelle est inconnue. La démarche de modélisation consiste donc à postuler un modèle de complexité donnée (un réseau de neurones à trois neurones cachés, par exemple), à en effectuer l'apprentissage par des méthodes qui seront décrites dans la section « Estimation des paramètres (apprentissage) d'un réseau de neurones non bouclé », et à estimer la capacité de généralisation de ce modèle, afin de la comparer à celles d'autres modèles, de complexités différentes. Cette estimation permet finalement de choisir le meilleur modèle compte tenu des données disponibles.

Cette procédure pose deux questions, centrales dans la pratique des réseaux de neurones :

- comment, en pratique, dans une famille de réseaux de neurones de complexité donnée, trouver celui pour lequel la fonction de coût des moindres carrés est minimale ?

• une fois que celui-ci a été trouvé, comment juger si ses capacités de généralisation sont satisfaisantes ?

Ces questions pratiques seront abordées en détail dans la section « Techniques et méthodologie de conception de modèles statiques ».

Classification (discrimination)

Comme indiqué dans le chapitre 1, classer un ensemble d'objets, c'est attribuer à chacun une classe (ou « catégorie ») parmi plusieurs classes *définies à l'avance*. Cette tâche est appelée « classification » ou « discrimination ». Un algorithme qui réalise automatiquement une classification est appelé *classifieur.*

Les applications des classifieurs sont très nombreuses : dans le domaine de la reconnaissance des formes (chiffres et caractères manuscrits ou imprimés, images, parole, signaux temporels...), mais également dans bien d'autres domaines (économie, finance, sociologie, traitement du langage...). De manière générale, on désignera sous le terme de « forme » n'importe quel objet décrit par un ensemble de nombres (« descripteurs ») : ainsi, une image pourra être décrite par l'ensemble des valeurs d'intensité de ses pixels (contraction de *picture elements* ou éléments d'image), un signal temporel par ses valeurs successives au cours d'une période de temps définie, une entreprise par l'ensemble des éléments de son bilan, un texte par l'ensemble des mots importants qu'il contient, etc. Schématiquement, la question à laquelle un classifieur doit apporter un *élément de réponse* est du type : le caractère inconnu est-il un *a*, un *b*, un *c*, etc. ? Le signal observé est-il normal ou anormal ? L'entreprise examinée constitue-t-elle un excellent, très bon, bon, médiocre, mauvais, très mauvais, support d'investissement ? La dépêche d'agence reçue est-elle relative à une prise de participation entre entreprises ? Y aura-t-il demain une alerte à la pollution par l'ozone ? Les statisticiens appellent aussi « classification » la tâche qui consiste à regrouper des données qui se ressemblent dans des classes *qui ne sont pas définies à l'avance* ; les réseaux de neurones à apprentissage non supervisé, mentionnés dans le chapitre 1 et décrits en détail dans le chapitre 7, peuvent réaliser ce genre de tâches ; il y a donc une certaine confusion dans les termes. On s'efforcera toujours de préciser ce dont il s'agit, lorsque le contexte ne rend pas la distinction évidente. Dans tout ce paragraphe, on considère le cas où les classes sont connues à l'avance.

Il faut noter que le classifieur n'est pas nécessairement conçu pour donner une réponse complète : il peut apporter seulement un élément de réponse. En effet, il faut bien distinguer l'aide à la décision et la décision elle-même : un classifieur peut apporter une information qui aidera un être humain, ou un système automatique, à prendre une décision concernant l'appartenance de l'objet inconnu à telle ou telle classe. Historiquement, les premiers réseaux de neurones utilisés pour la classification étaient conçus pour fournir une décision. Néanmoins, on a vu, dans le chapitre 1, que l'on peut également, par apprentissage, obtenir une information beaucoup plus riche et fine qu'une simple décision binaire : on peut estimer la *probabilité d'appartenance* de l'objet inconnu à chacune des classes. Ceci permet notamment de concevoir des systèmes de reconnaissance complexes qui utilisent plusieurs systèmes de classification différents, chacun d'eux fournissant une estimation de la probabilité d'appartenance de l'objet inconnu à chacune des classes. La décision finale est prise au vu de ces estimations et en fonction, par exemple, des « domaines d'excellence » de chacun des classifieurs.

De même, dans le domaine de la « fouille de données » (*data mining*), une problématique de plus en plus fréquente est celle du « filtrage d'information » : trouver automatiquement, dans un corpus de données, les textes qui sont pertinents pour un thème donné, et présenter ces textes par ordre de probabilité de pertinence décroissante, afin que l'utilisateur puisse faire un choix rapide parmi les documents qui lui sont présentés. Là encore, il est indispensable que le classifieur ne se contente pas de donner une réponse binaire (document pertinent ou non), mais bien qu'il détermine une probabilité d'appartenance à une classe. Comme on le verra plus loin, les modèles obtenus par apprentissage, notamment les réseaux de neurones non bouclés, sont bien adaptés à ce type de tâche, dont l'importance est de plus en plus évidente.

La section du présent chapitre intitulée « Réseaux de neurones à apprentissage supervisé et discrimination », et le chapitre 6 en entier, sont consacrés à la discrimination.

À quoi servent les réseaux de neurones à apprentissage non supervisé ? Analyse et visualisation de données

Les moyens modernes de traitement et de stockage de l'information permettent de disposer de très grandes quantités d'informations, qu'elles soient numériques (traitements numériques intensifs de résultats expérimentaux) ou linguistiques (corpus de textes). Retrouver des informations dont on sait qu'elles doivent être présentes dans les données, mais dont on ne sait pas bien comment les extraire, devient une préoccupation de plus en plus importante. Les progrès du graphisme des ordinateurs permettent des représentations des données de plus en plus claires et conviviales, mais l'opérateur est incapable de visualiser clairement des données de haute dimension. Il est donc très important de disposer de techniques de représentations des données à basse dimension (typiquement 2) qui permettent de retrouver l'information « prégnante » dans les données. Les réseaux de neurones à apprentissage non supervisé offrent un ensemble de techniques puissantes dans ce domaine, notamment les cartes auto-organisatrices.

Le chapitre 7 de cet ouvrage, entièrement consacré à l'apprentissage non supervisé, décrit en détail de belles applications, notamment en télédétection.

À quoi servent les réseaux de neurones bouclés à apprentissage supervisé ? Modélisation dynamique « boîte noire » et « semi-physique » ; commande de processus

Dans le paragraphe consacré aux réseaux dynamiques, on a montré que tout réseau de neurones bouclé peut être mis sous une forme canonique, qui comprend un réseau de neurones non bouclé et des bouclages (ou récurrences) externes à celui-ci. Les propriétés des réseaux de neurones bouclés sont donc directement liées à celles des réseaux non bouclés : de même que l'on met en œuvre les réseaux de neurones non bouclés pour modéliser, de manière statique, des processus non linéaires qui peuvent être utilement décrits par des équations algébriques, de même il est intéressant de mettre en œuvre des réseaux de neurones bouclés pour modéliser, de manière dynamique, des processus qui peuvent être utilement décrits par des équations récurrentes (ou équations aux différences). Une partie du présent chapitre, et tout le chapitre 4, sont consacrés à la modélisation dynamique de processus.

Plusieurs motivations peuvent pousser l'ingénieur ou le chercheur à concevoir un modèle dynamique :

- utiliser le modèle comme « simulateur » pour prévoir l'évolution d'un processus dont la modélisation de connaissance est trop complexe ou trop incertaine ;
- utiliser le modèle comme simulateur d'un processus dont la modélisation de connaissance est possible, mais conduit à des équations différentielles, ou aux dérivées partielles, dont la résolution numérique est lourde et ne peut répondre à des contraintes de fonctionnement en temps réel : on peut alors créer un ensemble d'apprentissage à partir du code de résolution des équations, et concevoir un réseau de neurones qui fournit de très bonnes solutions dans des temps de calcul beaucoup plus courts. L'architecture de ce réseau peut avantageusement être inspirée des équations différentielles du modèle de connaissance : on conçoit alors un « modèle semi-physique » ou modèle « boîte grise » (voir la section suivante) ;
- utiliser le modèle comme prédicteur à très court terme (une période d'échantillonnage) afin de l'intégrer à un système de commande.

Modélisation semi-physique

Il est très fréquent, notamment dans l'industrie manufacturière, que l'on dispose d'un modèle de connaissance d'un procédé, mais que celui-ci ne soit pas satisfaisant ; cela peut s'expliquer par plusieurs raisons :

- le modèle peut être insuffisamment précis pour l'objectif que l'on s'est fixé. Par exemple, si l'on désire détecter une anomalie de fonctionnement en analysant la différence entre l'état du processus prévu par le modèle du fonctionnement normal et l'état réellement mesuré, il faut que le modèle de fonctionnement normal soit précis ;
- le modèle peut être précis, mais être trop complexe pour pouvoir être intégré numériquement en temps réel (pour une application de surveillance ou de commande, par exemple).

Si l'on dispose de mesures, on peut alors légitimement décider d'avoir recours à un modèle « boîte noire », non linéaire si nécessaire. Toutefois il serait néanmoins maladroit d'abandonner complètement toutes les connaissances accumulées lors de la conception du modèle, pour construire un autre modèle fondé uniquement sur les mesures. La modélisation semi-physique permet de réconcilier ces deux points de vue, en utilisant toutes les connaissances avérées dont on peut disposer sur le processus (sous réserve qu'elles soient sous la forme d'équations algébriques ou différentielles) pour structurer le réseau et définir son architecture. La méthodologie de conception d'un tel modèle sera présentée dans la section « Modélisation dynamique "boîte grise" », et un exemple d'application industrielle sera décrit dans la section « Modélisation semi-physique d'un procédé manufacturier ».

La commande de processus

Commander un système, c'est lui imposer une dynamique de réponse à une commande. S'il s'agit d'une régulation, il faut imposer au système de rester dans un état déterminé quelles que soient les perturbations, mesurables ou non, auxquelles il est soumis : pour un système de régulation de vitesse d'une voiture (*cruise control*), il faut agir automatiquement sur l'accélérateur afin que la voiture conserve une vitesse constante égale à la vitesse de consigne, indépendamment de perturbations telles que des bourrasques de vent, des changements de la pente de la route, etc. S'il s'agit d'un système de poursuite, il faut imposer à celui-ci de suivre une trajectoire de consigne : par exemple, dans un fermenteur, agir sur le système de chauffage pour que la température suive un profil temporel déterminé à l'avance, indépendamment de la température du four, de la température des ingrédients que l'on ajoute durant la fermentation, des réactions exothermiques ou endothermiques qui peuvent se produire, etc. Pour réaliser ces tâches, il faut généralement disposer d'un modèle qui, si les non-linéarités sont importantes, peut être un réseau de neurones. Le chapitre 5 est entièrement consacré à la commande de processus non linéaires.

Quand et comment mettre en œuvre des réseaux de neurones à apprentissage supervisé ?

Après avoir présenté les fondements théoriques qui justifient l'utilisation de réseaux de neurones, on aborde ici les problèmes pratiques liés à leur mise en œuvre : on rappellera d'abord quand utiliser – et quand ne pas utiliser – les réseaux de neurones et on expliquera brièvement ensuite *comment* il faut les mettre en œuvre. Toutes les questions qui sont abordées dans cette section sont approfondies dans ce chapitre et les suivants.

Quand utiliser les réseaux de neurones ?

Rappelons le fondement théorique de l'utilisation des réseaux de neurones à apprentissage supervisé : la propriété d'approcher toute fonction non linéaire suffisamment régulière.

Il peut donc être avantageux de mettre en œuvre des réseaux de neurones pour toute application nécessitant de trouver, par *apprentissage*, une relation *non linéaire* entre des données *numériques*.

Sous quelles conditions peut-on utiliser une telle approche ?

- Une première condition est nécessaire mais non suffisante : puisque les réseaux de neurones utilisent des techniques issues des *statistiques, il faut disposer d'un ensemble de données de taille suffisamment grande, et bien représentatif.*
- Une fois ces données recueillies, il faut s'assurer de l'intérêt réel d'un modèle *non linéaire* pour l'application considérée : en effet, la mise en œuvre d'un modèle linéaire (ou affine) est toujours plus simple, et moins coûteuse en temps de calcul, que celle d'un réseau de neurones. Par conséquent, *en l'absence de toute connaissance a priori sur l'intérêt d'un modèle non linéaire, il faut d'abord utiliser les méthodes simples et éprouvées d'élaboration d'un modèle linéaire,* qui ont été exposées dans le chapitre 1. S'il apparaît que la précision du modèle est insuffisante bien que toutes les variables pertinentes soient présentes dans le modèle, alors on doit envisager la mise en œuvre de modèles non linéaires tels que les réseaux de neurones.
- Si les données sont disponibles, et si l'on s'est assuré qu'un modèle non linéaire est utile, il faut s'interroger sur l'opportunité d'utiliser un réseau de neurones de préférence à une autre famille de fonctions non linéaire, les polynômes par exemple. Comme indiqué plus haut, les réseaux de neurones, notamment à fonction d'activation sigmoïde, sont d'autant plus avantageux que le nombre de variables est « grand » ; dans la majorité des cas, « grand » signifie, en pratique et de manière empirique, supérieur ou égal à 3.

En résumé : si l'on dispose de données numériques suffisamment nombreuses et représentatives, il est généralement avantageux d'utiliser des réseaux de neurones dans toute application mettant en jeu l'estimation des paramètres d'une fonction non linéaire possédant au moins trois variables. Si le nombre de variables est supérieur ou égal à 3, il est généralement avantageux d'utiliser des réseaux de neurones à fonction d'activation sigmoïde ; dans le cas contraire, des réseaux de neurones utilisant des RBF à centres et écarts-types fixés, ou des ondelettes à centres et dilatations fixés, ou encore des polynômes, peuvent être aussi précis et plus simples à mettre en œuvre.

Bien entendu, si les données ne sont pas numériques (mais linguistiques, par exemple), les réseaux de neurones ne peuvent les traiter directement. Il faut avoir recours à des prétraitements permettant de « quantifier » ces données (par exemple, à l'aide de techniques issues de la théorie des ensembles flous).

Comment mettre en œuvre les réseaux de neurones ?

La mise en œuvre des réseaux de neurones entre complètement dans le cadre général de la modélisation par apprentissage statistique, développée dans le chapitre 1. Elle nécessite donc :

- de collecter les données utiles pour l'apprentissage et l'évaluation des performances du réseau de neurones ;
- de déterminer les variables pertinentes, c'est-à-dire les grandeurs qui ont une influence significative sur le phénomène que l'on cherche à modéliser ;
- de postuler des modèles de complexité croissante et d'en effectuer l'apprentissage, afin de trouver la complexité appropriée, c'est-à-dire le nombre de neurones cachés nécessaires pour obtenir une généralisation satisfaisante ;
- d'évaluer les performances du réseau de neurones choisi à l'issue de la phase de sélection de modèle.

En fonction des résultats obtenus, il peut être nécessaire d'effectuer plusieurs itérations de cette procédure, ou d'une partie de celle-ci.

Ces différents points seront abordés ultérieurement.

Les variables pertinentes

Le problème de la détermination des variables pertinentes se pose de manière très différente selon les applications envisagées.

Si le processus que l'on veut modéliser est un processus industriel conçu par des ingénieurs, le problème est important mais pas crucial car, en général, on connaît bien les grandeurs qui interviennent et les relations causales entre celles-ci. Ainsi, dans un procédé de soudage par points, on fait fondre localement les deux tôles à souder en faisant passer un courant électrique très important (quelques kiloampères) pendant quelques dizaines de millisecondes, entre deux électrodes qui exercent une pression mécanique sur les tôles (figure 2-11). La qualité de la soudure, caractérisée par le diamètre de la zone fondue, dépend évidemment de l'intensité du courant, de la durée pendant laquelle il est appliqué, de l'effort exercé par les électrodes pendant le passage du courant et pendant la phase de solidification, de l'état de surface des électrodes, de la nature des tôles, et de quelques autres facteurs qui ont été très largement étudiés en raison de l'importance industrielle du procédé. On connaît donc la nature des variables désirables pour un modèle ; il peut être néanmoins utile de faire un choix parmi ces grandeurs, en ne prenant en considération, comme variables du modèle, que celles qui agissent de manière très significative sur le processus (c'est-à-dire celles dont l'effet est plus important que l'incertitude de la mesure).

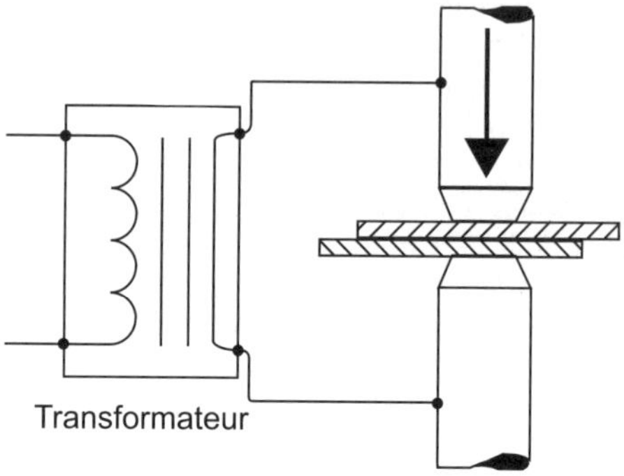

Figure 2-11. Schéma d'un processus industriel : le soudage par points

L'application d'une approche de ce problème par apprentissage statistique est décrite plus en détail dans la section « Modélisation d'un procédé de fabrication : le soudage par points ».

En revanche, si le processus à modéliser est un processus naturel complexe (physiologique, par exemple), ou un processus économique, social ou financier, la détermination des variables pertinentes peut être beaucoup plus délicate. Ainsi, si l'on veut prédire une propriété chimique d'une molécule (cet exemple est décrit en détail dans la section « Aide à la découverte de médicaments »), le choix des descripteurs pertinents n'est pas évident ; de même, pour déterminer la solvabilité d'un organisme, ou la qualité d'une entreprise, il est très important de choisir des ratios appropriés pour décrire la situation comptable, fiscale, commerciale, etc.

Les méthodes de sélection de variables qui ont été décrites ou mentionnées dans le chapitre 1 sont entièrement applicables aux réseaux de neurones.

La collecte des données

Pour pouvoir effectuer l'apprentissage, il faut disposer de données. Celles-ci doivent être en nombre suffisant, et être suffisamment représentatives de celles qui seront présentées au modèle lors de son utilisation. Lorsque la grandeur que l'on veut modéliser dépend de nombreux facteurs, c'est-à-dire lorsque le modèle possède de nombreuses variables, il n'est pas possible de réaliser un « pavage » régulier dans tout le domaine de variation de celles-ci ; il faut donc trouver une méthode permettant de réaliser uniquement des expériences qui apportent une information significative pour l'apprentissage du modèle : il faut réaliser un « plan d'expériences ». Pour les modèles linéaires, l'élaboration des plans d'expériences est bien maîtrisée ; pour les modèles non linéaires, le problème est plus difficile. La section « Élaboration de plans d'expériences » présente quelques éléments qui permettent de construire itérativement un plan d'expériences pour un modèle neuronal.

La complexité : le nombre de neurones cachés

À l'heure actuelle, il n'existe pas de résultat théorique permettant de déterminer a priori la complexité souhaitable pour construire un modèle compte tenu des données disponibles. Par exemple, l'estimation de la dimension de Vapnik-Chervonenkis, pour un réseau de neurones, permet de savoir comment cette dernière varie avec le nombre de neurones cachés, mais ne fournit que des bornes larges, éventuellement pessimistes, pour le nombre de neurones cachés nécessaires. Il faut donc nécessairement mettre en œuvre une procédure numérique de sélection de modèle, notamment celles décrites dans le chapitre 1 : validation simple, validation croisée, leave-one-out et leurs variantes.

Rappelons le résultat établi dans le chapitre 1 : pour tout modèle conçu par apprentissage, notamment un réseau de neurones, le meilleur modèle possible est celui pour lequel la variance de l'erreur de prédiction est égale à la variance du bruit de mesure.

L'apprentissage des réseaux de neurones non bouclés : un problème d'optimisation non linéaire

Une fois que l'on a postulé un réseau de neurones de complexité donnée, on doit procéder à son apprentissage : estimer les valeurs des paramètres du réseau de neurones pour lesquelles la fonction de coût des moindres carrés, calculée sur les points de l'ensemble d'apprentissage, est minimale. L'apprentissage est donc un problème numérique *d'optimisation*.

Considérons, pour simplifier, un réseau de neurones à une sortie $g(\boldsymbol{x}, \boldsymbol{w})$. On dispose d'un ensemble d'apprentissage comprenant N exemples. La fonction de coût des moindres carrés a été définie plus haut :

$$J(\boldsymbol{w}) = \sum_{k=1}^{N}\left[y_k^p - g(\boldsymbol{x}_k, \boldsymbol{w})\right]^2$$

où $\boldsymbol{x}_k$ désigne le vecteur des valeurs des variables pour l'exemple k, et y_k^p la valeur de la mesure correspondante.

- Si l'on met en œuvre des modèles linéaires en leurs paramètres (des fonctions radiales gaussiennes dont les centres et écarts-types sont fixés, par exemple), les méthodes décrites dans le chapitre 1, section « Conception de modèles linéaires », sont directement applicables. La qualité du résultat dépend essentiellement du choix des centres et les écarts-types des fonctions non linéaires mises en œuvre ; ce choix doit être effectué par des techniques de sélection de modèle analogues à celles qui sont décrites dans la section « Sélection de modèles » du chapitre 1.
- Si, en revanche, on met en œuvre des modèles non linéaires en leurs paramètres, tels que des Perceptrons multicouche ou des réseaux de RBF à centres et écarts-types variables, on doit résoudre un problème d'optimisation non linéaire multivariable. Les méthodes utilisées à cet effet seront exposées en détail dans la section « Estimation des paramètres (apprentissage) d'un réseau de neurones non bouclé ». Il s'agit de techniques itératives qui, à partir d'un réseau muni de paramètres dont les valeurs sont aléatoires, modifient ceux-ci jusqu'à ce qu'un minimum de la fonction de coût empirique soit atteint, ou qu'un critère d'arrêt soit satisfait.

Dans ce dernier cas, les techniques d'optimisation sont des méthodes de gradient : elles sont fondées sur le calcul, à chaque itération, du gradient de la fonction de coût par rapport aux paramètres du modèle, gradient qui est ensuite utilisé pour calculer une modification des paramètres. Le calcul du gradient peut être effectué de diverses manières : il en est une, appelée *rétropropagation* (voir la section « Évaluation du gradient de la fonction de coût »), qui est généralement plus économe que les autres en termes de nombres d'opérations arithmétiques à effectuer pour évaluer le gradient. Contrairement à une idée trop répandue, la rétropropagation n'est *pas* un algorithme d'apprentissage : c'est simplement une technique d'évaluation du gradient de la fonction de coût, qui est fréquemment, mais pas obligatoirement, utilisée au sein d'algorithmes d'apprentissage. Il faut noter que, contrairement à bien des affirmations, ce n'est pas l'invention de la rétropropagation qui a permis l'apprentissage des réseaux de neurones à couches ; en effet, les spécialistes de traitement du signal connaissaient, bien avant la rétropropagation, des méthodes d'évaluation du gradient d'une fonction de coût des moindres carrés, méthodes qui auraient pu être mises en œuvre pour effectuer l'apprentissage de réseaux [MARCOS 1992].

Ces algorithmes d'apprentissage ont fait d'énormes progrès au cours des dernières années. Alors que, au début des années 1990, les publications faisaient état de dizaines ou de centaines de milliers d'itérations, représentant des journées de calcul sur des ordinateurs puissants, les nombres d'itérations typiques à l'heure actuelle sont de l'ordre de quelques dizaines à quelques centaines. La figure 2-12 montre le déroulement de l'apprentissage d'un modèle à une variable.

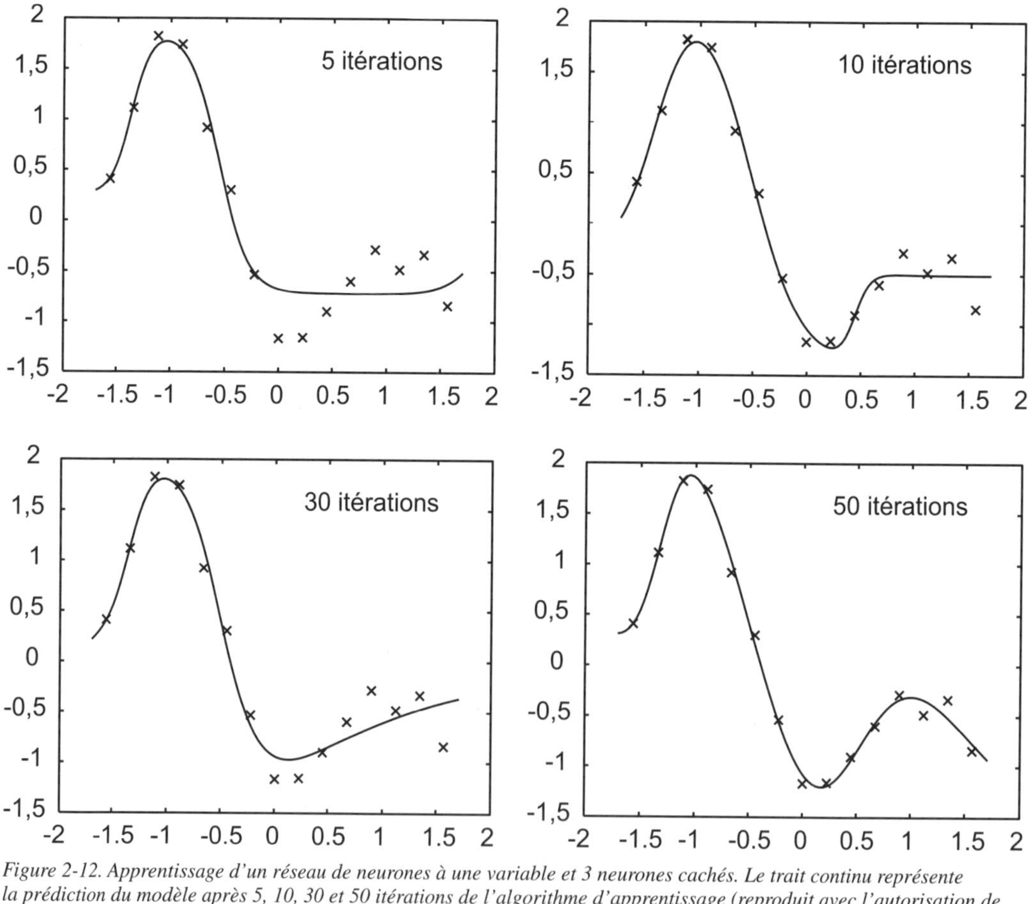

Figure 2-12. Apprentissage d'un réseau de neurones à une variable et 3 neurones cachés. Le trait continu représente la prédiction du modèle après 5, 10, 30 et 50 itérations de l'algorithme d'apprentissage (reproduit avec l'autorisation de Netral S.A.).

Les croix représentent les mesures de l'ensemble d'apprentissage. Initialement, on donne aux paramètres du réseau des valeurs « petites » (voir la section « Initialisation des paramètres »). Le résultat obtenu au bout de 50 itérations est satisfaisant « visuellement » ; quantitativement, l'EQMA et l'EQMT (cette dernière étant calculée sur un ensemble de points non représentés sur la figure) sont du même ordre de grandeur, et de l'ordre de l'écart-type du bruit, de sorte que le modèle est satisfaisant.

Conclusion

Dans ce paragraphe, on a expliqué quand et comment utiliser les réseaux de neurones pour la modélisation. Rappelons que l'utilisation des réseaux de neurones peut être avantageuse chaque fois que l'on cherche à établir une relation non linéaire entre des données numériques. Les réseaux de neurones entrent dans le cadre général des méthodes statistiques d'apprentissage décrites dans le chapitre 1. Une vue générale de la mise en œuvre de ces méthodes a été présentée, en insistant sur les conditions qui doivent être remplies pour qu'un réseau de neurones donne des résultats satisfaisants. Les techniques d'apprentissage, de sélection de variables et de sélection de modèle proprement dites, dont l'efficacité conditionne en grande partie les performances des réseaux, seront abordées en détail dans la section « Techniques et méthodologie de conception de modèles statiques ».

Réseaux de neurones à apprentissage supervisé et discrimination (classification)

Les premières recherches sur les réseaux de neurones étaient motivées par l'ambition d'imiter certaines fonctions des systèmes nerveux vivants, notamment pour la reconnaissance des formes. C'est pourquoi les premières applications des réseaux de neurones portèrent sur la classification pour la reconnaissance de formes ou de signaux. Ce n'est que plus tard que l'on comprit que les réseaux de neurones sont avant tout des approximateurs de fonctions. Néanmoins, comme cela a été montré dans le chapitre 1, la modélisation et la classification sont très fortement liées, en dépit des différences apparentes. C'est pourquoi la présente section est consacrée à la discussion de ce qu'est un problème de classification. Le lecteur en trouvera une présentation plus détaillée dans le chapitre 6 de cet ouvrage.

On utilisera ici indifféremment le terme de « classification » ou celui de « discrimination ».

Quand est-il opportun d'utiliser un classifieur statistique ?

Rappelons que les ingrédients d'un problème de classification sont :

- une population de N objets ;
- n variables descriptives (ou descripteurs), à valeurs réelles ou binaires, qui permettent de décrire les objets, l'ensemble des descripteurs constituant la *représentation* des objets ;
- un ensemble de C classes dans lesquelles on cherche à ranger les objets (une des classes peut être une classe de rejet à laquelle appartiennent tous les objets que l'on ne peut attribuer à aucune autre classe).

Résoudre un problème de classification, c'est trouver une application de l'ensemble des objets à classer dans l'ensemble des classes. L'algorithme ou la procédure qui réalise cette application est appelé *classifieur*.

Lorsque l'on se pose un problème de classification, il faut d'abord analyser le type de méthode qu'il convient de mettre en œuvre pour le résoudre. En effet, les classifieurs statistiques ne sont pas forcément adaptés au problème, et il y a bien d'autres méthodes de classification. Afin de délimiter le domaine d'utilisation des classifieurs statistiques, considérons quelques exemples plus ou moins académiques, qui illustrent plusieurs aspects de cette tâche. Pour chacun des exemples, on se posera trois questions :

- les connaissances a priori sur le problème permettent-elles de déterminer simplement des descripteurs pertinents ?
- ces descripteurs sont-ils mesurables (ou calculables à partir de mesures) ?
- quel est le rôle de la classe de rejet ?

Les exemples suivants sont extraits de [STOPPIGLIA 1997].

Chacun a eu l'occasion d'utiliser un distributeur de tickets de métro, ou un automate de péage, qui reconnaît les pièces de monnaie utilisées en paiement, et rejette les pièces fausses ou étrangères. Considérons ce problème sous l'angle des trois questions ci-dessus :

- il est facile de déterminer des descripteurs pertinents : le diamètre de la pièce, son poids, son épaisseur, la composition de l'alliage, etc. ; ces descripteurs sont en petit nombre (les nouvelles pièces de monnaie sont conçues de manière à en faciliter la discrimination) ;
- les descripteurs sont des grandeurs physiques mesurables ;
- la classe de rejet peut être aussi grande que l'on veut : elle n'est limitée que par la patience des usagers qui n'aiment pas voir leurs pièces rejetées sans raison ; ainsi, dans l'espace des descripteurs, les classes sont de petits « parallélépipèdes » délimités par les seuils de tolérance qui tiennent compte de la variabilité de la fabrication et des erreurs de mesure ; tout le reste de l'espace constitue la classe de rejet.

Dans ces conditions, il est facile de concevoir un automate qui met en œuvre des règles simples portant sur les descripteurs des pièces à classer. Ces règles résultent d'une analyse du problème, effectuée par les concepteurs de la machine, qui conduit à un arbre de décision implanté dans l'automate. *Dans un tel cas, l'utilisation d'une méthode statistique de classification n'est pas appropriée.*

Considérons à présent l'évaluation du confort d'une voiture. Pour prévoir les réactions des clients potentiels à la mise sur le marché d'un nouveau modèle, les constructeurs automobiles ont recours à des « panels » d'individus, supposés représentatifs de la clientèle, qui doivent émettre un jugement sur le confort. Mais qu'est-ce que le confort ? C'est une notion complexe dans laquelle interviennent la qualité de la suspension, la conception des sièges, l'insonorisation du véhicule, la visibilité, etc. Exprimer un jugement (classer le confort du véhicule dans l'une des trois classes « bon », « moyen », « insuffisant ») est alors un processus impossible à formaliser, fondé sur des impressions plus que sur des mesures. Ce problème a donc les caractéristiques suivantes :

- les descripteurs ne sont pas forcément tous connus et exprimés clairement par les membres des panels ; même si les descripteurs sont bien définis, les jugements sont très variables : deux personnes placées dans les mêmes conditions peuvent émettre des jugements différents ;
- les descripteurs ne sont pas nécessairement mesurables ;
- il n'y a pas de classe de rejet : un consommateur a forcément une opinion sur le confort de sa voiture.

Le fait que les descripteurs ne soient pas connus et pas nécessairement mesurables empêche (ou rend très difficile) l'utilisation d'une méthode de classification statistique. *Dans ce contexte, une méthode de classification floue serait mieux adaptée.*

La reconnaissance automatique des chiffres manuscrits, par exemple celle des codes postaux, a fait l'objet de nombreuses études et réalisations. Considérons ce problème sous les mêmes angles que les deux exemples précédents :

- contrairement au cas du tri des pièces de monnaie, la variabilité des styles d'écriture pose un problème majeur pour le choix des descripteurs ; néanmoins, contrairement au cas de l'évaluation du confort, les personnes qui savent lire identifient généralement de la même manière une image de chiffre donnée (sauf si le chiffre est vraiment mal écrit) ;

- les descripteurs sont des nombres que l'on peut extraire de l'image : dans le cas d'une description « de bas niveau », c'est l'intensité des pixels ; dans le cas d'une description « de haut niveau », c'est le nombre de boucles, de pointes, leur position, l'orientation et la position des segments, etc. ;
- la taille de la classe de rejet constitue un critère de performance : pour un taux d'erreur donné, le pourcentage de rejet doit être aussi faible que possible. En effet, tout objet postal rejeté nécessite l'intervention d'un préposé, et il est plus coûteux d'envoyer une lettre dans une mauvaise direction que d'avoir recours à une intervention humaine pour lire le code postal. Le cahier des charges est donc exprimé de la manière suivante : pour un taux d'erreur donné (par exemple 1 %), on veut un taux de rejet aussi faible que possible. En effet, il serait facile de concevoir un classifieur qui ne se trompe jamais : il suffirait qu'il ne prenne jamais de décision. Compte tenu des données économiques du problème, un bon classifieur est un classifieur qui prend une décision le plus souvent possible, tout en ne se trompant pas plus d'une fois sur cent. Si les conditions économiques étaient inversées, c'est-à-dire si une erreur coûtait moins cher que l'intervention d'un expert, le critère de qualité serait différent : on chercherait à obtenir le taux d'erreur le plus petit possible pour un taux de rejet donné (c'est le cas pour les diagnostics médicaux automatisés à l'échelle de toute une population, où l'intervention d'un médecin coûte plus cher qu'une erreur de diagnostic de type « faux positif »).

Dans ces conditions, la mise en œuvre d'une méthode statistique telle que les réseaux de neurone est opportune, sous réserve que l'on dispose d'une base de données convenable. Le problème central est celui du choix de la représentation des données. *C'est d'ailleurs le cas dans la majorité des problèmes de classification* non académiques : la réflexion du concepteur, et la mise en œuvre de techniques de prétraitement des données adaptées au problème (des exemples sont décrits dans le chapitre 3), sont bien souvent plus importantes que l'algorithme de classification lui-même.

Classification statistique et formule de Bayes

Supposons donc qu'une analyse préalable du problème ait conduit au choix de la mise en œuvre d'une méthode statistique de classification, de préférence à un arbre de décision, par exemple. On entre alors dans le cadre de la classification statistique, tel qu'il a été décrit succinctement dans le chapitre 1. Rappelons notamment la formule de Bayes, qui permet le calcul de la probabilité pour que l'objet décrit par le vecteur de descripteurs $\boldsymbol{x}$ appartienne à la classe C_i :

$$\Pr\left(C_i|\boldsymbol{x}\right) = \frac{p_X\left(\boldsymbol{x}|C_i\right)\Pr_{C_i}}{\sum_{j=1}^{c} p_X\left(\boldsymbol{x}|C_j\right)\Pr_{C_j}}$$

où $\Pr\left(C_i|\boldsymbol{x}\right)$ désigne la probabilité a posteriori de la classe C_i sachant que l'on observe l'objet décrit par le vecteur $\boldsymbol{x}$, $p_X\left(\boldsymbol{x}|C_i\right)$ désigne la vraisemblance du vecteur de descripteurs $\boldsymbol{x}$ sachant que l'objet décrit par $\boldsymbol{x}$ appartient à la classe C_i, et où $\Pr_{C_i}$ désigne la probabilité a priori de la classe C_i. Le classifieur de Bayes consiste en l'estimation de la probabilité a posteriori d'un objet décrit par $\boldsymbol{x}$ à l'aide de la formule de Bayes, suivie d'une prise de décision selon la règle de décision de Bayes : attribuer l'objet à la classe dont la probabilité a posteriori est la plus grande. Ce classifieur est le meilleur possible si toutes les erreurs ont le même coût. Son utilisation nécessite néanmoins de connaître aussi précisément que possible les probabilités a priori et les vraisemblances ; ces dernières sont particulièrement difficiles à estimer lorsque le vecteur $\boldsymbol{x}$ est de grande dimension, ce qui est fréquent dans des applications réelles. Le classifieur de Bayes présente donc un intérêt plus théorique que pratique. Il peut néanmoins servir de référence lorsque l'on cherche à évaluer la qualité d'un classifieur : on peut appliquer celui-ci à un problème fictif pour lequel les probabilités a priori et les vraisemblances sont connues exactement, et comparer ses performances à celles du classifieur de Bayes sur ce même problème. Introduisons ici le problème fictif à l'aide duquel on testera quelques classifieurs.

Il s'agit d'un problème à deux classes et une variable ; les éléments de la classe A sont des réalisations de nombres aléatoires obéissant à une loi qui est la somme de deux gaussiennes ; ceux de la classe B sont des réalisations de nombres aléatoires obéissant à une loi uniforme dans un intervalle borné (figure 2-13).

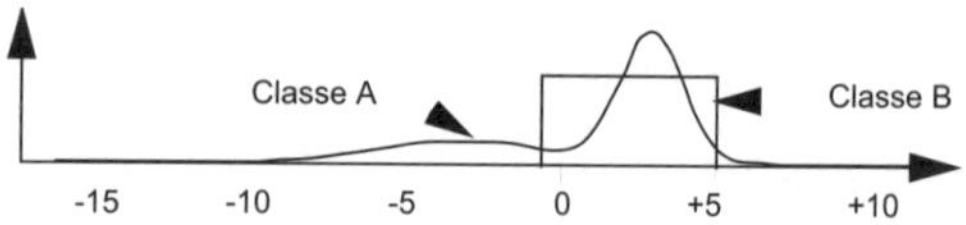

Figure 2-13. Densités de probabilité pour les classes A *et* B

On peut donc calculer analytiquement les probabilités a posteriori (figure 2-14), et déterminer les limites de chaque classe (figure 2-15). Pour estimer le taux d'erreur, on réalise un grand nombre d'exemples de chaque classe et l'on compte la proportion de ces réalisations qui se trouve du « mauvais côté » des limites déterminées par le classifieur de Bayes ; dans ce problème, on dispose de 600 exemples pour chaque classe (figure 2-16) à partir desquels, par simple dénombrement, on estime le taux d'erreur à 30,1 %. Ainsi, on peut affirmer que, pour ce problème, aucun classifieur, aussi bien conçu soit-il, ne peut réaliser une performance meilleure que 69,9 % de classification correcte ; le meilleur classifieur réel est celui qui s'approche le plus de cette limite théorique.

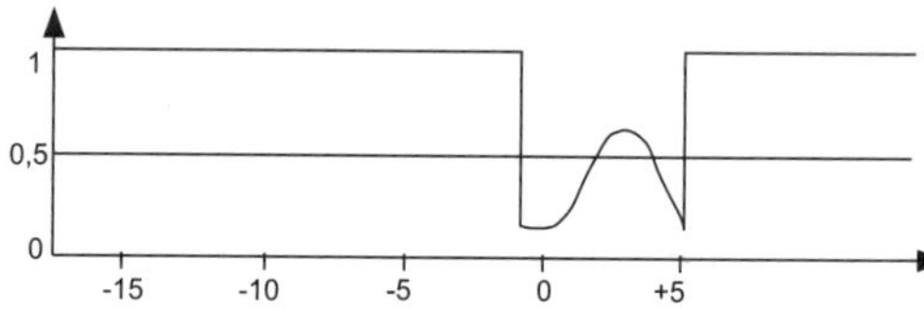

Figure 2-14. Probabilité a posteriori de la classe A, calculée par la formule de Bayes

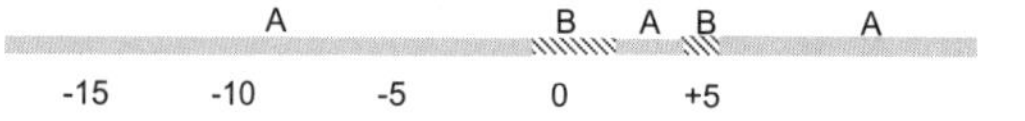

Figure 2-15. Classification réalisée par le classifieur de Bayes

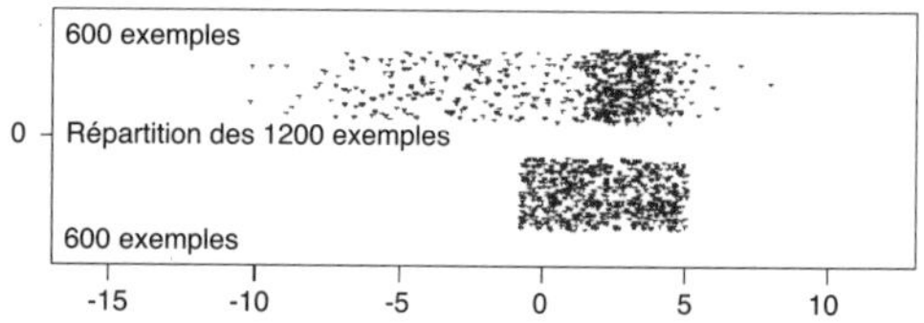

Figure 2-16. Exemples utilisés pour l'estimation du taux d'erreur. En haut : classe A ; en bas : classe B

Classification et régression

Le lien entre classification et estimation de la fonction de régression s'établit de manière très simple dans le cas d'un problème à deux classes. On montrera ensuite comment on peut traiter les problèmes à plus de deux classes.

Problème à deux classes

Considérons tout d'abord un problème à deux classes C_1 et C_2. On a défini, dans le chapitre 1, la fonction indicatrice $\gamma(\boldsymbol{x},\boldsymbol{w}) = \dfrac{1+\mathrm{sgn}\left[g(\boldsymbol{x},\boldsymbol{w})\right]}{2}$ qui vaut +1 lorsque l'objet à classer appartient à la classe A, et -1 dans le cas contraire. Pour un objet décrit par le vecteur de descripteurs $\boldsymbol{x}$, la valeur de la fonction indicatrice peut être modélisée comme une réalisation d'une variable aléatoire binaire $\Gamma(\boldsymbol{x})$.

Propriété

La fonction de régression de la variable aléatoire $\Gamma(\boldsymbol{x})$ est la probabilité a posteriori d'appartenance de l'objet à la classe A.

Démonstration

La fonction de régression de $\Gamma(\boldsymbol{x})$ est l'espérance mathématique de Γ étant donné $\boldsymbol{x}$, notée $E_{\Gamma|\boldsymbol{x}}$. Or,

$$E_{\Gamma|\boldsymbol{x}} = \Pr(\Gamma = 1|\boldsymbol{x}) \times 1 + \Pr(\Gamma = 0|\boldsymbol{x}) \times 0 = \Pr(\Gamma = 1|\boldsymbol{x})$$

ce qui démontre le résultat.

Le problème de l'estimation de la probabilité a posteriori des classes ramène donc au problème de l'estimation de la fonction de régression d'une variable aléatoire, ce qui peut être réalisé avec n'importe quelle famille de fonctions bornées (les probabilités doivent être comprises entre 0 et 1), notamment avec des réseaux de neurones dont le neurone de sortie a une fonction d'activation sigmoïde, par exemple une tangente hyperbolique. Cette dernière étant comprise entre –1 et +1, l'estimation de la probabilité est obtenue par $\left[1+g(\boldsymbol{x},\boldsymbol{w})\right]/2$, où $g(\boldsymbol{x}, \boldsymbol{w})$ est la prédiction du modèle. On peut aussi utiliser une fonction sigmoïde du type $\dfrac{1}{1+\exp(-v)}$: variant entre 0 et 1, elle peut directement approcher une probabilité. La figure 2-17 illustre cette approche : on effectue l'apprentissage à partir d'un ensemble de couples (x_k, y_k^p), où x_k est la valeur du descripteur x pour l'exemple k, et $y_k^p = +1$ ou -1 selon que l'exemple k appartient à la classe C_1 ou à la classe C_2 (la figure présente les résultats après transformation ramenant l'estimation entre 0 et +1). Après estimation de la probabilité a posteriori, la frontière est définie comme le lieu des points pour lesquels les probabilités a posteriori sont égales à 0,5 (règle de décision de Bayes).

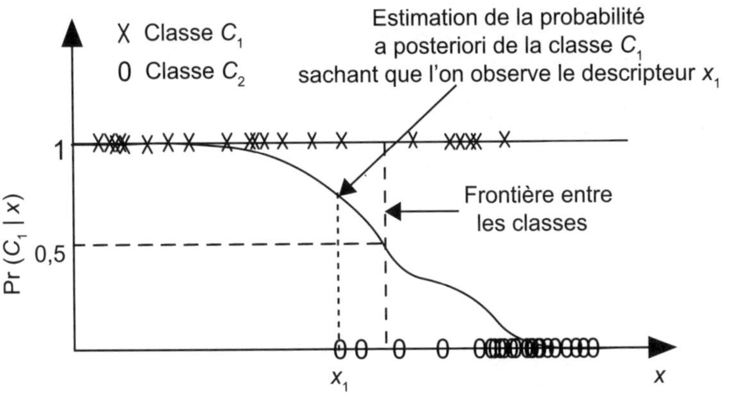

Figure 2-17. Estimation de la probabilité a posteriori d'appartenance à la classe C_1, et détermination du seuil de décision par la règle de Bayes

La complexité de la frontière entre les classes dépend de la complexité du modèle choisi. Le modèle le plus simple est le modèle sans neurone caché, avec un neurone de sortie à fonction sigmoïde. Il définit une surface de séparation qui est une droite pour un problème à deux variables, un plan pour un problème à trois variables, et une surface appelée *hyperplan* dans les autres cas. Considérons en effet un classifieur à un neurone :

$$g(\boldsymbol{x},\boldsymbol{w}) = \text{th}(v) \text{ avec } v = \boldsymbol{w} \cdot \boldsymbol{x}.$$

Après apprentissage, et après la transformation mentionnée ci-dessus pour que la prédiction du modèle puisse constituer une estimation d'une probabilité, cette dernière devient :

$$\frac{1+\text{th}(\boldsymbol{w}\cdot\boldsymbol{x})}{2}.$$

La frontière est le lieu des points où les probabilités a posteriori sont égales à 0,5, donc le lieu des points pour lesquels th($\boldsymbol{w}\cdot\boldsymbol{x}$) = 0, soit encore :

$$\boldsymbol{w}\cdot\boldsymbol{x} = 0,$$

ce qui est bien l'équation d'un plan de vecteur normal $\boldsymbol{w}$. Ainsi, la figure 2-18 montre l'estimation de probabilité d'appartenance à la classe des « cercles » dans l'exemple présenté dans le chapitre 1, section « Un exemple de classification » ; l'ensemble d'apprentissage est représenté sur la figure 1-5. Pour tout point (x_1, x_2), le modèle fournit une estimation de la probabilité a posteriori d'appartenance à la classe des cercles ; la frontière entre les classes est la droite correspondant à $g(\boldsymbol{x}, \boldsymbol{w}) = 0{,}5$. Sa projection dans le plan des variables est représentée sur la figure 1-8.

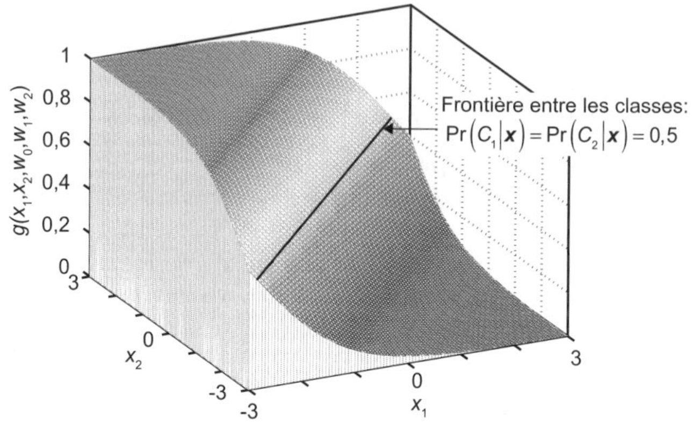

Figure 2-18. Estimation de probabilité a posteriori par un classifieur à un neurone (classifieur linéaire)

Rappelons que, dans ce cas (deux distributions gaussiennes isotropes de même variance), la frontière linéaire est la frontière idéale fournie par le classifieur de Bayes. S'il est nécessaire d'obtenir des frontières plus complexes, on peut :

- soit mettre en œuvre des neurones cachés ;
- soit conserver un classifieur de la forme $g(\boldsymbol{x}, \boldsymbol{w}) = \text{th}(v)$, mais rendre v plus complexe, par exemple en postulant une forme polynomiale au lieu d'une forme linéaire (neurone « d'ordre supérieur »).

La figure 2-19 montre l'ensemble d'apprentissage pour un problème de classification où la solution optimale n'est pas une frontière linéaire ; elle présente également la solution à ce problème, fournie par un réseau à 2 neurones cachés.

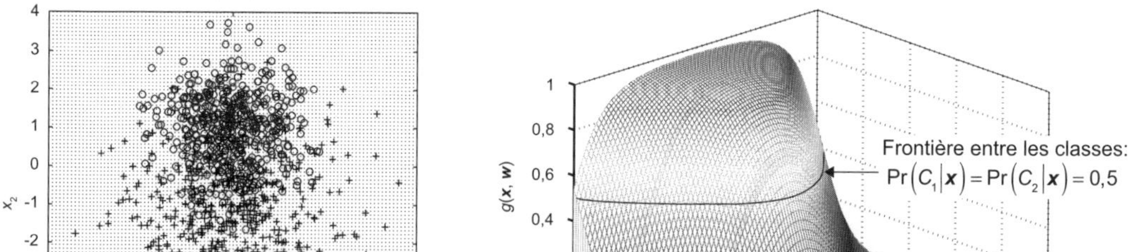

Figure 2-19. Classification non linéaire par un réseau de neurones à deux neurones cachés et un neurone de sortie à activation sigmoïde

L'excellent ouvrage [BISHOP 1995] est entièrement consacré à la mise en œuvre de réseaux de neurones pour la classification. Le chapitre 6 du présent ouvrage présente en détail les réseaux de neurones (binaires ou non) ainsi que les machines à vecteurs supports pour la classification.

Problème à C classes

Lorsque le problème de classification est un problème à plus de deux classes, plusieurs approches sont possibles :

- résoudre globalement le problème en estimant simultanément, pour un objet donné, ses probabilités d'appartenance aux différentes classes ;
- diviser le problème en sous-problèmes à deux classes, concevoir un ensemble de « classifieurs deux à deux » et combiner les résultats de ces derniers pour estimer les probabilités a posteriori globales.

Ces deux approches vont être examinées successivement.

Approche globale

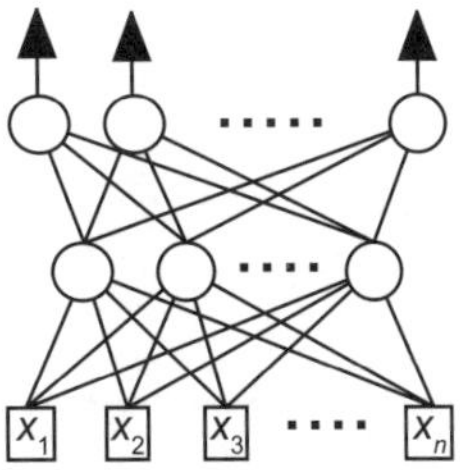

Figure 2-20. Classification non linéaire à C classes : Perceptron multicouche à C neurones de sortie à fonction d'activation sigmoïde

Cette approche est fréquemment mise en œuvre, bien qu'elle ne soit pas toujours la plus efficace pour des problèmes difficiles. Elle consiste à utiliser un réseau de neurones à C sorties (figure 2-20), le résultat étant codé à l'aide d'un code 1-parmi-C : à l'événement « l'objet appartient à la classe C_i » est associé un vecteur $\boldsymbol{\gamma}$ dont seule la composante i est égale à 1, les autres composantes étant égales à 0. De manière analogue au cas de deux classes, on démontre facilement que l'espérance mathématique de chacune des composantes est égale à la probabilité a posteriori de la classe correspondante.

Terminologie

Dans le jargon des réseaux de neurones, un codage « un-parmi-*C* » est appelé « codage grand-mère ». Cette appellation provient de la neurobiologie : l'une des théories de la représentation des informations dans les systèmes nerveux soutient que certains de nos neurones sont spécialisés dans la reconnaissance de formes usuelles, notamment du visage de notre grand-mère.

Il convient de noter plusieurs différences pratiques entre un Perceptron multicouche pour la classification et un Perceptron multicouche pour la modélisation statique :

- contrairement au cas de la modélisation, les neurones de sortie d'un réseau pour la classification ont une fonction d'activation sigmoïde, pour assurer que l'estimation de la probabilité soit comprise entre 0 et 1 ; on trouvera, dans le chapitre 6, une justification théorique à l'utilisation de la tangente hyperbolique comme fonction d'activation des neurones de sortie pour la classification ;
- pour la classification, il est parfois plus efficace, pour estimer les probabilités, de minimiser la fonction de coût d'entropie croisée plutôt que la fonction de coût des moindres carrés [HOPFIELD 1987] [BAUM 1988] [HAMPSHIRE 1990] ; les algorithmes d'apprentissage qui seront présentés dans la section « Estimation des paramètres (apprentissage) d'un réseau de neurones non bouclé » s'appliquent sans difficulté pour cette fonction de coût :

$$J = -\sum_k \sum_{i=1}^{C} \gamma_i^k \ln\left[\frac{g_i(\boldsymbol{x}_k, \boldsymbol{w})}{\gamma_i^k}\right] + \left(1-\gamma_i^k\right)\ln\left[\frac{1-g_i(\boldsymbol{x}_k, \boldsymbol{w})}{1-\gamma_i^k}\right]$$

où γ_i^k est la valeur (0 ou 1) de la variable indicatrice pour la sortie i lorsque l'on présente à l'entrée l'exemple k, décrit par le vecteur de descripteurs $\boldsymbol{x}_k$, et où $g_i(\boldsymbol{x}_k,\boldsymbol{w})$ est la valeur de la sortie i du classifieur pour cet exemple. On vérifie facilement que cette fonction est minimale lorsque tous les exemples sont correctement classés.

Bien entendu, il convient de vérifier que la somme des sorties vaut 1 à la fin de l'apprentissage. La méthode Softmax permet de garantir que cette condition est automatiquement remplie [BRIDLE 1990]. Cette difficulté ne se présente évidemment pas si l'on utilise un ensemble de classifieurs « deux à deux ».

Comme indiqué dans le chapitre 1, le dilemme biais-variance existe pour la classification comme pour la régression. Des exemples de surajustement en classification ont été présentés dans le chapitre 1, figure 1-6. Il faut donc mettre en œuvre, pour sélectionner le meilleur modèle, les techniques de sélection de modèles introduites dans le chapitre 1. Essentiellement, il faut trouver un réseau dont les taux d'erreurs de classification sur l'ensemble d'apprentissage et sur un ensemble de validation soient du même ordre de grandeur, et les plus petits possibles.

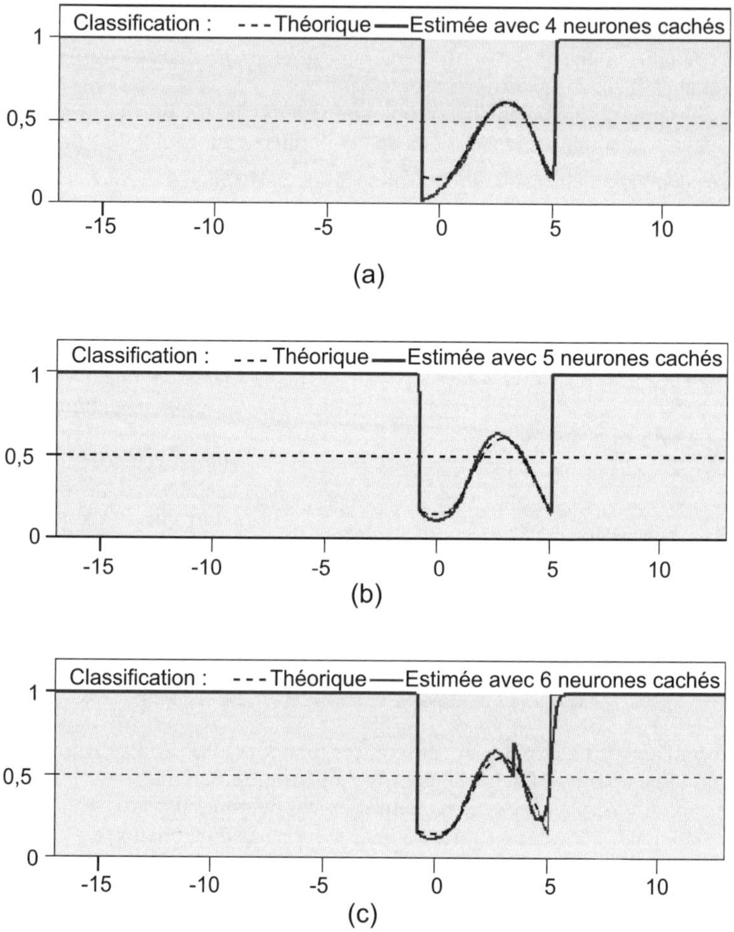

Figure 2-21. Estimation des probabilités d'appartenance à la classe A avec trois classifieurs de complexités différentes : (a) 4 neurones cachés (complexité insuffisante), (b) 5 neurones cachés (performance très proche de la meilleure performance théorique), (c) 6 neurones cachés (surajustement manifeste)

La figure 2-21 montre un exemple de surajustement dans l'estimation de la probabilité d'appartenance à la classe A pour l'exemple présenté sur la figure 2-16 ; on voit que le réseau à 4 neurones cachés est trop peu complexe pour estimer correctement la probabilité, alors qu'un réseau à 6 neurones cachés s'ajuste sur les fluctuations de la densité des points utilisés pour l'apprentissage. Le taux de classification incorrecte, estimé sur un ensemble de validation de plusieurs millions de points, est de 30,3 %, alors que le classifieur théorique de Bayes donne une erreur minimale de 30,1 %. On vérifie bien ici que les réseaux de neurones peuvent approcher les meilleures performances possibles, celles du classifieur théorique de Bayes.

Classification 2 à 2

Il est souvent beaucoup plus sûr, pour des problèmes difficiles, de traiter une classification à C classes comme $C(C\text{-}1)/2$ problèmes de classification à 2 classes, pour les raisons suivantes :

- on peut bénéficier de nombreux résultats et algorithmes, notamment concernant la séparation linéaire entre classes. Ces éléments sont largement développés dans le chapitre 6 ; ils seront introduits très brièvement dans le paragraphe suivant, intitulé « Séparabilité linéaire » ;
- on obtient des réseaux beaucoup plus petits, dont l'apprentissage est court et la manipulation simple ; chacun d'eux ayant une seule sortie, son interprétation comme une probabilité est immédiate ;
- les descripteurs pertinents pour séparer la classe A de la classe B ne sont pas nécessairement les mêmes que ceux utiles pour discriminer la classe A de la classe C. En reconnaissance de formes notamment, le fait de ne pas utiliser tous les descripteurs, mais seulement ceux qui sont utiles, constitue un avantage considérable ; les techniques de sélection des variables exposées dans le chapitre 1 sont directement utilisables.

Une fois que les $C(C\text{-}1)/2$ probabilités des classes deux à deux ont été estimées, éventuellement par de simples réseaux sans couche cachée, la probabilité pour qu'un objet décrit par le vecteur de descripteurs $\boldsymbol{x}$ appartienne à la classe C_i est calculée par la relation [PRICE 1994] :

$$\Pr(C_i|\boldsymbol{x}) = \frac{1}{\sum_{\substack{j=1 \\ j\neq i}}^{C} \frac{1}{\Pr_{ij}} - (C-2)}$$

où C est le nombre de classes et $\Pr_{ij}$ la probabilité d'appartenance de l'objet à la classe i, estimée par le réseau de neurones qui sépare la classe C_i de la classe C_j.

Séparabilité linéaire

Deux ensembles d'objets décrits dans un espace de N descripteurs, appartenant à deux classes différentes, sont dits « linéairement séparables » s'ils peuvent être séparés sans erreurs par un hyperplan dans l'espace des variables.

Si des exemples sont linéairement séparables, un réseau de neurones à un seul neurone (également appelé « Perceptron »), à fonction d'activation en échelon, peut les séparer. Ce classifieur est de la forme :

$$g(\boldsymbol{x},\boldsymbol{w}) = \begin{matrix} +1 \text{ si } \boldsymbol{x}\cdot\boldsymbol{w} \geq 0 \\ -1 \text{ si } \boldsymbol{x}\cdot\boldsymbol{w} < 0 \end{matrix}$$

On peut donc considérer un Perceptron comme la limite d'un réseau à un seul neurone, lorsque la pente à l'origine de la tangente hyperbolique tend vers l'infini. La frontière est l'hyperplan d'équation $\boldsymbol{x}\cdot\boldsymbol{w} = 0$.

Lorsque l'on découpe le problème en sous-problèmes de séparation de classes deux à deux, il apparaît que la séparation linéaire entre deux classes présente très souvent une complexité suffisante ; il est même fréquent que, dans des problèmes multiclasses réputés « difficiles », les exemples soient, en fait, linéairement séparables si l'on considère les classes deux à deux. Or, dans ce dernier cas, des algorithmes simples et élégants permettent de trouver une très bonne solution, comme expliqué en détail dans le chapitre 6 : la première étape, dans la conception d'un classifieur, est donc de chercher à savoir si les exemples des classes sont séparables deux à deux. L'algorithme de Ho et Kashyap [HO 1965], largement antérieur aux réseaux de neurones, fournit rapidement une réponse à cette question :

- si les exemples sont linéairement séparables, l'algorithme converge en un nombre fini d'itérations vers une solution ;

- si les exemples ne sont pas linéairement séparables, l'algorithme l'indique également après un nombre fini d'itérations.

Par exemple, pour la base de données de codes postaux fournie par le National Institute of Standards and Technology, qui a servi de support à de très nombreux travaux, les classes de chiffres sont linéairement séparables deux à deux, même si l'on utilise une représentation par pixels [KNERR 1992] ! De même, il existe une base de données, relative à des signaux sonar, qui a fait l'objet de très nombreuses études et a donné lieu à la conception de nombreux classifieurs fort compliqués ; en quelques secondes de calcul, l'algorithme de Ho et Kashyap montre que les exemples des deux classes sont linéairement séparables. Il est donc tout à fait inutile, pour cette application, de concevoir un classifieur plus complexe qu'un réseau à un neurone ; cette application sera reprise dans le chapitre 6.

Méthodologie de conception d'un classifieur

Ces considérations conduisent à définir la stratégie suivante pour la conception d'un classifieur utilisant des réseaux de neurones (il faut donc préalablement s'assurer que le problème posé relève bien d'un traitement statistique) :

- élaborer une représentation bien discriminante des objets à classer, notamment dans des applications de reconnaissance de formes (on utilisera avec profit, si nécessaire, les techniques décrites dans le chapitre 3). Cette étape est d'une extrême importance et conditionne toute la suite, car une représentation bien discriminante peut rendre le problème de classification trivial (ce point est illustré dans les applications décrites dans la section « Exemples d'applications ») ;

> **Attention**
>
> Si le nombre d'exemples n'est pas grand devant la dimension du vecteur d'entrée dans la représentation choisie, il est inutile d'aller plus loin, en vertu du théorème de Cover [COVER 1965], présenté dans le chapitre 6 : il faut chercher une représentation plus « compacte » ou bien collecter d'autres exemples avant de passer aux étapes suivantes, ou encore, lors de l'apprentissage, adopter une méthode de régularisation sévère telle que la modération des poids (*weight decay*, décrite dans la section « Régularisation par modération des poids »).

- pour chaque paire de classes, effectuer la sélection des variables selon les méthodes décrites dans le chapitre 1 ; en effet, il n'est pas du tout certain que les mêmes descripteurs soient utiles pour séparer les classes A et B et pour séparer les classes A et C ;
- pour chaque paire de classes, tester la séparabilité linéaire des exemples des classes deux à deux à l'aide de l'algorithme de Ho et Kashyap ;
- pour toutes les classes dont les exemples sont séparables deux à deux, mettre en œuvre les méthodes de séparation linéaire (décrites dans le chapitre 6), et obtenir une estimation des probabilités a posteriori ;
- pour les classes non linéairement séparables, mettre en œuvre de petits Perceptrons multicouches ou des Perceptrons sphériques décrits dans le chapitre 6, avec estimation des probabilités ; mettre en œuvre des méthodes de validation croisée ou de leave-one-out (voir chapitres 1 et 2) pour la sélection de modèles ;
- estimer la probabilité d'appartenance à chaque classe à partir des probabilités déterminées à l'étape précédente, selon la formule indiquée plus haut dans la section « Classification 2 à 2 » ;
- fixer les seuils de décision pour définir les classes de rejet.

Cette stratégie constitue une variante de la procédure STEPNET [KNERR 1990] [KNERR 1991], utilisée efficacement dans plusieurs applications industrielles.

Dans la planification d'un tel projet, il ne faut pas sous-estimer le temps nécessaire pour la première et pour la dernière étape : dans les applications réelles non triviales, ce sont fréquemment les deux étapes les plus longues. La dernière d'entre elles est susceptible de remettre en cause les résultats obtenus lors des étapes précédentes.

L'application de cette stratégie est évidemment limitée par le fait que le nombre de classifieurs varie comme le carré du nombre de classes. Néanmoins, chacun des classifieurs est très simple, de sorte que cette démarche s'applique sans difficulté jusqu'à quelques dizaines de classes, ce qui couvre l'immense majorité des applications. Si le nombre de classes est plus élevé, il faut avoir recours à des stratégies hiérarchiques.

Rappelons que le chapitre 6 est entièrement consacré à la classification. Il présente notamment les machines à vecteurs supports, qui sont des outils de classification très puissants, notamment par le fait qu'ils permettent de contrôler la complexité du modèle.

Modélisation et classification de données structurées : les « graph machines »

Toutes les méthodes exposées, dans ce chapitre et dans le précédent, ont pour objectif de traiter des données qui sont sous la forme d'un vecteur de variables $\boldsymbol{x}$. Ainsi, une image ou un texte doivent d'abord être transformés en un vecteur de variables susceptibles de décrire, de manière pertinente, les données que l'on doit traiter. Néanmoins, celles-ci ont souvent naturellement une structure en graphes : une scène peut être décrite par les relations entre les objets qui la composent, une phrase par les relations entre ses mots, une molécule par les liaisons entre ses atomes ou ses groupements fonctionnels, etc. De telles données sont dites structurées. La transformation de ces données en vecteurs fait fréquemment perdre leur structure, qui peut pourtant être déterminante pour la prédiction ou la classification que l'on cherche à effectuer. Il est donc utile de concevoir des méthodes qui permettent de modéliser des relations entre graphes et nombres, plutôt que des relations entre vecteurs et nombres. L'ensemble d'apprentissage n'est plus composé de paires $\{\boldsymbol{x}_k, y_k^p\}$, mais de paires $\{G_k, y_k^p\}$, où G_k désigne le graphe k de l'ensemble d'apprentissage ; l'objectif de la modélisation est de prédire la valeur de la grandeur y^p étant donné un graphe G qui ne fait pas partie de l'ensemble d'apprentissage.

L'idée de l'apprentissage à partir de données structurées remonte au début des années 1990, où les « mémoires auto-associatives récursives » ont été conçues afin de fournir un codage compact pour une catégorie particulière de graphes appelés « arbres » [POLLAK 1990]. Une synthèse sur le développement de l'apprentissage numérique à partir de données structurées est présentée dans [GOULON 2005].

Le principe des « graph machines » est simple : au lieu de construire une fonction $g(\boldsymbol{x}, \boldsymbol{w})$ qui est la même pour tous les exemples, on construit, pour chaque graphe, une fonction (ou « machine » dans le jargon de l'apprentissage) par combinaison de fonctions élémentaires, *cette combinaison ayant la structure du graphe*. Les fonctions élémentaires qui constituent les machines sont identiques, mais c'est la façon de les combiner qui change d'un exemple à l'autre : c'est elle qui reflète la structure du graphe auquel on veut associer la grandeur que l'on cherche à prédire.

Ainsi, au lieu de concevoir une seule machine qui réalise la prédiction pour tous les exemples, on construit autant de machines que d'exemples ; toutes ces machines ont des structures différentes, qui reflètent la structure des données que l'on veut traiter, mais elles sont constituées des *mêmes fonctions* munies des *mêmes paramètres*. Les sections suivantes présentent cette approche de manière un peu plus détaillée.

Définitions

Graphes acycliques

Rappelons qu'un graphe est défini par un ensemble de nœuds et un ensemble d'arêtes entre ces nœuds, les arêtes pouvant être orientées. S'il n'est pas possible de trouver un chemin dans le graphe, respectant l'orientation des arêtes, dont le point de départ et le point d'arrivée sont identiques, le graphe est dit acyclique.

La figure 2-22 représente un ensemble de trois graphes ; les machines correspondantes sont obtenues en remplaçant chaque nœud par une fonction paramétrée $f(z, \mathbf{w})$, où $\mathbf{w}$ est le vecteur des paramètres. La fonction du nœud qui effectue le dernier calcul (nœud « racine ») peut être différente des autres ; elle est notée $F(z, \mathbf{W})$. Pour chaque graphe acyclique G_i, on construit une fonction g_i (« graph machine ») qui est une combinaison de fonctions paramétrées (« fonctions de nœuds ») identiques. Ces fonctions de nœuds peuvent être, par exemple, des réseaux de neurones ; les fonctions g_i sont parfois appelées « réseaux récursifs » [FRASCONI 1998].

Graphe G_1: $g^1_{\mathbf{w},\mathbf{W}}(\mathbf{x}_1, \mathbf{x}_2, \mathbf{x}_3, \mathbf{x}_4) = F_{\mathbf{W}}(\mathbf{x}_4, f(z_1, \mathbf{w}), f(z_2, \mathbf{w}), f(z_3, \mathbf{w}), \mathbf{W})$ où :

- $\mathbf{x}_1$, $\mathbf{x}_2$, $\mathbf{x}_3$, sont des vecteurs de variables, de dimension X_1, qui fournissent une information sur les nœuds ; ces variables ne sont pas obligatoires, mais elles peuvent être utiles pour fournir une information spécifique aux nœuds (un exemple en est présenté dans la section « Aide à la découverte de médicaments »). Si ces informations ne sont pas utiles, on a $X_1 = 0$, et, dans ce cas, la valeur de $g^1_{\mathbf{w},\mathbf{W}}(\mathbf{x}_1,\mathbf{x}_2,\mathbf{x}_3,\mathbf{x}_4)$ ne dépend que du graphe et des paramètres des fonctions de nœud ;
- z_1, z_2, z_3 sont des vecteurs de dimension $D_1 + 1$; soit d_k le degré du nœud k, c'est-à-dire le nombre d'arêtes adjacentes à ce nœud, et $M_1 = \max_k d_k$. On a : $D_1 = M_1 + X_1$; dans cet exemple $M_1 = 3$, donc $D_1 = 3$. Ces vecteurs sont construits de la manière suivante :
  - pour tous les nœuds, la première composante z_0 est égale à 1 ;
  - pour le nœud k, de degré d_k, les composantes 2 à $d_k + 1$ de z_k sont les valeurs de f_w calculées par les nœuds parents du nœud k, c'est-à-dire les nœuds j tels qu'il existe dans le graphe une arête orientée de j vers k ; si $d_k < M_k$, les composantes $d_k + 2$ à $M_1 + 1$ sont égales à zéro ; si $X_1 = 0$, les composantes $M_1 + 2$ à $M_1 + 1 + X_1$ sont les composantes de $\mathbf{x}_k$.

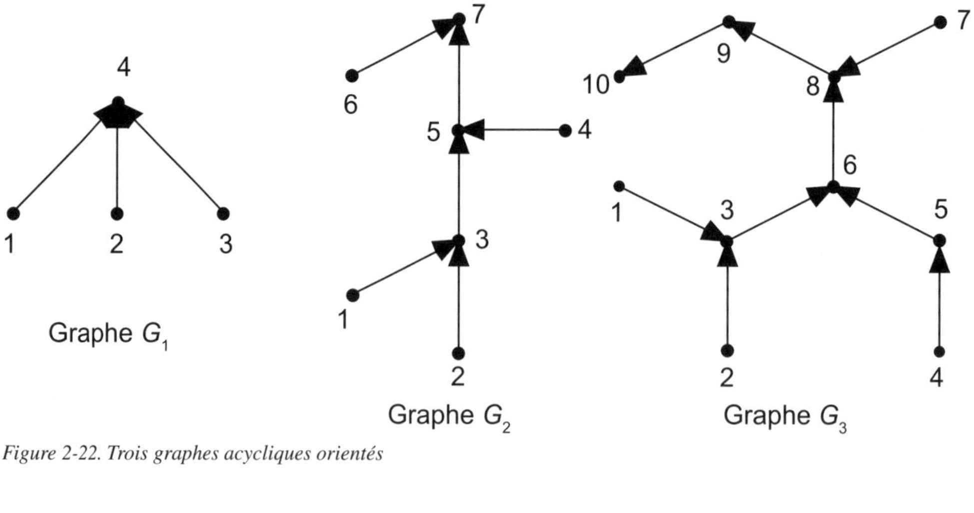

Figure 2-22. Trois graphes acycliques orientés

Dans l'exemple représenté sur la figure 2-22, s'il n'est pas nécessaire de fournir une information sur les nœuds ($X_1 = 0$), on a $D_1 = 3$.

Graphe G_2 :

$$g^2_{w,W}(x_1,x_2,x_3,x_4,x_5,x_6,x_7) = F_W\Big(x_7, f(z_6,w), f_w\big(x_5, f(z_4,w), f_w\big(x_3, f(z_2,w), f(z_1,w), w\big), w\big), W\Big)$$

où les vecteurs x_1 à x_7 et z_1 à z_6 sont construits comme les variables correspondantes de G_1, avec M_2= 2. S'il n'est pas nécessaire d'étiqueter les nœuds ($X_2 = 0$), on a :

$$D_2 = 2,\ z_1 = z_2 = z_4 = z_6 = \begin{pmatrix}1 & 0 & 0\end{pmatrix}^T,\ z_3 = \begin{pmatrix}1 & f(z_1,w) & f(z_2,w)\end{pmatrix}^T,\ z_5 = \begin{pmatrix}1 & f(z_3,w) & f(z_4,w)\end{pmatrix}^T,$$

$$z_7 = \begin{pmatrix}1 & f(z_5,w) & f(z_6,w)\end{pmatrix}^T$$

Graphe G_3 :

$$g^3_{w,W}(x_1,\ldots,x_{10}) = F_W\Big(x_{10}, f_w\Big(x_9, f_w\big(x_8, f(z_7,w), f\big(x_6, f\big(x_5, f_w(z_4,w), w\big), f\big(x_3, f(z_2,w), f(z_1,w), w\big), w\big), w\big), w\Big), W\Big)$$

où les vecteurs x_1 à x_{10} et z_1 à z_9 sont construits comme indiqué plus haut, avec M_3= 2.

Si ces trois graphes sont utilisés comme ensemble d'apprentissage, les trois graph machines doivent posséder les mêmes fonctions de nœuds, de sorte que le nombre de variables de la fonction de nœud soit $D = \max_i D_i,\ i = 1$ à 3.

Graphes cycliques

Les graph machines peuvent manipuler les cycles et les arêtes parallèles, ce qui est important notamment pour leurs applications en aide à la découverte de médicaments. Le graphe initial subit un prétraitement qui consiste à supprimer des arêtes, en nombre égal au nombre de cycles, et à détruire toutes les arêtes parallèles sauf une ; de plus, on affecte à chaque nœud une étiquette qui est égale à son degré dans le graphe initial, ce qui permet de conserver l'information complète sur la structure du graphe original. Enfin, on choisit un nœud racine et l'on affecte les orientations convenables aux arêtes.

Apprentissage

L'apprentissage des graph machines entre dans le cadre habituel de minimisation du risque structurel, présenté dans le chapitre 1. Il nécessite la définition d'une fonction de perte et la minimisation d'une fonction de coût par rapport aux paramètres de la fonction de nœud. La fonction de coût peut, si nécessaire, contenir un ou des termes de régularisation (voir la section « Apprentissage avec régularisation »). Typiquement, la fonction de coût est de la forme :

$$J(w,W) = \sum_{i=1}^{N}\left(y_i^p - g^i_{w,W}\right)^2 + \lambda_1\|w\| + \lambda_2\|W\|$$

où N est le nombre d'exemples de l'ensemble d'apprentissage, y_i^p est la valeur de la grandeur à modéliser pour l'exemple i, λ_1 et λ_2 sont des constantes de régularisation convenablement choisies. Rappelons que les paramètres w et W sont les mêmes pour toutes les machines i, de sorte qu'il faut utiliser la technique des « poids partagés » qui sera décrite dans la section « Évaluation du gradient sous contrainte d'égalité des paramètres ».

Les algorithmes d'optimisation, décrits dans la section « Modification des paramètres en fonction du gradient de la fonction de coût » sont directement applicables.

Deux exemples académiques

Considérons deux exemples académiques : l'apprentissage du nombre de nœuds d'un graphe et l'apprentissage du nombre d'arêtes d'un graphe.

Dans le premier exemple, on cherche à apprendre, à partir d'exemples, et à prédire le nombre de nœuds présents dans un graphe donné. Supposons que l'ensemble d'apprentissage soit constitué des trois graphes présentés sur la figure 2-22. On cherche donc à associer à G_1 le nombre 4, à G_2 le nombre 7, et à G_3 le nombre 10. Commençant par la structure la moins complexe, on postule une fonction $f(z, \mathbf{w})$ affine, et $F = f$. Comme tous les nœuds sont équivalents pour le problème que l'on cherche à résoudre, il n'est pas nécessaire de les étiqueter : $X_1 = X_2 = X_3 = 0$. Les fonctions de nœuds étant les mêmes pour tous les graphes, on prend $D = \max_i D_i = 3$, donc :

$$f_w(\mathbf{x}) = w_0 + w_1 z_1 + w_2 z_2 + w_3 z_3.$$

Toutes les arêtes étant équivalentes, on a $w_1 = w_2 = w_3 = w$. Il n'y a donc que deux paramètres indépendants, w et w_0.

Ce problème admet une solution évidente : $w = w_0 = 1$. Ainsi, pour le graphe G_1, on a :

$$g^1_{w,W}(\mathbf{x}_1,\mathbf{x}_2,\mathbf{x}_3,\mathbf{x}_4) = f(1, f(z_1,\mathbf{w}), f(z_2,\mathbf{w}), f(z_3,\mathbf{w}),\mathbf{w}) = w_0 + 3w_1 w_0 = 4$$

où $z_1 = z_2 = z_3 = (1 \quad 0 \quad 0 \quad 0)^T$. On obtient bien le résultat cherché.

De même, considérons l'apprentissage du nombre d'arêtes d'un graphe. Supposons que, en plus des trois graphes précédents, l'ensemble d'apprentissage contienne le graphe G_4, représenté sur la figure 2-23.

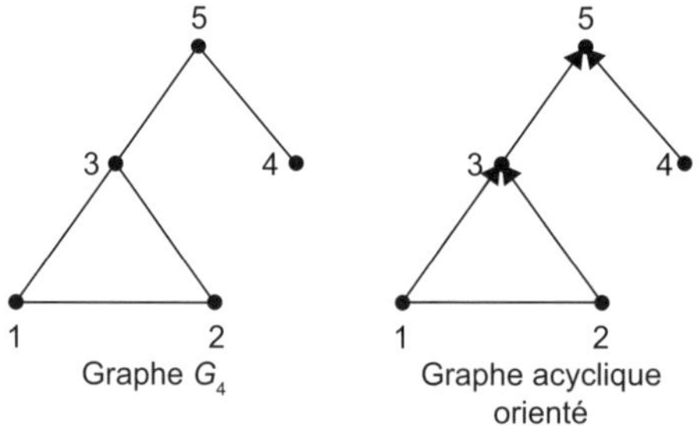

Figure 2-23. Graphe cyclique

Ce graphe est cyclique, de sorte qu'il doit subir le prétraitement indiqué plus haut : une des arêtes du cycle doit être supprimée, par exemple l'arête entre 1 et 2. Afin de conserver l'information sur l'existence de cette arête dans le graphe initial, on affecte à chaque nœud une étiquette égale à son degré ; on a donc à présent $X_k = 1$ pour tous les nœuds de tous les graphes de l'ensemble d'apprentissage. Aucune autre information n'est nécessaire pour le problème que l'on cherche à résoudre. On a donc, pour le graphe G_4 :

$$g^4_w(\mathbf{x}_1,\mathbf{x}_2,\mathbf{x}_3,\mathbf{x}_4,\mathbf{x}_5) = f(z_5,\mathbf{w})$$

avec :

$$\mathbf{x}_1 = 2, \mathbf{x}_2 = 2, \mathbf{x}_3 = 3, \mathbf{x}_4 = 1, \mathbf{x}_5 = 2, z_1 = z_2 = (1 \quad 0 \quad 0 \quad 0 \quad 2)^T,$$

$$z_3 = (1 \quad f(z_1,\mathbf{w}) \quad f(z_2,\mathbf{w}) \quad 0 \quad 3)^T, z_4 = (1 \quad 0 \quad 0 \quad 0 \quad 1)^T, z_5 = (1 \quad f(z_3,\mathbf{w}) \quad f(z_4,\mathbf{w}) \quad 0 \quad 2)^T.$$

Postulons à nouveau une fonction de nœud affine $f(z,\mathbf{w}) = w_0 + w_1 z_1 + w_2 z_2 + w_3 z_3 + w_4 z_4$. On a une solution évidente : $w_0 = 0$, $w_1 = w_2 = w_3 = 1$, $w_4 = 0{,}5$. On obtient alors, pour le graphe G_4 par exemple :

$$g_w^4(\boldsymbol{x}_1,\boldsymbol{x}_2,\boldsymbol{x}_3,\boldsymbol{x}_4,\boldsymbol{x}_5) = 1 + 2w + 2w^2 = 5$$

ce qui est bien le résultat cherché.

Bien entendu, il est exceptionnel de disposer d'une solution évidente. Il faut donc avoir recours à la procédure d'apprentissage décrite plus haut. De plus, il faut trouver la complexité convenable pour la fonction de nœud, ce qui nécessite de mettre en œuvre des techniques de sélection de modèles décrites dans le premier chapitre : validation simple, validation croisée, leave-one-out ou leave-one-out virtuel. La figure 2-24 présente le diagramme de dispersion des résultats obtenus pour l'apprentissage de l'indice de Wiener d'un graphe, c'est-à-dire l'apprentissage de la somme des distances entre ses nœuds. La base de données utilisée contient 150 graphes engendrés aléatoirement, dont les indices de Wiener varient entre 1 et 426. Les résultats présentés ont été obtenus avec des fonctions de nœuds qui sont des réseaux de neurones à 4 neurones cachés ; la sélection de modèle a été effectuée par validation croisée. D'autres problèmes académiques sont décrits dans [GOULON 2007].

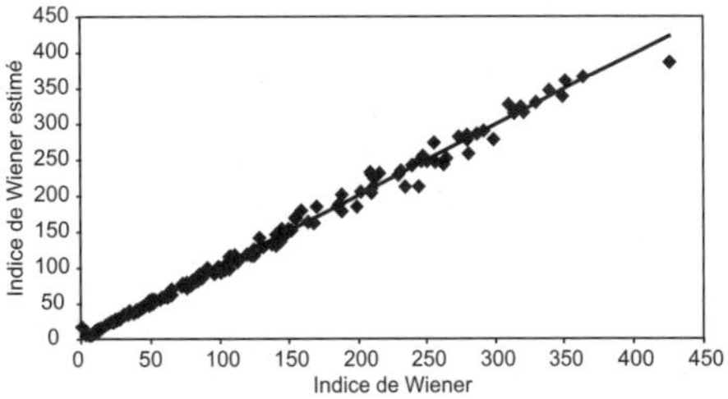

Figure 2-24. Prédiction de l'indice de Wiener par une graph machine

Des exemples d'application des graph machines à la prédiction de propriétés et d'activités de molécules sont présentés dans la section « Aide à la découverte de médicaments ».

Exemples d'applications

Introduction

Le début de ce chapitre a été consacré à l'exposé du contexte mathématique qui est essentiel pour comprendre ce que sont réellement les réseaux de neurones et les principes sur lesquels repose leur mise en œuvre. Certains aspects peuvent paraître un peu « techniques », mais il est important d'avoir bien compris ces bases. En effet, la simplicité même de mise en œuvre des réseaux de neurones constitue un danger, car elle peut conduire à une application irréfléchie qui donne des performances médiocres ou mauvaises.

Les réponses aux questions que se pose tout ingénieur ou chercheur qui envisage d'utiliser des réseaux de neurones peuvent également être éclairées par l'exposé de quelques applications typiques. Bien entendu, il n'est pas question ici de faire un exposé exhaustif des applications des réseaux de neurones : plusieurs livres n'y suffiraient pas. Il s'agit plutôt de montrer quelques applications ayant un caractère exemplaire, en insistant sur les raisons pour lesquelles les réseaux de neurones ont un apport important, voire décisif.

Reconnaissance de formes : la lecture automatique de codes postaux

C'est sans doute dans le domaine de la reconnaissance de caractères que les réseaux de neurones ont acquis leurs lettres de noblesse, et ont prouvé qu'ils constituent des alternatives fiables à d'autres méthodes de classification. On citera ici quelques exemples et résultats, qui s'appuient sur les considérations pratiques développées dans le paragraphe consacré aux réseaux de neurones pour la classification.

La reconnaissance automatique de codes postaux a probablement été l'un des problèmes de reconnaissance d'images les plus étudiés. En effet, si le traitement automatique du courrier à adresse dactylographiée ou imprimée est relativement simple, celui du courrier à adresse manuscrite est beaucoup plus complexe, en raison de la variabilité des styles d'écriture. Pour chaque objet postal, une machine automatique doit soit identifier le code, soit indiquer qu'elle ne peut pas l'identifier, et donc faire appel à un opérateur humain. Comme indiqué plus haut, il est plus onéreux de rectifier une erreur de tri commise par une machine que de faire lire un code postal par un opérateur, de sorte que le critère de performance le plus fréquemment utilisé pour les machines de lecture de codes postaux est le suivant : pour un taux d'erreur maximal fixé (par exemple, 1 %) sur les codes identifiés, quelle est la fraction du courrier qui devra être traitée par un opérateur ? À l'heure actuelle, les machines les plus performantes font appel à des réseaux de neurones (conjointement à d'autres techniques), et le taux de rejet est inférieur à 5 % pour un taux d'erreur inférieur à 1 %.

L'essor des études sur la reconnaissance des codes postaux est dû à deux facteurs : d'une part, l'enjeu économique du problème ; d'autre part, le fait que, dès 1990, des bases de données de grande taille ont été mises dans le domaine public par le Service postal des États-Unis (USPS), puis par le National Institute of Science and Technology (NIST). Cette disponibilité de bases de données, accessibles à tous, a permis à de nombreux laboratoires (universitaires et industriels), de valider, de manière statistiquement significative, les méthodes et procédures qu'ils avaient développées. Cette politique a permis de faire progresser l'état de l'art sur la reconnaissance des codes postaux et, de manière plus générale, sur les problèmes de classification complexes.

La figure 2-25 présente quelques extraits de la base USPS, qui comprend en tout 9 000 caractères (ce qui est encore relativement peu, eu égard à la complexité du problème). On observe immédiatement la diversité des styles et les difficultés auxquelles il faut faire face. Considérons l'exemple du code postal situé en haut à droite de l'image ; on lit sans effort le code 68544, mais on constate :

- que le chiffre 6 est coupé en deux morceaux ;
- que le 8 et le 5 sont attachés ;
- mais que le 5 est coupé en deux, et sa partie droite attachée au 4 !

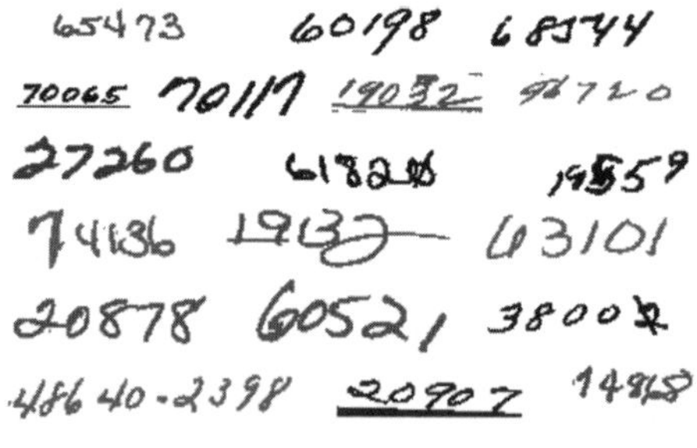

Figure 2-25. Quelques morceaux choisis de la base de données USPS

Donc, si l'on fonde la reconnaissance du code sur la reconnaissance de chacun de ses chiffres séparément, il faut d'abord résoudre le problème de la « segmentation » : comment séparer les chiffres les uns des autres ? Une fois ce difficile problème résolu, il reste à traiter la très grande diversité des styles, des tailles, des orientations, des chiffres isolés : il faut pour cela résoudre le problème crucial de la « représentation » des formes à classer, c'est-à-dire du choix des descripteurs qui seront utilisés par un ou plusieurs classifieurs, éventuellement neuronaux. Il est impossible de traiter ce problème de représentation de manière générale, car il dépend complètement de l'application mise en œuvre : il est évident que l'on ne peut pas représenter, de la même manière, des images de trait telles que des caractères manuscrits ou imprimés, des images issues de satellites météorologiques, ou encore des radiographies médicales.

En dépit de la grande diversité des traitements mis en œuvre pour les images, il existe quelques opérations de base que l'on retrouve dans toutes les applications réelles : détection de contours, rehaussement de contraste, etc. (certaines de ces opérations se trouvent également dans le système visuel humain). Dans le cas de la reconnaissance de caractères, la *normalisation* est également incontournable, pour que tous les traitements portent sur des chiffres de même taille. L'ingénieur doit toujours réaliser un compromis entre la complexité des prétraitements nécessaires pour aboutir à la représentation choisie, et la complexité de la classification : un prétraitement bien fait, qui extrait des caractéristiques bien discriminantes et donc pertinentes pour la classification, peut permettre l'utilisation d'un classifieur d'une grande simplicité, mais ce prétraitement ne doit pas être trop gourmand en temps de calcul. En revanche, un prétraitement primitif (par exemple, une simple normalisation) est extrêmement rapide mais ne facilite pas la tâche du classifieur. Il faut donc trouver la solution qui présente la meilleure performance compatible avec le temps de calcul autorisé par le cahier des charges de l'application. Deux exemples vont être présentés, qui mettent en jeu des stratégies très différentes pour résoudre le même problème.

Le premier exemple a été développé au laboratoire AT&T Bell Labs. Il s'agit d'un réseau de neurones, connu sous le nom de LeNet [LECUN 1989] ou « réseau de convolution », qui utilise une représentation par pixels (après normalisation). Les premières couches du réseau réalisent des traitements locaux destinés à extraire automatiquement des caractéristiques ; les dernières couches effectuent la classification proprement dite. Ce réseau est représenté sur la figure 2-26. Il a été utilisé avec succès dans de nombreuses applications, notamment en traitement d'images (voir par exemple [OSADCHY 2007]).

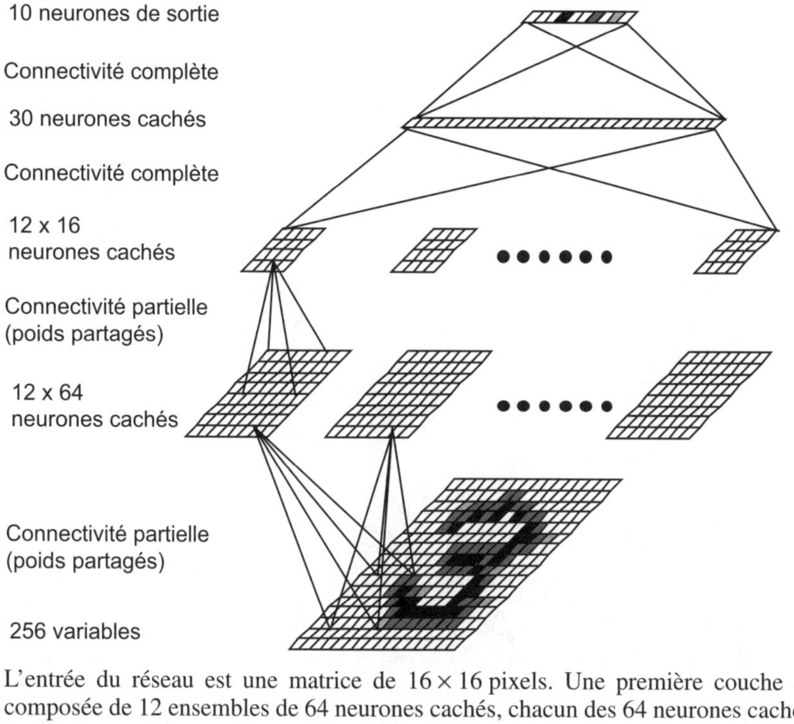

Figure 2-26. LeNet, un réseau de neurones qui effectue l'extraction des caractéristiques et la classification.

L'entrée du réseau est une matrice de 16×16 pixels. Une première couche de neurones cachés est composée de 12 ensembles de 64 neurones cachés, chacun des 64 neurones cachés recevant des informations concernant un « champ réceptif » de 5×5 pixels. Ces ensembles de 64 neurones sont appelés « cartes de caractéristiques », car les variables de tous les neurones d'une carte donnée sont affectées des mêmes paramètres (technique des « poids partagés », décrite dans la section « Évaluation du gradient sous contrainte d'égalité des paramètres »). Ainsi, on fait agir le même opérateur, localement, sur chaque ensemble de 25 pixels, de sorte que l'ensemble des sorties d'un groupe de 64 neurones constitue une carte du résultat de l'application de l'opérateur à l'image. Si la technique des opérateurs locaux est classique en traitement d'images, l'originalité de la présente méthode réside dans le fait que ces derniers ne sont pas conçus par l'ingénieur : ils sont déterminés par apprentissage à partir d'exemples. L'opération est renouvelée dans une deuxième couche d'opérateurs qui traitent les résultats de la première couche. On obtient ainsi 12 cartes de 16 neurones cachés, soit 192 neurones dont les sorties constituent le vecteur de descripteurs utilisé pour la classification. Celle-ci est effectuée avec un réseau à une couche de 30 neurones cachés et 10 neurones de sortie. Les neurones de sortie utilisent un codage 1-parmi-*C*, qui a été défini plus haut : il y a autant de neurones dans la couche de sortie que de classes. La sortie du neurone *i* doit être égale à 1 si la forme à classer appartient à la classe *i*, et doit être sinon égale à 0.

Ainsi, un tel réseau réalise automatiquement le prétraitement et la classification, opérations qui sont traditionnellement conçues séparément. Le prix à payer est évidemment une certaine lourdeur d'apprentissage et, compte tenu du grand nombre de paramètres, la nécessité de faire preuve d'une grande vigilance relativement au surajustement.

Pour traiter le même problème, une approche très différente [KNERR 1992] consiste à réaliser un prétraitement plus élaboré de l'image, afin d'extraire des caractéristiques discriminantes qui permettent d'utiliser un classifieur relativement simple. Le prétraitement est la détection de contours suivie d'une normalisation, qui produit 4 cartes de caractéristiques de 64 éléments, soit un vecteur de 256 composantes. Mettant en œuvre la méthodologie de conception d'un classifieur décrite plus haut, les dix classes ont été séparées deux à deux : 45 classifieurs différents ont été élaborés, dont l'apprentissage a été effectué séparément et qui sont très simples puisque, dans l'application considérée, il se trouve que tous les exemples de l'ensemble d'apprentissage sont linéairement séparables deux à deux. Chacun des 45 classifieurs est donc constitué d'un seul neurone.

La figure 2-27 montre les 18 erreurs commises par ce classifieur sur les 9 000 caractères de la base de données USPS. Pour chaque chiffre manuscrit, l'indication en haut à droite est la classe d'appartenance du chiffre indiquée dans la base, et le chiffre en bas à droite est la classe affectée par le classifieur. On remarquera notamment le cas du dernier chiffre (en bas à droite de la figure) qui est reconnu comme un chiffre 1 alors qu'il est classé dans la base comme un chiffre 8, ce qui est évidemment une erreur d'étiquetage.

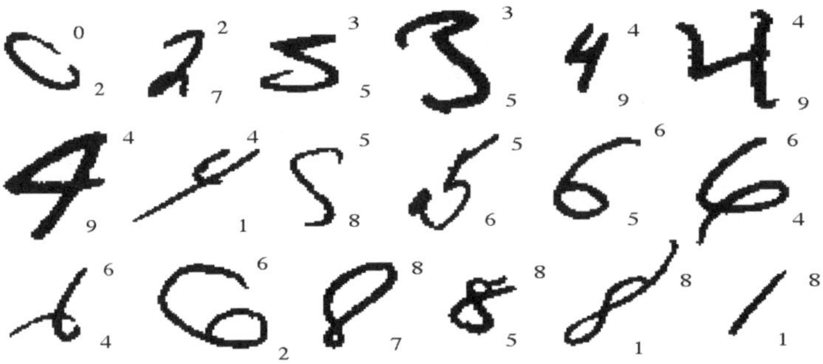

Figure 2-27. Les 18 erreurs de classification commises par séparation linéaire des classes deux à deux

L'importance du choix de la représentation pour ce type d'applications a été mentionnée à plusieurs reprises, notamment dans la section « Méthodologie de conception d'un classifieur ». On peut la mettre en évidence dans ce cas. Pour les deux représentations mentionnées plus haut (représentations par pixels d'une part, cartes de caractéristiques après détection des contours d'autre part), la distance entre les barycentres des classes a été calculée ; elle est représentée sur la figure 2-28. On observe que les distances entre classes sont toujours supérieures, pour la représentation par cartes de caractéristiques, à ce qu'elles sont pour la représentation par pixels. Ainsi, la représentation par cartes éloigne les classes les unes des autres, ce qui facilite évidemment la tâche des classifieurs.

Le tableau 2-1 met en évidence l'amélioration de performances qui résulte de la mise en œuvre d'une meilleure représentation : après ajustement des seuils de décision afin d'obtenir, dans les deux cas, un taux d'erreur de 1 %, le taux de rejet pour la représentation par pixels est beaucoup plus élevé que pour la représentation par caractéristiques. Il faut noter que les deux représentations ont la même dimension (dans les deux cas, chaque chiffre est représenté par un vecteur de 256 composantes) : l'amélioration ne provient pas de la compacité de la représentation, mais de sa bonne adéquation au problème posé. C'est la réflexion de l'ingénieur qui fait la différence.

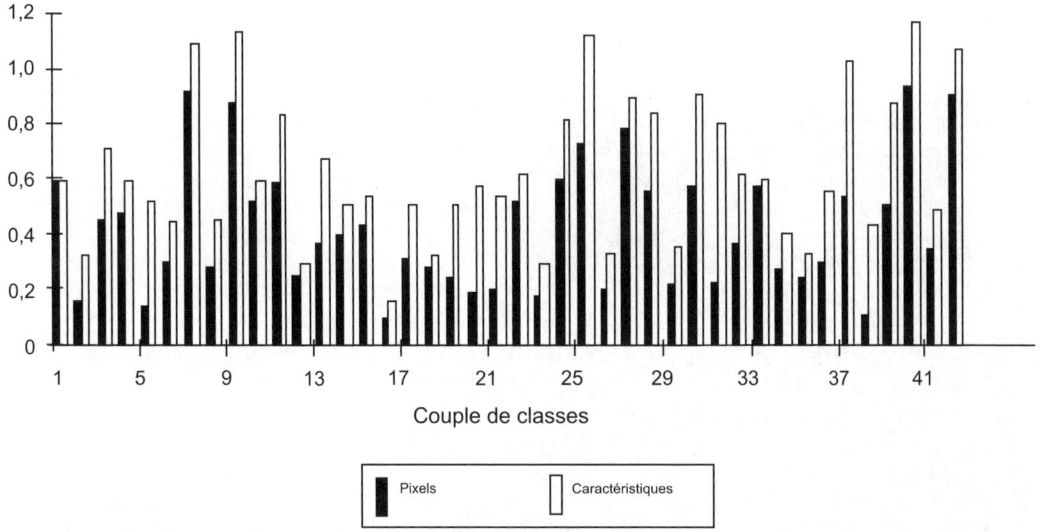

Figure 2-28. Distances entre classes pour deux représentations : la représentation par cartes de caractéristiques éloigne les classes les unes des autres, et donc facilite le travail ultérieur des classifieurs

	Taux de chiffres bien classés	Taux de rejet	Taux d'exemples mal classés
Représentation par pixels	70,9 %	28,1 %	1 %
Représentation par caractéristiques	90,3 %	8,7 %	1 %

Tableau 2-1

Une application en contrôle non destructif : la détection de défauts dans des rails par courants de Foucault

L'exemple précédent est relatif à la reconnaissance automatique d'images. Bien entendu, les formes que les réseaux de neurones peuvent classer ne sont pas nécessairement de cette nature : voici un exemple de reconnaissance de signaux dans le domaine du contrôle non destructif. Cette application consiste à détecter les défauts dans les rails du métro parisien à l'aide de courants de Foucault. Elle a été développée par l'Institut national de la recherche sur les transports et leur sécurité (INRETS) pour la RATP [OUKHELLOU 1997].

La détection de défauts dans les pièces métalliques à l'aide de courants de Foucault est une technique classique dans le domaine du contrôle non destructif. Son principe est simple : un bobinage crée un champ magnétique alternatif dans la pièce à contrôler, ce qui engendre des courants de Foucault, dans une épaisseur qui dépend de la fréquence du champ magnétique. Ces courants sont détectés par un second bobinage ; la présence de défauts dans le métal modifie le signal recueilli, à la fois en amplitude et en phase. Ainsi, le signal induit constitue une signature des défauts. Comme il existe toujours plusieurs catégories de défauts, qui peuvent être plus ou moins graves, il est important de pouvoir non seulement détecter ces défauts, mais encore les classer. Il faut aussi pouvoir faire une distinction entre des défauts et des phénomènes normaux qui peuvent également avoir une influence sur le signal : la jointure entre deux rails provoque une modification des courants de Foucault, analogue à celle engendrée par une fissure, alors qu'il s'agit d'un événement normal (mais sa position est connue, ce qui facilite la discrimination).

Dans l'application considérée, le système de création et de détection des courants de Foucault est monté sous la voiture, à quelques dizaines de millimètres du rail, comme représenté sur la figure 2-29.

Figure 2-29. Photographie du système de création et de détection des courants de Foucault

Comme toujours, le choix des descripteurs du signal conditionne en grande partie l'efficacité de la discrimination. Comme il s'agit ici d'images « mono-dimensionnelles » (par opposition aux images « bidimensionnelles » traitées précédemment), on peut utiliser un relativement petit nombre de descripteurs qui sont fondés sur les composantes de Fourier du signal, à condition que ces descripteurs soient bien choisis. La méthode de la variable sonde, exposée dans le chapitre 1, a été mise en œuvre pour développer cette application [Oukhellou 1998].

Fouille de données : le filtrage de documents

En raison de l'augmentation constante du volume d'informations accessible électroniquement, la conception et la mise en œuvre d'outils efficaces, permettant notamment à l'utilisateur de n'avoir accès qu'à l'information qu'il juge pertinente, devient une nécessité absolue. Comme la plupart de ces outils sont destinés à être utilisés dans un cadre professionnel, les exigences de fiabilité et de convivialité sont très importantes ; les problèmes à résoudre pour satisfaire ces exigences sont nombreux et difficiles. L'accès à l'information pertinente peut être réalisée en fournissant à un utilisateur des documents pertinents, ou en lui proposant des passages de documents pertinents (ou des réponses à des questions). Le premier cas relève du domaine de la *recherche de textes*, le second du domaine de l'*extraction d'informations*.

La catégorisation de textes, appelée également « filtrage », consiste à trouver, dans un ensemble de documents (comme un fil de dépêches d'agence de presse, ou un ensemble de pages Web), ceux relatifs à un sujet défini par avance. On peut ainsi fournir à un utilisateur, en temps réel, toutes les informations importantes pour l'exercice de son métier. Dans ce cas, l'utilisateur n'exprime pas son intérêt par une requête, mais par un ensemble de documents pertinents qui définissent un *thème* ou une *catégorie*. Pour un thème donné, la catégorisation consiste donc à résoudre un problème de classification supervisée à deux classes ; celui-ci peut être résolu notamment par les méthodes décrites dans cet ouvrage : les réseaux de neurones, les machines à vecteurs supports (chapitre 6) ou les modèles de Markov cachés (chapitre 4).

C'est un problème très difficile, qui va bien au-delà de la recherche par mots-clés. En effet, supposons, que l'on cherche à sélectionner, dans le flot des dépêches de l'AFP, celles qui sont pertinentes pour le thème « prises de participations entre entreprises » ; des textes qui contiennent les phrases : « la société A a racheté la société B » ou bien « A est entré dans le capital de B à hauteur de 10 % », ou encore « A vient de franchir à la hausse le cap des 20 % des parts sociales de B », sont tous pertinents, et pourtant ils ne contiennent aucun des mots qui définissent le thème. En revanche, la phrase « la participation des communistes au gouvernement inquiète les chefs d'entreprises » n'est pas pertinente, bien qu'elle contienne deux des mots du thème.

L'application (extraite de [STRICKER 2000]) a été développée pour la Caisse des dépôts et consignations, qui offre, sur l'intranet du groupe, un service de filtrage de dépêches de l'AFP en temps réel. Les objectifs sont doubles :

- développement d'une application permettant à un utilisateur d'obtenir automatiquement un filtre d'information sur un thème de son choix, sous réserve de fournir des exemples de textes pertinents pour le thème considéré ;
- développement d'un outil permettant de surveiller l'obsolescence des filtres classiques, constitués de systèmes à base de règles.

Pour atteindre le second objectif, on fabrique une copie d'un filtre à base de règles avec un filtre utilisant un réseau de neurones. Comme le réseau de neurones fournit une probabilité de pertinence et non une réponse binaire, il est possible d'analyser les plus grandes divergences entre les deux filtres : les documents considérés comme pertinents par la méthode à base de règles, mais obtenant une probabilité proche de zéro avec le réseau de neurones, et les documents considérés comme non pertinents avec le premier et obtenant une probabilité de pertinence proche de un avec le second [WOLINSKI 2000].

Le premier de ces objectifs consiste donc en la conception et la réalisation d'un système de création automatique de filtres, dont la caractéristique majeure est l'absence d'intervention d'un expert, par opposition à la mise en œuvre d'un système à base de règles. Il s'agit donc de concevoir un système de discrimination à deux classes ; à partir d'une base de documents étiquetés comme pertinents ou non pertinents pour le thème considéré, il faut :

- trouver une représentation des textes par des nombres, représentation qui doit être aussi compacte que possible ;
- concevoir et mettre en œuvre un classifieur utilisant cette représentation.

Le problème de la représentation des textes, et donc de la sélection des variables, est évidemment central dans cette application.

Sélection des variables

L'approche la plus conventionnelle est la représentation en « sac de mots », dans laquelle un texte est représenté par un vecteur dont chaque composante est un nombre qui est lié à la présence ou à l'absence d'un mot dans le texte, ou à sa fréquence dans le texte. Cette approche présente un inconvénient : la dimension de ce vecteur est égale au nombre de mots du vocabulaire, ce qui est évidemment énorme. On peut néanmoins remarquer que tous les mots ne sont pas également discriminants : les mots les plus fréquents (de, la, et...) sont inutiles pour la discrimination, de même que les mots très rares. Dans une première étape, on cherche donc, pour un thème donné, à trouver les mots les plus pertinents pour le thème considéré.

Codage des mots

Les mots sont codés de la manière suivante : soit $FT(m, t)$ la fréquence d'occurrence du terme m dans le texte t, et $FT(t)$ la fréquence moyenne des termes dans le texte t. Alors le mot m est décrit par la quantité :

$$x(m) = \frac{1+\log\left(FT(m,t)\right)}{1+\log\left(FT(t)\right)},$$

dont on trouvera la justification dans [SINGHAL1996].

La loi de Zipf

Pour sélectionner les mots discriminants, on est aidé par la loi de Zipf [ZIPF 1949] : soit un corpus de T textes, appelons $FC(m)$ la fréquence d'occurrence du mot m sur le corpus T ; la quantité $FT(m, t)$, fréquence du mot m dans le texte t, a été définie dans le paragraphe précédent. Construisons une liste de mots, classés par ordre de $FC(m)$ décroissant ; soit $r(m)$ le rang du mot m dans cette liste. La loi de Zipf s'énonce ainsi : $FC(m)\, r(m) = K$, où K est une constante qui dépend du corpus considéré. Il y a donc un petit nombre de mots très fréquents, et un grand nombre de mots très rares qui n'apparaissent qu'une fois ou deux sur le corpus ; entre ces extrêmes, il existe un ensemble de mots dans lesquels il faut chercher les mots discriminants.

Extraction du vocabulaire spécifique

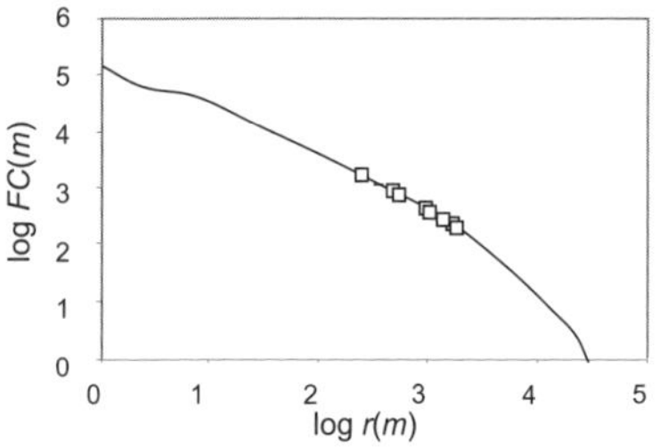

Figure 2-30. Vérification expérimentale de la loi de Zipf sur le corpus Reuters, et représentation des mots du vocabulaire spécifique au thème « Falkland petroleum exploration »

Pour déterminer le vocabulaire spécifique à un thème donné, on définit, pour chaque mot m de chaque texte pertinent t, le rapport $R(m, t) = FT(m, t) / FC(m)$. On range les mots du texte par ordre de $R(m, t)$ décroissant, on supprime la seconde moitié de la liste, et l'on construit un vecteur booléen $\mathbf{v}(t)$ tel que $v_i(t) = 1$ si le mot i est présent dans la liste, et 0 sinon. On calcule enfin le vecteur $\mathbf{v} = \sum_t \mathbf{v}(t)$, où la somme porte sur tous les documents pertinents : le vocabulaire spécifique du thème est l'ensemble des mots dont la composante dans $\mathbf{v}$ est non nulle. La figure 2-30 montre que, sur le corpus des dépêches Reuters, la loi de Zipf est assez bien vérifiée, et que les mots du vocabulaire spécifique du thème « Falkland petroleum exploration » sont bien au milieu de la distribution.

Sélection finale

À l'intérieur du vocabulaire spécifique ainsi défini, qui peut être encore vaste (une à quelques centaines de mots), une sélection finale est effectuée par la méthode de la variable sonde, décrite dans le chapitre 1. À la fin de cette étape, il apparaît que, en moyenne sur 500 thèmes étudiés, le vocabulaire spécifique d'un thème comprend 25 mots, ce qui est tout à fait raisonnable pour un vecteur de variables d'un réseau de neurones. Néanmoins, cette représentation n'est pas encore satisfaisante, même si elle est compacte. En effet, les mots seuls sont ambigus : dans une application comme celle-ci, *il est indispensable de tenir compte du contexte*.

Détermination du contexte

Pour introduire le contexte dans la représentation des textes, on cherche des mots de contexte dans une fenêtre de 5 mots de part et d'autre de chaque mot du vocabulaire spécifique. On définit :

- des *mots de contexte positifs*, qui sont les mots que l'on trouve dans le voisinage des mots du vocabulaire spécifique, *dans les documents pertinents* ;
- des *mots de contexte négatifs*, qui sont les mots que l'on trouve dans le voisinage des mots du vocabulaire spécifique, *dans les documents non pertinents.*

Pour sélectionner les mots de contexte, on utilise exactement la même procédure que pour la détermination du vocabulaire spécifique. Typiquement, pour l'exemple de « prise de participation entre entreprises », on constate que pour le mot « capital », qui fait partie du vocabulaire spécifique, les mots « détient » et « droits » se trouvent dans les mots de contexte spécifique, et les mots « risque » et « fonds » dans le contexte négatif.

En moyenne sur 500 thèmes différents, un thème est défini par 25 mots de vocabulaire spécifique, chacun de ces mots ayant 3 mots de contexte.

Conception et apprentissage des filtres

Filtres sans contexte

Si l'on ne tient pas compte du contexte, le filtre a pour variables les mots du vocabulaire spécifique, codés comme indiqué précédemment. Conformément à la méthodologie de conception de classifieurs présentée dans la section consacrée à la discrimination, la structure du classifieur dépend de la complexité du problème. Sur les corpus et les thèmes testés, les ensembles d'apprentissage sont généralement linéairement séparables, de sorte que l'on utilise un réseau à un seul neurone à fonction d'activation sigmoïde.

Filtres avec contexte

Le contexte doit modifier le descripteur correspondant à chaque mot du vocabulaire spécifique. Le filtre représente donc chaque mot du vocabulaire par un neurone à fonction d'activation sigmoïde, dont les variables sont le descripteur du mot considéré et les descripteurs des mots de contexte de celui-ci. Les sorties de ces neurones sont séparées linéairement par un neurone à fonction d'activation sigmoïde. La figure 2-31 représente un filtre avec contexte et un filtre sans contexte.

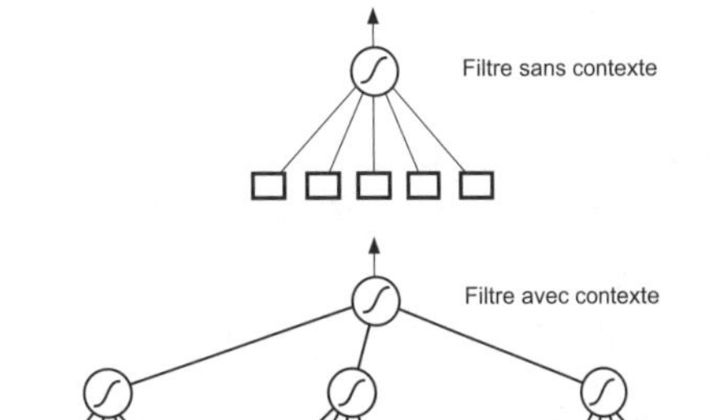

Figure 2-31. Un filtre sans contexte est un classifieur linéaire qui reçoit en entrée le descripteur de chacun des mots du vocabulaire spécifique (rectangles en traits gras) ; dans un filtre avec contexte, les entrées sont les descripteurs des mots du vocabulaire spécifique (rectangles en traits gras) et les mots de contexte (rectangles en traits fins).

L'utilisation du contexte augmente évidemment le nombre de paramètres. Typiquement, pour un thème avec 25 mots de vocabulaire spécifique et 3 mots de contexte par mot du vocabulaire spécifique le filtre comprend 151 paramètres. Compte tenu du fait que le nombre de paramètres peut être du même ordre de grandeur que le nombre d'exemples (voire inférieur à celui-ci), il est impératif de mettre en œuvre une méthode de régularisation. La méthode de modération des poids a été mise en œuvre dans cette application ; on en verra l'effet dans la section consacrée à l'apprentissage avec régularisation.

Validation des résultats

Dans le domaine du traitement automatique du langage, la compétition organisée chaque année dans le cadre de la conférence TREC (*Text REtrieval Conference*) constitue une référence. La méthodologie présentée ci-dessus a été mise en œuvre dans le cadre de la compétition TREC-9, pour l'épreuve de *routing* : celle-ci consiste à classer un ensemble de textes par ordre de pertinence décroissante pour des thèmes imposés. L'épreuve de TREC-9 portait sur deux ensembles de textes, se rapportant respectivement à 63 et 500 thèmes, et comprenant au total 294 000 documents. Il va de soi que le nombre de documents à analyser et le nombre de thèmes rendent impossible tout traitement « manuel » ou « semi-automatique » des données, dans le temps imparti à la compétition. L'approche décrite ci-dessus a remporté l'épreuve pour chacun des deux thèmes ; la figure 2-32 représente les scores réalisés par les participants [STRICKER 2001].

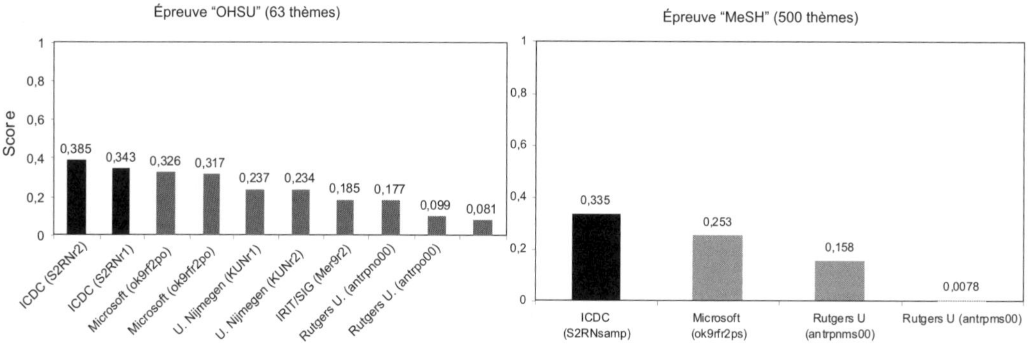

Figure 2-32. Résultats de l'épreuve de « routing » de TREC-9 : en noir : résultats obtenus par la méthode décrite ci-dessus ; en gris : résultats obtenus par d'autres méthodes

Aide à la découverte de médicaments : prédiction de propriétés chimiques et d'activités thérapeutiques de molécules

L'étude des relations structure-activité des molécules (QSAR pour *Quantitative Structure-Activity Relations*) et de leurs relations structure-propriété (QSPR pour *Quantitative Structure-Property Relationships*) est un domaine en plein essor, en raison des progrès très rapides de la simulation moléculaire. Ces travaux ont pour objectif de prédire les propriétés physicochimiques ou thérapeutiques de molécules à partir de données structurales qui peuvent être calculées a priori par ordinateur, sans qu'il soit nécessaire de synthétiser la molécule ; on peut donc éviter une synthèse coûteuse si l'on peut prédire que la molécule envisagée ne possède pas les propriétés souhaitables [HANSCH 1995]. Cette approche est particulièrement utile dans le domaine de la bio-ingénierie, pour la prédiction de propriétés pharmacologiques de molécules, mais elle peut évidemment être transposée à n'importe quel domaine (prédiction de propriétés mécaniques de matériaux complexes à partir de leur formulation, prédiction de paramètres thermodynamiques de mélanges, etc.). L'objectif est toujours de réduire les coûts de développement, particulièrement importants dans l'industrie pharmaceutique, en remplaçant des synthèses ou des réalisations coûteuses par des prédictions fiables.

Pourquoi les méthodes d'apprentissage statistique peuvent-elles être mises en œuvre avec profit dans ce contexte ? Si l'on admet qu'il existe une relation déterministe entre certains descripteurs de la molécule et la propriété que l'on veut prédire, alors on est ramené à un problème de détermination de la fonction de régression de la propriété envisagée, en fonction des descripteurs choisis.

La première question qu'il convient de se poser est celle des données utilisables pour l'apprentissage et pour l'évaluation des performances du réseau. Compte tenu de l'importance des enjeux, il existe de nombreuses bases de données concernant des propriétés telles que le point d'ébullition, la solubilité dans l'eau ou le coefficient de partage eau-octanol, ou encore des activités telles que l'action anti-VIH, la toxicité, etc.

La deuxième question à se poser est celle des variables pertinentes pour le modèle envisagé. Ici, les connaissances du chimiste doivent nécessairement guider le choix de ces variables. On peut envisager plusieurs catégories de descripteurs :

- des descripteurs *chimiques* tels que la masse moléculaire, le nombre d'atomes de carbone… ;
- des descripteurs *géométriques* tels que le volume de la molécule, sa surface, son ovalité… ;
- des descripteurs *électriques* tels que les charges portées par les différents atomes, le moment dipolaire… ;
- etc.

Pour chaque propriété que l'on cherche à prédire, il faut donc établir un ensemble de descripteurs que l'on peut supposer pertinents, et utiliser une technique de sélection de variables, comme celles décrites dans le premier chapitre, afin de déterminer les descripteurs qui sont réellement utiles pour les molécules et la propriété considérées. En raison de leur parcimonie, des réseaux de neurones de très petite taille (5 à 7 neurones cachés) fournissent généralement des résultats de meilleure qualité que les techniques de régression multilinéaire habituellement mises en œuvre dans ce domaine [DUPRAT 1998].

Néanmoins, les propriétés et activités des molécules dépendent en grande partie de la structure de celles-ci ; c'est pourquoi il est particulièrement intéressant d'utiliser des méthodes de régression ou de classification de données structurées telles que les graph machines décrites précédemment dans la section « Modélisation et classification de données structurées ». En effet, elles permettent de s'affranchir complètement de la détermination, du calcul et de la sélection des descripteurs, puisque la structure chimique détermine directement les prédictions du modèle.

À titre d'exemple, considérons la prédiction des propriétés anti-VIH de dérivés de la tétrahydroimidazobenzo-diazepinone (TIBO), qui agit en bloquant l'activité de l'enzyme qui permet la duplication du rétrovirus. L'activité est exprimée quantitativement par le rapport $\log(1/IC_{50})$, où IC_{50} est la concentration en TIBO qui produit l'inhibition de 50 % de l'enzyme responsable de la duplication. Les résultats sont présentés sur la figure 2-33 ; ils sont de meilleure qualité que ceux obtenus par les méthodes conventionnelles, y compris les réseaux de neurones, avec le grand avantage de supprimer les phases de conception, calcul et sélection des descripteurs [GOULON 2006].

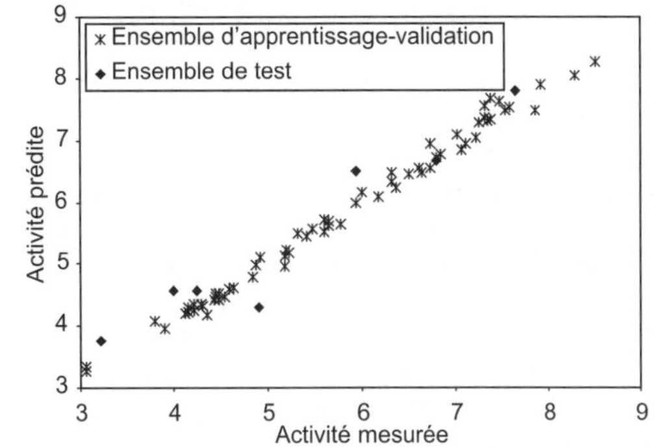

Figure 2-33. Prédiction d'une activité anti-VIH

Comme mentionné dans la présentation des graph machines, celles-ci peuvent également effectuer des tâches de classification. Un ensemble de données de 321 molécules, possédant des groupements fonctionnels variés, a été divisé en un ensemble d'apprentissage-validation de 274 exemples et un ensemble de test de 47 exemples. La sélection de modèles a été effectuée par validation croisée à l'aide de 10 sous-ensembles. La procédure a conduit au choix d'une fonction de nœud constituée d'un réseau de neurones à 3 neurones cachés, qui ne commet aucune erreur, ni sur les données d'apprentissage, ni sur les données de test.

De nombreux autres exemples d'applications sont décrits dans [GOULON 2007].

Une application en formulation : la prédiction de la température de liquidus de verres

Dans le même esprit que l'application précédente, on peut prédire des paramètres thermodynamiques de matériaux en fonction de la composition de ceux-ci. C'est le cas notamment pour la température de liquidus de verres d'oxydes. Cette température est la température maximale à laquelle des cristaux sont en équilibre thermodynamique avec le liquide ; il est important, industriellement, de pouvoir prédire cette température en fonction de la composition du verre, car la valeur de la viscosité à la température de liquidus est un élément important pour le choix des paramètres des procédés de mise en forme des verres. La prédiction de cette température en fonction de la composition du verre est difficile, car les diagrammes présentent des variations brutales dans le domaine d'intérêt ; compte tenu de cet enjeu industriel, de nombreuses études ont été menées (voir par exemple [KIM 1991]) et des bases de données sont disponibles. L'utilisation de modèles non linéaires obtenus par apprentissage s'est montrée avantageuse par rapport aux méthodes traditionnelles, notamment pour les verres ayant plus de trois composantes.

La figure 2-34 illustre, sur un exemple concret, la parcimonie des réseaux de neurones. Les variables des modèles sont les teneurs en oxydes et le modèle doit prédire la température de liquidus. La figure 2-34(a) présente le résultat obtenu sur un verre de silice (composé, outre de SiO_2, d'oxyde de potassium K_2O et d'alumine Al_2O_3), obtenu avec un réseau à 6 neurones cachés (25 paramètres), et la figure 2-34(b) le résultat obtenu avec un polynôme de degré 3, dont le même nombre de paramètres est très voisin (19). Il est clair que, à nombre de paramètres à peu près équivalent, le réseau de neurones fournit un bien meilleur résultat. La figure 2-34(c) indique, pour mémoire, le résultat obtenu avec un modèle linéaire.

Modélisation d'un procédé de fabrication : le soudage par points

Le soudage par points est le procédé de soudage le plus utilisé dans l'industrie automobile : des millions de soudures sont effectuées chaque jour. Le procédé est schématisé sur la figure 2-11 : le soudage des deux tôles est effectué en faisant passer un courant très intense (des kiloampères) pendant un temps très court (quelques centaines de millisecondes) entre deux électrodes pressées contre la surface des tôles. L'échauffement produit par effet Joule fait fondre une zone des tôles. Après refroidissement, le diamètre de la zone fondue (typiquement 5 mm) caractérise la qualité de la soudure ; si ce diamètre est inférieur à 4 mm, la soudure est considérée comme défectueuse. Le diamètre du point soudé est donc un élément crucial de la sécurité du véhicule. À l'heure actuelle, il n'existe pas de méthode physique non destructive qui permette d'évaluer rapidement le diamètre de la soudure. En conséquence, une stratégie industrielle typique consiste :

- à utiliser une intensité de courant excessive, ce qui produit un très grand échauffement, donc l'éjection de gouttelettes de métal en fusion de la zone de soudage (c'est l'origine des « étincelles » que l'on observe à chaque soudure effectuée par les robots de soudage sur une chaîne de fabrication) ;
- à réaliser des soudures en surnombre afin que, avec une probabilité voisine de 1, on ait au moins une soudure de bonne qualité.

L'excès de courant et le trop grand nombre de soudures conduisent à une dégradation rapide des électrodes, qui doivent être changées ou réusinées fréquemment.

Pour toutes ces raisons, la modélisation du processus en vue d'obtenir une prédiction fiable du diamètre de la soudure, en temps réel, à partir de mesures effectuées pendant le soudage, constitue un problème industriel important. Il est très difficile de modéliser la dynamique du processus de soudage, pour plusieurs raisons :

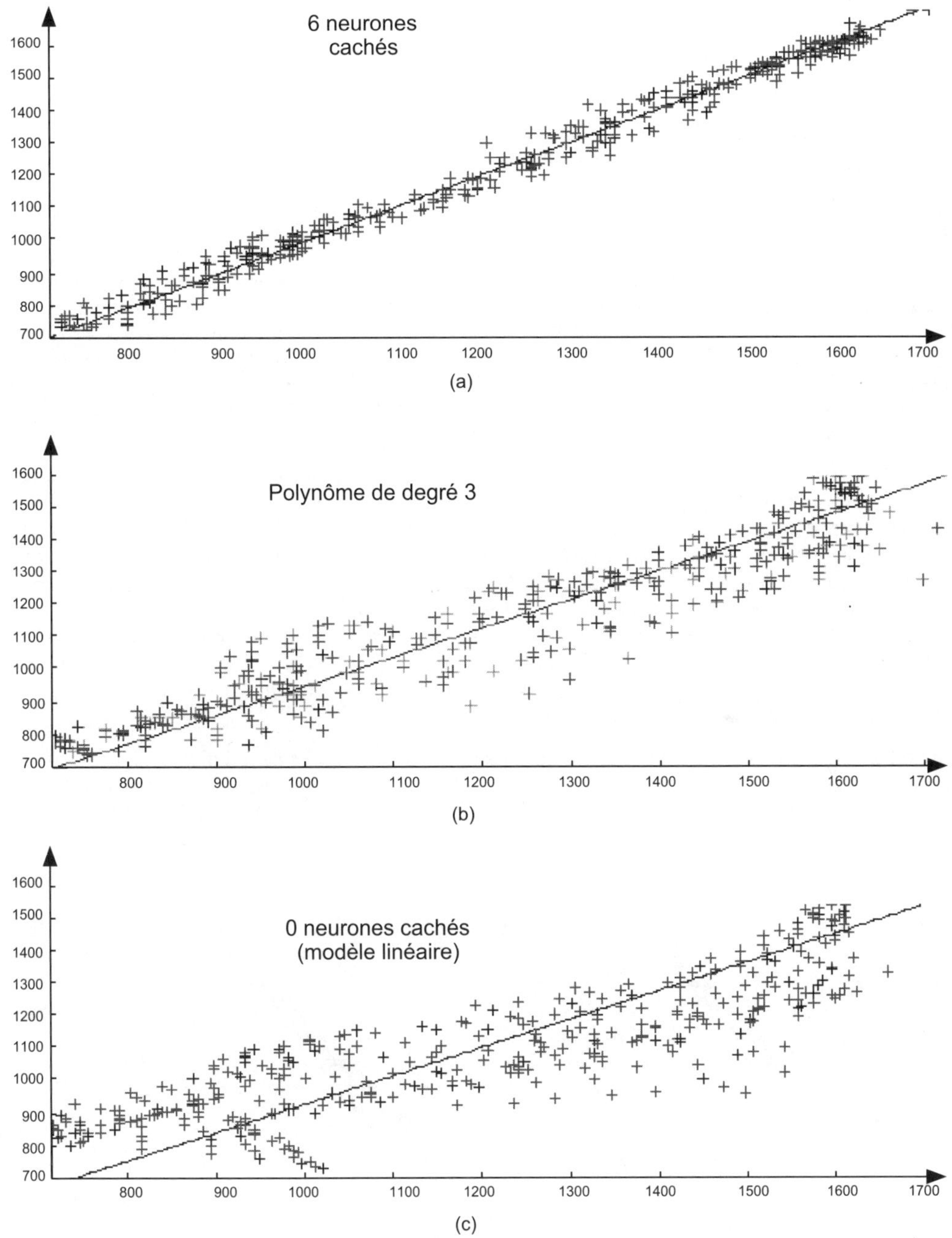

Figure 2-34. Diagrammes de dispersion (température prédite en fonction de la température observée) pour la prédiction de la température de liquidus de verres d'oxydes en fonction de la composition, pour trois modèles différents.

- le temps nécessaire pour intégrer numériquement les équations différentielles et les équations aux dérivées partielles du modèle de connaissance est supérieur, de plusieurs ordres de grandeur, à la durée d'une soudure : on ne peut donc pas utiliser un tel modèle pour une prédiction en temps réel ;
- certains paramètres physiques, qui interviennent dans les équations du modèle de connaissance, sont mal connus.

La modélisation par apprentissage est donc une alternative intéressante à un modèle de connaissance. Le procédé étant non linéaire et présentant plusieurs variables, les réseaux de neurones sont de bons candidats pour effectuer une prédiction, en temps réel, du diamètre du point fondu, et donc de la qualité de la soudure, en fonction de mesures effectuées pendant la soudure [MONARI 1999].

Les difficultés sont, d'une part, le choix des variables du modèle et, d'autre part, le fait que la constitution d'une base de données est onéreuse : le nombre d'exemples est donc limité.

Les grandeurs candidates pour constituer des variables du modèle sont des grandeurs mécaniques et électriques qui peuvent être mesurées durant le processus. La sélection des variables a été effectuée à l'aide des méthodes décrites dans le chapitre 1, et le choix ainsi effectué a été validé par les experts impliqués dans le développement du modèle de connaissance du procédé.

Comme il n'existe pas de méthode non destructive simple pour prédire le diamètre du point fondu, la base de données est construite de la manière suivante : un ensemble de soudures est effectué dans des conditions bien contrôlées ; elles sont ensuite arrachées (« déboutonnées ») et le diamètre du « bouton fondu », qui reste solidaire d'une des tôles, est mesuré. C'est un processus long et coûteux, de sorte que l'ensemble d'apprentissage initial comprenait seulement 250 exemples. En utilisant l'estimation des intervalles de confiance qui sera exposée dans la section « Effet du retrait d'un exemple sur l'intervalle de confiance pour sa prédiction », un plan d'expériences a été établi, qui a permis d'enrichir progressivement la base de données disponible. La moitié de ces données a été utilisée pour l'apprentissage, l'autre pour le test ; la sélection de modèle a été effectuée par la procédure de leave-one-out virtuel, de sorte qu'il n'a pas été nécessaire d'utiliser un ensemble de validation.

La figure 2-35 présente des diagrammes de dispersion typiques, où chaque prédiction figure avec son intervalle de confiance. L'erreur de généralisation estimée (score de leave-one-out, voir chapitre 1 et section « Sélection de modèles » du présent chapitre) est de 0,27 mm, et l'EQMT de l'ordre de 0,23 mm. Ces quantités étant de l'ordre de grandeur de l'incertitude de mesure, ces résultats sont très satisfaisants.

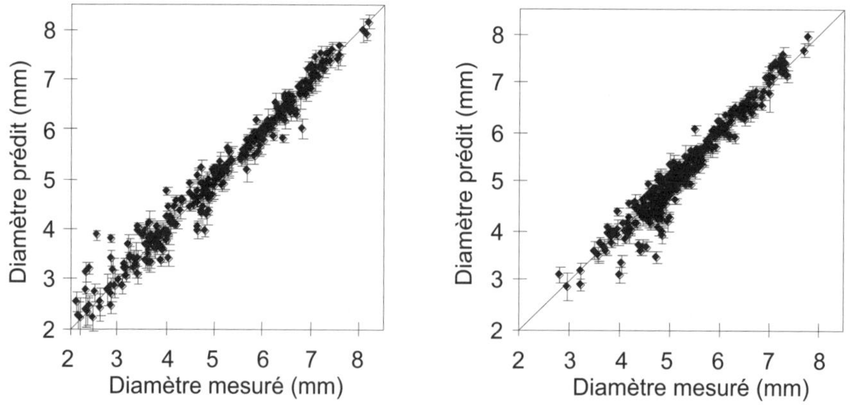

Figure 2-35. Diagrammes de dispersion pour la prédiction du diamètre de soudures par points, et intervalles de confiance sur les prédictions

Application en robotique : modélisation de l'actionneur hydraulique d'un bras de robot

On cherche à concevoir un modèle d'un bras de robot dont la position est commandée par un actionneur hydraulique. La position du bras dépend de la pression de liquide hydraulique dans l'actionneur, pression commandée par l'ouverture d'une vanne. Il s'agit d'un processus dynamique, commandé en temps discret ; comme indiqué dans la section « À quoi servent les réseaux de neurones bouclés ? », on omet de mentionner la période d'échantillonnage T afin d'alléger les notations. Les variations de l'ouverture de la vanne, c'est-à-dire la séquence de signaux de commande $\{u(k)\}$, et la pression d'huile correspondante, c'est-à-dire la séquence de la grandeur à modéliser $\{y^p(k)\}$, sont représentées sur la figure 2-36. Cet ensemble de données contient 1 024 points de mesure : la première moitié d'entre eux est utilisée pour l'apprentissage, la seconde pour l'estimation de la performance (séquence de test). On ne dispose d'aucune autre information sur le processus : on a donc nécessairement recours à une modélisation boîte noire.

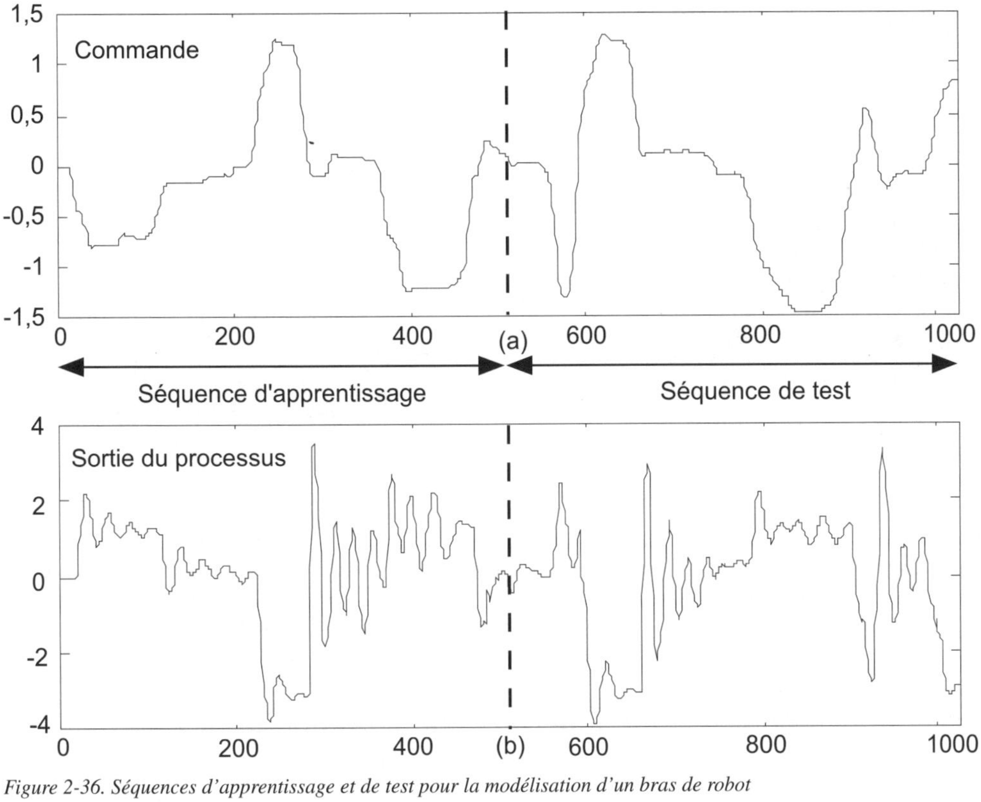

Figure 2-36. Séquences d'apprentissage et de test pour la modélisation d'un bras de robot

L'examen des données montre que le processus n'est certainement pas linéaire et que, compte tenu des oscillations observées en réponse à des variations de $u(k)$ qui sont presque des échelons, le processus est au moins d'ordre 2. On observe aussi que les séquences d'apprentissage et de test n'explorent qu'approximativement le même domaine de fonctionnement (signaux de sortie et de commande de même type et de même amplitude). On note qu'aux instants 600 et 850 environ de la séquence de validation, l'amplitude de la commande dépasse les amplitudes maximales atteintes sur la séquence d'apprentissage. On ne se trouve donc pas dans les meilleures conditions possibles.

Cet exemple sera étudié en détail dans la section « Que faire en pratique ? Un exemple de modélisation dynamique "boîte noire" ». Les meilleurs résultats ont été obtenus [Oussar 1998] avec un modèle d'état du second ordre, dont l'une des variables d'état est la sortie elle-même, de la forme :

$$g(k+1) = x_1(k+1) = \Psi_1(x_1(k), x_2(k), u(k))$$
$$x_2(k+1) = \Psi_2(x_1(k), x_2(k), u(k))$$

avec deux neurones cachés. Il est représenté sur la figure 2-37.

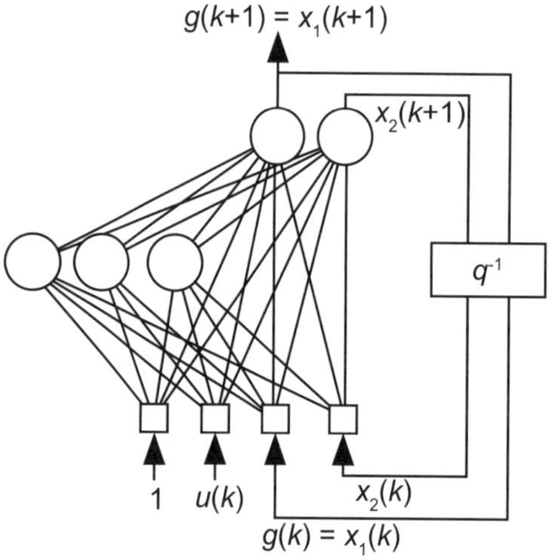

Figure 2-37. Modèle neuronal d'état pour l'actionneur hydraulique. La sortie est l'une des variables d'état.

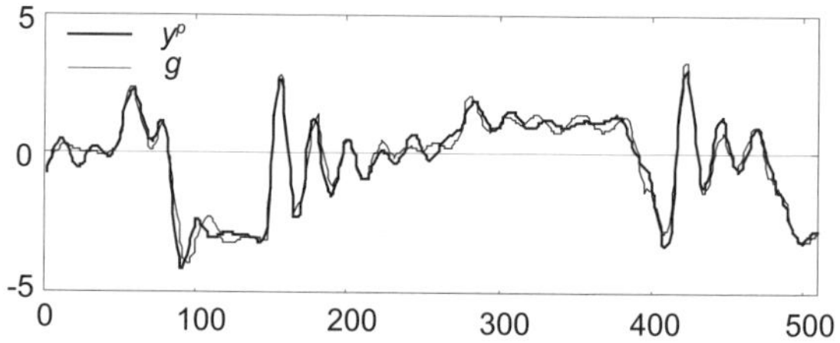

Figure 2-38. Modélisation d'état de l'actionneur hydraulique

L'erreur quadratique moyenne obtenue avec le modèle de la figure 2-37 est de 0,07 sur la séquence d'apprentissage et de 0,12 sur la séquence de validation, ce qui est une très bonne performance compte tenu de la représentativité des données disponibles. Les résultats obtenus sur la séquence de test sont représentés sur la figure 2-38. Les défauts de modélisation résultent du fait qu'il y ait des perturbations non mesurées, qui ne figurent pas dans les variables du réseau.

Modélisation semi-physique d'un procédé manufacturier

La méthode de modélisation semi-physique sera décrite en détail dans la section « Modélisation dynamique "boîte grise" ». L'application qui en est présentée ici porte sur la modélisation du séchage du ruban adhésif Scotch.

Un ruban adhésif est constitué d'un film de matière plastique – le substrat – sur lequel est déposé un film liquide – le revêtement – constitué d'un polymère adhésif dissout dans un solvant. L'ensemble passe dans un four, dans une atmosphère gazeuse où la pression partielle du solvant est très inférieure à la pression partielle à l'équilibre à la température du four ; en conséquence, le solvant s'évapore, de sorte que la concentration du solvant dans le revêtement au voisinage de la surface devient inférieure à la concentration du solvant dans le volume du revêtement. Le solvant diffuse alors du volume vers la surface pour compenser ce gradient de concentration, ce qui alimente encore l'évaporation. Le processus se poursuit jusqu'à séchage du revêtement, de sorte que seul subsiste l'adhésif à la surface du substrat.

Traditionnellement, le solvant est un solvant organique. Pour des raisons de sécurité et d'environnement, il est souhaitable de remplacer les solvants organiques par de l'eau. Un modèle physique précis du séchage en présence d'un solvant organique existe [PRICE 1997] ; il est constitué de treize équations algébriques et différentielles non linéaires couplées ; lorsque le solvant organique est remplacé par de l'eau, certains éléments de ce modèle ne sont plus valables, de sorte que les prédictions du modèle sont beaucoup moins précises.

La théorie de la dissolution du polymère dans l'eau est moins bien connue que celle du polymère dans un solvant organique, de sorte que l'on ne peut pas élaborer un modèle de connaissance satisfaisant ; d'autre part, des séquences de mesure du poids de l'échantillon en fonction du temps et de la température du four sont disponibles : l'utilisation d'un modèle semi-physique paraît donc possible et opportune.

Les équations qui constituent le modèle expriment :

- la conservation de la masse dans le volume du solvant : cette équation ne peut être remise en cause par le changement du solvant ;
- la loi qui régit le courant de solvant vers la surface (loi de Fick). La validité de cette loi n'est pas discutable, mais elle fait intervenir une grandeur (le coefficient de diffusion) dont la variation en fonction de la concentration et de la température est donnée par une théorie (théorie du volume libre) dont la validité, dans le cas où le solvant est de l'eau, est incertaine ;
- la condition de conservation de la masse à la surface : toute molécule qui arrive à la surface, et s'évapore, contribue à la variation de la pression partielle du solvant dans le gaz – cette loi ne peut être remise en cause ;
- la condition à l'interface entre le revêtement et le substrat : le substrat étant imperméable au solvant, il n'y a aucun flux de solvant vers le substrat ;
- la valeur de la pression partielle de solvant dans le gaz, qui constitue la force motrice du processus. Cette grandeur est donnée par une loi dont la validité n'est pas remise en cause par les experts.

À la lumière de cette analyse, il apparaît que c'est la variation du coefficient de diffusion qui doit être représentée par un réseau de neurones « boîte noire » au sein du modèle semi-physique. C'est ce qui a été effectué en suivant la méthode de conception esquissée plus haut ; elle est décrite en détail dans la section « Modélisation dynamique “boîte grise” ». Il faut noter que les équations du modèle ne sont pas des équations différentielles, mais des équations aux dérivées partielles ; ceci n'est pas un obstacle à l'utilisation de la méthode. Un schéma explicite de discrétisation a été utilisé pour la variable de temps, et une discrétisation implicite a été utilisée pour la variable d'espace.

Le lecteur intéressé par les détails de la réalisation du modèle et par les résultats obtenus pourra les lire dans [OUSSAR 2001]. On trouvera également une autre application – la détection automatique de dysfonctionnements dans une colonne à distiller industrielle – mettant en œuvre la modélisation neuronale semi-physique, dans [PLOIX 1997]. Mentionnons enfin que des applications sont opérationnelles dans un groupe industriel français majeur, pour la formulation de matériaux et de produits nouveaux.

Contrôle de l'environnement : hydrologie urbaine

La Direction de l'eau et de l'assainissement du département de Seine-Saint-Denis a développé un système sophistiqué de mesure des niveaux d'eau dans le système de collecte des eaux pluviales, et a procédé à des mesures systématiques des chutes de pluie et des niveaux d'eau correspondants. L'objectif est une utilisation optimale du réseau et une bonne anticipation des difficultés qui peuvent résulter de pluies importantes. La fiabilité du système dépend donc largement de la fiabilité des capteurs des niveaux d'eau dans les collecteurs : il est donc important de pouvoir détecter automatiquement qu'un capteur est en panne [ROUSSEL 2001].

La possibilité de créer, par apprentissage, des modèles statiques ou dynamiques a permis la réalisation de nombreux systèmes de détection de dysfonctionnements : si l'on dispose d'un modèle précis du fonctionnement normal du processus que l'on veut surveiller, et que l'on observe une différence significative entre les prédictions du modèle et les mesures effectuées, on peut en conclure que le système est en fonctionnement anormal ou, dans l'exemple décrit ici, que le capteur considéré est en panne.

Deux types de pannes doivent être considérés :
- capteur bloqué (fournissant une mesure constante) ;
- capteur subissant une dérive lente.

Ces deux types de pannes peuvent êtres détectés en utilisant des réseaux de neurones bouclés, notamment des modèles NARMAX, qui seront décrits en détail dans la section « Techniques et méthodologie de conception de modèles dynamiques » de ce chapitre, ainsi que dans le chapitre 4. Ainsi, la figure 2-39 montre clairement la différence de comportement de l'erreur de modélisation lorsque le capteur est en fonctionnement normal et lorsqu'il dérive.

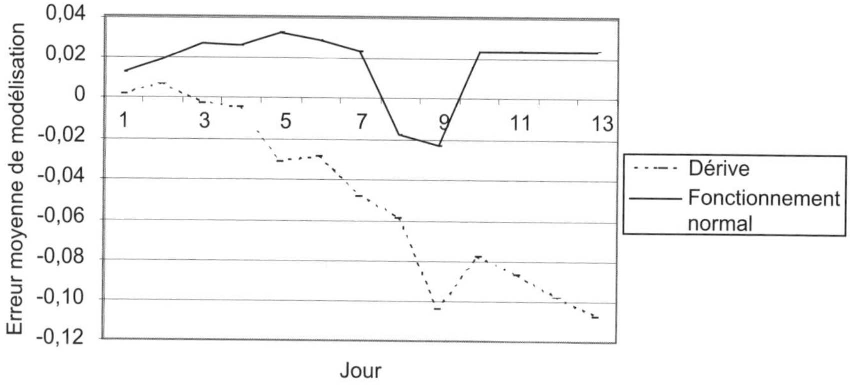

Figure 2-39. Détection de panne de capteur dans un collecteur d'eau pluviale

Une application en robotique mobile : le pilotage automatique d'un véhicule autonome

Commander un processus, c'est déterminer les commandes à lui appliquer afin de lui assurer un comportement donné (défini par un cahier des charges) en dépit de perturbations.

L'exemple présenté ici est celui d'un véhicule Mercedes 4 × 4 (baptisé REMI), équipé par la société SAGEM des capteurs et actionneurs nécessaires pour que le véhicule puisse être autonome. Commander ce processus, c'est envoyer aux actionneurs du volant, de l'accélérateur et du frein, les signaux de commande nécessaires pour que le véhicule suive une trajectoire définie à l'avance, avec un profil de vitesse déterminé au préalable, en dépit des perturbations telles que la pente de la route, son dévers, les bourrasques de vent, des dérapages éventuels, etc.

Les réseaux de neurones sont de bons candidats pour être des éléments de systèmes de commande de processus non linéaires. En effet, on a vu leur capacité à réaliser des modèles, boîtes noires ou aidés de connaissances physiques. Or, pour être en mesure d'élaborer un système de commande pour un processus, il faut généralement disposer d'un modèle de celui-ci ; les réseaux de neurones interviennent donc dans les systèmes de commande non linéaires comme modèles du processus, soit pendant la phase d'apprentissage, soit en tant qu'élément du système de commande lui-même (commande avec modèle interne). D'autre part, l'élaboration du signal de commande (par exemple l'angle dont il faut faire tourner le volant, et la vitesse angulaire avec laquelle il faut le faire tourner) à partir de l'information de consigne (le cap que doit suivre le véhicule) implique généralement la réalisation d'une fonction non linéaire, donc les réseaux de neurones peuvent avantageusement assurer cette fonction : celle du *correcteur*.

Le véhicule expérimental REMI est équipé d'actionneurs (moteur électrique pour faire tourner le volant, actionneur hydraulique pour le circuit de freinage, moteur électrique pour le papillon d'admission d'air) et de capteurs de deux types :

- des capteurs qui permettent de connaître l'état du véhicule (capteurs proprioceptifs) : odomètres sur les roues, capteur angulaire sur le volant et le papillon d'admission d'air, capteur hydraulique sur le circuit de freinage ;
- un capteur qui permet de connaître la position du véhicule par rapport au monde extérieur (capteur extéroceptif) : une centrale inertielle.

Le système de navigation et de pilotage est constitué des éléments suivants :

- un module de planification qui, à partir de l'objectif à atteindre et des contraintes (routes), détermine la trajectoire que doit suivre le véhicule, et le profil de vitesse à respecter durant le trajet ;
- un module de guidage, qui élabore les consignes de cap et de vitesse ;
- un module de pilotage, qui détermine les positions souhaitées pour les actionneurs ;
- un module de commande des actionneurs eux-mêmes.

Dans cette structure, les réseaux de neurones interviennent au niveau du pilotage pour déterminer les actions souhaitables en fonction des consignes de cap et de vitesse [RIVALS 1994] [RIVALS 1995].

L'application a nécessité la conception et la réalisation de deux systèmes de commande destinés à réaliser deux tâches :

- la commande du volant, pour maintenir le véhicule sur sa trajectoire : un régulateur neuronal de la position a été réalisé, qui permet une erreur latérale maximale de 40 cm, pour des courbures jusqu'à 0,1 m^{-1}, et des dévers jusqu'à 30 %, sur route et en tout-terrain ; cet asservissement a mis en œuvre, en certains de ses éléments, une modélisation semi-physique ;
- la commande de l'accélérateur et du frein, pour respecter le profil de vitesse imposé par le module de guidage.

Il faut noter que les divers réseaux de neurones mis en jeu dans cette application, qu'ils jouent le rôle de modèles ou de correcteurs, sont tous *de très petite taille* (moins d'une dizaine de neurones cachés). Leur mise en œuvre en temps réel n'a nécessité aucun matériel spécialisé : ils ont été réalisés sous forme uniquement logicielle, exécutés sur une carte à microprocesseur standard qui remplissait diverses autres fonctions.

Techniques et méthodologie de conception de modèles statiques (réseaux non bouclés)

Dans ce chapitre, on a délibérément laissé de côté, jusqu'à cette section, un certain nombre de points techniques dont la connaissance n'est pas essentielle pour comprendre ce que peuvent apporter les modèles neuronaux à l'ingénieur ou au chercheur, mais qu'il faut évidemment connaître pour mettre en œuvre une application. C'est pourquoi cette section présente plus en détail les points qui n'ont été que survolés jusqu'à présent. On reprendra ici les éléments de méthodologie exposés succinctement dans le premier chapitre : sélection de variables, apprentissage, sélection de modèles.

Sélection des variables

Rappelons ce qui a été indiqué au chapitre 1, section « Sélection de variables » : la sélection des variables d'un modèle est très importante pour assurer la parcimonie de celui-ci. Cette étape de la conception de modèles peut comprendre deux tâches, à réaliser successivement :

- la réduction de la dimension du vecteur des variables par analyse en composantes principales, analyse en composantes indépendantes ou analyse en composantes curvilignes ; cette tâche est expliquée en détail dans le chapitre 3 ;
- la sélection des variables pertinentes, qui a été décrite dans le chapitre 1.

Pour cette dernière tâche, la méthode de la variable sonde s'applique entièrement à la sélection des variables d'un réseau de neurones. En effet, une variable qui est pertinente l'est indépendamment du modèle postulé, à condition que l'on prenne en considération le fait que deux variables prises séparément peuvent ne pas être pertinentes, mais que la combinaison des deux peut l'être. On applique donc la méthode de la variable sonde comme indiqué dans le chapitre 1, en n'omettant pas de tenir compte des variables primaires et des variables secondaires ; on recense les variables primaires sélectionnées, seules ou en combinaison, et on les utilise comme variables d'un réseau de neurones. On bénéficie ainsi de la parcimonie de ce dernier, qui, rappelons-le, est très avantageuse pour les problèmes nécessitant une modélisation non linéaire avec plus de deux variables.

Estimation des paramètres (apprentissage) d'un réseau de neurones non bouclé

Rappelons que l'estimation des paramètres du modèle se fait par minimisation d'une fonction de coût qui traduit la « distance » entre les mesures effectuées y_k^p (k = 1 à N), présentes dans l'ensemble d'apprentissage, et les prédictions du modèle $g(\boldsymbol{x}_k, \boldsymbol{w})$ (k = 1 à N) sur ces mêmes mesures. Le plus souvent, on utilise la fonction de coût des moindres carrés :

$$J(\boldsymbol{w}) = \sum_{k=1}^{N} \left(y_k^p - g(\boldsymbol{x}_k, \boldsymbol{w})\right)^2.$$

Les méthodes qui peuvent être mises en œuvre pour minimiser la fonction de coût sont de deux types :

- des méthodes *non adaptatives* d'apprentissage : elles consistent à estimer les paramètres du modèle par minimisation de la fonction de coût des moindres carrés, qui tient compte simultanément de tous les exemples de l'ensemble d'apprentissage ; l'utilisation d'une telle méthode nécessite évidemment que les N exemples soient disponibles dès le début de l'apprentissage ;
- des méthodes *adaptatives* d'apprentissage : elles consistent à modifier les paramètres du modèle, successivement en utilisant la fonction de perte relative à chaque exemple k : $\pi(\boldsymbol{x}_k, \boldsymbol{w}) = \left(y_k^p - g(\boldsymbol{x}_k, \boldsymbol{w})\right)^2$. Cette technique est la seule qui soit applicable lorsqu'on désire effectuer l'apprentissage sans attendre que tous les exemples soient disponibles ; elle permet également de mettre à jour un modèle si le processus qu'il modélise est soumis à des dérives lentes (usures, encrassements...).

Terminologie

En anglais, on désigne l'apprentissage non adaptatif sous le terme de *batch training* ou *off-line training*, et l'apprentissage adaptatif sous le terme de *on-line training*.

L'apprentissage non adaptatif, le plus fréquemment utilisé, est décrit dans la section suivante.

Apprentissage non adaptatif des réseaux de neurones

Comme l'apprentissage des systèmes linéaires, celui des systèmes non linéaires a pour objectif de minimiser la fonction de coût des moindres carrés. Comme expliqué dans le chapitre 1, cette minimisation se fait aisément dans le cas des systèmes linéaires : la fonction de coût étant quadratique par rapport aux paramètres, sa dérivée est linéaire par rapport à ceux-ci, de sorte que l'on obtient un système d'équations linéaires. En revanche, si le modèle n'est pas linéaire en ses paramètres, les équations obtenues en annulant le gradient de la fonction de coût ne sont pas linéaires, ce qui complique l'estimation des paramètres. C'est une des composantes du prix à payer pour bénéficier de la parcimonie caractéristique des réseaux de neurones. L'autre composante de ce prix est l'existence de plusieurs minima locaux de la fonction de coût : celle-ci n'étant pas quadratique, elle ne possède pas un minimum unique.

La minimisation de la fonction de coût ne pouvant être effectuée par inversion de matrice, comme c'est le cas pour les modèles linéaires, il faut avoir recours à des techniques classiques d'optimisation : ce sont des méthodes itératives, qui modifient les paramètres du modèle en fonction du gradient de la fonction de coût par rapport à ces paramètres.

Chaque itération du processus d'apprentissage nécessite donc la mise en œuvre de deux ingrédients bien distincts :

- l'évaluation du gradient de la fonction de coût choisie ;
- la modification des paramètres en fonction de ce gradient, afin d'approcher un minimum de la fonction de coût.

Terminologie

Pour l'apprentissage non adaptatif, on utilise aussi, au lieu du terme d'itération, le terme d'époque.

Ces deux points vont être abordés successivement ; on rappelle tout d'abord le préalable indispensable : la normalisation des variables.

Normalisation des variables et de la grandeur à modéliser

Rappelons que, avant tout apprentissage, il est indispensable de normaliser et de centrer toutes les variables, ainsi que la grandeur à modéliser. La procédure de normalisation a été décrite dans le chapitre 1, section « Prétraitement des données ».

Évaluation du gradient de la fonction de coût

Lorsque le modèle postulé est un réseau de neurones, l'évaluation du gradient de la fonction de coût peut être effectuée d'une façon économique à l'aide d'un algorithme appelé algorithme de rétropropagation [RUMELHART 1986] [WERBOS 1974], devenu tellement populaire qu'il apparaît parfois comme synonyme d'apprentissage de réseaux de neurones. En réalité, l'algorithme de rétropropagation n'est pas un algorithme d'apprentissage, mais un ingrédient dans une procédure d'apprentissage. On montrera d'ailleurs qu'il est possible d'évaluer le gradient au moyen d'une autre méthode que la rétropropagation.

À proscrire

On trouve trop souvent l'expression « réseau de neurones à rétropropagation » (quand ce n'est pas « réseau backprop »...) pour désigner un réseau de neurones non bouclé. Cette expression est doublement absurde : d'une part, il est parfaitement possible de faire l'apprentissage d'un réseau non bouclé sans utiliser la rétropropagation, comme on le verra dans le paragraphe intitulé « Évaluation du gradient de la fonction de coût dans le sens direct » ; d'autre part, on utilise aussi la rétropropagation dans l'apprentissage de réseaux bouclés, comme on le montrera dans les paragraphes consacrés à l'apprentissage de modèles dynamiques. Il n'y a donc aucun lien entre l'architecture du réseau (bouclé ou non bouclé) et l'utilisation, ou la non-utilisation, de la rétropropagation.

Évaluation du gradient de la fonction de coût par rétropropagation

Considérons un réseau de neurones non bouclé avec neurones cachés et un neurone de sortie. L'extension à un réseau qui possède plusieurs neurones de sortie est triviale. Rappelons que le neurone i calcule une quantité y_i qui est une fonction non linéaire de son potentiel v_i :

$$y_i = f(v_i) = f\left(\sum_{j=1}^{n_i} w_{ij} x_j^i\right),$$

où x_j^i désigne la variable j du neurone i. Les n_i variables du neurone i peuvent être soit les sorties d'autres neurones, soit les variables du réseau. Dans toute la suite, x_j^i désignera donc indifféremment soit la sortie y_j du neurone j, soit la variable j du réseau, l'une ou l'autre constituant une variable du neurone i.

La fonction de coût dont on cherche à évaluer le gradient est de la forme :

$$J(\mathbf{w}) = \sum_{k=1}^{N} \left(y_k^p - g(\mathbf{x}_k, \mathbf{w})\right)^2 = \sum_{k=1}^{N} \pi(\mathbf{x}_k, \mathbf{w}),$$

où $\pi(\mathbf{x}_k,\mathbf{w})$ est la fonction de perte relative à l'exemple k. Pour évaluer le gradient de la fonction de coût, il suffit donc d'évaluer le gradient de la fonction de perte relative à l'observation k, et de faire ensuite la somme sur tous les exemples.

L'algorithme de rétropropagation consiste essentiellement en l'application répétée de la règle des dérivées composées. On remarque tout d'abord que la fonction de perte ne dépend du paramètre w_{ij} que par l'intermédiaire de la valeur de la sortie du neurone i, qui est elle-même fonction uniquement du potentiel du neurone i ; on peut donc écrire :

$$\left(\frac{\partial \pi(\mathbf{x},\mathbf{w})}{\partial w_{ij}}\right)_{\mathbf{x}=\mathbf{x}_k} = \left(\frac{\partial \pi(\mathbf{x},\mathbf{w})}{\partial v_i}\right)_{\mathbf{x}=\mathbf{x}_k} \left(\frac{\partial v_i}{\partial w_{ij}}\right)_{\mathbf{x}=\mathbf{x}_k} = \delta_i^k x_{j,k}^i,$$

où

- $\left(\frac{\partial \pi(\mathbf{x},\mathbf{w})}{\partial v_i}\right)_{\mathbf{x}=\mathbf{x}_k} = \delta_i^k$ désigne la valeur du gradient de la fonction de perte par rapport au potentiel du neurone i lorsque les valeurs des variables du réseau sont celles qui correspondent à l'exemple k ;
- $\left(\frac{\partial v_i}{\partial w_{ij}}\right)_{\mathbf{x}=\mathbf{x}_k} = x_{j,k}^i$ désigne la valeur de la dérivée partielle du potentiel du neurone i par rapport au paramètre w_{ij} lorsque les variables du réseau sont celles qui correspondent à l'exemple k ;
- $x_{j,k}^i$ est la valeur de la variable j du neurone i lorsque les variables du réseau sont celles qui correspondent à l'exemple k.

Cette dernière quantité est entièrement calculable si l'on connaît les valeurs des paramètres. Or celles-ci sont connues à tout moment pendant l'apprentissage, puisqu'elles ont initialement des valeurs aléatoires, qui sont ensuite modifiées selon les algorithmes qui seront présentés dans la section « Modification des paramètres en fonction du gradient de la fonction de coût » ; les quantités $x_{j,k}^i$ sont donc connues. Il reste donc à évaluer les quantités δ_i^k présentes dans le membre de droite de l'équation. On va démontrer que ces quantités peuvent être avantageusement calculées d'une manière récursive en menant les calculs depuis la (ou les) sortie(s) du réseau vers ses entrées.

En effet :

- pour le neurone de sortie, de potentiel v_s :

$$\delta_s^k = \left(\frac{\partial \pi(\boldsymbol{x},\boldsymbol{w})}{\partial v_s}\right)_{\boldsymbol{x}=\boldsymbol{x}_k} = \left(\frac{\partial}{\partial v_s}\left[\left(y_k^p - g(\boldsymbol{x}_k,\boldsymbol{w})\right)^2\right]\right) = -2e(\boldsymbol{x}_k,\boldsymbol{w})\left(\frac{\partial g(\boldsymbol{x},\boldsymbol{w})}{\partial v_s}\right)_{\boldsymbol{x}=\boldsymbol{x}_k},$$

  où $e(\boldsymbol{x}_k,\boldsymbol{w}) = y_k^p - g(\boldsymbol{x}_k,\boldsymbol{w})$ est l'erreur de modélisation commise par le réseau, muni du vecteur de paramètres $\boldsymbol{w}$, pour l'exemple $\boldsymbol{x}_k$.

  Or, la prédiction du modèle est le résultat du calcul du neurone de sortie ; cette relation s'écrit donc : $\delta_s^k = -2e(\boldsymbol{x}_k,\boldsymbol{w})f'(v_s^k)$, où $f'(v_s^k)$ désigne la dérivée de la fonction d'activation du neurone de sortie lorsque les entrées du réseau sont celles de l'exemple k. Si, comme c'est le cas lorsque le réseau est utilisé en modélisation, le neurone de sortie est linéaire, l'expression se réduit à : $\delta_s^k = -2e(\boldsymbol{x}_k,\boldsymbol{w})$;

- pour un neurone caché i : la fonction de coût ne dépend du potentiel du neurone i que par l'intermédiaire des potentiels des neurones m dont une des variables est la valeur de la sortie du neurone i, c'est-à-dire de tous les neurones qui, dans le graphe des connexions du réseau, sont adjacents au neurone i, entre ce neurone et la sortie :

$$\delta_i^k \equiv \left(\frac{\partial \pi(\boldsymbol{x},\boldsymbol{w})}{\partial v_i}\right)_{\boldsymbol{x}=\boldsymbol{x}_k} = \sum_m \left(\frac{\partial \pi(\boldsymbol{x},\boldsymbol{w})}{\partial v_m}\right)_{\boldsymbol{x}=\boldsymbol{x}_k}\left(\frac{\partial v_m}{\partial v_i}\right)_{\boldsymbol{x}=\boldsymbol{x}_k} = \sum_m \delta_m^k \left(\frac{\partial v_m}{\partial v_i}\right)_{\boldsymbol{x}=\boldsymbol{x}_k}.$$

  Désignant par v_m^k le potentiel du neurone m lorsque les variables du réseau sont celles de l'exemple k, on a : $v_m^k = \sum_i w_{mi} x_{i,k}^m = \sum_i w_{mi} f(v_i^k)$. Par conséquent $\left(\frac{\partial v_m}{\partial v_i}\right)_{\boldsymbol{x}=\boldsymbol{x}_k} = w_{mi} f'(v_i^k)$.

  On obtient donc finalement la relation :

$$\delta_i^k = \sum_m \delta_m^k w_{mi} f'(v_i^k) = f'(v_i^k)\sum_m \delta_m^k w_{mi}$$

Ainsi, les quantités δ_i^k peuvent être calculées récursivement, en parcourant le graphe des connexions « dans le sens rétrograde », depuis la (les) sortie(s) vers les variables du réseau (ce qui explique le terme de rétropropagation).

Une fois que les gradients des fonctions de perte ont été calculés, il suffit d'en faire la somme pour obtenir le gradient de la fonction de coût.

Résumé de la rétropropagation

L'algorithme de rétropropagation comporte deux phases pour chaque exemple k :

- une phase de propagation, au cours de laquelle les variables correspondant à l'exemple k sont utilisées pour calculer les sorties et les potentiels de tous les neurones ;
- une phase de rétropropagation, au cours de laquelle sont calculées les quantités δ_i^k.

Une fois que ces quantités sont disponibles, on calcule les gradients des fonctions de perte par les relations $\left(\frac{\partial \pi(\boldsymbol{x},\boldsymbol{w})}{\partial w_{ij}}\right)_{\boldsymbol{x}=\boldsymbol{x}_k} = \delta_i^k x_{j,k}^i$, puis le gradient du coût total $\frac{\partial J(\boldsymbol{w})}{\partial w_{ij}} = \sum_{k=1}^N \frac{\partial \pi(\boldsymbol{x}_k,\boldsymbol{w})}{\partial w_{ij}}$.

L'algorithme de rétropropagation peut être interprété sous une forme graphique, en introduisant le « réseau adjoint » du réseau dont on veut estimer les paramètres. Cette approche, parfois utile, est présentée dans le chapitre 4 traitant de l'identification de systèmes dynamiques.

Remarque importante

L'algorithme de rétropropagation a été présenté ici dans le cadre de la minimisation de la fonction de coût des moindres carrés. Il est facile de l'adapter au calcul du gradient de n'importe quelle autre fonction de coût dérivable, notamment, pour la classification, à la fonction de coût d'entropie croisée.

Évaluation du gradient de la fonction de coût dans le sens direct

Une mythologie s'est développée, selon laquelle l'apprentissage des réseaux de neurones possédant des neurones cachés a été rendu possible par l'invention de la rétropropagation. En réalité, il est tout à fait possible d'évaluer le gradient de la fonction de coût par un calcul plus simple dans son principe (quoique plus coûteux en temps de calcul), qui a d'ailleurs été largement utilisé pour l'estimation des coefficients de filtres linéaires en cascade. Ce calcul s'effectue dans le sens direct, en évaluant les gradients à partir des variables, vers les sorties.

En effet :

- pour un neurone m qui a pour variable $x_{j,k}$, valeur prise par la variable j du réseau pour l'exemple k :

$$\left(\frac{\partial y_m}{\partial w_{mj}}\right)_{x=x_k} = \left(\frac{\partial y_m}{\partial v_m}\right)_{x=x_k}\left(\frac{\partial v_m}{\partial w_{mj}}\right)_{x=x_k} = f'\left(v_m^k\right)x_{j,k} \ ;$$

- pour un neurone m dont la sortie dépend de $x_{j,k}$, valeur prise par la variable j du réseau ou par la sortie du neurone j pour l'exemple k, par l'intermédiaire d'autres neurones du réseau, situés entre les entrées et le neurone m :

$$\left(\frac{\partial y_m}{\partial w_{ij}}\right)_{x=x_k} = \left(\frac{\partial y_m}{\partial v_m}\right)_{x=x_k}\left(\frac{\partial v_m}{\partial w_{ij}}\right)_{x=x_k} = f'\left(v_m^k\right)\sum_l\left(\frac{\partial v_m}{\partial y_l}\right)_{x=x_k}\left(\frac{\partial y_l}{\partial w_{ij}}\right)_{x=x_k} = f'\left(v_m^k\right)\sum_l w_{ml}\left(\frac{\partial y_l}{\partial w_{ij}}\right)_{x=x_k}$$

  où l'indice l désigne tous les neurones qui sont adjacents au neurone m dans le graphe des connexions, entre le neurone j (ou la variable j) et le neurone m.

Ces deux relations permettent de calculer récursivement les dérivées de la sortie de chaque neurone par rapport aux paramètres qui ont une influence sur cette sortie, à partir des variables du réseau jusqu'aux sorties de ce dernier.

Une fois toutes ces dérivées calculées, on peut calculer le gradient de la fonction de perte :

$$\left(\frac{\partial \pi(\boldsymbol{x},\boldsymbol{w})}{\partial w_{ij}}\right)_{x=x_k} = \left(\frac{\partial}{\partial w_{ij}}\left[\left(y_k^p - g(\boldsymbol{x},\boldsymbol{w})\right)^2\right]\right)_{x=x_k} = -2e\left(\boldsymbol{x}^k,\boldsymbol{w}\right)\left(\frac{\partial g(\boldsymbol{x},\boldsymbol{w})}{\partial w_{ij}}\right)_{x=x_k}.$$

Or, $g(\boldsymbol{x}, \boldsymbol{w})$ est la sortie d'un neurone du réseau, donc la dernière dérivée peut être calculée récursivement par le même procédé que toutes les autres. Une fois évalué le gradient de la fonction de perte pour chaque exemple, on fait la somme de ces gradients comme pour la rétropropagation.

Comparaison entre l'évaluation du gradient de la fonction de coût par rétropropagation et par calcul dans le sens direct

Les calculs qui viennent d'être exposés montrent que la rétropropagation nécessite l'évaluation d'un gradient par neurone, alors que le calcul direct requiert l'évaluation d'un gradient par connexion. Comme le nombre de connexions est à peu près proportionnel au carré du nombre de neurones, le nombre d'évaluations de gradient est plus important pour le calcul direct que pour la rétropropagation.

Donc, pour l'apprentissage de réseaux non bouclés, on utilisera avantageusement la rétropropagation pour évaluer le gradient de la fonction de coût.

Évaluation du gradient sous contrainte d'égalité des paramètres : les « poids partagés »

On a vu dans la section « Modélisation et classification de données structurées », qu'il est nécessaire, pour l'apprentissage des graph machines, d'effectuer l'apprentissage sous la contrainte qu'un certain nombre de paramètres doivent être égaux entre eux à la fin de l'apprentissage. On retrouve la même contrainte pour l'apprentissage des réseaux de convolution (section « Reconnaissance des formes : la lecture automatique de codes postaux »). Enfin, la même contrainte est imposée pour l'apprentissage des réseaux dynamiques, qui sera abordé dans la section « Techniques et méthodologie de conception de modèles dynamiques ». Cette contrainte est appelée « contrainte des poids partagés », introduite initialement dans le contexte de la reconnaissance de la parole [WAIBEL 1989]). Or on verra, dans la section suivante, que l'évolution des paramètres, à chaque itération de l'algorithme d'apprentissage, dépend du gradient de la fonction de coût ; pour que plusieurs paramètres restent égaux, il faut donc que le gradient de la fonction de coût utilisé pour leur mise à jour soit le même pour tous.

Supposons donc que, dans un même réseau, v paramètres doivent être égaux :

$w_1 = w_2 = \ldots = w_v = w$

On peut écrire le gradient de la fonction de coût sous la forme :

$$\frac{\partial J}{\partial w} = \frac{\partial J}{\partial w_1}\frac{\partial w_1}{\partial w} + \frac{\partial J}{\partial w_2}\frac{\partial w_2}{\partial w} + \ldots + \frac{\partial J}{\partial w_v}\frac{\partial w_v}{\partial w},$$

or $\frac{\partial w_1}{\partial w} = \frac{\partial w_2}{\partial w} = \ldots = \frac{\partial w_v}{\partial w} = 1$, donc $\frac{\partial J}{\partial w} = \sum_{i=1}^{v} \frac{\partial J}{\partial w_i}$.

Ainsi, lorsqu'un réseau contient des poids partagés, il faut, à chaque itération, effectuer la rétropropagation de la manière habituelle pour calculer les gradients par rapport à ces paramètres, puis calculer la somme de ces gradients, et affecter cette valeur à chacun de ces gradients, avant de procéder à la modification de ces paramètres.

Modification des paramètres en fonction du gradient de la fonction de coût

Dans la section précédente, on a vu comment évaluer le gradient de la fonction de coût par rapport aux paramètres du modèle, à chaque itération du processus d'apprentissage. Une fois que l'on dispose de cette évaluation, on effectue une modification des paramètres, afin d'approcher d'un minimum de la fonction de coût. On examine à présent quelques algorithmes de minimisation itérative des paramètres du modèle.

La méthode du gradient simple

La méthode du gradient simple consiste à modifier les paramètres par la formule suivante, à l'itération i de l'apprentissage :

$$\mathbf{w}(i) = \mathbf{w}(i-1) - \mu_i \nabla J\big(\mathbf{w}(i-1)\big), \text{ avec } \mu_i > 0.$$

La direction de descente est donc simplement opposée à celle du gradient : c'est en effet la direction selon laquelle la fonction de coût diminue le plus rapidement. La quantité μ_i est appelée pas du gradient ou pas d'apprentissage.

Cette méthode est simple, mais elle présente de nombreux inconvénients :

- Si le pas du gradient est trop petit, la décroissance du coût est très lente ; si le pas est trop grand, le coût peut augmenter ou osciller ; cette situation est illustrée sur la figure 2-40, qui représente les lignes de niveau de la fonction de coût (fonction de deux variables w_1 et w_2) et l'évolution du point représentatif du vecteur $\mathbf{w}$ au cours du déroulement de l'algorithme.

- Au voisinage d'un minimum de la fonction de coût, le gradient de cette dernière tend vers zéro : l'évolution du vecteur des coefficients devient donc très lente. Il en va de même si la fonction de coût présente des « plateaux » où sa pente est très faible ; ces plateaux peuvent être très éloignés d'un minimum, et, dans la pratique, il est impossible de savoir si une évolution très lente du gradient est due au fait que l'on est au voisinage d'un minimum, ou que l'on se trouve sur un plateau de la fonction de coût.
- Si la courbure de la surface de coût varie beaucoup, la direction du gradient peut être très différente de la direction qui mènerait vers le minimum ; c'est le cas si le minimum recherché se trouve dans une « vallée » longue et étroite (les courbes de niveau sont des ellipsoïdes allongés au voisinage du minimum), comme on le voit également sur la figure 2-40.

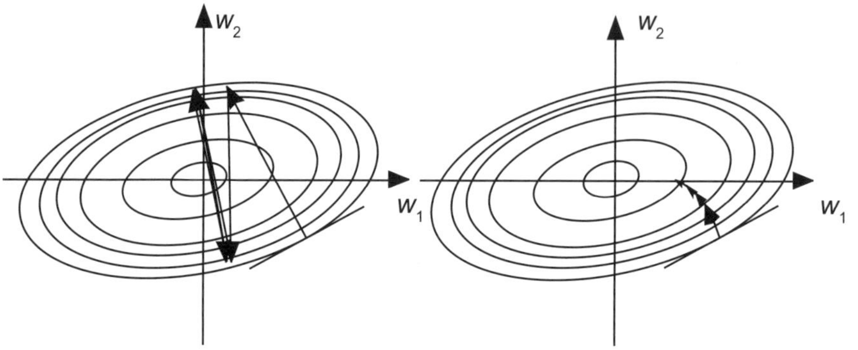

Figure 2-40. Minimisation de la fonction de coût par la méthode du gradient simple

Pour porter remède au premier inconvénient, de très nombreuses heuristiques ont été proposées, avec des succès divers. Les méthodes de recherche unidimensionnelle (notamment celle qui est présentée dans les compléments théoriques et algorithmiques à la fin de ce chapitre), fondées sur des principes solides, sont recommandées.

Pour faire face aux deux autres problèmes, on utilise des méthodes du second ordre qui, au lieu de modifier les coefficients uniquement en fonction du gradient de la fonction de coût, utilisent les dérivées secondes de cette dernière. Certaines de ces méthodes font également intervenir un paramètre μ susceptible d'être choisi à l'aide de méthodes de recherche unidimensionnelle.

Les grandes lignes des méthodes du second ordre les plus fréquemment utilisées, ainsi que les méthodes de recherche unidimensionnelle du pas, sont présentées dans les sections suivantes.

Les méthodes de gradient du second ordre

Toutes les méthodes du second ordre sont dérivées de la méthode de Newton, dont on décrit ici le principe.

Le développement de Taylor d'une fonction $f(x)$ d'une seule variable x au voisinage d'un minimum x^* est donné par la relation :

$$f(x) = f(x^*) + \frac{1}{2}(x - x^*)^2 \left(\frac{d^2 f}{dx^2}\right)_{x=x^*} + O(x^3),$$

car le gradient de la fonction de coût $f(x)$ est nul au minimum. Une approximation du gradient de la fonction de coût au voisinage du minimum est obtenue aisément à partir de la relation précédente, en la dérivant par rapport à w :

$$\frac{df}{dx} \approx (x - x^*)\left(\frac{d^2 f}{dx^2}\right)_{x=x^*}.$$

Par conséquent, lorsque la variable x est au voisinage de x^*, on pourrait atteindre ce minimum en une seule itération si l'on connaissait la dérivée seconde de la fonction à son minimum : il suffirait pour cela de modifier la variable w de la quantité $\Delta x = \dfrac{\left(\dfrac{df}{dx}\right)}{\left(\dfrac{d^2 f}{dx^2}\right)_{x=x^*}}$.

Le même raisonnement s'applique à une fonction de plusieurs variables, la dérivée seconde étant remplacée par la matrice hessienne $\boldsymbol{H}(\boldsymbol{w})$ de la fonction à optimiser, de terme général $\dfrac{\partial^2 f}{\partial x_i \partial x_j}$: pour atteindre le minimum de la fonction de coût en une itération, il suffirait d'appliquer au vecteur des poids la modification suivante (sous réserve que la matrice hessienne soit inversible) :

$$\Delta \boldsymbol{x} = -H(\boldsymbol{x}^*)^{-1} \nabla f(\boldsymbol{x}).$$

Remarque

Ainsi, à la différence de la méthode du gradient simple, les méthodes du second ordre adoptent une direction de déplacement, dans l'espace des variables, qui n'est plus la direction du gradient, mais qui résulte d'une transformation linéaire de celui-ci.

Cette dernière formule n'est évidemment pas applicable en pratique, puisque le vecteur $\boldsymbol{x}^*$ n'est pas connu. Néanmoins, elle suggère plusieurs techniques qui mettent en œuvre une approximation itérative de la matrice hessienne (ou de son inverse). Deux d'entre elles seront présentées en annexe théorique et algorithmique de ce chapitre : la méthode de Broyden-Fletcher-Goldfarb-Shanno (algorithme BFGS, [BROYDEN 1970]) et l'algorithme de Levenberg-Marquardt ([LEVENBERG 1944] [MARQUARDT 1963]). Il faut noter que ces méthodes ne sont pas spécifiques aux réseaux de neurones : ce sont des méthodes très générales d'optimisation. On en trouvera des descriptions détaillées dans [PRESS 1992] ; cet ouvrage présente également la technique du « gradient conjugué », qui utilise la matrice hessienne de manière implicite.

Pour l'apprentissage des réseaux de neurones, la fonction à optimiser $f(\boldsymbol{x})$ en fonction des variables $\boldsymbol{x}$ n'est autre que la fonction de coût $J(\boldsymbol{w})$, qu'il faut optimiser par rapport aux paramètres $\boldsymbol{w}$ du réseau. Le gradient de $J(\boldsymbol{w})$ est évalué par l'algorithme de rétropropagation décrit plus haut.

Que faire en pratique ?

En premier lieu, il ne faut pas utiliser la méthode du gradient simple et ses variantes, dont les temps de convergence (en nombre d'itérations) sont supérieurs de plusieurs ordres de grandeur à ceux des méthodes du second ordre (voir ci-après le paragraphe présentant quelques problèmes tests). L'utilisation de la méthode du gradient simple ne peut se justifier que dans le cas où l'on utilise de très gros réseaux (plusieurs milliers de paramètres), ce qui peut se produire pour des problèmes de classification dans lesquels les objets à classer ont de très nombreux descripteurs (typiquement, des images représentées par des descripteurs de bas niveau). Dans ce cas, on arrête la descente avant d'atteindre un minimum de la fonction de coût, afin d'éviter le surajustement ; cette technique, dite d'arrêt prématuré (*early stopping*), constitue une forme de régularisation, sur laquelle on reviendra dans la section consacrée à l'apprentissage avec régularisation.

Remarque

On mentionne souvent dans la littérature l'heuristique du « terme de moment » (*momentum term* [PLAUT 1986]) qui consiste à ajouter au terme de gradient $-\mu \nabla J$ un terme proportionnel à la variation des coefficients à l'itération précédente $[w(i-1) - w(i-2)]$; on réalise ainsi une sorte de filtre passe-bas qui peut éviter les oscillations et augmenter un peu la vitesse de convergence si λ est bien choisi.

Le choix entre les méthodes de BFGS et de Levenberg-Marquardt repose essentiellement sur des considérations relatives au temps de calcul et à la taille de la mémoire. La méthode de BFGS nécessite de choisir le moment où l'on passe du gradient simple à BFGS ; il n'y a pas, à cet effet, de règle fondée sur des arguments théoriques. Quelques tâtonnements sont parfois nécessaires pour trouver le « bon » nombre d'itérations (typiquement, une centaine), mais celui-ci n'est pas critique. La méthode de Levenberg-Marquardt ne présente pas cet inconvénient, mais elle devient lourde pour des « gros » réseaux (une centaine de paramètres), en raison de l'inversion de matrice nécessaire à chaque itération. Globalement, on a donc intérêt à choisir la méthode de Levenberg-Marquardt si le réseau est « petit », et celle de BFGS dans le cas contraire. Si l'on dispose du temps nécessaire, il est recommandé d'essayer les deux. La méthode du gradient conjugué peut également constituer une solution efficace au problème d'optimisation de la fonction de coût.

Initialisation des paramètres

Quelle que soit la méthode mise en œuvre, il est nécessaire de fixer les valeurs des paramètres du réseau au début de l'apprentissage. Les considérations suivantes doivent guider l'initialisation de ces grandeurs :

- les paramètres relatifs aux biais (entrées constantes égales à 1) doivent être initialisés à zéro, pour s'assurer que les sigmoïdes des neurones sont initialement situées autour de zéro ; alors, si les entrées, ainsi que les paramètres (autres que ceux des biais), ont été normalisés et centrés comme cela est recommandé plus haut, les valeurs des sorties des neurones cachés le sont également ;
- il reste à s'assurer que ces valeurs des sorties des neurones cachés ne sont pas trop voisines de +1 ou –1. En effet, rappelons que le gradient de la fonction de coût, qui est le « moteur » de la minimisation, dépend de la dérivée de la fonction d'activation des neurones cachés par rapport au potentiel. Or, au voisinage de leurs saturations à +1 et –1, les dérivées des sigmoïdes sont voisines de zéro : dans ces conditions, le processus de minimisation ne démarre pas.

Soit n le nombre de variables du modèle ; chaque neurone a donc n–1 variables x_i et un biais. Les paramètres non nuls doivent être suffisamment petits pour que les potentiels des neurones cachés aient une variance de l'ordre de 1, afin que les sigmoïdes ne soient pas saturées. Supposons que les x_i puissent être considérées comme des variables aléatoires indépendantes X_i, tirées de distributions identiques, centrées et normalisées. On veut tirer les paramètres initiaux au hasard dans une distribution centrée autour de zéro, dont on cherche la variance. Rappelons que le paramètre relatif au biais est initialisé à zéro comme indiqué à l'alinéa précédent. Le potentiel $v = \sum_{i=1}^{n} w_i x_i$ de chaque neurone est donc la somme de $n - 1$ variables aléatoires qui sont les produits de variables aléatoires indépendantes, centrées, ayant toutes la même distribution. On démontre facilement, à partir des définitions et propriétés indiquées dans les notions élémentaires de statistiques présentées à la fin du chapitre 1, que l'on a :

$$\text{var}_V = (n-1)\,\text{var}_{W_i}\,\text{var}_{X_i}$$

avec $\text{var}_{X_i} = 1$ puisque les variables ont été normalisées.

Ainsi, si l'on veut que la variance du potentiel soit 1, on tirera les valeurs initiales des paramètres aléatoirement dans une distribution centrée de variance 1/(n–1). Si l'on veut prendre une distribution uniforme entre $-w_{\max}$ et $+w_{\max}$, on a : $\text{var}_{W_i} = w_{\max}^2 / 3$, donc il faut prendre $w_{\max} = \sqrt{\dfrac{3}{n-1}}$.

Les points précédents concernent les réseaux à fonctions d'activation sigmoïde. Pour les réseaux de RBF ou d'ondelettes, le problème est beaucoup plus critique, en raison du caractère localisé de ces fonctions : si, initialement, elles sont situées très loin de l'endroit où elles devraient être, ou si leur extension spatiale (écart-type ou dilatation) n'est pas convenable, l'apprentissage a peu de chances de réussir. Le test des

« problèmes maître-élève », qui sera introduit dans le paragraphe suivant, est beaucoup plus difficile à réussir avec des RBF ou des ondelettes qu'avec des réseaux de sigmoïdes. Il faut mettre en œuvre une stratégie plus élaborée, décrite en détail dans [OUSSAR 2000] : on prépare une « bibliothèque » d'ondelettes ou de RBF, c'est-à-dire un ensemble d'un grand nombre de ces fonctions, et l'on applique une méthode de sélection analogue aux méthodes de sélection des variables décrites plus haut. On effectue ensuite l'apprentissage en donnant aux paramètres les valeurs des paramètres des ondelettes, ou des RBF, qui ont été sélectionnées.

Comment tester un algorithme d'apprentissage : le « problème maître-élève »

L'expérience d'années d'enseignement et de recherche montre qu'il est très facile d'écrire un algorithme d'apprentissage faux, ou un programme d'apprentissage « bogué », qui converge néanmoins, parfois très lentement, et aboutit à un modèle qui n'est pas complètement ridicule. Les erreurs algorithmiques ou de programmation peuvent alors passer inaperçues si l'on ne fait pas preuve de vigilance. Il est donc important de tester la validité d'une procédure d'apprentissage que l'on a écrite soi-même, ou téléchargée gratuitement sur le Web.

À cet effet, la méthode suivante (souvent appelée « problème maître-élève ») est commode et simple à mettre en œuvre. On crée un réseau de neurones, le « réseau maître », dont les paramètres sont arbitraires, mais fixés et connus (par exemple, tirés au hasard, une fois pour toutes, dans une distribution uniforme entre –4 et +4). On utilise ce réseau pour créer une base d'apprentissage, aussi grande que l'on veut, en lui présentant des variables aléatoires (par exemple, tirées dans une distribution uniforme entre –1 et +1) et en calculant les sorties correspondantes. On utilise cette base pour faire l'apprentissage d'un second réseau (le « réseau élève ») qui a le même nombre de variables et le même nombre de neurones cachés que le réseau maître. Si l'algorithme d'apprentissage et le programme sont corrects, on doit retrouver les paramètres du réseau maître avec une précision correspondant aux seules erreurs d'arrondi (typiquement, l'erreur quadratique moyenne est de l'ordre de 10^{-30}, et chaque paramètre du réseau élève est égal au paramètre correspondant du réseau maître, aux erreurs d'arrondi près). Si ce n'est pas le cas, l'algorithme d'apprentissage, et/ou sa programmation, doivent généralement être mis en cause.

Remarque

La structure du réseau élève obtenu est identique à celle du réseau maître à une permutation près pour les neurones cachés. C'est une conséquence du théorème d'unicité [SONTAG 1993].

Deux problèmes tests :

Problème 1 : un réseau à 8 variables, 6 neurones cachés et une sortie est créé en tirant des paramètres uniformément dans l'intervalle [–20, +20]. Un ensemble d'apprentissage et un ensemble de test de 1 500 exemples chacun sont créés en tirant des entrées uniformément dans [–1, +1]. Un réseau de même structure est entraîné de la manière suivante : initialisation des paramètres uniformément dans [–0,6, +0,6], calcul du gradient par rétropropagation, minimisation de la fonction de coût par Levenberg-Marquardt. Le réseau maître est retrouvé exactement (EQMA et EQMT de l'ordre de10^{-31}) dans 96 % des cas (à l'issue de 48 apprentissages sur 50 effectués avec des initialisations différentes).

Problème 2 : un réseau à 10 variables, 5 neurones cachés et une sortie est créé en tirant des paramètres uniformément dans [–1, +1] ; un ensemble d'apprentissage et un ensemble de test sont créés en tirant des variables aléatoirement suivant une loi normale ; l'apprentissage est effectué comme dans l'exemple précédent. Le taux de réussite est de 96 % pour un ensemble d'apprentissage de 400 éléments, de 100 % pour un ensemble d'apprentissage de 2000 exemples.

Remarque
Pour les mêmes problèmes, le taux de réussite est strictement nul si l'on utilise l'algorithme du gradient simple ou du gradient stochastique (décrit dans la section suivante), avec ou sans terme de moment.

Il faut noter que le problème maître-élève est difficile pour certaines architectures en raison d'un grand nombre de minima locaux. C'est pourquoi il est recommandé de tester tout algorithme ou procédure d'apprentissage sur les architectures que l'on vient de mentionner.

En résumé

Résumons ici la démarche qu'il convient d'adopter pour l'apprentissage d'un réseau non bouclé, dont on a fixé le nombre de variables, ainsi que le nombre de neurones cachés :

- initialiser les paramètres selon la méthode indiquée dans le paragraphe précédent ;
- calculer le gradient de la fonction de coût par l'algorithme de rétropropagation ;
- modifier les paramètres par une méthode de minimisation (gradient simple, BFGS, Levenberg-Marquardt, gradient conjugué...) ;
- si un nombre maximal d'itérations (ou époques) a été atteint, ou si la variation du module du vecteur des poids est inférieure à une limite fixée, ou si la variation du module du gradient est inférieure à une limite fixée (l'algorithme n'évolue plus), ou encore si le module du gradient de la fonction de coût est inférieur à une valeur fixée (on est arrivé à un minimum ou dans un voisinage très proche), arrêter la procédure ; sinon, reprendre le calcul du gradient et effectuer une nouvelle itération.

Apprentissage adaptatif de modèles non linéaires par rapport à leurs paramètres

Les méthodes qui ont été introduites au paragraphe précédent cherchent à optimiser la fonction de coût des moindres carrés, en supposant que toutes les données d'apprentissage soient disponibles au moment de l'entreprendre ; on peut donc évaluer le gradient du coût total en effectuant la somme des fonctions de perte pour chaque exemple.

L'apprentissage adaptatif, abordé dans cette section, consiste à effectuer les modifications des paramètres en fonction du gradient de la fonction de perte relative à chaque exemple (gradient qui est obtenu, comme le coût total, par rétropropagation), de sorte qu'il soit possible d'effectuer l'apprentissage au fur et à mesure que les données deviennent disponibles. Une telle procédure est souvent utile pour « affiner » les paramètres d'un modèle en cours d'utilisation, après un apprentissage initial non adaptatif. Ces méthodes sont traitées en détail au chapitre 4.

La technique de modification adaptative des paramètres la plus largement utilisée est celle du gradient stochastique, qui consiste à modifier les paramètres proportionnellement au gradient de la fonction de perte :

$$\mathbf{w}^{k+1} = \mathbf{w}^{k} - \mu^{k} \nabla J^{k}\left(\mathbf{w}^{k}\right)$$

où $\mathbf{w}^k$ désigne la valeur du vecteur des paramètres après l'itération k, c'est-à-dire après présentation de l'exemple k et modification correspondante des coefficients. Pour l'apprentissage adaptatif des modèles linéaires, cet algorithme est appelé « algorithme LMS ».

Certains résultats empiriques suggèrent que la méthode du gradient stochastique permet d'éviter les minima locaux. Il n'y a aucun élément théorique qui appuie cette affirmation.

Une autre technique, inspirée notamment du filtrage adaptatif, a été utilisée pour l'apprentissage adaptatif des réseaux de neurones : le filtre de Kalman étendu [PUSKORIUS 1994]. Elle est plus efficace que le gradient stochastique en termes de vitesse de convergence, mais elle est beaucoup plus lourde en termes de nombre d'opérations par itération. Cette approche est présentée en détail au chapitre 4 du présent ouvrage.

Apprentissage avec régularisation

Comme indiqué dans le chapitre 1, l'objectif recherché dans la modélisation « boîte noire » est l'obtention d'un modèle qui soit suffisamment complexe pour apprendre les données, mais qui ne souffre pas de surajustement, c'est-à-dire qui ne s'adapte pas au bruit. Deux grands types de méthodes sont utilisés pour atteindre cet objectif :

- des méthodes passives : on effectue l'apprentissage de plusieurs modèles de complexités différentes, comme indiqué plus haut, et l'on procède ensuite à une sélection parmi les modèles ainsi conçus, afin d'éliminer ceux qui sont susceptibles d'être surajustés ; dans ce but, on utilise des techniques de validation croisée ou des tests statistiques, qui feront l'objet de la section suivante ;
- des méthodes actives : on effectue l'apprentissage de manière à éviter de créer des modèles surajustés, sans chercher à contrôler la complexité du réseau, mais en s'efforçant de limiter l'amplitude des paramètres ; on utilise, pour ce faire, des méthodes de régularisation [TIKHONOV 1977] [POGGIO 1985], qui constituent l'objet de la présente section.

Ces dernières méthodes sont importantes lorsqu'on est obligé d'utiliser de grands réseaux, ce qui peut être le cas en classification : la représentation des objets peut comporter de nombreuses variables, notamment si l'on utilise une représentation de bas niveau pour une image (par exemple, l'intensité de ses pixels) ; c'est également le cas pour des problèmes de classification en bio-informatique. En effet, le nombre de paramètres ne peut évidemment être inférieur au nombre de variables du réseau : le nombre de paramètres est minimal lorsque le réseau ne comprend qu'un neurone. La seule méthode qui permette de limiter le surajustement consiste alors à limiter l'amplitude des paramètres du réseau. On montre même dans [BARTLETT 1997] que, si un grand réseau est utilisé, et si l'algorithme d'apprentissage trouve une erreur quadratique moyenne faible avec des poids de valeurs absolues faibles, alors les performances en généralisation dépendent de la norme des poids plutôt que de leur nombre. À titre d'illustration, la figure 2-41 montre l'évolution du module du vecteur des paramètres $\boldsymbol{w}$ en fonction de la complexité du modèle polynomial, pour le problème de modélisation étudié dans le chapitre 1, section « Un exemple de modélisation pour la prédiction » : on observe une croissance exponentielle de la norme du vecteur des paramètres, qui est corrélée au surajustement.

On peut distinguer deux familles de méthodes de régularisation :

- l'arrêt prématuré (early stopping) qui consiste à arrêter l'apprentissage avant la convergence ;
- les méthodes de pénalisation, qui consistent à ajouter un terme à la fonction de coût usuelle afin de favoriser les fonctions régulières. La fonction à minimiser est alors de la forme : $J' = J + \alpha \cdot \Omega$, où J est, par exemple, la fonction de coût des moindres carrés. La fonction la plus largement utilisée est celle qui pénalise les modèles ayant des paramètres élevés : $\Omega = \sum_i \|\boldsymbol{w}_i\|^2$ (méthode de « modération des poids » ou « weight decay »).

Notons également que les machines à vecteurs supports, décrites en détail dans le chapitre 6, doivent leur efficacité au fait qu'elles contiennent intrinsèquement un processus de régularisation.

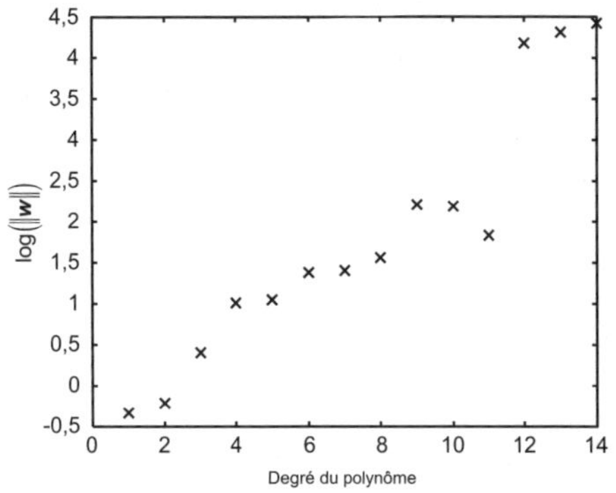

Figure 2-41. Évolution exponentielle du module du vecteur des paramètres en fonction de la complexité de modèles polynomiaux

Arrêt prématuré

Principe

Comme dans la section précédente, l'apprentissage consiste à minimiser, grâce à un algorithme itératif, une fonction de coût calculée sur la base d'apprentissage, par exemple la fonction de coût des moindres carrés. La différence avec l'apprentissage sans régularisation réside dans le critère d'arrêt de l'apprentissage : on arrête celui-ci prématurément, c'est-à-dire avant convergence complète de l'algorithme. Ainsi, le modèle ne s'ajuste pas trop finement aux données d'apprentissage : le surajustement est limité. La difficulté réside alors évidemment dans la détermination du moment où arrêter l'apprentissage. La méthode la plus classique consiste à suivre l'évolution de la fonction de coût sur une base de validation, et à arrêter les itérations lorsque le coût calculé sur cette base commence à croître.

Exemple (tiré de [STRICKER 2000])

Il s'agit d'un problème de classification à deux classes ; comme indiqué dans le chapitre 1, on désire que la sortie du réseau soit +1 pour tous les éléments de l'une des classes (classe A), et 0 pour tous les éléments de l'autre classe (classe B). Après apprentissage, la sortie est une estimation de la probabilité d'appartenance de l'objet inconnu à la classe A. Dans ce problème, l'espace de description est un espace à deux dimensions, et les exemples sont tirés de deux distributions qui se recouvrent partiellement, comme indiqué sur la figure 2-42.

Dans cet exemple académique, les distributions sont connues a priori : il est donc possible de calculer, par la formule de Bayes, la probabilité d'appartenance d'un objet décrit par les coordonnées (x, y) à la classe A, comme indiqué au chapitre 1 ; la figure 2-43 montre les probabilités a posteriori d'appartenance à la classe A, calculées par la formule de Bayes.

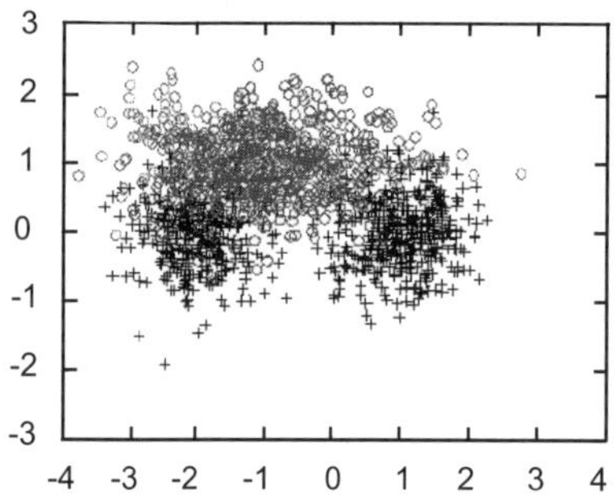

Figure 2-42. Les exemples de la classe A (cercles) sont tirés d'une distribution de probabilité qui est le produit de deux distributions gaussiennes selon x et y ; la distribution selon x est une gaussienne centrée en –1, d'écart-type 1, et la distribution selon y est une gaussienne centrée en 1 et d'écart-type 0,5. Les exemples de la classe B (croix) sont tirés d'une distribution de probabilité qui est le produit de deux distributions de probabilité selon x et y ; la distribution selon x est la somme de deux gaussiennes d'écart-type 0,5, centrées en –2 et 1.

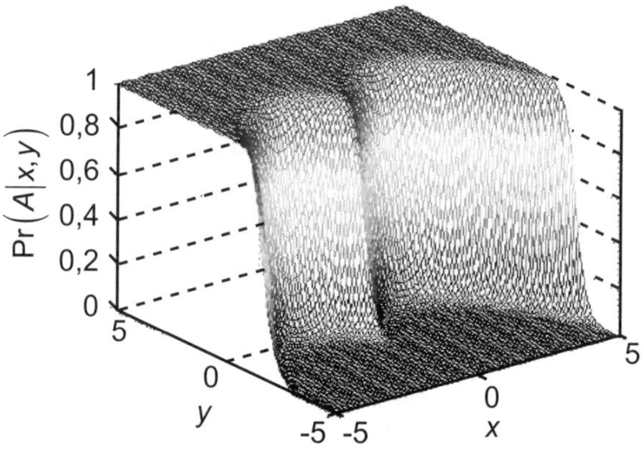

Figure 2-43. Probabilité d'appartenance à la classe A calculée par la formule de Bayes

L'apprentissage est effectué à l'aide de 500 points. La figure 2-44 montre les probabilités a posteriori estimées par un réseau à 2 neurones cachés et par un réseau à 10 neurones cachés.

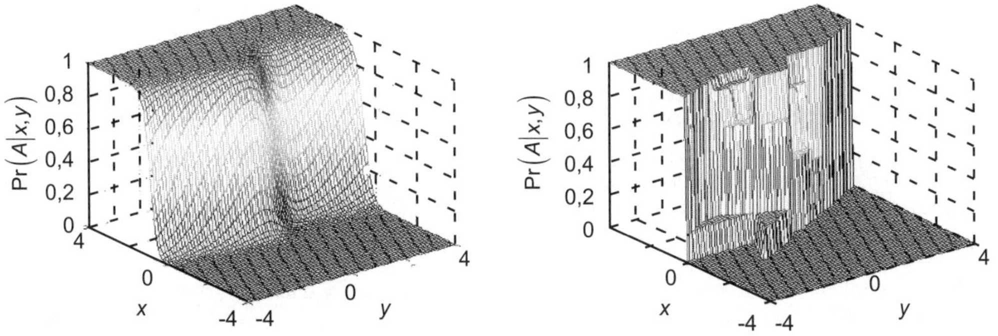

Figure 2-44. Probabilités a posteriori estimées par un réseau à 2 neurones cachés (à gauche) et par un réseau à 10 neurones cachés (à droite)

On constate que le résultat obtenu avec un réseau à 2 neurones cachés est très proche de la surface théorique représentée sur la figure 2-43, alors que la surface obtenue avec 10 neurones cachés est quasi binaire : dans la zone de recouvrement entre les classes, une très petite variation de l'un des descripteurs *x* ou *y* entraîne une brusque variation de la probabilité d'appartenance. Le réseau à 10 neurones cachés est donc exagérément « spécialisé » sur les exemples proches de la zone de recouvrement : il est surajusté. Ces variations sont très caractéristiques des réseaux dont les paramètres sont suffisamment grands pour que les sigmoïdes des neurones cachés soient toujours dans leurs zones « saturées », comme illustré sur la figure 2-45.

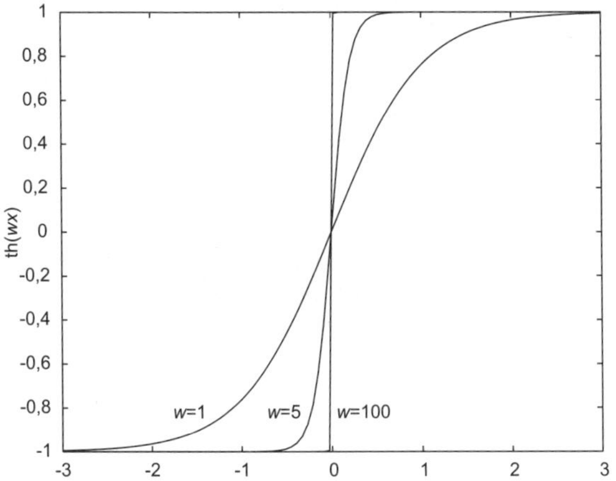

Figure 2-45. Sortie d'un neurone à une variable x

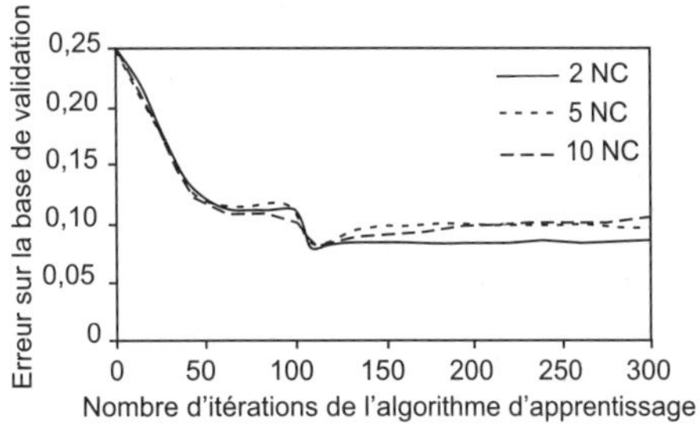

Figure 2-46. Erreur sur la base de validation durant l'apprentissage

L'évolution de l'erreur quadratique moyenne sur la base de validation de 300 exemples, en fonction du nombre d'itérations de l'apprentissage, est représentée sur la figure 2-46, pour divers nombres de neurones cachés. On voit qu'il est difficile de savoir exactement où il faut arrêter l'apprentissage, car l'erreur porte pour l'essentiel sur les exemples qui sont proches de la surface de séparation entre les classes, ce qui correspond à un nombre relativement petit de points.

Cette méthode est donc malaisée à appliquer, notamment pour les problèmes de classification. C'est pourquoi l'on préfère souvent mettre en œuvre des méthodes de régularisation par pénalisation des paramètres de fortes valeurs ; il a été prouvé théoriquement [SJÖBERG 1995] que l'arrêt prématuré est équivalent à l'introduction d'un terme de pénalisation dans la fonction de coût.

Régularisation par modération des poids (weight decay)

Pendant l'apprentissage, certains paramètres des réseaux à 5 et 10 neurones cachés augmentent et finissent par atteindre des valeurs très élevées, exactement comme dans le cas de la régression polynomiale illustré par la figure 2-41. Ce n'est pas le cas pour le réseau à deux neurones cachés.

La méthode de régularisation par modération des poids a précisément pour objectif d'empêcher les paramètres de prendre des valeurs exagérées, en minimisant, pendant l'apprentissage, une fonction de coût J' qui est la somme de la fonction de coût des moindres carrés J (ou de tout autre fonction de coût, telle que l'entropie croisée qui est introduite dans le chapitre 1) et d'un terme de régularisation proportionnel à la somme des carrés des paramètres : $J' = J + \frac{\alpha}{2}\sum_{i=1}^{p} w_i^2$, où p est le nombre de paramètres du réseau, et α est un hyperparamètre dont la valeur doit être déterminée par un compromis : si est trop grand, la minimisation tend à faire diminuer les valeurs des paramètres sans se préoccuper de l'erreur de modélisation ; à l'inverse, si α est trop petit, le terme de régularisation a très peu d'effet sur l'apprentissage, donc le surajustement risque d'apparaître.

Le principe de la mise en œuvre de la méthode est très simple. On calcule le gradient de la fonction de coût J par rétropropagation, puis on lui ajoute la contribution du terme de régularisation :

$\nabla J = \nabla J' + \alpha \mathbf{w}\cdot$

Il faut noter néanmoins que tous les paramètres du réseau n'ont pas le même effet :

- les paramètres de la première couche de connexions (matrice $\mathbf{W}_1$ de la figure 2-3) déterminent la vitesse de variation des sigmoïdes des neurones cachés, sauf les éléments de $\mathbf{W}_1$ relatifs au biais, qui déterminent une translation horizontale des sigmoïdes des neurones cachés ;
- les paramètres de la deuxième couche de connexions (vecteur $\mathbf{w}_2$ de la figure 2-3) déterminent l'influence de chaque neurone caché sur la sortie, sauf les éléments de $\mathbf{w}_2$ relatifs au biais, qui déterminent une translation verticale de la sortie du réseau.

Il est donc naturel d'introduire des hyperparamètres différents pour ces différents types de paramètres [MCKAY 1992]. La fonction de coût devient alors :

$$J' = J + \frac{\alpha_0}{2}\sum_{W_0} w_i^2 + \frac{\alpha_1}{2}\sum_{W_1} w_i^2 + \frac{\alpha_2}{2}\sum_{W_2} w_i^2,$$

où W_0 représente l'ensemble des paramètres des biais des neurones cachés, où W_1 représente l'ensemble des paramètres relatifs aux variables des neurones cachés à l'exception des biais, et W_3 l'ensemble des paramètres relatifs aux variables du neurone de sortie (y compris le biais de celui-ci). Il convient donc de déterminer les valeurs des trois hyperparamètres α_0, α_1, α_2. Dans ce but, [MCKAY 1992] propose une démarche fondée statistiquement d'une manière solide, mais qui repose sur de nombreuses hypothèses et conduit à des calculs lourds. En pratique, il apparaît que les valeurs de ces hyperparamètres ne sont pas critiques ; une démarche heuristique, qui consiste à effectuer plusieurs apprentissages avec des valeurs différentes des paramètres, à tester les modèles obtenus sur un ensemble de données de validation, et à choisir le meilleur, est généralement suffisante.

Exemple (extrait de [STRICKER 2000])

Voici un exemple de classification à deux classes ; il s'agit de déterminer, dans un ensemble de textes (les dépêches de l'agence France-Presse), celles qui sont pertinentes pour un sujet donné. C'est donc un problème à deux classes (une dépêche est soit pertinente, soit non pertinente), pour lequel on dispose d'une base de données étiquetées. La base d'apprentissage est constituée de 1 400 exemples de dépêches pertinentes et de 8 000 dépêches non pertinentes. On mesure la qualité du classement à l'aide d'un indice F qui est calculé à partir de la précision du classifieur (pourcentage de documents réellement pertinents dans l'ensemble des documents considérés comme pertinents par le classifieur) et de son taux de rappel (pourcentage de documents considérés comme pertinents par le classifieur parmi les documents pertinents présents dans la base de données). La performance du classifieur est d'autant meilleure que F est grand.

On considère un classifieur à zéro neurone caché, et un neurone de sortie à fonction d'activation sigmoïde, c'est-à-dire un séparateur linéaire. Il n'est évidemment pas possible de réduire le nombre de ses paramètres tout en maintenant constant le nombre de ses variables : seules les méthodes de régularisation peuvent éviter le surajustement. La figure 2-47 montre l'évolution de F sur la base de test, lorsque aucune méthode de régularisation n'est mise en œuvre, en fonction des proportions des exemples pertinents et non pertinents dans la base d'apprentissage. La figure 2-48 montre la norme du vecteur des paramètres $\boldsymbol{w}$ des réseaux correspondants. On observe que les performances se dégradent, et que, corrélativement, la norme des paramètres augmente lorsque le nombre d'éléments de la base d'apprentissage diminue.

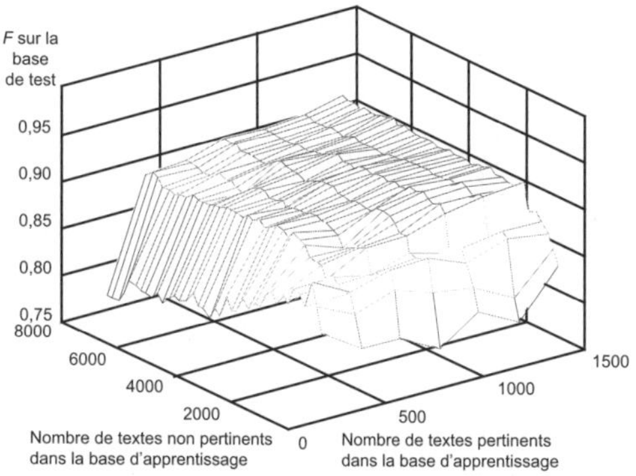

Figure 2-47. Apprentissage sans régularisation : évolution de l'efficacité d'un classifieur linéaire en fonction des proportions des exemples pertinents et non pertinents dans la base d'apprentissage

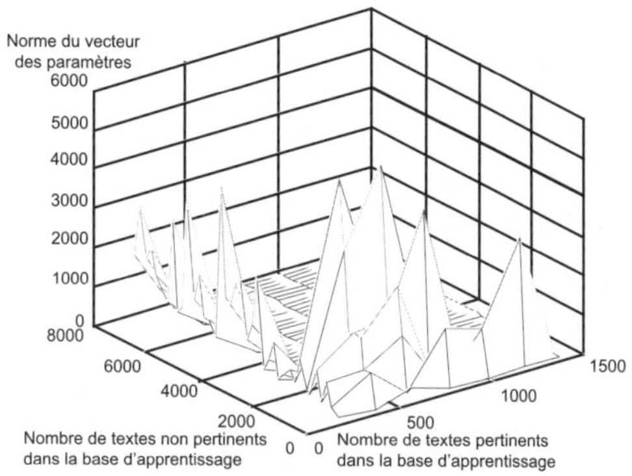

Figure 2-48. Norme des paramètres en fonction du nombre de textes de la base d'apprentissage

Avec les mêmes bases d'apprentissage et de test, on a effectué un apprentissage avec arrêt prématuré. Les résultats (indice de performance F et norme des paramètres), présentés sur la figure 2-49, montrent que les performances sont sensiblement améliorées dans la zone où le nombre d'exemples de la base d'apprentissage est faible, mais qu'elles sont dégradées dans la zone où les exemples sont nombreux ($F < 0,9$), ce qui prouve que l'arrêt de l'apprentissage ne permet pas d'exploiter au mieux les données présentes dans la base d'apprentissage. La norme du vecteur des paramètres (non représentée sur la figure) est très faible dans tout le domaine exploré.

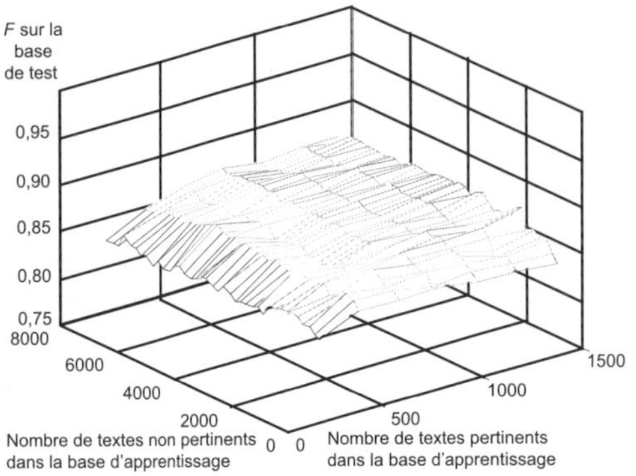

Figure 2-49. Apprentissage avec régularisation par arrêt prématuré : évolution de l'efficacité d'un classifieur linéaire en fonction des proportions des exemples pertinents et non pertinents dans la base d'apprentissage

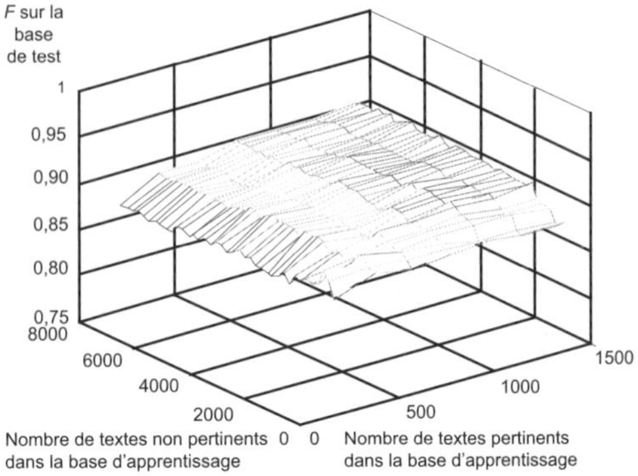

Figure 2-50. Apprentissage avec régularisation par modération des poids : évolution de la norme des poids en fonction des proportions des exemples pertinents et non pertinents dans la base d'apprentissage

La méthode de modération des poids a également été mise en œuvre sur cet exemple, en utilisant deux hyperparamètres : un pour le biais ($\alpha_b = 0{,}001$) et un pour les connexions entre les entrées et le neurone de sortie ($\alpha_1 = 1$). Les résultats sont présentés sur la figure 2-50 ; on observe que, cette fois, les performances sont nettement améliorées dans la zone où le nombre d'exemples est faible, et que, contrairement au cas de l'arrêt prématuré, elles restent satisfaisantes dans la zone où les exemples sont nombreux. Il faut noter qu'aucun effort particulier n'a été fourni pour optimiser les hyperparamètres. Comme précédemment, la norme du vecteur des paramètres reste uniformément faible.

Remarque

On peut également pénaliser les modèles dont les sorties varient trop vite, en pénalisant les valeurs élevées des dérivées [BISHOP 1993].

Conclusion sur l'apprentissage de modèles statiques

Dans cette section, on a distingué

- l'apprentissage des modèles linéaires par rapport à leurs paramètres (présenté dans le chapitre 1) de celui des modèles non linéaires par rapport aux paramètres ;
- l'apprentissage adaptatif de l'apprentissage non adaptatif ;
- l'apprentissage sans régularisation de l'apprentissage avec régularisation.

On a montré :

- que l'apprentissage des modèles non linéaires par rapport aux paramètres (tels que les réseaux de neurones) nécessite des méthodes plus lourdes, mais rapides et bien maîtrisées, que l'apprentissage des modèles linéaires en leurs paramètres : c'est le prix à payer pour bénéficier de la propriété de parcimonie ;
- que l'apprentissage est généralement effectué d'une manière non adaptative, avec des algorithmes de minimisation du second ordre qui sont performants ; si nécessaire, on peut ensuite mettre en œuvre un apprentissage adaptatif pour « recaler » le modèle en tenant compte d'éventuelles dérives lentes du processus ;
- qu'il est possible de limiter le surajustement en limitant l'amplitude des paramètres du modèle à l'aide d'une méthode de pénalisation, mise en œuvre durant l'apprentissage ; c'est surtout nécessaire lorsque le nombre d'exemples est petit.

Dans la section suivante, le problème du surajustement est abordé sous l'angle de la sélection de modèle.

Sélection de modèles

Dans le chapitre 1, le dilemme biais-variance et les méthodes de sélection de modèles dont il nécessite la mise en œuvre ont été décrits en détail. Les trois méthodes principales qui ont été présentées – validation simple, validation croisée et leave-one-out – peuvent être appliquées directement à l'apprentissage des réseaux de neurones comme à l'apprentissage des modèles linéaires. Néanmoins, les modèles non linéaires en leurs paramètres ont une particularité qu'il faut prendre en considération : la fonction de coût des moindres carrés présente des minima locaux, de sorte que des initialisations différentes des paramètres peuvent produire, en fin d'apprentissage, des modèles dont les performances sont différentes bien qu'ils aient la même complexité.

Pour un modèle non linéaire par rapport à ses paramètres, la problématique de la sélection de modèle est donc double :

- parmi les modèles de même complexité, trouver celui qui réalise le meilleur compromis biais-variance ;
- parmi les meilleurs modèles de complexités différentes, de trouver celui qui réalise le meilleur compromis biais-variance.

Toutes les techniques qui sont présentées dans cette section ont pour objet, d'une part, d'éliminer les modèles manifestement surajustés, et, d'autre part, d'estimer l'erreur de généralisation des autres modèles, afin de choisir celui qui commet la plus petite erreur de généralisation. On commencera donc, en préliminaire, par montrer comment il est possible d'éliminer les modèles manifestement surajustés. Deux techniques de sélection seront ensuite abordées :

- une méthode globale de sélection par estimation de l'erreur de généralisation : la validation croisée ;
- une méthode locale de sélection qui permet d'estimer l'influence de chaque exemple sur le modèle : la méthode LOCL (*Local Overfitting Control via Leverages*), fondée sur la méthode des moindres carrés locaux, qui fait appel notamment à l'estimation d'intervalles de confiance pour les prédictions du réseau.

Ces deux approches seront combinées pour construire une méthodologie complète de conception de modèles non linéaires.

Préliminaire : élimination de modèles surajustés par calcul du rang de la matrice jacobienne

Justification

Dans la section du premier chapitre consacrée à l'estimation des paramètres d'un modèle linéaire par rapport à ses paramètres, on a introduit la matrice des observations. Chaque colonne de cette matrice correspond à une variable du modèle : elle possède N éléments, qui sont les valeurs prises par cette entrée pour chacun des N exemples. Pour un modèle à p variables, la matrice des observations est une matrice (N, p). Pour un modèle non linéaire possédant un vecteur de p paramètres $\mathbf{w}_{mc}$, l'équivalent de la matrice des observations est la matrice jacobienne $\mathbf{Z}$; chaque colonne z_i de cette matrice correspond à un paramètre du réseau : elle possède N éléments, qui sont les valeurs prises par la dérivée partielle de la sortie par rapport au paramètre considéré : $z_i = \left(\frac{\partial g(\mathbf{x}, \mathbf{w})}{\partial w_i}\right)_{\mathbf{w} = \mathbf{w}_{mc}}$. Il est aisé de vérifier que, pour un modèle linéaire par rapport à ses paramètres, la matrice jacobienne est identique à la matrice des observations.

Chaque colonne de la matrice jacobienne exprime l'effet de la variation d'un paramètre sur la prédiction du modèle. Si la matrice jacobienne n'est pas de rang plein (c'est-à-dire si son rang n'est pas égal à p), cela signifie que deux paramètres (au moins) ont sur la sortie des effets qui ne sont pas indépendants. Il existe donc, dans le modèle, des paramètres redondants : le modèle considéré possède trop de paramètres, donc une variance certainement trop grande. Un tel modèle doit donc être éliminé de l'ensemble des modèles candidats à la sélection. De plus, cette déficience du rang a un effet négatif sur le déroulement de l'apprentissage [SAARINEN 1993] [ZHOU 1998].

Calcul de la matrice jacobienne

Dans la section consacrée à l'estimation des paramètres d'un modèle non linéaire, on a vu que l'on peut facilement calculer, par rétropropagation, le gradient de la fonction de coût :

$$\left(\frac{\partial J}{\partial w_i}\right) = \left(\frac{\partial \left(y^p - g(\boldsymbol{x},\boldsymbol{w})\right)^2}{\partial w_i}\right) = -2\left(y_p - g(\boldsymbol{x},\boldsymbol{w})\right)\frac{\partial g(\boldsymbol{x},\boldsymbol{w})}{\partial w_i}.$$

Si l'erreur de modélisation $y^p - g(\boldsymbol{x}, \boldsymbol{w})$ vaut $-1/2$, le gradient de la fonction de coût est égal au gradient de la prédiction du modèle. Ainsi, la matrice jacobienne est aisément calculée par rétropropagation d'une erreur égale à $-1/2$. Le temps supplémentaire nécessité par le calcul de la matrice jacobienne est donc marginal, puisqu'il s'agit d'un calcul de rétropropagation effectué une seule fois par modèle, à la fin de l'apprentissage, alors que la rétropropagation est effectuée lors de chaque itération de l'apprentissage.

Approche globale de la sélection de modèles : validation simple, validation croisée et « leave-one-out »

Rappelons tout d'abord que, comme indiqué et justifié en détail dans le chapitre 1, on ne doit jamais utiliser l'erreur quadratique sur l'ensemble d'apprentissage comme critère de sélection de modèles.

Validation simple

Comme indiqué dans le chapitre 1, la validation simple consiste à utiliser une partie des données, appelée ensemble de validation, pour estimer l'erreur de généralisation des modèles après apprentissage. Cela suppose évidemment que les données présentes dans l'ensemble de validation sont bien représentatives de l'ensemble des données. Pour cela, on utilise la « distance de Kullback-Leibler » [KULLBACK 1951] [KULLBACK 1959], déjà définie dans le chapitre 1, entre deux distributions de probabilité p_1 et p_2 :

$$D(p_1, p_2) = \int_{-\infty}^{+\infty} p_1(x) \mathrm{Log}\left(\frac{p_1(x)}{p_2(x)}\right) dx.$$

Comme cette expression n'est pas symétrique, on préfère utiliser la quantité

$$\Delta(p_1, p_2) = \frac{1}{2}\left[D\left(p_1, p_2 + D\left(p_2, p_1\right)\right)\right].$$

On effectue donc plusieurs partitions aléatoires de la base de données, et l'on choisit, parmi ces partitions, celle pour laquelle la distance de Kullback-Leibler entre la base d'apprentissage et la base de validation est la plus petite. Le tirage d'un grand nombre de partitions et le calcul de la distance de Kullback-Leibler étant beaucoup plus rapide qu'un apprentissage, on divise ainsi le temps de calcul par un facteur de l'ordre de 5 par rapport à une validation croisée avec $D = 5$. Si l'on fait l'hypothèse que les distributions sont deux gaussiennes $p_1(\mu_1, \sigma_1)$ et $p_2(\mu_2, \sigma_2)$, la distance de Kullback-Leibler s'écrit :

$$\Delta = \frac{\left(\sigma_1^2 + \sigma_2^2\right)}{4\sigma_1^2\sigma_2^2}\left[\left(\sigma_1^2 - \sigma_2^2\right) + \left(\mu_1 - \mu_2\right)^2\right].$$

On trouvera la démonstration de cette relation dans les compléments théoriques et algorithmiques en fin de chapitre.

Cette heuristique se révèle très utile pour une mise au point rapide d'un premier modèle ; elle peut être affinée ensuite par une validation croisée conventionnelle, ou par un « leave-one-out virtuel ».

Validation croisée

La validation croisée a été décrite dans le chapitre 1. La sélection de modèles s'effectue en partant du modèle le plus simple (modèle à zéro neurone caché, c'est-à-dire modèle linéaire), et en augmentant progressivement la complexité des modèles (pour des modèles neuronaux : en augmentant le nombre de neurones cachés).

Remarque

On pourrait aussi augmenter le nombre de couches de neurones cachés. Pour les problèmes de modélisation, cela ne peut être envisagé que dans une deuxième étape : une fois que l'on a obtenu un modèle satisfaisant avec une couche de neurones cachés, on peut, si le temps disponible le permet, essayer d'améliorer un peu les performances en augmentant le nombre de couches cachées, tout en diminuant le nombre de neurones par couche. Cette procédure apporte parfois une amélioration, généralement marginale. En revanche, si l'on n'a pas obtenu de résultats satisfaisants avec une couche cachée, il est illusoire d'espérer en obtenir en augmentant le nombre de couches cachées.

Pour chaque famille de modèles, on calcule le score de validation croisée. Le surajustement se traduit par une augmentation significative du score de validation croisée. On arrête la procédure lorsque cette augmentation apparaît, et l'on sélectionne la complexité pour laquelle la plus petite EQMV a été obtenue. On effectue alors l'apprentissage d'un modèle de cette complexité à l'aide de l'ensemble des données disponibles (tout en laissant de côté des données destinées au test de ce modèle).

Leave-one-out

Rappelons que l'estimation de l'erreur de généralisation par leave-one-out est un cas particulier de la validation croisée, pour lequel $D = N$: à l'itération k, on extrait l'exemple k de l'ensemble d'apprentissage, on effectue des apprentissages (avec des initialisations différentes des paramètres) avec les N-1 éléments de la base d'apprentissage. Pour chacun des modèles obtenus, on calcule l'erreur de prédiction commise sur l'observation k lorsque celle-ci est extraite de l'ensemble d'apprentissage, et l'on retient la plus petite de ces erreurs, notée r_k^{-k}. On définit le score de leave-one-out $E_t = \sqrt{\frac{1}{N}\sum_{k=1}^{N}\left(r_k^{-k}\right)^2}$. On utilise ce score, comme dans le cas de la validation croisée, en augmentant progressivement la complexité des modèles.

Cette technique a l'inconvénient d'être très lourde en temps de calcul, mais on démontre que le score de validation croisée est un estimateur non biaisé de l'erreur de généralisation [VAPNIK 1995].

Dans les sections suivantes, on présente une autre technique, très avantageuse, qui permet de diviser le temps de calcul par un facteur N (le nombre d'observations disponibles). Elle est fondée sur l'idée que le retrait d'un exemple de l'ensemble d'apprentissage ne doit pas beaucoup perturber le modèle ; on peut alors construire un modèle localement linéaire dans l'espace des paramètres, ce qui permet de bénéficier des résultats théoriques connus, relatifs aux modèles linéaires.

Moindres carrés locaux : effet du retrait d'un exemple sur le modèle et « leave-one-out virtuel »

Dans le chapitre 1, on a montré que, pour un modèle linéaire, il est possible de prédire, de manière exacte, l'effet, sur un modèle, du retrait d'un exemple de l'ensemble d'apprentissage ; on en a déduit l'expression de la statistique PRESS, qui est exactement le score que l'on obtiendrait si l'on faisait un leave-one-out sur les données disponibles. Dans ce paragraphe, on montre comment étendre ce résultat aux modèles non linéaires, et calculer le « score de leave-one-out virtuel » sans avoir à réaliser un vrai leave-one-out, c'est-à-dire en faisant un apprentissage avec toutes les données disponibles (en gardant toujours un ensemble de test). On introduit également le calcul des leviers des observations pour un modèle non linéaire.

Approximation locale de la méthode des moindres carrés

Considérons un modèle $g(\boldsymbol{x}, \boldsymbol{w}^*)$ obtenu par minimisation de la fonction de coût des moindres carrés. Un développement du modèle au premier ordre, dans l'espace des paramètres, au voisinage de $\boldsymbol{w}^*$, s'écrit

$$g(\boldsymbol{x},\boldsymbol{w}) \approx g(\boldsymbol{x},\boldsymbol{w}^*) + \mathbf{Z}(\boldsymbol{w}-\boldsymbol{w}^*)$$

où $\mathbf{Z}$ est la matrice jacobienne du modèle, définie plus haut. Ce modèle est linéaire par rapport à ses paramètres $\boldsymbol{w}$, et la matrice $\mathbf{Z}$ joue exactement le rôle de la matrice des observations.

Pour établir une approximation locale de la solution des moindres carrés $\boldsymbol{w}_{mc}$, il faut obtenir une approximation, au premier ordre en $\boldsymbol{w} - \boldsymbol{w}_{mc}$, du gradient de la fonction de coût des moindres carrés ; pour cela, il faut partir d'une approximation du second ordre de cette fonction de coût, donc, d'une approximation du second ordre du modèle ([Monari 2000] ; le même résultat est établi dans [Seber 1989], mais avec une démonstration incorrecte) On obtient alors une approximation de la solution des moindres carrés $\boldsymbol{w}_{mc}$:

$$\boldsymbol{w}_{mc} \approx \boldsymbol{w}^* + \left(\mathbf{Z}^T\mathbf{Z}\right)^{-1}\mathbf{Z}^T\left[y^p - g(\boldsymbol{x},\boldsymbol{w}^*)\right].$$

Ce résultat est approché dans le cas d'un modèle non linéaire, et il est exact dans le cas d'un modèle linéaire.

En effet, dans le cas d'un modèle linéaire, $\mathbf{Z}$ est la matrice des observations, et $g(\boldsymbol{x}, \boldsymbol{w}^*) = \mathbf{Z}\,\boldsymbol{w}^*$. La relation précédente devient alors

$$\begin{aligned}\boldsymbol{w}_{mc} &\approx \boldsymbol{w}^* + \left(\mathbf{Z}^T\mathbf{Z}\right)^{-1}\mathbf{Z}^T y^p - \left(\mathbf{Z}^T\mathbf{Z}\right)^{-1}\mathbf{Z}^T g(\boldsymbol{x},\boldsymbol{w}^*)\\ &= \boldsymbol{w}^* + \left(\mathbf{Z}^T\mathbf{Z}\right)^{-1}\mathbf{Z}^T y^p - \left(\mathbf{Z}^T\mathbf{Z}\right)^{-1}\mathbf{Z}^T\mathbf{Z}\boldsymbol{w}^* = \left(\mathbf{Z}^T\mathbf{Z}\right)^{-1}\mathbf{Z}^T y^p\end{aligned}$$

ce qui est le résultat exact, démontré dans le chapitre 1, section « Apprentissage de modèles linéaires en leurs paramètres ».

Effet du retrait d'un exemple sur le modèle

Estimons à présent l'effet, sur les prédictions d'un modèle, du retrait d'un exemple de l'ensemble d'apprentissage. On utilise une convention de notation déjà introduite dans le chapitre 1 : les quantités relatives à un modèle qui a été construit en ayant extrait l'exemple k de l'ensemble d'apprentissage sont dotées de l'indice supérieur $-k$; les grandeurs qui n'ont pas d'indice supérieur sont relatives à un modèle dont l'apprentissage a été effectué avec l'ensemble des données disponibles.

Effet du retrait d'un exemple sur sa prédiction : le « leave-one-out virtuel »

Si l'on suppose que le retrait de l'exemple k produit un petit effet sur la solution des moindres carrés, on peut utiliser la relation établie au paragraphe précédent pour déterminer l'expression du vecteur des paramètres du modèle dont l'apprentissage est effectué avec l'ensemble incomplet (privé de l'exemple k), en fonction du vecteur des paramètres du modèle entraîné avec l'ensemble de toutes les données :

$$\mathbf{w}_{mc}^{-k} \approx \mathbf{w}_{mc} - \left(\mathbf{Z}^T\mathbf{Z}\right)^{-1} z^k \frac{r_k}{1-h_{kk}}$$

où z^k est le vecteur dont les composantes sont la k-ième ligne de la matrice jacobienne **Z**, r_k est l'erreur de prédiction (ou résidu) sur l'exemple k lorsque celui-ci fait partie de l'ensemble d'apprentissage :

$$r_k = y^p - g\left(\mathbf{x}_k, \mathbf{w}_{mc}\right),$$

et où $h_{kk} = \left(z^k\right)^T \left(\mathbf{Z}^T\mathbf{Z}\right)^{-1} z^k$ est le levier de l'exemple k [LAWRANCE 1995]. Géométriquement, h_{kk} est la composante k de la projection, sur le sous-espace des solutions, du vecteur unitaire porté par l'axe k. Rappelons (voir chapitre 1) que les leviers sont compris entre 0 et 1, et que leur somme est égale au nombre de paramètres du modèle.

Une procédure numérique efficace de calcul des leviers est présentée dans les compléments théoriques et algorithmiques à la fin de ce chapitre.

La méthode du « leave-one-out virtuel » est une conséquence des résultats précédents : on démontre que l'erreur de prédiction commise sur l'exemple k, lorsque celui-ci est retiré de l'ensemble d'apprentissage, peut être estimée simplement à partir de l'erreur de prédiction commise sur ce même exemple, s'il est dans l'ensemble d'apprentissage :

$$r_k^{-k} = \frac{r_k}{1-h_{kk}}.$$

Comme indiqué dans le chapitre 1, ce résultat est exact pour un modèle linéaire, (PRESS, voir par exemple [ANTONIADIS 1992]), et il est approché pour un modèle non linéaire.

Remarque

Une approche analogue a été proposée dans [HANSEN 1996] pour les modèles dont l'apprentissage est effectué avec régularisation.

Illustrons cette méthode sur un exemple académique : un ensemble de 50 points d'apprentissage est créé en ajoutant à la fonction $\sin x/x$ un bruit gaussien de moyenne nulle et de variance 10^{-2}.

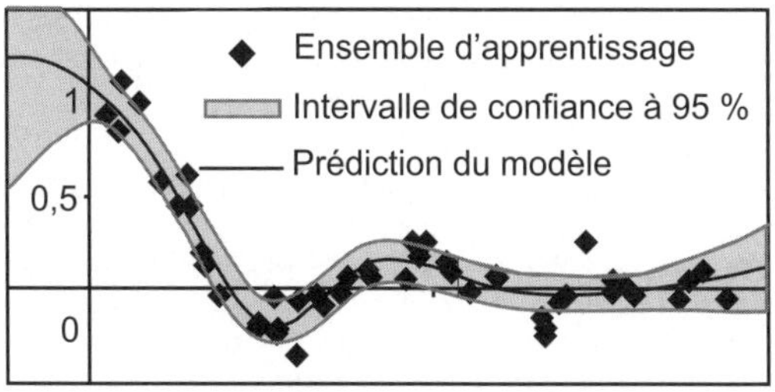

Figure 2-51. Ensemble d'apprentissage, prédiction d'un modèle à 2 neurones cachés et intervalle de confiance de celle-ci

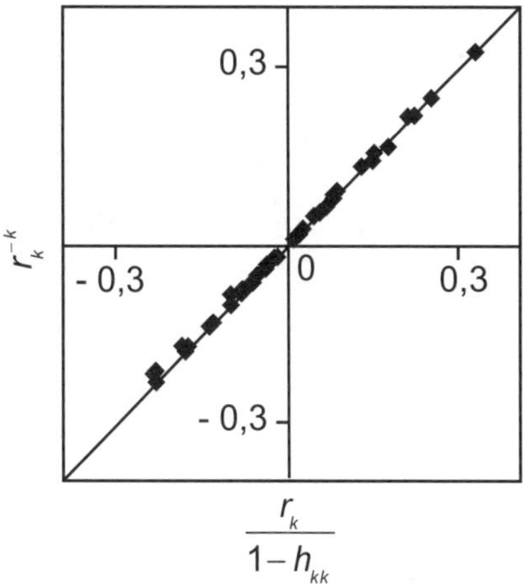

Figure 2-52. Précision de l'estimation des résidus par leave-one-out virtuel

La figure 2-51 représente les points de l'ensemble d'apprentissage et la prédiction d'un modèle à deux neurones cachés. Une procédure conventionnelle de leave-one-out, décrite au paragraphe précédent, a été effectuée, fournissant ainsi les valeurs des quantités r_k^{-k} présentées en ordonnée de la figure 2-52, et la formule précédente a été appliquée, fournissant les valeurs présentées en abscisse. Le fait que tous les points soient alignés sur la bissectrice du graphe montre que l'approximation est très précise.

On peut donc, d'une façon très avantageuse en temps de calcul, remplacer le score de leave-one-out E_t, qui a été défini plus haut

$$E_t = \sqrt{\frac{1}{N}\sum_{k=1}^{N}\left(r_k^{(-k)}\right)^2}$$

par le « score de leave-one-out virtuel » E_p

$$E_p = \sqrt{\frac{1}{N}\sum_{k=1}^{N}\left(\frac{r_k}{1-h_{kk}}\right)^2}$$

qui constitue une très bonne approximation de l'erreur de généralisation. Cette quantité est un élément essentiel de la procédure de sélection de modèles qui sera exposée dans la section suivante : elle fournit une estimation de l'erreur de généralisation, au prix d'un temps de calcul qui est N fois plus petit que la procédure traditionnelle de leave-one-out, puisque l'apprentissage est effectué une seule fois, avec tous les exemples disponibles, au lieu de l'être N fois avec N-1 exemples.

Effet du retrait d'un exemple sur l'intervalle de confiance pour sa prédiction

Dans [SEBER 1989], un intervalle de confiance approché est proposé pour un modèle non linéaire, avec une confiance $1 - \alpha$:

$$E_{Y^p}(\boldsymbol{x}) \in g(\boldsymbol{x},\boldsymbol{w}_{mc}) \pm t_\alpha^{N-p} s\sqrt{z^T\left(\mathbf{Z}^T\mathbf{Z}\right)^{-1} z}$$

où t_α^{N-p} est la valeur d'une variable de Student à N-p degrés de liberté et un niveau de confiance $1 - \alpha$, et s est une estimation de la variance de l'erreur de prédiction du modèle. La figure 2-51 représente l'intervalle de confiance calculé par cette formule, en tous points de l'intervalle considéré.

> **Remarque**
>
> Il est possible de définir de nombreux intervalles de confiance pour des modèles non linéaires [TIBSHIRANI 1996], que l'on peut soit calculer analytiquement, soit estimer à l'aide de méthodes de ré-échantillonnage, telles que celles qui sont décrites dans le chapitre 3 de cet ouvrage. Les intervalles de confiance utilisés dans le présent chapitre ont l'avantage de mettre en œuvre les mêmes quantités que celles qui permettent de prédire le score de leave-one-out.

Pour l'observation k de l'ensemble d'apprentissage, cet intervalle de confiance peut s'écrire :

$$E_{Y^p}(\boldsymbol{x}) \in g(\boldsymbol{x},\boldsymbol{w}_{mc}) \pm t_\alpha^{N-p} s\sqrt{z^T\left(\mathbf{Z}^T\mathbf{Z}\right)^{-1} z} = g(\boldsymbol{x},\boldsymbol{w}_{mc}) \pm t_\alpha^{N-p} s\sqrt{h_{kk}}\,.$$

On voit ainsi que les intervalles de confiance sur les prédictions du modèle font intervenir les mêmes quantités h_{kk} que la prédiction du retrait d'un exemple sur l'erreur de prédiction du modèle. Cela n'est pas surprenant car les deux groupes de relations proviennent du même développement de Taylor du modèle dans l'espace des paramètres.

Comme dans le cas précédent, il est possible d'estimer l'intervalle de confiance sur la prédiction d'un exemple extrait de l'ensemble d'apprentissage : étant donné un vecteur de variables $\boldsymbol{x}_k$, l'intervalle de confiance approché sur la prédiction de cet exemple est donné par ([SEBER 1989])

$$E_{Y^p}^{-k}(\boldsymbol{x}) \in g(\boldsymbol{x}, \boldsymbol{w}_{mc}) \pm t_\alpha^{N-p} s^{-k} \sqrt{\frac{h_{kk}}{1-h_{kk}}}.$$

On peut en général approcher s^{-k} par s.

Interprétation des leviers

Rappelons (voir chapitre 1) que le levier d'un exemple peut être interprété comme la proportion des degrés de liberté du modèle qui est mobilisée pour s'ajuster à cette observation.

Considérons quelques cas particuliers :

- Si tous les leviers sont égaux, ils valent tous p/N, où p est le nombre de paramètres du modèle et N le nombre d'exemples : chaque exemple mobilise une fraction p/N des paramètres du modèle, et tous les exemples ont la même importance pour le modèle ; un tel modèle ne devrait pas présenter de surajustement, puisqu'il ne s'est spécialisé sur aucun exemple particulier. On verra que cette remarque peut avantageusement être utilisée pour la sélection de modèles.
- Si un levier est nul, le modèle ne consacre aucun degré de liberté à l'exemple correspondant. Cela s'interprète géométriquement d'une façon simple : rappelons que h_{kk} est la composante k de la projection, sur le sous-espace des solutions, du vecteur unitaire porté par l'axe correspondant à l'exemple k dans l'espace des observations ; si cet axe est orthogonal au sous-espace des solutions, l'exemple k n'a aucune contribution à la sortie du modèle qui, rappelons-le, est dans le sous-espace des solutions; il n'a donc aucune influence sur les paramètres du modèle. Que cet exemple soit dans l'ensemble d'apprentissage, ou qu'il en ait été extrait, la prédiction de cet exemple est donc entachée de la même erreur ; c'est ce que l'on vérifie sur la relation $r_k^{-k} = \frac{r_k}{1-h_{kk}}$. L'intervalle de confiance sur cette prédiction est nul. La prédiction du modèle étant certainement égale à l'espérance mathématique de la grandeur à modéliser au point considéré, le modèle est parfait en ce point.

Remarque

Le fait que l'intervalle de confiance soit nul signifie que l'on est sûr que la prédiction du modèle en ce point est exacte. Ce n'est pas contradictoire avec le fait que l'erreur de prédiction r_k ne soit pas nulle. En effet, l'erreur de prédiction est la différence entre la valeur mesurée et la valeur prédite : elle est due à la fois à l'erreur de modélisation (différence entre la grandeur prédite et son espérance mathématique inconnue) et au bruit (différence entre la grandeur mesurée et son espérance mathématique inconnue). Si le modèle est parfait, l'erreur de prédiction est due uniquement au bruit. On ne peut donc avoir un levier nul que si la famille de fonctions dans laquelle on cherche l'approximation de la régression contient la fonction de régression elle-même.

- Si un levier est très proche de 1, le vecteur unitaire porté par l'axe correspondant à l'exemple k est très proche du sous-espace des solutions ; cet exemple est donc presque parfaitement appris, et il a une très grande influence sur les paramètres du modèle. L'erreur de prédiction sur cet exemple est presque nulle lorsque l'exemple fait partie de l'ensemble d'apprentissage, et elle est très grande lorsque l'exemple n'en fait pas partie. Le modèle est donc exagérément ajusté à cet exemple. L'intervalle de confiance est très petit lorsque l'exemple fait partie de l'ensemble d'apprentissage, et il est très grand lorsque l'exemple en est extrait.

Méthodologie de sélection de modèle par combinaison de l'approche globale et de l'approche locale

Supposons qu'un ensemble de variables pertinentes ait été déterminé selon les techniques décrites dans la section « Sélection des variables ». Il faut à présent chercher le meilleur modèle compte tenu des données disponibles.

Rappelons que l'on procède par augmentation progressive de la complexité du modèle jusqu'à l'apparition du surajustement. Dans un souci de pédagogie, on sépare ce processus de sélection en deux étapes :

- Pour une famille de fonctions de même complexité, non linéaires par rapport aux paramètres (par exemple, des réseaux de neurones qui possèdent le même nombre de neurones cachés), on effectue plusieurs apprentissages, utilisant la totalité des exemples disponibles (à l'exception de l'ensemble de test), avec des initialisations différentes des paramètres. On obtient ainsi plusieurs modèles : il faut donc effectuer un premier choix parmi ceux-ci, après avoir éliminé d'emblée ceux pour lesquels la matrice jacobienne n'est pas de rang plein. Dans la section intitulée « Sélection d'un modèle dans une famille de modèles de complexité donnée », on indiquera comment effectuer ce choix.

> **Remarque**
>
> Pour un modèle linéaire par rapport aux paramètres, la première étape est très simple puisque la fonction de coût ne possède qu'un minimum : on effectue un seul apprentissage.

- Ayant effectué ce choix pour plusieurs familles de fonctions de complexités croissantes, on choisit le meilleur modèle, selon une procédure qui sera décrite dans la section « Choix de la complexité optimale ».

Sélection d'un modèle dans une famille de modèles de complexité donnée : critères globaux

Pour une complexité de modèle donnée, plusieurs apprentissages sont effectués, et, à l'issue de chacun d'eux, le rang de la matrice jacobienne du modèle obtenu est évalué. Si cette matrice n'est pas de rang plein, le modèle doit être éliminé, comme indiqué plus haut.

Il faut noter que, contrairement à ce qui a parfois été publié, la valeur du nombre de conditionnement de la matrice jacobienne ne doit pas être utilisé comme critère de comparaison entre modèles. Ainsi, dans [Rivals 2000] [Rivals 2004], les auteurs indiquent que les modèles dont la matrice de conditionnement est supérieure à 10^8 doivent être rejetés. Dans [Oussar 2004], de nombreux contre-exemples montrent qu'il n'y a essentiellement aucun rapport entre le surajustement et le nombre de conditionnement de la matrice jacobienne : des modèles très fortement surajustés peuvent avoir des nombres de conditionnement inférieurs à cette limite, et des modèles dont le nombre de conditionnement est très supérieur à cette limite peuvent ne pas présenter de surajustement.

> **Remarque**
>
> Le fait de trouver, pour une complexité donnée, que le minimum global de la fonction de coût correspond à un modèle dont la matrice jacobienne n'est pas de rang plein ne signifie pas que tous les modèles de même complexité doivent être éliminés : un minimum local peut fort bien fournir un excellent modèle même si le minimum global fournit un modèle surajusté. On retrouve ici une idée analogue à celle de l'arrêt prématuré, qui a été exposée dans la section consacrée à la régularisation : choisir un modèle qui ne correspond pas au minimum global de la fonction de coût peut constituer une forme de régularisation.

Ayant effectué cette première élimination, il faut faire une sélection parmi les modèles restants. Dans ce but, on met en œuvre la technique du « leave-one-out virtuel », décrite plus haut. Rappelons la définition du score de leave-one-out virtuel

$$E_p = \sqrt{\frac{1}{N}\sum_{k=1}^{N}\left(\frac{r_k}{1-h_{kk}}\right)^2}.$$

Il doit être comparé à l'erreur quadratique moyenne sur l'ensemble d'apprentissage (EQMA), définie plus haut :

$$E_A = \sqrt{\frac{1}{N}\sum_{k=1}^{N}\left(r_k\right)^2}.$$

Rappelons également que, dans la procédure de leave-one-out virtuel, l'apprentissage est effectué à partir de tous les exemples disponibles, à l'exception des exemples de l'ensemble de test. C'est donc bien la même quantité N qui est présente dans les relations présentées ci-dessus pour E_p et E_A.

Erreur de généralisation et EQMA

Les leviers étant positifs et inférieurs à 1, E_p est nécessairement plus grand que l'EQMA ; plus un modèle est surajusté, c'est-à-dire plus il donne lieu à des leviers voisins de 1, plus l'estimation de l'erreur de généralisation est grande devant l'EQMA, exactement comme prévu par la théorie du dilemme biais-variance présentée dans le chapitre 1.

Cas des grands ensembles d'apprentissage

Si tous les leviers sont égaux à p/N, on a : $E_p = \frac{N}{N-p} E_A$. E_p et E_A sont égaux dans la limite des grands ensembles d'apprentissage pour un modèle sans surajustement, ce qui est normal puisque la différence entre l'EQMA et l'erreur de généralisation est due au fait que le nombre d'éléments de l'ensemble d'apprentissage est fini : si l'on disposait d'un nombre infini d'exemples, on pourrait connaître exactement la fonction de régression.

Pour illustrer cela, considérons l'exemple d'un réseau à 4 neurones cachés, dont l'apprentissage est effectué à l'aide des exemples représentés sur la figure 2-51. Cinq cents apprentissages ont été effectués, avec des initialisations différentes des paramètres, en utilisant l'algorithme de Levenberg-Marquardt. La figure 2-53 représente les résultats obtenus, avec les conventions suivantes :

- pour les modèles dont la matrice jacobienne est de rang plein, chaque modèle est représenté par un point dans un plan ; l'axe des abscisses représente l'EQMA, et l'axe des ordonnées le score de leave-one-out virtuel (estimation de l'erreur de généralisation du modèle) ; notez l'échelle logarithmique en ordonnées ;
- pour les modèles dont la matrice jacobienne n'est pas de rang plein, les points correspondants sont représentés en dessous du graphique précédent, sur un axe figurant les EQMA de ces modèles.

On remarque :

- que la matrice jacobienne du modèle dont l'EQMA est la plus petite (modèle « qui a le mieux appris les données ») n'est pas de rang plein : ce modèle est donc écarté ;
- que, dans cet exemple, 70 % des minima trouvés n'ont pas une matrice jacobienne de rang plein ;
- que l'estimation de l'erreur de généralisation varie de plusieurs ordres de grandeur, ce qui nécessite l'utilisation d'une échelle logarithmique pour E_p. Les modèles correspondant aux minima dont les scores de leave-one-out virtuel sont élevés sont très « spécialisés » sur un ou quelques points, avec des leviers très voisins de 1.

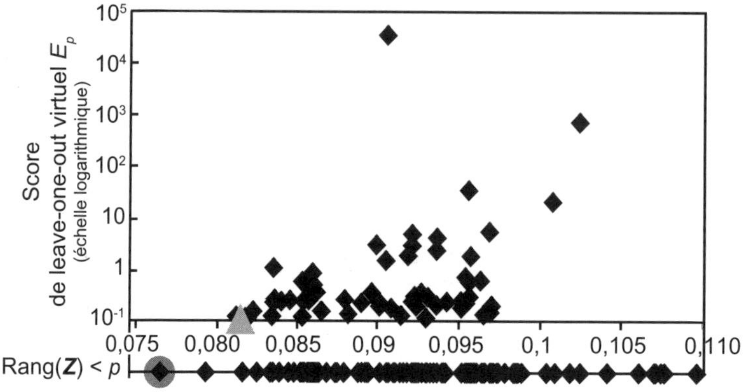

Figure 2-53. Scores de leave-one-out virtuels de cinq cents modèles différents

La figure 2-54 montre les prédictions des modèles qui ont la plus petite valeur de E_A et la plus petite valeur de E_p (représentées respectivement par un cercle gris et par un triangle gris sur la figure 2-53). On remarque que le modèle correspondant au minimum de E_A fournit une prédiction plus « irrégulière » que le modèle correspondant au minimum de E_p. Ce dernier est donc plus satisfaisant ; il faut noter cependant qu'il est le modèle le plus satisfaisant trouvé *dans la famille des réseaux à 4 neurones cachés*. Pour terminer la sélection, il reste à comparer ce modèle aux meilleurs modèles trouvés pour des complexités différentes.

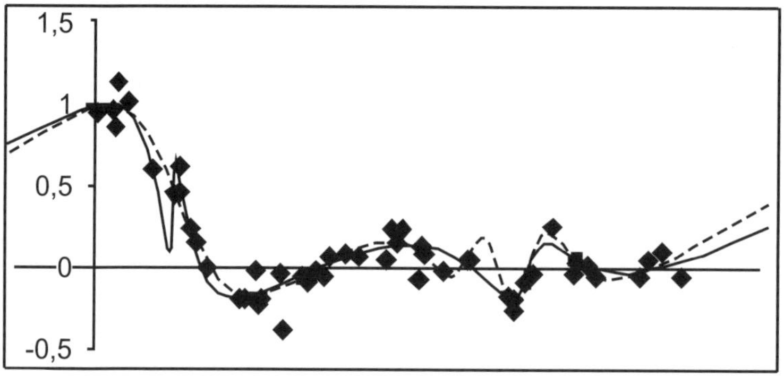

Figure 2-54. Prédictions de deux modèles à quatre neurones cachés : modèle correspondant au minimum de l'EQMA (trait plein) et modèle correspondant au minimum du score de leave-one-out virtuel (trait pointillé)

La figure 2-55 représente les scores de leave-one-out virtuel et les EQMA des meilleurs réseaux, trouvés par cette procédure, pour des complexités croissantes à partir d'un réseau à 0 neurone caché (modèle linéaire) jusqu'à un modèle à 5 neurones cachés. À titre indicatif, on a porté aussi, sur ce graphe, l'écart-type du bruit. On note que, comme attendu, l'EQMA diminue lorsqu'on augmente le nombre de neurones cachés, tandis que le score de leave-one-out virtuel passe par un minimum et augmente lorsque la complexité du réseau croît. Néanmoins, le choix entre les architectures à 2, 3 et 4 neurones cachés n'est pas évident, dans la mesure où les scores de leave-one-out virtuel sont peu différents. Le paragraphe suivant est consacré à ce problème : celui du choix de la complexité optimale.

Remarque

À partir de 3 neurones cachés, l'EQMA passe au-dessous de l'écart-type du bruit ; on peut donc en déduire que les modèles possédant plus de 3 neurones cachés sont surajustés. Cela ne peut néanmoins pas être considéré comme un critère pratique de sélection sauf si l'écart-type du bruit est connu.

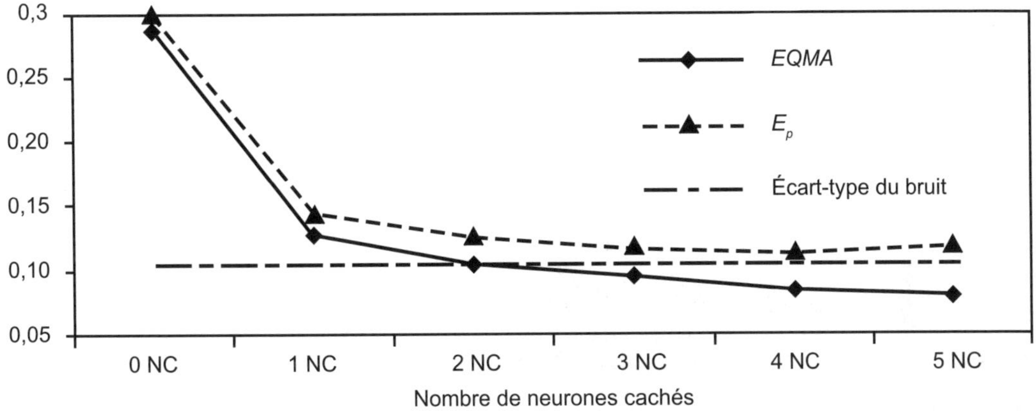

Figure 2-55. Évolution de l'EQMA et du score de leave-one-out virtuel en fonction du nombre de neurones cachés

Choix de la complexité optimale : critères locaux (méthode LOCL)

On vient de voir comment, grâce à un critère global tel que le score de leave-one-out virtuel, on peut choisir, pour une complexité donnée, le modèle le moins susceptible de présenter un surajustement. On a vu également, par l'exemple précédent, que ce critère global ne permet pas toujours de différencier des modèles de complexités différentes. On met alors en œuvre la méthode LOCL (*Local Overfitting Control via Leverages*), fondée sur les valeurs locales des leviers [MONARI 2002].

En effet, on a indiqué plus haut qu'un modèle qui est également influencé par tous les exemples ne comporte qu'un risque très faible d'être surajusté. Par ailleurs, on a vu que, dans ce cas, tous les leviers sont égaux à p/N. En conséquence, pour des modèles de complexités différentes ayant des scores de leave-one-out virtuel équivalents, on préférera le modèle dont la distribution des leviers est la plus étroite autour de p/N, sauf si, pour des raisons spécifiques liées au processus étudié, on considère qu'il est important que le modèle soit bien ajusté à un ou plusieurs exemples particuliers.

Reprenons l'exemple considéré précédemment : la figure 2-56 montre la prédiction obtenue avec les meilleurs modèles trouvés, respectivement à 2 neurones cachés et à 4 neurones cachés. On a porté, sur les mêmes graphes, les intervalles de confiance à 95 % pour les prédictions de ces modèles.

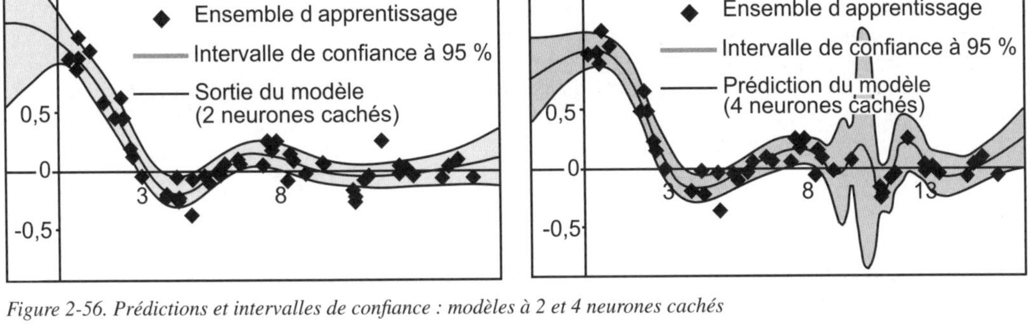

Figure 2-56. Prédictions et intervalles de confiance : modèles à 2 et 4 neurones cachés

On observe que l'intervalle de confiance pour le modèle à 2 neurones cachés est à peu près uniforme sur tout le domaine d'apprentissage, alors que, pour le modèle à 4 neurones cachés, l'intervalle de confiance est important dans la région [8, 12], où une oscillation de la sortie du modèle est observée, dont on n'est pas sûr qu'elle soit significative. Si l'on considère la distribution des leviers, représentée sur la figure 2-57, on observe une plus grande dispersion de ces derniers pour le modèle à 4 neurones cachés (traits grisés) que pour le modèle à 2 neurones cachés (traits noirs).

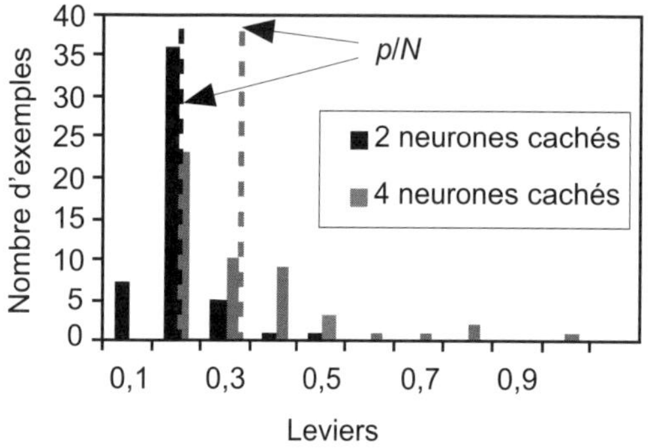

Figure 2-57. Histogramme des leviers pour des modèles à 2 et 4 neurones cachés

On peut caractériser commodément la distribution des leviers de deux manières différentes.

- On peut utiliser considère la quantité μ définie par :

$$\mu = \frac{1}{N}\sum_{k=1}^{N}\sqrt{\frac{N}{p}h_{kk}}.$$

Cette quantité est toujours inférieure à 1, et elle vaut 1 si et seulement si tous les leviers sont égaux à p/N.

Elle constitue donc un paramètre normalisé qui caractérise la distribution des leviers : plus μ est proche de 1, plus la distribution des leviers est étroite autour de p/N. Ainsi, parmi les modèles de complexités différentes ayant des scores de leave-one-out virtuel du même ordre de grandeur, on choisira celui qui possède le paramètre μ le plus voisin de 1.

- On peut également caractériser la distribution des leviers par son écart-type normalisé

$$\sigma_n = \sqrt{\frac{N}{p(N-p)}\sum_{k=1}^{N}\left(h_{kk} - \frac{p}{N}\right)^2}$$

qui vaut zéro si tous les leviers sont égaux à p/N, et qui vaut 1 dans le pire cas de surapprentissage, c'est-à-dire si p leviers sont égaux à 1 et les $(p - N)$ autres leviers sont égaux à zéro. Ainsi, un modèle est d'autant plus satisfaisant que σ_n est petit.

À titre d'illustration, la figure 2-58 présente un modèle à une variable dont l'apprentissage a été effectué à partir des points obtenus en ajoutant un bruit uniforme d'écart-type égal à 0,1 à la courbe représentée en trait fin. On observe que les leviers ont une distribution assez peu dispersée si l'on fait abstraction des points qui sont aux frontières du domaine, qui ont inévitablement une grande importance dans un modèle à une variable ; 3 leviers sont supérieurs à 0,95 ; de plus, μ = 0,984 et σ_n = 0,38.

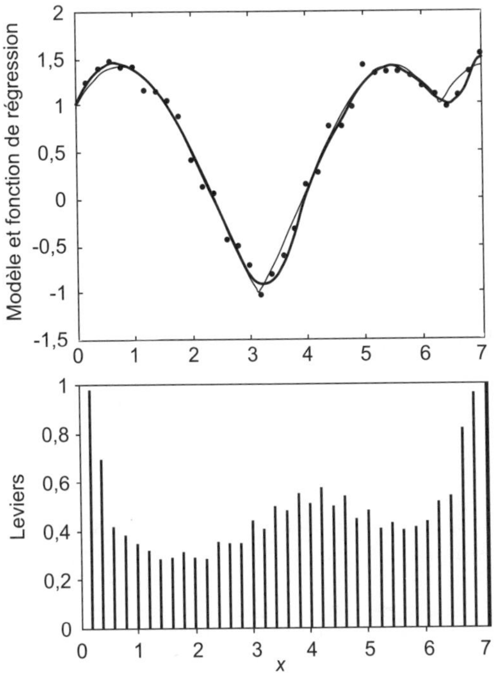

Figure 2-58. Modèle, fonction de régression et leviers pour un modèle non surajusté

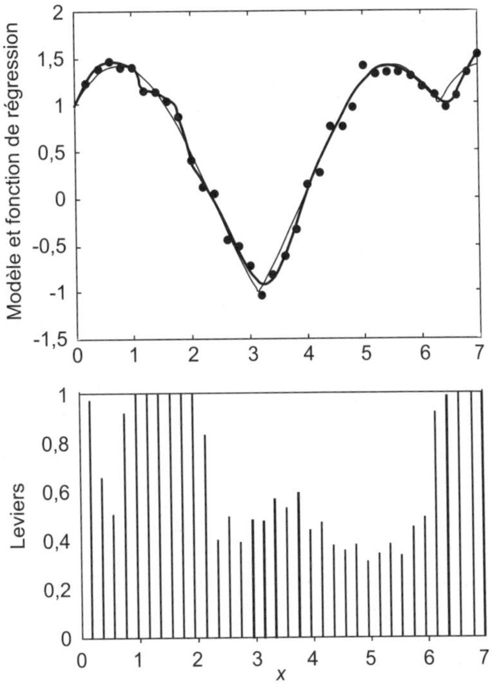

Figure 2-59. Modèle, fonction de régression et leviers pour un modèle surajusté

À partir du même ensemble d'apprentissage, on a obtenu un autre modèle, représenté sur la figure 2-59. Ce modèle présente clairement un fort surajustement pour $1 \leq x \leq 2$. On observe que les leviers sont très élevés pour ces valeurs de x, et que, pour ce modèle, les leviers sont beaucoup plus dispersés que dans l'exemple précédent : on a en effet $\mu = 0{,}979$ et $\sigma_n = 0{,}56$.

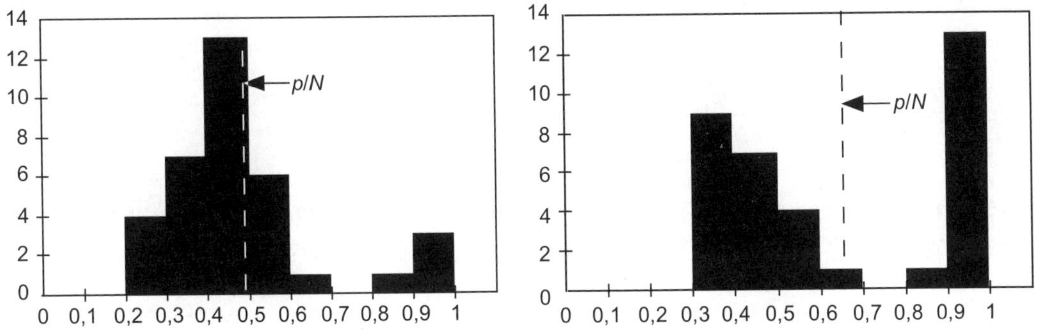

Figure 2-60. Histogrammes des leviers : à gauche, pour le modèle non surajusté (figure 2-58) ; à droite, pour un modèle surajusté (figure 2-59)

La figure 2-60 montre l'histogramme des leviers pour chacun des deux modèles : la distribution des leviers du premier est clairement plus étroite, avec un pic pour p/N, que la distribution des leviers du second modèle.

Ces exemples montrent clairement que les leviers permettent de repérer localement les risques de surajustement, et doivent donc contribuer à la sélection du meilleur modèle et/ou à la planification d'expériences supplémentaires.

Que faire en pratique ?

Résumons la démarche de sélection de modèle qui vient d'être décrite.

Réaliser les opérations suivantes pour une complexité donnée (si les modèles sont des réseaux de neurones : pour un nombre de neurones cachés donné) :

- effectuer des apprentissages, avec toutes les données disponibles, pour des initialisations différentes des paramètres du réseau ;
- évaluer le rang de la matrice jacobienne des modèles ainsi trouvés et éliminer ceux dont la matrice jacobienne est de rang inférieur au nombre de paramètres ajustables du modèle ;
- pour chaque modèle dont la matrice jacobienne est de rang plein, calculer son score de leave-one-out virtuel et son paramètre σ_n (ou son paramètre μ).

Réaliser les opérations précédentes pour des modèles de complexités croissantes ; lorsque les scores de leave-one-out virtuel deviennent trop grands, ou la distribution des leviers trop large, arrêter la procédure et choisir le modèle. Deux stratégies sont envisageables :

- si l'ensemble d'apprentissage est définitivement fixé et ne peut pas être enrichi, il faut choisir, parmi les modèles qui ont de petits scores de leave-one-out virtuel, le modèle avec le μ le plus élevé ou le σ_n le plus faible ;
- s'il est possible d'enrichir l'ensemble d'apprentissage en effectuant quelques expériences supplémentaires, il est préférable de choisir un modèle légèrement surajusté, et d'effectuer des expériences supplémentaires dans les zones qui correspondent à des leviers élevés (ou des intervalles de confiance grands) ; on choisira alors un modèle qui a le score de leave-one-out le plus petit possible, même s'il ne correspond pas à la plus grande valeur de μ, ou à la plus petite valeur de σ_n.

Élaboration de plans d'expériences

Après avoir suivi la démarche d'élaboration et de sélection de modèles qui vient d'être décrite, il peut s'avérer nécessaire de compléter la base de données utilisée pour l'élaboration du modèle. Il convient alors de construire un « plan d'expériences », en profitant des résultats obtenus lors de l'élaboration du modèle, notamment des intervalles de confiance. En effet, un intervalle de confiance élevé dans une certaine zone de l'espace peut être dû à un nombre de points insuffisant. Il suffit donc de repérer les zones de l'espace des variables où les intervalles de confiance sont excessifs, et d'effectuer ensuite les mesures dans ces zones.

Techniques et méthodologie de conception de modèles dynamiques (réseaux bouclés ou récurrents)

La section précédente traitait de la modélisation statique, c'est-à-dire de modèles qui réalisent une relation *algébrique* entre leurs variables et leurs sorties. Ces modèles sont utiles pour rendre compte des propriétés d'un processus dans un état stationnaire, ou pour établir des relations entre des grandeurs qui sont indépendantes du temps.

On s'intéresse à présent aux modèles *dynamiques*, dont les variables et les prédictions sont reliées entre elles par des équations différentielles, ou, pour des systèmes à temps discret, par des *équations récurrentes* ou *équations aux différences*. Dans tout cet ouvrage, on se placera uniquement dans le cadre de systèmes à temps discret, car les applications réelles des réseaux de neurones dynamiques pour la modélisation font appel à des ordinateurs ou à des circuits intégrés numériques, qui sont des systèmes *échantillonnés* : les grandeurs ne sont mesurées qu'à des instants discrets, multiples d'une période d'échantillonnage T.

Remarque

Pour alléger les notations, on omettra systématiquement T dans les équations : la valeur d'une variable x à l'instant kT, k entier positif, sera notée $x(k)$.

Le chapitre 4 de cet ouvrage propose une présentation générale des systèmes dynamiques non linéaires. Dans le présent chapitre, on se contentera d'une introduction méthodologique succincte de la modélisation stochastique à états continus, qui découle directement des considérations relatives à la modélisation statique décrite dans les sections précédentes. Les éléments de modélisation dynamique présentés ici sont suffisants pour aborder, dans la dernière partie de ce chapitre, la méthodologie de « modélisation semi-physique », très importante en raison de ses applications industrielles.

Représentations d'état et représentations entrée-sortie

La modélisation dynamique présente, par rapport à la modélisation statique, des particularités importantes.

La première d'entre elles réside en ce qu'il existe plusieurs *représentations* possibles pour un modèle dynamique d'un même processus (voir par exemple [KUO 1995] pour une introduction aux systèmes dynamiques, et [KUO 1992] pour une introduction aux systèmes échantillonnés). On considère ci-après la modélisation d'un processus à une variable de sortie ; l'extension à un processus multi-sortie ne présente pas de difficulté.

Représentation d'état

Un modèle est sous la forme d'une *représentation d'état* s'il est constitué d'un ensemble d'équations de la forme :

$$\begin{cases} \boldsymbol{x}(k) = \boldsymbol{f}\left(\boldsymbol{x}(k-1), \boldsymbol{u}(k-1), \boldsymbol{b}_1(k-1)\right) & \textit{équation d'état} \\ y(k) = g\left(\boldsymbol{x}(k), \boldsymbol{b}_2(k)\right) & \textit{équation d'observation} \text{ (ou } \textit{équation de sortie}\text{)} \end{cases}$$

où le vecteur $\boldsymbol{x}(k)$ est appelé « vecteur d'état » (dont les composantes sont les « variables d'état »), le vecteur $\boldsymbol{u}(k)$ est le vecteur des variables de commande, $\boldsymbol{b}_1(k)$ et $\boldsymbol{b}_2(k)$ sont les vecteurs des perturbations, et le scalaire $y(k)$ est la prédiction fournie par le modèle. $\boldsymbol{f}$ est une fonction vectorielle non linéaire, et g est une fonction scalaire non linéaire. La dimension du vecteur d'état (c'est-à-dire le nombre de variables d'état) est appelée *ordre* du modèle. Les variables d'état peuvent être mesurées ou non mesurées.

Remarque 1

Pour un processus mono-entrée $\boldsymbol{u}(k)$, le vecteur $\boldsymbol{u}(k)$ peut être constitué de $u(k)$ et de valeurs de la commande à plusieurs instants passés : $\boldsymbol{u}(k) = [u(k), u(k-1), \ldots, u(k-m)]^T$.

Remarque 2
Les perturbations sont des facteurs qui affectent la sortie, ou l'état, ou les deux à la fois, et qui, contrairement aux variables de commande, ne sont pas mesurées ; elles ne peuvent donc pas constituer des variables du modèle, bien qu'elles aient un effet sur la grandeur à modéliser. Par exemple, pour un four, l'intensité qui passe dans la résistance chauffante est une grandeur de commande ; la dégradation de l'isolant thermique du four et le bruit de mesure du thermocouple constituent des perturbations, que l'on peut, si nécessaire, modéliser par des variables aléatoires.

Remarque 3
Rien ne s'oppose à ce que la sortie elle-même soit une des variables d'état (on en verra un exemple dans le paragraphe intitulé « Que faire en pratique ? »)

L'objectif du concepteur d'un modèle sous forme de représentation d'état est donc de trouver des approximations des deux fonctions f et g, par apprentissage, à partir de séquences des entrées, des sorties, et, éventuellement, des variables d'état si celles-ci sont mesurées.

Représentation entrée-sortie

Un modèle est sous la forme d'une représentation entrée-sortie s'il est constitué d'équations de la forme :

$$y(k) = h\big(y(k-1),...,y(k-n),\boldsymbol{u}(k-1),...,\boldsymbol{u}(k-m),\boldsymbol{b}(k-1),...,\boldsymbol{b}(k-p)\big)$$

où h est une fonction non linéaire, n est l'ordre du modèle, m et p sont deux constantes positives, $\boldsymbol{u}(k)$ est le vecteur des signaux de commande, $\boldsymbol{b}(k)$ est le vecteur des perturbations. Remarquons que les représentations entrée-sortie constituent des formes particulières des représentations d'état, où le vecteur d'état a pour composantes $[y(k\text{-}1), y(k\text{-}2), \ldots y(k\text{-}n)]$.

Attention

Pour réaliser un modèle linéaire, les représentations d'état et entrée-sortie sont strictement équivalentes : le choix de l'une ou l'autre repose sur des considérations qui ont trait à leur commodité, compte tenu des objectifs de la modélisation considérée. En revanche, *pour la réalisation d'un modèle non linéaire, une représentation d'état est plus générale et plus parcimonieuse qu'une représentation entrée-sortie* ([Levin 1993]), comme on le verra plus loin sur un exemple ; néanmoins, elle peut être plus délicate à mettre en œuvre, puisque deux fonctions f et g doivent être approchées, alors que les modèles entrée-sortie nécessitent l'approximation de la seule fonction h.

Une fois effectué le choix entre représentation entrée-sortie et représentation d'état, il convient de faire une hypothèse sur la façon dont le bruit intervient dans le processus. Cette distinction fondamentale est souvent négligée dans la littérature sur les réseaux de neurones, alors qu'elle est bien connue dans le cas de la modélisation dynamique linéaire, comme on le verra au chapitre 4. On va montrer que l'hypothèse effectuée sur le bruit conditionne à la fois *l'algorithme d'apprentissage* qu'il faut utiliser et *la structure du modèle* qui doit être mis en œuvre. On va donc passer en revue les principales hypothèses relatives au bruit, et en déduire, dans chaque cas, la structure du modèle dont il faut estimer les paramètres.

Les hypothèses concernant le bruit et leurs conséquences sur la structure, l'apprentissage et l'utilisation du modèle

Dans cette section, on examinera les hypothèses concernant la manière dont le bruit intervient dans le processus. On indiquera, en premier lieu, les conséquences de ces hypothèses sur la structure, l'apprentissage et l'utilisation des modèles entrée-sortie, puis sur la structure, l'apprentissage et l'utilisation des modèles d'état.

Cas des représentations entrée-sortie

Hypothèse « bruit d'état » (représentation « entrée-sortie »)

Faisons l'hypothèse que le processus peut être correctement décrit, dans le domaine de validité souhaité, par une représentation de la forme :

$$y^p(k) = \varphi\left(y^p(k-1),...,y^p(k-n),\boldsymbol{u}(k-1),...,\boldsymbol{u}(k-m)\right) + b(k)$$

où $y^p(k)$ est la valeur de la grandeur à modéliser, mesurée sur le processus à l'instant k ; $b(k)$ modélise l'ensemble des bruits et perturbations. On suppose donc que le bruit est additif à la sortie du processus (voir figure 2-61), et que, à l'instant k, le bruit n'intervient pas seulement dans la sortie actuelle, mais également dans les valeurs des n sorties passées. Dans le domaine de la modélisation non linéaire, cette hypothèse est nommée NARX (Nonlinéaire Auto-Régressif à entrées eXogènes) (voir aussi chapitre 4) ou *equation error* (voir par exemple [LJUNG 1987] [GOODWIN 1984]), ou encore « série-parallèle » [NARENDRA 1989] en modélisation adaptative.

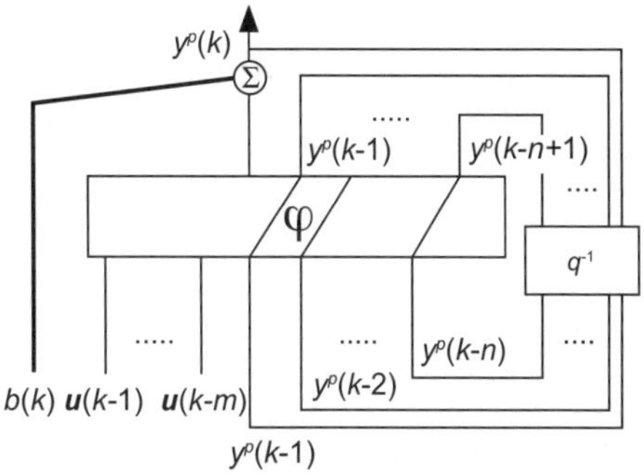

Figure 2-61. Hypothèse « bruit d'état »

> **Remarque**
> On emploie parfois, au lieu du vocable « hypothèse », l'expression « modèle hypothèse », traduction de l'anglais *postulated model*. Pour éviter toute confusion entre hypothèse et modèle, et pour ne pas alourdir inutilement la nomenclature, nous n'utiliserons pas ces derniers termes.

Par hypothèse, le bruit agit donc sur la sortie, non seulement d'une manière directe à l'instant k, mais également par l'intermédiaire des sorties aux n instants précédents ; puisque l'on souhaite obtenir un modèle tel que l'erreur de modélisation à l'instant k soit égale au bruit au même instant, il faut qu'il tienne compte des sorties du processus aux n instants précédents. Considérons donc un réseau de neurones non bouclé, représenté sur la figure 2-62, régi par l'équation

$$g(k) = \varphi_{RN}\left(y^p(k-1),...,y^p(k-n),\boldsymbol{u}(k-1),...\boldsymbol{u}(k-m),\boldsymbol{w}\right)$$

où $\boldsymbol{w}$ est un vecteur des paramètres, et où la fonction φ_{RN} est réalisée par un réseau de neurones (non bouclé). Supposons que l'on ait effectué l'apprentissage du réseau de neurones φ_{RN} de telle manière qu'il réalise exactement la fonction φ. On a alors $y^p(k) - g(k) = b(k)$ pour tout k. Ainsi, ce modèle est tel que l'erreur de modélisation soit égale au bruit : c'est donc le modèle idéal, puisqu'il modélise parfaitement tout ce qui est *déterministe* dans le processus, et ne modélise pas le bruit.

Il est important de remarquer que les variables du modèle sont les variables de commande et les valeurs de la grandeur à modéliser, mesurées sur le processus : le modèle (également appelé « prédicteur ») idéal, représenté sur la figure 2-62 n'est donc *pas* un réseau de neurones bouclé.

> **Apprentissage du modèle : apprentissage dirigé**
> Puisque le modèle obtenu est un modèle non bouclé, son apprentissage s'effectue en mettant en œuvre les techniques présentées dans la section « Apprentissage non adaptatif de modèles entrée-sortie non bouclés : apprentissage dirigé ».

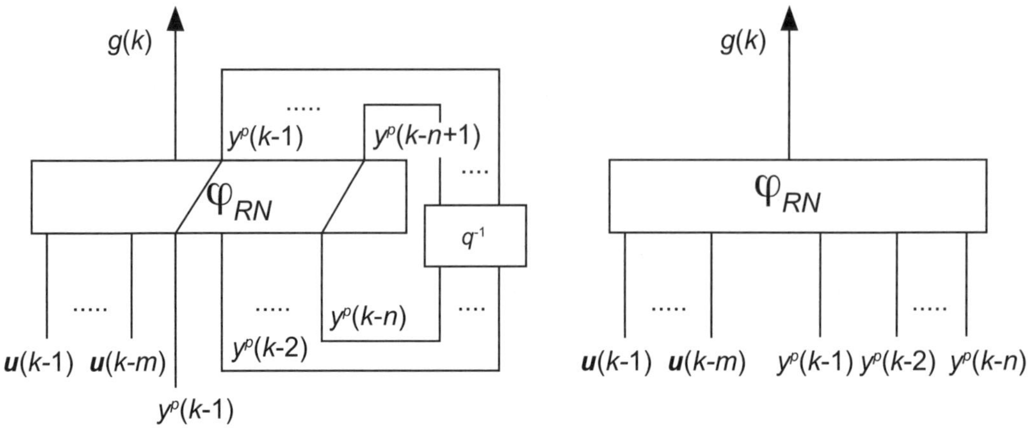

Figure 2-62. Modèle idéal pour une représentation entrée-sortie avec l'hypothèse « bruit d'état » ; les deux dessins sont équivalents, mais le fait que le réseau n'est pas bouclé apparaît plus clairement sur celui de droite.

> **Utilisation du modèle**
> Puisqu'une partie des variables du prédicteur sont les valeurs de la grandeur à modéliser, mesurées du processus, on ne peut calculer la sortie qu'au temps immédiatement suivant : on dit que l'on réalise un prédicteur « à un pas ». Si l'on désire utiliser le modèle comme simulateur, c'est-à-dire prévoir la réponse du processus sur un horizon supérieur à un pas d'échantillonnage, il faut nécessairement utiliser comme variables les prédictions faites par le modèle aux instants précédents : le prédicteur n'est plus utilisé dans des conditions optimales.

Hypothèse « bruit de sortie » (représentation « entrée-sortie »)

Faisons à présent l'hypothèse que le processus peut être correctement décrit, dans le domaine de validité souhaité, par une représentation de la forme :

$$\begin{cases} x_p(k) = \varphi\left(x_p(k-1),...,x_p(k-n),\boldsymbol{u}(k-1),...,\boldsymbol{u}(k-m)\right) \\ y^p(k) = x_p(k) + b(k) \end{cases}$$

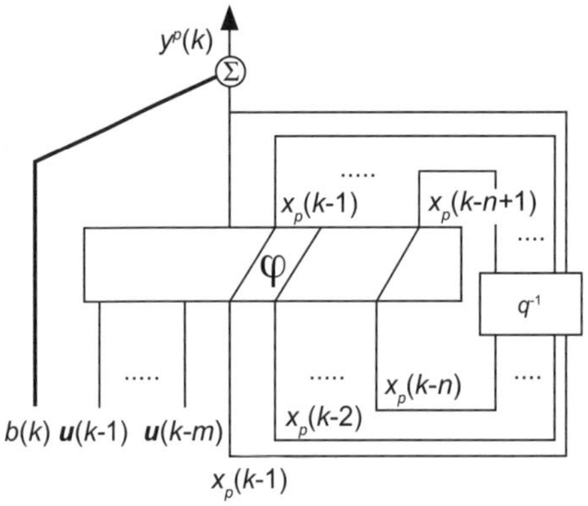

Figure 2-63. Hypothèse « bruit de sortie »

On suppose donc ici que le bruit est additif sur la sortie uniquement (figure 2-63) : il intervient en dehors de la boucle, donc il n'affecte que la prédiction. Cette hypothèse est connue, en modélisation linéaire adaptative, sous les termes d'« output error » ou « observateur parallèle » [NARENDRA 1989].

Puisque la sortie, à l'instant k, n'est affectée que par le bruit à ce même instant, le modèle recherché ne doit pas faire intervenir les valeurs passées de la grandeur à modéliser. Considérons donc un réseau de neurones bouclé, représenté sur la figure 2-64, régi par l'équation

$$g(k) = \varphi_{RN}\left(g(k-1),...,g(k-n),\boldsymbol{u}(k-1),...,\boldsymbol{u}(k-m),\boldsymbol{w}\right)$$

où $\boldsymbol{w}$ est un vecteur des paramètres, et où la fonction φ_{RN} est réalisée par un réseau de neurones non bouclé. Supposons que l'on ait effectué l'apprentissage du réseau de neurones φ_{RN} de telle manière qu'il réalise exactement la fonction φ. Supposons de plus que l'erreur de prédiction soit égale au bruit aux n premiers instants : $y^p(k) - g(k) = b(k)$ pour $k = 0$ à n-1. On a alors $y^p(k) - g(k) = b(k)$ pour tout k. Ainsi, ce modèle est tel que l'erreur de modélisation soit égale au bruit : c'est donc le modèle idéal, puisqu'il modélise parfaitement tout ce qui est *déterministe* dans la représentation, et ne modélise pas le bruit.

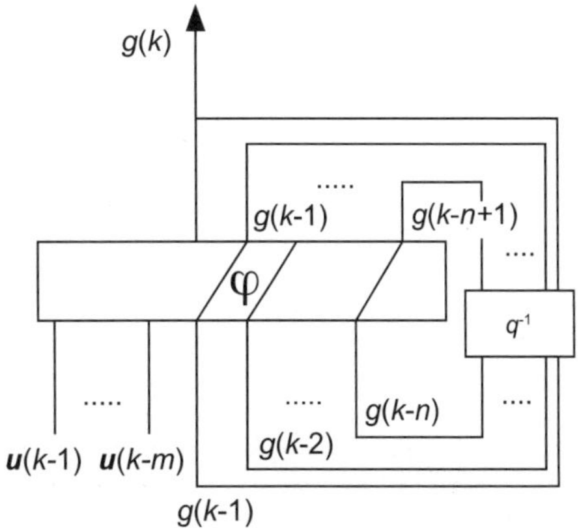

Figure 2-64. Modèle idéal pour une représentation entrée-sortie avec l'hypothèse « bruit de sortie »

Remarque

Si la condition initiale n'est pas réalisée, mais que néanmoins $\varphi_{RN} = \varphi$, et si le modèle est stable quelles que soient les conditions initiales, l'erreur de modélisation tend vers zéro lorsque k croît.

Il faut noter que, dans ce cas, le modèle idéal est un modèle *bouclé*.

Apprentissage du modèle : apprentissage semi-dirigé

L'apprentissage d'un modèle bouclé se ramène, moyennant une technique appropriée, à l'apprentissage d'un réseau de neurones non bouclé (« apprentissage semi-dirigé »). La technique d'apprentissage des réseaux de neurones bouclés est décrite dans la section « Apprentissage non adaptatif de modèles entrée-sortie bouclés ».

Utilisation du modèle

Contrairement au cas précédent, ce modèle peut être utilisé comme simulateur dans des conditions optimales. Il peut aussi, bien sûr, être utilisé comme prédicteur à un pas.

Illustration

Avant de continuer à passer en revue les principales hypothèses possibles, on va illustrer l'importance du choix du modèle en fonction de la manière dont le bruit intervient dans le processus. Cette illustration est tirée de [NERRAND 1992] et de [NERRAND 1994].

Modélisation d'un processus avec bruit de sortie

Considérons un processus, simulé sur ordinateur, qui obéit aux équations suivantes :

$$\begin{cases} x_p(k) = \left[1 - \dfrac{T}{a + bx_p(k-1)}\right] x_p(k-1) + \left[T \dfrac{c + dx_p(k-1)}{a + bx_p(k-1)}\right] u(k-1), \\ y^p(k) = x_p(k) + b(k) \end{cases}$$

avec $a = -0{,}139$, $b = 1{,}2$, $c = 5{,}633$, $d = -0{,}326$, et une période d'échantillonnage $T = 0{,}1$ s. $b(k)$ est un bruit blanc d'amplitude maximale 0,5. Il s'agit donc d'un processus avec bruit de sortie. La figure 2-65 montre la réponse du processus simulé à une séquence de créneaux pseudo-aléatoires.

Lors de la modélisation d'un processus réel, la manière dont le bruit intervient dans le processus n'est pas connue. On fait donc successivement des hypothèses sur ce type de bruit ; on effectue l'apprentissage en fonction d'une hypothèse retenue, et l'on compare les résultats de cet apprentissage avec les résultats obtenus avec d'autres hypothèses. C'est donc ce qui va être fait ici.

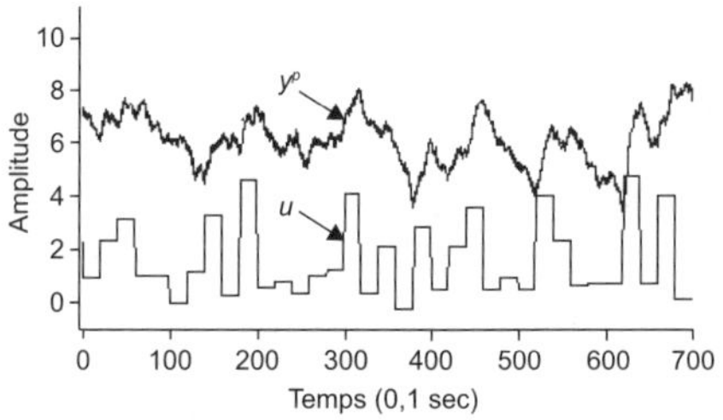

Figure 2-65. Réponse du processus simulé à une séquence de créneaux pseudo-aléatoires.

Hypothèse « bruit de sortie »

Considérons tout d'abord l'hypothèse (exacte) selon laquelle le bruit serait un bruit de sortie. On a vu que le modèle idéal est alors un modèle bouclé. La figure 2-66 montre l'erreur de modélisation après apprentissage d'un réseau de neurones bouclé à 5 neurones cachés. On observe que l'erreur de modélisation est un bruit blanc d'amplitude 0,5 : on vérifie que, ayant effectué l'hypothèse exacte et ayant choisi la structure du modèle en conséquence, l'erreur de modélisation est bien égale au bruit, ce qui constitue le meilleur résultat de modélisation que l'on puisse obtenir.

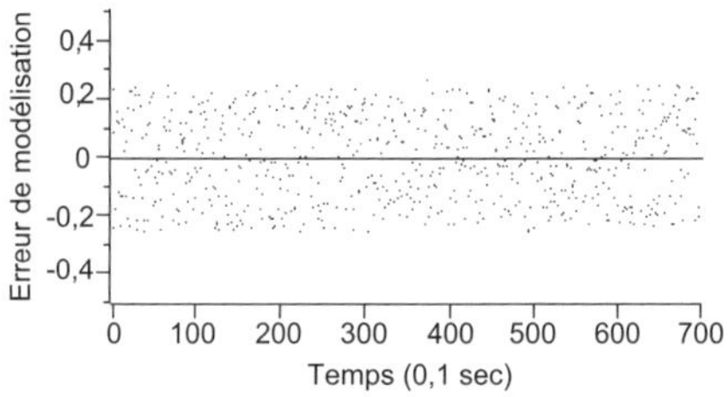

Figure 2-66. Erreur de modélisation d'un processus avec bruit de sortie après apprentissage avec hypothèse « bruit de sortie »

Hypothèse « bruit d'état »

Considérons à présent l'hypothèse (inexacte) selon laquelle le bruit serait un bruit d'état.

Conformément à cette hypothèse, effectuons l'apprentissage d'un réseau de neurones non bouclé, à 5 neurones cachés. La figure 2-67 représente l'erreur de modélisation : on vérifie que son amplitude est supérieure à 0,5. Le résultat est donc moins bon qu'avec l'hypothèse « bruit de sortie », ce qui est normal puisque cette hypothèse est inexacte. Soulignons qu'il ne s'agit pas ici d'un problème technique (trop ou trop peu de neurones cachés, algorithme d'optimisation inefficace, erreur de programmation…), mais d'un problème *fondamental* : même avec le meilleur algorithme d'apprentissage possible, et une structure de réseau de neurones parfaitement adaptée, on ne pourrait pas obtenir une erreur de modélisation égale au bruit, puisque l'on a fait une hypothèse erronée sur le bruit.

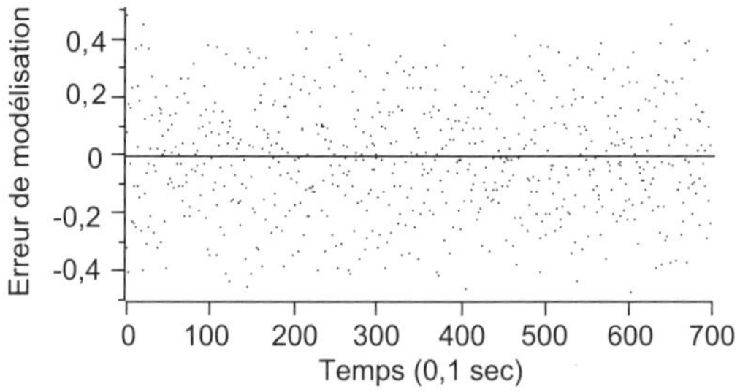

Figure 2-67. Erreur de modélisation d'un processus avec bruit de sortie après apprentissage avec l'hypothèse « bruit d'état »

Modélisation d'un processus avec bruit d'état

Considérons à présent un processus, simulé sur ordinateur, qui obéit à l'équation suivante :

$$y^p(k) = \left[1 - \frac{T}{a + bx_p(k-1)}\right] y^p(k-1) + \left[T\,\frac{c + dy^p(k-1)}{a + by^p(k-1)}\right] u(k-1) + b(k)$$

Il s'agit donc d'un processus avec bruit d'état, dont la partie déterministe est la même que dans le cas précédent : elle sera donc modélisée par un réseau de neurones à cinq neurones cachés, comme précédemment. Faisons à nouveau successivement les deux hypothèses « bruit de sortie » et « bruit d'état ».

Hypothèse « bruit de sortie »

Considérons tout d'abord l'hypothèse (inexacte) selon laquelle le bruit serait un bruit de sortie. On a vu que le modèle idéal est alors un modèle bouclé. La figure 2-68 montre l'erreur de modélisation après apprentissage d'un réseau de neurones bouclé à 5 neurones cachés. On observe que l'erreur de modélisation ne se présente pas du tout comme un bruit blanc : il est manifeste que l'erreur de modélisation *contient de l'information* que l'apprentissage du modèle n'a pas permis d'appréhender. Là encore, cet échec n'est pas dû à une raison technique (modèle insuffisamment complexe, apprentissage inefficace…) : c'est l'hypothèse sur le bruit, donc la structure du modèle (ici, modèle bouclé), qui est en cause.

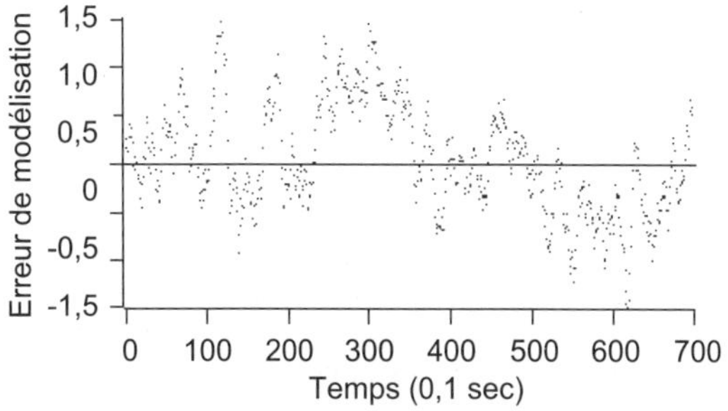

Figure 2-68. Erreur de modélisation d'un processus avec bruit d'état après apprentissage avec l'hypothèse « bruit de sortie »

Hypothèse « bruit d'état »

Faisons enfin l'hypothèse (exacte) selon laquelle le bruit serait un bruit d'état. Le modèle idéal est alors un réseau non bouclé. La figure 2-69 montre que l'erreur de modélisation a bien toutes les caractéristiques d'un bruit blanc d'amplitude 0,5 : on a bien obtenu un prédicteur idéal.

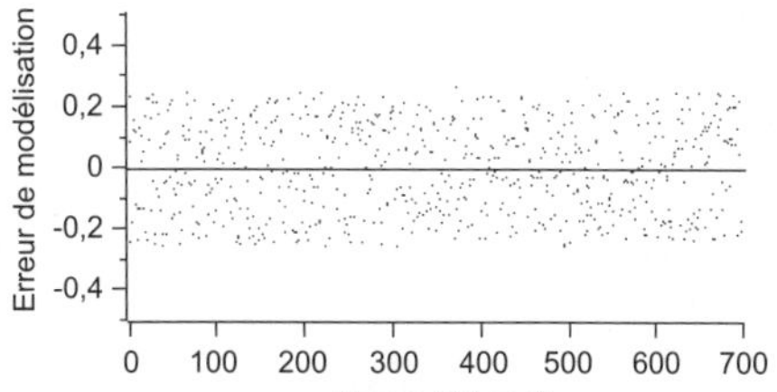

Figure 2-69. Erreur de modélisation d'un processus avec bruit d'état après apprentissage avec l'hypothèse « bruit d'état »

Hypothèse « bruit de sortie et bruit d'état » (représentation « entrée-sortie »)

Ayant examiné successivement les conséquences des hypothèses « bruit de sortie » et « bruit d'état », faisons à présent l'hypothèse d'un bruit additif qui affecte à la fois la sortie et l'état : le processus peut être correctement décrit par un modèle de la forme :

$$x_p(k) = \varphi\left(x_p(k-1),...,x_p(k-n),\boldsymbol{u}(k-1),...,\boldsymbol{u}(k-m),b(k-1),...b(k-p)\right)$$
$$y^p(k) = x_p(k) + b(k)$$

représenté sur la figure 2-70. On nomme parfois cette hypothèse NARMAX (Non linéaire Auto-Régressif à Moyenne Ajustée et entrées eXogènes).

Il faut cette fois que le modèle tienne compte simultanément des valeurs passées de la sortie du processus et des valeurs passées de la sortie du modèle. Considérons donc un réseau de neurones bouclé, régi par l'équation

$$g(k) = \varphi_{RN}\left(y^p(k-1),...y^p(k-n),\boldsymbol{u}(k-1),...,\boldsymbol{u}(k-m),r(k-1),...,r(k-p),\boldsymbol{w}\right)$$

où $r(k) = y^p(k) - g(k)$ (figure 2-71). Supposons que l'on ait effectué l'apprentissage du réseau de neurones φ_{RN} de telle manière qu'il réalise exactement la fonction φ. Supposons de plus que l'erreur de prédiction soit égale au bruit aux p premiers instants : $y^p(k) - g(k) = b(k)$ pour $k = 0$ à $p - 1$. On a alors $y^p(k) - g(k) = b(k)$ pour tout k. Ainsi, ce modèle est tel que l'erreur de modélisation soit égale au bruit : c'est donc le modèle idéal, puisqu'il modélise parfaitement tout ce qui est *déterministe* dans la représentation, et ne modélise pas le bruit.

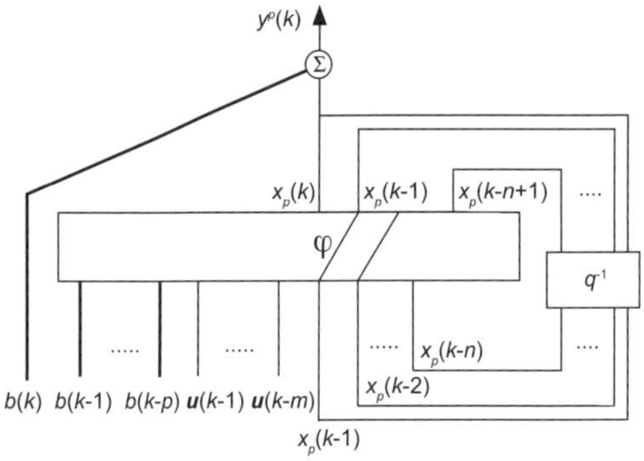

Figure 2-70. Hypothèse NARMAX

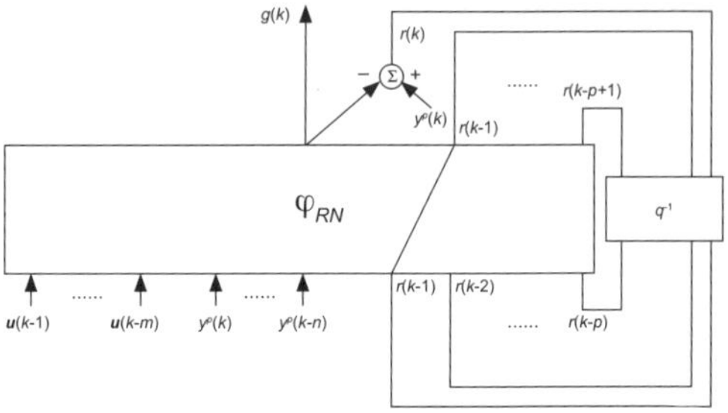

Figure 2-71. Modèle

Résumé sur la structure, l'apprentissage et l'utilisation des modèles dynamiques entrée-sortie

Le tableau 2-1 résume les hypothèses de bruit et leurs conséquences sur l'apprentissage des modèles entrée-sortie.

Hypothèse	Nom usuel en modélisation non linéaire	Équivalent en modélisation linéaire	Apprentissage	Utilisation recommandée
Bruit d'état	NARX	ARX	Dirigé	Prédicteur à un pas
Bruit de sortie		Output error	Semi-dirigé	Simulateur
Bruit d'état et bruit de sortie	NARMAX	ARMAX	Semi-dirigé	Prédicteur à un pas

Tableau 2-1. Hypothèses de bruit et leurs conséquences sur l'apprentissage des modèles entrée-sortie

Cas des représentations d'état

On reprend ici les mêmes hypothèses que dans le paragraphe précédent, mais on considère à présent leurs conséquences sur les modèles d'état.

Hypothèse « bruit de sortie » (représentation d'état)

Dans les paragraphes précédents, on a considéré diverses hypothèses sur le bruit, et cherché des modèles idéaux dans ces différents cas, sous la forme de représentations entrée-sortie. Reprenons ces hypothèses, mais en cherchant à présent des modèles sous la forme de représentations d'état, qui, rappelons-le, sont généralement plus parcimonieuses que les représentations entrée-sortie.

Faisons tout d'abord l'hypothèse « bruit de sortie », selon laquelle le comportement du processus pourrait être correctement décrit par des équations de la forme

$$\begin{cases} \boldsymbol{x}(k) = \varphi(\boldsymbol{x}(k-1), \boldsymbol{u}(k-1)) \\ y(k) = \psi(\boldsymbol{x}(k)) + b(k) \end{cases}$$

comme représenté sur la figure 2-72 pour un modèle du deuxième ordre.

Le bruit n'intervenant que dans l'équation d'observation, il n'a aucune influence sur la dynamique du modèle. Pour des raisons analogues à celles qui ont été développées dans le cas des représentations entrée-sortie, le modèle idéal est un modèle bouclé, représenté sur la figure 2-73 :

$$\begin{cases} \boldsymbol{x}(k) = \varphi_{RN}(\boldsymbol{x}(k-1), \boldsymbol{u}(k-1)) \\ y(k) = \psi_{RN}(\boldsymbol{x}(k)) \end{cases}$$

où $\boldsymbol{\varphi}_{RN}$ réalise exactement la fonction $\boldsymbol{\varphi}$ et ψ_{RN} réalise exactement la fonction ψ.

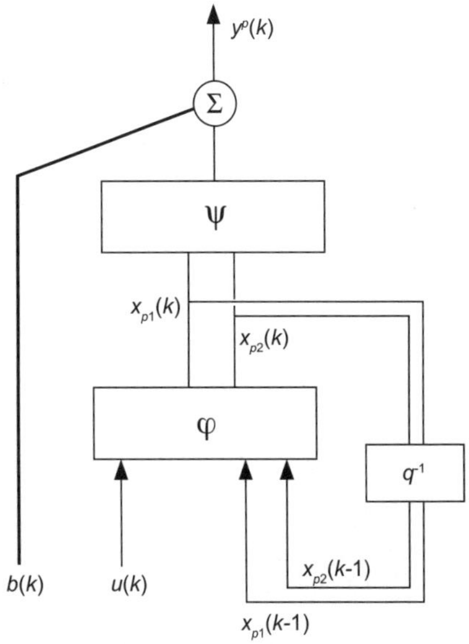

Figure 2-72. Représentation d'état, hypothèse « bruit de sortie ».

Hypothèse « bruit d'état » (représentation d'état)

Supposons que le processus puisse être décrit correctement par les équations :

$$\begin{cases} \boldsymbol{x}(k) = \varphi(\boldsymbol{x}(k-1), \boldsymbol{u}(k-1), \boldsymbol{b}(k-1)) \\ y(k) = \psi(x(k)) \end{cases}$$

Alors, par un argument analogue à celui qui a été développé pour les modèles entrée-sortie, le modèle idéal devrait avoir pour entrées, outre les entrées de commande $\boldsymbol{u}$, les variables d'état du processus. Deux cas peuvent alors se présenter :

- ces variables sont mesurées : on peut alors les considérer comme des sorties, et l'on est alors ramené à un modèle entrée-sortie ; le modèle est un modèle non bouclé, qui peut être utilisé essentiellement comme prédicteur à un pas ;
- ces variables ne sont pas mesurées : on ne peut pas construire le modèle idéal ; il convient soit d'utiliser une représentation entrée-sortie (bien qu'elle soit moins parcimonieuse qu'un modèle d'état), soit d'utiliser un modèle bouclé, non optimal.

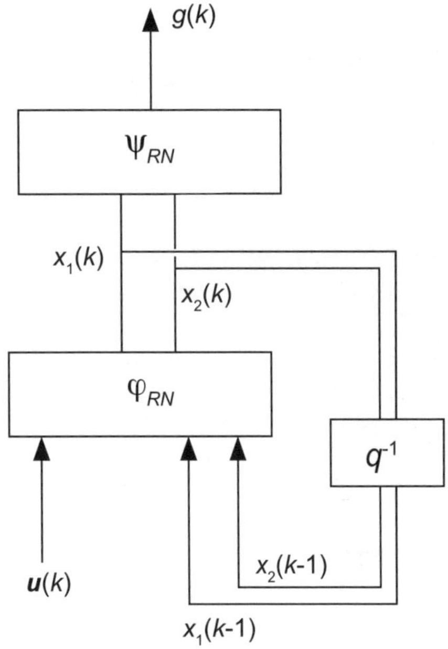

Figure 2-73. Modèle idéal pour une représentation d'état avec l'hypothèse « bruit de sortie »

Hypothèse « bruit de sortie et bruit d'état » (représentation d'état)

Supposons enfin que le processus puisse être décrit correctement par les équations :

$$\begin{cases} \boldsymbol{x}(k) = \varphi\left(\boldsymbol{x}(k-1), \boldsymbol{u}(k-1), \boldsymbol{b}_1(k-1)\right) \\ y(k) = \psi\left(x(k)\right) \end{cases}$$

Là encore, deux cas peuvent se présenter :

- si les variables d'état sont mesurées, on peut les considérer comme des sorties, et l'on est ramené au cas d'une représentation entrée-sortie, considéré précédemment ;
- si les variables d'état ne sont pas mesurées, le modèle idéal doit faire intervenir à la fois l'état et la sortie mesurée du processus ; il est donc de la forme :

$$\begin{cases} \boldsymbol{x}(k) = \varphi\left(\boldsymbol{x}(k-1), \boldsymbol{u}(k-1), y_p(k-1)\right) \\ y(k) = \psi\left(x(k)\right) \end{cases}$$

Résumé sur la structure, l'apprentissage et l'utilisation des modèles d'état dynamiques

Le tableau 2-2 résume les hypothèses de bruit et leurs conséquences sur l'apprentissage des modèles d'état dynamiques. Les termes « apprentissage dirigé » et « semi-dirigé » sont définis dans la section suivante.

Hypothèse	Apprentissage	Utilisation recommandée
Bruit d'état (état mesuré)	Dirigé	Prédicteur à un pas
Bruit d'état (état non mesuré)	Semi-dirigé	Simulateur (non optimal)
Bruit de sortie	Semi-dirigé	Simulateur
Bruit d'état et bruit de sortie	Semi-dirigé	Prédicteur à un pas

Tableau 2-2. Conséquences des hypothèses de bruit sur l'apprentissage des modèles d'état dynamiques

Apprentissage non adaptatif des modèles dynamiques sous forme canonique

Dans les paragraphes précédents, on a montré comment choisir la structure du modèle dynamique, en fonction de la manière dont le bruit est susceptible d'intervenir dans le processus, afin d'avoir une chance, si l'apprentissage est bien fait, d'obtenir le modèle idéal, c'est-à-dire celui qui rend parfaitement compte de tout ce qui est déterministe dans le processus. Abordons à présent le problème de l'apprentissage de ce modèle. On suppose que des séquences de mesures des entrées et des sorties correspondantes sont disponibles : on se place dans le cadre de l'apprentissage non adaptatif.

Dans tout ce qui suit, on considérera que le prédicteur dont on désire effectuer l'apprentissage est sous sa *forme canonique* (définie dans la section « Forme canonique des réseaux de neurones bouclés »), c'est-à-dire qu'il est sous la forme :

$$\boldsymbol{x}(k+1) = \Phi\left(\boldsymbol{x}(k), \boldsymbol{u}(k)\right)$$

$$\boldsymbol{g}(k+1) = \Psi\left(\boldsymbol{x}(k), \boldsymbol{u}(k)\right)$$

où $\boldsymbol{x}(k)$ est l'ensemble *minimal*, composé de ν variables, qui permet de calculer complètement l'état du modèle à l'instant k+1, connaissant l'état du modèle et ses variables externes à l'instant k, et où les fonctions vectorielles $\boldsymbol{\Phi}$ et $\boldsymbol{\psi}$ sont réalisées par un ou plusieurs réseaux de neurones non bouclés. ν est l'ordre de la forme canonique. Cette forme est donc la représentation d'état minimale ; si le vecteur d'état est de la forme

$$\boldsymbol{g}(k) = \begin{pmatrix} g(k) \\ g(k-1) \\ \vdots \\ g(k-\nu+1) \end{pmatrix}$$

la forme canonique constitue un modèle entrée-sortie : seule la sortie intervient dans le vecteur d'état. Dans la suite, pour simplifier, on considérera que les fonctions $\boldsymbol{\Phi}$ et $\boldsymbol{\psi}$ sont réalisées par un seul réseau à plusieurs sorties, que l'on désignera sous le terme de « réseau non bouclé de la forme canonique » (figure 2-74).

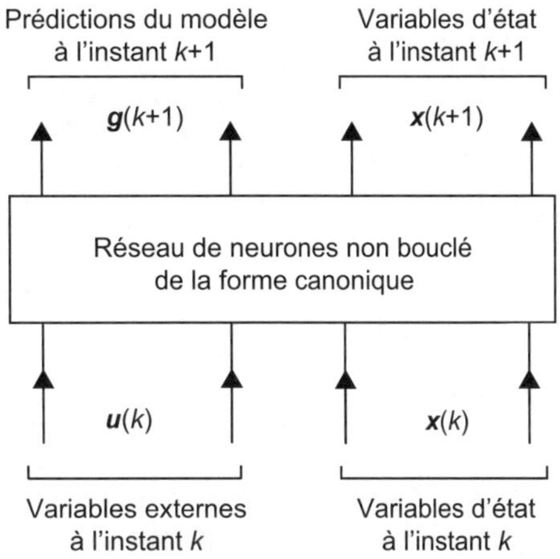

Figure 2-74. Réseau de neurones non bouclé de la forme canonique

Deux cas doivent être envisagés :

- on effectue une modélisation « boîte noire » : il est naturel de choisir, dès la conception, un prédicteur sous forme canonique, car il n'y a aucune raison d'en choisir un autre ;
- on effectue une modélisation à partir de connaissances qui suggèrent un prédicteur qui n'est pas sous forme canonique : il faut alors, préalablement à l'apprentissage, trouver la forme canonique équivalente de ce prédicteur, ce qui est toujours possible. La section intitulée « Mise sous forme canonique des modèles dynamiques » est consacrée à cette question.

Dans les paragraphes qui suivent, on supposera donc toujours que le modèle dont on cherche à réaliser l'apprentissage a été mis sous forme canonique.

On distinguera l'apprentissage des modèles non bouclés et celui des modèles bouclés.

Apprentissage non adaptatif de modèles entrée-sortie non bouclés : apprentissage dirigé

On a vu que, si l'hypothèse de la présence d'un bruit d'état seul permet de décrire le comportement d'un processus, le modèle idéal est un modèle non bouclé, dont les variables sont les signaux de commande et les valeurs de la grandeur à modéliser mesurées sur le processus aux n instants précédents. L'apprentissage de ce modèle est dit *dirigé* par le processus, puisque ce sont les mesures issues du processus qui sont utilisées comme variables du prédicteur pendant l'apprentissage, comme cela est indiqué sur la figure 2-75 (cet apprentissage est appelé *teacher forcing* en anglais). Le modèle est donc « calé » en permanence sur les mesures de la grandeur à modéliser.

L'apprentissage de ce modèle s'effectue exactement comme celui d'un réseau pour la modélisation statique. L'ensemble d'apprentissage de ce réseau est constitué de N couples $\{\boldsymbol{x}_k, y_k\}$ (k = 1 à N), où N est la longueur de la séquence d'apprentissage, et où

$$\begin{cases} x_k = \left[u(k), u(k-1), ..., u(k-m+1), y^p(k), y^p(k-1), ..., y^p(k-n+1)\right]^T \\ y_k = y^p(k+1) \end{cases}$$

L'apprentissage se fait par minimisation de la fonction de coût

$$J(w) = \sum_{k=1}^{N} \left(y^p(k) - g(x_k, w)\right)^2$$

par rapport aux paramètres w du réseau non bouclé de la forme canonique.

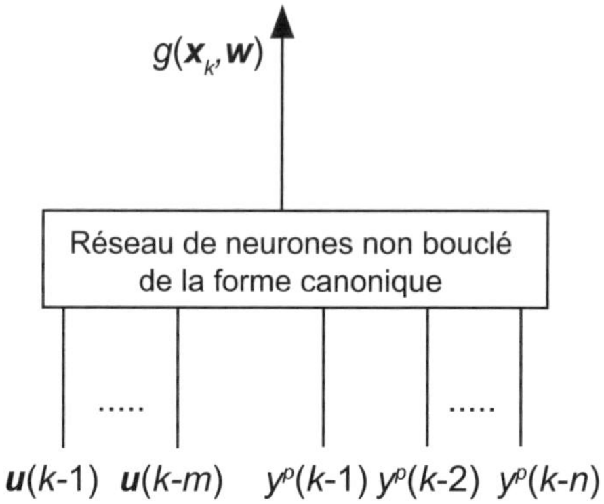

Figure 2-75. Apprentissage dirigé d'un modèle dynamique sous forme canonique

Le piège du « prédicteur stupide »
En apprentissage dirigé, le modèle prend en considération, à chaque pas de temps, les valeurs de la grandeur à modéliser mesurées sur le processus. Il est donc très facile d'obtenir des résultats qui peuvent donner l'impression d'une grande qualité, surtout si l'on se contente d'estimer graphiquement celle-ci en superposant la courbe réelle et la courbe prédite. Cela peut être trompeur : en effet, un « prédicteur stupide » constitué d'un simple retard d'une unité de temps, c'est-à-dire un prédicteur qui prédit que la sortie à l'instant $k + 1$ sera égale à la sortie mesurée à l'instant k, peut également donner d'excellents résultats : il suffit pour cela que la sortie du processus varie peu entre deux instants d'échantillonnage. Il est donc très important, lorsque l'on a effectué un apprentissage dirigé, de comparer la précision du modèle obtenu à celle du « prédicteur stupide ». Les désillusions sont fréquentes...

Apprentissage non adaptatif de modèles entrée-sortie bouclés : apprentissage semi-dirigé

On a vu que, si l'hypothèse de la présence d'un bruit de sortie seul, ou d'un bruit de sortie et d'un bruit d'état, permet de décrire le comportement d'un processus, le modèle idéal est un modèle bouclé dont les variables sont

- les signaux de commande et les prédictions du modèle aux n instants précédents (si l'on fait l'hypothèse de l'existence d'un bruit de sortie seul) ;
- les signaux de commande, les prédictions du modèle et les erreurs de modélisation sur un horizon convenable p (si l'on fait l'hypothèse NARMAX).

Hypothèse « bruit de sortie »

Le modèle étant bouclé, son apprentissage, à l'aide d'une séquence de mesures de longueur N, nécessite de « déplier » le réseau bouclé en un grand réseau non bouclé, composé de N copies identiques (c'est-à-dire qui possèdent toutes les mêmes paramètres). Les variables de la copie k (représentée sur la figure 2-76) sont :

- le vecteur $u(k) = [u(k), ..., u(k-m+1)]^T$ (pour simplifier, on suppose ici qu'il y a un seul signal de commande ; s'il y en a plusieurs, le vecteur des variables de commande est la concaténation des vecteurs constitués des valeurs de chacun de ces signaux sur l'horizon m),
- le vecteur des prédictions à l'instant k et aux n-1 instants précédents $[g(k), ..., g(k-n+1)]^T$.

Le vecteur de sortie de la copie k est le vecteur des prédictions à l'instant k+1 et aux n-1 instants précédents $[g(k), ..., g(k-n+2)]^T$. Le réseau ne calcule donc que $g(k+1)$, les autres composantes du vecteur des prédictions étant déduites de celles du précédent vecteur des prédictions par décalage d'une unité de temps. Le vecteur des sorties de la copie *k* constitue le vecteur des variables de la copie suivante, correspondant à l'instant *k*+1. Le dépliement temporel pour l'apprentissage d'un réseau d'ordre 2, avec $m = 1$, à l'aide d'une séquence de longueur *N*, est représenté sur la figure 2-77.

Le concepteur doit choisir le vecteur des variables à l'instant initial. Si la grandeur à modéliser est connue au cours des *n* premiers instants, il est naturel de prendre ces valeurs pour l'état initial. Les valeurs de la grandeur à modéliser n'interviennent donc que pour l'initialisation : c'est la raison pour laquelle cet algorithme est appelé *semi-dirigé*, par opposition aux algorithmes dirigés qui sont utilisés pour les réseaux non bouclés, dans lesquels les mesures effectuées sur le processus interviennent à tous les instants (figure 2-75).

Remarque très importante

Toutes les copies étant identiques, il fautt utiliser la technique des poids partagés, décrite plus haut.

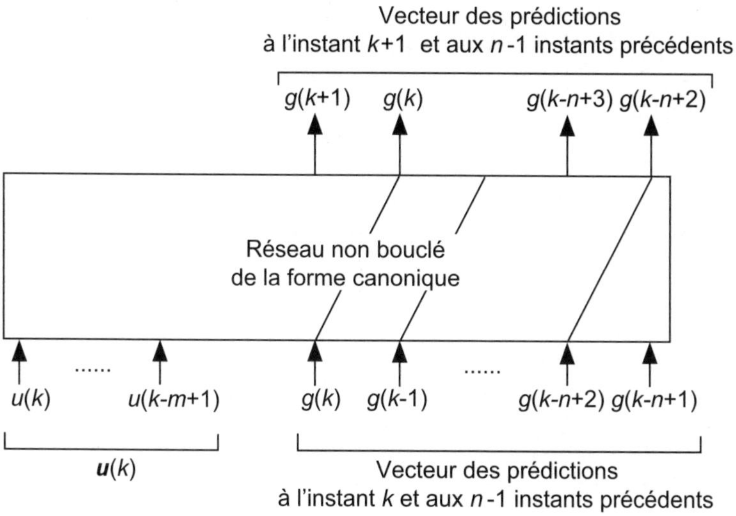

Figure 2-76. Copie k du réseau non bouclé de la forme canonique pour un apprentissage semi-dirigé

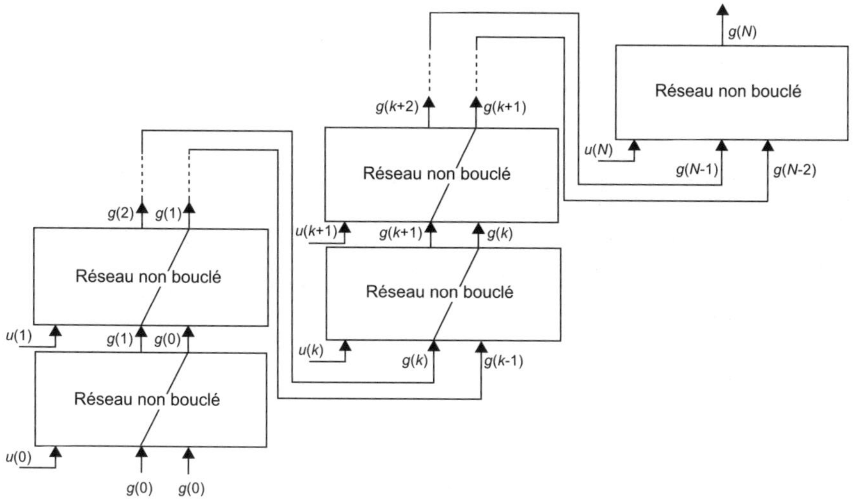

Figure 2-77. Dépliement temporel pour l'apprentissage semi-dirigé d'un réseau dynamique d'ordre 2 sous forme canonique, avec m = 1

Hypothèse NARMAX

Le prédicteur étant bouclé, son apprentissage nécessite, comme dans le cas précédent, de « déplier » le réseau en un grand réseau non bouclé, composé de N copies identiques (c'est-à-dire possédant toutes les mêmes paramètres). Les variables de la copie k (représentée sur la figure 2-78) sont :

- le vecteur $[u(k), ..., u(k\text{-}m\text{+}1)]^T$ (on suppose, pour simplifier le schéma, que le processus a une seule variable de commande) ;
- le vecteur $[y_p(k), ..., y_p(k\text{-}n\text{+}1)]^T$;
- le vecteur des erreurs à l'instant k et aux p instants précédents $[r(k), ..., r(k\text{-}p\text{+}1)]^T$.

Le vecteur de sortie de la copie k est le vecteur des erreurs à l'instant k+1 et aux p instants précédents $[r(k\text{+}1), ..., r(k\text{-}p\text{+}2)]^T$. Le réseau ne calcule donc que $r(k\text{+}1)$, les autres composantes du vecteur des erreurs à l'instant k+1 étant déduites de celles du vecteur des erreurs à l'instant k par décalage d'une unité de temps. Le vecteur des erreurs à l'instant k+1 entre dans la constitution du vecteur des variables de la copie suivante, correspondant à l'instant k+1.

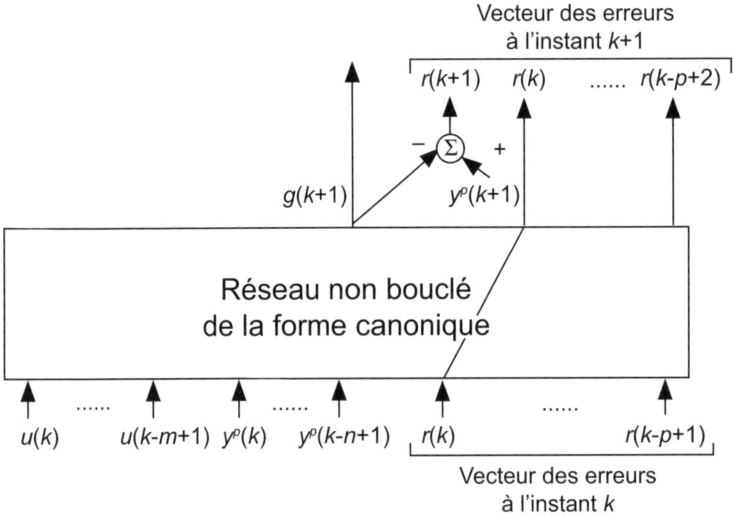

Figure 2-78.
Copie k du réseau non bouclé de la forme canonique pour l'apprentissage d'un modèle NARMAX

Apprentissage non adaptatif de modèles d'état bouclés : apprentissage semi-dirigé

Comme dans le cas d'un modèle entrée-sortie, l'apprentissage nécessite de « déplier » le réseau de manière à réaliser un grand réseau non bouclé, composé de N copies identiques d'un réseau non bouclé dont les variables sont, pour la copie k :

- la variable de commande $u(k)$;
- le vecteur d'état à l'instant k $[x_1(k), ..., x_n(k)]^T$;

et dont les sorties sont :

- la prédiction $g(k\text{+}1)$;
- le vecteur d'état à l'instant k+1 $[x_1(k\text{+}1), ..., x_n(k\text{+}1)]^T$.

Ce dernier vecteur constitue le vecteur des variables d'état de la copie suivante, correspondant à l'instant k+1 (voir figure 2-79).

Pour l'initialisation de la première copie, le problème est plus délicat que dans les cas précédents, puisque l'état initial n'est pas connu. On peut, par exemple, prendre un vecteur nul.

L'état n'étant imposé que pour la première copie, il s'agit encore d'un algorithme semi-dirigé.

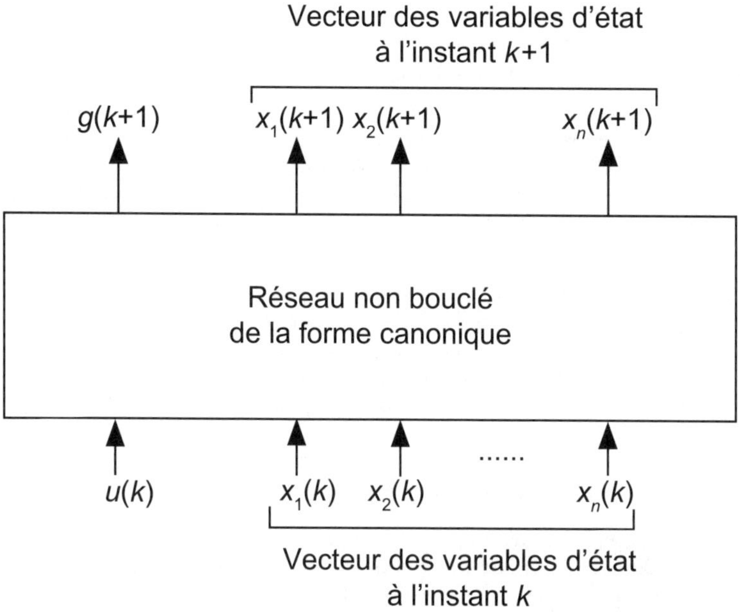

Figure 2-79.
Copie k du réseau non bouclé de la forme canonique pour l'apprentissage semi-dirigé d'un modèle d'état

Apprentissage non adaptatif de modèles d'état non bouclés : apprentissage dirigé

Il a été démontré plus haut que, si l'on fait l'hypothèse d'un bruit d'état, et si les variables d'état sont mesurées, le modèle idéal est un modèle non bouclé qui prédit l'état et la grandeur à modéliser, soit à l'aide d'un réseau unique, soit au moyen de deux réseaux distincts.

Le prédicteur de l'état est non bouclé, ainsi que le prédicteur de la grandeur à modéliser. Pour la prédiction de l'état, on peut soit utiliser n réseaux distincts (qui ont tous les mêmes entrées, mais qui prédisent chacun une variable d'état différente), soit utiliser un réseau unique qui prédit toutes les variables d'état :

- l'état à l'instant k+1 est calculé à partir de l'état mesuré à l'instant k et des entrées de commande à l'instant k ;
- la sortie à l'instant k+1 est calculée à partir de l'état calculé à l'instant k+1.

La figure 2-80 montre le modèle mis en œuvre si l'on utilise deux réseaux de neurones distincts pour l'état et la grandeur à modéliser.

L'apprentissage de ces réseaux est un apprentissage *dirigé :* il s'effectue donc exactement comme pour un réseau non bouclé.

Remarque

La remarque concernant le « prédicteur stupide », formulée à propos de l'apprentissage dirigé des modèles entrée-sortie, s'applique également à l'apprentissage dirigé des modèles d'état.

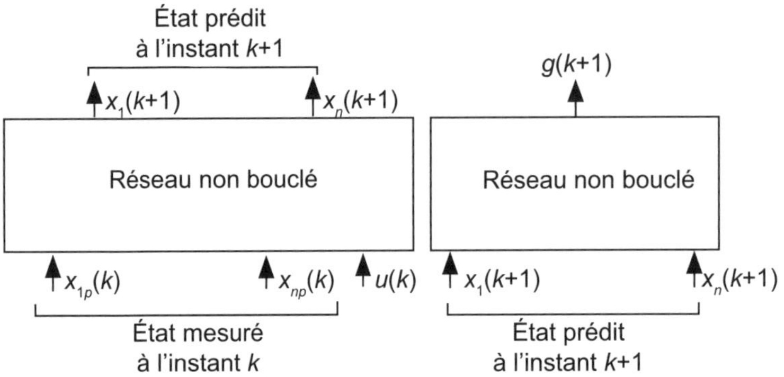

Figure 2-80.
Copie k pour l'apprentissage d'un réseau d'état comprenant deux réseaux distincts pour l'état et pour la grandeur à modéliser

Implantation pratique des algorithmes dirigés et semi-dirigés

Le lecteur désireux de programmer lui-même des algorithmes dirigés ou semi-dirigés trouvera l'ensemble des équations nécessaires dans le chapitre 3, pages 64 à 69 (modèles entrée-sortie) et 72 à 81 (modèles d'état), [OUSSAR 1998]. Une discussion technique très complète, qu'il serait trop long de reproduire ici, y est présentée.

Apprentissage adaptatif de réseaux de neurones bouclés

Dans la section consacrée à l'apprentissage des modèles statiques, la possibilité de réaliser un apprentissage adaptatif a été mentionnée. La théorie et les conditions d'application de ces algorithmes sont développées au chapitre 4, dans le cadre de l'approximation stochastique. On retrouve les principes essentiels développés plus haut, notamment l'influence de la nature du bruit sur les choix du type d'apprentissage. On retrouve également les algorithmes dirigés et semi-dirigés, et l'on trouvera un troisième type d'apprentissage : l'apprentissage non dirigé.

Que faire en pratique ? Un exemple réel de modélisation « boîte noire »

On a présenté, dans les premiers paragraphes de ce chapitre, les problèmes posés par la conception d'un modèle statique « boîte noire » :

- prétraitement et choix des variables pertinentes ;
- choix de la complexité du modèle, c'est-à-dire du nombre de neurones cachés.

La conception d'un modèle dynamique nécessite, en outre, les choix suivants :

- choix de la représentation (entrée-sortie ou d'état) ;
- choix de l'hypothèse concernant le bruit (bruit d'état, bruit de sortie, bruit d'état et de sortie) ;
- choix de l'ordre du modèle.

En l'absence de toute connaissance sur le processus, il faudrait en principe essayer toutes les combinaisons d'hypothèses et de représentations, et mettre en œuvre des modèles d'ordres croissants, jusqu'à obtention d'un modèle satisfaisant. Néanmoins, les considérations suivantes doivent simplifier largement la tâche du concepteur :

- comme indiqué au début de la section sur la modélisation dynamique « boîte noire », les modèles d'état sont plus généraux et plus parcimonieux, mais d'apprentissage moins aisé, que les modèles entrée-sortie; il est donc recommandé d'essayer d'abord des modèles entrée-sortie, puis, si ceux-ci ne sont pas satisfaisants, d'essayer des modèles d'état ;
- des connaissances, même très sommaires, sur le processus à modéliser, fournissent souvent des indications sur la nature du bruit qui agit sur le processus ;
- de même, l'observation de la réponse du processus fournit souvent des indications concernant l'ordre souhaitable pour le modèle.

Pour illustrer cette démarche de conception, on présente ici un exemple : la modélisation « boîte noire » de l'actionneur hydraulique d'un bras de robot utilisé pour l'exploitation forestière. Les données ont été recueillies par l'Université de Linköping (Suède)[2], et ont fait l'objet de modélisations « boîte noire » effectuées par plusieurs équipes (voir notamment [SJÖBERG 1995]).

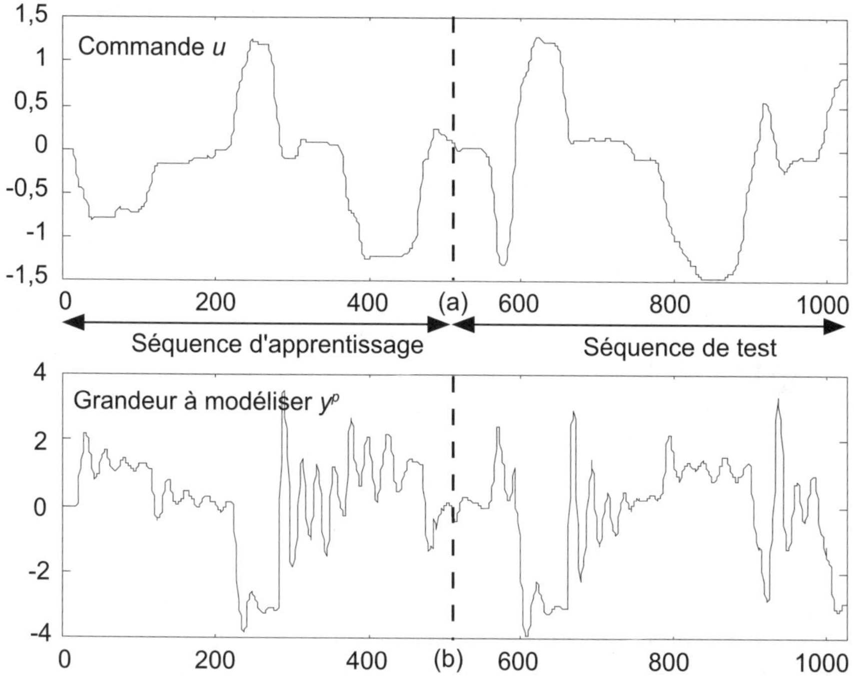

Figure 2-81. Séquences d'apprentissage et de test pour la modélisation de l'actionneur d'un bras de robot

La variable de commande est l'ouverture de la vanne d'admission du liquide dans le vérin, et la grandeur à modéliser est la pression hydraulique dans l'actionneur. Deux séquences d'observations sont disponibles ; chacune d'elles comprend 512 points. La première de ces séquences est destinée à l'apprentissage, la seconde au test. La figure 2-81(a) montre la séquence des signaux de commande, et la figure 2-81(b) représente les réponses correspondantes.

Remarque

Aucun ensemble de validation n'étant fourni, les performances indiquées sont les meilleures performances obtenues sur l'ensemble de test.

2. Ces données proviennent de la Division of Oil Hydraulics and Pneumatics, Dept. of Mechanical Eng., Linköping University, et nous ont été aimablement communiquées par P.-Y. Glorennec (IRISA, Rennes).

Tout d'abord, on observe facilement que le modèle doit être non linéaire pour rendre compte des observations : par exemple, des commandes dont les amplitudes sont dans un rapport 2 (par exemple les variations rapides présentes aux instants 10 et 380 environ) n'entraînent pas des réponses dans un rapport 2.

On ne dispose ici d'aucune indication sur la physique du dispositif, et notamment sur les sources de perturbation. Il faut donc tester les hypothèses de bruit d'état et de bruit de sortie.

De plus, les réponses à des variations brusques (par exemple au voisinage de l'instant 220) suggèrent que le modèle doit être d'ordre supérieur à 1.

Enfin, l'application ne nécessitant pas un apprentissage adaptatif, seuls les apprentissages non adaptatifs seront envisagés.

Modélisation entrée-sortie

Comme indiqué plus haut, la modélisation entrée-sortie est plus simple à mettre en œuvre que la modélisation d'état : c'est donc celle que l'on essaie en priorité. En l'absence de toute connaissance sur le processus, il faut faire successivement les hypothèses de bruit d'état (apprentissage dirigé d'un modèle non bouclé, modèle NARX), de bruit de sortie (apprentissage semi-dirigé d'un modèle bouclé), et de présence simultanée des deux (apprentissage avec présence simultanée, en entrée, des prédictions du modèle et des mesures de la sortie du processus).

Les hypothèses faisant intervenir un bruit d'état donnent des résultats de très mauvaise qualité lorsqu'ils sont utilisés comme simulateurs, c'est-à-dire si on leur demande une prédiction à plus d'un pas de temps ; ils ne seront pas présentés ici. On ne présente que les résultats obtenus par modélisation par apprentissage semi-dirigé d'un modèle bouclé. Le meilleur modèle est un modèle d'ordre 2, à 3 neurones cachés avec fonction d'activation sigmoïde, avec un horizon de 1 sur l'entrée. Son équation est donc :

$$g(k) = \varphi_{RN}\left(g(k-1), g(k-2), u(k-1), \boldsymbol{w}\right)$$

où $\boldsymbol{w}$ est le vecteur des paramètres, de dimension 19.

Son EQMA vaut 0,092 et son EQMT vaut 0,15. Pour chaque structure essayée, 50 apprentissages ont été effectués avec des initialisations différentes. L'apport de neurones supplémentaires conduit à du surajustement, et l'utilisation d'un ordre plus élevé n'améliore pas les performances. L'apprentissage est effectué à l'aide d'un algorithme semi-dirigé mettant en œuvre l'algorithme de Levenberg-Marquardt.

Modélisation d'état

Compte tenu des résultats obtenus avec les modèles entrée-sortie, on cherche à concevoir des modèles d'ordre 2. Deux possibilités se présentent :

- modèles à deux variables d'état (non mesurées dans cette application) ;
- modèles dont la prédiction constitue une des variables d'état (une des variables d'état est donc mesurée).

Là encore, les modèles dont l'apprentissage est effectué à l'aide d'un algorithme dirigé (hypothèse « bruit d'état ») donnent de très mauvais résultats lorsqu'ils sont testés en simulateurs.

Le tableau 2-3 présente les meilleurs résultats obtenus après apprentissage semi-dirigé mettant en œuvre l'algorithme de Levenberg-Marquardt, pour un réseau à trois neurones cachés.

	EQMA	EQMT
Réseau sans variable d'état mesurée	0,091	0,18
Réseau dont une des variables d'état est la sortie	0,071	0,12

Tableau 2-3. Résultats obtenus après apprentissage semi-dirigé avec optimisation par l'algorithme de Levenberg-Marquardt (trois neurones cachés)

Le meilleur modèle est donc le réseau dont la sortie est une des variables d'état. Son équation est

$$\begin{cases} x_1(k) = \varphi_{RN}^1\left(x_1(k-1), x_2(k-1), u(k-1)\right) \\ x_2(k) = \varphi_{RN}^2\left(x_1(k-1), x_2(k-1), u(k-1)\right) \\ g(k) = x_2(k) \end{cases}$$

Ce réseau possède 26 paramètres ajustables, et il présente néanmoins de meilleures performances que celles d'un réseau entrée-sortie à 19 paramètres ajustables. On vérifie bien ainsi, de manière expérimentale, la plus grande généralité et la parcimonie des réseaux d'état, qui ont permis de mettre en œuvre un plus grand nombre de paramètres sans dégradation des performances par surajustement.

Remarque

À notre connaissance, ces résultats sont les meilleurs résultats publiés sur cette application. On peut en trouver le détail, ainsi que des résultats obtenus avec des réseaux d'ondelettes, dans [OUSSAR 1998].

Mise sous forme canonique des modèles dynamiques

Dans tout ce qui précède, on a supposé que le concepteur du modèle ne possède aucune connaissance a priori sur le processus qu'il veut modéliser, et notamment qu'il n'a aucune idée de la forme des équations algébro-différentielles qui pourraient décrire le processus si une analyse physique de celui-ci était réalisée : on était dans le contexte d'un modèle dynamique « boîte noire ».

Dans la section suivante, on montre qu'il peut être très avantageux de tenir compte, dans la conception du modèle, d'équations issues d'une analyse du processus, même si elles sont approximatives. Il s'agit alors d'une modélisation « boîte grise », ou « semi-physique ». La conception d'un tel modèle peut amener à une structure de réseau complexe, qui n'est ni une représentation entrée-sortie, ni une représentation d'état ; or, les algorithmes d'apprentissage présentés dans les paragraphes précédents s'appliquent à des réseaux sous forme de représentation entrée-sortie ou sous forme de représentation d'état. Comment réaliser l'apprentissage de réseaux qui, a priori, ne sont sous aucune de ces deux formes ?

De même, on trouvera dans le chapitre 4 une série de « modèles de réseaux » (où « modèle » ne doit pas être pris au sens scientifique du terme, mais au sens commercial – comme « modèle de voiture » ou « modèle de téléviseur »), portant généralement le nom de leur auteur (modèles de Hopfield [HOPFIELD 1987], de Jordan, d'Elman, etc.), qui ont des structures différentes de celles qui ont été considérées jusqu'à présent. Là encore, il est légitime de se demander comment on peut réaliser l'apprentissage de tels réseaux.

Pour répondre à cette question, utilisons la propriété suivante.

Propriété

Tout réseau de neurones bouclé, aussi complexe soit-il, peut être mis sous une forme d'état minimale, dite « forme canonique », à laquelle s'appliquent directement les algorithmes décrits dans les paragraphes précédents. Ces derniers sont donc complètement génériques, en ce sens qu'ils s'appliquent à n'importe quelle structure de réseau bouclé, sous réserve d'avoir préalablement ramené celle-ci à une forme canonique.

On va donc montrer comment, étant donnée une structure arbitraire de réseau, provenant, par exemple, d'une modélisation de connaissance, on peut trouver la forme canonique correspondante. Cette opération peut se décomposer en deux étapes :

- détermination de l'ordre du réseau ;
- détermination d'un vecteur d'état et de la forme canonique correspondante.

Rappel

Lorsqu'on procède à une modélisation purement « boîte noire », c'est-à-dire que l'on ne dispose d'aucun modèle mathématique, même approximatif, dont on désire s'inspirer pour concevoir le modèle, on utilise directement la forme canonique : le problème de la mise sous forme canonique ne se pose pas.

Définition

Forme canonique

On appelle forme canonique d'un réseau de neurones bouclé la forme d'état minimale

$$\boldsymbol{x}(\boldsymbol{k}) = \Phi(\boldsymbol{x}(\boldsymbol{k}-1), \boldsymbol{u}(k-1))$$

$$g(\boldsymbol{k}) = \Psi(\boldsymbol{x}(\boldsymbol{k}-1), \boldsymbol{u}(k-1))$$

où x(k) est l'ensemble minimal, composé de ν variables, qui permet de calculer complètement l'état du modèle à l'instant k+1, connaissant l'état du modèle et ses entrées à l'instant k, et où les fonctions $\boldsymbol{\Phi}$ et $\boldsymbol{\Psi}$ sont des fonctions qui peuvent notamment être réalisées par des réseaux de neurones non bouclés.

ν est l'ordre de la forme canonique. Il s'avère commode, mais pas obligatoire, d'utiliser un seul réseau de neurones pour réaliser le prédicteur, dont les variables sont les variables externes et les variables d'état à un instant donné, et les sorties sont les variables d'état et les prédictions à l'instant suivant (voir figure 2-6).

On reconnaît, dans cette structure, la forme générale d'un modèle d'état.

Une technique générale, complètement automatique, pour la mise sous forme canonique d'un modèle quelconque, est décrite en détail dans [DREYFUS 1998]. Elle va être illustrée par un exemple, à titre d'illustration.

Exemple de mise sous forme canonique

L'analyse d'un processus a permis d'établir un modèle constitué par les équations suivantes :

$$\begin{cases} \ddot{x}_2 = \phi_1(x_1, x_2, x_3, u) \\ x_2 = \phi_2(x_1, x_3) \\ \ddot{x}_3 = \phi_3(x_1, x_2) \\ g = x_3 \end{cases}$$

Un équivalent, en temps discret, de ces équations, établi à l'aide de la méthode d'Euler, est donné par des relations de la forme :

$$\begin{cases} x_1(k+1) = \Psi_1\left(x_1(k), x_1(k-1), x_2(k-1), x_3(k-1), u(k-1)\right) \\ x_2(k+1) = \Psi_2\left(x_2(k+1), x_3(k+1)\right) \\ x_3(k+1) = \Psi_3\left(x_3(k), x_3(k-1), x_1(k-1), x_2(k), x_2(k-1)\right) \\ g(k+1) = x_3(k+1) \end{cases}$$

Rappel

La méthode de discrétisation d'Euler consiste à remplacer la dérivée $f'(t)$ d'une fonction à l'instant kT (où T est la période d'échantillonnage et k un entier positif) par l'expression approchée $[f(kT) - f((k-1)T)] / T$. Dans la section consacrée à la modélisation « boîte grise », on reviendra en détail sur les problèmes de discrétisation des équations différentielles d'un modèle à temps continu.

Il est clair que ces équations ne sont pas sous une forme canonique. Il est souhaitable, pour la clarté de l'analyse du réseau, et pour faciliter l'apprentissage si les fonctions inconnues sont paramétrées, de connaître le nombre minimal de variables qui permettent de décrire ce modèle, et de le mettre sous forme canonique. Il faut noter que cette forme canonique n'est pas unique : pour un réseau donné, on peut généralement trouver plusieurs formes canoniques, *qui, bien entendu, ont toutes le même nombre de variables d'état.*

Il s'avère intéressant de représenter cette structure par le *graphe du réseau*, dont les nœuds sont les neurones, et les arêtes les connexions entre neurones ; on attribue à chaque arête une *longueur* qui est le retard (exprimé en multiple entier, éventuellement nul, de la période d'échantillonnage) associé à celle-ci, et une direction (qui est celle de la circulation de l'information dans la connexion considérée). La longueur d'un chemin dans le graphe est égale à la somme des longueurs des arêtes de ce chemin.

Attention

Pour qu'un réseau de neurones à temps discret soit causal, il ne doit pas posséder de cycle de longueur nulle.

Remarque

Un cycle dans un graphe est un chemin qui va d'un nœud à lui-même, sans passer deux fois par un autre nœud, en respectant la direction des arêtes. La longueur d'un cycle est la somme des longueurs de ses arêtes.

En effet, si un cycle était de longueur nulle, cela signifierait que la valeur de la sortie d'un neurone du réseau à un instant donné dépendrait de la valeur de cette même sortie *au même instant.*

La figure 2-82 montre une représentation des équations du modèle sous forme du graphe d'un réseau de neurones bouclé ; les nœuds 1, 2 et 3 représentent des neurones de fonction d'activation Ψ_1, Ψ_2 et Ψ_3, respectivement, si ces dernières sont connues ; si elles ne le sont pas, chacun de ces nœuds représente un réseau de neurones non bouclé réalisant une de ces fonctions. Les nombres représentés dans des carrés sont les retards associés à chacune des connexions, exprimés en nombre de périodes d'échantillonnage.

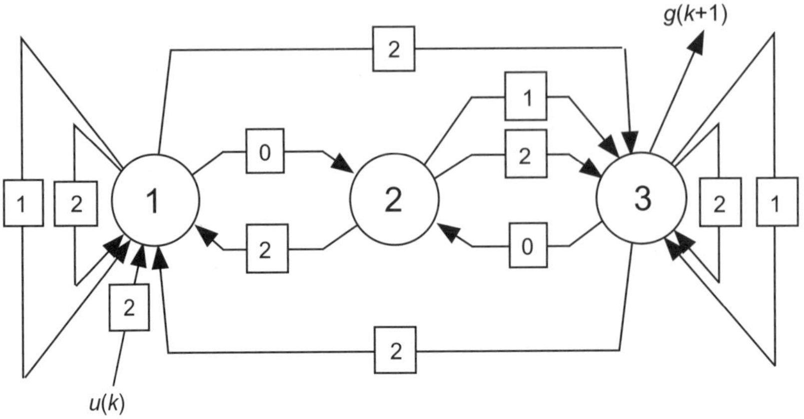

Figure 2-82 Graphe d'un modèle dynamique

On peut choisir comme vecteur d'état le vecteur $z(k) = [x_1(k), x_2(k\text{-}1), x_3(k), x_3(k\text{-}1)]^T$. La forme canonique correspondante est représentée sur la figure 2-83.

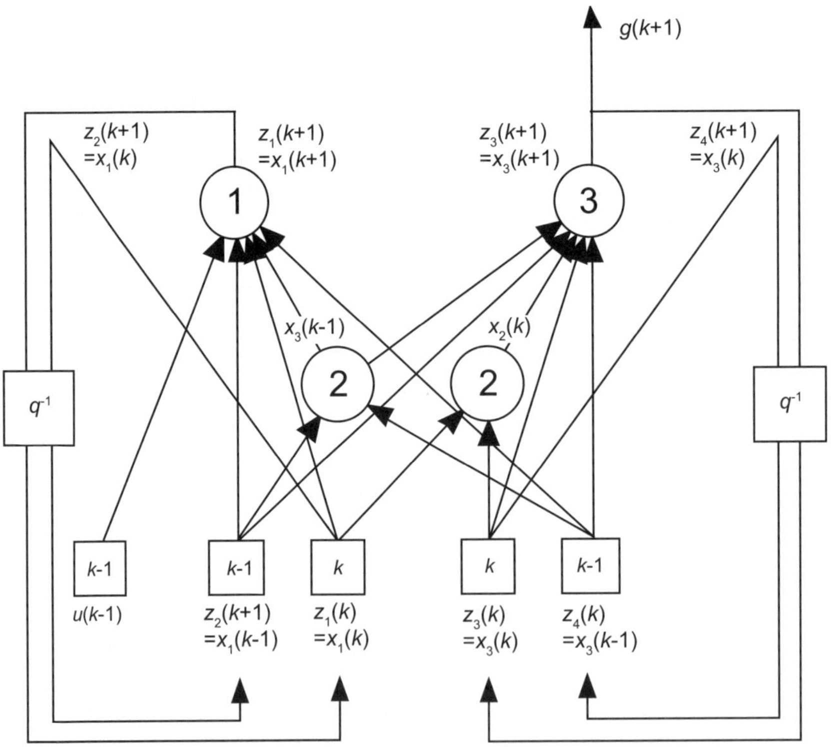

Figure 2-83. Forme canonique du modèle de la figure 2-82

Elle comprend un réseau non bouclé avec trois neurones cachés (le neurone 1, et le neurone 2, qui est dupliqué dans la forme canonique (avec des poids partagés)), un neurone de sortie (le neurone 3), qui est un neurone d'état ; le neurone 1 est également un neurone d'état. Le modèle étant d'ordre quatre, il y a quatre sorties d'état, reliées aux entrées d'état par des retards unité, représentés par l'opérateur retard q^{-1}.

> **Remarque**
> Le réseau représenté sur la figure 2-83 est strictement équivalent à celui qui est représenté sur la figure 2-82 : il s'agit seulement d'une réécriture très commode, qui permet, en premier lieu, de rendre la structure du modèle plus lisible, et surtout d'utiliser les algorithmes d'apprentissage conventionnels exposés plus haut, rendant ainsi inutile la conception d'un algorithme d'apprentissage spécifique pour chaque architecture de réseau.

Cette forme est bien une forme canonique du type représenté sur la figure 2-6. Les détails algorithmiques de la mise sous forme canonique de ce modèle sont donnés dans [DREYFUS 1998].

Modélisation dynamique « boîte grise »

Dans les premières sections de ce chapitre, on a mis l'accent sur la méthodologie de conception de modèles non linéaires « boîtes noires », ce qui constitue la vue traditionnelle des réseaux de neurones, bouclés ou non : on élabore un modèle à partir des mesures effectuées sur le processus, et d'elles seules. Une telle approche est très utile lorsque l'on est dans l'incapacité de construire un modèle de connaissance suffisamment précis. Néanmoins, il arrive fréquemment qu'un modèle de connaissance existe, mais qu'il ne soit pas satisfaisant, soit parce qu'il n'a pas la précision requise, soit parce que sa mise en œuvre nécessite, pour obtenir la précision requise, des temps de calcul excessifs (par exemple, incompatibles avec un fonctionnement en temps réel pour la surveillance ou la commande d'un processus). Il est alors souhaitable de pouvoir mettre à profit ces connaissances, exprimées par des équations algébriques ou différentielles, pour l'élaboration d'un modèle plus précis, ou plus rapide, mettant en œuvre un apprentissage à partir de mesures : ainsi construit-on un modèle « boîte grise » ou « modèle semi-physique ». On peut ainsi obtenir un modèle qui combine la lisibilité des modèles de connaissance avec la souplesse et la vitesse d'exécution de modèles boîtes noires.

Une méthodologie générale pour la conception de modèles semi-physiques qui mettent en œuvre l'apprentissage de réseaux de neurones est présentée dans la section suivante. Il convient d'insister sur l'importance du processus de discrétisation du modèle de connaissance continu, qui conditionne en partie la stabilité du modèle à temps discret obtenu. Une application industrielle de cette méthodologie a été présentée dans la section « Modélisation semi-physique d'un procédé manufacturier ».

Principe de la modélisation semi-physique

Du modèle « boîte noire » au modèle de connaissance

Un modèle de connaissance est une description mathématique des phénomènes qui se produisent dans un processus ; il est construit à partir d'équations de la physique et de la chimie (ou de la biologie, de l'économie, etc.) : typiquement, il peut s'agir des équations de la thermodynamique, d'équations de transport, d'équations de conservation de la masse, etc. Ces équations contiennent des paramètres qui ont un sens physique (énergies d'activation, coefficients de diffusion, etc.), et elles peuvent contenir aussi des paramètres phénoménologiques, en petit nombre, qui doivent être estimés à partir des mesures.

Inversement, un modèle boîte noire est une description paramétrée, dont *tous* les paramètres doivent être déterminés à partir de mesures : il ne tient aucun compte des connaissances expertes éventuellement disponibles.

Un modèle semi-physique peut être considéré comme un compromis entre un modèle de connaissance et un modèle boîte noire. Il peut prendre en considération toutes les connaissances que l'ingénieur ou le chercheur possède sur le processus, à condition que celles-ci puissent être exprimées par des équations algébriques ou différentielles. De surcroît, ce modèle peut utiliser des fonctions paramétrées, dont les paramètres sont déterminés par apprentissage. Dans la mesure où l'on met en œuvre davantage de connaissances expertes, les données expérimentales nécessaires pour estimer les paramètres d'une manière significative peuvent être en quantité plus réduite.

Conception et apprentissage d'un modèle dynamique semi-physique

Principe de conception

La conception d'un modèle semi-physique exige que l'on dispose d'un modèle de connaissance, qui se présente habituellement sous la forme d'un ensemble d'équations algébriques, différentielles, et aux dérivées partielles, non linéaires couplées. Pour simplifier, supposons que le modèle soit sous la forme d'état conventionnelle :

$$\frac{d\boldsymbol{x}}{dt} = \boldsymbol{f}\left(\boldsymbol{x}(t), \boldsymbol{u}(t)\right)$$
$$\boldsymbol{y}(t) = \boldsymbol{g}\left(\boldsymbol{x}(t)\right)$$

où $\boldsymbol{x}$ est le vecteur des variables d'état, $\boldsymbol{y}$ est le vecteur des grandeurs à modéliser, $\boldsymbol{u}$ est le vecteur des signaux de commande, et où $\boldsymbol{f}$ et $\boldsymbol{g}$ sont des fonctions connues. Comme indiqué plus haut, ce modèle peut ne pas être satisfaisant pour des raisons diverses : les fonctions $\boldsymbol{f}$ et $\boldsymbol{g}$ peuvent être trop imprécises compte tenu de l'objectif d'utilisation du modèle, ou mettre en jeu un trop grand nombre de paramètres, ou encore nécessiter un temps de calcul trop grand, etc. Dans un modèle semi-physique, les fonctions qui ne sont pas connues avec suffisamment de précision sont réalisées par des réseaux de neurones dont on effectue l'apprentissage à partir de données expérimentales, tandis que les fonctions qui sont connues d'une manière fiable sont conservées sous forme analytique, ou encore mises sous la forme de neurones dont la fonction d'activation est connue et ne fait pas intervenir de paramètres ajustables.

En général, la conception d'un modèle semi-physique comprend trois étapes :

- *étape 1 :* obtention, à partir du modèle de connaissance, d'un modèle à temps discret : cela nécessite le choix d'une méthode de discrétisation appropriée ;
- *étape 2 :* apprentissage du modèle semi-physique, ou de parties de celui-ci, à partir de données obtenues par intégration numérique du modèle de connaissance ; cette étape est en général nécessaire pour obtenir de bonnes valeurs initiales des paramètres, qui sont utilisées lors de l'étape suivante ;
- *étape 3 :* apprentissage du modèle semi-physique à partir de données expérimentales.

Cette stratégie de conception de modèle semi-physique va être illustrée au moyen d'un exemple simple.

Exemple illustratif

Un modèle de connaissance est décrit par les équations suivantes :

$$\frac{dx_1(t)}{dt} = -\left(x_1(t) + 2x_2(t)\right)^2 + u(t)$$
$$\frac{dx_2(t)}{dt} = 8,32x_1(t)$$
$$y(t) = x_2(t)$$

Les variables d'état x_1 et x_2 sont mesurables. La figure 2-84 montre la réponse du processus à deux séquences d'entrée ; dans tout ce paragraphe, la séquence de gauche est utilisée comme ensemble d'apprentissage, et la séquence de droite comme ensemble de test.

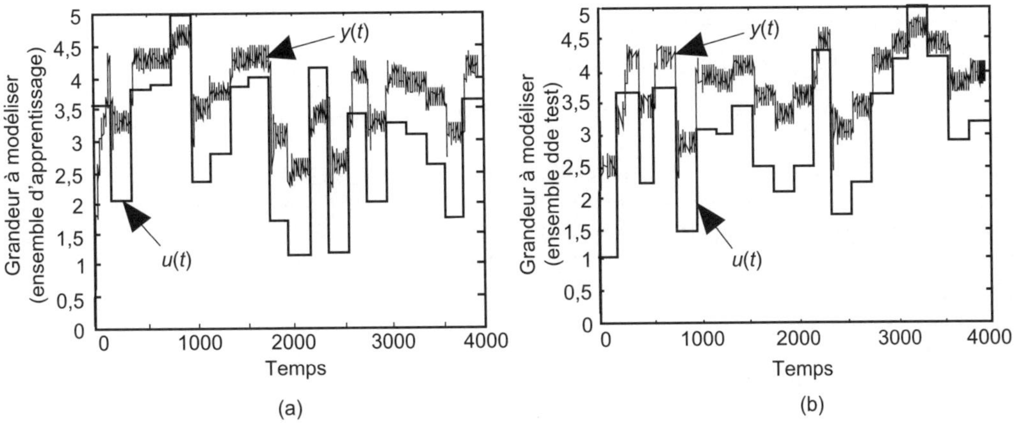

Figure 2-84. Réponse du processus à deux séquences d'entrée : a) séquence d'apprentissage, b) séquence de test

Les résultats obtenus en intégrant numériquement le modèle de connaissance ne sont pas satisfaisants : l'erreur quadratique moyenne sur l'ensemble de test vaut 0,17, ce qui est très supérieur à l'écart-type du bruit qui vaut 0,01 (voir figure 2-85).

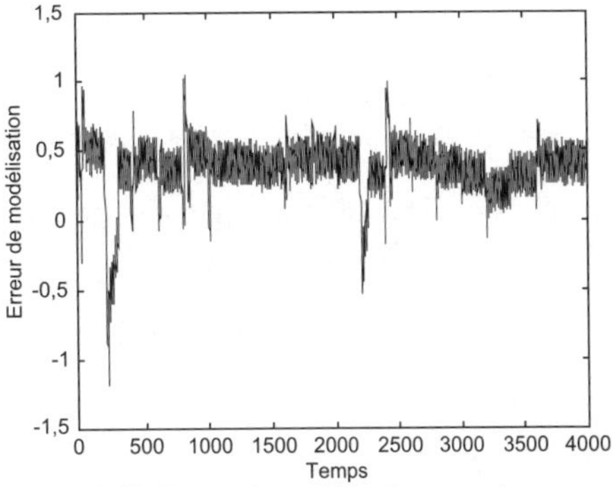

Figure 2-85. Erreur de modélisation commise par le modèle de connaissance.

Les experts indiquent que la première équation d'état ne peut pas être mise en cause, mais plusieurs niveaux de critiques sont émis pour la seconde équation d'état :

- le paramètre 8,32 peut être imprécis ;
- on n'est pas sûr que cette équation soit linéaire ;
- enfin, il y a des raisons de penser que le membre de droite devrait faire intervenir le facteur x_2.

Dans ces conditions, et en l'absence d'autres connaissances physiques, il peut s'avérer avantageux de concevoir un modèle semi-physique. On va montrer comment il est possible de concevoir trois modèles neuronaux semi-physiques, de complexité croissante, pour tenir compte des trois niveaux de critique qui viennent d'être mentionnés.

Comme indiqué plus haut, la première étape consiste en la discrétisation du modèle de connaissance pour obtenir un modèle à temps discret, à partir duquel sera construit un réseau de neurones bouclé à temps discret. Les données étant recueillies avec une période d'échantillonnage T, il est naturel de choisir cette période comme pas de discrétisation des équations. La méthode de discrétisation la plus simple est la méthode « d'Euler explicite », dans laquelle on remplace la dérivée $\frac{df(kT)}{dt}$ par la quantité $\frac{f((k+1)T)-f(kT)}{T}$ (où k est un entier positif). On obtient ainsi le modèle à temps discret suivant (en remplaçant kT par k pour alléger les écritures) :

$$x_1(k+1) = x_1(k) + T\left[-\left(x_1(k) + 2x_2(k)\right)^2 + u(k)\right]$$
$$x_2(k+1) = x_2(k) + T\left(8{,}32x_1(k)\right)$$

Le réseau de neurones semi-physique le plus simple est alors décrit par les équations suivantes :

$$x_1(k+1) = x_1(k) + T\left[-\left(x_1(k) + 2x_2(k)\right)^2 + u(k)\right]$$
$$x_2(k+1) = x_2(k) + T\left(wx_1(k)\right)$$

où w est un paramètre qui est estimé par apprentissage à partir des données expérimentales. Ces équations sont sous la forme conventionnelle d'un modèle d'état : il n'est donc pas nécessaire de les mettre sous forme canonique ; si ce n'était pas le cas, il faudrait avoir recours à la technique de mise sous forme canonique décrite précédemment. Le réseau ainsi obtenu est représenté sur la figure 2-86.

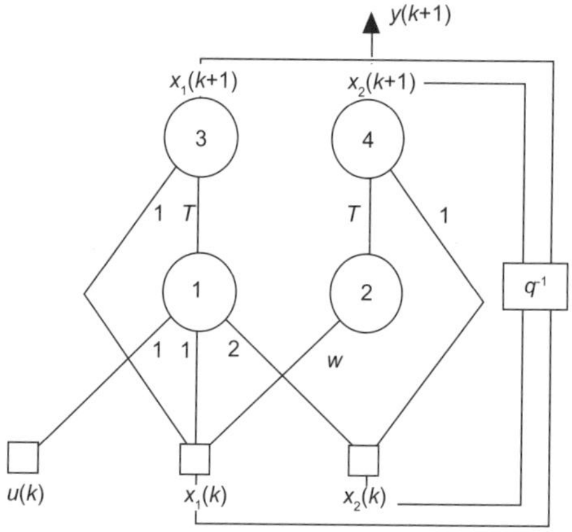

Figure 2-86. Forme canonique du modèle de connaissance discrétisé par la méthode d'Euler explicite

Pour simplifier les schémas, l'entrée constante (biais) ne sera pas représentée ; de plus, le temps discret kT sera simplement noté k. Sur la figure 2-86, le neurone 1 réalise une somme pondérée s de $x_1(kT)$ et $x_2(kT)$ avec les poids indiqués sur la figure, puis la non-linéarité $-s^2$, et ajoute $u(kT)$. Le neurone 2 multiplie son entrée par le paramètre w. Les neurones 3 et 4 réalisent simplement des sommes pondérées. Si w valait 8,32, les résultats du modèle seraient exactement les résultats de l'intégration numérique du modèle de connaissance par la méthode d'Euler explicite, avec un pas d'intégration égal à T. Si w est un paramètre ajustable, sa valeur peut être estimée à partir de données expérimentales par apprentissage, en utilisant un des algorithmes vus plus haut (par exemple, un algorithme semi-dirigé si l'on suppose que le bruit qui intervient dans le processus est un bruit de sortie). Le paramètre w serait évidemment initialisé à 8,32 avant l'apprentissage. On peut remarquer que, dans ce cas très simple, l'étape 2 de l'algorithme n'est pas mise en œuvre.

La figure 2-87 montre l'erreur de modélisation, sur l'ensemble de test, pour ce modèle semi-physique élémentaire. L'erreur quadratique sur la séquence de test vaut 0,08 (contre 0,17 pour le modèle de connaissance) ; dans la mesure où la variance du bruit est de 0,01, on peut penser que le modèle peut être amélioré.

Pour essayer d'améliorer le modèle, on peut donc considérer le deuxième niveau de critique à l'égard du modèle de connaissance : le fait que le membre de droite de la seconde équation d'état pourrait être une fonction non linéaire de x_1. À cet effet, on remplace donc le neurone 2 de la figure 2-86 par un réseau de neurones statique dont l'entrée est x_1. Le modèle qui en résulte est représenté sur la figure 2-88, avec trois neurones cachés (et donc, 6 paramètres ajustables représentés sur la figure, et 4 paramètres ajustables relatifs au biais, non représentés).

Le réseau de neurones non bouclé, constitué des neurones non numérotés sur la figure 2-88, peut subir un apprentissage à partir de données engendrées par intégration du modèle de connaissance (étape 2 de la procédure) : bien que ces valeurs ne soient pas très précises, les valeurs des paramètres ainsi obtenues peuvent être utilisées avec profit pour initialiser l'apprentissage du modèle à partir de valeurs expérimentales.

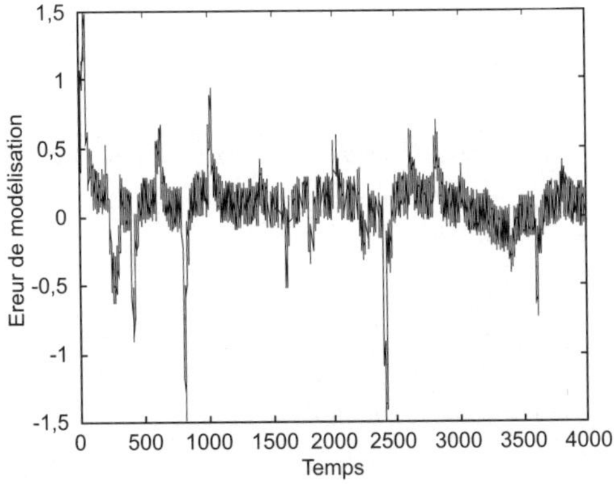

Figure 2-87. Erreur de modélisation sur l'ensemble de test

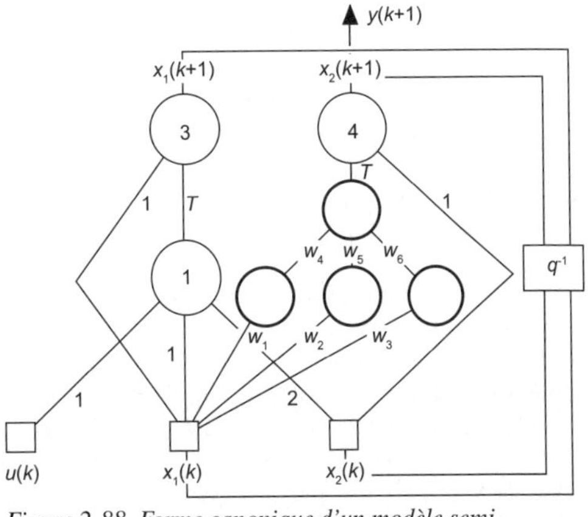

Figure 2-88. Forme canonique d'un modèle semi-physique

La figure 2-89 montre l'erreur de modélisation obtenue avec ce modèle, en utilisant deux neurones dans la couche cachée du réseau « boîte noire » non bouclé. L'erreur quadratique moyenne sur l'ensemble de test devient égale à 0,02, ce qui constitue une amélioration importante par rapport au modèle précédent.

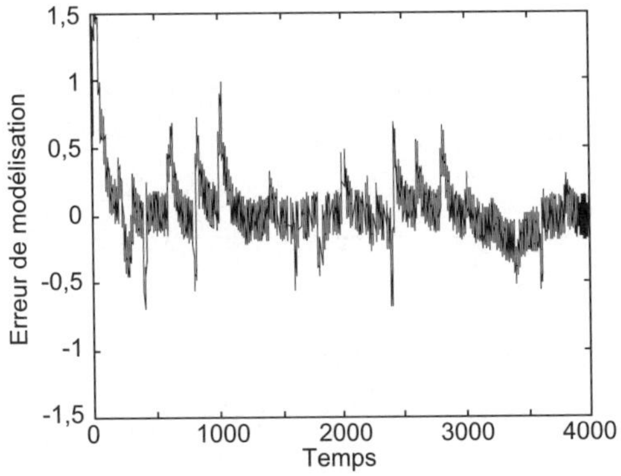

Figure 2-89. Erreur de modélisation sur l'ensemble de test

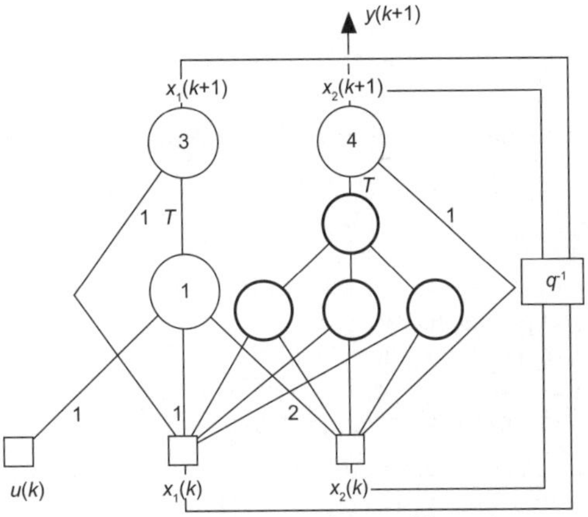

Figure 2-90. Forme canonique d'un modèle semi-physique

Les résultats n'étant pas encore satisfaisants (l'erreur quadratique sur l'ensemble de test est deux fois plus grande que la variance du bruit), on peut mettre en œuvre un réseau qui réponde au troisième niveau de critique émise contre le modèle de connaissance : la seconde équation d'état est non linéaire par rapport à x_1 et par rapport à x_2. Ce modèle est représenté sur la figure 2-90 (avec trois neurones cachés).

Les étapes 2 et 3 de la conception du modèle sont effectuées de la même façon que pour le modèle précédent. La variance de l'erreur de modélisation étant égale à la variance du bruit (voir figure 2-91), le modèle peut être considéré comme satisfaisant.

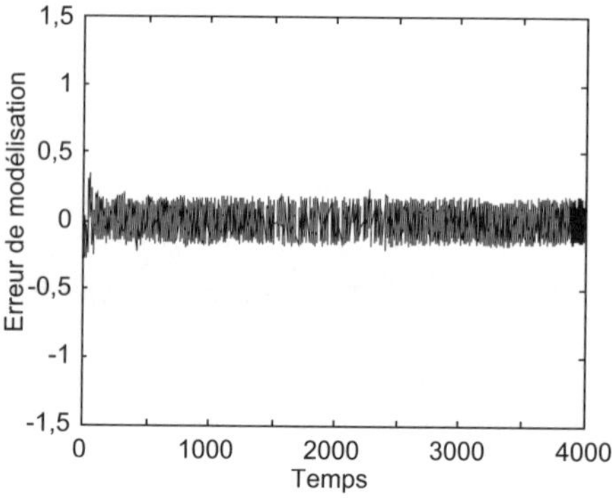

Figure 2-91. Erreur de modélisation sur l'ensemble de test

Discrétisation du modèle de connaissance

Rappelons que la première étape de la conception d'un modèle semi-physique consiste en la discrétisation du modèle de connaissance (qui est généralement un modèle à temps continu) afin d'obtenir un modèle à temps discret dont la structure est utilisée pour concevoir l'architecture du modèle neuronal bouclé. Il est utile de rappeler ici que le choix de la technique de discrétisation a une conséquence importante sur la stabilité du modèle qui est construit lors des étapes suivantes. La discrétisation des équations différentielles constitue généralement un gros chapitre de tout ouvrage d'analyse numérique ; on en rappellera simplement ici quelques éléments, qui sont importants pour la conception d'un modèle semi-physique.

Schémas explicites et schémas implicites : définitions

Considérons une équation différentielle du premier ordre :

$$\frac{dx(t)}{dt} = f\left(x(t)\right)$$

Un schéma de discrétisation « explicite » la transforme en une équation à temps discret de la forme suivante :

$$x(k+1) = \varphi\left(x(k), T\right)$$

- où T est le pas de discrétisation qui est, le plus souvent, égal à la période d'échantillonnage des données expérimentales ;
- où k est un entier positif ;
- et où la fonction φ dépend de la technique de discrétisation choisie (on verra au paragraphe suivant des exemples de techniques de discrétisation).

Un schéma de discrétisation « implicite » transforme la même équation différentielle en une équation à temps discret de la forme suivante :

$$x(k+1) = \Psi\left[x(k+1), x(k), T\right].$$

La différence essentielle entre ces deux formes réside en ceci que la quantité $x[(k+1)T]$ est présente uniquement dans le membre de gauche, si l'on utilise un schéma explicite, tandis que ce terme est présent dans les deux membres, si l'on utilise un schéma implicite. En conséquence, si l'on veut réaliser un prédicteur à un pas, c'est-à-dire un modèle qui permette de calculer les quantités à l'instant $(k+1)T$, connaissant les quantités à l'instant kT, il faut résoudre une équation non linéaire lorsqu'on utilise un schéma implicite, alors que le calcul est immédiat si l'on utilise un schéma explicite.

De façon plus générale, considérons un ensemble d'équations d'état écrit sous la forme vectorielle :

$$\frac{d\boldsymbol{x}(t)}{dt} = f\left(\boldsymbol{x}(\boldsymbol{t}),\boldsymbol{u}(t)\right)$$

L'utilisation d'un schéma explicite met ces équations sous la forme :

$$K\left[\boldsymbol{x}(k)\right]\boldsymbol{x}(k+1) + \boldsymbol{\Psi}\left[\boldsymbol{x}(k),\boldsymbol{u}(k),T\right] = 0$$

où K est une matrice et $\boldsymbol{\Psi}$ est une fonction vectorielle qui dépendent de la technique de discrétisation utilisée, tandis que, si un schéma implicite est mis en œuvre, les équations discrétisées peuvent être mises sous la forme générale :

$$K\left[\boldsymbol{x}(k+1)\right]\boldsymbol{x}(k+1) + \boldsymbol{\Psi}\left[\boldsymbol{x}(k+1),\boldsymbol{x}(k),\boldsymbol{u}(k+1),T\right] = 0$$

Là encore, on observe que le calcul du vecteur d'état $\boldsymbol{x}[(k+1)T]$ à partir de l'état et des variables à l'instant kT est immédiat si l'on utilise un schéma explicite (si la matrice K est inversible) :

$$\boldsymbol{x}(k+1) = -K^{-1}\left[\boldsymbol{x}(k)\right]\boldsymbol{\Psi}\left[\boldsymbol{x}(k),\boldsymbol{u}(k),T\right]$$

alors qu'il nécessite la résolution d'un système d'équations non linéaires si l'on utilise un schéma implicite.

Exemples

Reprenons l'exemple de l'équation différentielle du premier ordre $\frac{dx}{dt} = f\left[x(t),u(t)\right]$.

La méthode d'Euler *explicite* consiste à considérer que la fonction f est constante, égale à $f\left[x(kT)\right]$ entre les instants kT et $(k+1)T$, de sorte que l'intégration de l'équation différentielle entre kT et $(k+1)T$ donne immédiatement :

$$x(k+1) = x(k) + Tf\left[x(k)\right]$$

En revanche, le schéma d'Euler *implicite* consiste à considérer que la fonction f est constante, égale à $f\left[x(k+1)T\right]$ entre kT et $(k+1)T$, de sorte que l'intégration de l'équation différentielle entre kT et $(k+1)T$ donne immédiatement :

$$x(k+1) = x(k) + Tf\left[x(k+1)\right]$$

De même, la méthode des trapèzes (ou méthode de Tustin) consiste à considérer que la fonction f varie linéairement entre kT et $(k+1)T$, de sorte que l'intégration de l'équation différentielle donne :

$$x(k+1) = x(k) + \frac{T}{2}\left[f\left(x(k+1)\right) + f\left(x(k)\right)\right].$$

Cette méthode est donc une méthode implicite, puisque des valeurs des grandeurs à l'instant $(k+1)T$ apparaissent dans les deux membres de l'équation : le calcul de $x(k+1)$ nécessite la résolution d'une équation algébrique non linéaire.

Application

Considérons le modèle de connaissance traité plus haut, décrit par les équations :

$$\frac{dx_1(t)}{dt} = -\left(x_1(t) + 2x_2(t)\right)^2 + u(t)$$
$$\frac{dx_2(t)}{dt} = 8,32x_1(t)$$
$$y(t) = x_2(t)$$

Il est facile de vérifier que sa discrétisation par la méthode d'Euler explicite donne :

$$x_1(k+1) = x_1(k) + T\left[-\left(x_1(k) + 2x_2(k)\right)^2 + u(k)\right]$$
$$x_2(k+1) = x_2(k) + T\left(8,32x_1(k)\right)$$

Sa discrétisation par la méthode d'Euler implicite donne les relations suivantes :

$$\left[1 + Tx_1(k+1) + 4Tx_2(k+1)\right]x_1(k+1) + 4Tx_2^2(k+1) = x_1(k) + Tu(k+1)$$
$$x_2(k+1) - T\left(8,32x_1(k+1)\right) = x_2(k)$$

On vérifie que ces équations sont de la forme :

$$K\left[\boldsymbol{x}(k+1)\right]\boldsymbol{x}(k+1) + \boldsymbol{\Psi}\left[\boldsymbol{x}(k+1), \boldsymbol{x}(k), \boldsymbol{u}(k+1), T\right] = 0$$

avec :

$$K\left[\boldsymbol{x}(k+1)\right] = \begin{pmatrix} 1 + T\boldsymbol{x}_1(k+1) + 4T\boldsymbol{x}_2(k+1) & 4T\boldsymbol{x}_2(k+1) \\ -Tw & 1 \end{pmatrix}$$

et :

$$\boldsymbol{\Psi}\left[\boldsymbol{x}(k+1), \boldsymbol{x}(k), \boldsymbol{u}(k+1), T\right] = \begin{pmatrix} x_1(k) + Tu(k+1) \\ x_2(k) \end{pmatrix}$$

Schémas explicites et schémas implicites : conséquences sur la stabilité

On vient de montrer que la réalisation d'un modèle semi-physique à temps discret est plus simple si l'on utilise un schéma explicite que si l'on met en œuvre un schéma implicite. Quel profit peut-on donc retirer de la mise en œuvre d'un schéma implicite ?

On va voir que les schémas implicites peuvent conduire à des modèles qui ont une plus grande stabilité que ceux qui sont construits sur des schémas explicites. Prenons un exemple simple pour illustrer cette idée ; soit l'équation différentielle linéaire du premier ordre :

$$\frac{du(t)}{dt} = -\alpha u(t), \ \alpha > 0$$

La discrétisation par la méthode d'Euler explicite donne :

$$\frac{u(k+1)-u(k)}{T}=-\alpha u(k)$$

ou, d'une manière équivalente :

$$u(k+1)=(1-\alpha T)u(k)$$

Ainsi, $u(k+1)$ se déduit de $u(0)$ par une progression géométrique de raison $(1-\alpha T)$, qui converge si, et seulement si, sa raison est inférieure à 1, soit $T < 2/\alpha$. Le temps de calcul nécessaire pour intégrer numériquement cette équation est donc proportionnel à $1/\alpha$: si la quantité α est très petite, le temps de calcul peut être prohibitif car le pas d'échantillonnage doit être très fin.

Considérons à présent la discrétisation de la même équation par la méthode d'Euler implicite ; on obtient alors :

$$\frac{u(k+1)-u(k)}{T}=-\alpha u(k+1),$$

soit encore :

$$u(k+1)=\frac{1}{1+\alpha T}u(k)$$

Comme le dénominateur du membre de droite est nécessairement supérieur à 1, la raison de la progression géométrique est inférieure à 1 : elle converge donc quelle que soit la valeur de α. Ainsi, le choix du pas d'échantillonnage peut être effectué indépendamment de la valeur de α.

Néanmoins, cette propriété se paie, comme cela a été indiqué plus haut, par le fait que, en général (et contrairement à l'exemple très simple ci-dessus), on ne peut pas calculer directement les valeurs des quantités à l'instant $(k+1)T$: il faut résoudre une équation algébrique non linéaire. Cela a des conséquences sur la forme du modèle neuronal qui en résulte.

Schémas explicites et schémas implicites : conséquences sur l'architecture du modèle neuronal

Un modèle de connaissance discrétisé par un schéma explicite est très simple à mettre sous la forme d'un réseau de neurones bouclé : comme cela a été vu plus haut, on a

$$\boldsymbol{x}(k+1)=-K^{-1}[\boldsymbol{x}(k)]\boldsymbol{\Psi}[\boldsymbol{x}(k),\boldsymbol{u}(k),T]$$

ce qui est directement la forme canonique d'un réseau de neurones bouclé comme cela est représenté sur la figure 2-92, où le réseau de neurones non bouclé réalise une approximation de la fonction $-K^{-1}\,\Psi$. L'exemple didactique présenté plus haut est un exemple de réalisation d'un modèle semi-physique à partir d'un modèle physique discrétisé par une méthode explicite.

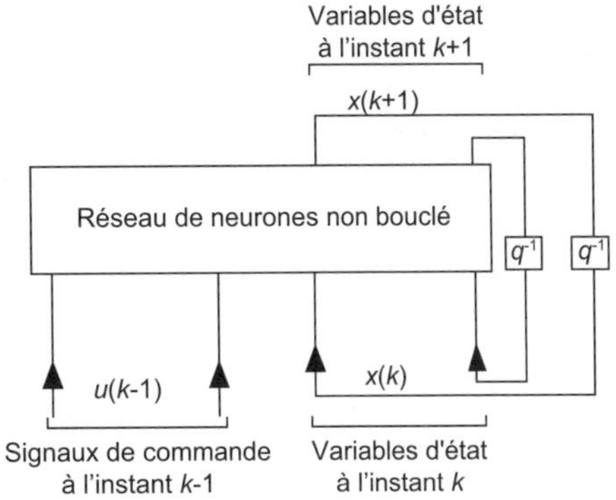

Figure 2-92. Forme canonique du réseau obtenu par discrétisation avec un schéma explicite

Lorsque, pour des raisons de stabilité numérique évoquées plus haut, on met en œuvre une méthode implicite de discrétisation, la réalisation du modèle semi-physique sous forme d'un réseau de neurones bouclé est moins simple, mais elle est tout à fait possible. La description de cette technique dépasse le cadre de cet ouvrage. Le lecteur en trouvera une description détaillée dans [OUSSAR 2001].

Conclusion : quels outils ?

Dans ce chapitre, les concepts fondamentaux de la modélisation à l'aide de réseaux de neurones ont été présentés, et les algorithmes et méthodes qui permettent de mettre en œuvre ces modèles de manière raisonnée ont été décrits en détail. Les modèles statiques et les modèles dynamiques (ces derniers sont décrits d'une manière plus détaillée, et placés dans un cadre plus général, au chapitre 4) ont été abordés. La modélisation semi-physique, et le traitement de données structurées, dont l'utilité en contexte industriel n'est pas à démontrer, ont été exposés.

Dans la pratique, l'ingénieur ou le chercheur, s'il se doit d'avoir compris les fondements des outils qu'il utilise ainsi que la méthodologie qu'il doit impérativement mettre en œuvre s'il veut obtenir des résultats fiables, n'a certainement ni le goût ni le loisir de programmer lui-même tous les algorithmes qui ont été présentés. Il a donc le souci de choisir un bon outil pour atteindre ses objectifs.

À l'heure où ces lignes sont écrites, deux types d'outils de développement sont disponibles :

- des « boîtes à outils » spécifiques aux réseaux de neurones, à l'intérieur d'outils généraux de calcul ; typiquement, Matlab et SAS proposent des boîtes à outils qui permettent un apprentissage et une mise en œuvre aisée de réseaux de neurones non bouclés ; l'effort de programmation est très réduit pour les fonctions classiques, mais peut être important, notamment pour la mise en œuvre des éléments de méthodologie qui ne sont pas spécifiquement « neuronaux » » (calcul des leviers, des intervalles de confiance, du score de leave-one-out virtuel) ou pour celle des réseaux de neurones bouclés ;
- des outils de développement spécifiques qui incluent une méthodologie complète, et pour lesquels aucune programmation n'est nécessaire ; c'est le cas du logiciel français NeuroOne[3] ; ces logiciels n'autorisent pas l'infinie variété de la programmation personnelle, mais ils permettent d'obtenir rapidement des résultats dont la qualité dépend évidemment de celle des algorithmes implantés. Le CD-ROM joint à cet ouvrage propose une version d'évaluation de ce logiciel.

Remarque

Il faut aussi mentionner des logiciels universitaires disponibles sur le Web, qui peuvent être utiles pour une formation, mais qui ne sont pas à conseiller pour la réalisation d'applications réalistes, destinées à fonctionner en environnement industriel.

L'ingénieur ou le chercheur choisira donc son outil en fonction de ses objectifs, de ses méthodes de travail, des délais et des obligations de résultats auxquels il est soumis, et de l'ampleur de l'application à réaliser ; l'idéal est évidemment de disposer des deux types d'outils qui, dans bien des cas, se révèlent très complémentaires. En tout état de cause, et quel que soit l'outil mis en œuvre, on ne saurait trop insister sur l'importance d'une bonne compréhension des bases, et sur la nécessité absolue d'une approche méthodologique raisonnée.

3. Édité par NETRAL S.A. ; plusieurs illustrations et exemples d'applications de ce chapitre et du précédent ont été réalisés à l'aide de ce logiciel.

Compléments théoriques et algorithmiques

Cette section présente quelques compléments théoriques (définitions, démonstrations), qui ne sont pas indispensables à la compréhension du propos principal de ce chapitre, mais qui peuvent être utiles pour la réalisation algorithmique de certaines méthodes importantes qui y sont décrites.

Quelques types de neurones usuels

On peut distinguer deux types de neurones, en fonction de la manière dont interviennent leurs paramètres.

Neurones à variables paramétrées

Les neurones les plus fréquemment utilisés sont des neurones à variables paramétrées. Pour cette catégorie de neurones, un paramètre est associé à chaque variable du neurone. Le résultat du calcul d'un neurone à *n variables* $\{x_i\}$, $i = 0$ à n-1, s'exprime donc sous la forme

$$y = f(\boldsymbol{x},\boldsymbol{w})$$

où $\boldsymbol{x}$ et $\boldsymbol{w}$ sont deux vecteurs de même dimension n.

Le plus souvent, la fonction f est la composition de deux opérations :

- le calcul du « potentiel » du neurone, qui est la somme des entrées du neurone, pondérées par les paramètres.
- le calcul d'une fonction non linéaire du potentiel, dite « fonction d'activation » ; cette fonction est généralement en forme de « *s* », d'où le nom générique de « sigmoïde ».

La figure 2-93 représente la sortie d'un neurone à 3 variables ($x_0 = 1$, x_1, x_2) muni des paramètres $w = 0$, $w_1 = 1$, $w_2 = -1$: elle a donc pour équation : $y = \text{th}(x_1 - x_2)$.

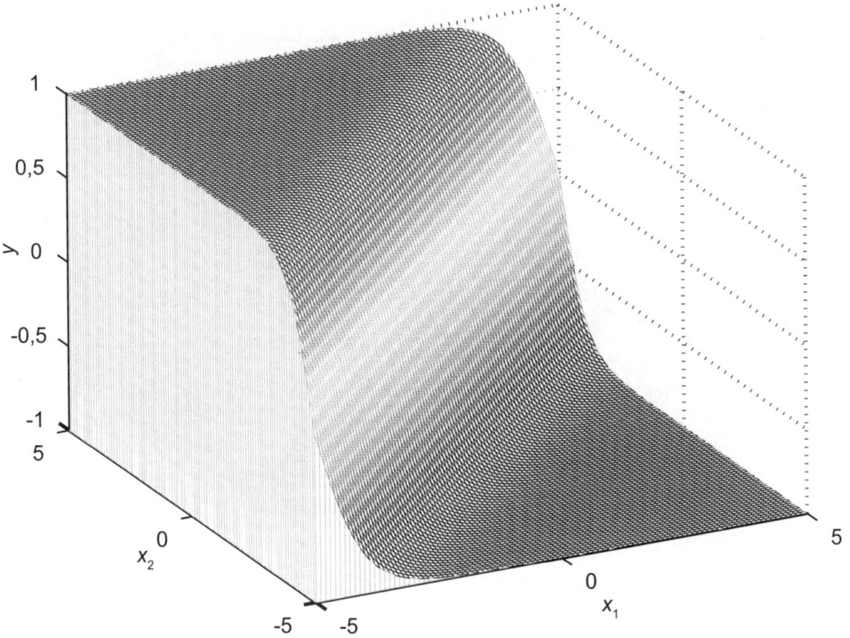

Figure 2-93. Sortie d'un neurone à 3 variables $\{x_0=1, x_1, x_2\}$ munies des paramètres $\{w_0=0, w_1=+1, w_2=-1\}$, dont la fonction d'activation est une tangente hyperbolique : $y=th(x_1-x_2)$

Mentionnons deux variations sur ce type de neurones :

- les neurones « d'ordre supérieur », dont le potentiel n'est pas une fonction affine des entrées, mais une fonction polynomiale ; ils sont les ancêtres des « machines à vecteurs supports » (*Support Vector Machines* ou SVM) utilisés pour la classification et décrits dans le chapitre 6 ;
- les « neurones de Mac Culloch et Pitts », ou « séparateurs linéaires à seuil », ou encore « Perceptrons », qui sont les ancêtres des neurones utilisés actuellement ; leur utilisation pour la discrimination sera largement développée dans le chapitre 6.

Les neurones à non-linéarité paramétrée

Les paramètres de ces neurones sont attachés à la non-linéarité de ceux-ci : ils interviennent directement dans la fonction *f*. Ainsi, cette dernière peut être une « fonction radiale » (RBF pour *Radial Basis Function*), ou encore une ondelette.

Exemple : fonction radiale (RBF gaussienne isotrope) :

$$y = \exp\left[-\frac{\sum_{i=1}^{n}(x_i - w_i)^2}{2w_{n+1}^2}\right]$$

Les paramètres $\{w_i, i = 1 \text{ à } n\}$ sont les coordonnées du centre de la gaussienne dans l'espace des variables, et le paramètre w_{n+1} est son écart-type. La figure 2-94 représente une RBF gaussienne avec $w_1 = w_2 = 0$, $w_3 = 1/\sqrt{2}$; elle a donc pour équation :

$$y = \exp\left(-\left(x_1^2 - x_2^2\right)\right)$$

> **Remarque**
> Les fonctions radiales de base tirent leur nom du fait que ces fonctions radiales, si elles sont convenablement choisies, forment une base de fonctions. Dans la pratique des réseaux de neurones, les RBF ne sont jamais choisies de façon à former une base.

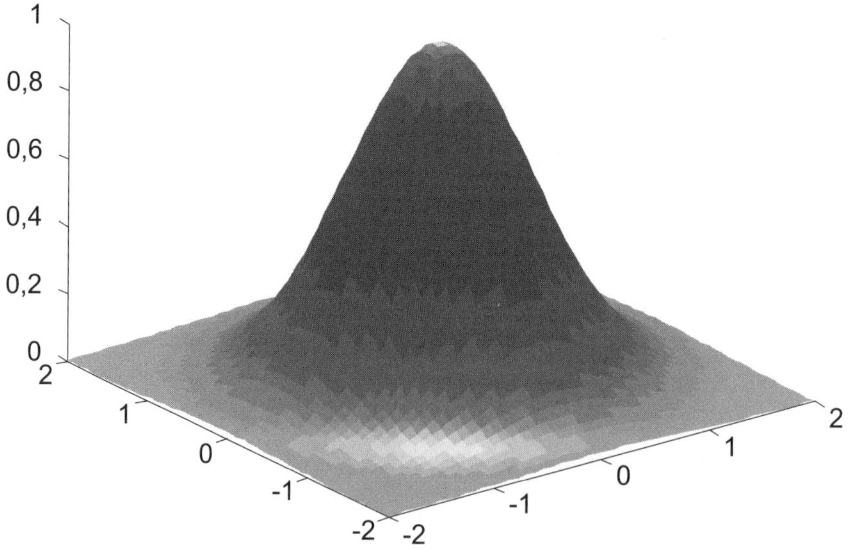

Figure 2-94. RBF gaussienne isotrope

Algorithme de Ho et Kashyap

L'algorithme de Ho et Kashyap permet de déterminer, en un nombre fini d'itérations, si deux ensembles d'exemples sont linéairement séparables ; dans l'affirmative, cet algorithme fournit une solution (parmi une infinité de solutions possibles). Contrairement à certains algorithmes développés dans le chapitre 6, il ne fournit pas une solution optimisée. Son intérêt essentiel est donc de déterminer si deux classes sont linéairement séparables, ou si elles ne le sont pas ; dans l'affirmative, on utilisera, pour trouver une bonne solution, un des algorithmes présentés dans le chapitre 6.

Considérons deux ensembles d'exemples, appartenant à deux classes *A* et *B*, en nombre n_a et n_b ; si les exemples sont décrits par *n* descripteurs, chacun d'eux peut être représenté par un vecteur dans un espace de dimension *n*. On désigne par $\boldsymbol{x}_k{}^A$ le vecteur représentatif de l'exemple *k* de la classe *A* ($k = 1$ à n_a), et par $\boldsymbol{w}$ le vecteur des paramètres du séparateur linéaire ; si un tel séparateur existe, il doit obéir aux conditions :

$\boldsymbol{x}_k^A \cdot \boldsymbol{w} > 0$ pour tout élement de la classe *A*,

$\boldsymbol{x}_k^B \cdot \boldsymbol{w} < 0$ pour tout élément de la classe *B*.

Soit $\boldsymbol{M}$ la matrice dont les lignes sont les vecteurs représentatifs des exemples de *A* et les opposés des vecteurs représentatifs des vecteurs de *B*. Un séparateur linéaire existe si et seulement si il existe un vecteur $\boldsymbol{w}$ tel que

$$\boldsymbol{Mw} > 0$$

soit encore s'il existe un vecteur $\boldsymbol{y} > 0$ et un vecteur $\boldsymbol{w}$ tels que $\boldsymbol{M\,w} = \boldsymbol{y}$.

On a alors $\boldsymbol{w} = \boldsymbol{M}^* \boldsymbol{y}$, où $\boldsymbol{M}^*$ est la matrice pseudo-inverse de la matrice $\boldsymbol{M}$: $\boldsymbol{M}^* = \boldsymbol{M}^T (\boldsymbol{M}\,\boldsymbol{M}^T)^{-1}$, qui peut être calculée par la méthode de Choleski [PRESS 1992].

L'algorithme de Ho et Kashyap est le suivant :

```
Initialisation (itération 0) : w(0) = M* y(0) où y(0) est un vecteur positif quelconque

Itération i

α(i) = M w(i) - y(i)

y(i+1) = y(i) + ρ(α(i)+|α(i)|) où ρ est un scalaire positif inférieur à 1

w(i+1) = w(i) + ρ (α(i)+|α(i)|)

Si y(i) < 0 alors les exemples ne sont pas linéairement séparables.

Si M w(i) >0 alors les exemples sont linéairement séparables et w(i) est une solution.
```

Cet algorithme converge en un nombre fini d'itérations.

Complément algorithmique : méthodes d'optimisation de Levenberg-Marquardt et de BFGS

Cette présentation est extraite de [OUSSAR 1998]. On trouvera également des descriptions de ces algorithmes dans [PRESS 1992].

Algorithme de BFGS

L'algorithme de BFGS consiste à modifier les paramètres, à l'itération i de l'algorithme, par la relation

$$w(i) = w(i-1) - \mu_i M_i \nabla J\big(w(i-1)\big)$$

où μ_i est une constante positive, et où M_i est une approximation, calculée itérativement, de l'inverse de la matrice hessienne ; elle est évaluée à chaque itération par la relation :

$$M_i = M_{i-1} + \left[1 + \frac{\gamma_{i-1}^T M_i \gamma_{i-1}}{\delta_{i-1}^T \gamma_{i-1}}\right] \frac{\delta_{i-1}^T \delta_{i-1}}{\delta_{i-1}^T \gamma_{i-1}} - \frac{\delta_{i-1}\gamma_{i-1}^T M_{i-1} + M_{i-1}\gamma_{i-1}\delta_{i-1}^T}{\delta_{i-1}^T \gamma_{i-1}}$$

où $\gamma_{i-1} = \nabla J\big(w(i)\big) - \nabla J\big(w(i-1)\big)$ et $\delta_{i-1} = w(i) - w(i-1)$. On prend pour valeur initiale M_0 la matrice identité. Si, lors d'une itération, la matrice calculée n'est pas définie positive, elle est réinitialisée à la matrice identité.

L'approximation n'est exacte qu'au voisinage d'un minimum. Il est donc recommandé d'utiliser la méthode du gradient simple (ou la méthode du gradient stochastique, qui est exposée dans le paragraphe consacré à l'apprentissage adaptatif) au début de l'apprentissage, puis de mettre en œuvre la méthode de BFGS lorsqu'on estime être suffisamment proche d'un minimum.

Algorithme de Levenberg-Marquardt

L'algorithme de Levenberg-Marquardt consiste à modifier les paramètres, à l'itération i, par la relation :

$$w(i) = w(i-1) - \big[H\big(w(i-1)\big) + \mu_i I\big]^{-1} \nabla J\big(w(i-1)\big).$$

Pour de petites valeurs du pas μ_i, la méthode de Levenberg-Marquardt s'approche de celle de Newton. Inversement, pour de grandes valeurs de μ_i, l'algorithme de Levenberg-Marquardt est équivalent à l'application de la règle du gradient simple avec un pas de $1/\mu_i$.

L'application de cet algorithme nécessite l'inversion de la matrice $\big[H\big(w(i-1)\big) + \mu_i I\big]$. L'expression exacte de la matrice hessienne de la fonction de coût totale $J(w)$ est :

$$H\big(w(i)\big) = \sum_{k=1}^{N} \left(\frac{\partial e_k}{\partial w}\right)_{w=w(i)} \left(\frac{\partial e_k}{\partial w}\right)_{w=w(i)}^T + \sum_{k=1}^{N} \left(\frac{\partial^2 e_k}{\partial w \partial w^T}\right)_{w=w(i)} e_k,$$

avec $e_k = y_k^p - g(x_k, w)$.

Remarque

Ce qui vient d'être exposé s'applique au cas d'un modèle à une sortie ; l'extension à un modèle à plusieurs sorties ne présente pas de difficulté.

Le second terme de cette expression étant proportionnel à l'erreur, on peut le négliger en première approximation, ce qui fournit une expression approchée :

$$\tilde{H}(w(i)) = \sum_{k=1}^{N} \left(\frac{\partial e_k}{\partial w}\right)_{w=w(i)} \left(\frac{\partial e_k}{\partial w}\right)_{w=w(i)}^T = \sum_{k=1}^{N} \left(\frac{\partial g(x_k, w)}{\partial w}\right)_{w=w(i)} \left(\frac{\partial g(x_k, w)}{\partial w}\right)_{w=w(i)}^T.$$

Dans le cas d'un modèle linéaire par rapport aux paramètres, $g(x_k, w)$ est une fonction linéaire de w, donc le second terme de l'expression de H est nul : l'expression qui était approchée devient exacte.

Plusieurs techniques sont envisageables pour l'inversion de la matrice $\tilde{\boldsymbol{H}} + \mu_i \boldsymbol{I}$.

- Inversion indirecte
  Un lemme d'inversion permet de calculer récursivement la matrice inverse. En effet, soient $\boldsymbol{A}$, $\boldsymbol{B}$, $\boldsymbol{C}$ et $\boldsymbol{D}$, quatre matrices. On a la relation suivante :

  $$(\boldsymbol{A}+\boldsymbol{BCD})^{-1} = \boldsymbol{A}^{-1} - \boldsymbol{A}^{-1}\boldsymbol{B}\left(\boldsymbol{C}^{-1}+\boldsymbol{DA}^{-1}\boldsymbol{B}\right)^{-1}\boldsymbol{DA}^{-1}$$

  Par ailleurs, en posant $\boldsymbol{\zeta}_k = \left(\frac{\partial g(\boldsymbol{x}_k,\boldsymbol{w})}{\partial \boldsymbol{w}}\right)_{\boldsymbol{w}=\boldsymbol{w}(i)}$, on peut construire récursivement la matrice $\tilde{\boldsymbol{H}}$ en définissant des matrices partielles $\tilde{\boldsymbol{H}}_k$, de dimension (k, k) par :

  $\tilde{\boldsymbol{H}}_k = \tilde{\boldsymbol{H}}_{k-1} + \boldsymbol{Z}_k\boldsymbol{Z}_k^T, \boldsymbol{k} = 1,\ldots, N$
  On a bien $\tilde{\boldsymbol{H}} = \tilde{\boldsymbol{H}}_N$.
  Si l'on applique le lemme d'inversion à la relation précédente en choisissant $\boldsymbol{A} = \tilde{\boldsymbol{H}}$, $\boldsymbol{B} = \zeta_k$, $\boldsymbol{C} = \boldsymbol{I}$, et $\boldsymbol{D} = \zeta_k^T$, on obtient la relation suivante :

  $$\tilde{\boldsymbol{H}}_k^{-1} = \tilde{\boldsymbol{H}}_{k-1}^{-1} - \frac{\tilde{\boldsymbol{H}}_{k-1}^{-1}\zeta_k\zeta_k^T\tilde{\boldsymbol{H}}_{k-1}^{-1}}{1 + \zeta_k^T\tilde{\boldsymbol{H}}_{k-1}^{-1}\zeta_k}$$

  En prenant, à la première étape ($k = 1$), $\tilde{\boldsymbol{H}}_0 = \mu_i \boldsymbol{I}$, on obtient, à l'étape N : $\tilde{\boldsymbol{H}}_N^{-1} = [\tilde{\boldsymbol{H}} + \mu_i\boldsymbol{I}]^{-1}$.
- Inversion directe
  Plusieurs méthodes directes d'inversion existent. Comme l'algorithme est itératif, et que la procédure de recherche du pas nécessite souvent plusieurs inversions de matrice, on a intérêt à utiliser une méthode qui n'engage pas trop de calculs. Comme l'approximation de la matrice hessienne augmentée de $\mu_i I$ reste une matrice symétrique définie comme positive, il est avantageux d'utiliser la méthode de Cholesky [PRESS 1992].
  Comme pour l'algorithme du gradient simple et celui de BFGS, le pas μ_i doit être ajusté à chaque itération. Une méthode de recherche unidimensionnelle peut être utilisée à cet effet, comme indiqué dans la section suivante.

Il faut noter que l'expression de la matrice hessienne de la fonction de coût ne s'applique que si la fonction à optimiser est la fonction de coût des moindres carrés ; contrairement à la méthode de BFGS, la méthode de Levenberg-Marquardt ne peut donc pas s'appliquer à l'optimisation de n'importe quelle fonction de coût, notamment à la minimisation de la fonction de coût d'entropie croisée pour la classification.

Complément algorithmique : méthodes de recherche unidimensionnelle pour le paramètre d'apprentissage

À l'itération i d'une méthode d'optimisation, une direction de déplacement est calculée ; par exemple, dans la méthode de BFGS, on calcule $\boldsymbol{d}_i = -\boldsymbol{M}_i\nabla J\left(\boldsymbol{w}(i-1)\right)$ en évaluant le gradient par la méthode de rétropropagation et en calculant la matrice $\boldsymbol{M}_i$ par la méthode indiquée plus haut ; dans la méthode du gradient simple, la direction de déplacement est $\boldsymbol{d}_i = -\nabla J\left(\boldsymbol{w}(i-1)\right)$. L'amplitude du déplacement dans la direction choisie est alors déterminée par la valeur de μ_i : on voudrait trouver la valeur de μ_i qui minimise la valeur de la fonction de coût au point d'aboutissement du déplacement consécutif à cette itération, c'est-à-dire qui minimise $J(\boldsymbol{w})$ au point $\boldsymbol{w} = \boldsymbol{w}(i\text{-}1) + \mu_i \boldsymbol{d}_i$ de l'espace des paramètres. Dans la mesure où la seule inconnue est μ_i, il s'agit bien d'un problème unidimensionnel de recherche d'un minimum. Cette recherche doit être effectuée à chaque itération de l'algorithme d'apprentissage : elle doit donc être rapide tout en étant efficace ; la valeur de μ_i n'étant pas cruciale lorsqu'on met en œuvre une méthode du second ordre, on peut se contenter d'une méthode assez rudimentaire. La méthode de Nash permet d'obtenir des résultats satisfaisants : elle recherche un pas qui satisfasse une borne supérieure de la valeur de la fonction de coût atteinte à l'issue de l'itération courante.

Plus précisément, cette technique recherche un pas qui vérifie la condition de descente :

$$J\left(\mathbf{w}(i-1)\right)+\mu_i \mathbf{d}_i \leq J\left(\mathbf{w}(i-1)\right)+m\ \mu_i \mathbf{d}_i^T \nabla J\left(\mathbf{w}(i-1)\right),$$

où m est très inférieur à 1 (par exemple, $m = 10^{-3}$). La recherche se fait d'une manière itérative : on initialise μ_i à une valeur positive arbitraire. On teste la condition de borne supérieure. Si elle est vérifiée, on accepte l'ajustement des paramètres. Sinon, on multiplie le pas par un facteur inférieur à 1 (par exemple 0,2) et l'on teste à nouveau la condition. On répète cette procédure jusqu'à ce qu'une valeur satisfaisante du pas soit trouvée. Si le pas atteint une valeur trop petite, par exemple de l'ordre de 10^{-16}, sans que la condition ne soit satisfaite, ou si le nombre de recherches successives excède une valeur fixée à l'avance, on considère que l'on ne peut pas trouver de pas satisfaisant et l'on arrête la procédure.

Voici une stratégie plus simple, couramment utilisée pour la méthode de Levenberg-Marquardt [BISHOP 1995] : soit $r > 1$ (généralement égal à 10) un facteur d'échelle pour μ_k. Au début de l'algorithme, on choisit une grande valeur μ_0 ([BISHOP 1995] propose 0,1). À l'itération i de l'algorithme :

1. Calculer $J(\mathbf{w}(i))$ avec μ_i déterminé à l'étape précédente.
2. *Si* $J(\mathbf{w}(i)) < J(\mathbf{w}(i-1))$, *alors* accepter le changement de paramètres et diviser μ_i par r.
3. *Sinon*, récupérer $\mathbf{w}(i-1)$ et multiplier μ_i par r. Répéter cette dernière étape jusqu'à ce qu'une valeur de μ_i correspondant à une décroissance de J soit trouvée.

Cette procédure présente l'avantage de nécessiter peu d'inversions de matrice à chaque itération de l'algorithme. En revanche, le choix du pas initial a une influence sur la vitesse de convergence de l'algorithme. Cet inconvénient peut être supprimé, au prix d'un nombre plus élevé d'inversions de matrice :

1. Initialiser μ_0 à une valeur quelconque.
2. Calculer $J(\mathbf{w}(i))$ avec μ_i déterminé à l'étape précédente.
3. *Si* $J(\mathbf{w}(i)) < J(\mathbf{w}(i-1))$, *alors* récupérer $\mathbf{w}(i-1)$, diviser μ_i par r et aller à l'étape 1.
4. *Sinon* récupérer $\mathbf{w}(i-1)$ et multiplier μ_i par r. Répéter cette dernière étape jusqu'à ce qu'une valeur de μ_i correspondant à une décroissance de J soit trouvée.

Complément théorique : distance de Kullback-Leibler entre deux distributions gaussiennes

On cherche la distance de Kullback-Leibler entre deux gaussiennes (μ_1, σ_1) et (μ_2, σ_2).

On rappelle les relations suivantes :

$$\frac{1}{\sigma\sqrt{2\pi}}\int_{-\infty}^{+\infty}\exp\left(-\frac{(x-\mu)^2}{2\sigma^2}\right)dx = 1$$

$$\frac{1}{\sigma\sqrt{2\pi}}\int_{-\infty}^{+\infty}x\exp\left(-\frac{(x-\mu)^2}{2\sigma^2}\right)dx = \mu$$

$$\frac{1}{\sigma\sqrt{2\pi}}\int_{-\infty}^{+\infty}(x-\mu)^2\exp\left(-\frac{(x-\mu)^2}{2\sigma^2}\right)dx = \sigma^2$$

La divergence de Kullback-Leibler s'écrit :

$$D(p_1 p_2) = \int_{-\infty}^{+\infty} p_1(x) Log \frac{p_1(x)}{p_2(x)} dx$$

Cette expression n'étant pas symétrique par rapport aux indices, on préfère calculer la quantité :

$$\Delta = \frac{D(p_1, p_2) + D(p_2, p_1)}{2}$$

Or

$$D(p_1, p_2) = \frac{1}{\sigma_1\sqrt{2\pi}} \int_{-\infty}^{+\infty} \exp\left(-\frac{(x-\mu_1)^2}{2\sigma_1^2}\right)\left[\text{Log}\frac{\sigma_1}{\sigma_2} - \frac{(x-\mu_1)^2}{2\sigma_1^2} + \frac{(x-\mu_2)^2}{2\sigma_2^2}\right] dx$$

$$= \frac{1}{\sigma_1\sqrt{2\pi}}$$

$$\left[\int_{-\infty}^{+\infty} \exp\left(-\frac{(x-\mu_1)^2}{2\sigma_1^2}\right) \text{Log}\frac{\sigma_1}{\sigma_2} dx - \int_{-\infty}^{+\infty} \exp\left(-\frac{(x-\mu_1)^2}{2\sigma_1^2}\right)\frac{(x-\mu_1)^2}{2\sigma_1^2} dx + \right] \int_{-\infty}^{+\infty} \exp\left(-\frac{(x-\mu_1)^2}{2\sigma_1^2}\right)\frac{(x-\mu_2)^2}{2\sigma_2^2} dx$$

Les deux premiers termes valent Log(σ_2/σ_1) – (1/2).

Pour le troisième terme on écrit :

$$(x-\mu_2)^2 = (x-\mu_1+\mu_1-\mu_2)^2 = (x-\mu_1)^2 + (\mu_1-\mu_2)^2 + 2(x-\mu_1)(x-\mu_2)$$

D'où :

$$\frac{1}{\sigma\sqrt{2\pi}} \int_{-\infty}^{+\infty} \exp\left(-\frac{(x-\mu_1)^2}{2\sigma_1^2}\right)\frac{(x-\mu_2)^2}{2\sigma_2^2} dx = \frac{\sigma_1^2}{2\sigma_2^2}$$

$$\frac{1}{\sigma\sqrt{2\pi}} \int_{-\infty}^{+\infty} \exp\left(-\frac{(x-\mu_1)^2}{2\sigma_1^2}\right)\frac{2(x-\mu_1)(\mu_1-\mu_2)}{2\sigma_2^2} dx = 0$$

On obtient donc finalement :

$$D(p_1, p_2) = \text{Log}\left(\frac{\sigma_2}{\sigma_1}\right) - \frac{1}{2}\left(1 - \frac{\sigma_1^2}{\sigma_2^2}\right) + \frac{(\mu_1-\mu_2)^2}{2\sigma_2^2}$$

On peut alors calculer Δ :

$$\Delta = \frac{(\sigma_1^2 + \sigma_2^2)}{4\sigma_1^2\sigma_2^2}\left[(\sigma_1^2 - \sigma_2^2) + (\mu_1 - \mu_2)^2\right]$$

Complément algorithmique : calcul des leviers

Soit $\mathbf{Z}$ une matrice de dimensions (N, q) (avec $N \geq q$), dont la colonne i est notée z_i. On cherche à calculer les termes diagonaux de la matrice de projection orthogonale $\boldsymbol{H} = \mathbf{Z}\,(\mathbf{Z}^T\,\mathbf{Z})^{-1}\,\mathbf{Z}^T$:

$$h_{kk} = \boldsymbol{z}_k^T \left(\mathbf{Z}^T \mathbf{Z}\right)^{-1} z_k$$

En tant qu'éléments diagonaux d'une matrice de projection orthogonale, les termes h_{kk}, $k = 1, \ldots, N$ ne sont définis que dans le cas où $\mathbf{Z}$ est de rang plein, c'est-à-dire si $\mathbf{Z}^T\,\mathbf{Z}$ est inversible. Dans ce cas, ils vérifient les propriétés suivantes :

$$\begin{cases} 0 \leq h_{kk} \leq 1 \quad \forall k \\ \text{Trace}(\boldsymbol{H}) = \sum_{k=1}^{N} h_{kk} = \text{rang}(\mathbf{Z}) \end{cases}$$

Une première méthode de calcul des leviers consiste à calculer la matrice $\mathbf{Z}^T\,\mathbf{Z}$, à l'inverser par une méthode classique (Cholesky, décomposition LU...), puis à la multiplier à droite et à gauche par les vecteurs $\boldsymbol{z}_k$ et $\boldsymbol{z}_k^{\mathrm{T}}$. Cette méthode ne donne cependant de bons résultats que si la matrice $\mathbf{Z}^T\,\mathbf{Z}$ est suffisamment bien conditionnée pour que son inversion se déroule sans problème. Dans le cas contraire, ce calcul donne des valeurs supérieures à 1, voire négatives.

Une meilleure solution consiste à décomposer la matrice $\mathbf{Z}$ sous la forme :

$\mathbf{Z} = \boldsymbol{U}\,\boldsymbol{W}\,\boldsymbol{V}^T$

avec :

- $\boldsymbol{U}$ matrice (N, p) telle que $\boldsymbol{U}^T\,\boldsymbol{U} = \boldsymbol{I}$,
- $\boldsymbol{W}$ matrice (p, p) diagonale, dont les termes diagonaux, appelés valeurs singulières de $\mathbf{Z}$, sont positifs ou nuls, et classés par ordre décroissant,
- $\boldsymbol{V}$ matrice (p, p) telle que $\boldsymbol{V}^T\,\boldsymbol{V} = \boldsymbol{V}\,\boldsymbol{V}^T = \boldsymbol{I}$.

Cette décomposition, connue sous le nom de décomposition en valeurs singulières ou décomposition SVD (*Singular Value Decomposition*), est précise et très robuste, même si la matrice $\mathbf{Z}$ est mal conditionnée ou de rang inférieur à q (voir [PRESS 1992], et chapitre 3 sur les compléments de méthodologie)

On obtient donc :

$\mathbf{Z}^T\,\mathbf{Z} = \boldsymbol{V}\,\boldsymbol{W}\,\boldsymbol{U}^T\,\boldsymbol{U}\,\boldsymbol{W}\,\boldsymbol{V}^T = \boldsymbol{V}\,\boldsymbol{W}^2\,\boldsymbol{V}^T$

Puis :

$(\mathbf{Z}^T\,\mathbf{Z})^{-1} = \boldsymbol{V}\,\boldsymbol{W}^{-2}\,\boldsymbol{V}^T$

Cette décomposition permet donc le calcul direct de la matrice $(\mathbf{Z}^T\,\mathbf{Z})^{-1}$, dont les éléments s'écrivent :

$$\left(\mathbf{Z}^T \mathbf{Z}\right)^{-1}_{lj} = \sum_{k=1}^{p} \frac{V_{lk} V_{jk}}{W_{kk}^2}$$

On peut alors calculer l'expression de h_{kk} sous la forme :

$$h_{kk} = \boldsymbol{z}_k^T \left(\mathbf{Z}^T \mathbf{Z}\right)^{-1} z_k = \sum_{k=1}^{p} \sum_{j=1}^{p} Z_{kl} Z_{kj} \left(\mathbf{Z}^T \mathbf{Z}\right)^{-1}_{lj}$$

soit, finalement :

$$h_{kk} = \sum_{i=1}^{p} \left(\frac{1}{W_{ij}} \sum_{j=1}^{p} Z_{kj} V_{ji} \right)^2$$

Cette méthode permet de calculer les leviers sans devoir procéder explicitement aux calculs des termes de la matrice $(\mathbf{Z}^T \mathbf{Z})^{-1}$, ce qui est important pour la précision du calcul, dans le cas de matrices mal conditionnées. D'un point de vue numérique, étant donné que les valeurs singulières de **Z** sont classées par ordre décroissant, il est conseillé de calculer les leviers en faisant varier i de q à 1, et non pas de 1 à q.

Cette méthode de calcul fournit des termes systématiquement positifs ou nuls.

Bibliographie

ANTONIADIS A., BERRUYER J., CARMONA R. [1992], *Régression non linéaire et applications*, Economica.

BARRON A. [1993], Universal approximation bounds for superposition of a sigmoidal function, *IEEE Transactions on Information Theory*, 39, p. 930-945.

BARTLETT P. L. [1997], For valid generalization, the size of the weights is more important than the size of the network, *Neural Information Processing Systems, 9,* Morgan Kaufmann.

BAUM E. B., WILCZEK F. [1988], Supervised learning of probability distributions by neural networks, *Neural Information Processing Systems*, p. 52-61.

BENVENISTE A., JUDITSKY A., DELYON B., ZHANG Q., GLORENNEC P.-Y. [1994], Wavelets in identification, *10th IFAC Symposium on Identification*, Copenhague.

BISHOP C. [1995], *Neural networks for pattern recognition,* Oxford University Press.

BISHOP C. [1993], Curvature-driven smoothing : a learning algorithm for feedforward networks, *IEEE Transactions on Neural Networks,* 4, p. 882-884.

BRIDLE J. S. [1990], Probabilistic interpretation of feedforward classification network outputs, with relationship to statistical pattern recognition, *Neurocomputing : algorithms, architectures and applications*, p. 227-236 Springer.

BROOMHEAD D. S., LOWE D. [1988], Multivariable functional interpolation and adaptive networks, *Complex Systems*, 2, p. 321-355.

BROYDEN C. G. [1970], The convergence of a class of double-rank minimization algorithms 2 : the new algorithm, *Journal of the Institute of Mathematics and its Applications,* 6, p. 222-231.

CHEN S., BILLINGS S. A., LUO W., Orthogonal least squares methods and their application to non-linear system identification, *International Journal of Control*, 50, p. 1873-1896.

COVER T. M. [1965], Geometrical and statistical properties of systems of linear inequalities with applications in pattern recognition, *IEEE Transactions on Electronic Computers*, 14, p. 326-334.

DREYFUS G., IDAN Y. [1998], The canonical form of discrete-time nonlinear models, *Neural Computation*, 10, p. 133-164.

DUPRAT A., HUYNH T., DREYFUS G. [1998], Towards a principled methodology for neural network design and performance evaluation in QSAR ; application to the prediction of LogP, *Journal of Chemical Information and Computer Sciences*, 38, p. 586-594.

FRASCONI P., GORI M., SPERDUTI A. [1998], *A general framework for adapative processing of data structures*, IEEE Transactions on Neural Networks, 9, 768-786.

GALLINARI P., CIBAS T. [1999], Practical complexity control in multilayer perceptrons. *Signal Processing*, 74, p. 29-46.

GOODWIN G. C., SIN K. S. [1984], *Adaptive Filtering Prediction and Control*, Prentice-Hall, New Jersey.

GOULON-SIGWALT-ABRAM A., DUPRAT A., DREYFUS G. [2005], *From Hopfied nets to recursive networks to graph machines*, Theoretical Computer Science, 344, p. 298-334.

GOULON-SIGWALT-ABRAM A., DUPRAT A., DREYFUS G. [2006], *Graph Machines and Their Applications to Computer-Aided Drug Design: a New Approach to Learning from Structured Data*, Unconventional Computing 2006, Lecture Notes in Computer Science, 4135, p. 1 – 19, Springer (2006).

GOULON-SIGWALT-ABRAM A., PICOT T., DUPRAT A., DREYFUS G. [2007], *Predicting activities without computing descriptors: graph machines for QSAR*, SAR and QSAR in Environmental Resesarch, 18, p. 141 - 153

HAMPSHIRE J. B., PEARLMUTTER B. [1990], Equivalence proofs for multilayer perceptron classifiers and the Bayesian discriminant function, *Proceedings of the 1990 connectionist models summer school*, p. 159-172, Morgan Kaufmann.

HANSCH C., LEO A. [1995], *Exploring QSAR, Fundamentals and applications in chemistry and biology*; American Chemical Society.

HANSEN L.K., LARSEN J. [1996], Linear unlearning for cross-validation, *Advances in Computational Mathematics,* 5, p. 269-280.

HAYKIN S. [1994], *Neural Networks : a comprehensive approach,* MacMillan.

HO E., KASHYAP R. L. [1965], An algorithm for linear inequalities and its applications, *IEEE Transactions on Electronic Computers*, 14, p. 683-688.

HOPFIELD J. J. [1987], Learning algorithms and probability distributions in feedforward and feedback neural networks, *Proceedings of the National Academy of Sciences,* 84, p. 8429-433.

HORNIK K., STINCHCOMBE M., WHITE H. [1989], Multilayer feedforward networks are universal approoximators, *Neural Networks,* 2, p. 359-366.

HORNIK K., STINCHCOMBE M., WHITE H. [1990], Universal approximation of an unknown mapping and its derivatives using multilayer feedforward networks, *Neural Networks,* 3, p. 551-560.

HORNIK K. [1991], Approximation capabilities of multilayer feedforward networks, *Neural Networks,* 4, p. 251-257.

KIM S. S., SANDERS T. H. Jr [1991], Thermodynamic modeling of phase diagrams in binary alkali silicate systems, *Journal of the American Ceramic Society,* 74, p. 1833-1840.

KNERR S., PERSONNAZ L., DREYFUS G. [1990], Single-layer learning revisited : a stepwise procedure for building and training a neural network, *Neurocomputing : algorithms, architectures and applications*, p. 41-50, Springer.

KNERR S. [1991], *Un méthode nouvelle de création automatique de réseaux de neurones pour la classification de données : application à la reconnaissance de chiffres manuscrits,* Thèse de Doctorat de l'Université Pierre et Marie Curie, Paris.

KNERR S., PERSONNAZ L., DREYFUS G. [1992], Handwritten digit recognition by neural networks with single-layer training, *IEEE Transactions on Neural Networks,* 3, p. 962-968.

KULLBACK S., LEIBLER R. A. [1951], On information and sufficiency, *Annals of mathematical Statistics,* 22, p. 79-86.

KULLBACK S. [1959], *Information Theory and Statistics,* Dover Publications.

KUO B. C. [1992], *Digital Control Systems,* Saunders College Publishing.

KUO B. C. [1995], *Automatic Control Systems,* Prentice Hall.

LAWRANCE A. J. [1995], Deletion, influence and masking in regression, *Journal of the Royal Statistical Society,* B 57, p. 181-189.

LECUN Y., BOSER B., DENKER J.S., HENDERSON D., HOWARD R.E., HUBBARD W., JACKEL L.D. [1989], Backpropagation applied to handwritten zip code recognition, *Neural Computation,* 1, p. 541-551.

LEVENBERG K. [1944], A method for the solution of certain non-linear problems in least squares, *Quarterly Journal of Applied Mathematics,* 2, p. 164-168.

LEVIN A., NARENDRA K.S. [1993], Control of nonlinear dynamical systems using neural networks : controllability and stabilization, *IEEE Transaction on Neural Networks,* 4, p. 1011-1020.

LJUNG L. [1987], *System Identification; Theory for the User,* Prentice Hall.

MCCULLOCH W. S., PITTS W. [1943], A logical calculus of the ideas immanent in nervous activity, *Bulletin of Mathematical Biophysics*, 5, p. 115-133.

MCKAY D. J. C. [1992], A practical bayesian framework for backpropagation networks, *Neural Computation*, 4, p. 448-472.

MALLAT S. [1989], A theory for multiresolution signal decomposition : the wavelet transform, *IEEE Transactions on Pattern Analysis and Machine Intelligence*, 11, p. 674-693.

MARCOS S., MACCHI O., VIGNAT C., DREYFUS G., PERSONNAZ L., ROUSSEL-RAGOT P. [1992], A unified framework for gradient algorithms used for filter adaptation and neural network training, *International Journal of Circuit Theory and Applications,* 20, p. 159-200.

MARQUARDT D. W. [1963], An algorithm for least-quares estimation of nonlinear parameters, *Journal of the Society of Industrial and Applied Mathematics,* 11, p. 431-441.

MINSKY M., PAPERT S. [1969] *Perceptrons.* MIT Press.

MONARI G. [1999], *Sélection de modèles non linéaires par leave-one-out ; étude théorique et application des réseaux de neurones au procédé de soudage par points*, Thèse de Doctorat de l'Université Pierre et Marie Curie, Paris. *Disponible sur le site http://www.neurones.espci.fr.*

MONARI G., DREYFUS G. [2000], Withdrawing an example from the training set : an analytic estimation of its effect on a non-linear parameterised model, *Neurocomputing,* 35, p. 195-201.

MONARI G., DREYFUS G. [2002], Local overfitting control via leverages, *Neural Computation,* 14, p. 1481-1506.

MOODY J., DARKEN C. J. [1989], Fast learning in networks of locally-tuned processing units, *Neural Computation,* 1, p. 281-294.

NARENDRA K. S, ANNASWAMY A. M. [1989], *Stable Adaptative Systems,* Prentice-Hall.

NERRAND O., ROUSSEL-RAGOT P., PERSONNAZ L., DREYFUS G., MARCOS S. [1993], Neural networks and non-linear adaptive filtering : unifying concepts and new algorithms, *Neural Computation*, 5, p. 165-197.

NERRAND O. [1992], *Réseaux de neurones pour le filtrage adaptatif, l'identification et la commande de processus*, thèse de doctorat de l'Université Pierre et Marie-Curie.

NERRAND O., URBANI D., ROUSSEL-RAGOT P., PERSONNAZ L., DREYFUS G. [1994], Training recurrent neural networks : why and how ? An illustration in process modeling, *IEEE Transactions on Neural Networks* 5, p. 178-184.

OSADCHY M., LECUN Y., MILLER M. [2007], *Synergistic Face Detection and Pose Estimation with Energy-Based Models*, Journal of Machine Learning Research, 8, p 1197-1215.

OUKHELLOU L [1997], *Paramétrisation et Classification de Signaux en Contrôle Non Destructif. Application à la Reconnaissance des Défauts de Rails par Courants de Foucault*, Thèse de l'Université de Paris XI-Orsay.

OUKHELLOU L., AKNIN P., STOPPIGLIA H., DREYFUS G. [1998], A new decision criterion for feature selection: application to the classification of non destructive testing signatures, *European SIgnal Processing COnference (*EUSIPCO'98).

OUSSAR Y. [1998], *Réseaux d'ondelettes et réseaux de neurones pour la modélisation statique et dynamique de processus*, Thèse de Doctorat de l'Université Pierre et Marie Curie, Paris. *Disponible sur le site http://www.neurones.espci.fr.*

OUSSAR Y., DREYFUS G. [2000], Initialization by selection for wavelet network training, *Neurocomputing*, 34, p. 131-143.

OUSSAR Y., DREYFUS G. [2001], How to be a gray box : dynamic semi-physical modeling, *Neural Networks*, 14, 1161-1172.

OUSSAR Y., MONARI G., DREYFUS G. [2004], Reply to the comments on « Local Overfitting Control via Leverages » in « Jacobian Conditioning Analysis for Model Validation » by I. Rivals and L. Personnaz, *Neural Computation*, 10, p. 419-443.

PLAUT D., NOWLAN S., HINTON G. E. [1986], *Experiments on learning by back propagation,* Technical Report, Carnegie-Mellon University.

PLOIX J. L., G. DREYFUS [1997], Early fault detection in a distillation column: an industrial application of knowledge-based neural modelling, *Neural Networks: Best Practice in Europe,* p. 21-31, World Scientific.

POGGIO T., TORRE V., KOCH C. [1985], Computational vision and regularization theory, *Nature,* 317, p. 314-319.

POLLACK J. B. [1990], Recursive distributed representations, *Artificial Intelligence*, 46, p. 77-105.

POWELL M. J. D. [1987], Radial basis functions for multivariable interpolation : a review, *Algorithms for approximation*, p. 143-167.

PRESS W. H., TEUKOLSKY S. A., VETTERLING W. T., FLANNERY B. P. [1992], *Numerical recipes in C : the art of scientific computing*, Cambridge University Press.

PRICE D., KNERR S., PERSONNAZ L., DREYFUS G. [1994], Pairwise neural network classifiers with probabilistic outputs, *Neural Information Processing Systems,* 7 , p. 1109-1116, Morgan Kaufmann.

PRICE P.E., WANG S., ROMDHANE I.H. [1997], Extracting effective diffusion parameters from drying experiments. *AIChE Journal,* 43, p. 1925-1934.

PUSKORIUS G. V., FELDKAMP L. A. [1994], Neurocontrol of nonlinear dynamical systems with Kalman Filter trained recurrent networks, *IEEE Trans. on Neural Networks*, 5, p. 279-297.

RIVALS I., PERSONNAZ L. [2000], Construction of confidence intervals for neural networks based on least squares estimation, *Neural Networks*, 13, p. 463-484.

RIVALS I., PERSONNAZ L. [2004], Jacobian conditioning analysis for model validation, *Neural Computation*, 16, p. 401-418.

RIVALS I., CANAS D., PERSONNAZ L., DREYFUS G. [1994], Modeling and control of mobile robots and intelligent vehicles by neural networks, *Proceedings of the IEEE Conference on Intelligent Vehicles,* p. 137 – 142.

RIVALS I. [1995], *Modélisation et commande de processus par réseaux de neurones : application au pilotage d'un véhicule autonome,* Thèse de doctorat de l'Université Pierre et Marie Curie, Paris. *Disponible sur le site http://www.neurones.espci.fr.*

ROUSSEL P., MONCET F., BARRIEU B., VIOLA A. [2001], Modélisation d'un processus dynamique à l'aide de réseaux de neurones bouclés. Application à la modélisation de la relation pluie-hauteur d'eau dans un réseau d'assainissement et à la détection de défaillances de capteurs, *Innovative technologies in urban drainage*, 1, 919-926, G.R.A.I.E.

RUMELHART D. E., HINTON G. E., WILLIAMS R. J. [1986], Learning internal representations by error backpropagation, *Parallel Distributed Processing : Explorations in the Microstructure of Cognition,* p. 318-362, MIT Press.

SAARINEN S., BRAMLEY R., CYBENKO G. [1993], Ill-conditioning in neural network training problems, *SIAM J. Sci. Stat. Comp.,* 14, p. 693-714.

SEBER G.A.F., WILD C.J. [1989], *Nonlinear regression*, Wiley Series in Probability and Mathematical Statistics, John Wiley & Sons.

SINGHAL A. [1996], Pivoted length normalization. *Proceedings of the 19th Annual International Conference on Research and Development in Information Retrieval (SIGIR'96)*, p. 21-29.

SJÖBERG J., ZHANG Q., LJUNG L., BENVENISTE A., DELYON B. [1995], Nonlinear black–box modeling in system identification: a unified overview, *Automatica,* 31, p. 1691-1724.

SONTAG E. D. [1993], Neural networks for control, *Essays on control : perspectives in the theory and its applications*, p. 339-380, Birkhäuser.

STOPPIGLIA H. [1997], *Méthodes statistiques de sélection de modèles neuronaux ; applications financières et bancaires*, Thèse de Doctorat de l'Université Pierre et Marie Curie, Paris. *Disponible sur le site http://www.neurones.espci.fr.*

STRICKER M. [2000], *Réseaux de neurones pour le traitement automatique du langage : conception et réalisation de filtres d'informations,* Thèse de Doctorat de l'Université Pierre et Marie Curie, Paris. *Disponible sur le site http://www.neurones.espci.fr.*

STRICKER M., VICHOT F., DREYFUS G., WOLINSKI F. [2001], Training context-sensitive neural networks with few relevant examples for the TREC-9 routing, *Proceedings of the TREC-9 Conference.*

TIBSHIRANI R. J. [1996], A comparison of some error estimates for neural models, *Neural Computation,* 8, p. 152-163.

TIKHONOV A. N., ARSENIN V. Y. [1977], *Solutions of Ill-Posed Problems,* Winston.

VAPNIK V. [1995], *The nature of statistical learning theory,* Springer.

WAIBEL, HANAZAWA T., HINTON G., SHIKANO K., and LANG K. [1989], Phoneme recognition using time-delay neural networks, *IEEE Transactions on Acoustics, Speech, and Signal Processing,* 37, p. 328-339.

WERBOS P. J. [1974], *Beyond regression : new tools for prediction and analysis in the behavioural sciences,* Ph. D. thesis, Harvard University.

ZHOU G., SI J. [1998], A systematic and effective supervised learning mechanism based on jacobian rank deficiency, *Neural Computation,* 10, p. 1031-1045.

WOLINSKI F., VICHOT F., STRICKER M. [2000], Using Learning-Based Filters to Detect Rule-based Filtering Obsolescence, *Conférence sur la Recherche d'Information Assistée par Ordinateur RIAO'2000*, Paris.

ZIPF G. K. [1949], *Human Behavior and the Principle of Least Effort*. Addison-Wesley.

3

Compléments de méthodologie pour la modélisation : réduction de dimension et ré-échantillonnage

Ce chapitre propose quelques compléments à la méthodologie de mise en œuvre des réseaux de neurones. Il apporte des éléments de réponses à des questions méthodologiques que le concepteur de modèles se pose lorsqu'il souhaite mettre en œuvre un modèle statistique utilisant des réseaux de neurones. En effet, comme nous l'avons souligné dans le chapitre précédent, la conception d'un modèle « neuronal » ne se réduit pas au choix du nombre de neurones dans la couche cachée et à la bonne exécution d'un algorithme d'apprentissage :

- avant de mettre en œuvre un réseau de neurones, ou tout autre modèle statistique, il peut s'avérer nécessaire de construire de nouvelles variables d'entrée afin de réduire leur nombre, tout en perdant le moins d'information possible sur leur répartition ;
- après l'estimation des paramètres du modèle (par l'apprentissage si le modèle est un réseau de neurones), l'utilisateur doit évaluer le risque lié à l'utilisation du modèle construit, lequel est relatif à l'erreur de généralisation qui, par définition, n'est pas calculable : elle doit donc être estimée. Nous avons vu dans le chapitre précédent une méthode d'estimation de l'erreur de généralisation par calcul du score de « leave-one-out » virtuel ; nous présentons ici une autre technique statistique récente, fondée sur le ré-échantillonnage, qui permet d'estimer avec précision les caractéristiques statistiques de l'erreur de généralisation.

Les éléments de méthodologie présentés dans ce chapitre portent donc sur :

- les pré-traitements à effectuer sur les données,
- les techniques de réduction du nombre d'entrées, fondées sur *l'analyse en composantes principales* et *l'analyse en composantes curvilignes*,
- l'estimation de l'erreur de généralisation par les techniques statistiques de ré-échantillonnage, notamment le *bootstrap.*

La réduction de dimension ne vise pas seulement à diminuer le nombre de variables décrivant chaque exemple : elle permet également de construire des représentations plus synthétiques des données, en facilitant l'analyse. La méthode classique utilisée dans le cadre linéaire est l'analyse en composantes principales (ACP) : cette dernière, procédant par projection, est limitée aux variétés linéaires. Pour traiter les représentations non linéaires, nous présenterons une seconde méthode, l'analyse en composantes curvilignes (ACC), qui peut être vue comme une extension « non linéaire » de l'ACP. Elle est similaire aux « cartes de Kohonen » (voir chapitre 7), mais elle est plus souple, car la structure de l'espace de projection n'est pas imposée a priori.

Les méthodes de ré-échantillonnage sont utilisées pour réaliser des estimations lorsqu'on ne connaît pas les lois de probabilité des variables à analyser. Dans les problèmes posés par la régression, notamment la régression par réseaux de neurones, elles permettent d'estimer l'erreur de généralisation, et d'évaluer, avec efficacité et robustesse, la variabilité du réseau par rapport aux données, élément clé du dilemme biais-variance (présenté dans le chapitre 2) qui conditionne l'élaboration de tout modèle statistique. Ces techniques très performantes sont gourmandes en temps de calcul, mais l'accroissement de la vitesse des calculateurs permet de plus en plus fréquemment leur mise en œuvre. Une nouvelle méthode sera présentée, associant le *bootstrap* et l'arrêt prématuré (*early stopping*, également présenté dans le chapitre précédent), pour automatiser et contrôler l'apprentissage des réseaux de neurones.

Pré-traitements

Pré-traitements des entrées

Nous avons mentionné, dans le chapitre précédent, que les valeurs des variables du modèle sont en général exprimées dans des unités différentes, et ont des ordres de grandeurs différents. Il est donc nécessaire de pré-traiter ces valeurs pour qu'elles aient la même influence sur la construction du modèle. Afin d'uniformiser l'importance de chaque entrée sur les paramètres du modèle, il faut les centrer et les réduire, ou au moins les normaliser. Le pré-traitement décrit au paragraphe « Normalisation des entrées » du chapitre 2 transforme les composantes d'entrée en variables de moyenne nulle et d'écart-type unitaire.

Normaliser ou réduire

Pour des distributions d'entrée uniforme et centrée, le rapport entre une normalisation et une réduction n'est que de $\sqrt{3}$ sur l'écart-type. En effet, l'écart-type d'une loi uniforme sur un intervalle *l* est de $l/(2\sqrt{3})$ et une normalisation sur le même intervalle divise la variable par $l/2$.

Variables booléennes

Les valeurs 0 et 1 des variables booléennes doivent être respectivement transformées en –1 et +1 ; les variables qui résultent d'un codage flou doivent subir un traitement analogue.

La figure 3-1 montre l'effet du pré-traitement. Il correspond à une translation du centre de gravité du nuage des points, suivie d'une normalisation de la dispersion des valeurs sur chacun des axes sans modification de la répartition des points.

Ce pré-traitement simple, appliqué à toutes les composantes, permet souvent de détecter des « anomalies » dans la base de données. Un écart-type trop faible peut signifier que la composante correspondante varie trop peu pour influencer le modèle. Les composantes d'écart-type nul doivent évidemment être écartées dans la mesure où elles n'apportent aucune information dans la construction du modèle. Pour un diagnostic plus profond de ces « anomalies », il faut informer l'expert du domaine.

Pré-traitement des sorties pour la classification supervisée

Pour les composantes de sortie, les pré-traitements sont liés au codage des sorties et à leurs caractéristiques statistiques. En effet, en classification supervisée (présentée en détail dans le chapitre 6), compte tenu du codage des sorties liées aux probabilités a posteriori, le problème du pré-traitement ne se pose pas : le codage des probabilités a posteriori consiste à représenter chacune des classes par un neurone de sortie possédant une fonction d'activation logistique. Le coût adapté à ce codage est celui de l'entropie croisée plutôt que le coût quadratique. Pour une discrimination à deux classes, en notant y et y^*, respectivement, la sortie logistique calculée par le réseau et la valeur désirée, l'entropie croisée est définie par :

$$J = y^* \ln y + (1 - y^*) \ln(1 - y)$$

Il faut noter que le minimum de cette fonction est obtenu pour $y = y^*$, comme dans le cas du coût quadratique. Une généralisation est effectuée sans difficulté dans les problèmes à plusieurs classes. Par exemple, pour n classes, la fonction logistique est remplacée par la fonction *softmax* :

$$y_i = \frac{e^{z_i}}{\sum_{j=1}^{n} e^{z_j}} \text{ avec}$$

$$z_i = \sum_k w_{ik} x_k + w_{i0} .$$

Pour chaque exemple, l'entropie croisée s'exprime alors par :

$$E = \sum_{i=1}^{n} y_i^* \ln y_i + (1 - y_i^*) \ln(1 - y_i).$$

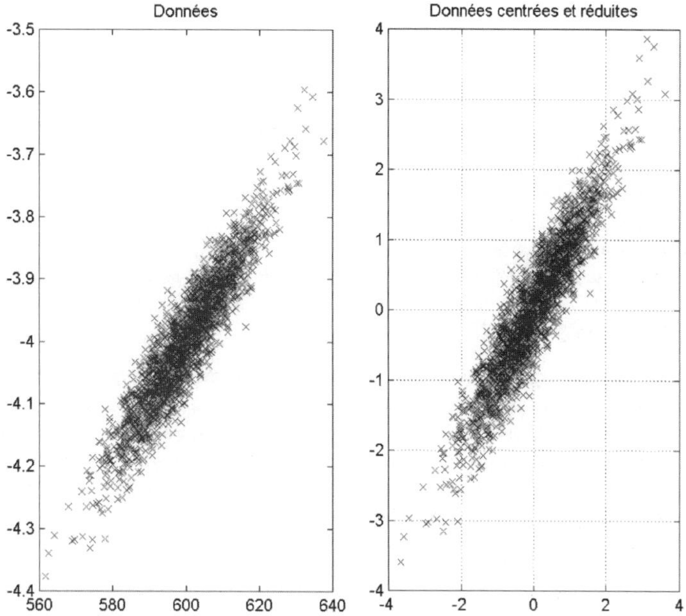

Figure 3-1. Centrage et réduction de données.

Règles d'apprentissage

Le lecteur curieux pourra s'apercevoir que cette approche, malgré les apparences, ne complique pas les calculs : bien au contraire, elle les simplifie. En fait, cela revient à ne pas tenir compte des non-linéarités apportées par la fonction logistique dans le calcul des gradients :

$$\frac{\partial E}{\partial w_{ik}} = (y_i - y_k^*) x_k$$

On retrouve la règle du Perceptron de Rosenblatt et donc aussi celle de Widrow-Hoff, introduites dans le chapitre 2, à propos de l'apprentissage adaptatif.

Pré-traitement des sorties pour la régression

Dans les problèmes de régression, les sorties représentent les moyennes conditionnelles. Les résidus autour de la valeur moyenne sont supposés suivre une loi normale centrée. Pour optimiser la construction du modèle, les sorties sont donc centrées et réduites, les moyennes et les variances des sorties étant estimées à partir de la base d'exemples.

L'erreur quadratique moyenne EQM_r, évaluée dans l'espace des sorties réduites, correspond à l'erreur quadratique moyenne EQM calculée à partir des données non pré-traitées, divisée par l'estimation de la variance.

$$EQM_r = \frac{1}{N}\sum_{k=1}^{N}(\tilde{y}_k - \tilde{y}_k^*)^2 \Rightarrow EQM = EQM_r \times \sigma_y^2$$

Réduction du nombre de composantes

La construction du modèle $g(\boldsymbol{x},\boldsymbol{w})$ peut nécessiter une réduction du nombre de composantes du vecteur **x.** C'est le cas notamment lorsque les composantes sont trop nombreuses pour être exploitées, ou bien lorsqu'on suppose qu'elles ne sont pas mutuellement indépendantes. Sous cette hypothèse, leur réduction simplifie la construction du modèle. On obtient ainsi une plus grande robustesse par rapport à la variabilité des données, et une moindre sensibilité au surajustement dû à un nombre excessif de paramètres (voir chapitre 2).

Pour explorer la structure des données multidimensionnelles, l'analyse repose sur l'observation de la répartition des individus dans l'espace des facteurs. Lorsque le nombre de facteurs est trop important pour une analyse visuelle ou un traitement numérique, il est nécessaire de réduire leur nombre. En statistique, l'ACP (« Analyse en composantes principales ») est utilisée pour réduire le nombre de facteurs. La méthode est fondée sur une combinaison linéaire des facteurs par projection. Elle permet une représentation plus synthétique des données.

Dans cette partie, on rappellera les principes de l'ACP, puis on présentera l'ACC (« Analyse en composantes curvilignes ») qui peut être vue comme une extension non linéaire de l'ACP, adaptée aux représentations de structures de données plus complexes. Un parallèle sera fait avec les cartes auto-organisatrices de Kohonen, également utilisées dans les analyses non linéaires de données.

Analyse en composantes principales

L'analyse en composantes principales est une des plus anciennes techniques d'analyse statistique. Elle a été développée pour l'étude d'échantillons d'individus caractérisés par plusieurs facteurs. La méthode est donc adaptée à l'analyse de données multidimensionnelles : en effet, l'étude séparée de chaque facteur ne suffit pas en général, car elle ne permet pas de détecter d'éventuelles dépendances entre facteurs.

Principe de l'ACP

Pour réduire le nombre de facteurs (composantes), l'ACP détermine des sous-espaces vectoriels de dimension plus réduite que le nombre de facteurs, dans lesquels la répartition des observations (points) est préservée au mieux. Le critère retenu sur la répartition est l'inertie totale du nuage des points. L'ACP se présente donc comme *une méthode de projection linéaire qui maximise l'inertie du nuage des points.*

Avant de présenter les développements théoriques, reprenons, à titre d'illustration simple, l'exemple de la distribution d'un nuage de points dans R^2 représenté par la figure 3-1. L'ACP détermine le premier axe principal comme étant celui par rapport auquel l'inertie du nuage de points est maximale. Le deuxième axe est, parmi les axes orthogonaux au précédent, celui par rapport auquel l'inertie du nuage de points est maximale. Les autres axes sont définis orthogonaux deux à deux sur le même critère de maximisation de l'inertie.

ACP et orthogonalisation de Gram-Schmidt

Cette procédure peut rappeler l'orthogonalisation de Gram-Schmidt présentée dans le chapitre précédent pour la sélection des entrées. Cette analogie est trompeuse. L'ACP est une procédure qui s'effectue dans *l'espace de représentation*, où chaque observation est représentée par un point dont les coordonnées sont les valeurs des facteurs correspondant à cette observation ; en revanche, l'orthogonalisation de Gram-Schmidt pour la sélection des entrées est effectuée dans *l'espace des observations*, où chaque facteur est représenté par un vecteur dont les composantes sont les observations de ce facteur contenues dans la base de données. La dimension de l'espace de représentation est le nombre de facteurs du modèle, alors que la dimension de l'espace des observations est le nombre d'observations présentes dans la base de données.

La figure 3-2 montre les deux axes principaux définis respectivement par la 1re et la 2e bissectrice (l'orthogonalité des axes est déformée par l'échelle du graphique). Les composantes principales seront représentées par les projections des points sur les axes principaux. La transformation linéaire par ACP consiste donc à effectuer, sur les données centrées, un changement de base défini par les axes principaux.

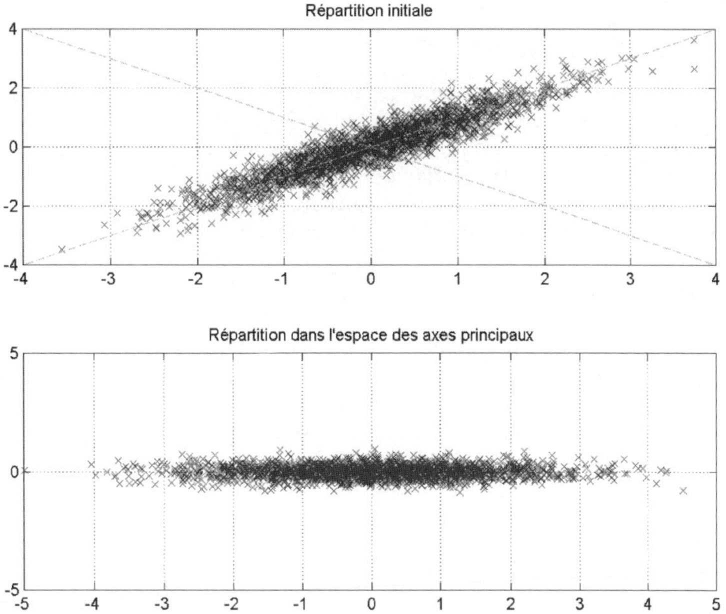

Figure 3-2. Changement de base par ACP.

Montrons que la notion « mécanique » d'inertie totale du nuage de points est équivalente à la notion « statistique » de variance. Le calcul de l'inertie des points s'effectue par rapport au centre de gravité du nuage des points. En notant g le centre de gravité et I_n l'inertie du nuage des points définis dans R^n :

$$g_i = \frac{1}{N}\sum_{i=1}^{n} x_{ij} \Rightarrow I_n = \sum_{j=1}^{n}\sum_{i=1}^{n}(x_{ij} - g_j)^2 .$$

L'inertie I_n est donc égale à la trace de la matrice de variance-covariance des données X définie par :
$V = (X - I_g)^T(X - I_g)$ où I désigne la matrice unité.

L'inertie étant invariante par translation, on peut centrer les données par $X = X - I_g$, et obtenir une relation simple entre l'inertie et la matrice de variance-covariance sur les nouvelles données centrées X :

$I_n = \text{Trace}(X^T X)$.

Pour des données centrées et réduites $\text{Trace}(X^T X) = n$.

En considérant le sous-espace de dimension $q < n$ et en notant $V_{n \times q}$ la matrice associée au projecteur sur R^q, le nuage des points projetés sur R^q est représenté par la matrice XV, dont l'inertie est :

$I_q = \text{Trace}(V^T X^T X V)$.

L'ACP définit la projection linéaire qui maximise I^q, valeur de l'inertie des points calculée dans R^q. Ce problème est résolu en recherchant un premier axe sur lequel l'inertie est maximale, puis un deuxième orthogonal au premier pour poursuivre la maximisation de l'inertie, et ainsi de suite jusqu'au $p^{\text{ième}}$ axe. Les axes obtenus correspondent aux vecteurs propres de la matrice $X^T X$, ordonnés en fonction de leurs valeurs propres, de la plus grande λ_1 à la plus petite λ_n. Les valeurs propres λ_j, $j = 1, \ldots, n$ sont positives ou nulles, car la matrice $X^T X$ est une symétrique définie positive. En notant $V_{n \times q}$ la matrice des vecteurs propres, la transformation à effectuer sur des données centrées pour obtenir les composantes principales s'exprime par :

$x \in R_n \rightarrow V^T_{n \times q}\, x \in R^{q<n}$.

Les règles utilisées pour retenir les composantes principales (q parmi p) dépendent d'une analyse qui s'effectue sur les valeurs propres. Avant de les présenter, il nous semble utile de rappeler une technique similaire à l'ACP et largement utilisée en algèbre linéaire, qui porte sur la décomposition en valeurs singulières, notée SVD pour *Singular Value Decomposition* [CICHOKI 93]. Cette technique, très utile dans les problèmes de résolution de systèmes linéaires, a été mentionnée dans le chapitre précédent comme outil de calcul des leviers pour des modèles non linéaires.

Théorème

Pour toute matrice $A \in R^{n \times p}$, il existe deux matrices orthogonales $U \in R^{n \times p}$ et $V \in R^{n \times p}$ telles que :

$$U^T A V = S = \begin{bmatrix} \sigma_1 & 0 & \cdots & 0 \\ 0 & \sigma_2 & \cdots & 0 \\ \vdots & \ddots & \ddots & 0 \\ 0 & \cdots & 0 & \sigma_m \end{bmatrix}$$

avec $\sigma_1 \geq \sigma_2 \geq \ldots \geq \sigma_m \geq 0$ ou $m = \min(p, n)$.

La matrice diagonale S est composée par les valeurs singulières σ_j ordonnées par valeurs décroissantes. Les valeurs singulières σ_j sont les racines carrées des valeurs propres λ_j de la matrice symétrique définie positive $A^T A$ ou de la matrice AA^T si m < n. La matrice V associée au changement de base est représentée par les vecteurs propres de la matrice $A^T A$.

ACP et SVD

Sur des données centrées, il y a donc équivalence entre une analyse en composantes principales et une décomposition en valeurs singulières.

Contrairement aux techniques de diagonalisation des matrices carrées, la décomposition en valeurs singulières s'applique à tout type de matrice. L'indice de la 1re valeur singulière égale à 0 détermine le rang de la matrice ; son conditionnement, au sens de la norme L_2, est égal au rapport des valeurs singulières extrêmes σ_1 / σ_p.

À partir de l'orthogonalité des matrices U et V, il vient :

$U^T A V = S \Rightarrow A = U S V^T$.

Dans une application de modélisation, si A représente la matrice des observations (définie dans le chapitre précédent) centrées, la matrice $US = AV$ décrit les mêmes exemples dans une représentation « orthogonale » : les nouvelles entrées obtenues après transformation sont non corrélées linéairement. La même technique est utilisée en traitement du signal pour « blanchir » les signaux [DAVAUD 91]. Pour réduire les nouvelles entrées, il suffit de retenir la matrice U comme nouvelle base d'exemples. La transformation linéaire devient $S^{-1}V^{T}x$ au lieu de $V^{T}x$.

La décomposition en valeurs singulières, appliquée aux données centrées de la matrice X, permet d'exprimer l'inertie en fonction des valeurs singulières σ_j ou en fonction des valeurs propres λ_j de la matrice $X^{T}X$:

$$I_p = \mathrm{Trace}(X^{T}T) \Rightarrow I_p = \sum_{j=1}^{p} \lambda_j \Rightarrow I_p = \sum_{j=1}^{p} \sigma_j^2 .$$

Ce résultat est bien connu en algèbre linéaire puisque l'inertie du nuage de points correspond à la norme matricielle de Frobenius qui s'exprime en fonction des valeurs singulières :

$$\|X\|_F = \sqrt{\sum_{i,j} x_{ij}^2} = \sqrt{\sum_{j} \sigma_j^2} .$$

La matrice de projection $p_{p \times q}$ associée aux q premiers axes est donc représentée par les q premiers vecteurs de la matrice $V_{p \times q}$. La contribution relative à l'inertie de chaque axe principal est donnée par le rapport entre σ_j^2 et la somme $\sigma_1^2 + \sigma_2^2 + \ldots + \sigma_p^2$. La contribution relative des q premiers axes est :

$$I_q = \sum_{j=1}^{q} \sigma_j^2 \Rightarrow I_q = I_n \frac{\sum_{j=1}^{q \le n} \sigma_j^2}{\sum_{j=1}^{n} \sigma_j^2} .$$

La qualité de la réduction est directement liée à la valeur de q. Il n'y a pas de règle générale pour déterminer la meilleure valeur. On peut citer quelques règles utilisées pour déterminer le nombre q de composantes [SAPORTA 1990] :

- *La part de l'inertie expliquée* pour représenter au moins un pourcentage fixé sur l'inertie,
- *La règle de Kaiser* qui retient les valeurs propres supérieures à la moyenne des valeurs propres (sur des données centrées réduites, cela revient à retenir celles qui sont supérieures à 1, puisque la somme des valeurs propres est égale à n),
- *Le « test de l'éboulis » (scree-test)* qui, à partir de la courbe I_q fonction de $q = 1, 2, \ldots, n$, retient la valeur de q qui correspond à la 1re rupture de pente, comme le montre l'exemple donné par la figure 3-3 avec une rupture de pente à partir de la 4e valeur propre.

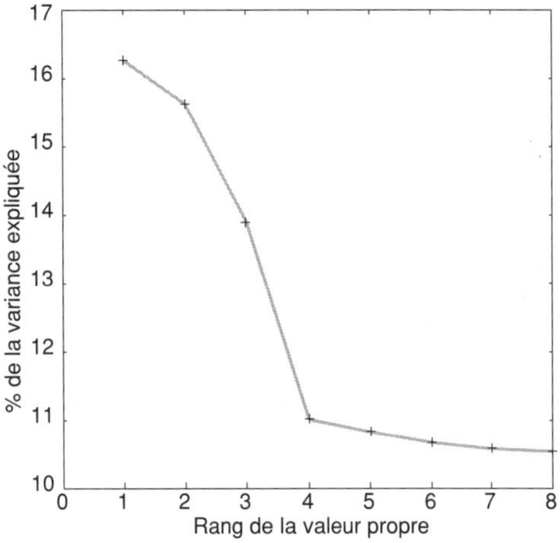

Figure 3-3. Pourcentage de variance expliquée.

Avant d'appliquer l'ACP de façon systématique, il faut se rappeler que la composante dite principale est définie par rapport au critère qui porte sur l'inertie du nuage de points. Dans certains problèmes, la composante principale n'est pas l'élément le plus informatif, bien au contraire. Par exemple, sur une série de visages provenant de différentes parties du monde, la reconnaissance de leur origine portera davantage sur la seconde composante et les suivantes, la première composante représentant plutôt les caractéristiques moyennes des visages.

Analyse en composantes curvilignes

La réduction de dimension pour des distributions plus complexes peut nécessiter des traitements non linéaires. L'analyse en composantes curvilignes a été proposée par [DEMARTINES 1995] pour analyser les distributions non linéaires et en réduire les dimensions. Elle peut être interprétée comme une extension non linéaire de l'analyse en composantes principales. L'ACC utilise un critère plus local que l'ACP, qui lui permet de préserver la topologie locale de la distribution des points d'entrées. Une analyse de cette méthode ainsi que des exemples d'applications peuvent être trouvés dans [HÉRAULT 1993] et [VIGNERON 1997].

La figure 3-4 illustre l'application de l'ACC à la réduction de dimension sur des structures de données non linéaires : on a représenté, au-dessus, un ensemble de points définis dans R^3, et, au-dessous, une représentation plus réduite dans R^2. La réduction de dimension peut donc être vue comme une projection « non linéaire » qui préserve la proximité entre points, et donc la topologie locale de la distribution.

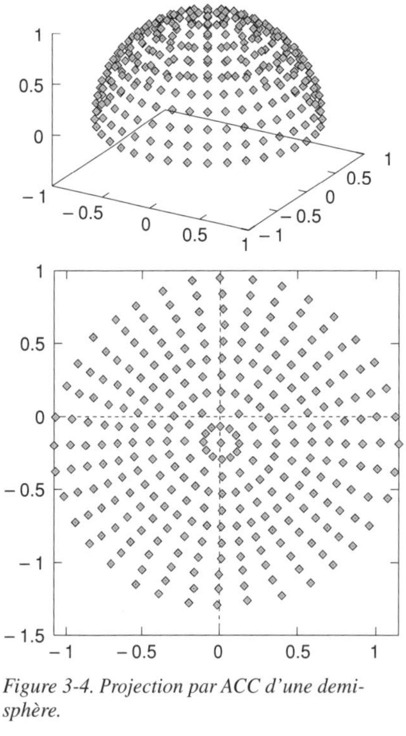

Figure 3-4. Projection par ACC d'une demi-sphère.

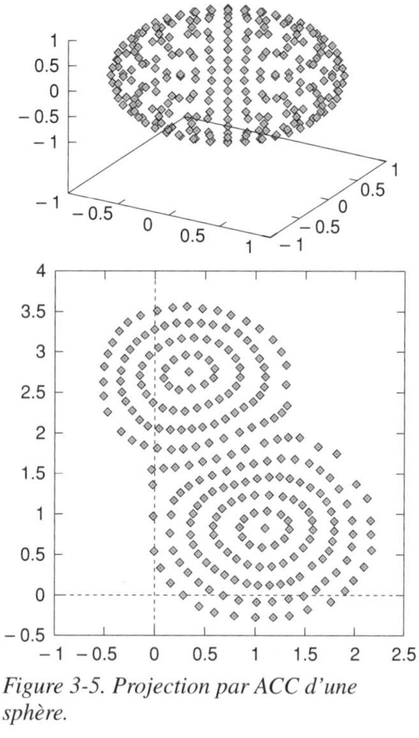

Figure 3-5. Projection par ACC d'une sphère.

Sur des structures *fermées*, telles qu'une sphère ou un cylindre, la réduction de dimension introduira nécessairement des distorsions locales. C'est le cas illustré par la figure 3-4, qui montre une projection d'une sphère sur le plan. L'idée centrale de l'ACC est un contrôle graduel de la distorsion locale, effectué au cours de l'apprentissage.

Ayant pour objectif une réduction de dimension qui préserve la topologie locale, l'ACC est adaptée à la représentation de variétés non linéaires. Une variété dans R^p peut être grosso modo définie comme un ensemble de points dont la dimension « locale » est inférieure à p. L'enveloppe d'une sphère définie dans R^3 est un exemple : la variété est de dimension 2. De façon plus rigoureuse, une variété de dimension q dans R^q est un sous-ensemble de R^n obtenu par application d'une fonction définie de R^q dans R^q. En un point, le rang de la différentielle de l'application détermine la dimension locale de la variété.

Par rapport à l'ACP, la méthode permet donc de représenter des structures de données distribuées d'une façon non linéaire. Elle se rapproche des méthodes fondées sur les cartes auto-adaptatives de Kohonen, mais son principe est différent. En effet, aucune contrainte n'est imposée sur les points dans l'espace de projection ; il n'y a pas de voisinage défini a priori entre les points dans l'espace de projection. Cela permet de représenter toutes sortes de variétés.

Formalisation de l'analyse en composantes curvilignes

Les coordonnées des p points sont définies :

- par $x_i \in R^n$, $i = \{1, \ldots, p\}$ dans l'espace d'origine,
- par $y_i \in R^{n' < n}$, $i = \{1, \ldots, p\}$ dans l'espace réduit.

Notons X_{ij} et Y_{ij} les distances entre les points i et j, calculées respectivement dans l'espace d'origine et dans l'espace réduit :

- espace d'origine $X_{ij} = \sqrt{\sum_{k=1}^{n} (x_{ik} - x_{jk})^2}$;
- espace réduit $Y_{ij} = \sqrt{\sum_{k=1}^{n''} (y_{ik} - y_{jk})^2}$.

La transformation des composantes engendre une distorsion sur la variété. En gardant la même métrique (distance euclidienne), une mesure de la distorsion peut être donnée en comparant les distances X_{ij} aux distances Y_{ij}

- distorsion due à la réduction $\sum_{i=1}^{p} \sum_{j=i+1}^{n} (X_{ij} - Y_{ij})^2$.

Un parallèle peut être fait avec l'ACP, qui définit la projection linéaire en minimisant la « fonction objectif » : $\sum_{i,j} X_{ij}^2 = \sum_{i,j} Y_{ij}^2$ Cette fonction traduit l'écart entre la moyenne des distances X_{ij}^2 calculées dans l'espace d'origine et la moyenne des distances Y_{ij}^2 calculées dans l'espace réduit. La fonction de coût retenue par l'ACC préserve davantage les écarts de distance $X_{ij} - Y_{ij}$, et permet donc de représenter des variétés non linéaires avec un minimum de déformation.

Attention

Pour pouvoir déplier des variétés, Demartines a introduit, dans la fonction de coût, un terme de pondération $F(Y_{ij}, \rho)$, fonction positive monotone décroissante de la distance Y_{ij}.

Le terme $F(Y_{ij})$ favorise les petites distances dans l'espace de projection. Le paramètre ρ joue le même rôle que le paramètre rayon, défini dans les cartes de Kohonen : dans l'espace de sortie, les distances supérieures à ρ ne seront plus prises en compte. La décroissance du paramètre ρ au cours de l'adaptation permet de déplier et même de couper certaines variétés non linéaires. La projection d'une sphère de R^3 dans R^2 (figure 3-4) montre l'exemple d'une variété pour laquelle la projection nécessite une coupure. La fonction permet donc de déplier certaines variétés en préservant au maximum la topologie locale.

La « fonction objectif », visée par ACC, se présente alors sous la forme suivante :

$$E = \sum_{i=1}^{p} \sum_{j=i+1}^{n} (X_{ij} - Y_{ij})^2 F(Y_{ij}, \rho).$$

Figure 3-6. Fonction de pondération des distances.

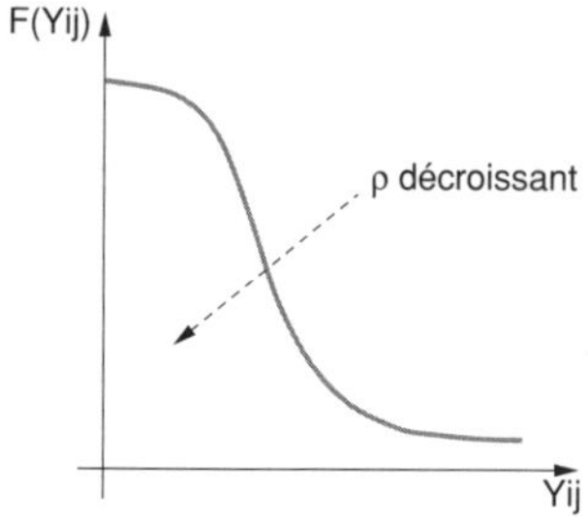

Algorithme d'analyse en composantes curvilignes

L'algorithme consiste à minimiser la fonction de coût par rapport aux coordonnées de chaque point de la base d'exemples dans l'espace réduit. Comme il en va pour effectuer un apprentissage, on peut utiliser n'importe lequel des algorithmes d'optimisation présentés dans le chapitre 2. Nous présentons ici la minimisation de la fonction de coût par l'algorithme du gradient stochastique.

On calcule donc les dérivées partielles de la fonction de coût par rapport à chacun des paramètres ; en notant y_{ik} la $k^{\text{ième}}$ coordonnée du point i, il vient :

$$\frac{\partial E}{\partial y_{ik}} = \sum_{j \neq i} \frac{\partial E}{\partial Y_{ij}} \frac{\partial Y_{ij}}{\partial y_{ik}}$$

$$\frac{\partial E}{\partial y_{ik}} = -\sum_{j \neq i} \frac{X_{ij} - Y_{ij}}{Y_{ij}} [2F(Y_{ij}) - (X_{ij} - Y_{ij})F'(y_{ij})](y_{ik} - y_{jk}).$$

La modification des paramètres s'écrit alors, en appelant μ le pas de gradient :

$$\Delta y_i = \mu \sum_{j \neq i} \frac{X_{ij} - Y_{ij}}{Y_{ij}} [2F(Y_{ij}) - (X_{ij} - Y_{ij})F'(y_{ij})](y_i - y_j).$$

Une condition doit être assurée afin d'assurer la convergence de l'adaptation. Il faut en effet que le terme $\beta_{ij} = 2F(Y_{ij}) - (X_{ij} - Y_{ij})F'(Y_{ij})$ soit positif. En effet, si Y_{ij} est trop grand par rapport au terme X_{ij}, le point j doit être rapproché du point i. Les fonctions $F(Y_{ij})$ doivent être choisies de façon à assurer la condition $\beta_{ij} > 0$. Cette condition est difficile à remplir : par exemple, pour $F(Y_{ij}) = e^{-Y_{ij}/\rho}$, la stabilité de l'adaptation implique $\rho > (Y_{ij} - X_{ij})/2$. Cette condition ne peut pas être toujours vérifiée en raison de la décroissance du rayon ρ au cours de l'apprentissage. Une solution qui permet d'assurer la condition, et qui simplifie la règle d'adaptation, est la fonction échelon translatée du rayon ρ et vérifiant (presque partout) la condition $\beta_{ij} = 2 > 0$. La règle d'adaptation se simplifie :

$$\Delta y_i = \mu \sum_{j \neq i} \frac{X_{ij} - Y_{ij}}{Y_{ij}} (y_i - y_j) \quad \text{si } Y_{ij} < \rho \text{ et 0 sinon.}$$

La contribution des $n - 1$ points j sur le point i entraîne un effet de moyenne. Dans certaines situations, cela peut mener à des blocages. La figure 3-7 présentée ci-après en donne un exemple.

Dans l'espace d'entrée (a), le point $i = 1$ se situe au milieu des trois autres. Dans l'espace de sortie (b), les conditions initiales l'ont placé à l'extérieur des trois points. Avec la règle exacte, le point 3 dans l'espace de sortie sera bloqué par les points 2 et 3. Le point 1 ne pourra donc pas atteindre la position optimale au milieu des trois autres.

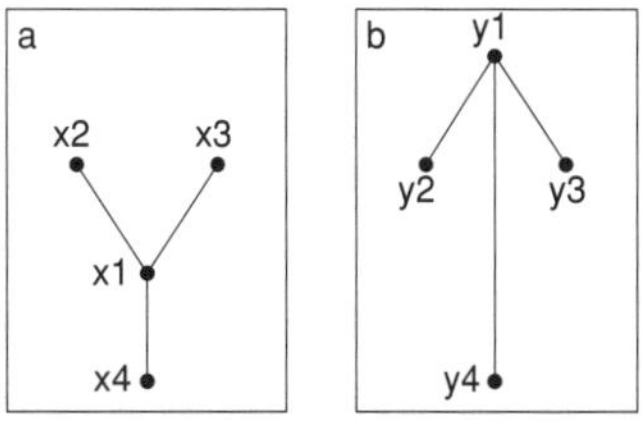

Figure 3-7. Exemple d'un blocage.

Pour résoudre ces problèmes de blocage, Demartines a proposé une règle empirique simple. Au lieu d'adapter le point i en fonction des autres points, la nouvelle règle consiste à adapter tous les autres points en fonction du point retenu i :

$$\Delta y_j = \mu \frac{X_{ij} - Y_{ij}}{Y_{ij}}(y_j - y_i) \text{ si } Y_{ij} < \rho \text{ et 0 sinon.}$$

Cette version stochastique du gradient permet, dans une certaine mesure, de pallier les problèmes des minima locaux, tout en assurant en moyenne une minimisation de la fonction de coût.

Mise en œuvre de l'analyse en composantes curvilignes

La mise en œuvre de la méthode requiert que l'on choisisse

- les pré-traitements sur les données x_{ij},
- les valeurs initiales des composantes y_{ij},
- une loi de décroissance sur le paramètre ρ.

Compte tenu de la métrique utilisée pour le calcul des distances, et pour les mêmes raisons que dans le cas de l'ACP, les pré-traitements adaptés correspondent à une réduction de chaque composante afin d'uniformiser leur importance dans le calcul des distances. Bien que cela ne soit pas vraiment nécessaire, on pourra également centrer les données pour avoir des représentations graphiques autour de l'origine.

Comme dans les cartes de Kohonen, les composantes y_{ij} des unités dans l'espace de sortie sont initialisées aléatoirement. Pour uniformiser leur répartition, on utilise sur chaque composante une loi uniforme dans l'intervalle [-1,1]. Compte tenu du calcul comparatif des distances « euclidiennes » X_{ij} et Y_{ij} évaluées respectivement dans des espaces de dimensions différentes, p et q, la comparaison des distances est biaisée. Pour pallier ce problème, notamment pour des taux de réduction de dimension importants, la règle préconisée consiste à évaluer des distances moyennées par rapport à la dimension de l'espace :

$$X_{ij} = \sqrt{\frac{\sum_{k=1}^{p}(x_{ik} - x_{jk})^2}{p}} \qquad Y_{ij} = \sqrt{\frac{\sum_{k=1}^{q}(y_{ik} - y_{jk})^2}{q}}.$$

Le choix du paramètre ρ a une influence importante sur la qualité de la projection. Au cours des premières itérations, tous les points $\mathbf{y}_i$ dans l'espace de sortie doivent contribuer au critère. La règle consiste à fixer la valeur initiale du paramètre ρ au maximum des distances Y_{ij} :

$$\rho(0) = Max_{ij}\ Y_{ij}.$$

La valeur finale du rayon doit correspondre à la plus petite valeur souhaitée sur les Y_{ij}, c'est-à-dire la plus petite des valeurs X_{ij} :

$\rho(t_{\max}) = Min_{ij}\ X_{ij}$.

Le paramètre ρ suit une loi décroissante en fonction du nombre t d'itérations de la valeur initiale $\rho(0)$ à la valeur finale $\rho(t_{\max})$:

$$\rho(t) = \rho(0)\left[\frac{\rho(t_{max})}{\rho(0)}\right]^{t/t_{max}} .$$

Qualité de la projection

Un des points forts des travaux de Demartines porte sur le critère qui permet le contrôle de la projection. Ce critère est fondé sur la comparaison des valeurs X_{ij} et Y_{ij} correspondant aux distances entre points, distances calculées respectivement dans l'espace d'origine et dans l'espace réduit. Les distances sont représentées dans un plan *dx-dy* par un point d'abscisse $dx = Y_{ij}$ et d'ordonnée $dy = X_{ij}$. Les points proches de la droite $dx = dy$ correspondent à des distances voisines. La déformation due à la réduction est donc proportionnelle à la distance moyenne des points à la droite $dx = dy$. La figure 3-8 montre la distribution moyenne des distances pour l'exemple de la demi-sphère et sur celui de la sphère.

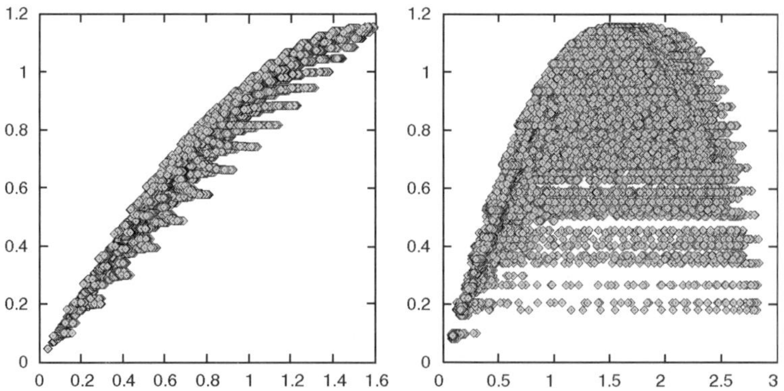

Figure 3-8. Distribution des distances dans le plan (dy – dx) pour la demi-sphère et la sphère.

Sur des variétés non linéaires illustrées par ces exemples, la projection va nécessairement éloigner certains points. C'est le cas de la carte du globe terrestre obtenue par la projection de Mercator. La projection « occidentale » sépare les côtes du détroit de Béring.

Dans le plan $dy - dx$, le nuage des points a une forme en cloche : des points proches dans l'espace d'origine (*dx* petit) vont se trouver éloignés (*dy* grand) dans l'espace de projection. La forme en cloche apparaît nettement dans le cas de la projection de la sphère, où le dépliage a séparé les points situés sur le grand diamètre (figure 3-5). Le contrôle de la projection consiste à vérifier que cette forme en cloche préserve au maximum la topologie locale : si deux points sont proches dans l'espace réduit, ils le sont nécessairement dans l'espace d'origine.

Difficultés présentées par l'analyse en composantes curvilignes

Avant de passer à l'application, notons néanmoins les problèmes posés par l'utilisation de l'ACC. Le premier problème est celui du temps de calcul. Les distances entre points doivent être calculées. Si le nombre de points est trop important, l'ACC ne peut pas être appliquée directement aux données. Une étape de quantification préalable est nécessaire pour réduire le nombre d'exemples.

Le second problème porte sur l'utilisation en ligne de l'ACC. Contrairement à l'ACP, les composantes réduites ne peuvent pas être calculées directement. Elles sont obtenues d'une manière itérative par une descente de gradient. Précisons le mode opératoire de l'ACC. Notons x_0 une nouvelle entrée ; cherchons à déterminer les composantes y_0 associées. L'algorithme consiste à initialiser les composantes y_0 par le barycentre des 3 ou 4 points y_k correspondant aux points x_k les plus proches de x_0. Le calcul de la projection y_0 est obtenu par le même algorithme :

$$\Delta y_0 = \mu \sum_{j \neq i} \frac{X_{i\,0} - Y_{i\,0}}{Y_{i\,0}} (y_0 - y_j) \quad \text{si } Y_{i0} < \rho \text{ et 0 sinon.}$$

Cette méthode d'initialisation des composantes du point projeté paraît très efficace ; la convergence est obtenue en quelques itérations (moins d'une dizaine) [PILATO 1998].

Application en spectrométrie

L'application présentée ci-après a été réalisée au Centre d'études de Saclay [PILATO 1998]. Elle porte sur la mesure de la concentration de matières radioactives. Le contrôle d'installations nucléaires (centrales, usines de retraitement) exige que l'on mesure des concentrations de certaines matières radioactives. Des mesures de concentration sont effectuées sur des solutions issues des circuits d'eau des installations. Une des techniques utilisées est la fluorescence X, qui permet de réaliser des analyses rapides et non destructives directement à partir de cruchons de prélèvement ou sur canalisations. La fluorescence X consiste à exciter la matière concernée, puis à analyser les spectres des photons issus des désactivations.

La figure 3-9 montre un exemple de spectre obtenu par fluorescence X sur un cruchon contenant de l'uranium 235 et du thorium. Les pics caractérisent la présence et la concentration de ces deux éléments. Dans notre application, chaque spectre est quantifié sur 4096 valeurs d'énergie. Chaque valeur en ordonnée correspond au nombre de photons qui sont comptés sur un niveau d'énergie donné.

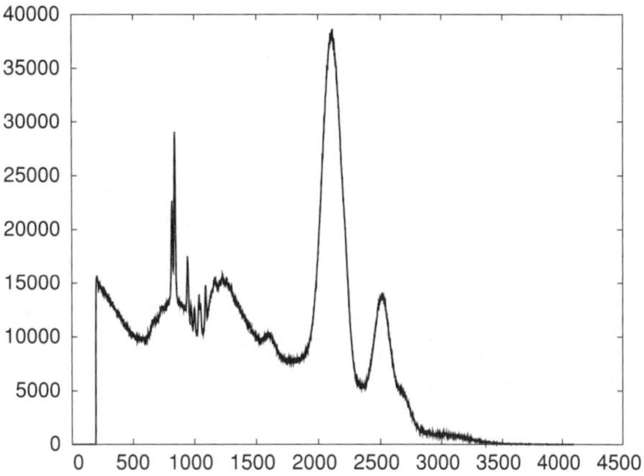

Figure 3-9. Exemple de spectre.

Les méthodes classiques d'analyse de spectres reposent sur des modèles physiques, qui établissent des corrélations entre la proportion d'un élément et l'intégrale autour des pics correspondant à certaines raies de l'élément à analyser. La « physique » ici est relativement complexe : chevauchement des pics, effets parasites ou bruit de mesures. La méthode est fondée sur une analyse locale des phénomènes. L'estimation des concentrations est effectuée à partir de calculs effectués sur des données du spectre centrées autour des raies.

L'approche par ACC est différente. Elle repose sur une analyse globale de la courbe. Le spectre est considéré en tant qu'élément d'un espace à 4096 composantes. Dans cet espace R^{4096}, les surfaces de répartition des points spectres ont une dimension intrinsèque égale à 2. En effet, la variété des spectres est obtenue en ne faisant varier que deux paramètres : la concentration d'uranium et celle du thorium. Une réduction de dimension de R^{4096} à R^2 s'est avérée adaptée au problème : l'information « perdue » par projection n'est pas discriminante pour la mesure des concentrations.

La base d'exemples comprend 60 spectres. Chaque spectre comprend 4096 composantes. La matrice de l'échantillon des données est de dimension 60×4096. La réduction par ACC consiste donc à transformer cet échantillon en une matrice 60×2.

La figure 3-10 visualise, dans l'espace réduit à deux dimensions, l'ensemble des exemples. Nous avons volontairement maillé la représentation en visualisant la topologie spatiale de la quantification réalisée par les expérimentateurs sur les valeurs des concentrations d'uranium et de thorium.

La projection obtenue par ACC a la même topologie que la quantification expérimentale. Les concentrations d'uranium et de thorium ont été quantifiées sur le produit cartésien $[(u_1, u_2, \ldots, u_6) \times (t_1, t_2, \ldots, t_{10})]$. En réalité, on constate, en y regardant de plus près, qu'il manque un essai. En effet, la base ne comportait que 59 spectres. On retrouve figure 3-10 la donnée manquante dans la projection ACC.

L'exemple illustre l'intérêt de l'ACC : en dépit de combinaisons non linéaires de plusieurs effets sur les spectres, la réduction permet de faire apparaître la dimension intrinsèque des données, celle de la variation par rapport à la concentration du thorium et celle relative à l'uranium. À partir des spectres réduits, l'estimation des concentrations en uranium et en thorium n'est plus un problème difficile : une régression à l'aide d'un petit réseau de neurones, voire une simple interpolation linéaire, suffisent amplement.

Appliquée à des problèmes plus complexes, lorsque la dimension intrinsèque n'est pas aussi évidente, on peut procéder d'une manière itérative en augmentant, si c'est nécessaire, le nombre de composantes de l'espace de projection, tout en contrôlant la préservation de la topologie locale sur la bissectrice pour les petites distances.

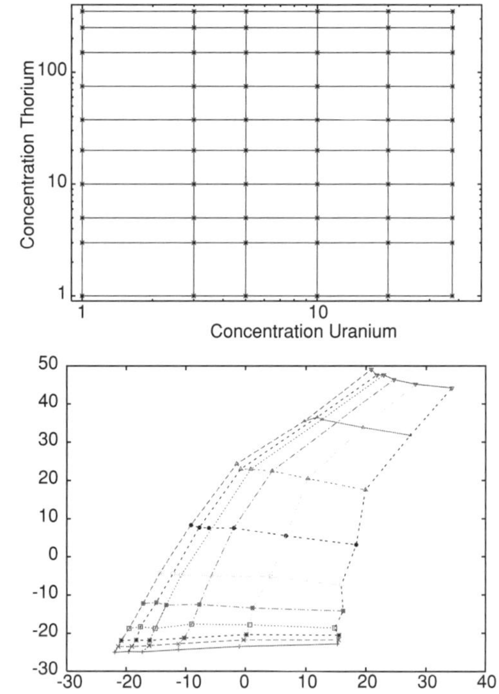

Figure 3-10. Quantification expérimentale – Représentation par ACC.

Le bootstrap et les réseaux de neurones

Cette dernière partie présente une nouvelle approche qui permet d'automatiser la construction et l'apprentissage des réseaux de neurones. Elle s'articule autour de la méthode statistique du *bootstrap* et de la technique de l'arrêt prématuré ou *early stopping* (cette dernière technique est présentée dans le chapitre 2). L'orientation prise est donc celle qui consiste à utiliser des réseaux suffisamment complexes, puis à les régulariser par arrêt de l'apprentissage. Avec *bootstrap*, il est possible d'évaluer avec efficacité la variabilité du réseau, et de son erreur par rapport aux données. Associé à l'arrêt prématuré, il permet le contrôle de l'apprentissage en optimisant automatiquement le nombre de cycles nécessaire, tout en fournissant les caractéristiques statistiques de l'erreur de généralisation.

Le *bootstrap*, proposé par [EFRON 1993], est une technique aujourd'hui très étudiée dans le cadre de l'inférence statistique, notamment pour les tests d'hypothèses et l'estimation des intervalles de confiance. Elle ne nécessite aucune hypothèse a priori sur les lois de distribution. Appliqué à la régression, le *bootstrap* permet d'estimer les caractéristiques statistiques de l'écart entre l'erreur d'apprentissage et celle de généralisation. L'approche est particulièrement adaptée aux problèmes pour lesquels les échantillons d'exemples sont de petite taille. C'est le cas notamment du calcul scientifique et de la simulation de systèmes complexes. À partir d'une base de calculs, des fonctions analytiques sont construites par régression ou interpolation, afin d'être utilisées en lieu et place de modules plus coûteux en temps de calcul.

Dans le chapitre précédent, nous avons souligné l'importance de la validation des modèles (estimation de l'erreur de modélisation, d'intervalles de confiance, etc.) dans le cadre général de la modélisation, notamment non linéaire. Dans le type d'applications susmentionnées (remplacement d'un code de calcul complexe par une régression à partir de données engendrées par ce code), la problématique est exactement la même, à ceci près que les données issues de calculs ne sont généralement pas bruitées. On va donc présenter cette approche qui peut être substituée à celles qui ont été développées dans le chapitre précédent.

Principe du bootstrap

Nous allons illustrer le principe du *bootstrap* sur l'exemple du calcul de l'intervalle de confiance de l'espérance μ d'une variable aléatoire. L'exemple tiré de [WONNACOOT 1990] a simplement pour objet de montrer clairement le principe du *bootstrap*. En effet, pour cet exemple, l'intervalle de confiance de l'espérance d'une variable aléatoire est parfaitement déterminé à partir de la moyenne et de la variance calculées sur l'échantillon (vu au chapitre 2). Ce résultat découle du théorème de la limite centrale, selon lequel la distribution de la moyenne d'un échantillon converge assez rapidement vers une loi normale.

On considère un échantillon de la variable aléatoire composé de $n = 10$ observations : $\mathbf{x} = (16, 12, 14, 6, 43, 7, 0, 54, 25, 13)$. La moyenne de l'échantillon est $\bar{X} = \sum_{i=1}^{10} \frac{x_i}{10} = 19.0$ et son écart-type est $S = \sqrt{\sum_{i=1}^{10} (x_i - 19.0)^2 / 9} = 17.09$. L'intervalle de confiance de l'espérance μ à 95 % est :

$$\mu = \bar{X} \pm t_{.025} \frac{s}{\sqrt{n}} = 19.0 \pm 2.26 \frac{17.09}{\sqrt{10}} \approx 19 \pm 12 \Rightarrow 7 < \mu < 31$$

L'intervalle de confiance peut être également calculé par *bootstrap*. Il est alors obtenu par l'algorithme suivant.

À partir de l'échantillon initial, on simule de nouveaux échantillons, appelés « répliques », de taille n, par tirages aléatoires avec remise. Prenons par exemple l'échantillon initial défini précédemment $\mathbf{x} = (16, 12, 14, 6, 43, 7, 0, 54, 25, 13)$. Par tirages aléatoires avec remise, on obtient ainsi la réplique suivante $x^* = (54, 0, 16, 7, 43, 54, 0, 25, 25, 6)$, dans laquelle certaines valeurs de l'échantillon initial ne figurent pas, et où d'autres apparaissent plusieurs fois. Plusieurs échantillons sont ainsi simulés. Pour chaque échantillon simulé, une moyenne est calculée. L'intervalle de confiance à 95 % est défini sur cet ensemble de moyennes. La simulation donne :

$$9 < \mu < 26$$

On note que l'intervalle obtenu par *bootstrap* est pratiquement identique à l'intervalle de confiance à 95 % calculé précédemment et issu du théorème central limite.

Généralité du bootstrap

Le *bootstrap* ne fait appel à aucune hypothèse sur la distribution statistique sous-jacente ; d'où sa généralité et sa puissance.

Le *bootstrap* peut donc être appliqué à tout estimateur autre que la moyenne, tel que la médiane, le coefficient de corrélation entre deux variables aléatoires ou la valeur propre principale d'une matrice de variance-covariance. Pour ces estimateurs, il n'existe pas de formule mathématique qui définisse l'erreur standard ou l'intervalle de confiance. Les seules méthodes applicables sont les méthodes dites de ré-échantillonnage qui procèdent par simulation d'échantillons comme le *bootstrap* ou le *jackknife* [EFRON 1993].

Algorithme du bootstrap pour calculer un écart-type

Soit une variable aléatoire X obéissant à une loi de distribution F. On souhaite estimer un paramètre θ de F. Le paramètre θ est estimé à partir d'un n-échantillon $\mathbf{x} = (x_1, x_2, \ldots, x_n)$. On note $\hat{F}$ la distribution empirique, et $\hat{\theta} = s(\mathbf{x})$ l'estimation de θ réalisée à partir de l'échantillon $\mathbf{x}$. En voici l'algorithme :

Algorithme du bootstrap pour calculer un écart-type

1. Sélectionner B n-échantillons « bootstrapés » $\mathbf{x}^{*1}, \mathbf{x}^{*2}, \mathbf{x}^{*B}$, chacun étant obtenu à partir de l'échantillon initial $\mathbf{x}$ par n tirages aléatoires avec remise.
2. Calculer pour chaque n-échantillon bootstrapé, une réplique de l'estimation de θ par $\hat{\theta}(b) = s(\mathbf{x}^{*B})$ $b = 1,2, \ldots, B.$
3. Estimer l'écart-type à partir de l'erreur standard calculée sur l'ensemble des répliques :

$$\hat{\theta}^*(.) = \sum_{b=1}^{B} \hat{\theta}^*(\mathrm{b}) / B$$

$$\hat{\theta}_B^2 = \sum_{b=1}^{B} (\hat{\theta}^*(b) - \hat{\theta}^*(.))^2 / B - 1.$$

Un des théorèmes démontrés par Efron porte sur la consistance de l'estimateur *bootstrap*. L'estimation $\hat{\sigma}_B$ converge vers l'écart-type $\sigma_{\hat{F}}(\hat{\theta}^*)$ du paramètre θ évalué sur la distribution de l'échantillon :

$$\lim_{B \to \infty} \hat{\sigma}_B = \sigma_{\hat{F}}$$

Cet algorithme peut s'appliquer à tout estimateur. Prenons l'exemple du calcul de la valeur propre principale lors d'une ACP. Elle correspond à la plus grande valeur propre de la matrice de variance-covariance X^TX des observations $X_{n \times p}$. Le *bootstrap* consiste à simuler des répliques $X^*_{n \times p}$ obtenues par n tirages aléatoires des lignes de la matrice $X_{n \times p}$. Puis la statistique (moyenne et écart-type) pourra être établie sans difficulté. On voit ici la puissance de la méthode et sa facilité de mise en œuvre. On comprend aussi que cette méthode n'ait pas été très utilisée par le passé, en raison du nombre de calculs nécessaires : 50 à 200 répliques suffisent à estimer une moyenne, mais plusieurs milliers de répliques sont nécessaires si l'on souhaite déterminer des intervalles de confiance.

L'erreur de généralisation estimée par bootstrap

Nous avons insisté, dans le chapitre précédent, sur la nécessité d'estimer l'erreur de généralisation, et nous avons présenté l'estimation par *leave-one-out*. La technique du *bootstrap* autorise également une estimation de cette erreur. Le principe en est le même : il consiste à simuler B bases « bootstrapées ». Chaque base simulée peut contenir plusieurs fois le même exemple, en raison du tirage avec remise.

Loi binomiale des bases bootstrapées

À chaque tirage, tous les exemples ont la même probabilité $p=1/n$, en notant n le nombre d'exemples. Le nombre d'apparitions d'un exemple dans une base *bootstrapée* suit donc une loi binomiale $B(n, p = 1/n)$. La probabilité qu'un exemple apparaisse k fois est donnée par $P(k) = C^k_n p^k (1-p)^{n-k}$ [SAPORTA 90].

La probabilité qu'un élément n'apparaisse pas dans la base bootstrapée est donc $P(0) = (1 - 1/n)^n$. Pour n suffisamment grand $P(0)_{n \to \infty} = e^{-1} \approx 0.368$. En moyenne, 37 % des exemples ne seront pas utilisés en apprentissage.

Statistique de l'erreur de généralisation

L'écart entre l'erreur d'apprentissage calculée sur la base bootstrapée et l'erreur de test évaluée sur la base initiale est considéré comme une variable aléatoire représentative de l'écart entre l'erreur d'apprentissage et l'erreur de généralisation.

Une statistique est faite sur l'ensemble de ces écarts (un par base bootstrapée) afin d'estimer la loi de distribution de l'écart entre l'apprentissage et l'erreur de généralisation.

Soient B la base initiale des exemples et B^*_b, $b = 1, \ldots, N$ l'ensemble des répliques. Désignons par ε^*_b l'erreur d'apprentissage du réseau entraîné sur la réplique k, et par ε_b l'erreur du même réseau calculée sur la base initiale B. L'écart $\delta_b = \varepsilon_b - \varepsilon^*_b$ entre les deux erreurs peut alors être considéré comme une variable aléatoire représentative du phénomène de surapprentissage. Cet écart peut être considéré comme le biais qui apparaît sur l'estimation de l'erreur de généralisation par l'erreur d'apprentissage. L'espérance $\bar{\delta}$ et la variance σ_δ du biais peuvent alors être estimées sur l'ensemble des valeurs δ_b :

$$\delta_b = \varepsilon_b - \varepsilon^*_b \qquad \bar{\delta} = \frac{1}{B}\sum_{b=1}^{B} \delta_b \qquad \sigma^2_\delta = \frac{1}{B-1}\sum_{b=1}^{B} (\delta_b - \bar{\delta})^2 .$$

La méthode NeMo

L'algorithme proposé précédemment a été programmé dans le logiciel ***NeMo***. Le *bootstrap* y est associé à l'arrêt prématuré de l'apprentissage *early stopping*) afin d'automatiser le contrôle de l'apprentissage du réseau.

Outil NeMo

NeMo est un outil développé au Centre d'études de Saclay au département de modélisation de systèmes et structures à partir du simulateur SNNS (*Stuttgart Neural Network Simulator*) disponible sur http://www-ra.informatik.uni-tuebingen.de/SNNS, visant à simplifier les tâches d'apprentissage et de test des réseaux de neurones.

L'utilisateur fixe a priori le nombre de cycles d'apprentissage N_c et le nombre B de répliques. ***NeMo*** effectue un nombre B d'apprentissages en sauvegardant à chaque cycle l'erreur quadratique moyenne d'apprentissage et de test. Cet outil analyse ensuite les profils respectifs des erreurs d'apprentissage et de test pour choisir la valeur du nombre de cycles la plus appropriée.

L'erreur quadratique moyenne EQMr est calculée sur les variables de sortie (estimées et désirées) centrées et réduites. L'analyse de l'erreur porte donc sur la part de la variance *non expliquée* par le modèle ou coefficient d'indétermination introduit au chapitre sur les pré-traitements des sorties.

Avant de donner le détail de la méthode, désignons par j le rang de la réplique et par i l'itération sur le nombre de cycles ; les erreurs quadratiques moyennes d'apprentissage et de test sont représentées par les deux tableaux suivants :

$$\underbrace{\begin{bmatrix} \varepsilon_1^{*1} & \varepsilon_1^{*2} & \cdots & \varepsilon_1^{*B} \\ \varepsilon_2^{*1} & \varepsilon_2^{*2} & \cdots & \varepsilon_2^{*B} \\ \vdots & \ddots & \ddots & \vdots \\ \varepsilon_{Nc}^{*1} & \varepsilon_{Nc}^{*2} & \cdots & \varepsilon_{Nc}^{*B} \end{bmatrix}}_{\text{erreur d'apprentissage}} \qquad \underbrace{\begin{bmatrix} \varepsilon_1^{1} & \varepsilon_1^{2} & \cdots & \varepsilon_1^{B} \\ \varepsilon_2^{1} & \varepsilon_2^{2} & \cdots & \varepsilon_2^{B} \\ \vdots & \ddots & \ddots & \vdots \\ \varepsilon_{Nc}^{1} & \varepsilon_{Nc}^{2} & \cdots & \varepsilon_{Nc}^{B} \end{bmatrix}}_{\text{erreur de test}}$$

Après cette phase, ***NeMo*** détermine le nombre de cycles selon une heuristique rappelant la théorie des jeux. Un premier joueur « pessimiste » se place, pour chaque valeur du nombre de cycles, dans la pire des situations sur l'erreur de test :

$$\varepsilon_i^{\text{Max}} = \text{Max}_b\{\varepsilon_i^b\} .$$

Le second joueur détermine alors le nombre de cycles de façon à minimiser la pire des situations obtenues, c'est-à-dire celle qui correspond à l'erreur de test maximale :

$$N_c^{\text{optimal}} = \text{Arg}_i\{\text{Min}\ \varepsilon_i^b\} .$$

Cette stratégie sur le choix de N_c^{optimal} peut être assouplie en ne retenant qu'une fraction de l'ensemble des B apprentissages. Pour la rendre plus robuste, il suffit en effet d'exclure les cas extrêmes (« outliers »), c'est-à-dire les situations d'apprentissage très différentes de la moyenne. Par défaut, ***NeMo*** détermine le nombre de cycles optimal sur le 90e percentile de l'erreur de test.

Percentile

Le $\alpha^{\text{ème}}$ percentile correspond à l'intervalle constitué des valeurs pour lesquelles la fonction de répartition est inférieure à α : une fraction $(1 - \alpha)$ des valeurs maximales est exclue.

L'estimation du nombre optimal de cycles peut également être faite par la méthode du tri médian, plus *stable* mais plus *risquée* car rejetant a priori 25 % des cas : le dernier quartile correspond aux erreurs de test les plus importantes.

Quartile

En notant F la fonction de répartition, les 1er et 3e quartile Q_1 et Q_3 et la médiane Q_2 sont respectivement définis par $F(Q_1) = 0{,}25$, $F(Q_2) = 0{,}5$, $F(Q_3) = 0{,}75$.

Tri médian

Le tri médian correspond à $0{,}25\ Q_1$ (1er quartile) + $0{,}5\ Q_2$ (2e quartile ou médiane) + $0{,}25\ Q_3$ (3e quartile).

Après avoir déterminé le nombre de cycles optimal selon une des stratégies, ***NeMo*** lance un nouvel apprentissage fondé sur la totalité des exemples, avec, pour nombre de cycles, le nombre de cycles optimisé N_c^{optimal} défini à l'étape précédente. Pour ce dernier apprentissage, les mêmes paramètres d'apprentissage sont utilisés : la valeur initiale et la loi de décroissance du pas d'adaptation. En notant ε_a l'erreur moyenne calculée sur la base initiale, et $\bar{\delta}$ la valeur moyenne du biais, l'erreur de généralisation est estimée par :

$$\varepsilon_g = \varepsilon_a + \bar{\delta} .$$

D'une façon plus générale, la fonction de répartition de l'erreur de généralisation est estimée par la fonction empirique de répartition du biais translatée de la valeur ε_a. On remarque l'apport du *bootstrap* associé au *early stopping* par rapport à la validation croisée :

- une certaine automatisation dans la construction du réseau en adaptant le nombre de cycle du *early stopping*,
- une plus grande estimation de la variabilté du modèle par rapport au jeu de données,
- estimation des intervalles de confiance (marges, incertitudes),
- l'utilisation de l'ensemble des exemples pour construire le réseau.

Notons enfin que ***NeMo*** peut contrôler l'adéquation du modèle aux données : si le nombre de cycle optimisé est trop proche du nombre de cycle maximal fixé par l'utilisateur, l'erreur de test ne passe pas par un minimum ; l'utilisateur devra alors accroître la complexité du réseau (nombre de neurones cachés) ou augmenter le nombre de cycles d'apprentissage.

Test de la méthode NeMo

Dans ce qui suit, nous montrons les résultats d'une expérience visant à valider la méthode. Le test consiste à comparer l'erreur moyenne estimée par ***NeMo*** à l'erreur réelle. L'erreur réelle est approchée selon le principe de la méthode de Monte-Carlo, c'est-à-dire en effectuant un très grand nombre de calculs de l'erreur quadratique moyenne, puis en effectuant sa moyenne. Nous avons mis en œuvre ***NeMo*** sur l'approximation de deux fonctions analytiques non linéaires :

- $\phi_8(x)$ fonction de $R^8 \rightarrow R$
- $\phi_{12}(x)$ fonction de $R^{12} \rightarrow R$

Nous avons choisi ces superviseurs de façon à évaluer la méthode sur des problèmes d'approximations de fonctions suffisamment complexes (grande dimension de l'espace d'entrée). À l'aide de ces deux superviseurs, nous avons créé plusieurs bases d'exemples en faisant varier le nombre d'exemples de 100 à 1500 par pas de 100. La loi de distribution retenue pour les entrées a été la loi uniforme sur l'intervalle [-1,1].

Les réseaux modèles retenus sont des réseaux non bouclés à 1 couche cachée. Les unités d'entrée et de sortie sont associées à la fonction d'activation identité, et les unités cachées à la fonction d'activation logistique. Pour les bases créées par le premier superviseur ϕ_8, 5 réseaux modèles ont été proposés à *NeMo* comprenant respectivement 4, 6, 8, 10 et 12 unités cachés. Pour les bases engendrées par le second superviseur ϕ_{12} (espace d'entrée plus complexe), 6 réseaux ont été testés comprenant respectivement 10, 14, 18, 22, 26 et 30 unités en couche cachée.

Grande dimension

À noter la très faible densité des points dans R^{12} ; 1500 points dans R^{12} correspondent à un nombre moyen inférieur à 2 par axe : $d^{12} = 1\,500 \rightarrow d \approx 1{,}8$.

L'erreur réelle est obtenue à partir de 10^6 tirages aléatoires en utilisant la même loi de génération des entrées (loi uniforme) et en calculant l'erreur moyenne quadratique réduite EQMr entre la sortie désirée et la sortie estimée.

Ci-après, les figures présentent la comparaison (en échelle log-log) de l'erreur EQM_r « vraie » (en abscisse) à l'erreur estimée (en ordonnée) par ***NeMo***. Les points visualisés correspondent aux différents réseaux élèves construits sur l'ensemble des bases d'exemples. Chaque réseau a été entraîné 15 fois sur des bases d'exemples comprenant respectivement 100, 200, …, 1500 exemples.

L'analyse de l'ensemble des résultats illustrés par les figures 3-11 et 3-12 fait apparaître les propriétés essentielles de la méthode ***NeMo*** :

- l'erreur de généralisation est estimée avec précision, même dans les cas complexes (grand nombre d'entrées + faible nombre d'exemples) ;
- le bootstrap permet d'automatiser la régularisation du réseau aux données par contrôle de l'arrêt de l'apprentissage.

Les figures 3-11 et 3-12 font en effet apparaître des estimations de l'erreur de généralisation très proches des valeurs exactes. Les faibles valeurs de l'erreur correspondent aux apprentissages réalisés avec les bases d'exemples qui en comportent suffisamment. Pour ces cas, l'erreur estimée en ordonnée est quasi égale à l'erreur vraie en abscisse.

Il faut noter une légère surestimation sur 4 cas parmi 75 entre les valeurs 0,01 et 0,02 pour le cas ϕ_8 (figure 3-11) et une moindre précision sur le cas plus complexe ϕ_{12} (figure 3-12). Pour ce dernier cas, la régression porte sur une relation de R^{12} à R avec un maximum de 1500 points pour représenter la relation. Il apparaît une surestimation de l'erreur pour les faibles valeurs et une sous-estimation pour les valeurs supérieures à 0,2. Néanmoins, malgré la grande dimension de l'espace d'entrées, la relation de R^{12} dans R est correctement modélisée à partir de quelques centaines d'exemples.

Figure 3-11. *Générateur* ϕ_8.

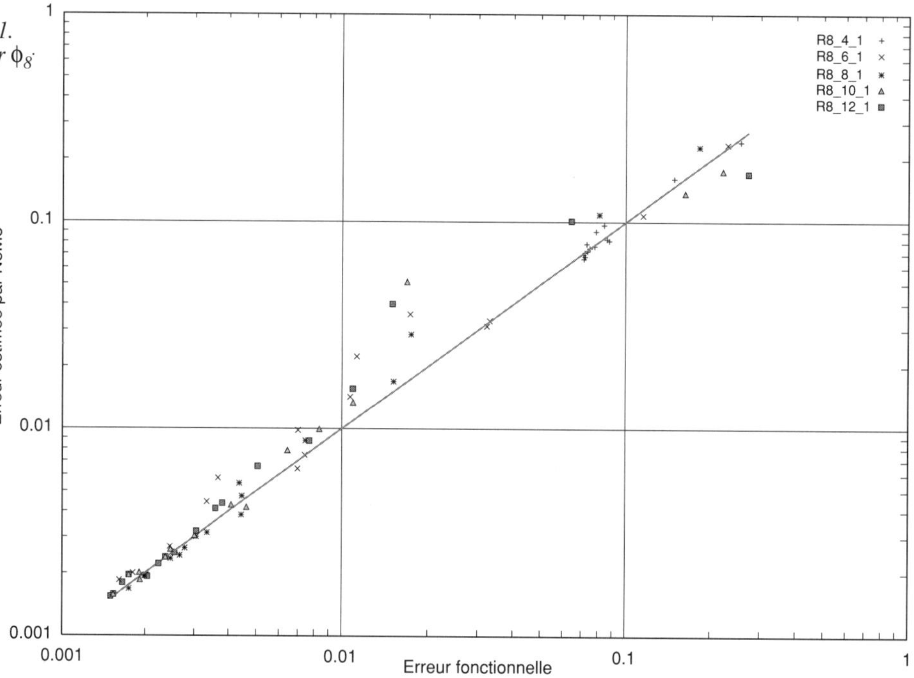

Figure 3-12.
Générateur ϕ_{12}.

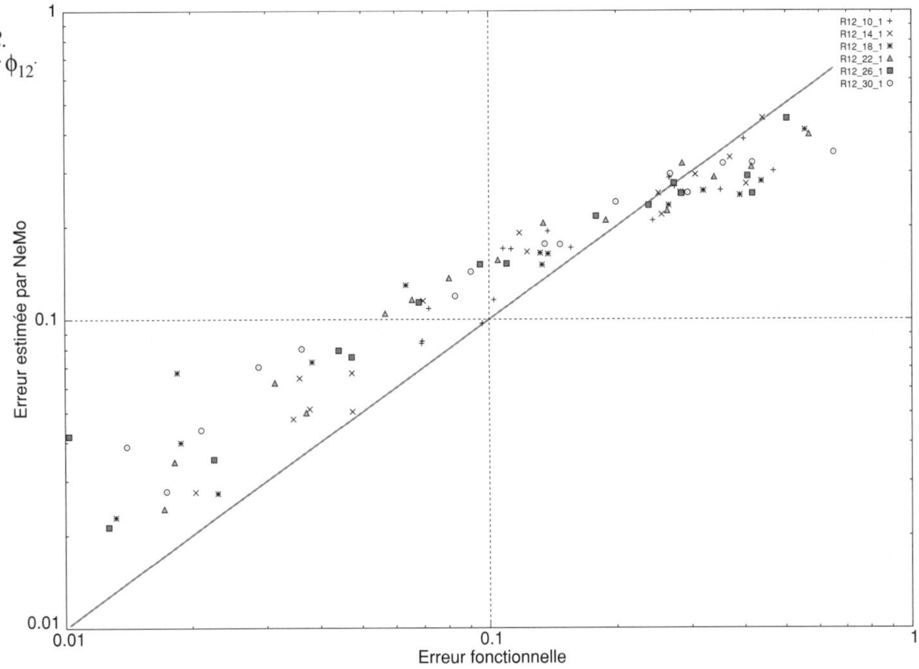

Conclusions

Plusieurs points peuvent être tirés de cette étude.

- Les réseaux construits automatiquement sont suffisamment bien régularisés, même dans les cas les plus difficiles lorsque le nombre d'exemples est faible. La statistique apportée par le *bootstrap* permet le contrôle automatique de l'arrêt prématuré de l'apprentissage et fournit une statistique robuste de l'erreur de généralisation.
- Le deuxième point est lié au problème de la dimension de l'espace d'entrée. Même dans l'exemple de la relation de R^{12} dans R, quelques centaines de points suffisent à la représentation de la relation. Dans de nombreux problèmes, des relations non linéaires peuvent ainsi être facilement approchées à partir d'une densité d'exemples faible. À noter qu'à partir d'un certain niveau de complexité, les réseaux construits et régularisés sur un même échantillon semblent équivalents. Des réseaux différents peuvent être adaptés pour représenter la même relation.

Dans le cadre de la théorie de l'apprentissage statistique, la régularisation des modèles peut être contrôlée et donc optimisée par *bootstrap*. Cette voie est à approcher des méthodes plus formelles fondées sur la théorie proposée par [VAPNIK 1995], l'enjeu étant l'adaptation des capacités calculatoires (dimension VC) du modèle aux données. Dans ce cadre, les méthodes statistiques de ré-échantillonnage apportent de réelles solutions par leur facilité de mise en œuvre et surtout, reconnaissons-le, par les puissances de calculs aujourd'hui disponibles sur nos bureaux.

Bibliographie

CICHOKI A., UNBEHAUEN R. [1993], *Neural Networks for Optimization and Signal Processing*, Wiley, 1993.

DEMARTINES P. [1995], Analyse de données par réseaux de neurones auto-organisées, thèse de l'Institut national polytechnique de Grenoble.

DAVAUD Patrick [1991], *Traitement du signal. Concepts et applications*, Hermès, 1991.

EFRON Bradley, TIBSHIRANI Robert J. [1993], *An Introduction to the Bootstrap*, Chapman & Hall, 1993.

HÉRAULT Jeanny, JUTTEN Christian [1993], *Réseaux de neurones et traitement du signal*, Hermès, 1993.

PILATO Vincent [1998], Application des réseaux de neurones aux méthodes de mesure basées sur l'interaction rayonnement matière, thèse Université Paris-Sud, 4.11.1998.

SAPORTA Gilbert [1990], *Probabilités. Analyse des données et statistique*, Éditions Technip, 1990.

VAPNIK Vladimir N. [1995], *The Nature of Statistical Learning Theory*, Springer, 1995.

VIGNERON Vincent [1997], Méthodes d'apprentissage statistiques et problèmes inverses – Applications à la spectrographie, thèse Université d'Évry-Val-d'Essonne, 5.5.1997.

WONNACOOT Thomas H., WONNACOTT Ronald J. [1990], *Statistique économie-gestion-sciences-médecine*, Economica, 4e édition, 1990.

4

Identification « neuronale » de systèmes dynamiques commandés et réseaux bouclés (récurrents)

La modélisation de processus dynamiques commandés, ou « identification de processus », constitue une des applications importantes des réseaux de neurones. Elle a été abordée dans le chapitre 2 ; elle est ici développée d'une manière plus systématique, et comparée à des méthodes similaires élaborées depuis de nombreuses années pour l'identification des processus, notamment linéaires.

Nous commencerons par présenter plusieurs exemples de systèmes dynamiques commandés. Nous montrerons notamment comment l'adjonction d'un bruit d'état, pour modéliser les incertitudes de la modélisation, permet de considérer le modèle d'évolution de l'état comme une chaîne de Markov. L'identification « neuronale » des processus non linéaires est pour l'essentiel une généralisation non linéaire de la méthodologie bien connue de la régression linéaire. Cette dernière est d'abord rappelée dans la section « Identification de systèmes dynamiques commandés par régressions », où nous montrons, sur des exemples concrets, son application à la détermination des coefficients d'un modèle auto-régressif. L'identification neuronale des systèmes dynamiques commandés apparaît ainsi naturellement comme une technique d'identification par régression non linéaire. La section suivante est consacrée à l'identification adaptative (« en ligne ») des systèmes dynamiques. À partir de l'identification récursive de modèles linéaires qui constituent une généralisation de la loi des grands nombres, nous développerons la méthode de l'erreur de prédiction récursive, qui en est la généralisation non linéaire. Les algorithmes adaptatifs d'identification seront ensuite exposés, et appliqués aux algorithmes d'identification par réseaux de neurones.

Dans la plupart des applications, l'état du système ne peut être complètement connu, parce que certaines variables d'états ne sont pas accessibles à la mesure, et que d'inévitables erreurs de mesure, ou bruit de mesure, interviennent. C'est le rôle du « filtrage » de reconstruire l'état d'un processus dynamique à partir du résultat des mesures. La technique du filtrage par innovation, et notamment du filtrage optimal de Kalman, fait l'objet de la section « Filtrage par innovation dans un modèle d'état ». Elle est employée pour construire un algorithme d'apprentissage neuronal qui peut être utilisé pour l'identification adaptative de processus dynamiques. Enfin, les sections « Réseaux neuronaux récurrents ou bouclés » et « Apprentissage des réseaux de neurones récurrents ou bouclés » sont consacrées à l'utilisation et à l'apprentissage de réseaux neuronaux récurrents. Les principaux modèles de réseaux bouclés (Elman, Hopfield) sont cités, et nous montrerons comment ils peuvent être mis sous forme canonique. Nous verrons enfin comment ces réseaux sont utilisés dans l'identification de systèmes dynamiques commandés.

Formalisation et exemples de systèmes dynamiques commandés à temps discret

Formalisation d'un système dynamique commandé par l'équation d'état

Le modèle mathématique d'un système dynamique est défini par la donnée d'un ensemble $\boldsymbol{E}$ appelé *l'espace d'état* du système, et d'une équation d'évolution décrivant complètement la trajectoire du système dans l'espace d'état, une fois que l'état initial du système est donné. Dans la plupart des problèmes qui nous intéressent, l'évolution est autonome, ce qui signifie que la loi de l'évolution est stationnaire. Nous nous en tiendrons à ce point de vue pour simplifier les notations. Dans les problèmes de commande, la valeur de l'état au temps $t + \Delta t$ dépend non seulement de celle de l'état au temps t mais aussi de la valeur, au temps t, d'un signal externe appelé « entrée » ou « commande » du système. Dans ce cas, nous ne dirons plus que le système dynamique est *autonome*, mais qu'il est *commandé.* L'ensemble des commandes est noté $\boldsymbol{F}$. Conservant les notations classiques, nous noterons

- l'état du système au temps t par $\boldsymbol{x}(t)\in\boldsymbol{E}$
- la valeur de la commande au temps t par $\boldsymbol{u}(t)\in\boldsymbol{F}$

Ainsi, pour définir complètement la trajectoire d'un système contrôlé du temps 0 au temps τ, il faut se donner l'état initial du système $\boldsymbol{x}(0)$ et la trajectoire de commande $[u(t)]_{t\in[0,\tau]}$. Le système de commande a pour rôle d'élaborer une commande qui rapproche l'état du système d'un objectif à atteindre, ou minimise le coût d'une trajectoire.

Remarquons que si l'on adopte une loi de commande *en boucle fermée*, c'est-à-dire si le contrôleur calcule la commande en fonction de l'état du système (ou de l'observation qui en est faite), alors l'ensemble (système de commande-système dynamique commandé) forme un système dynamique autonome. La synthèse de lois de commande en boucle fermée et la mise au point de commandes neuronales feront l'objet du chapitre suivant.

Dans la mesure où la majorité, voire la totalité, des applications des réseaux de neurones, met en œuvre des ordinateurs ou des circuits numériques, nous nous limiterons, dans tout cet ouvrage, aux systèmes dynamiques à temps discret. Il est possible de transformer un système dynamique à temps continu en système dynamique à temps discret en échantillonnant la trajectoire d'état du système. Comme nous l'avons fait dans le chapitre 2, nous désignerons par T la période d'échantillonnage, et, pour abréger, nous noterons k le temps $t = kT$. L'évolution du système dynamique commandé est donc décrite par une équation d'évolution du type suivant :

$$\boldsymbol{x}(k+1) = f[\boldsymbol{x}(k), \boldsymbol{u}(k)]$$

où f est l'application de $\boldsymbol{E}\times\boldsymbol{F}$ dans $\boldsymbol{E}$ permettant de passer de l'état au temps kT à l'état au temps $(k+1)T$. Ce formalisme général englobe des problèmes variés pour lesquels il existe des techniques spécifiques.

Le modèle le plus classique est le modèle linéaire, dans lequel les espaces d'état et de commandes sont des espaces vectoriels, $\boldsymbol{A}$ une application linéaire de $\boldsymbol{E}$ dans $\boldsymbol{E}$, $\boldsymbol{B}$ une application linéaire de $\boldsymbol{F}$ dans $\boldsymbol{E}$ et où l'équation d'évolution a la forme suivante :

$$\boldsymbol{x}(k+1) = \boldsymbol{A}\boldsymbol{x}(k) + \boldsymbol{B}\boldsymbol{u}(k).$$

Comme les modèles mathématiques ne sont qu'une approximation plus ou moins grossière de l'évolution physique, on peut tenir compte, dans le modèle, de l'imperfection de cette approximation, en introduisant dans l'évolution un terme aléatoire. Ce terme est souvent appelé un *bruit d'état*.

Par exemple, dans le modèle linéaire stationnaire, on représente l'erreur de modèle par un bruit additif généralement blanc et gaussien, et l'équation d'évolution a la forme
$\boldsymbol{x}(k+1) = \boldsymbol{Ax}(k) + \boldsymbol{Bu}(k) + \boldsymbol{v}(k+1)$

où les $\boldsymbol{v}(k)$ sont des vecteurs aléatoires gaussiens indépendants normaux centrés (espérance 0) de matrice de variance-covariance $\boldsymbol{\Gamma}$.

Dans ce cas, la trajectoire d'état est aléatoire et s'appelle un *processus stochastique*. On va maintenant donner quelques exemples de systèmes dynamiques commandés qui nous serviront d'illustrations tout au long de ce chapitre.

Exemple d'un système dynamique à espace d'état discret

Considérons d'abord l'exemple d'un système dynamique à espace d'état discret. On a représenté sur la figure 4-1 l'image d'un labyrinthe à 18 cases possibles.

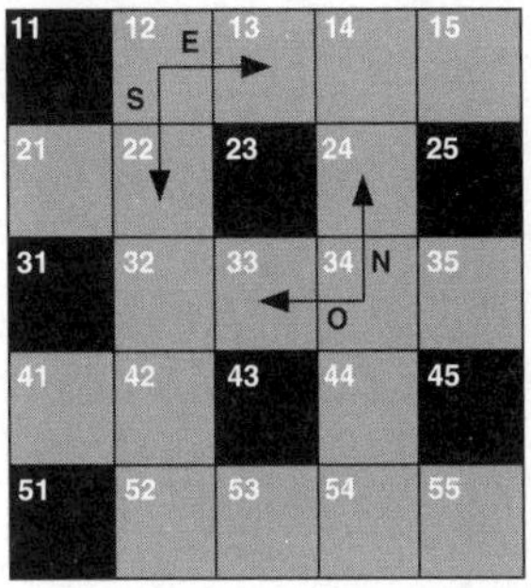

Figure 4-1. Schéma de labyrinthe.

L'espace d'état peut donc être l'espace à 18 éléments {12, 13, 14, 15, 21, 22, 24, 32, 33, 34, 35, 41, 42, 44, 52, 53, 54, 55}. L'ensemble des commandes peut être l'espace des quatre directions {N, O, S, E} et la dynamique donnée par l'application naturelle qui, à la position et à une commande de cap, associe l'état correspondant s'il est accessible, et l'état initial s'il ne l'est pas :
$f(12, \mathrm{N}) = 12, f(13, \mathrm{N}) = 13, \ldots, f(21, \mathrm{N}) = 21, f(22, \mathrm{N}) = 12, \ldots,$
$f(12, \mathrm{O}) = 12, f(13, \mathrm{O}) = 12, \ldots, f(21, \mathrm{O}) = 21, f(22, \mathrm{O}) = 21, \ldots,$
$f(12, \mathrm{S}) = 22, f(13, \mathrm{S}) = 13, \ldots, f(21, \mathrm{S}) = 21, f(22, \mathrm{S}) = 32, \ldots,$
$f(12, \mathrm{E}) = 13, f(13, \mathrm{E}) = 14, \ldots, f(21, \mathrm{E}) = 22, f(22, \mathrm{E}) = 22, \ldots,$

D'autres règles peuvent être choisies, auxquelles correspondent des représentations d'état différentes du problème. Il peut être réaliste de considérer que l'état d'un robot est caractérisée non seulement par sa position, mais aussi par son cap. Dans notre exemple, l'espace d'état aurait alors $18 \times 4 = 72$ éléments et l'on définirait un ensemble de commandes à trois éléments (A : Avance, G : Cap à gauche, D : Cap à droite).

Les logiciels de recherche dans des bases de données et sur le réseau doivent résoudre ainsi de plus en plus de problèmes que l'on peut formaliser comme des problèmes de navigation dans un graphe où l'espace d'état discret est constitué par l'ensemble des sommets du graphe.

Exemple d'un oscillateur linéaire

Considérons maintenant l'oscillateur harmonique classique, gouverné par l'équation différentielle du second ordre :

$$\frac{d^2x}{dt^2} = -x.$$

On remarque d'abord que l'équation différentielle ne nous fournit pas une représentation d'état car elle est du second ordre. La représentation d'état à temps continu associée à l'équation précédente est :

$$\frac{d}{dt}\begin{pmatrix} x_1 \\ x_2 \end{pmatrix} = \begin{pmatrix} x_2 \\ -x_1 \end{pmatrix}$$

où l'état comporte la position du mobile x_1 et sa vitesse x_2. Pour obtenir une évolution à temps discret, nous devons intégrer l'équation différentielle sur la période d'échantillonnage T. Ici, l'équation différentielle linéaire s'intègre exactement et la fonction f qui associe à l'état au temps t l'état au temps $t + T$ peut être écrite analytiquement. Comme ce ne sera généralement pas le cas dans les modèles considérés ici ou dans la plupart des applications, il faudra tendre vers l'évolution en utilisant un algorithme approché de résolution de l'équation différentielle (algorithme de Runge-Kutta par exemple [DEMAILLY 1991]).

Pour commander le système, nous ajoutons une commande scalaire additive de vitesse u.

Par exemple, pour fixer les idées, dans le cas précédent, on obtient facilement l'expression de la dérivée seconde de l'état par :

$$\frac{d^2}{dt^2}\begin{pmatrix} x_1 \\ x_2 \end{pmatrix} = \begin{pmatrix} -x_1 \\ -x_2 \end{pmatrix}$$

cela permet d'écrire l'approximation de Taylor au second ordre de l'évolution de l'état :

$$\begin{pmatrix} x_1 \\ x_2 \end{pmatrix}(t+T) = \begin{pmatrix} x_1 \\ x_2 \end{pmatrix}(t) + T\frac{d}{dt}\begin{pmatrix} x_1 \\ x_2 \end{pmatrix}(t) + \frac{T^2}{2}\frac{d^2}{dt^2}\begin{pmatrix} x_1 \\ x_2 \end{pmatrix}(t) + \begin{pmatrix} 0 \\ u(t) \end{pmatrix}$$

On obtient ainsi le système dynamique linéaire commandé à temps discret :

$$\begin{pmatrix} x_1(k+1) \\ x_2(k+1 \end{pmatrix} = f\begin{pmatrix} x_1(k) \\ x_2(k) \end{pmatrix} = \begin{pmatrix} x_1(k) + Tx_2(k) - \frac{T^2}{2}x_1(k) \\ x_2(k) - Tx_1(k) - \frac{T^2}{2}x_2(k) + u(k) \end{pmatrix}$$

dont les trajectoires approchent l'échantillonnage de celles du système dynamique à temps continu.

Exemple du pendule inversé

Considérons maintenant le système dynamique non linéaire que l'on appelle *pendule inversé* car on considère sa position d'équilibre instable comme position de référence. Le schéma du montage est représenté sur la figure 4-2.

L'équation différentielle de ce système contrôlé est :

$$\frac{d^2\theta}{dt^2} = g\sin(\theta) - k\frac{d\theta}{dt} + u$$

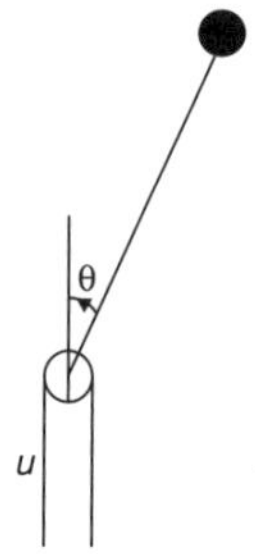

Figure 4-2. Schéma du pendule inversé.

Sa représentation d'état à temps continu est :

$$\frac{d}{dt}\begin{pmatrix} x_1 \\ x_2 \end{pmatrix} = \begin{pmatrix} x_2 \\ g\sin x_1 - kx_2 \end{pmatrix} + \begin{pmatrix} 0 \\ u \end{pmatrix}.$$

On remarque que l'espace d'état n'est pas vraiment un espace vectoriel puisque l'angle θ n'est défini qu'à 2π près. En fait, le problème physique n'a de sens que dans un certain domaine de viabilité qui est un intervalle. On n'explicite pas le schéma de discrétisation donné par un des solveurs d'équation différentielle qui sont largement disponibles. Les simulations de ce chapitre ont été effectuées avec le logiciel ©Matlab.

Exemple d'un oscillateur non linéaire : l'oscillateur de Van der Pol

Un autre exemple d'oscillations indésirables dans les systèmes physiques est celui d'oscillations stables en régime libre. Il s'agit d'un phénomène dynamique typiquement non linéaire bien modélisé par l'équation de Van der Pol, qui est une équation différentielle non linéaire :

$$\frac{d^2x}{dt^2} - 2z\omega_0 \frac{dx}{dt} + \omega_0^{\,2} x + 3kx^2 \frac{dx}{dt} = u.$$

Le paramètre z mesure l'amortissement du système et ω_0 est la fréquence propre de l'oscillateur. La représentation d'état de la dynamique est à deux dimensions :

$$\frac{d}{dt}\begin{pmatrix} x_1 \\ x_2 \end{pmatrix} = \begin{pmatrix} x_2 \\ 2z\omega_0 x_2 - \omega_0^{\,2} x_1 + 3k{x_1}^2 x_2 \end{pmatrix} + \begin{pmatrix} 0 \\ u \end{pmatrix}.$$

On remarque que le système est linéaire par rapport à la commande. La dynamique du système libre ($u = 0$) dans l'espace d'état à deux dimensions a pour attracteur un cycle limite : cela signifie que, quel que soit l'état initial, la trajectoire s'enroule autour d'une trajectoire périodique privilégiée : le *cycle limite*. Ce phénomène est illustré par la figure 4-3.

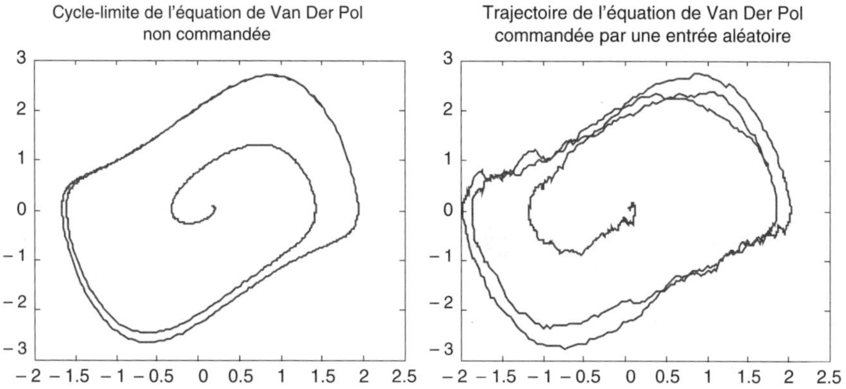

Figure 4-3. Trajectoire d'un oscillateur de Van der Pol. Dans la figure (a), on observe un cycle limite. Dans la figure (b), la trajectoire est perturbée par une entrée aléatoire.

Introduction d'un bruit d'état dans un système dynamique à espace d'état discret : notion de chaîne de Markov

Revenons sur les systèmes dynamiques à temps discret, et considérons d'abord le système dynamique simple et non contrôlé de la marche sur un triangle. L'espace d'état a trois éléments a, b et c, et la dynamique est donnée par la fonction f définie par :

$f(a) = b, f(b) = c, f(c) = a.$

Introduisons maintenant une incertitude dans le modèle dynamique. Supposons que le système de commande ait une probabilité 0,1 de se tromper à chaque étape, par exemple

$P[f(a) = b] = 0{,}9,\ P[f(a) = c] = 0{,}1$

et ainsi de suite.

Le schéma de cette dynamique aléatoire est représenté à la figure 4-4.

La trajectoire d'état n'est plus déterministe : c'est un processus stochastique appelé « chaîne de Markov ». Le comportement aux temps longs d'une chaîne de Markov est bien différent de celui d'un processus déterministe : l'état aux temps longs ne dépend plus du tout ici de l'état initial, et l'on peut montrer que la probabilité de l'état au temps k tend vers la loi de probabilité uniforme sur $\{a, b, c\}$ quand k tend vers l'infini. Cette loi de probabilité est appelée la « distribution stationnaire » de la chaîne de Markov. Une représentation commode des chaînes de Markov à espace d'état discret est la représentation matricielle. On ordonne les états, et l'on représente, sur chaque ligne d'une matrice appelée *matrice de transition* (notée ici $\boldsymbol{\Pi}$), le vecteur ligne des probabilités d'arriver au temps suivant sur l'état correspondant. Avec le formalisme des probabilités conditionnelles, on écrit

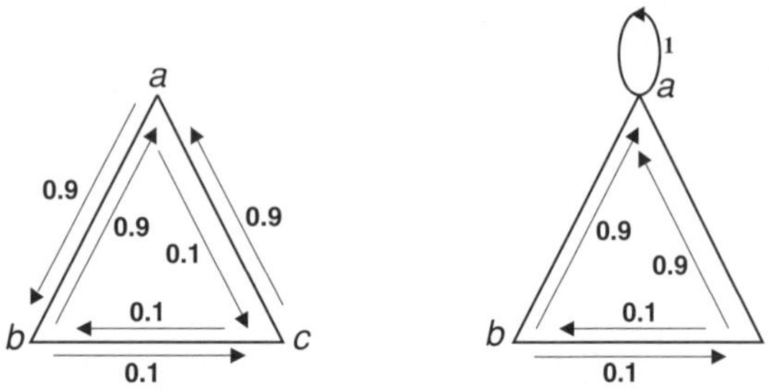

Figure 4-4. Schémas de dynamiques aléatoires sur les sommets d'un triangle. (a) Dynamique cyclique perturbée par un bruit d'état. (b) Dynamique à attracteur perturbée par un bruit d'état.

$$\Pi_{ij} = P[x(k+1) = j | x(k) = i]$$

Par exemple, dans le cas de la marche aléatoire sur le triangle, la matrice de transition est

$$\boldsymbol{\Pi} = \begin{pmatrix} 0 & 0,9 & 0,1 \\ 0,1 & 0 & 0,9 \\ 0,9 & 0,1 & 0 \end{pmatrix}$$

On peut vérifier que la distribution stationnaire est invariante par la matrice de transition qui structurellement possède toujours une valeur propre de plus grand module égale à 1 (dans le cas d'un espace d'état fini). Ainsi, dans l'exemple précédent, les valeurs propres de la matrice $\boldsymbol{\Pi}$ sont (approximativement) 1, – 0,5 + 0.6928i et – 0,5 – 0,6928i. On vérifie facilement que la loi de probabilité uniforme qui attribue une égale probabilité à chaque état est invariante :

$$\begin{pmatrix} 1/3 & 1/3 & 1/3 \end{pmatrix} \begin{pmatrix} 0 & 0,9 & 0,1 \\ 0,1 & 0 & 0,9 \\ 0,9 & 0,1 & 0 \end{pmatrix} = \begin{pmatrix} 1/3 & 1/3 & 1/3 \end{pmatrix}$$

La probabilité invariante est l'objet aléatoire correspondant à l'état d'équilibre de la dynamique déterministe. Elle porte d'ailleurs ce nom « d'état d'équilibre » dans la terminologie de la physique statistique (état de Gibbs).

Voici un autre exemple de dynamique sur le triangle qui brise la symétrie entre les sommets.

Ici, la dynamique de référence est :

$$f(a) = a, f(b) = a, f(c) = a$$

La matrice de transition de la chaîne de Markov est alors

$$\boldsymbol{\Pi} = \begin{pmatrix} 1 & 0 & 0 \\ 0,9 & 0 & 0,1 \\ 0,9 & 0,1 & 0 \end{pmatrix}$$

ses valeurs propres sont 1 et 0,1 et sa distribution stationnaire est (1, 0, 0). Dans ce cas, l'état d'équilibre est déterministe même si la dynamique est aléatoire.

Comme précédemment, on peut introduire un bruit d'état dans le système dynamique commandé. Dans ce cas, la probabilité de transition de l'état $\boldsymbol{x}(k)$ à l'état $\boldsymbol{x}(k+1)$ dépend aussi du contrôle $\boldsymbol{u}(k)$ appliqué au temps k.

Par exemple, dans le cas du labyrinthe présenté au début de ce paragraphe, $f(13, \mathrm{N}) = 13$. Si nous introduisons un bruit d'état selon lequel le système de commande peut se tromper avec la probabilité 0,1, uniformément répartie sur les autres commandes admissibles, $f(13, \mathrm{N})$ est une variable aléatoire prenant les valeurs 13, 12 et 14 avec les probabilités respectives 0,9, 0,05, 0,05.

Introduction d'un bruit d'état dans un système dynamique à états continus : modèle linéaire gaussien

Les ingénieurs sont plus habitués à traiter des bruits d'état introduits dans des systèmes dynamiques à états continus. Dans ce cas, le calcul des probabilités est plus complexe et ne peut généralement pas être résolu sous une forme analytique, sauf dans le cas du modèle linéaire à bruit d'état additif gaussien, dont nous allons indiquer rapidement le comportement en raison de son importance ultérieure dans le filtrage de Kalman.

Considérons le système dynamique linéaire commandé dont l'équation d'évolution est

$$\boldsymbol{x}(k+1) = \boldsymbol{A}\boldsymbol{x}(k) + \boldsymbol{B}\boldsymbol{u}(k) + \boldsymbol{C}\boldsymbol{v}(k+1)$$

où $(\boldsymbol{v}(k))$ est un bruit blanc gaussien centré réduit (suite indépendante de vecteurs gaussiens de moyenne 0 et de matrice de covariance identité).

Si $\boldsymbol{x}(k)$ est un vecteur gaussien de moyenne $\boldsymbol{m}(k)$ et de variance $\boldsymbol{P}(k)$, alors les propriétés élémentaires du vecteur gaussien pour la transformation linéaire entraînent que $\boldsymbol{x}(k+1)$ est un vecteur gaussien de moyenne

$$\boldsymbol{m}(k+1) = \boldsymbol{A}\boldsymbol{m}(k) + \boldsymbol{B}\boldsymbol{u}(k)$$

et de matrice de covariance

$$\boldsymbol{P}(k+1) = \boldsymbol{A}\boldsymbol{P}(k)\boldsymbol{A}^{\mathrm{T}} + \boldsymbol{C}\boldsymbol{C}^{\mathrm{T}}$$

où $\boldsymbol{A}^{\mathrm{T}}$ et $\boldsymbol{C}^{\mathrm{T}}$ sont les matrices respectivement transposées de $\boldsymbol{A}$ et de $\boldsymbol{C}$.

On rappelle que, si $\boldsymbol{P}$ est la matrice de covariance du vecteur aléatoire $\boldsymbol{x}$ à valeurs dans un espace vectoriel $\boldsymbol{E}$ et si $\boldsymbol{A}$ est une application linéaire définie sur $\boldsymbol{E}$ dont nous confondons l'écriture avec celle de sa matrice dans une base de référence, alors la matrice de covariance du vecteur aléatoire $\boldsymbol{A}\boldsymbol{x}$ est $\boldsymbol{A}\boldsymbol{P}\boldsymbol{A}^{\mathrm{T}}$. Ce point sera particulièrement important pour la section consacrée au filtrage de Kalman.

L'équation précédente s'appelle *équation de propagation de la covariance*. On peut alors connaître le comportement à temps long du processus stochastique gaussien $(\boldsymbol{x}(k))$. Si la matrice $\boldsymbol{A}$ est stable, c'est-à-dire si toutes ses valeurs propres sont de module inférieur à 1, le processus gaussien converge aux temps longs vers une distribution stationnaire gaussienne centrée dont la matrice de covariance $\boldsymbol{P}_\infty$ est l'unique solution de l'équation

$$\boldsymbol{P}_\infty = \boldsymbol{A}\boldsymbol{P}_\infty\boldsymbol{A}^{\mathrm{T}} + \boldsymbol{C}\boldsymbol{C}^{\mathrm{T}}.$$

En revanche, si la matrice $\boldsymbol{A}$ possède une valeur propre de module supérieure ou égale à 1, il n'existe pas de régime stationnaire pour le processus qui diverge aux temps longs. Le modèle linéaire est dit *instable*.

Modèles auto-régressifs

Le fichier du nombre de taches solaires de Wolf est un exemple de données astronomiques qui est très utilisé pour éprouver les méthodes d'identification et de prédiction ; il est maintenu depuis plus de deux siècles ; ses variations sont représentées sur la figure 4-5.

Cette courbe présente une certaine régularité, avec des cycles manifestes d'environ 11 ans. Il est donc naturel de chercher une loi capable de prédire l'évolution du phénomène [TONG 1995]. De l'abondante littérature consacrée à cette question, on peut extraire le modèle suivant, élaboré en 1984 par Subba et Gabr sur les données préalablement centrées :

$x(k+1) = 1{,}22x(k) - 0{,}47x(k-1) - 0{,}14\, x(k-2) + 0{,}17\, x(k-3) - 0{,}15\, x(k-4) + 0{,}05x(k-5) - 0{,}05\, x(k-6) - 0{,}07\, x(k-7) + 0{,}011\, x(k-8) + v(k+1)$

où $(v(k))$ est une suite de variables aléatoires gaussiennes indépendantes centrées, d'écart-type 14.2. Ce modèle s'appelle un *modèle auto-régressif* ou modèle AR.

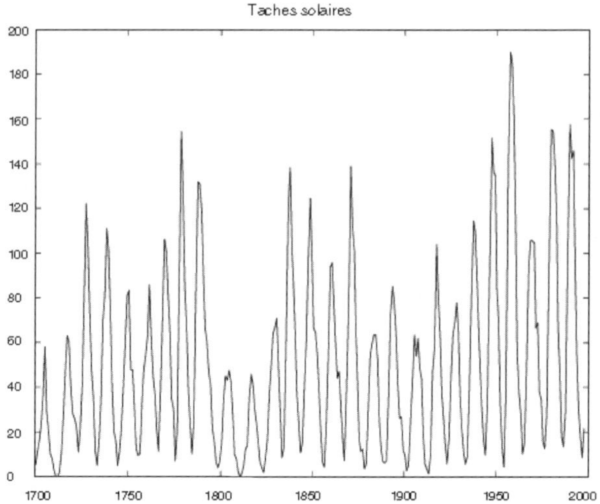

Figure 4-5. Fichier du nombre de taches solaires de Wolf de 1700 à 1997.

Les modèles auto-régressifs AR(p) se définissent donc par

$x(k+1) = a_1 x(k) + \ldots + a_p x(k-p+1) + v(k+1)$

où $(v(k))$ est un *bruit blanc numérique* (suite de variables aléatoires centrées indépendantes et de même loi). On voit que le signal d'intérêt peut être considéré comme la réponse d'un filtre linéaire « à réponse impulsionnelle infinie » à un bruit blanc [DUVAUT 1994].

Remarque

Un filtre à réponse impulsionnelle infinie, ou « filtre récursif », est caractérisé par le fait que sa réponse à l'instant $k+1$ dépend de sa réponse à l'instant k et à des instants précédents, et du signal d'entrée (qui, ici, est un bruit) au même instant. En revanche, un filtre « à réponse impulsionnelle finie », ou « filtre transverse », est caractérisé par le fait que sa réponse à l'instant $k+1$ ne dépend pas de sa réponse aux instants précédents, mais ne dépend que du signal d'entrée au même instant et à des instants précédents.

Par ailleurs, la modélisation des signaux comme réponse à un bruit blanc des filtres « à réponse impulsionnelle finie » du type :

$x(k+1) = b_0\, v(k+1) + b_1\, v(k) \ldots + b_q\, v(k-q+1)$

est aussi connue depuis longtemps sous le nom de processus à moyenne mobile MA(q).

La synthèse naturelle de ces deux modèles est le modèle linéaire ARMA(p,q) ou modèle auto-régressif à moyenne mobile d'ordre (p, q) (ARMA est l'acronyme de *Auto-regressive Moving-Average)*

$x(k+1) = a_1 x(k) + \ldots + a_p x(k-p+1) + b_0 v(k+1) + b_1 v(k) \ldots + b_q\, v(k-q+1).$

Bien que les modèles ARMA aient des propriétés d'approximation universelle, il est plus explicatif et plus économique de modéliser par des équations d'évolution non linéaires les phénomènes ou les signaux qui s'y prêtent ([TONG 1995]). On introduit alors les modèles NARMA, dont l'équation d'évolution est

$x(k+1) = f[x(k), \ldots, x(k-p+1), v(k+1), v(k) \ldots, v(k-q+1)].$

On remarque que ces modèles sont des cas particuliers des modèles de systèmes dynamiques dont il a été question aux paragraphes précédents ; ils admettent des représentations d'état évidentes mais volumineuses. Par exemple, dans le modèle NARMA d'ordre (p, q) précédent, l'état du système au temps k est le vecteur $\boldsymbol{x}(k)$, à $p + q$ dimensions, de composantes $[\boldsymbol{x}_1(k) = x(k),\ldots, \boldsymbol{x}_p(k) = x(k-p+1), \boldsymbol{x}_{p+1}(k) = v(k)\ldots, \boldsymbol{x}_{p+q}(k) = v(k-q+1)]$, et l'équation d'état est :

$\boldsymbol{x}_1(k+1) = f[\boldsymbol{x}_1(k),\ldots, \boldsymbol{x}_p(k), v(k+1), \boldsymbol{x}_{p+1}(k)\ldots,), \boldsymbol{x}_{p+q}(k)]$

$\boldsymbol{x}_2(k+1) = \boldsymbol{x}_1(k)$

....

$\boldsymbol{x}_p(k+1) = \boldsymbol{x}_{p-1}(k)$

$\boldsymbol{x}_{p+1}(k+1) = v(k+1)$

$\boldsymbol{x}_{p+2}(k+1) = \boldsymbol{x}_{p+1}(k)$

....

$\boldsymbol{x}_{p+q}(k+1) = \boldsymbol{x}_{p+q-1}(k).$

De même que nous avons envisagé, outre les systèmes dynamiques autonomes, des systèmes dynamiques commandés, de même, la théorie des séries temporelles envisage des modèles auto-régressifs avec variables exogènes, ou modèles ARMAX et NARMAX. Dans ces modèles, l'équation d'évolution prend en considération des variables exogènes au temps courant ou dans le passé, qui sont connues et sont l'équivalent du signal de commande. On obtient ainsi les modèles ARMAX (p, q, r)

$$x(k+1) = a_1x(k) + \ldots + a_px(k-p+1) + b_0v(k+1) + b_1v(k)\ldots+ b_qv(k-q+1) + c_1u(k) +\ldots + c_ru(k-r+1)$$

et NARMAX (p, q, r)

$$x(k+1) = f[x(k), \ldots, x(k-p+1), v(k+1), v(k)\ldots, v(k-q+1), u(k), \ldots, u(k-r+1)].$$

Limites des modélisations des incertitudes sur le modèle par un bruit d'état

On a vu ici intervenir le bruit d'état $(v(k))$, qui modélise les incertitudes sur les variables d'état du modèle par des variables aléatoires. Cette modélisation n'a d'intérêt que si elle sert à quelque chose, c'est-à-dire si les incertitudes de modèles obéissent à des lois statistiques comme la loi des grands nombres, qui permettent d'accéder à une connaissance sur ces incertitudes et d'en tirer des procédures pour améliorer les prédictions et les commandes effectuées sur le processus. Or, ce n'est pas toujours le cas, et l'existence d'incertitudes et d'inconnues mal représentées par des variables aléatoires est une limitation intrinsèque de tout algorithme statistique. Un bon exemple de cette situation est fourni par la poursuite d'une cible non coopérative, quand les commandes du mobile poursuivi sont modélisées par un processus aléatoire : l'intention du pilote poursuivi est un élément de cette commande qui se prête évidemment très mal à une modélisation statistique.

En l'absence d'informations complémentaires, la modélisation aléatoire n'est donc qu'un pis-aller. Dans ce cas, il importe de s'attacher à réduire la part de l'aléatoire, en introduisant la connaissance physique dont on dispose dans le modèle, plutôt que de représenter ce qui est non identifié par un processus aléatoire vectoriel de grande dimension. On réduit ainsi le nombre de paramètres à identifier. Ces considérations justifient l'utilisation, parmi d'autres modèles, des réseaux neuronaux comme régresseurs non linéaires parcimonieux, comme nous l'avons vu dans le chapitre 2.

Identification de systèmes dynamiques commandés par régression

Identification d'un système dynamique commandé par régression linéaire

Principe de l'algorithme

Nous avons vu, dans le chapitre 2, que le principe de la régression linéaire consiste à trouver, à partir d'une suite finie de N vecteurs d'entrée de $\boldsymbol{R}^n$ (vecteurs lignes $(1,n)$) $(\boldsymbol{x}_1, \ldots, \boldsymbol{x}_k, \ldots, \boldsymbol{x}_N)$ et d'une suite finie de N variables scalaires de sortie $(y_1,\ldots, y_k,\ldots, y_N)$, le vecteur colonne $(n, 1)$ $\boldsymbol{w} = (w_1 ; \ldots ; w_n)$ qui minimise la fonction de coût des moindres carrés :

$$J = \sum_{k=1}^{N} (y_k - \mathbf{x_k w})^2$$

ou, d'une manière équivalente, la moyenne quadratique des résidus :

$$\phi_N(\mathbf{w}) = \frac{1}{2N} \sum_{k=1}^{N} (y_k - \mathbf{x_k w})^2.$$

On se limite ici au cas classique d'une sortie scalaire : le cas des sorties vectorielles n'apporte aucun changement dans le principe. Comme il s'agit d'un problème d'optimisation à coût quadratique (le coût à minimiser est une fonction du second degré par rapport à l'ensemble fini des variables), on sait que la solution est unique et déterminée par la formule matricielle

$$\hat{w} = (X^T X)^{-1} X^T Y$$

où la matrice (N, n) $\mathbf{X} = (\boldsymbol{x}_1 ; \ldots ; \boldsymbol{x}_k ; \ldots ; \boldsymbol{x}_N)$ et le vecteur colonne $(N,1)$ $\mathbf{Y} = (y_1 ; \ldots ; y_k ; \ldots ; y_N)$ sont obtenus par concaténation des données d'entrée et de sortie à condition que le problème soit bien posé, c'est-à-dire que la matrice $(\boldsymbol{X}^T\boldsymbol{X})$ soit inversible.

Cet algorithme s'applique pour identifier les modèles auto-régressifs de la section précédente. Pour identifier le modèle ARX :

$$x(k + 1) = a_1 x(k) + \ldots + a_p x(k - p + 1) + b_0 v(k + 1) + c_1 u(k) + \ldots + c_r\, u(k - r + 1).$$

On a donc ici $\boldsymbol{w} = [a_1, \ldots, a_p, b_0, c_1, \ldots, c_r]^T$.

Quand une trajectoire de commande $[u(1), \ldots, u(k), \ldots, u(N)]$ et une trajectoire de sortie $[x(1),\ldots, x(k), \ldots, x(N)]$ sont à notre disposition, nous pouvons construire les vecteurs d'entrée (1, p+r) $\boldsymbol{x}_k = [x(k) ; \ldots ; x(k - p+1) ; u(k) ; \ldots; u(k - r + 1)]$ pour k variant de $\max(p, r)+1$ à $(N - 1)$ et nous prendrons comme sortie correspondante $y_k = x(k + 1)$.

De très bons résultats peuvent être obtenus pourvu que le modèle sur lequel est construit l'estimateur soit bien représentatif des données expérimentales traitées. Le cas suivant de simulation illustre cette affirmation.

Application à un cas type

Considérons le modèle ARX d'ordre (2,2) :

$$x(k + 1) = a_1 x(k) + a_2 x(k - 1) + b_0 v(k + 1) + c_1 u(k) + \ldots + c_2 u(k - 1)$$

avec les valeurs suivantes des paramètres :

$a_1 = 1{,}2728$, $a_2 = -0{,}81$, $b_0 = 0{,}5$, $c_1 = 0{,}5$, $c_2 = -0{,}5$

où la trajectoire de commande (u_k) créée par l'opérateur est un bruit blanc.

Construisons les vecteurs d'entrée $\boldsymbol{x}(k) = [x(k) ; x(k - 1) ; u(k) ; u(k - 1)]$ pour k variant de 2 à N 1.

L'identification faite sur une centaine de valeurs fournit les valeurs estimées suivantes des paramètres :

$\hat{a}_1 = 1{,}29$, $\hat{a}_2 = -0{,}83$, $\hat{c}_1 = 0{,}49$, $\hat{c}_2 = -0{,}51$.

Si les valeurs des commandes ne sont pas fournies à l'algorithme, les vecteurs d'entrée de la régression sont à deux dimensions $\boldsymbol{x}(k) = [x(k) ; x(k - 1)]$. L'identification, qui est simplement celle d'un modèle AR, fournit les estimations dégradées suivantes :

$\hat{a}_1 = 1{,}17$, $\hat{a}_2 = -0{,}71$.

Ces résultats moins bons s'expliquent par une mauvaise modélisation : la trajectoire de commande étant, dans cette expérience, un bruit blanc, l'estimateur d'un modèle AR a été utilisé pour traiter des données produites, en réalité, par un modèle ARMA à bruit vectoriel (u_k, v_k).

Si, au lieu de simuler le modèle précédent, un *bruit de mesure* est introduit dans la simulation qui perturbe *l'observation de l'état* sans entraîner de conséquences ultérieures sur la dynamique (ce point sera développé au début de la section consacrée au filtrage), les données sont produites par simulation du modèle suivant :

$$\begin{cases} x(k+1) = a_1 x(k) + a_2 x(k-1) + c_1 u(k) + c_2 u(k-1) \\ y(k) = x(k) + b_0 w(k) \end{cases}.$$

Dans ce cas, l'application de la procédure d'identification ARX produit de mauvais résultats malgré la connaissance de la trajectoire de commande. On obtient :

$\hat{a}_1 = 0{,}61$, $\hat{a}_2 = -0{,}36$, $\hat{c}_1 = 0{,}49$, $\hat{c}_2 = -0{,}11$.

Cette expérience montre l'importance d'une modélisation correcte des bruits pour l'estimation par régression linéaire. Nous avons déjà traité ce problème dans le cadre de la modélisation dynamique par réseaux de neurones (chapitre 2), et nous le retrouverons plus loin dans ce chapitre. L'addition d'un bruit de mesure ajoute un problème nouveau, celui du filtrage qui sera traité dans ce chapitre.

Justification mathématique

L'analyse statistique linéaire des séries temporelles est bien connue et sort du cadre de cet ouvrage. Pour un exposé permettant d'accéder aux méthodes statistiques classiques d'identification et de prévision, on se reportera à [CHATFIELD 1994] pour un exposé pratique et à [GOURIÉROUX 1995], [AZENCOTT 1984], pour les justifications mathématiques. Esquissons la justification de la procédure des moindres carrés dans le cas le plus simple, celui d'un modèle auto-régressif linéaire stable, en régime stationnaire, et d'un bruit gaussien centré. On note en majuscules les inconnues qui sont considérées comme des variables aléatoires.

Considérons le processus gaussien stationnaire du second ordre produit par le modèle auto-régressif AR(p) :

$$X(k+1) = a_1 X(k) + \ldots + a_p X(k-p+1) + b_0 V(k+1)$$

où le modèle est *stable* (c'est-à-dire où le polynôme $P(z) = 1 - a_1 z - \ldots - a_p z^p$ a ses racines à l'extérieur du disque unité) et où le bruit blanc (V_k) est gaussien centré. Dans ce cas, en notant $r_j = \mathrm{Cov}(X_k, X_{k-j})$, on obtient les relations de Yule-Walker en prenant la covariance des deux membres de l'équation présentée ci-avant avec les variables $(X_{k-i})_{i=0\ldots p-1}$:

$$\begin{cases} r_1 = a_1 r_0 + \ldots + a_p r_p \\ \ldots\ldots\ldots\ldots\ldots\ldots\ldots\ldots\ldots\ldots \\ r_p = a_1 r_{p-1} + \ldots + a_p r_0 \end{cases}$$

Les mêmes relations relient approximativement (aux erreurs de troncatures près, tendant vers 0 avec le rapport $\frac{p}{N}$) les estimateurs empiriques des moindres carrés de la covariance :

$$\hat{r}_i = \frac{1}{N-p} \sum_{k=i+1}^{k=N} x(k) x(k-i)$$

et les estimateurs des moindres carrés des coefficients de la régression $\hat{a}_i$. D'autre part, les estimateurs $\hat{r}_i$ sont consistants, sans biais et asymptotiquement normaux avec une variance de l'ordre de $1/N$. On peut alors en déduire que les estimateurs $\hat{a}_i$ sont consistants, asymptotiquement sans biais et asymptotiquement normaux avec une variance de l'ordre de $1/N$, ce qui permet de faire des tests d'adéquation du modèle.

Remarque
Un estimateur est dit « consistant » si sa variance tend vers zéro lorsque le nombre d'échantillons tend vers l'infini.

Notons que, dans le cas des systèmes linéaires, les méthodes présentées ici sont tout à fait élémentaires et ont été considérablement améliorées tant par les automaticiens que par les statisticiens. Les principales améliorations portent sur l'introduction du point de vue spectral, c'est-à-dire par l'identification de la fonction de transfert des filtres sous-jacents aux modèles ARMA. On trouvera facilement ces techniques dans les livres de base, notamment ceux cités en référence. Leur exposé dépasse le cadre de cet ouvrage, puisque les réseaux de neurones se situent dans le cadre des modèles non linéaires.

Application à un système dynamique linéaire : l'oscillateur harmonique

Appliquons la procédure précédente à l'identification de l'oscillateur harmonique décrit dans la section précédente, en supposant que nous connaissions seulement la trajectoire de commande et la trajectoire des angles indiquant la position de l'oscillateur. Sur une trajectoire d'une centaine de pas, l'identification par le modèle ARX d'ordre (2, 2) donne des résultats parfaits. En effet, le modèle est bien linéaire d'ordre 2 puisque l'état se reconstruit avec une très bonne approximation par la donnée de deux observations successives de la position.

En revanche, l'identification par un modèle ARX d'ordre (2, 1) dégrade sensiblement les résultats de l'estimation. C'est facilement explicable : la commande s'effectuant sur l'incrément de vitesse, elle est bien d'ordre 2.

Application au problème des taches solaires

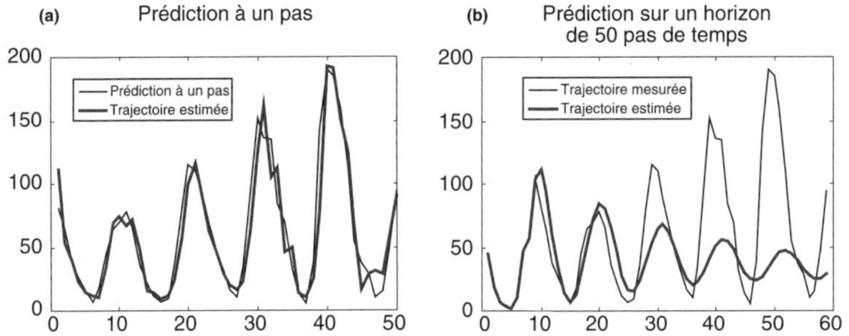

Figure 4-6. Prédiction des taches solaires par régression linéaire sur un modèle AR(9) (a) Prédiction à un pas (b) Prédiction sur un horizon de 50 pas.

Enfin, si nous appliquons la procédure précédente, sans pré-traitement des données, à la série des taches solaires (introduite dans la section précédente), avec une régression linéaire fondée sur le modèle AR(9), on obtient, sur un ensemble de test de 50 observations, les prédictions représentées dans la figure 4-6. Après avoir effectué la régression sur un ensemble d'apprentissage de 150 observations, on a représenté en (a) la différence entre la série observée au temps k et la prédiction de la série au temps k au vu des 9 dernières observations ayant précédé. On voit que la prédiction est relativement bonne. On a représenté en (b) la différence entre la série observée et la série estimée d'après le modèle sur l'horizon total à partir des seules données nécessaires pour initialiser le modèle. On observe, bien entendu, un amortissement des oscillations. Cet amortissement est normal puisque le modèle identifié est stable et que l'estimation est effectuée en l'absence de nouvelles mesures après les mesures d'initialisation. On voit que le modèle estimé a assez bien capturé la périodicité du phénomène.

Identification d'un système dynamique non linéaire par réseaux de neurones non bouclés

Limites de la régression linéaire

L'identification des systèmes dynamiques commandés par régression linéaire devient très imprécise et exige des modèles beaucoup trop importants, comme le montre la figure 4-7.

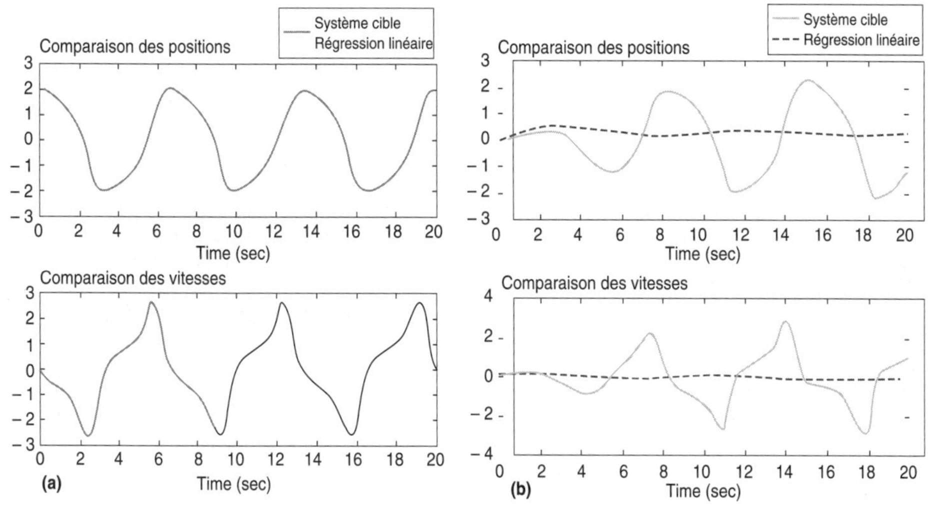

Figure 4-7. Identification de l'oscillateur de Van der Pol par régression linéaire (prédiction à mille pas) (a) Initialisation sur le cycle limite (b) Initialisation loin du cycle limite.

Dans l'exemple de l'oscillateur de Van der Pol décrit dans la section précédente (qui, rappelons-le, est un oscillateur non linéaire), aucun modèle linéaire d'oscillateur ne peut présenter un équilibre instable et un cycle limite stable. On voit que l'algorithme de régression linéaire a bien capturé la fréquence de l'oscillateur. Le comportement non linéaire ne peut être décrit par un modèle linéaire.

Réseau à retard (modèle NARX)

L'exemple le plus simple d'identification neuronale d'un système dynamique commandé s'inspire directement des algorithmes de régression. Le modèle qu'on cherche à identifier est un modèle de régression non linéaire auto-régressive avec entrée exogène (la commande), en abrégé NARX. Le modèle stochastique NARX(p, r) s'écrit :

$$X(k+1) = f\,[X(k), \ldots, X(k-p+1), V(k+1), u(k), \ldots, u(k-r+1)]$$

l'ordre de régression étant p sur l'état et r sur la commande. Le schéma de réseau le plus simple utilisé pour l'identification du système dynamique commandé par régression non linéaire est représenté sur la figure 4-8.

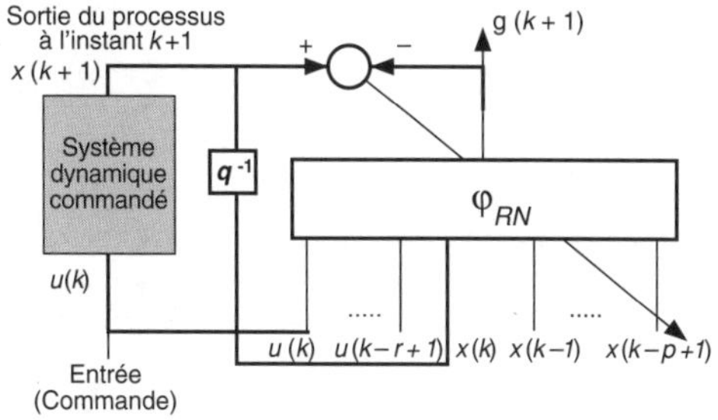

Figure 4-8. Apprentissage d'un modèle neuronal non bouclé pour identifier un modèle, fondé sur l'hypothèse NARX, d'un système dynamique commandé (voir aussi figure 2-31 du chapitre 2).

La fonction φ_{RN} est réalisée par un réseau de neurones non bouclé. L'entrée du réseau est constituée des signaux que l'on cherche à identifier (c'est-à-dire les sorties du processus) du temps k au temps $k-p+1$ (où p est l'ordre du modèle) et des commandes du temps k au temps $k-r+1$ (où r est l'horizon sur la commande). L'estimation des paramètres est réalisée à partir de l'erreur de modélisation, c'est-à-dire la différence entre la sortie du processus $x(k+1)$ et la prédiction effectuée par le modèle $g(k+1)$. C'est donc exactement le schéma d'estimation des paramètres que nous avons présenté dans le paragraphe sur la modélisation dynamique avec hypothèse bruit d'état et représentation entrée-sortie, dans le chapitre 2.

Comme nous l'avons déjà indiqué, une base d'apprentissage est formée de l'entrée qui est un vecteur du type $\boldsymbol{x}_k = [x(k);\ldots; x(k-p+1)\,;\, u(k);\ldots; u(k-r+1)]$ et de la sortie qui est la variable $g_k = x(k+1)$. Cette base d'apprentissage peut être réalisée de deux manières.

- Si l'on utilise un simulateur du procédé que l'on cherche à commander, on constituera la base en faisant fonctionner le simulateur sur un échantillonnage représentatif de l'espace des entrées (maillage régulier), ou sur une distribution privilégiant les points les plus courants, ou au contraire les points limites au voisinage desquels on veut sécuriser la performance du réseau. Cette situation est fréquente lorsqu'on cherche à réaliser une modélisation semi-physique ou boîte grise, comme nous l'avons indiqué dans le chapitre 2.
- Si, en revanche, la base est construite par utilisation en temps réel d'un dispositif expérimental, on n'a généralement pas la possibilité de réaliser un tel échantillonnage des entrées : la base d'apprentissage est construite à partir de l'échantillonnage de trajectoires expérimentales des entrées et des sorties du système. Il importe alors que la ou les trajectoires échantillonnées visitent avec une régularité suffisante l'espace des entrées du réseau (produit de l'espace d'état par l'espace des commandes). Dans le cas d'un système dynamique commandé, ce résultat est généralement obtenu en excitant le système par des commandes aléatoires. La question du choix d'une telle trajectoire de commande est une question délicate, qui dépend fortement du système qu'on cherche à identifier. Dans le cas d'un système linéaire, les excitations sont, par exemple, harmoniques, et l'on cherche à identifier ainsi la fonction de transfert du processus. Dans le cas du système non linéaire, on choisit ordinairement une trajectoire aléatoire. Il peut être cependant judicieux de choisir pour trajectoires de commandes des bruits filtrés dans des plages de fréquence variable. Le chapitre 2 fournit quelques éléments qui permettent de construire des plans d'expérience.

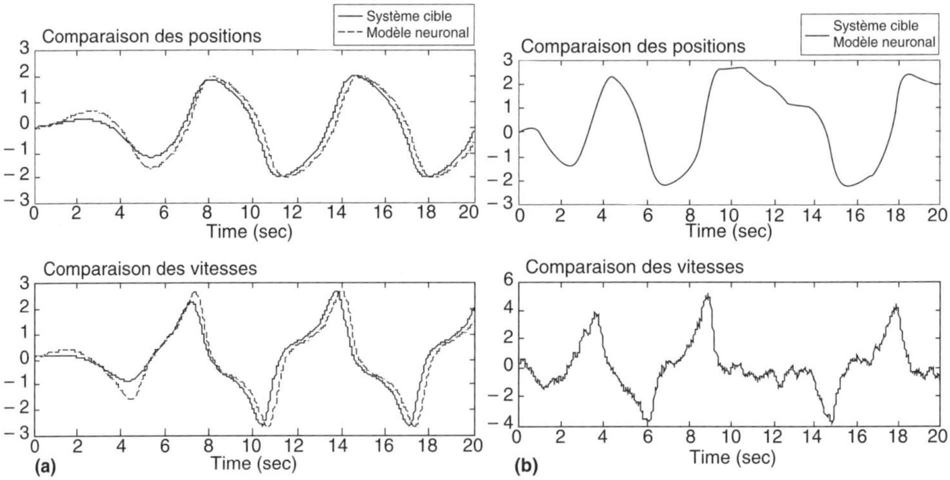

Figure 4-9. Comparaison de l'oscillateur de Van der Pol commandé et de son identification par régression non linéaire : (a) Trajectoire de commande nulle (b) Trajectoire de commande aléatoire.

La figure 4-9 présente un exemple d'identification de l'oscillateur de Van der Pol, où l'apprentissage a été effectué sur une base de $15^3 = 3375$ exemples, obtenus par l'échantillonnage de la trajectoire de l'oscillateur excité par une commande aléatoire. Cette base a déjà été utilisée pour la régression linéaire dont les résultats sont représentés sur la figure 4-7. Les résultats sont ici bien meilleurs.

Ces résultats sont obtenus avec une architecture à trois entrées, dix neurones cachés et deux neurones de sortie. Si l'on effectue l'apprentissage avec une base d'apprentissage de même dimension, obtenue par un maillage régulier de l'espace d'états et de l'ensemble des commandes admissibles, l'apprentissage ne peut se faire convenablement dans les mêmes conditions (sans pré-traitement particulier de la base d'entrée). L'importance du choix de la base d'apprentissage est ainsi illustrée. Comme nous l'avons déjà indiqué dans le chapitre 2, il est important de constituer la base d'apprentissage par un échantillonnage représentatif de la densité avec laquelle le système visite l'espace d'états et l'espace des commandes. Ce point sera précisé dans la section suivante sur l'apprentissage en ligne. On retiendra en particulier l'importance, pour l'apprentissage, d'une commande aléatoire permettant une visite effective de ce domaine (politique d'exploration), notamment dans le cas où le système dynamique possède un attracteur stable (oscillateur de Van der Pol). On reviendra, dans le chapitre suivant, sur l'importance de *la politique d'exploration* dans le cadre de la programmation neuro-dynamique.

Le choix de l'ordre du système est important puisqu'il conditionne le nombre de paramètres de configuration du réseau à identifier. C'est un paramètre plus sensible que dans le cas linéaire. Le choix de l'ordre des modèles est une question en théorie mal résolue en régression non linéaire. Pratiquement, on combine une approche empirique et l'adaptation de critères d'information mis au point pour les modèles linéaires [GOURIEROUX 1995], ou bien l'on utilise une approche par test d'hypothèses [URBANI 1993]. Comme nous l'avons vu dans le chapitre 2, l'identification *non adaptative* par réseau de neurones à partir d'une base d'apprentissage représentative de tout le domaine des entrées ne pose pas de problème particulier au concepteur de modèle neuronal, sous réserve de l'utilisation d'une méthodologie sérieuse et d'algorithmes d'apprentissage efficaces.

Ces problèmes se posent toujours dans le cas de l'identification *adaptative*, où l'on veut traiter les données obtenues par l'observation du système dynamique en flux, c'est-à-dire au fur et à mesure de leur production. En revanche, le caractère adaptatif de l'algorithme les situe dans un cadre nouveau que nous allons aborder dans la section suivante.

Identification adaptative (en ligne) et méthode de l'erreur de prédiction récursive

Estimateur récursif de la moyenne empirique

Considérons d'abord le problème élémentaire de calcul de moyenne, qui peut se formuler comme un problème de régression linéaire d'ordre 0 : $x_k = a + v_k$

où (v_k) est un bruit blanc numérique, et où le paramètre a appartient à R. On cherche à déterminer a. Il s'agit donc en fait de déterminer la moyenne inconnue d'une suite de variables aléatoires indépendantes et de même loi.

La minimisation par rapport à a de la fonction de coût $J_N(a) = \frac{1}{2N}\sum_{k=1}^{N}(x_k - a)^2$ a pour solution la moyenne empirique $\hat{a}_N = \frac{\sum_{k=1}^{N} x_k}{N}$.

Cet estimateur possède toutes les propriétés générales des estimateurs de régression linéaire énoncées précédemment : consistant, sans biais, et de variance minimale parmi les estimateurs sans biais. Sa *consistance*, c'est-à-dire sa convergence vers a, est appelée la *loi des grands nombres*, exprimant intuitivement que la moyenne arithmétique d'une suite de résultats d'expériences aléatoires, indépendantes, permet d'approcher l'espérance mathématique de la variable aléatoire modélisant le résultat de l'expérience.

Une simple récriture de la formule de définition précédente nous permet d'obtenir une formulation récursive :

$$(N+1)\hat{a}_{N+1} = \sum_{k=1}^{N} x_k + x_{N+1} = N\hat{a}_N + x_{N+1}$$

d'où

$$\hat{a}_{N+1} = \hat{a}_N + \frac{1}{N+1}\left(x_{k+1} - a_N\right).$$

L'intérêt de cette formulation récursive est qu'elle permet une estimation adaptative. Une seule observation est nécessaire pour initialiser l'estimation. Par la suite, la mise à jour de l'estimation ne demande pas la disposition de l'ensemble des mesures : il suffit de disposer de l'estimation précédente et de la mesure au temps courant. Le coefficient γ_{K+1}=1/(N + 1) s'appelle le *gain* de l'algorithme ou le *taux d'apprentissage*.

Un autre avantage de l'estimateur récursif de moyenne empirique est qu'il permet de poursuivre les variations lentes du paramètre qu'on estime dans le cas d'un modèle non stationnaire. Pour que l'estimateur soit adaptatif, il faut remplacer le gain en $1/N$ lentement décroissant vers 0 de la formule précédente par un petit gain constant. Dans ce cas, l'estimateur est identique à un filtre (ici un filtre du premier ordre). Pour comparer les filtres du premier ordre et les estimateurs récursifs de la moyenne, on a représenté, figure 4-10, le comportement d'un tel estimateur pour poursuivre des variations quasi périodiques de la moyenne du signal avec un rapport signal/bruit de 1/5. Le signal traité est représenté dans le graphique (a). Dans le graphique (b), on compare le résultat pour différentes valeurs du gain : on remarque que, à gain bas, le bruit est plus atténué, mais la capacité de poursuite du filtre plus basse. Dans le graphique (c), on compare les performances d'estimateurs récursifs dont les exposants de décroissance des gains sont respectivement 1 (moyenne empirique) et 0,55. On remarque que les capacités de poursuite de l'estimateur moyenne empirique ne sont pas suffisantes dans cet exemple.

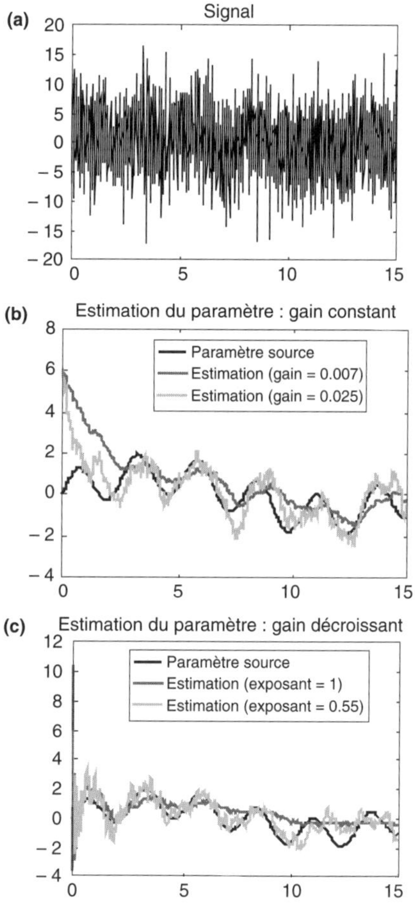

Figure 4-10. Comportement de l'estimateur de moyenne empirique : (a) Signal utilisé, (b) Estimation du paramètre par filtrage IIR à gain constant, (c) Estimation du paramètre par filtrage à gain décroissant.

On peut remarquer que l'estimateur de la moyenne empirique est un estimateur fondé sur la minimisation du critère quadratique par une descente de gradient. En effet, dans le cas du modèle stationnaire, les données sont un échantillon de la loi de probabilité de la variable aléatoire X. On cherche à minimiser la fonction de coût théorique $J(a) = \frac{1}{2}E\left[(X-a)^2\right]$; notons qu'il n'est pas possible de calculer cette fonction, puisqu'elle fait intervenir l'espérance mathématique d'une variable aléatoire dont la loi de probabilité est inconnue de l'utilisateur. Le gradient de J (ici sa dérivée) est : $\nabla J(a) = E(X\text{-}a)$. Un algorithme de descente de gradient est

$$a_{k+1} = a_k - \gamma_{k+1}\nabla J(a_k)$$

où γ_{k+1} est une quantité positive.

Pour obtenir l'estimateur moyenne empirique récursive, on remplace dans l'algorithme $\nabla J(a_k)$ par $(X_{k+1}\text{-}a_k)$:

$$a_{k+1} = a_k - \gamma_{k+1}(X_{k+1} - a_k).$$

On reconnaît ici l'algorithme de gradient stochastique, que nous avons mentionné dans le chapitre 2. On peut remarquer que la grandeur aléatoire $(X_{k+1} - a_k)$ a $\nabla J(a_k)$ pour espérance. C'est pour cette raison que cet algorithme est dit de *gradient stochastique* : le vrai gradient de la fonction de coût des moindres carrés a été remplacé par un terme aléatoire qui a pour moyenne ce gradient. Tandis que le gradient total $\nabla J(a_k)$ dépend de la loi de X que l'on ne connaît pas, et qu'il faudrait préalablement estimer, le gradient stochastique est, lui, connu à chaque moment.

Ainsi, l'algorithme récursif aborde directement l'optimisation sans passer par l'étape d'identification du modèle : il effectue en même temps les étapes d'estimation et d'optimisation. En revanche, l'algorithme d'estimation traditionnel commence par une phase d'estimation où le critère à minimiser $J(a)= \frac{1}{2}E\left[(X-a)^2\right]$ est d'abord estimé par la fonction de coût empirique des moindres carrés $J_N(a) = \frac{1}{2N}\sum_{k=1}^{N}\left(x_k - a\right)^2$ avant d'effectuer l'optimisation sur le critère estimé. Il se trouve que les deux démarches aboutissent au même résultat dans cet exemple, car le modèle est linéaire par rapport au paramètre à estimer a. La programmation des deux algorithmes est pourtant différente : l'algorithme de gradient stochastique est récursif.

Estimateur récursif de la régression linéaire

Les principes de base du gradient stochastique, que nous avons vus à l'œuvre dans le cas de l'estimateur de la moyenne empirique, se généralisent à la régression linéaire et non linéaire. En ce qui concerne la régression linéaire, on retrouve l'algorithme dit « LMS » (*Least Mean Squares*, également appelé algorithme de Widrow-Hoff) bien connu en théorie du signal pour calculer de façon adaptative une régression linéaire, et que nous avons introduit dans le chapitre 2.

Considérons le problème de régression consistant à minimiser $J(\boldsymbol{w}) = \frac{1}{2}E\left[(Y - \mathbf{Xa} - b)^2\right]$ où X est un vecteur aléatoire $(1, n)$ du second ordre (c'est-à-dire possédant une espérance et une matrice de covariance), où le vecteur $\boldsymbol{w}$ est la concaténation du vecteur $(n, 1)$ des paramètres $\boldsymbol{a}$ et du scalaire b, et où Y est une variable aléatoire réelle du second ordre.

On a : $\nabla J(\boldsymbol{a}, b) = -E\left[(Y - \mathbf{Xa} - b)\mathbf{X}, (Y - \mathbf{Xa} - b)\right]$.

On dispose, pour résoudre le problème, d'échantillons $(\mathbf{X}_1, Y_1), \ldots, (\mathbf{X}_k, Y_k)$ fournis « en ligne » (c'est-à-dire pendant l'estimation des paramètres), indépendants de la loi du vecteur aléatoire des entrées-sorties. On peut alors mettre en œuvre un algorithme de gradient stochastique pour estimer ces paramètres.

L'estimateur récursif du gradient stochastique est donc défini par l'algorithme

$$\begin{cases} \mathbf{a}_{k+1} = \mathbf{a}_k + \gamma_{k+1}(Y_{k+1} - \mathbf{X}_{k+1}\mathbf{a}_k - b_k)\mathbf{X}_{k+1} \\ b_{k+1} = b_k + \gamma_{k+1}(Y_{k+1} - \mathbf{X}_{k+1}\mathbf{a}_k - b_k) \end{cases}.$$

On a le résultat de convergence suivant :

Sous les conditions suivantes sur le gain de l'algorithme $\sum_{k=1}^{\infty}\gamma_k = \infty, \sum_{k=1}^{\infty}\gamma_k{}^2 < \infty$, l'algorithme converge (avec quasi-certitude) vers les coefficients de la régression linéaire de Y en $\mathbf{X}$.

Les conditions sur le gain, énoncées ci-dessus, sont générales ; nous les appellerons dans la suite « conditions de l'approximation stochastique relatives au gain ».

Identification récursive d'un modèle AR

Considérons le problème de l'identification du modèle AR(p)

$X(k + 1) = a_1X(k) + \ldots + a_pX(k - p + 1) + V(k + 1)$.

Nous supposons que les données sont recueillies en régime stationnaire et nous cherchons un estimateur récursif du paramètre $\boldsymbol{\theta} = (a_1 ; \ldots ; a_p)$ qui minimise le critère des moindres carrés

$$J(\mathbf{w}) = \frac{1}{2}E[(X(k + 1) - a_1X(k) - \ldots - a_pX(k - p + 1))^2].$$

Le gradient de la fonction de coût est :

$$\nabla J(\mathbf{w}) = - E\{[X(k + 1) - a_1X(k) - \ldots - a_pX(k - p + 1)].[X(k ; \ldots ; X(k - p + 1)]\}.$$

L'estimateur récursif du gradient stochastique est donc défini par l'algorithme

$\hat{\mathbf{w}}(k+1) = \hat{\mathbf{w}}(k) + \gamma_{k+1}\vartheta(k + 1)\,[X(k) ;\ldots; X(k - p + 1)]$

avec $\vartheta(k + 1) = X(k + 1) - a_1X(k) - \ldots - a_pX(k - p + 1)$.

On retrouve la règle delta ou règle de Widrow. Sous les conditions de l'approximation stochastique relatives au gain, l'estimateur est consistant.

Cette fois-ci, les entrées-sorties ne sont plus indépendantes entre elles comme dans la loi des grands nombres ou la régression classique mais elles sont produites par le modèle linéaire markovien suivant :

$\mathbf{X}(k + 1) = \mathbf{A}[\mathbf{w}]\,\mathbf{X}(k) + \mathbf{V}(k + 1)$

où $\mathbf{A}[\mathbf{w}]$ dépend linéairement de $\mathbf{w}$ et où $(\mathbf{V}_k)$ est un bruit blanc vectoriel en posant

$$\mathbf{X}(k) = [X(k) ;\ldots; X(k\text{-}p\text{+}1)] \text{ et } \mathbf{A}[\mathbf{w}] = \begin{pmatrix} a_1 & a_2 & . & . & a_k \\ 1 & 0 & . & . & 0 \\ 0 & 1 & . & . & 0 \\ . & . & . & . & 0 \\ 0 & 0 & . & 1 & 0 \end{pmatrix}.$$

La théorie de l'approximation stochastique s'applique aussi dans ce cadre markovien plus général, et fournit le résultat désiré sur la convergence presque sûre de l'estimateur récursif.

Les algorithmes d'optimisation du second ordre (règle de Newton) ont aussi des versions récursives qui fournissent des estimateurs consistants. Leur convergence se démontre dans le cadre de l'approximation stochastique. Ils sont particulièrement employés dans les modèles linéaires où ils accélèrent la convergence. Rappelons (chapitre 2) que la formule de Newton peut s'écrire

$$\hat{w} = w^* - HJ[w^*]^{-1}\nabla J[w^*]$$

où $HJ[w^*]$ est la matrice hessienne de la fonction de coût, matrice symétrique formée par les dérivées partielles secondes, relativement aux composantes de la variable vectorielle. Cette relation suggère la relation récursive suivante :

$\hat{w}(k+1) = \hat{w}(k) - H\Phi[\hat{w}(k)]^{-1}\nabla\Phi[\hat{w}(k)]$. Dans le cas d'une fonction strictement convexe et notamment d'un critère quadratique, cette matrice est définie positive et donc inversible. Dans l'exemple du modèle AR(p), il s'agit de la matrice de variance-covariance du vecteur aléatoire stationnaire X_k. L'algorithme récursif du second ordre enchaîne donc optimisation du second ordre du critère J et estimation récursive $\hat{\mathbf{R}}(k)^-$ de la matrice de variance-covariance :

$$\hat{w}(k+1) = \hat{w}(k) + \gamma_{k+1}\vartheta(k+1)\hat{\mathbf{R}}(k)^{-1}X(k)\hat{\mathbf{R}}(k+1) = \hat{\mathbf{R}}(k) + \gamma_{k+1}\mathbf{X}(k+1)X(k+1)^t.$$

Cette méthode appelée « méthode de l'erreur de prédiction récursive » est amplement développée dans [LJUNG 1983], qui insiste sur les applications à l'identification de la méthode d'approximation stochastique. Elle se généralise au cas non linéaire, et peut ainsi s'appliquer à l'apprentissage adaptatif des réseaux de neurones quand les données nécessaires à l'apprentissage sont fournies en ligne par un processus ou une simulation.

Méthode générale de l'erreur de prédiction récursive

La méthode générale de l'erreur de prédiction récursive est une application algorithmique, pour l'estimation des paramètres d'un modèle, d'une théorie probabiliste appelée « approximation stochastique ». Cette théorie a été développée depuis 1950 notamment par Robins et Monroe, Kushner et Clarke [KUSHNER 1978]. Elle a été rapidement utilisée dans l'apprentissage adaptatif de réseaux de neurones. Elle présente l'avantage d'être récursive, et donc de ne pas nécessiter le stockage d'une base d'apprentissage de grande taille. Cet avantage est cependant compensé par sa lenteur de convergence. Les hypothèses d'application de la méthode dans le cadre non linéaire sont complexes. Pour des énoncés mathématiques plus précis, on renvoie à [LJUNG 1983], [BENVENISTE 1987], [DUFLO 1996]. On se place dans le cadre de l'identification du modèle NARX(p, r) précédent $X(k+1) = f[X(k), \ldots, X(k-p+1), V(k+1), u(k), \ldots, u(k-r+1)]$. Il s'agit d'un modèle markovien quand on le met sous sa forme d'état $X(k+1) = f[X(k), V(k+1), u(k)]$. On suppose que ce modèle est stable et qu'il converge vers un régime stationnaire. La fonction f est bien sûr inconnue, et le bruit d'état $\{V(k)\}$ n'est pas accessible. En revanche, on suppose que l'état $X(k)$ peut être connu avec précision au temps k. On cherche à identifier ce modèle en ligne par le schéma de prédiction non linéaire paramétrique : $X(k+1) = g[X(k), u(k), W]$en minimisant l'erreur quadratique de prédiction. On définit *l'erreur de prédiction*, pour un couple entrée-sortie (x, u, y) et pour une valeur W du vecteur des paramètres, par : $\vartheta(y, x, u, W) = y - g(x, u, W)$.

Minimiser l'erreur quadratique de prédiction signifie qu'on veut déterminer la valeur du paramètre W qui minimise l'erreur quadratique moyenne de prédiction

$$J(W) = \frac{1}{2}E\left[\|f(\mathbf{x}, V, \mathbf{u}) - g(\mathbf{x}, \mathbf{u}, \mathbf{W})\|^2\right]$$

où l'espérance est prise pour la loi de probabilité du bruit d'état, puis est moyennée pour le régime stationnaire du couple (état-commande).

Pour appliquer la méthode du gradient stochastique, on calcule le gradient, par rapport à $\boldsymbol{W}$, de la fonction $\frac{1}{2}\|\vartheta(\mathbf{x},\mathbf{y},W)\|^2$. Ce gradient est donc : $-\frac{\partial g}{\partial W}(\boldsymbol{y}, \boldsymbol{x}, \boldsymbol{u}, \boldsymbol{W})\, \boldsymbol{\vartheta}(\boldsymbol{y}, \boldsymbol{x}, \boldsymbol{u}, \boldsymbol{W})$.
On le notera dans la suite $\mathbf{G}(\boldsymbol{y}, \boldsymbol{x}, \boldsymbol{u}, \boldsymbol{W})$. Nous noterons de même $\boldsymbol{G}(k+1) = \boldsymbol{G}[\boldsymbol{X}(k+1), \boldsymbol{X}(k), \boldsymbol{u}(k), \boldsymbol{W}(k)]$.

On considère les algorithmes suivants.

Algorithme du gradient stochastique :

$$\boldsymbol{W}(k+1) = \boldsymbol{W}(k) - \gamma_{k+1}\boldsymbol{G}(k+1) = \boldsymbol{W}(k) + \gamma_{k+1}\frac{\partial g}{\partial W}[\mathbf{X}(k+1),\mathbf{X}(k),\mathbf{u}(k),W(k)]\,\boldsymbol{\vartheta}(k+1)$$

Algorithme de Gauss-Newton stochastique :

$$\mathbf{R}(k+1) = \mathbf{R}(k) + \gamma_{k+1}\frac{\partial g}{\partial W}[\mathbf{X}(k+1),\mathbf{X}(k),\mathbf{u}(k),W(k)]\,\frac{\partial g}{\partial W}[\mathbf{X}(k+1),\mathbf{X}(k),\mathbf{u}(k),W(k)]^{\mathrm{T}}$$

$$\boldsymbol{W}(k+1) = \boldsymbol{W}(k) - \gamma_{k+1}\,\mathbf{R}(k+1)^{-1}\mathbf{G}(k+1)$$

Sous les conditions habituelles de l'approximation stochastique relatives au gain, et si l'algorithme reste borné, ces algorithmes convergent vers une valeur du paramètre qui est un minimum local du critère quadratique.

L'hypothèse pour l'algorithme de rester borné est impossible à assurer a priori dans les cas pratiques. Aussi, dans [LJUNG 1983], en suivant les théories antérieures de l'approximation stochastique, on impose de plus à l'algorithme une projection non linéaire assurant qu'il reste dans un domaine borné. Cette projection respecte la propriété de convergence.

Comme nous l'avons vu en détail dans le chapitre 2, l'inversion de la matrice hessienne, nécessaire dans l'algorithme de Gauss-Newton, peut être approchée par d'autres algorithmes classiques du second ordre (quasi-Newton, Gradient conjugué, Levenberg-Marquardt). Un bon exposé empirique de la méthode de l'erreur de prédiction pour l'apprentissage des réseaux de neurones pour l'identification est donné dans [NORGAARD 2000].

Si le gain est constant et petit, les capacités de poursuite de l'algorithme sont analogues à celles d'une technique particulière de commande appelée « régime glissant » [BENVENISTE 1987].

Application à l'identification neuronale d'un système dynamique commandé

La figure 4-11 présente l'application de l'algorithme de l'erreur de prédiction récursive, qui vient d'être exposé dans le paragraphe précédent, à l'identification en ligne.

Négligeons pour le moment le bruit de mesure. Le système dynamique est symbolisé dans la figure 4-11 par :

- le bloc d'évolution dont l'entrée est l'état au temps courant et la commande, et dont la sortie est l'état au temps suivant et,
- le bouclage de l'opérateur retard qui entretient la dynamique.

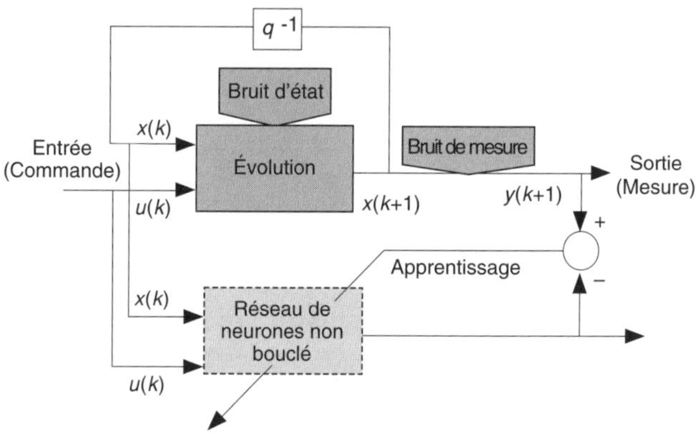

Figure 4-11. Identification d'un modèle neuronal interne d'un système dynamique commandé (apprentissage forcé).

L'état et la commande au temps courant sont envoyés en entrée au réseau de neurones dans sa configuration courante.

Notons que l'état est supposé être entièrement mesuré. Dans le cas d'un modèle auto-régressif, le signal courant et la commande courante sont utilisés pour reconstruire l'état courant par des lignes à retard représentées dans la figure 4-8. Le réseau calcule sa prédiction de l'état au temps suivant qui est comparé à l'état du processus. L'erreur de prédiction calculée par cette comparaison est renvoyée au réseau pour rétropropagation, calcul du gradient et mise en œuvre de l'algorithme. Cet apprentissage est *dirigé* (il est appelé en théorie de la commande « teacher forcing ») car l'état complètement connu peut être imposé comme sortie désirée au réseau après chaque pas de calcul. Rappelons que cet algorithme a été présenté dans le cadre de l'apprentissage des systèmes dynamiques non linéaires, au chapitre 2.

Problèmes posés par la mesure

Si l'on doit prendre en considération un bruit de mesure, comme on l'a vu dans le cas linéaire, l'identification par régression en utilisant un réseau non récurrent (en boucle ouverte) et un algorithme d'apprentissage forcé donne de mauvais résultats. Une démonstration expérimentale très claire en a été présentée au chapitre 2, dans le paragraphe consacré aux systèmes dynamiques.

Quand l'état du système ne peut être considéré comme complètement connu, on doit se poser le problème de la reconstruction de cet état. Ce n'est pas un problème statistique ordinaire puisqu'à un instant donné, on ne dispose que d'une observation de l'état. Pour incorporer dans la connaissance qu'on a de l'état présent les mesures opérées sur l'état passé du système, on utilise des algorithmes de filtrage que nous exposons dans la section suivante.

Filtrage par innovation dans un modèle d'état

L'estimation de l'état d'un système dynamique commandé à partir d'une suite de mesures, *quand les modèles d'évolution et de mesure* sont supposés connus, s'appelle le filtrage. Prédire l'état *dans le cas où ces modèles ne sont pas connus* constitue un problème différent du précédent, et plus difficile à résoudre. Dans ce dernier cas, il s'agit d'un problème d'identification, qui peut se résoudre en particulier par des techniques d'apprentissage neuronal.

Nous exposons dans cette section la problématique du filtrage et la technique de filtrage optimal, ou filtrage de Kalman, pour les raisons suivantes :

- on introduira à cette occasion des concepts fondamentaux : équation de mesure, bruit d'état, bruit de mesure, innovation ;
- la technique du filtrage de Kalman étendu est la technique la plus employée actuellement dans les problèmes simples d'identification paramétrique ;
- le filtrage de Kalman fournit une technique efficace d'apprentissage des réseaux neuronaux.

Introduction d'une équation de mesure et problème du filtrage

Observation des systèmes dynamiques linéaires

On rappelle la forme de l'équation d'état d'un système dynamique commandé, vue plus haut en section « Identification de systèmes dynamiques commandés par régression » sous sa forme déterministe :

$\boldsymbol{x}(k+1) = f[\boldsymbol{x}(k), \boldsymbol{u}(k)]$.

On suppose le système stationnaire pour simplifier les notations. Dans le cas linéaire, cette équation prend la forme particulière :

$\boldsymbol{x}(k+1) = \boldsymbol{A}\boldsymbol{x}(k) + \boldsymbol{B}\boldsymbol{u}(k).$

On suppose maintenant que l'état n'est plus complètement observé. On introduit alors une équation de mesure (ou équation de sortie, ou équation d'observation) de la forme :

$\boldsymbol{y}(k) = h[\boldsymbol{x}(k)]$

ou, pour le modèle linéaire stationnaire :

$\boldsymbol{y}(k) = \boldsymbol{H}\,\boldsymbol{x}(k).$

Pour identifier la trajectoire d'état à partir des mesures, il faut donc trouver l'état initial $\boldsymbol{x}(0)$ dont la connaissance déterminera toute la trajectoire d'états. À partir des équations :

$$\boldsymbol{y}(k) = \sum_{j=0}^{k-1} \boldsymbol{H}\boldsymbol{A}^{k-1-j}\,\boldsymbol{B}\boldsymbol{u}(j) + \boldsymbol{H}\boldsymbol{A}^{k}\boldsymbol{x}(0)$$

où la séquence des commandes $\boldsymbol{u}(k)$ est connue, on obtient le système linéaire d'inconnue $\boldsymbol{x}(0)$ suivant quand k varie de 0 à n où n est la dimension de l'espace d'état :

$$\boldsymbol{H}\boldsymbol{A}^{k}\boldsymbol{x}(0) = \boldsymbol{y}(k) - \sum_{j=0}^{k-1} \boldsymbol{H}\boldsymbol{A}^{k-1-j}\,\boldsymbol{B}\boldsymbol{u}(j).$$

Ce système linéaire détermine sans ambiguïté l'état initial $\boldsymbol{x}(0)$ pourvu que le rang de la matrice concaténée $[\boldsymbol{H}\,;\,\ldots\,;\,\boldsymbol{H}\boldsymbol{A}^{n}]$ soit n . On dit dans ce cas que le couple $(\boldsymbol{H}, \boldsymbol{A})$ est *complètement observable*.

Cette notion peut s'étendre au cas des systèmes dynamiques mesurés non linéaires ([SONTAG 1990], [SLOTINE 1991]) en introduisant des concepts de géométrie différentielle (crochets de Lie) qui dépassent le cadre de cet ouvrage.

Filtrage du bruit d'état et reconstruction de la trajectoire

En présence d'incertitude sur l'évolution, cette dernière est modélisée par un vecteur aléatoire $\boldsymbol{v}(k)$ à valeurs dans l'espace d'état que l'on appelle *bruit d'état*. Le modèle d'état a donc la forme

$\boldsymbol{x}(k+1) = f[\boldsymbol{x}(k), \boldsymbol{u}(k), \boldsymbol{v}(k+1)].$

Dans le cas linéaire, cette équation prend la forme particulière :

$\boldsymbol{x}(k+1) = \boldsymbol{A}\boldsymbol{x}(k) + \boldsymbol{B}\boldsymbol{u}(k) + \boldsymbol{v}(k+1).$

On a vu dans la section « Identification de systèmes dynamiques commandés par régression » que, dans ce cas, le modèle de l'évolution de l'état du système est un processus stochastique particulier : une chaîne de Markov. On suppose maintenant que l'état n'est plus parfaitement observé. On introduit alors une équation de mesure de la forme :

$\boldsymbol{y}(k) = h[\boldsymbol{x}(k)]$

ou, pour le modèle linéaire stationnaire :

$\boldsymbol{y}(k) = \boldsymbol{H}\,\boldsymbol{x}(k).$

Dans la suite de cette section, nous supposerons que le système est linéaire, jusqu'au moment où on envisagera explicitement l'extension au cas non linéaire.

Pour identifier la trajectoire d'état, il faudrait résoudre de proche en proche l'équation linéaire en $\boldsymbol{v}(k+1)$ (ce qui n'est pas possible de façon exacte)

$\boldsymbol{H}\boldsymbol{v}(k+1) = \boldsymbol{y}(k+1) - \boldsymbol{H}\boldsymbol{A}\mathrm{x}(k) - \boldsymbol{H}\boldsymbol{B}\boldsymbol{u}(k).$

Le second membre de cette équation

$\boldsymbol{\varphi}(k+1) = \boldsymbol{y}(k+1) - \boldsymbol{HAx}(k) - \boldsymbol{HBu}(k)$

s'appelle l'*innovation* au temps k. C'est une erreur de prédiction de l'observation $\boldsymbol{y}(k+1)$ qui nous apporte une information nouvelle pour estimer a posteriori l'état $\boldsymbol{x}(k+1)$.

Si le système est complètement observable, on montre qu'on peut choisir une suite de gains matriciels $(\boldsymbol{K}_k)$, appelés « gains d'innovation », telle que l'estimation de l'état donnée par la formule récursive suivante :

$\hat{\boldsymbol{x}}(k+1) = \boldsymbol{A}\hat{\boldsymbol{x}}(k) + \boldsymbol{Bu}(k) + \boldsymbol{K}_{k+1}\boldsymbol{\varphi}(k+1)$

converge. Ce modèle s'appelle l'*observateur d'état de Luenberger.*

Le choix des gains d'innovation $\boldsymbol{K}_{k+1}$ est soumis à la contrainte de *stabilité* pour éviter la *divergence* du filtre. Par exemple, dans le cas où nous souhaitons prendre un gain d'innovation constant $\boldsymbol{K}$ pour obtenir un filtre stationnaire, toutes les valeurs propres de la matrice $\boldsymbol{A} - \boldsymbol{KHA}$ doivent être de module inférieur à 1.

Approche variationnelle du filtrage optimal

La détermination complète du gain d'innovation pourrait se faire en fixant un critère d'optimalité qui serait la somme quadratique des incertitudes du modèle, c'est-à-dire, pour chaque temps k, la grandeur positive $\|\mathbf{v}_k\|^2$. Cependant, dans beaucoup de situations, il n'est pas réaliste de considérer que le processus de mesure est lui-même exempt d'erreurs. On choisit donc, à chaque temps $k+1$, de minimiser, par rapport à la variable vectorielle $\boldsymbol{v}(k+1)$, la fonction de coût

$$j(\boldsymbol{v}_{k+1}) = \lambda\|\mathbf{v}_{k+1}\|^2 + \mu\left\|y_{k+1} - HAx(k) - HBu(k) - Hv(k+1)\right\|^2.$$

Ce critère des moindres carrés réalise un équilibre ajustable entre l'incertitude sur le modèle, pondérée par le paramètre de pénalisation λ, et l'incertitude sur la mesure, pondérée par le paramètre de pénalisation μ.

On peut alors calculer à chaque étape le gain d'innovation en résolvant le problème d'optimisation quadratique, ce qui donne immédiatement, en annulant le gradient de la fonction de coût :

$0 = 2(\lambda\boldsymbol{I} + \mu\boldsymbol{H}^{\mathrm{T}}\boldsymbol{H})\,v_{k+1} - 2\mu\boldsymbol{H}^{\mathrm{T}}[\,\boldsymbol{y}(k) - \boldsymbol{HAx}(k-1) - \boldsymbol{HBu}(k\text{-}1)].$

On détermine ainsi le gain d'innovation optimal :

$\boldsymbol{K}_{k+1} = (\lambda\boldsymbol{I} + \mu\boldsymbol{H}^{\mathrm{T}}\boldsymbol{H})^{-1}\,\mu\,\mathrm{H}^{\mathrm{T}} = \mu\boldsymbol{H}^{\mathrm{T}}(\lambda\boldsymbol{I} + \mu\boldsymbol{H}^{\mathrm{T}}\boldsymbol{H})^{-1}.$

Notons que nous aurions pu faire dépendre les pénalisations λ et μ du temps k, ou choisir des pénalisations matricielles. Mais le problème reste d'avoir une interprétation de ces pénalisations qui nous aide à les choisir dans les problèmes pratiques. Par ailleurs, il faut s'assurer que le choix du gain laisse stable le processus d'estimation récursive. Ces questions sont résolues par l'interprétation probabiliste de la théorie du filtrage de Kalman, qui fait l'objet de la suite de cette section.

Filtrage de Kalman

Définition du filtre de Kalman d'un système linéaire stationnaire

Les algorithmes à partir desquels on peut identifier l'état à partir des mesures sont appelés des filtres. Cette terminologie est justifiée par l'idée que ces algorithmes permettent la restitution de l'état en éliminant les incertitudes et les bruits qui perturbent l'information que nous avons sur cet état. Les filtres du type précédent sont fondés sur des schémas du type prédicteur-correcteur, utilisant l'information d'innovation pour corriger la prédiction de l'état sur la base de l'estimation antérieure. Ce fonctionnement est illustré par la figure 4-12. On les appelle, pour cette raison, des *filtres d'innovation*.

Le principe du filtrage de Kalman [ANDERSON 1979], [HAYKIN 1996], consiste à se placer dans une modélisation probabiliste des incertitudes de modélisation et des bruits de mesure pour calculer le gain d'innovation. La reconstruction de l'état au vu des mesures est alors un problème *d'estimation bayésienne* : on détermine la loi de probabilité de l'état a posteriori au vu des mesures disponibles, et l'on choisit l'estimateur des moindres carrés ou celui du maximum de vraisemblance (estimateur MAP). Il peut cependant être très difficile à résoudre pratiquement dans le cas général. Dans le cas du modèle linéaire gaussien, il fournit simplement un algorithme de filtrage récursif qui coïncide avec celui du filtrage optimal du paragraphe précédent. Cela provient de la propriété fondamentale suivante, bien connue en calcul des probabilités.

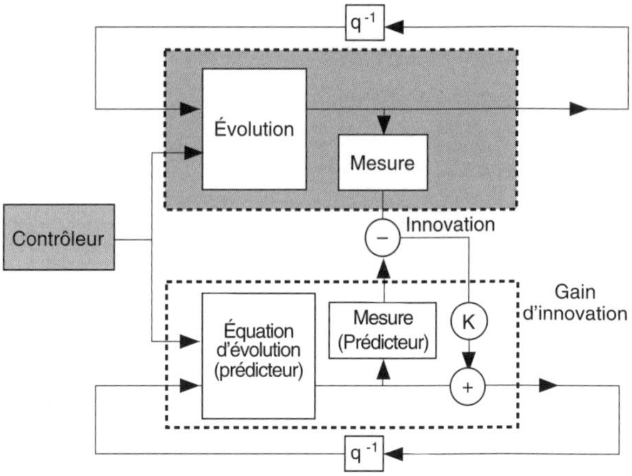

Figure 4-12. Schéma d'un filtre d'innovation. Le filtre d'innovation est du type prédicteur-correcteur : la correction est apportée au filtre par l'information de mesure en provenance du dispositif réel. Le filtre est récursif et l'estimation est réinjectée dans le filtre, ce qui pose le problème de la stabilité du filtre.

Propriété fondamentale

La loi conditionnelle d'un vecteur gaussien par une statistique linéaire est gaussienne. Donc, l'estimateur MAP coïncide avec l'estimateur des moindres carrés et avec la régression linéaire.

Plaçons-nous d'abord dans ce cadre avec le modèle d'état stochastique markovien :

$\boldsymbol{X}(k+1) = \boldsymbol{AX}(k) + \boldsymbol{Bu}(k) + \boldsymbol{V}(k+1)$

et l'équation de mesure :

$\boldsymbol{Y}(k) = \boldsymbol{HX}(k) + \boldsymbol{W}(k)$.

On note maintenant les grandeurs vectorielles d'état et de mesure en majuscules car ce sont des variables aléatoires dans ce modèle. La suite de vecteurs aléatoires $[\boldsymbol{V}(k)]$ est un bruit blanc vectoriel gaussien à temps discret, c'est-à-dire une suite de vecteurs aléatoires indépendants gaussiens centrés de matrice de variance-covariance $\boldsymbol{Q}$ qui modélise le *bruit d'état* (c'est-à-dire l'incertitude sur le modèle). La suite de vecteurs aléatoires $[\boldsymbol{W}(k)]$ est aussi un bruit blanc vectoriel gaussien à temps discret de variance-covariance $\boldsymbol{R}$, et modélise le *bruit de mesure*. Les bruits d'état et de mesure sont indépendants.

Le problème du filtrage est de reconstruire l'état au vu des mesures présentes ou antérieures à l'instant $k+1$, soit le vecteur $\mathrm{y}(k+1) = [\boldsymbol{y}(1), \ldots, \boldsymbol{y}(k+1)]$. Le critère est la minimisation de l'écart quadratique moyen entre l'estimateur $\hat{\boldsymbol{X}}(k+1)$ et l'état $\boldsymbol{X}(k+1)$.

C'est un problème d'estimation classique dans un modèle linéaire gaussien. On a vu que, dans ce modèle, la solution optimale $\hat{\boldsymbol{X}}(k+1)$ est la régression linéaire de l'état aléatoire $\boldsymbol{X}(k+1)$ sur le vecteur aléatoire $\mathbf{Y}(k+1) = [\boldsymbol{Y}(1) ; \ldots ; \boldsymbol{Y}(k+1)]$ qui représente l'ensemble des mesures disponibles.

Pour obtenir cette régression linéaire, nous allons décomposer le vecteur $\mathbf{Y}(k+1)$ des mesures disponibles au temps $k+1$ en la somme de deux vecteurs aléatoires décorrélés : le vecteur $\mathbf{Y}(k)$ des mesures disponibles au temps k et le résidu de la régression de $Y(k+1)$ sur ce vecteur. La régression linéaire cherchée est alors la somme des deux régressions linéaires sur les deux termes de cette somme (théorème de la projection orthogonale). Calculons donc la régression de la dernière mesure $Y(k+1)$ sur le vecteur $\mathbf{Y}(k)$ des mesures précédentes.

On a :

$$Y(k+1) = \boldsymbol{HX}(k+1) + \boldsymbol{W}(k+1) = \boldsymbol{HAX}(k) + \boldsymbol{HBu}(k) + \boldsymbol{HV}(k+1) + \boldsymbol{W}(k+1).$$

Comme $\boldsymbol{HAX}(k)$ est le seul terme de la somme qui dépende du passé, la régression cherchée est $\boldsymbol{HA}\hat{\boldsymbol{X}}(k) + \boldsymbol{HBu}(k)$ où l'estimateur optimal $\hat{\boldsymbol{X}}(k)$ est, par définition, la régression linéaire de l'état aléatoire $\boldsymbol{X}(k)$ sur le vecteur aléatoire des mesures accumulées jusqu'à l'instant k : $\mathbf{Y}(k) = [Y(1) \ldots; Y(k)]$.

Le résidu de la régression de $Y(k+1)$ sur $\mathbf{Y}(k)$ est donc :

$$Y(k+1) - \boldsymbol{HA}\hat{\boldsymbol{X}}(k) - \boldsymbol{HBu}(k) = \boldsymbol{HA}[\mathbf{X}(k) - \hat{\boldsymbol{X}}(k)] + \boldsymbol{HV}(k+1) + \boldsymbol{W}(k+1).$$

On retrouve précisément l'expression de l'*innovation* apparue au paragraphe précédent dans la formulation déterministe et variationnelle de la reconstruction de l'état en fonction des mesures. On notera désormais l'innovation au temps $k+1$ par

$$\boldsymbol{\vartheta}(k+1) = Y(k+1) - \boldsymbol{HA}\hat{\boldsymbol{X}}(k) - \boldsymbol{HBu}(k)$$

l'innovation au temps $k+1$ est une variable aléatoire indépendante de $\mathbf{Y}(k)$.

L'estimateur de l'état au temps k+1 peut donc se décomposer en la somme de deux termes :

- un *terme de prédiction* qui dépend des mesures disponibles à l'instant k
  $\boldsymbol{A}\hat{\boldsymbol{X}}(k) + \boldsymbol{Bu}(k)$;
- un *terme de correction* qui est le terme $\vartheta(k+1)$ dépendant linéairement de l'innovation au temps $k+1$, que l'on peut donc écrire
  $\boldsymbol{K}_{k+1}\vartheta(k+1) = \boldsymbol{K}_{k+1}[Y(k+1) - \boldsymbol{HAX}(k) - \mathbf{HB}\boldsymbol{u}(k)]$
  où $\boldsymbol{K}_{k+1}$ est appelé le gain de Kalman du filtre au temps $k+1$.La définition du filtre est donc récursive et s'écrit
  $\hat{\boldsymbol{X}}(k+1) = \boldsymbol{A}\hat{\boldsymbol{X}}(k) + \mathbf{B}\boldsymbol{u}(k) + \boldsymbol{K}_{k+1}\vartheta(k+1)$.

On retrouve la forme précédente du filtrage optimal par innovation. Le gain de Kalman est le coefficient matriciel de la régression linéaire de l'état $X(k+1)$ au temps $k+1$ sur l'innovation. Ce coefficient est connu (la régression linéaire est rappelée au chapitre 2) et s'obtient à partir des matrices de covariance et de variance :

$$\boldsymbol{K}_{k+1} = \mathrm{Cov}[\boldsymbol{X}(k+1), \boldsymbol{\vartheta}(k+1)]\,\mathrm{Var}[\boldsymbol{\vartheta}(k+1)]^{-1}.$$

Pour calculer le gain de Kalman, il est donc nécessaire de calculer la dynamique des erreurs. Ce calcul est effectué en complément. On en expose ci-après les résultats :

Si on note P_k la matrice de variance-covariance de l'erreur d'estimation $\boldsymbol{X}(k) - \hat{\boldsymbol{X}}(k)$ et $\boldsymbol{P}^{\circ}_{k+1}$ la matrice de variance-covariance de l'erreur de prédiction $\boldsymbol{X}(k+1) - \boldsymbol{A}\hat{\boldsymbol{X}}(k) - \boldsymbol{Bu}(k)$, le gain de Kalman est donné par la formule suivante

$$\mathbf{K}_{k+1} = \boldsymbol{P}^{\circ}_{k+1}\boldsymbol{H}^{\mathrm{T}}[\boldsymbol{HP}^{\circ}_{k+1}\boldsymbol{H}^{\mathrm{T}} + \boldsymbol{R}]^{-1}$$

où la dynamique des matrices P_k et $\boldsymbol{P}^{\circ}_{k+1}$ est définie par les équations suivantes, appelées *équations de propagation de la covariance* :

$$\boldsymbol{P}^{\circ}_{k+1} = \boldsymbol{A}\,\boldsymbol{P}_k\boldsymbol{A}^{\mathrm{T}} + \boldsymbol{Q}$$

$$\boldsymbol{P}_{k+1} = (\boldsymbol{I} - \boldsymbol{K}_{k+1}\boldsymbol{H})(\boldsymbol{AP}_k\boldsymbol{A}^{\mathrm{T}} + \boldsymbol{Q})(\boldsymbol{I} - \boldsymbol{K}_{k+1}\boldsymbol{H})^{\mathrm{T}} + \boldsymbol{K}_{k+1}\boldsymbol{RK}_{k+1}{}^{\mathrm{T}}.$$

Ainsi l'évolution des matrices de variance-covariance de l'erreur est-elle fixée une fois pour toutes par le modèle et l'erreur initiale. Ces matrices peuvent être précalculées avant le déroulement du processus, ainsi que la suite des gains de Kalman. Cette propriété est fort intéressante dans la pratique et elle est utilisée dans les applications embarquées du filtrage de Kalman.

Propriétés du filtre de Kalman

Les conséquences des calculs du paragraphe précèdent sont fort importantes et certaines d'entre elles peuvent être étendues à des modèles plus généraux. Nous citerons les principales propriétés du filtre de Kalman :

- En comparant les deux formules qui déterminent le gain d'innovation dans la formulation variationnelle et dans le calcul de la régression, nous constatons que le filtrage de Kalman est un filtrage optimal au sens du principe variationnel précédent. Les pénalisations sont variables avec le temps, matricielles, et peuvent être précalculées. Ce sont les variances respectives des erreurs de mesure pour pénaliser l'incertitude du modèle et des erreurs de prédiction pour pénaliser l'erreur de mesure.
- On montre que le filtrage de Kalman est un algorithme inconditionnellement stable d'estimation de l'état. La dynamique de l'erreur converge vers un régime stationnaire optimal même quand le système dynamique lui-même est instable (pour une démonstration, voir [Anderson 1977] ou [Haykin 1996]).
- Résultant de régressions linéaires successives, la suite des innovations est décorrélée et indépendante dans le modèle gaussien. Le blanchiment de l'innovation est une caractéristique de l'optimalité du filtre qui peut être observée et testée.

Filtrage de Kalman d'un système linéaire non stationnaire

Le filtrage de Kalman s'applique au cas des systèmes linéaires non stationnaires avec les modèles suivants pour l'évolution de l'état :

$$\boldsymbol{X}(k+1) = \boldsymbol{A}(k)\boldsymbol{X}(k) + \boldsymbol{B}(k)\boldsymbol{u}(k) + \boldsymbol{V}(k+1)$$

et pour la mesure :

$$\boldsymbol{Y}(k) = \boldsymbol{H}(k)\boldsymbol{X}(k) + \boldsymbol{W}(k)$$

où les bruits d'état $\boldsymbol{V}(k)$ et de mesure $\boldsymbol{W}(k)$ ont des matrices de variance-covariance qui peuvent varier avec le temps, notées respectivement $\boldsymbol{Q}(k)$ et $\boldsymbol{R}(k)$.L'équation du filtre est :

$$\hat{\boldsymbol{X}}(k+1) = \boldsymbol{A}(k)\hat{\boldsymbol{X}}(k) + \boldsymbol{B}(k)\boldsymbol{u}(k) + \boldsymbol{K}_{k+1}\boldsymbol{\vartheta}(k+1)$$

avec $\boldsymbol{\vartheta}(k+1) = \boldsymbol{Y}(k+1) - \boldsymbol{H}(k+1)\boldsymbol{A}(k)\hat{\boldsymbol{X}}(k) - \boldsymbol{H}(k+1)\boldsymbol{B}(k)\boldsymbol{u}(k)$.

Une itération de l'algorithme de mise à jour des covariances et du gain de Kalman s'écrit ici :

$$\boldsymbol{P}^{\circ}_{k+1} = \boldsymbol{A}(k)\,\boldsymbol{P}_k\,\boldsymbol{A}(k)^{\mathrm{T}} + \boldsymbol{Q}(k+1)$$

$$\boldsymbol{K}_{k+1} = \boldsymbol{P}^{\circ}_{k+1}\boldsymbol{H}(k+1)^{\mathrm{T}}[\boldsymbol{H}(k+1)\boldsymbol{P}^{\circ}_{k+1}\boldsymbol{H}(k+1)^{\mathrm{T}} + \boldsymbol{R}(k+1)]^{-1}$$

$$\boldsymbol{P}_{k+1} = [\boldsymbol{I} - \boldsymbol{K}_{k+1}\boldsymbol{H}(k+1)][\boldsymbol{A}(k)\boldsymbol{P}_k\boldsymbol{A}(k)^{\mathrm{T}} + \boldsymbol{Q}(k+1)][\boldsymbol{I} - \boldsymbol{K}_{k+1}\boldsymbol{H}(k+1)]^{\mathrm{T}} + \boldsymbol{K}_{k+1}\boldsymbol{R}(k+1)\boldsymbol{K}_{k+1}^{\mathrm{T}}.$$

La suite des innovations est toujours décorrélée. En revanche, il n'existe évidemment pas de régime stationnaire, et la stabilité de l'algorithme n'est plus nécessairement assurée.

Nous avons donné ici le principe de l'algorithme. Dans la pratique, notamment dans le cas où la dimension du vecteur d'état est grande, des difficultés peuvent surgir, dues à la complexité du calcul et aux phénomènes de propagation des erreurs dans le calcul de la covariance (inversion de matrice, contrainte de positivité sur les matrices de variance-covariance). Ces problèmes techniques calculatoires peuvent se produire dans l'application aux réseaux de neurones. On pourra se reporter pour plus de détails à [Anderson 1977] ou [Haykin 1996]).

Extension du filtre de Kalman

Cas des systèmes non linéaires

Le filtrage des systèmes dynamiques non linéaires est un sujet difficile et qui fait l'objet de recherches actives. Les réseaux neuronaux sont un moyen parmi d'autres de répondre à certains problèmes posés. Pour une introduction au filtrage non linéaire, rigoureuse et adaptée aux problèmes de l'ingénieur, nous renvoyons par exemple au manuel déjà ancien et antérieur au développement du filtrage numérique [JAZWINSKI 1970]. La contribution [LEVIN 1997] donne une introduction beaucoup plus courte et destinée à justifier la mise en œuvre neuronale. Nous n'allons pas ici aborder le sujet dans sa généralité, en particulier la question de l'observabilité du modèle, si importante en pratique, ne sera pas évoquée.

Ce paragraphe a pour objet de donner un cadre formel commode pour présenter l'application de la technique la plus couramment employée, le filtre de Kalman étendu, que nous appliquerons à la fin de cette section à l'apprentissage d'un réseau neuronal. Considérons donc un modèle non linéaire stationnaire de système dynamique mesuré d'équation d'état avec bruit d'état additif :

$$\boldsymbol{X}(k+1) = f[\boldsymbol{X}(k), \boldsymbol{u}(k)] + \boldsymbol{V}(k+1)$$

et d'équation de mesure :

$$\boldsymbol{Y}(k) = h[\boldsymbol{X}(k)] + \boldsymbol{W}(k).$$

Les matrices de variance-covariance des bruits blancs gaussiens d'état et de mesure, notées respectivement $\boldsymbol{Q}(\boldsymbol{x})$ et $\boldsymbol{R}(\boldsymbol{x})$, sont ainsi les matrices de variance-covariance des lois gaussiennes de X_{k+1} et de Y_k conditionnées par la donnée de X_k. Ce modèle est markovien.

Pour appliquer la technique du filtre de Kalman, on remplace le modèle non linéaire d'évolution par son approximation linéaire au voisinage de l'estimation $\hat{\boldsymbol{X}}(k)$, et le modèle non linéaire de mesure par son approximation linéaire au voisinage de l'état prédit $f[\hat{\boldsymbol{X}}(k), \boldsymbol{u}(k)]$ dans le but de calculer la propagation des covariances.

On note donc $\boldsymbol{A}(k)$ le gradient de f par rapport à x au point $[\hat{\boldsymbol{X}}(k), \boldsymbol{u}(k)]$, et $\boldsymbol{H}(k+1)$ le gradient de h au point $f[\hat{\boldsymbol{X}}(k), \boldsymbol{u}(k)]$.

L'équation du filtre s'écrit naturellement selon le schéma usuel prédicteur-correcteur

$$\hat{\boldsymbol{X}}(k+1) = f[\hat{\boldsymbol{X}}(k), \boldsymbol{u}(k)] + \boldsymbol{K}_{k+1}\vartheta(k+1)$$

avec $\boldsymbol{\vartheta}(k+1) = \boldsymbol{Y}(k) - h\{f[\hat{\boldsymbol{X}}(k), \boldsymbol{u}(k)]\}$.

L'itération de l'algorithme de mise à jour des covariances et du gain de Kalman s'écrit alors, en tenant compte des linéarisations pour la mise à jour [ANDERSON 1977] :

$$\boldsymbol{P}^{\circ}_{k+1} = \boldsymbol{A}(k)\boldsymbol{P}_k\boldsymbol{A}(k)^{\mathrm{T}} + \boldsymbol{Q}(k+1)$$

$$\boldsymbol{K}_{k+1} = \boldsymbol{P}^{\circ}_{k+1}\boldsymbol{H}(k+1)^{\mathrm{T}}[\boldsymbol{H}(k+1)\boldsymbol{P}^{\circ}_{k+1}\boldsymbol{H}(k+1)^{\mathrm{T}} + \boldsymbol{R}(k+1)]^{-1}$$

$$\boldsymbol{P}_{k+1} = [\boldsymbol{I} - \boldsymbol{K}_{k+1}\boldsymbol{H}(k+1)][\boldsymbol{A}(k)\boldsymbol{P}_k\boldsymbol{A}(k)^{\mathrm{T}} + \boldsymbol{Q}(k+1)][\boldsymbol{I} - \boldsymbol{K}_{k+1}\boldsymbol{H}(k+1)]^{\mathrm{T}} + \boldsymbol{K}_{k+1}\boldsymbol{R}(k+1)\boldsymbol{K}_{k+1}^{\mathrm{T}}.$$

Le calcul du gain résultant d'une approximation, il n'est plus question que le filtre de Kalman étendu garantisse une quelconque optimalité. La validité de l'approximation peut nous assurer une sous-optimalité (c'est-à-dire l'obtention d'une solution proche de la solution optimale). La stabilité du filtre de Kalman linéarisé au voisinage de l'estimation est beaucoup plus difficile à garantir que celle du filtre de Kalman linéaire dépendant du temps. Par ailleurs, les calculs du gain doivent impérativement êtres exécutés en ligne, ce qui limite leur emploi dans les calculateurs embarqués et les applications en temps réel. Dans ce cas, la linéarisation au voisinage d'une trajectoire de référence précalculée est préférée, et l'on est ramené à l'algorithme de filtrage de Kalman dans les modèles linéaires non stationnaires de la section précédente. Néanmoins, le filtre de Kalman étendu est souvent utilisé, notamment dans les problèmes d'identification. Dans le paragraphe suivant, nous allons aborder cette application à l'aide d'une méthode d'extension d'état.

Utilisation du filtre de Kalman étendu pour l'identification

Considérons le modèle d'état suivant d'un système dynamique observé :

$$\boldsymbol{X}(k+1) = \boldsymbol{A}(\boldsymbol{\theta})\boldsymbol{X}(k) + \boldsymbol{B}(k)\boldsymbol{u}(k) + \boldsymbol{V}(k+1)$$

$$\boldsymbol{Y}(k) = \boldsymbol{H}(\boldsymbol{\theta})\boldsymbol{X}(k) + \boldsymbol{W}(k)$$

où le modèle dépend d'un paramètre inconnu $\boldsymbol{\theta}$ qu'il faut estimer. Selon les applications, $\boldsymbol{\theta}$ peut être fixe ou varier lentement. Plusieurs méthodes ont été proposées pour estimer en ligne à la fois l'état $\boldsymbol{X}$(k) et le paramètre $\boldsymbol{\theta}$. Dans la méthode du filtre de Kalman étendu, le paramètre $\boldsymbol{\theta}$ est incorporé dans l'état. L'équation d'évolution de l'état étendu du modèle devient :

$$\boldsymbol{X}(k+1) = \boldsymbol{A}[\boldsymbol{\theta}(k)]\boldsymbol{X}(k) + \boldsymbol{B}(k)\boldsymbol{u}(k) + \boldsymbol{V}_1(k+1)$$

$$\boldsymbol{\theta}(k+1) = \boldsymbol{\theta}(k) + \boldsymbol{V}_2(k+1)$$

$$\boldsymbol{Y}(k) = \boldsymbol{H}[\boldsymbol{\theta}(k)]\boldsymbol{X}(k) + \mathrm{W}(\mathrm{k}).$$

Le bruit d'état $[\boldsymbol{V}_2(k)]$ attribué aux variations des paramètres est artificiel dans le cas d'un modèle stationnaire ; il améliore cependant le fonctionnement du filtre en contribuant à éviter la divergence de l'algorithme [HAYKIN 1999]. On suppose ici, pour simplifier, l'indépendance et la stationnarité de $[\boldsymbol{V}_1(k)]$ et de $[\boldsymbol{V}_2(k)]$, ce qui n'est pas toujours justifié.D'après le paragraphe précédent, l'application des techniques de linéarisation donne les équations suivantes pour le filtre de Kalman étendu :

$$\hat{\boldsymbol{X}}(k+1) = \boldsymbol{A}[\hat{\theta}(k)]\hat{\boldsymbol{X}}(k) + \boldsymbol{B}(k)\boldsymbol{u}(k) + \boldsymbol{K}_{1,k+1}\boldsymbol{\vartheta}(k+1) \hat{\theta}(k+1) = \hat{\theta}(k) + \boldsymbol{K}_{2,k+1}\boldsymbol{\vartheta}(k+1)$$

avec la même notation pour l'innovation que dans le cas linéaire :

$$\boldsymbol{\vartheta}(k+1) = \boldsymbol{Y}(k+1) - \mathbf{H}[\hat{\theta}(k)]\{\mathbf{A}[\hat{\theta}(k)]\hat{\boldsymbol{X}}(k) + \mathbf{B}(k)\boldsymbol{u}(k)\}.$$

On remarque que le paramètre et l'état sont mis à jour simultanément en utilisant la même innovation et avec des gains de Kalman différents. L'itération de l'algorithme de mise à jour des covariances et du gain de Kalman du paragraphe précédent s'applique ici pour calculer le gain de Kalman.

Bien que sa mise en œuvre sur un calculateur numérique soit relativement simple tant que la dimension d'état n'est pas trop grande, l'utilisation du filtre de Kalman pour l'identification conjointement au filtrage de l'état présente des inconvénients (manque de stabilité, importance de l'initialisation) qui lui font préférer des méthodes plus sophistiquées mais en principe plus sûres. Ces méthodes enchaînent généralement des techniques de filtrage de Kalman pour l'estimation de l'état et des techniques d'estimation bayésienne ou par maximum de vraisemblance a posteriori pour l'estimation du ou des paramètres du modèle.

Apprentissage adaptatif d'un réseau de neurones par la méthode du filtrage de Kalman

La figure 4-13, que l'on comparera à la figure 4-12, donne le schéma d'application du filtrage de Kalman à l'apprentissage d'un réseau neuronal.

Il s'agit d'un algorithme type Kalman étendu, utilisé pour l'identification. L'état du système que l'on cherche à estimer est donc l'ensemble des paramètres du réseau de neurones, supposé être un modèle du *dispositif* qui produit la base d'apprentissage. Les entrées-sorties du réseau neuronal fournissent le processus de *mesure* qui permet d'estimer l'évolution de la configuration. Ainsi, cet algorithme est bien adapté à la poursuite des variations lentes d'un processus, ce qui, comme nous l'avons déjà mentionné, est la meilleure justification de la mise en œuvre d'un apprentissage adaptatif.

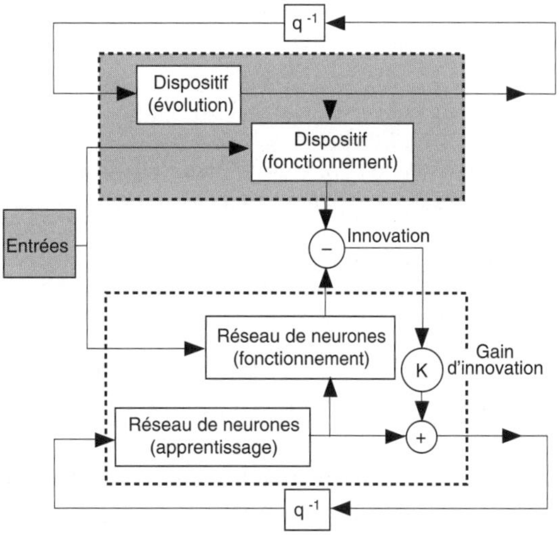

Figure 4-13. Apprentissage d'un réseau de neurones par un algorithme du type Kalman étendu.

L'apprentissage du réseau correspond à l'évolution de l'estimation de l'état. Le fonctionnement du réseau correspond à la simulation de la mesure. L'erreur d'innovation est l'erreur faite au moment de la présentation d'une entrée.

L'équation d'état linéaire $\boldsymbol{X}(k+1) = \boldsymbol{AX}(k) + \boldsymbol{Bu}(k) + \boldsymbol{V}(k+1)$ s'écrit, avec les notations habituelles pour l'apprentissage d'un réseau de neurones, sous la forme suivante :
$w(k+1) = w(k) + \boldsymbol{V}(k+1)$

où $w(k)$ est le vecteur des poids du réseau de neurones au temps k.

L'équation de mesure non linéaire $\boldsymbol{Y}(k) = h[\boldsymbol{X}(k)] + \boldsymbol{W}(k)$ s'écrit, avec les notations habituelles pour l'apprentissage d'un réseau de neurones, sous la forme implicite suivante : $\boldsymbol{y}(k) = g[\boldsymbol{x}(k), w(k)] + \boldsymbol{W}(k)$. L'innovation de ce modèle est : $\boldsymbol{\vartheta}(k+1) = \boldsymbol{y}(k+1) - g[\boldsymbol{x}(k+1), w(k)]$.

Il s'agit là de l'erreur d'apprentissage que nous avons considérée à plusieurs reprises dans le chapitre 2. Pour mettre à jour les covariances et calculer récursivement le gain de Kalman en appliquant les équations du paragraphe précédent, il suffit de linéariser l'équation de mesure. Compte tenu de l'équation d'évolution (marche aléatoire) et du fait que les matrices de variance-covariance des bruits sont prises constantes, ces équations se simplifient. Si $\boldsymbol{H}(k+1)$ désigne le gradient de la sortie du réseau g relativement au vecteur des poids w au point $[\boldsymbol{x}(k+1), w(k)]$, on obtient :

$$\boldsymbol{P}^{\circ}_{k+1} = \boldsymbol{P}_k + \boldsymbol{Q}$$

$$\boldsymbol{K}_{k+1} = \boldsymbol{P}^{\circ}_{k+1}\boldsymbol{H}(k+1)^{T}[\boldsymbol{H}(k+1)\boldsymbol{P}^{\circ}_{k+1}\boldsymbol{H}(k+1)^{T} + \boldsymbol{R}]^{-1}$$

$$\boldsymbol{P}_{k+1} = [\boldsymbol{I} - \boldsymbol{K}_{k+1}\boldsymbol{H}(k+1)]\,\boldsymbol{P}^{\circ}_{k+1}\,[\boldsymbol{I} - \boldsymbol{K}_{k+1}\boldsymbol{H}(k+1)]^{T} + \boldsymbol{K}_{k+1}\boldsymbol{R}\boldsymbol{K}_{k+1}{}^{T}$$

où $\boldsymbol{Q}$ et $\boldsymbol{R}$ sont les notations classiques en filtrage de Kalman pour les covariances de bruit d'état et de mesure. L'équation du filtre est $\hat{\boldsymbol{w}}(k+1) = \hat{\boldsymbol{w}}(k) + \boldsymbol{K}_{k+1}\boldsymbol{\vartheta}(k+1)$ avec $\boldsymbol{\vartheta}(k+1) = \boldsymbol{y}(k+1) - g[\boldsymbol{x}(k+1), \hat{\boldsymbol{w}}(k)]$.

Il faut bien insister sur le fait que le réseau de neurones est un objet mathématique, et que, en conséquence, la seule configuration « existante » est la configuration courante que l'algorithme construit : $\hat{\boldsymbol{w}}(k)$. La configuration idéale que l'on cherche à identifier ou à poursuivre n'existe pas physiquement : c'est une représentation approchée du dispositif réel. On reconnaît dans l'équation du filtre un algorithme de type des algorithmes d'optimisation non adaptative du second ordre vus dans le chapitre 2, où la direction de descente n'est pas le gradient de l'erreur quadratique qui est $\boldsymbol{H}(k+1)^{T}\boldsymbol{\vartheta}(k+1)$. Le gradient peut être calculé par la méthode de rétropropagation. La technique d'apprentissage par filtrage de Kalman étendu est elle-même une méthode du second ordre, mais, à la différence des algorithmes vus dans le chapitre 2, c'est une méthode adaptative ; l'estimation de la courbure de la surface d'erreur est faite par la mise à jour des covariances. Les difficultés de mise en œuvre sont celles des méthodes du second ordre (inversion d'une grande matrice, contrainte de positivité) et peuvent être surmontées par des techniques algorithmiques analogues.

La mise à jour de la matrice de variance-covariance pouvant être trop complexe dans le cas d'un réseau de neurones, en raison de la dimension de l'espace de configurations, on propose dans la littérature un filtre de Kalman découplé (DEKF, *Decoupled Extended Kalman Filter*) où les paramètres sont regroupés en ensembles supposés décorrélés (par exemple, les poids afférents à un même neurone). La matrice de covariance garde alors une structure en blocs qui simplifie sa mise à jour et son inversion approchée [PUSKORIUS 1994], [HAYKIN 1999].

La méthode du filtre de Kalman est encore peu utilisée en pratique à cause de la complexité relative de sa mise en œuvre. Elle ouvre néanmoins des perspectives très intéressantes, dans la mesure où il s'agit d'une méthode du second ordre qui est naturellement adaptative, contrairement aux autres méthodes du second ordre utilisées communément pour accélérer l'apprentissage. Le caractère qui semble arbitraire des matrices de covariance, peut permettre d'injecter une forme de connaissance empirique sur les perturbations et les bruits du système qu'on cherche à modéliser, et ainsi de régler les capacités de poursuite du processus de modélisation. Cette méthode est appliquée à la commande par réseaux de neurones, que nous décrirons plus précisément à la fin du chapitre suivant.

Réseaux neuronaux récurrents ou bouclés

Simulateur neuronal d'un système dynamique commandé en boucle ouverte

Considérons un réseau neuronal construit par les méthodes du paragraphe sur l'identification neuronale d'un système dynamique non linéaire comme modèle de prédiction à un pas d'une série temporelle. Nous avons présenté sur la figure 4-11 le schéma d'apprentissage pour un modèle entrée-sortie selon l'hypothèse NARX, dont nous avons montré dans le chapitre 2 de cet ouvrage, au paragraphe concernant la modélisation dynamique « boîte noire », section intitulée « Hypothèse bruit d'état, représentation entrée-sortie », qu'elle est optimale en présence d'un bruit d'état : la sortie du modèle à l'instant k est reconstruite à partir des valeurs passées de la sortie du processus et de valeurs passées de la commande. Si, une fois l'apprentissage terminé, la sortie du réseau est bouclée sur l'entrée d'état par le moyen d'un opérateur retard d'une unité de temps, on obtient un réseau de neurones entrée-sortie récurrent, en ce sens que le graphe des connexions présente un circuit fermé. Ce réseau récurrent ou bouclé, construit en utilisant le réseau non bouclé qui réalise la fonction φ_{RN}, peut être utilisé pour prédire la sortie du processus sur un horizon fini.

La figure 4-14 représente un réseau de neurones récurrent entrée-sortie : l'entrée d'état du réseau est constitué de valeurs passées de la sortie. Si les paramètres du réseau de neurones ont été estimés en boucle ouverte selon le schéma d'apprentissage de la figure 4-11, et si ce réseau est utilisé pour prédire la sortie du processus à plus d'un pas de temps dans le futur (c'est-à-dire s'il est utilisé en simulateur), alors cette utilisation n'est pas optimale, comme nous l'avons indiqué dans le chapitre 2 : la qualité de prédiction se détériore au fur et à mesure que l'horizon se déroule par suite de l'intervention du bruit d'état à chaque pas de temps. En revanche, si le bruit qui intervient dans le processus est un bruit de sortie, et si le processus a été identifié à l'aide d'un algorithme semi-dirigé, dans lequel, pendant l'apprentissage, les entrées d'état du modèle sont ses propres sorties passées (et non celles du processus), la qualité de la prédiction est optimale, comme nous l'avons montré théoriquement et illustré pratiquement dans le chapitre 2.

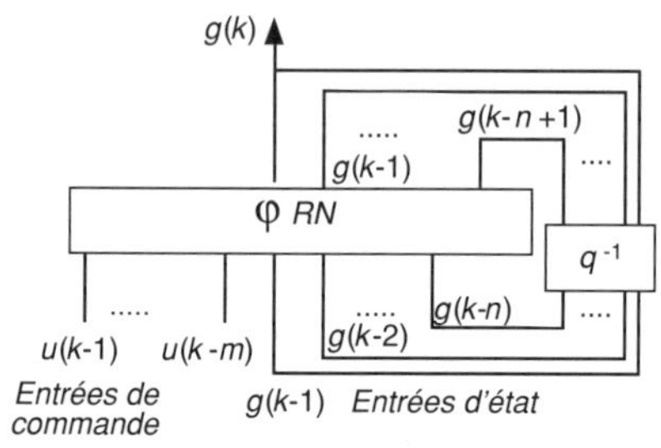

Figure 4-14. Réseau neuronal récurrent entrée-sortie, modèle d'un système dynamique commandé en boucle ouverte.

Nous supposons ici que la commande $u(k)$ ne dépend pas de l'état (qui est ici la sortie) du processus commandé : cela revient donc implicitement à supposer que le processus est commandé en boucle ouverte. Nous allons voir dans le paragraphe suivant qu'il est également possible de modéliser, par une combinaison de réseaux de neurones, un système commandé en boucle fermée.

Simulateur neuronal d'un système dynamique commandé en boucle fermée

De même qu'on a considéré le modèle d'un système dynamique commandé par un réseau de neurones non bouclé, admettant comme entrée un couple état-commande et comme sortie un état, on peut considérer un contrôleur comme une application de l'espace d'état dans l'ensemble des commandes, qui associe à l'état courant la commande calculée par ce contrôleur. Le schéma de la figure 4-15 représente la mise en cascade de ces deux réseaux de neurones.

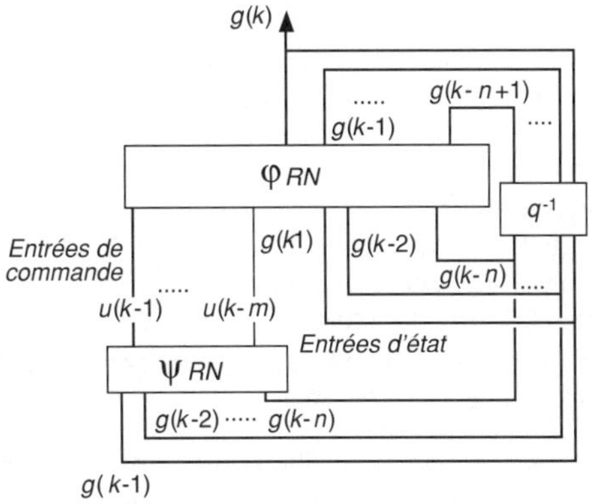

Figure 4-15. Réseau neuronal récurrent modèle d'un système dynamique contrôlé en boucle fermée. L'ensemble du réseau φ_{RN} et du réseau ψ_{RN} constitue un modèle du système commandé en boucle fermée.

Dans ce schéma, l'état d'entrée alimente, d'une part, le modèle du processus, et, d'autre part, le contrôleur qui calcule la commande. La commande ainsi produite est la deuxième entrée du modèle. On a ainsi construit un nouveau réseau neuronal qui représente la dynamique du système commandé en boucle fermée.

Si nous bouclons l'état de sortie sur l'état d'entrée comme dans le cas précédent, nous obtenons un simulateur neuronal du système dynamique commandé en boucle fermée. Comme dans le cas précédent, cette architecture peut être utilisée pour prédire le comportement du système sur un horizon fini.

L'étude des systèmes commandés est développée dans le chapitre 5 de cet ouvrage.

Quelques réseaux bouclés particuliers

Dans les deux cas précédents, on a vu des exemples de réseaux de neurones bouclés de type entrée-sortie, constitués d'un réseau de neurones non bouclé, dont la sortie est ramenée à l'entrée avec un retard d'une unité de temps. Comme nous l'avons vu au chapitre 2, les modèles d'état sont plus généraux et plus parcimonieux que les modèles entrée-sortie : ils sont utiles, d'une part, dans le cadre de la modélisation « boîte noire » et, d'autre part, lorsqu'on désire réaliser une modélisation « boîte grise » (développée dans le chapitre 2), dans laquelle on tient compte d'équations algébro-différentielles, résultant d'une analyse physique ou physico-chimique du processus, pour structurer le réseau.

Rappelons d'abord que, dans un réseau de neurones récurrent, des retards doivent être obligatoirement spécifiés sous peine d'entraîner une ambiguïté dans le comportement du réseau. L'importance de la spécification des retards est développée à l'aide d'un exemple en complément de ce chapitre. Plus précisément, rappelons la règle énoncée dans le chapitre 2.

Rappel

Pour qu'un réseau de neurones bouclé soit causal, il faut que tout cycle dans le graphe du réseau possède un retard non nul.

Nous avons vu également, dans le chapitre 2, plusieurs exemples de réseaux de neurones bouclés, de structures plus ou moins complexes. Nous présentons ici deux types de réseaux bouclés particuliers, d'intérêt plus historique que pratique.

Réseau de Elman

Le réseau de Elman est un réseau de neurones à couches, proposé à l'origine, comme beaucoup de structures particulières de réseaux récurrents à la fin des années 1980, pour modéliser des phénomènes de contexte dans les applications des réseaux de neurones à l'analyse linguistique [ELMAN 1990]. La particularité d'un contexte relativement à la modélisation d'état d'un système physique est que ce contexte n'a aucune raison d'être connu, voire d'être déterminé par une loi physique donnée (équation différentielle, principe variationnel…) dont il faut identifier les paramètres. Les *modèles de Markov cachés* se révélaient efficaces malgré leur complexité dans les problèmes d'analyse de la parole. Le modèle de réseau de Elman se rattache à ces idées : il a comme particularité de proposer de représenter le contexte (ou l'état du système) dans une couche cachée du réseau. En effet, il est inutile de le présenter à la sortie du réseau puisqu'on sera dans l'incapacité de la comparer à une mesure. La figure 4-16 montre un schéma du réseau récurrent de Elman.

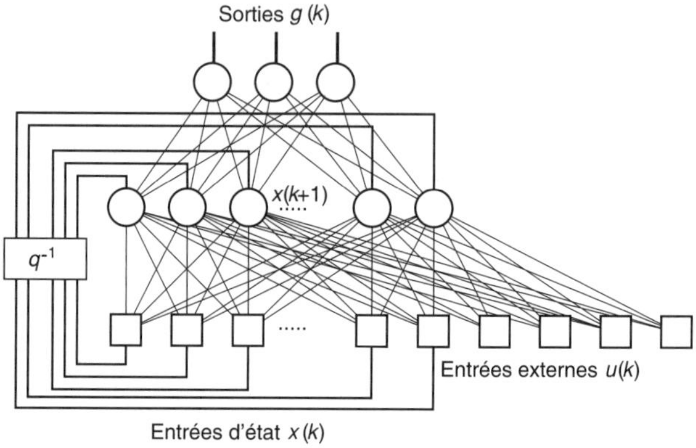

Figure 4-16. Réseau de Elman appliqué à la modélisation d'un système dynamique.

Définition

Le réseau de Elman est un réseau à une couche de neurones cachés dont la sortie constitue l'état : l'ordre du modèle est donc égal au nombre de neurones cachés. Les entrées d'état (appelées « unités de contexte » par Elman) sont donc les sorties des neurones cachés à l'instant précédent. La sortie du réseau à un instant donné est donc une fonction non linéaire de l'entrée externe et de la sortie des neurones cachés à l'instant précédent.

On distingue bien dans le réseau de Elman les composantes essentielles d'un système dynamique observé : les entrées qui sont associées à la commande d'un système, les unités de contexte associées à l'état du système et les unités de sortie associées à la mesure de l'état. L'association effectuée entre la couche d'entrée et la couche cachée correspond à l'équation d'évolution d'un système dynamique commandé qui associe à l'état et aux entrées du système l'état au temps suivant.

Réseau de Hopfield

Les réseaux de Hopfield ont joué un rôle historique important pendant quelques années, à partir de 1982. Motivés par les progrès de la physique statistique des milieux désordonnés et leur application aux systèmes complexes, Hopfield propose en 1982 [HOPFIELD 1982] un réseau neuronal en rupture délibérée avec le perceptron (qui est étudié en détail dans le chapitre 6 de cet ouvrage). Il insiste sur le caractère

dynamique des réseaux de neurones naturels provoqué par la récurrence des connexions. Un réseau neuronal récurrent est un système dynamique ; il a donc des attracteurs qui sont des états d'équilibre.
Un réseau de Hopfield est constitué de neurones binaires, c'est-à-dire de neurones dont la fonction d'activation est un échelon : la sortie y d'un neurone est donnée par la relation :

$$y = H\left(\sum_j w_{ij}x_j\right) \text{ où } H(x) = 1 \text{ si } \sum_j w_{ij}x_j \geq 0 \text{ et } H(x) = 0 \text{ sinon,}$$

et où les x_j sont les entrées du neurone i, c'est-à-dire les sorties des autres neurones du réseau. Ainsi, chaque neurone porte une information binaire, et l'état du réseau, c'est-à-dire le vecteur constitué des sorties des neurones, constitue un vecteur binaire qui peut être considéré comme le code d'une information.

Il faut noter tout d'abord qu'un réseau de Hopfield est dépourvu d'entrées externes : son comportement est autonome, dicté uniquement par sa dynamique propre. Pour assurer qu'un tel réseau est stable (c'est-à-dire que, quel que soit son état initial, il évolue jusqu'à ce qu'il ait atteint un état d'équilibre, indépendant du temps), et pour calculer facilement ces états d'équilibre, Hopfield introduit une règle qui n'a rien de biologique : la *symétrie des connexions*. Les connexions sont symétriques : le poids w_{ji} de la connexion reliant le neurone i au neurone j est égal au poids w_{ij} de la connexion qui relie le neurone j au neurone i ; de plus, à chaque connexion est associé un retard égal à une unité de temps. La figure 4-17 est le schéma d'un réseau de Hopfield à six neurones binaires, avec des connexions complètes et symétriques (les symboles q^{-1} représentant le retard unité de chaque connexion ont été omis). Pour Hopfield, ces états d'équilibre correspondent à des codes d'information, et le processus dynamique allant d'un état initial à un état d'équilibre est interprété comme le processus de rappel d'une mémoire associative : l'état initial peut être le code binaire d'une information incomplète ou partiellement erronée, et l'état final est le code binaire de l'information exacte.

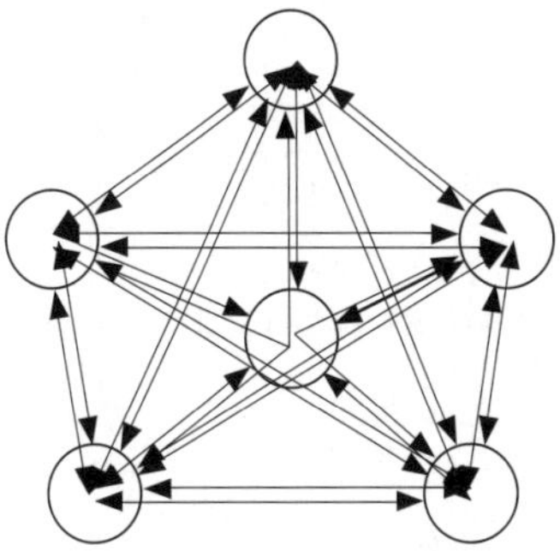

Figure 4-17. Réseau de Hopfield complètement connecté à connexions symétriques (pour simplifier la figure, les retards unités associés à chaque connexion ont été omis).

L'apprentissage du réseau consiste alors à calculer les paramètres du réseau de telle manière que les codes des informations que l'on souhaite mémoriser soient des états stables du réseau. Pour cela, Hopfield propose que la matrice des connexions soit la matrice de corrélation du codage des mémoires. Plus précisément, supposons que le réseau comporte N neurones. Les informations que l'on veut coder sont au nombre de p, représentées par des vecteurs $\boldsymbol{\xi}_i = (\xi_i^j)$. La matrice des poids est notée $\boldsymbol{w} = (w_{jl})$ avec

$w_{jl} = \frac{1}{p}\sum_{i=1}^{p} \xi_i^j \xi_i^l$ si $j \neq l$ et $w_{jj} = 0$. On remarque que la matrice de connexion est bien symétrique. Cette règle d'apprentissage est une version très simpliste de la règle de Hebb, proposée pour rendre compte de certains phénomènes d'apprentissage dans les systèmes biologiques. D'autres règles d'apprentissage, sans aucune vraisemblance biologique, ont permis de garantir que tout ensemble donné de vecteurs en nombre inférieur à $N/2$) (ou tout ensemble de séquences d'états) peut être mémorisé comme un point fixe (ou comme un cycle) de la dynamique du réseau.

En conclusion, vingt ans après leur invention, on peut faire un bilan actuel des réseaux de Hopfield :

- En tant que modèle du fonctionnement biologique, le modèle de Hopfield a l'avantage de mettre en lumière, après d'autres modèles plus anciens mais moins connus, le rôle de la dynamique dans les fonc-

tions cognitives des réseaux de neurones et le lien établi par la règle de Hebb entre apprentissage et corrélation. Des modèles plus « biologiquement plausibles » lui ont succédé, qui intègrent des propriétés nouvelles : codage temporel de l'information par les « potentiels d'action » (*spikes*), caractère dilué et hétérogène des connexions qui excluent toute idée de symétrie des poids synaptiques malgré la règle de Hebb. Ces propriétés nouvelles excluent tout prolongement direct des méthodes employées par Hopfield malgré la richesse des innovations conceptuelles qu'on a citées.
- En tant que prototype de mémoires associatives, et malgré le développement, dans les années 1980, de nouvelles variantes (réseaux de Hopfield de champ moyen à fonctions d'activation continues, réseaux de Hopfield stochastiques et machines de Boltzmann), et la publication d'une littérature considérable, les performances faibles des réseaux de Hopfield ont entraîné, à juste titre, l'abandon des recherches à leur sujet, notamment celles qui concernent leur applications potentielles en reconnaissance des formes et à la correction d'erreurs. Les réseaux de neurones qui font l'objet de l'essentiel de ce livre sont beaucoup plus efficaces, et ont une bien plus grande richesse de comportement, que les réseaux de Hopfield.
- On a rapproché assez vite le modèle de Hopfield de l'algorithme de *recuit simulé* mis au point à la même époque par Kirkpatrick, Gelatt et Vecchi [KIRKPATRICK 1983]. Ce rapprochement est à l'origine d'une importante branche de recherche, l'application des réseaux de neurones à l'optimisation, traitée au chapitre 8 de ce livre.

Mise sous forme canonique des réseaux bouclés

Les exemples de réseaux de neurones récurrents donnés dans la section précédente montrent que ces réseaux sont des systèmes dynamiques originaux. Considérés comme système, les réseaux neuronaux sont soumis à des entrées et délivrent des signaux observés en sortie. Il est donc commode de leur donner une représentation d'état. Cette représentation d'état pourra être utilisée pour donner un traitement unifié qui ne soit pas tributaire de l'architecture de tel ou tel réseau récurrent, ou non, à retards ou non. Cette forme, dite forme canonique, est décrite dans le chapitre 2.

Rappel

Tout réseau de neurones bouclé, aussi complexe soit-il, peut être mis sous une forme d'état minimale, dite « forme canonique », à laquelle les algorithmes décrits dans les paragraphes précédents s'appliquent directement.

Le paragraphe intitulé « Mise sous forme canonique des modèles dynamiques » du chapitre 2, ainsi que les compléments de ce dernier sont consacrés à ce problème ; plusieurs exemples illustratifs y sont présentés.

Apprentissage des réseaux de neurones récurrents ou bouclés

E. Sontag [SONTAG 1996] a prouvé que les réseaux de neurones récurrents constituent des approximateurs universels pour les systèmes dynamiques, contrôlés, mesurés, observables et déterministes. Remarquons que, comme pour le théorème de Hornik dans le cas statique, ces théorèmes d'approximation universelle ne sont pas constructifs, et ne donnent d'indication ni sur le choix de l'architecture ni sur l'algorithme d'apprentissage.

La principale difficulté de l'apprentissage des réseaux neuronaux récurrents (non linéaires) par une méthode de gradient, du premier ou du second ordre, provient de ce que l'influence de la valeur d'un poids sur la sortie du réseau, donc sur la fonction de coût à minimiser durant l'apprentissage, n'est pas limitée à une étape de temps : elle se répercute sur toute une période (horizon de calcul) qui théoriquement peut être infinie. En toute rigueur, pour cffectuer le calcul du gradient de la fonction de coût, il faudrait, pour chaque instance de la base d'exemples et pour chaque étape d'apprentissage, effectuer le calcul sur tout l'horizon de prédiction, calculer la correction du réseau et recommencer. L'apprentissage des réseaux bouclés sans modification par rapport aux réseaux classiques serait donc une procédure très lourde, très gourmande en temps de calcul et en espace mémoire ; de plus il serait impossible de la mettre en œuvre dans toutes les applications où le temps réel est requis, et où le retour en arrière et la reproduction de conditions expérimentales exactes sont impossibles. Dès que les architectures neuronales récurrentes ont été appliquées à l'identification et au contrôle de systèmes dynamiques, le problème de l'apprentissage a reçu plusieurs solutions approchées, notamment dans l'article fondamental de [WILLIAMS 1989].

Dans le cas où l'état du système que l'on veut identifier est complètement connu par mesure à chaque instant, il n'y a pas en réalité de difficulté particulière : on peut mettre en œuvre un « algorithme dirigé » (*teacher forcing*), dans lequel les entrées d'état du réseau reçoivent les sorties du processus. Rappelons que, comme nous l'avons indiqué dans le chapitre 2, cette technique ne doit être mise en œuvre que dans le cas où le système à modéliser présente un bruit d'état ; nous avons montré théoriquement, et démontré expérimentalement, qu'elle peut donner de très mauvais résultats pour modéliser un processus ayant un bruit de sortie (ou bruit de mesure).

Dans le cas général où la connaissance que l'on a de l'état réel du système à un instant donné est incomplète ou corrompue par un bruit de mesure, il faut en pratique choisir entre deux approximations :
- soit calculer le gradient effectif par rapport aux poids courants mais en tronquant la période de calcul et en la limitant à une fenêtre glissante de petite taille (rétro-propagation à travers le temps) ;
- soit approcher le gradient des états antérieurs par rapport aux poids courants par la valeur de ces gradients par rapport aux anciens poids (algorithme RTRL).

Nous allons maintenant exposer ces méthodes plus en détail.

Apprentissage dirigé (teacher forcing)

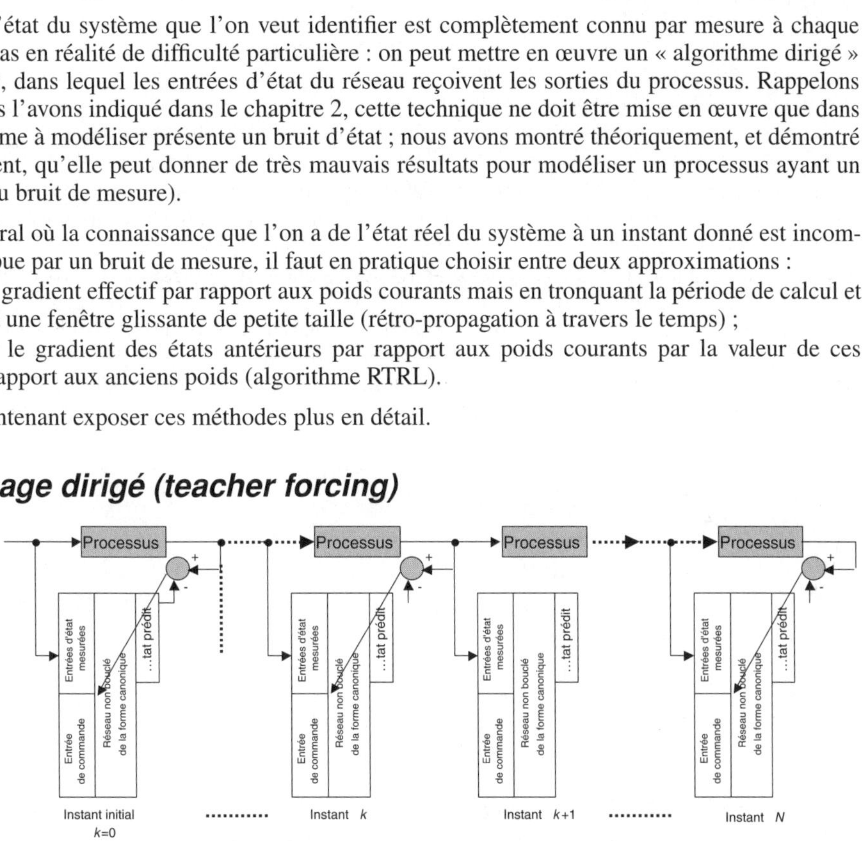

Figure 4-18. Apprentissage dirigé d'un réseau bouclé.

Dans la méthode dite de *l'apprentissage dirigé* (*teacher forcing*), toutes les entrées de la forme canonique du réseau sont connues pendant l'apprentissage, puisque ce sont les quantités (sorties ou variables d'état) qui sont mesurées sur le processus. La métaphore à l'origine de la dénomination de cet algorithme pittoresque est que « le professeur rectifie le comportement de l'élève à chaque instant au lieu d'observer son comportement pendant une certaine durée avant de le rectifier ». L'ingénieur, quant à lui, dit simplement que le modèle est « calé » à chaque instant sur les données expérimentales. L'apprentissage du réseau se résume donc à une régression non linéaire de la sortie du réseau sur son entrée (NARX) comme on l'a vu dans la section « Identification de systèmes dynamiques commandés par régression » de ce chapitre, ainsi que dans le chapitre 2. Le schéma de cet apprentissage est présenté dans la figure 4-18.

On utilise pour l'apprentissage une trajectoire dans l'espace des états (ensemble de N couples entrée-état). Les états intermédiaires (temps k) sont utilisés à la fois comme sortie pour évaluer les performances du réseau calculant l'évolution du temps $k - 1$ au temps k, et comme entrée pour calculer l'évolution du temps k au temps $k + 1$. La pratique de cette méthode simple exige que l'entrée du réseau à chaque étape de temps soit connue et donc interdit son application directe dans le cas général de système dynamique mesuré commandé.

Dépliement de la forme canonique et rétropropagation à travers le temps

Dans cette méthode pour prendre en considération le caractère récurrent du réseau, on construit un réseau non bouclé qui reproduit l'évolution du réseau sur sa trajectoire temporelle. Comme nous l'avons vu au chapitre 2, ce réseau est obtenu en reproduisant le réseau non bouclé de la forme canonique en autant d'exemplaires, ou *copies*, que d'instants dans la séquence utilisée pour l'apprentissage. Les entrées d'état de la copie correspondant à l'instant k sont les sorties d'état de la copie correspondant à l'instant k+1. Contrairement au cas précédent, les mesures effectuées sur le processus ne sont pas utilisées en entrées du réseau pendant l'apprentissage : le réseau n'est pas « calé » sur les données à tout instant : il ne l'est qu'à l'instant initial, si l'état du processus est mesuré (s'il ne l'est pas, les entrées d'état sont initialisées à des valeurs vraisemblables compte tenu des connaissances que l'on possède sur le processus, ou, si l'on n'a aucune connaissance sur le processus, elles sont initialisées à zéro). C'est pour cette raison que l'apprentissage est dit *semi-dirigé*. Le dépliement de la forme canonique d'un réseau bouclé est représenté sur la figure 4-19. On obtient ainsi un réseau de neurones non bouclé, dont l'apprentissage peut se faire par rétropropagation, sous la contrainte que les poids de toutes les copies soient identiques : on doit utiliser la technique des poids partagés exposée dans le chapitre 2.

Figure 4-19. Dépliement temporel de la forme canonique d'un réseau bouclé sur toute la longueur de la séquence d'apprentissage.

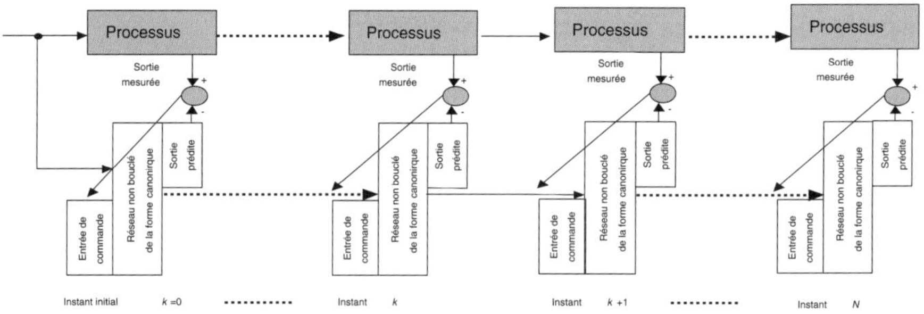

Si les séquences d'apprentissage sont longues, ou si l'on désire effectuer un apprentissage *adaptatif* (c'est-à-dire un apprentissage qui se poursuit continuellement durant le fonctionnement du réseau), on ne peut pas utiliser l'ensemble des données à partir de l'instant initial, car le temps de calcul augmenterait indéfiniment. On est alors conduit à tronquer les séquences d'apprentissage, c'est-à-dire à ne prendre en considération, à chaque étape de l'apprentissage, qu'un horizon limité dans le passé à un nombre fini p d'instants. Ainsi, à l'instant n, on ne prend en considération que les instants $n - p + 1$ à n. Cela conduit à introduire un changement de notation : nous désignerons désormais par k le numéro de la copie par rapport à l'origine de l'horizon considéré à l'étape n ; k varie donc dorénavant de 1 à p. Le schéma d'apprentissage est exactement le même que celui qui est représenté sur la figure 4-19, avec néanmoins les différences suivantes :

- la séquence ne s'étend pas sur n instants, mais sur p instants ;

- les entrées d'état au premier de ces p instants peuvent être fixées de deux manières différentes :
  - *si l'état du processus est mesuré*, on peut affecter à ces entrées les valeurs mesurées sur le processus : l'algorithme est alors *semi-dirigé ;*
  - *si l'état du processus n'est pas mesuré,* on doit affecter à ces entrées la dernière valeur calculée de la copie correspondante (c'est-à-dire celle qui a été calculée lors des calculs qui ont été effectués à l'étape $n - 1$ de l'apprentissage) : l'algorithme est alors dit *non dirigé,* puisque l'état mesuré du processus n'est jamais pris en considération durant l'apprentissage. Dans ce dernier cas, cette affectation intégrant récursivement les informations de tout le passé jusqu'au temps $n - p + 1$ et ayant été révisée par p étapes précédentes peut être considérée comme fiable. Cependant, elle introduit à la fois une cause d'erreur et un risque d'instabilité. On peut montrer [LION 2000] en introduisant une projection et en utilisant la théorie de l'approximation stochastique que cette approximation est contrôlée et n'entrave pas la convergence du système vers un minimum (local puisqu'on est dans un cadre non linéaire et non nécessairement convexe).

Il y a donc ici deux indices temporels à ne pas confondre, celui de l'étape d'apprentissage noté n et celui de l'étape de temps dans le réseau déplié à l'étape n, noté k avec $1 \leq k \leq p$. Une copie du réseau est caractérisée par les deux fonctions de transfert g et h qui déterminent respectivement l'état et la sortie du réseau à l'étape k (voir mise sous forme canonique) en fonction de l'état du réseau, de son entrée et de ses paramètres de configuration à l'étape précédente. On va détailler les opérations nécessaires pour calculer le gradient par rétropropagation à travers le temps pendant l'étape d'apprentissage $n + 1$. Tous les paramètres de configuration du réseau pris à leur valeur courante sont stockés dans le vecteur $\boldsymbol{w}$.

Pour la n-ième étape d'apprentissage, on va utiliser le vecteur des données d'entrée de composantes

$\boldsymbol{u}_{n+1}^{k-1} = \boldsymbol{u}_{n-p+k}$, pour k variant de 1 à p,

et celui des données de sortie de composantes

$\psi_{n+1}^{k} = \boldsymbol{\psi}_{n-p+k+1}$, pour k variant de 1 à p.

Si on est dans la situation où l'état du réseau n'est pas mesuré en apprentissage non dirigé, on choisit comme état initial du réseau déplié à l'étape d'apprentissage $n + 1$ l'estimation de l'état obtenu à l'étape précédente

$$\boldsymbol{x}_{n+1}^{0} = \hat{\boldsymbol{x}}_{n-p+1} = \boldsymbol{x}_{n}^{1}.$$

À l'étape d'apprentissage $n + 1$, on va effectuer à travers le réseau déplié, configuré à l'étape d'apprentissage précédente, les opérations suivantes :

- calcul de l'état et de la sortie pour k variant de 1 à p,

$$\boldsymbol{x}_{n+1}^{k} = g(\boldsymbol{u}_{n+1}^{k-1}, \boldsymbol{x}_{n+1}^{k-1}, \boldsymbol{w})$$

$$\boldsymbol{y}_{n+1}^{k} = h(\boldsymbol{u}_{n+1}^{k-1}, \boldsymbol{x}_{n+1}^{k-1}, \boldsymbol{w})$$

- comparaison avec les sorties désirées pour k variant de 1 à p,

$$\varepsilon_{n+1}^{k} = \psi_{n+1}^{k} - y_{n+1}^{k}$$

- calcul du réseau déplié *adjoint* obtenu en inversant le sens de propagation des signaux, en remplaçant les nœuds par des additionneurs et les fonctions d'activation non linéaires par leurs dérivées, rétropropagation de l'erreur à travers le réseau adjoint déplié, pour k variant de 1 à p,

$$\xi_{n+1}^{k-1} = g^{*}(\varepsilon_{n+1}^{k}, \xi_{n+1}^{k}, \boldsymbol{w})$$

La figure 4-20 présente la construction du réseau adjoint dans un cas simple.

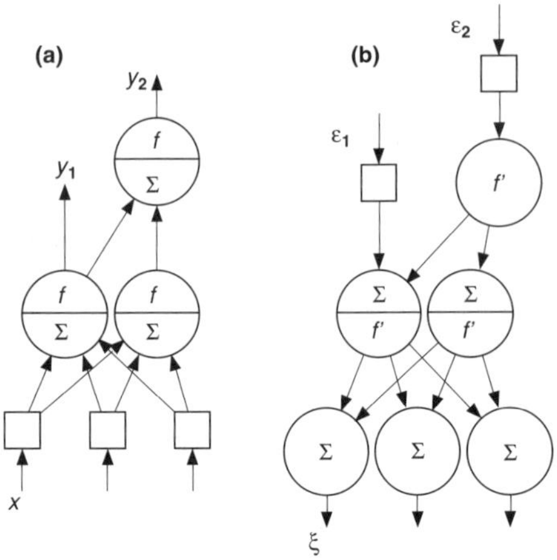

Figure 4-20. Réseau adjoint d'un réseau à couche en boucle ouverte. (a) Réseau initial, l'indication « f' » symbolise l'opérateur de passage à travers la fonction d'activation non linéaire, (b) réseau adjoint, l'indication « f » symbolise la multiplication linéaire par la dérivée de cette fonction au point de fonctionnement du réseau direct précédent.

On a représenté dans le schéma (a) un réseau à couches avec trois entrées, une première couche avec deux neurones dont un de sortie, et une seconde couche avec un neurone de sortie. Le réseau représente donc une application *non linéaire* de R^3 dans R^2. En (b), le réseau adjoint représente une application *linéaire* de R^2 dans R^3. Les entrées du réseau adjoint sont les signaux d'erreur associés aux sorties du réseau initial. La définition mathématique est simple : l'adjoint de l'application $\boldsymbol{y} = g(\boldsymbol{x})$ est l'application linéaire $\boldsymbol{\xi} = [Dg(\boldsymbol{x})]^T \boldsymbol{\varepsilon}$, où $[Dg(\boldsymbol{x})]^T$ est la matrice transposée de la matrice jacobienne de g en $\boldsymbol{x}$, c'est-à-dire la matrice des dérivées partielles. Il s'agit donc là simplement d'une représentation graphique de l'algorithme de rétropropagation utilisé pour l'évaluation du gradient de la fonction de coût par rapport aux paramètres.

Une fois obtenus les signaux d'erreur dans le réseau adjoint, le calcul du gradient de l'erreur quadratique s'effectue par la règle classique de rétropropagation. Il faut néanmoins tenir compte du fait que le réseau est un réseau déplié et donc de ce que la même valeur numérique du poids est partagée par plusieurs connexions géométriquement situées dans des endroits différents du réseau déplié par la réplication du réseau p fois (où p est la profondeur de la fenêtre temporelle).

Calcul du gradient

La composante du gradient de l'erreur quadratique relative à un poids de connexion du réseau récurrent est en fait la somme des valeurs calculées des composantes du gradient relativement à toutes les connexions du réseau déplié qui partagent cette valeur.

Ce résultat a été démontré dans le chapitre 2, dans le paragraphe consacré à la technique des poids partagés.

Remarque

Le lecteur qui désirerait programmer lui-même un des algorithmes sus mentionnés trouvera, présentées de manière synthétique, toutes les formules nécessaires dans le chapitre 3 de la thèse de Yacine Oussar « Réseaux d'ondelettes et réseaux de neurones pour la modélisation statique et dynamique de processus », pages 64 à 69 (modèles entrée-sortie) et 72 à 81 (modèles d'état). Cette thèse est disponible en version pdf à l'URL http://www.neurones.espci.fr. Une discussion technique très complète, qu'il serait trop long de reproduire ici, y est présentée.

Apprentissage en temps réel des réseaux bouclés

La méthode d'*apprentissage en temps réel* repose sur une autre approximation que la troncature temporelle. Récrivons l'équation de l'évolution du réseau récurrent mis sous sa forme canonique de l'instant n à l'instant $n + 1$:

$$\boldsymbol{x}(n + 1) = g[\boldsymbol{u}(n), \boldsymbol{x}(n), w(n)]$$
$$\boldsymbol{y}(n + 1) = h[\boldsymbol{u}(n), \boldsymbol{x}(n), w(n)].$$

On cherche à calculer en $\boldsymbol{w}(n)$ le gradient de l'application Ψ_1^{n+1} qui à w associe $\boldsymbol{y} = \Psi_1^{n+1}(w)$ par la suite de calculs (à partir d'une donnée initiale déterminée $\boldsymbol{x}(0)$) :

```
Pour k variant de 0 à n,   x(k+1) = g[u(k),   x(k),   w]
et   y = h[u(n),   x(n),   w]
```

On en déduit par dérivation :

$$\nabla_w \Psi_1^{n+1}[w(n)] = \nabla_w h[\boldsymbol{u}(n), \boldsymbol{x}(n), w(n)] + \nabla_{\boldsymbol{x}} h[\boldsymbol{u}(n), \boldsymbol{x}(n), w(n)].\nabla_w \Phi_1^n[w(n)]$$

où l'application Φ_1^n est définie comme l'application qui à $\boldsymbol{w}$ associe $\boldsymbol{x} = \Phi_1^n(w)$ par la suite de calculs suivante :

```
Pour k variant de 0 à n-1,   x(k+1)=g[u(k),x(k),W] et x=x(n)
```

La question est de déterminer $\nabla_w \Phi_1^n[w(n)]$ alors que la valeur $w(n)$ n'était pas disponible aux instants antérieurs à n et que, fonctionnant en temps réel, on ne veut pas revenir dans le passé comme dans la méthode BPTT. Par exemple, à l'étape $n-1$, on a effectué le calcul :

```
x(n) = g[u(n-1), x(n-1), w(n-1)]
```

au lieu du calcul :

```
x(n) = g[u(n-1), x(n-1), w(n)]
```

et avec une trajectoire d'états différente qui est calculée en temps réel avec une trajectoire de poids $\boldsymbol{w}(k)$ au lieu d'être recalculée avec une configuration constante $\boldsymbol{w}(n)$.

L'idée est de mettre à jour une approximation notée $\hat{\nabla}_w \Phi_1^n$ de $\nabla_w \Phi_1^n[\boldsymbol{w}(n)]$ par la formule récursive

$$\hat{\nabla}_w \Phi_1^n = \nabla_g[\boldsymbol{u}(n-1), \boldsymbol{x}(n-1), \boldsymbol{w}(n-1)]\,.\hat{\nabla}_w \Phi_1^{n-1}$$

Cette approximation peut être justifiée mathématiquement par l'approximation stochastique dans le cadre de la théorie des chaînes de Markov contrôlées [BENVENISTE 1987] sous des hypothèses que nous ne détaillerons pas.

Remarque

Sur le plan pratique de l'enchaînement des calculs, on remarquera que la méthode d'apprentissage en temps réel n'utilise pas le réseau adjoint, en effet contrairement à la rétropropagation, on ne se contente pas de calculer la sensibilité ou la part dans l'erreur attribuée à chaque variable, mais on doit calculer effectivement le gradient. Le calcul se fait donc dans le sens du temps et non pas dans le sens rétrograde.

Application des réseaux neuronaux bouclés à l'identification de systèmes dynamiques commandés mesurés

Les applications des réseaux de neurones récurrents à l'identification par la pratique d'algorithmes d'apprentissage non dirigés ou hybrides sont souvent limitées à des exemples académiques, la stabilité des algorithmes d'apprentissage non dirigés étant plus difficile à assurer que dans le cas des modèles linéaires [LJUNG 1996].

En ce qui concerne l'identification par des modèles non linéaires, il est donc conseillé d'essayer en priorité les algorithmes d'apprentissage dirigés. Si, dans [HAYKIN 1999], on montre que l'identification par un modèle neuronal NARX de la série temporelle $\sin(n + \sin(n^2))$ est supérieure à l'identification par un apprentissage semi-dirigé avec une architecture de complexité comparable, on peut exhiber de nombreux contre-exemples dans des applications réelles : en effet, il est très fréquent, dans un processus bien conçu, que le bruit soit essentiellement du bruit de sortie, ce qui nécessite absolument l'utilisation d'un algorithme semi-dirigé ou non dirigé, comme nous l'avons montré sur des exemples dans le chapitre 2. De plus, de nombreux résultats d'apprentissages dirigés – même publiés dans la littérature internationale – ne résistent pas à la comparaison avec le « prédicteur stupide », comme nous l'avons indiqué dans le chapitre 2.

Pour les réseaux non bouclés, les questions qui constituent la méthodologie de conception sont

- la sélection des entrées,
- la sélection du modèle, c'est-à-dire essentiellement la sélection du nombre de neurones constituant la couche cachée.

Pour les réseaux bouclés, trois questions supplémentaires se posent :

- le choix de la représentation (représentation entrée-sortie ou représentation d'état),
- le choix de l'ordre du modèle,
- dans le cas d'un apprentissage par rétropropagation tronquée : l'horizon de troncature.

Pour le choix de l'ordre, une identification linéaire préalable (où les tests structurels sont mieux maîtrisés) peut être très utile. La recherche de l'horizon de troncature dans la méthode BPTT est aussi un problème délicat : en théorie, un dépliement de l'ordre de l'indice rendant observable le modèle est suffisant ; en pratique, les trop grands ordres de dépliement peuvent alourdir la rétropropagation.

Une des difficultés dans l'apprentissage de réseaux récurrents est la difficulté de capturer des dépendances temporelles à longue portée quand on remonte dans le temps. Cette difficulté est étudiée dans [BENGIO 1994]. Néanmoins, pour de vraies applications pratiques, on recherche rarement des dépendances temporelles très longues, car les processus que l'on cherche à modéliser sont eux-mêmes rarement stables sur de très longues périodes : il existe des dérives lentes qui nécessitent de refaire un « calage » périodique du modèle à l'aide des méthodes adaptatives développées dans ce chapitre. En cas de grande difficulté, l'utilisation de procédures d'apprentissage évolutives et guidées, augmentant progressivement la profondeur temporelle de l'apprentissage, et de méthodes d'optimisation robustes, peuvent permettre de surmonter ces problèmes. *La solution efficace pour des applications non académiques consiste à mettre en œuvre la technique de modélisation « boîte grise » que nous avons présentée au chapitre 2, ce qui permet de mettre à profit toutes les connaissances disponibles sur le processus à modéliser, notamment la forme mathématique des équations du modèle, son ordre, etc.* On réduit ainsi le nombre de degrés de liberté dont dispose le concepteur, qui peut ainsi concentrer son attention sur un nombre réduit de problèmes.

Bien entendu, les pré-traitements des données, l'apprentissage par des méthodes non linéaires des résidus d'analyse par des méthodes linéaires, permettent souvent, en découplant les difficultés, d'améliorer la précision des méthodes non linéaires d'identification.

Les réseaux de neurones bouclés peuvent aussi être utilisés dans la synthèse de contrôleurs, comme nous allons le voir dans le chapitre suivant.

Compléments algorithmiques et théoriques

Calcul du gain de Kalman et propagation de la covariance

Plaçons-nous dans le cadre du modèle d'état stochastique markovien :

$$\boldsymbol{X}(k+1) = \boldsymbol{A}\boldsymbol{X}(k) + \boldsymbol{B}\boldsymbol{u}(k) + \boldsymbol{V}(k+1)$$

munis de l'équation de mesure :

$Y(k) = HX(k) + W(k)$.

On note $\hat{X}(k)$ l'estimateur optimal des moindres carrés, c'est-à-dire, la régression linéaire de l'état aléatoire $X(k)$ sur le vecteur aléatoire des mesures accumulées jusqu'à l'instant k : $\mathbf{Y}(k) = [Y(1) \ldots; Y(k)]$ et $\vartheta(k+1)$ l'innovation au temps $k+1$ définie par

$\vartheta(k+1) = Y(k+1) - HA\hat{X}(k) - HBu(k)$.

L'équation récursive du filtre d'innovation est donnée par

$$\hat{X}(k+1) = A\hat{X}(k) + Bu(k) + K_{k+1}\vartheta(k+1)$$

où le gain d'innovation se déduit de la formule de calcul de la régression linéaire :

$$K_{k+1} = \mathrm{Cov}[X(k+1), \vartheta(k+1)]\ \mathrm{Var}[\vartheta(k+1)]^{-1}.$$

On note P_k la matrice de variance-covariance de l'erreur d'estimation $X(k) - \hat{X}(k)$ et P°_{k+1} la matrice de variance-covariance de l'erreur de prédiction $X(k+1) - A\hat{X}(k) - Bu(k)$. Calculons la variance de l'erreur de prédiction. On a

$X(k+1) - A\hat{X}(k) - Bu(k) = A[X(k) - \hat{X}(k)] + V(k+1)$.

Comme $V(k+1)$ est décorrélé de $X(k) - \hat{X}(k)$, on obtient simplement l'équation de propagation de la variance de l'erreur de prédiction par développement quadratique :

$$P^{\circ}_{k+1} = A\,P_k A^{\mathrm{T}} + Q.$$

De l'expression de l'erreur d'innovation

$\vartheta(k+1) = Y(k+1) - HA\hat{X}(k) - HBu(k) = H\{A[X(k) - \hat{X}(k)] + V(k+1)\} + W(k+1)$

on déduit de même la valeur de sa matrice de variance-covariance en fonction de celle de l'erreur de prédiction au temps k

$$\mathrm{Var}[\vartheta(k+1)] = HP^{\circ}_{k+1}H^{\mathrm{T}} + R.$$

Calculons afin de conclure la covariance de l'état $X(k+1)$ et de l'innovation $\vartheta(k+1)$:

$\mathrm{Cov}[X(k+1), Y(k+1) - HA\hat{X}(k) - HBu(k)]$

$= \mathrm{Cov}\{AX(k) + V(k+1), HA[X(k) - \hat{X}(k)] + HV(k+1) + W(k+1)\}$

$= \mathrm{Cov}\{AX(k), HA[X(k) - \hat{X}(k)]\} + \mathrm{Cov}[V(k+1), HV(k+1) + W(k+1)]$

$= A\mathrm{Cov}[X(k), X(k) - \hat{X}(k)]A^{\mathrm{T}} H^{\mathrm{T}} + \mathrm{Var}[V(k+1)]\, H^{\mathrm{T}}$.

Or, d'après la décorrélation de $\hat{X}(k)$ et de $X(k) - \hat{X}(k)$, on a :

$\mathrm{Cov}[X(k), X(k) - \hat{X}(k)] = \mathrm{Var}[X(k) - \hat{X}(k)] = P_k$.

Donc :

$\mathrm{Cov}[Y(k+1) - HA\hat{X}(k) - HBu(k), X(k+1)] = (A\,P_k A^{\mathrm{T}} + Q)\,H^{\mathrm{T}} = P^{\circ}_{k+1}H^{\mathrm{T}}$.

Soit finalement :

$$\mathbf{K}_{k+1} = P^{\circ}_{k+1}H^{\mathrm{T}}[HP^{\circ}_{k+1}H^{\mathrm{T}} + R]^{-1}.$$

Pour itérer l'algorithme qui est récursif, calculons enfin la matrice de covariance de l'erreur d'estimation au temps k+1. De l'expression de cette erreur :

$X(k+1) - \hat{X}(k+1) = A[X(k) - \hat{X}(k)] + V(k+1) - K_{k+1}[Y(k+1) - HA\hat{X}(k) - HBu(k)]$

$X(k+1) - \hat{X}(k+1) = (I - K_{k+1}H)\{A[X(k) - \hat{X}(k)] + V(k+1)\} - K_{k+1}\,W(k+1)$

soit pour la matrice de variance covariance :

$$P_{k+1} = (I - K_{k+1}H)\,(AP_kA^T + Q)\,(I - K_{k+1}H)^T + K_{k+1}RK_{k+1}^T.$$

Importance de la distribution des retards dans un réseau récurrent

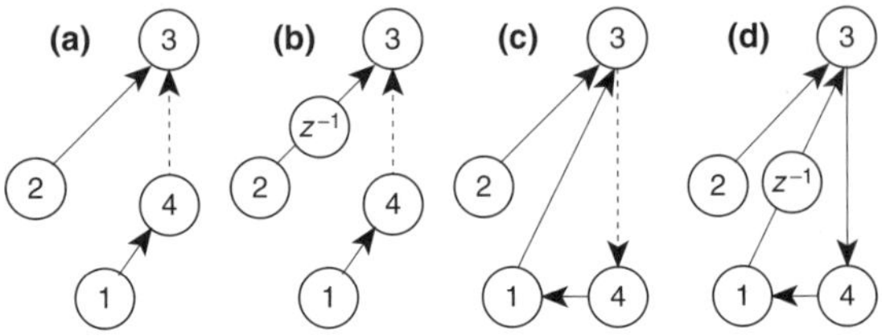

Figure 4-21. Importance du retard pour la mise à jour d'un réseau de neurones.

Dans ce chapitre, on a vu des exemples de réseaux de neurones bouclés de type entrée-sortie, constitués d'un réseau de neurones non bouclé, dont la sortie est ramenée à l'entrée avec un retard d'une unité de temps. On peut concevoir des modèles de réseaux récurrents plus généraux, notamment lorsqu'on désire réaliser une modélisation « boîte grise » (développée dans le chapitre 2), dans laquelle on tient compte d'équations algébro-différentielles, résultant d'une analyse physique ou physico-chimique du processus, pour structurer le réseau. Observons d'abord que, dans un réseau de neurones récurrent, des retards doivent être obligatoirement spécifiés sous peine d'entraîner une ambiguïté dans le comportement du réseau. Plus précisément, rappelons la règle énoncée dans le chapitre 2 : pour qu'un réseau de neurones bouclé soit causal, il faut que tout cycle dans le graphe du réseau possède un retard non nul.

La figure 4-16 compare l'importance de la spécification des retards pour un réseau dont le graphe orienté ne comporte pas de circuit fermé (réseau *non bouclé*) et pour un *réseau récurrent* ou *bouclé* dont le graphe comporte des circuits.

Dans les schémas (a) et (b) on a représenté le graphe d'un réseau élémentaire à quatre unités fonctionnant en boucle ouverte. Dans les schémas (c) et (d), on a adjoint un bouclage qui ferme le réseau. Les architectures statiques (connexions et poids des connexions) sont les mêmes pour les réseaux (a) et (b) d'une part, (c) et (d) d'autre part. Ces couples de réseaux diffèrent par un opérateur retard introduit dans les graphes des réseaux (b) et (d). Étudions l'effet de cet opérateur sur l'état du réseau dans les deux cas et en supposant que les entrées des réseaux soient statiques.

Dans le cas (a), l'état de l'unité 3 est déterminé au temps 1 par l'état initial des unités 2 et 4, tandis que l'état de l'unité 4 est déterminé par l'état de l'unité 1. Au temps 2, l'état de l'unité 3 est déterminé par l'état des unités 2 et 4 donc en définitive par l'état des entrées 1 et 2. Dans le cas (b) l'état de l'unité 3 n'est déterminé qu'au temps 2 et a le même état à ce moment que dans le cas (a).

Remarque

En définitive, dans les réseaux en boucle ouverte nourris par des entrées statiques, l'état de toutes les unités du réseau se stabilise sur un état final qui ne dépend que de l'état initial des entrées quelle que soit la distribution des retards et donc l'ordre de mise à jour des unités (qui est supposé synchrone).

De plus, l'importance de l'ordre de mise à jour et des retards n'est pas prise en compte dans un réseau à couche avec une propagation unilatérale de l'information et des connexions, qui concerne uniquement des unités d'une couche vers les unités des couches suivantes. Dans le schéma de la figure 4-14, même si le réseau fonctionne en boucle ouverte avec connexion uniquement de l'état au temps k vers le contrôleur et le modèle interne, on voit qu'une certaine ambiguïté existe quant à l'ordre de mise à jour. La règle appliquée dans ce cas est celle d'une mise à jour synchrone des unités d'une même couche, et séquentielle dans le sens de la propagation de l'information. Ainsi les unités de la première couche cachée du réseau du modèle interne attendront-elles, pour se mettre à jour, que le réseau simulant le contrôleur ait délivré l'entrée commande du modèle interne. Cette règle est d'autant plus importante que, dans ce cas, les entrées sont destinées à évoluer avec le temps.

Remarque

Il faudra d'ailleurs distinguer dans ce cas la représentation du temps (un pas de temps pour la simulation de l'ensemble du réseau composé du modèle de contrôleur et du modèle interne) de celle des étapes de mise à jour des différentes couches du réseau total à l'intérieur d'un pas de temps de l'algorithme.

Examinons maintenant les cas (c) et (d) de la figure 4-16. Les schémas représentent l'architecture d'un réseau récurrent. Cette architecture est identique relativement aux caractéristiques statiques, et différente par l'adjonction d'un opérateur retard dans le cas (d). Au temps 2, l'état de l'unité 3 est différent dans les cas (c) et (d), dépendant dans le cas (c) des états initiaux des unités 2 et 4, et dans le cas (d) des unités 2 et 1. Cette différence se propage au temps suivant à l'état de l'unité 4 puis à l'état de l'unité 1 et ainsi de suite, en introduisant à chaque cycle des différences supplémentaires.

Remarque

L'état des unités des réseaux récurrents ne se stabilise pas en général même si le réseau est soumis à des entrées statiques. La dynamique de cet état dépend fortement de la distribution des retards et de l'ordre de mise à jour des unités du réseau.

Bibliographie

Une bibliographie commune aux chapitres 4 et 5 est donnée en fin de chapitre 5 (p. 255).

5

Apprentissage d'une commande en boucle fermée

Le chapitre précédent était consacré à la modélisation, par apprentissage (notamment par apprentissage de réseaux de neurones), des systèmes dynamiques commandés ; le présent chapitre prolonge cet exposé, en abordant le problème de la synthèse, par apprentissage, d'un système de commande en boucle fermée. La commande non linéaire est une discipline en plein essor depuis une vingtaine d'années, sans que l'on puisse dire qu'il existe un corpus unifié et synthétique des méthodes employées, comparable à celui dont on dispose pour la commande linéaire. On compte au contraire pléthore de méthodes ; certaines études sont très théoriques et établissent des théorèmes de commandabilité, d'existence d'une commande stabilisante, de validité des techniques de linéarisation, qu'il ne peut être question d'évoquer complètement dans le cadre de cet ouvrage.

Nous rappellerons cependant certains éléments de la théorie de la commande, en insistant sur le rapport entre système linéaire et non linéaire, dans la section suivante. En effet, comme c'est souvent le cas pour l'utilisation des réseaux de neurones dans les sciences de l'ingénieur, les techniques de commande « neuronale » prolongent les techniques classiques de l'automatique non linéaire en les appliquant à un modèle du système précédemment identifié par apprentissage. Ces techniques sont exposées dans la section « Synthèse d'une commande 'neuronale' par inversion du modèle du processus », où l'on aborde successivement l'inversion directe – simple mais souvent inefficace –, la méthode du modèle de référence la plus couramment employée, et l'utilisation des réseaux récurrents d'une pratique plus délicate. Les sections suivantes sont consacrées à l'exposé des problèmes de décision optimale dans le cadre classique de la programmation dynamique (section « Programmation dynamique et commande optimale »), puis à sa contrepartie en théorie de l'apprentissage (section « Apprentissage par renforcement et programmation neuro-dynamique »). Les techniques exposées ont été découvertes antérieurement à l'utilisation des réseaux de neurones, dans le cas des espaces d'états discret, sous le nom d'apprentissage « par renforcement ». L'utilisation de l'apprentissage neuronal pour trouver de bonnes approximations a permis d'étendre le champ d'application de ces méthodes en évitant l'explosion combinatoire qui limite trop souvent l'emploi de l'apprentissage par renforcement classique. Cet ensemble de techniques plus modernes, sur l'exposé duquel s'achève ce chapitre, a reçu récemment le nom de « programmation neuro-dynamique ».

Généralités sur la commande en boucle fermée des systèmes non linéaires

Principe de la commande en boucle fermée

Le principe de la commande *en boucle fermée* ou par *rétroaction* (*feedback*) est d'éliminer les effets des perturbations apportées au système en *fermant la boucle de commande*, c'est-à-dire en asservissant le signal de commande à l'état du système. Cette opération est effectuée en construisant un système de commande, ou *correcteur*, ou encore *contrôleur*, c'est-à-dire un dispositif qui, prenant en entrée l'état du processus que l'on cherche à commander (ou plus généralement la sortie du processus si l'état de celui-ci n'est pas complètement connu), lui associe la valeur du signal de commande à appliquer au système à l'instant suivant. Considérons un système dynamique commandé tel qu'il est défini dans le chapitre 4 :

$\boldsymbol{x}(k+1)=f[\boldsymbol{x}(k), \boldsymbol{u}(k)]$

où $\boldsymbol{x}(k)$ est le vecteur d'état du modèle à l'instant k, et $\boldsymbol{u}(k)$ est le vecteur des signaux de commande à l'instant k. Le système de commande calcule la valeur de la commande à partir de l'état selon une fonction ψ :

$\boldsymbol{u}(k) = \psi[\boldsymbol{x}(k)]$.

Cette fonction est appelée *la loi de commande.*

L'objectif le plus simple assigné à un système de commande consiste à maintenir le processus dans un état désiré en dépit des perturbations (on dit que la commande « rejette les perturbations ») : on réalise alors un « asservissement ». Un autre objectif possible est que la trajectoire d'état du système commandée soit asservie à une trajectoire d'états désirée : on réalise alors un « système de poursuite » (*tracking system*). Dans ces cas qui reviennent dans toutes les applications, l'état désiré au temps courant s'appelle la *consigne* et la forme naturelle de la loi de commande est celle d'une fonction de la différence entre l'état courant et la consigne.

Un tel dispositif de commande en boucle fermée est schématisé dans la figure 5-1.

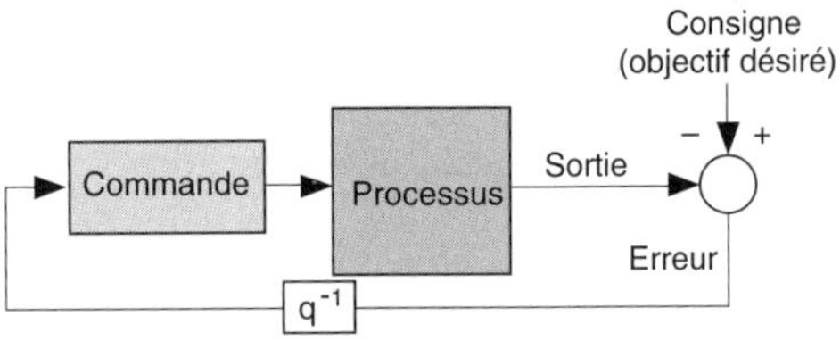

Figure 5-1. Principe de la commande en boucle fermée.

Dans le cas où l'état ne serait pas complètement connu, la commande ne pourrait en général être déterminée qu'en fonction de l'observation. Les équations d'un tel système sont donc formées de l'équation d'état, de celle de mesure et de la loi de commande :

$\boldsymbol{x}(k+1) = f[\boldsymbol{x}(k), \boldsymbol{u}(k)]$
$\boldsymbol{y}(k) = g[\boldsymbol{x}(k)]$
$\boldsymbol{u}(k) = \psi[\boldsymbol{y}(k)]$.

Il est clair que, dans tous les cas, un système dynamique commandé muni d'une commande en boucle fermée se comporte comme un système dynamique non commandé, et nous serons amené à étudier sa stabilité. Le fait qu'on introduise des bruits dans les équations sous la forme de processus stochastiques ne change rien à ce principe.

Nous avons décrit, dans cette présentation, une loi de commande qui ne dépend que de l'état ou de l'observation au temps courant. On dit alors que c'est une *loi de commande statique*. En fait, la loi de commande peut exploiter toutes les informations passées disponibles : il s'agit alors d'une *loi de commande dynamique*. Plus que dans d'autres applications, la complexité de la loi de commande est toutefois limitée par les contraintes de temps de calcul : en effet, le calcul de la commande en boucle fermée doit en principe être exécuté pendant la période d'échantillonnage du contrôleur pour permettre au signal de commande d'être appliqué en *temps réel*.

Commandabilité

La commande du système ne permet pas toujours d'atteindre l'objectif souhaité. La propriété, pour le système commandé, de pouvoir atteindre l'objectif souhaité s'appelle la *commandabilité*. Même les modèles les plus simples de systèmes dynamiques commandés, comme les modèles linéaires, ne possèdent pas nécessairement la propriété de commandabilité quand leur ordre est supérieur à 1 (rappelons que l'ordre est la dimension du vecteur d'état).

Considérons le système suivant, qui est linéaire, d'ordre 2, à commande scalaire :

$$\boldsymbol{x}(k+1) = \boldsymbol{x}(k) + \begin{pmatrix} 1 \\ 0 \end{pmatrix} u(k).$$

Il n'est pas commandable : aucune commande ne peut changer la deuxième composante de l'état. En revanche, il est facile de montrer directement que le système linéaire suivant

$$\boldsymbol{x}(k+1) = \begin{pmatrix} 1 & 1 \\ 0 & 1 \end{pmatrix} \boldsymbol{x}(k) + \begin{pmatrix} 0 \\ 1 \end{pmatrix} u(k)$$

est commandable.

Les propriétés de commandabilité sont assez faciles à écrire pour un système linéaire, où, pour pouvoir atteindre un objectif donné à partir de n'importe quel état, il suffit d'atteindre l'objectif 0 [KWAKERNAAK *et al.* 1972].

Quand l'état n'est pas complètement observé, il faut d'abord reconstruire l'état par filtrage avant de le commander. On montre que l'observabilité et la commandabilité du système complètement observé est une condition suffisante de commandabilité du système partiellement observé [KWAKERNAAK *et al.* 1972]. Les conditions de commandabilité sont plus difficiles à formuler pour un système non linéaire ; elles font appel à des techniques algébriques plus complexes dont l'énoncé dépasse le cadre de cet ouvrage.

Dans les systèmes réels, une commande d'amplitude arbitraire ne peut être réalisée. Des contraintes sont formulées sur l'ensemble des commandes effectivement réalisables et définissent l'ensemble des commandes *admissibles*. De telles contraintes, imposées par des considérations techniques souvent incontournables, bornent en général l'ensemble des commandes admissibles, si bien que, en pratique, les lois de commande établies par les méthodes linéaires ne peuvent s'appliquer directement sans précaution : des phénomènes de saturation des commandes peuvent apparaître.

Stabilité des systèmes dynamiques commandés

La première propriété que doit posséder une loi de commande, c'est de garantir la stabilité du système commandé. Nous avons vu, au début du chapitre précédent, qu'un système dynamique commandé en boucle fermée se comporte comme un système dynamique non commandé. Donnons quelques définitions relatives à la stabilité des équilibres dans le cadre des systèmes dynamiques non linéaires à temps discret. On considère dans cette section le système dynamique à temps discret d'équation d'état :

$\boldsymbol{x}(k+1) = f[\boldsymbol{x}(k)]$.

Définitions

On appelle *équilibre* de ce système dynamique un état $\boldsymbol{x}^*$ tel que $f(\boldsymbol{x}^*) = \boldsymbol{x}^*$. On dit aussi que $\boldsymbol{x}^*$ est un *point fixe* de *f*.

Un équilibre $\boldsymbol{x}^*$ est dit *stable* si $\forall \varepsilon, \exists \eta, \|\boldsymbol{x}(0) - \boldsymbol{x}^*\| \leq \eta \Rightarrow \forall k, \|\boldsymbol{x}(k) - \boldsymbol{x}^*\| \leq \varepsilon$

Un équilibre $\boldsymbol{x}^*$ est dit *asymptotiquement stable*, de bassin d'attraction Ω, si pour toute condition initiale dans Ω, la trajectoire d'état issue de cette condition initiale tend vers l'équilibre $\boldsymbol{x}^*$.

La stabilité des systèmes linéaires $\boldsymbol{x}(k+1) = \boldsymbol{A}.\boldsymbol{x}(k)$ se déduit facilement des propriétés spectrales de la matrice $\boldsymbol{A}$. Le point 0 est un équilibre du système linéaire. Si les valeurs propres de $\boldsymbol{A}$ sont strictement incluses dans le disque unité ouvert, l'équilibre 0 est stable et asymptotiquement stable. Si une valeur propre est de module supérieur à 1, l'équilibre 0 n'est ni stable ni asymptotiquement stable. Le cas critique des valeurs propres de module 1 nécessite une analyse particulière.

Cette caractérisation simple des systèmes dynamiques linéaires est à la base de la méthodologie de synthèse des lois de commande des systèmes dynamiques linéaires par placement des pôles des fonctions de transfert [KWAKERNAAK *et al.* 1972]. Cette méthodologie est, depuis le début de l'automatique, à la base de cette discipline dans ses applications les plus courantes. Popularisée d'abord dans le cadre des systèmes à une variable par une utilisation intensive de la transformation de Laplace, elle a été étendue aux systèmes multivariables. Si ces techniques de l'automatique sont bonnes à connaître, pour celui qui veut mettre en œuvre des systèmes de commande à base de réseaux de neurones, elles ne sont pas directement transposables aux systèmes non linéaires. Nous ne les mentionnons ici que pour mémoire.

Dans le cas asymptotiquement stable, la stabilité des équilibres des systèmes non linéaires se déduit de la stabilité du système dynamique linéarisé. Si $\boldsymbol{x}^*$ est un équilibre du système dynamique $\boldsymbol{x}(k+1) = f[\boldsymbol{x}(k)]$, on appelle « système dynamique linéarisé en $\boldsymbol{x}^*$ », le système dynamique, linéaire au point fixe $\boldsymbol{x}^*$, d'équation : $\boldsymbol{x}(k+1) = \nabla f_{x^*}\, [\boldsymbol{x}(k) - \boldsymbol{x}^*] + \boldsymbol{x}^*$, où ∇f_{x^*} est la matrice des dérivées partielles de f en $\boldsymbol{x}^*$. On a alors le résultat fondamental suivant :

Théorème de linéarisation

Si le système linéarisé en $\boldsymbol{x}^*$ est asymptotiquement stable, $\boldsymbol{x}^*$ est un équilibre stable et asymptotiquement stable du système dynamique non linéaire.

Avec la linéarisation, les fonctions de transfert du système linéarisé deviennent un outil usuel d'analyse et de synthèse des lois de commande des systèmes non linéaires [SLOTINE *et al.* 1991]. Plus précisément, un théorème de linéarisation des systèmes dynamiques commandés permet d'affirmer que, dans le cas où le système linéarisé est commandable, la loi de commande du système linéarisé, introduite en boucle fermée dans le système non linéaire, permet de stabiliser localement ce système [SONTAG 1990].

La méthode de la *fonction de Liapounov* [SLOTINE *et al.* 1991], directement inspirée de l'étude de la stabilité des systèmes dissipatifs en physique, offre une méthode générale d'étude de la stabilité des équilibres des systèmes dynamiques non linéaires.

Malgré l'important théorème de linéarisation que l'on vient d'énoncer, les difficultés d'étude de la stabilité des systèmes non linéaires restent nombreuses :

- il peut exister plusieurs équilibres dont les stabilités sont différentes : le théorème de linéarisation est un théorème local, qui ne dit rien sur la taille des bassins d'attraction des équilibres asymptotiquement stables ;
- il peut exister des attracteurs dynamiques, conférant au système une stabilité globale même s'il n'existe aucun équilibre stable : l'exemple le plus simple de tels attracteurs est *le cycle limite stable*, tel qu'il existe dans l'oscillateur de Van der Pol décrit dans le chapitre précédent.

L'introduction de bruit dans les équations change la nature de l'étude de la stabilité des systèmes. On a vu, dans la section du chapitre précédent consacrée à la modélisation de systèmes dynamiques, que l'équivalent stochastique d'un système dynamique déterministe mis sous forme d'état est un processus de Markov, et que l'équivalent stochastique d'un équilibre est la mesure de probabilité invariante (définie dans le chapitre 4) de ce processus. Dans le cas d'un système linéaire stable perturbé par un bruit d'état gaussien, cette probabilité décrit la statistique des fluctuations de l'état du processus autour de l'équilibre 0 du système non perturbé. Dans le cas d'un système non linéaire avec plusieurs équilibres attracteurs, la situation est beaucoup plus complexe : en effet, il se produit « avec quasi-certitude », aux temps longs, des fluctuations qui font passer l'état d'un bassin d'attraction déterministe à l'autre. La théorie dite des « grandes déviations » permet de mesurer ces probabilités de passage ([BENVENISTE *et al.* 1987], [DUFLO 1996]).

Néanmoins, le but général des systèmes de commande développés dans ce chapitre (et dans la plupart des applications) étant de ramener l'état sur un équilibre ou de poursuivre une trajectoire de référence, l'étude des systèmes à plusieurs attracteurs ne nous concerne pas directement.

Synthèse d'une commande « neuronale » par inversion du modèle du processus

Inversion directe

La méthode la plus simple pour construire un système de commande « neuronal » à partir d'un modèle du système dynamique commandé, identifié sous forme d'un réseau de neurones en boucle ouverte, est l'inversion directe du modèle. Le système de commande est alors simplement l'inverse du modèle du processus. Si ce modèle est non linéaire, son inverse l'est généralement : il peut donc être constitué par un réseau de neurones, dont l'apprentissage et l'utilisation sont schématisés sur la figure 5-2.

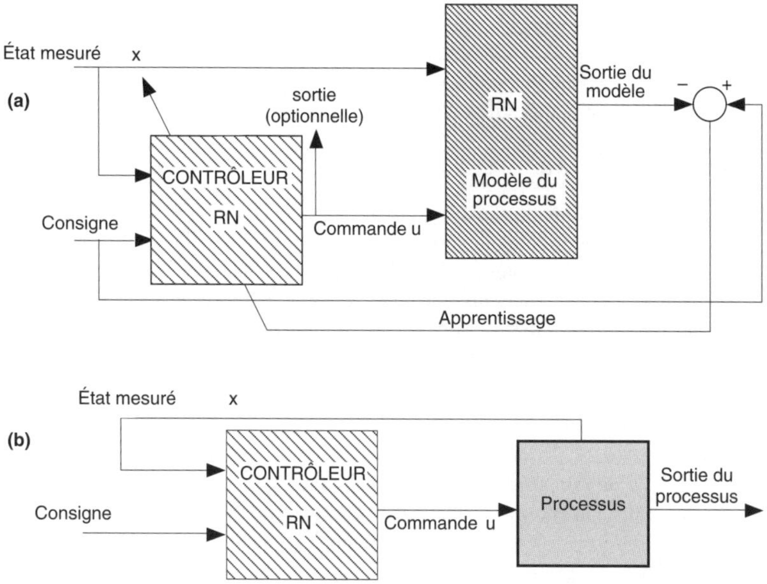

Figure 5-2. Principe de l'apprentissage (a) et de l'utilisation (b) d'une commande neuronale en boucle fermée par inversion du modèle.

Dans cette figure, on a adjoint au réseau de neurones qui constitue le modèle du processus un réseau de neurones qui calcule la loi de commande. Ce réseau est aussi un réseau non bouclé qui a pour entrée l'état et, d'une façon optionnelle, la consigne désirée (état au temps suivant) dans le cas où l'on souhaite que cette consigne soit variable. Sinon, le contrôleur admet pour entrée unique l'état du système au temps k. La sortie du contrôleur neuronal est la commande au temps k qui, lors de l'apprentissage, est appliquée à l'entrée de commande du modèle, et qui, lors de l'utilisation, est appliquée à l'entrée du processus.

L'ensemble (contrôleur + modèle) constitue un réseau de neurones non bouclé qui admet pour sortie l'état au temps suivant. L'apprentissage s'effectue en minimisant la différence entre l'état désiré ou consigne et la sortie du réseau. Seuls les paramètres du contrôleur (poids et biais) sont variables et modifiés par le processus d'apprentissage. Les paramètres du modèle restent inchangés par le processus d'apprentissage, ce qui est traduit dans la figure par des hachures de style différent.

La fonction de coût est généralement un écart quadratique entre la sortie désirée et la sortie mesurée. Si des contraintes sont imposées à la commande, elles peuvent l'être directement dans le réseau contrôleur. Par exemple, si la commande admissible est bornée, on peut exprimer ces contraintes dans les fonctions d'activation de la couche de sortie du contrôleur (sigmoïde). On peut aussi exprimer ces contraintes en introduisant une sortie auxiliaire au niveau du contrôleur, et en rétropropageant une pénalité qui dépend de la commande produite.

Cette démarche directe ne donne de bons résultats que pour les problèmes simples où l'objectif peut s'exprimer instantanément en fonction de l'état. Si l'objectif porte sur l'état final ou l'ensemble d'une trajectoire d'états, la méthode directe ne peut être mise en œuvre. On pourra utiliser le dépliement temporel de l'ensemble contrôleur + modèle, et l'apprentissage du contrôleur par rétropropagation à travers le temps. Cette stratégie sera développée dans la suite de cette section. Même dans le cas où l'on peut construire un objectif portant sur l'état courant, l'apprentissage n'est pas toujours efficace : pendant l'apprentissage, la rétropropagation à travers le modèle peut fournir au contrôleur un signal d'erreur très affaibli, insuffisant pour permettre d'atteindre les objectifs assignés au contrôleur.

Par ailleurs, cette méthode n'est évidemment pas robuste par rapport aux erreurs de modélisation : la commande étant calculée à partir du modèle, elle ne peut pas être précise si le modèle lui-même ne l'est pas. L'utilisation de la commande avec modèle interne qui sera développée dans la suite de cette section peut permettre de surmonter l'imprécision de la modélisation.

Exemple illustratif : le pendule inversé

Les simulations suivantes montrent, sur un exemple pourtant très simple, la pratique et les limites de la synthèse d'une commande neuronale par inversion directe du modèle du processus. Il s'agit de la commande du pendule inversé. Ce système dynamique commandé a été introduit au chapitre précédent dans la section « Exemple de pendule inversé », et le modèle neuronal a été aisément identifié, et avec une bonne précision, à partir de l'équation d'état. Le domaine d'angle choisi pour l'apprentissage correspond à l'intervalle $[-\pi/5,\pi/5]$, soit une zone de non-linéarité modérée. La fréquence d'échantillonnage est de 50 Hz.

L'apprentissage du contrôleur a été effectué par inversion directe du modèle interne. La procédure d'optimisation choisie est une méthode du second ordre (algorithme de BFGS, introduit dans le chapitre 2). On suppose que l'état est complètement observé. Le but est de stabiliser l'état sur la position d'équilibre instable. La fonction de coût prend donc en considération l'écart de l'angle par rapport à cette position d'équilibre, et l'écart de la vitesse angulaire par rapport à zéro. On remarque que l'opérateur effectue donc un choix en fixant les coefficients de pondération des deux écarts quadratiques. On va voir que ce choix a une influence sur l'efficacité du contrôleur.

Le contrôleur ainsi calculé est testé pour la stabilisation du système à partir d'une position angulaire initiale, égale à la moitié de l'écart maximal utilisé pour l'apprentissage. Dans tous les cas, le contrôleur a un bon fonctionnement nominal et stabilise sans difficulté le système. On teste maintenant la robustesse de ce contrôleur en perturbant la commande par un bruit multiplicatif de la forme $(1+\kappa\varepsilon)$, où ε est un bruit blanc numérique normalisé, et κ le facteur de bruit de commande. Outre les études classiques et importantes de robustesse du contrôleur face aux perturbations externes et aux imprécisions de la modélisation (bruits d'état et de mesure), il est en effet important, en pratique, de s'assurer de la robustesse du contrôle par rapport à la loi de commande elle-même qui n'est mise en œuvre qu'avec des erreurs (erreurs numériques d'arrondi, erreurs électro-mécaniques des moteurs de commande…). L'efficacité du contrôleur synthétisé dépend de la fonction de coût choisie, comme le montrent les figures suivantes.

Dans la première expérience, dont la figure 5-3 représente une trajectoire typique, la pondération de l'écart de vitesse prise dans la fonction de coût est supérieure à celle de l'écart d'angle. Le système n'est stabilisé que pour un facteur de bruit de commande inférieur à 0,5. Un facteur de bruit supérieur entraîne généralement une sortie du domaine de viabilité dans une durée inférieure à celle choisie pour l'expérience (20 secondes). La vitesse est stabilisée autour de la consigne comme le montre la figure 5-3. La stabilisation de la position est beaucoup plus lente que celle de la vitesse, et la position de référence n'est pas atteinte pendant la période de l'expérience.

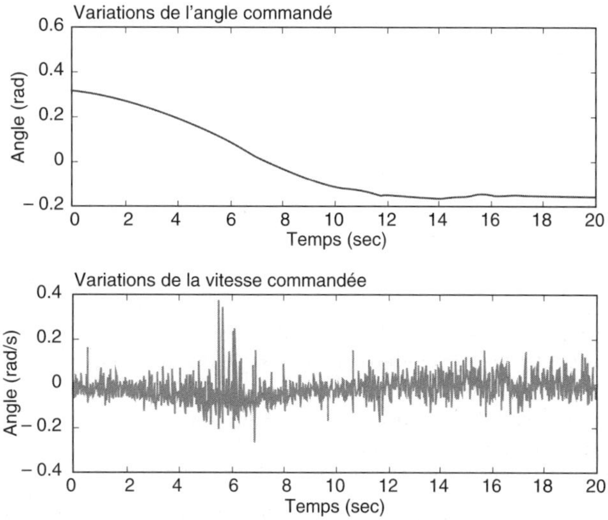

Figure 5-3. *Trajectoire du système stabilisé avec un facteur de bruit de commande de 0,5. (Méthode d'inversion directe avec pondération supérieure de l'écart des vitesses dans l'objectif.)*

Dans la seconde expérience, la pondération de l'écart quadratique des vitesses est inférieure à celle de l'écart quadratique de position. Le contrôleur est plus robuste au bruit de commande ($\kappa = 3$) comme le montre la figure 5-4 présentée ci-après.

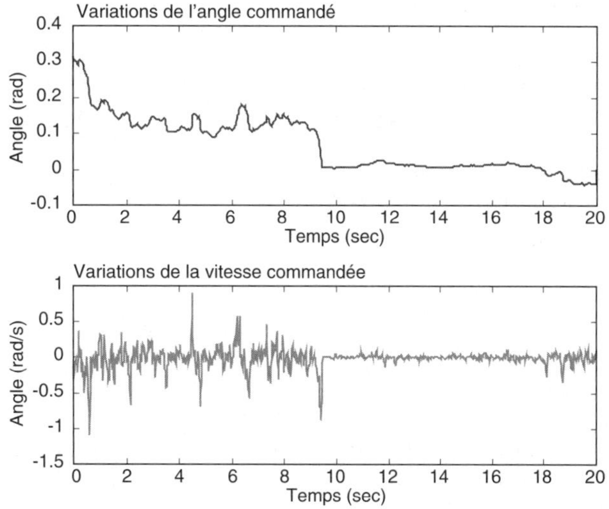

Figure 5-4. Trajectoire du système stabilisé avec un facteur de bruit de commande de 3. (Méthode d'inversion directe avec pondération supérieure de l'écart de position.)

Si l'on choisit une pondération de l'écart quadratique de position inférieure à celle de l'écart quadratique des vitesses, le système est mal stabilisé dès que l'on introduit un bruit de commande. Ainsi, dans le cas d'une optimisation multi-critère, la méthode d'inversion directe suppose une connaissance empirique du système qui s'introduit implicitement dans le choix de l'objectif instantané. La robustesse du contrôleur dépend fortement de cette fonction.

En conclusion, la méthode d'inversion directe est une solution simple dans son principe mais dont la mise en œuvre peut nécessiter une connaissance du fonctionnement du système plus approfondie qu'il n'y paraît. Sa robustesse face aux perturbations variées et aux erreurs de modélisation doit être vérifiée et souvent des améliorations de cette méthode sont nécessaires. Nous allons examiner maintenant quelques-unes de ces améliorations, sélectionnées pour leur caractère pratique.

Utilisation d'un modèle de référence

L'utilisation d'un modèle de référence, notamment mais non exclusivement en commande adaptative (appelée méthode MRAC, pour *Model Reference Adaptive Control* dans la littérature anglo-saxonne), permet de bénéficier plus rationnellement, quand c'est possible, de la connaissance a priori du système pour synthétiser la commande [RIVALS *et al.* 2000]. Dans cette méthode, la fonction de coût instantanée n'est pas choisie pour se rapprocher le plus possible, à chaque pas de temps, de l'objectif souhaité, mais pour asservir le système commandé en boucle fermée à une trajectoire de référence, choisie en fonction de la connaissance du système contrôlé et des capacités des actionneurs.

Remarque

On utilise toujours implicitement un modèle de référence : dans la commande simple décrite dans le paragraphe précédent, le modèle de référence se réduit à un simple retard.

La figure 5-5 présentée ci-après donne le schéma général de l'apprentissage d'un contrôleur neuronal avec un modèle de référence.

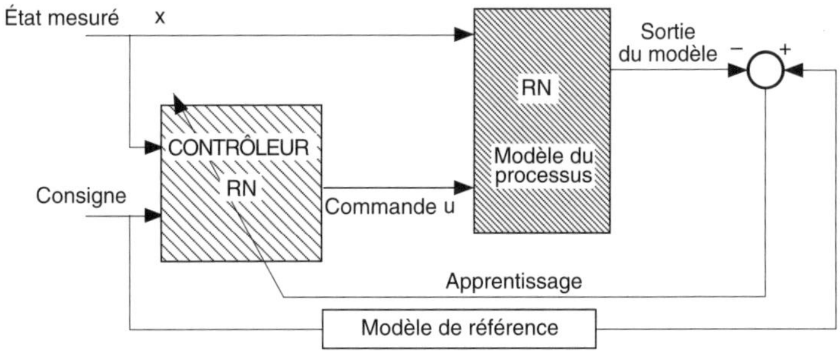

Figure 5-5. Apprentissage d'un contrôleur avec modèle de référence.

La méthode du modèle de référence a fait ses preuves dans de nombreuses applications à des problèmes réels, où elle est utilisée pour améliorer les performances de systèmes dynamiques commandés par des moyens classiques. Quand on le peut, on choisit pour trajectoire de référence celle d'un système linéaire avec un amortissement critique qui est calculé sur une constante de temps souhaitable. Sur notre exemple du pendule inversé, cette méthode donne des résultats bien meilleurs au voisinage de l'équilibre, avec le même modèle que précédemment, comme le montre la figure 5-6, typique des trajectoires du système contrôlé en boucle fermée avec un facteur de bruit de commande de 3.

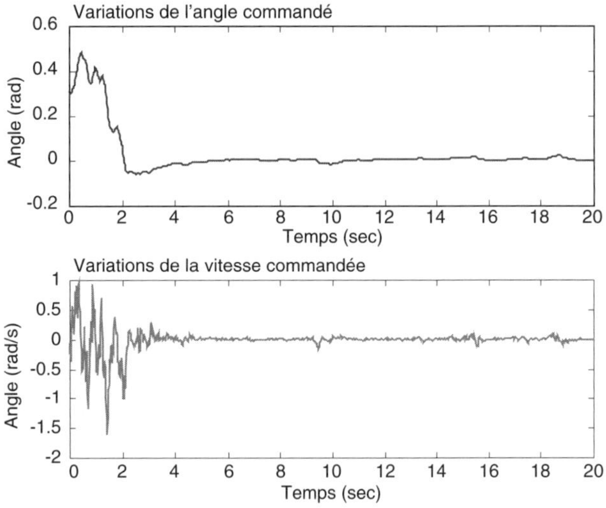

Figure 5-6. Trajectoire du système stabilisé avec un facteur de bruit de commande de 3. (Méthode du modèle de référence.)

Une autre méthode de synthèse de commande neuronale, proposée dans [LEVINE 1993] et s'apparentant à la méthode du modèle de référence, consiste à choisir pour référence le système dynamique commandé, linéarisé au voisinage du point de stabilisation. L'apprentissage neuronal est alors utilisé pour calculer les changements de variables non linéaires sur l'état et la commande afin de ramener le système non linéaire à son linéarisé comme le montre le schéma de la figure 5-7.

On notera que, si le changement de variables sur l'état ne met en jeu que l'état courant, le changement de variable sur la commande met pour sa part en jeu la commande et l'état courant.

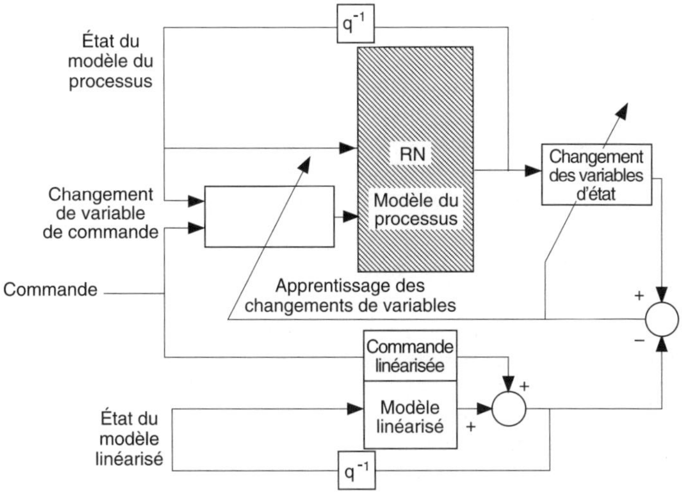

Figure 5-7. Linéarisation du système commandé par apprentissage des changements de variables.

Commande avec modèle interne

Comme nous l'avons mentionné à plusieurs reprises dans cet ouvrage, il est en général très fructueux de chercher à étendre, au domaine non linéaire, des méthodes connues et éprouvées dans le domaine linéaire. La commande « neuronale » avec modèle interne en est un exemple. La figure 5-8 donne le schéma général d'une commande avec modèle interne (et un modèle de référence explicite). Comme son nom l'indique, la commande avec modèle interne met en jeu, outre un contrôleur, un modèle du processus, dit « modèle interne » ; l'erreur de modélisation est utilisée pour modifier la consigne, si bien que le système est robuste aux erreurs de modélisation, ce qui n'est pas le cas pour la commande par modèle inverse.

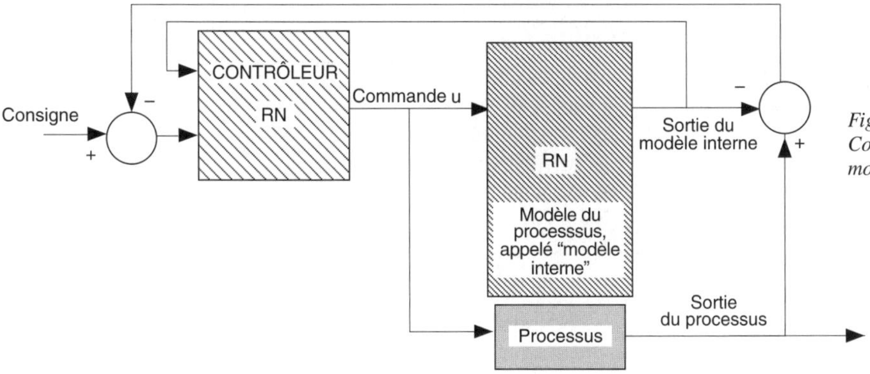

Figure 5-8. Commande avec modèle interne.

L'apprentissage du contrôleur se fait selon le schéma de la figure 5-5 ; néanmoins, il faut remarquer que le contrôleur n'a pas pour entrée l'état du processus, mais celui *du modèle interne*. Il faut donc que l'apprentissage soit effectué à partir de séquences qui soient bien représentatives du domaine de variation des variables d'état de ce modèle.

Cette stratégie de commande a permis de nombreuses applications pratiques ; on trouvera une description détaillée de l'utilisation de cette technique pour le pilotage autonome d'un véhicule dans [RIVALS 1995].

Commande prédictive et utilisation des réseaux récurrents

Nous avons vu que la synthèse d'une commande neuronale par inversion du modèle interne ne fournit pas de résultats très satisfaisants par inversion du modèle d'évolution sur un pas de temps. La méthode du modèle de référence permet, dans certains cas, d'utiliser la connaissance heuristique ou analytique que l'on possède sur la dynamique du système. Quand on n'en dispose pas, il faut prendre en considération directement, dans l'apprentissage, la dynamique du modèle interne. Dans le domaine linéaire, la « commande prédictive » offre également une stratégie de commande très utilisée [MORARI, LEE 1999]. Elle consiste à calculer à chaque pas de temps une commande optimale à horizon fini (l'horizon de prédiction) sous contrainte en fonction de l'état courant puis à mettre en œuvre le contrôle calculé à la première étape avant de passer à l'étape suivante. On utilise ainsi la puissance algorithmique des logiciels de programmation sous contrainte utilisée pour les mêmes raisons de robustesse dans les machines à vecteurs supports évoquées au chapitre 6. On obtient en définitive une loi de contrôle en boucle fermée calculée à partir d'une optimisation d'une commande en boucle ouverte. Il faut alors introduire des contraintes de stabilité supplémentaires. Cette méthodologie très étudiée depuis une quinzaine d'années donne d'excellents résultats dans l'industrie des procédés.

Dans le domaine non-linéaire, la mise en œuvre d'une méthodologie similaire exige qu'on construise des modèles non-linéaires capables de prédiction correcte sur un certain horizon [LEE 2000].

On le fera en utilisant des réseaux de neurones bouclés et en mettant en œuvre la rétropropagation dynamique qui a été présentée dans les chapitres 2 et 4. Le schéma de la figure 5-9 montre comment construire un tel réseau récurrent, dans le cas où l'on utilise une récurrence externe.

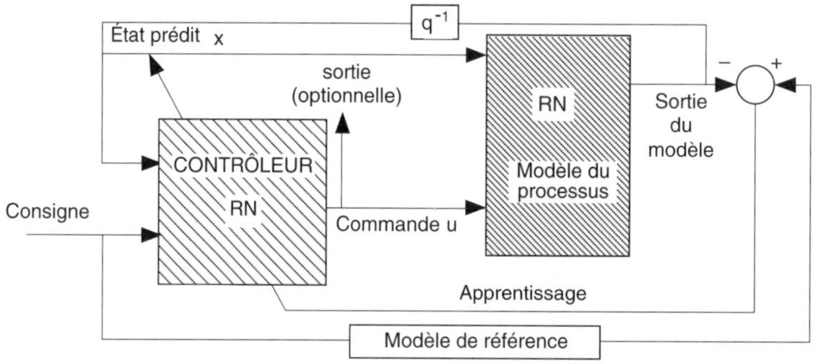

Figure 5-9. Synthèse d'une commande neuronale en boucle fermée par inversion du modèle interne en rétropropagation récurrente.

Dans ce cas, le réseau total, constitué de la concaténation du contrôleur neuronal et du modèle interne admettant comme entrée l'état du système et comme sortie l'état du système au temps suivant, est rendu récurrent par une boucle de retour d'état. On trouvera des applications concrètes de contrôle prédictif utilisant des modèles neuronaux dans [GRONDIN 1994], [HENRIQUES *et al.* 2002], [GIL *et al.* 2002].

Commande d'un système dynamique mesuré par réseau de neurones récurrent

Nous allons conclure cette section sur la synthèse d'une commande neuronale par l'évocation d'un important travail mené par des chercheurs en milieu industriel, que nous avons déjà cité dans les sections du chapitre précédent consacrées au filtrage de Kalman et aux réseaux bouclés [PUSKORIUS *et al.* 1994]. Les auteurs étudient plusieurs exemples de stabilisation de système dynamique commandé non linéaire, où l'état n'est pas connu (mesure incomplète et bruitée). Outre l'étude de plusieurs systèmes provenant de problèmes industriels réels (réacteur biochimique présentant des cycles limites, commande de la vitesse de rotation du moteur d'un véhicule à l'arrêt), ce travail détaille l'étude de la commande d'une variante difficile du problème du pendule inversé – le problème de la stabilisation du pendule inversé monté sur un chariot (*pole-cart problem*). Ce problème est un banc d'essai classique des méthodes de stabilisation des systèmes dynamiques non linéaires. Le système est schématisé dans la figure 5-10.

La commande est une force appliquée au chariot. Cette force agit sur l'état du chariot, et, par inertie, sur l'état du pendule inversé couplé au chariot. Le couplage est non linéaire. Il y a quatre variables d'état : la position du chariot $\boldsymbol{x}$, l'angle du pendule $\boldsymbol{\theta}$ et les vitesses associées. Les observables choisies sont généralement les deux variables de position. L'objectif consiste à stabiliser le pendule tout en gardant le chariot au plus près de sa position centrale.

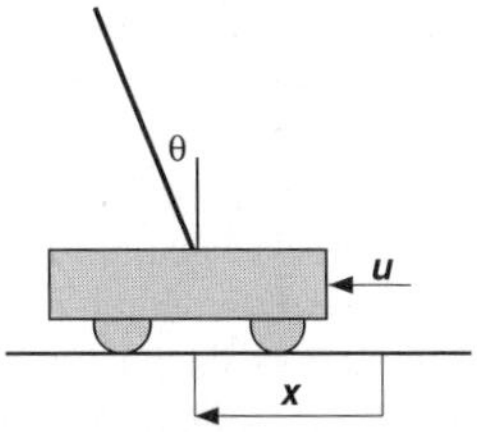

Figure 5-10. Problème du pendule inversé monté sur le chariot.

L'état n'étant pas connu, les auteurs utilisent un réseau récurrent de Elman (décrit au chapitre 4 dans la section consacrée aux réseaux bouclés) pour identifier le système. Le schéma de ce type de réseau est montré sur la figure 5-11.

Le réseau total formé du contrôleur et du modèle interne comporte deux types de bouclages : une récurrence externe exprimant le retour de la mesure sur le contrôleur, et une récurrence interne de la couche cachée exprimant pour sa part la dynamique de l'état inconnu. Le contrôleur neuronal est lui-même un réseau récurrent dont l'entrée comprend la consigne et les deux variables mesurées, dont la couche cachée est constituée de six unités récurrentes, et dont la sortie exprimant la commande est constituée par un neurone auto-récurrent. L'apprentissage des réseaux récurrents est effectué par l'algorithme adaptatif du filtre de Kalman étendu découplé DEKF, décrit au chapitre précédent dans la section consacrée au filtrage.

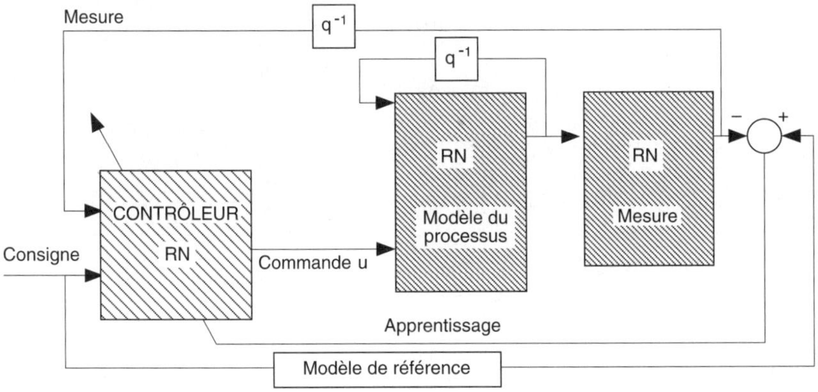

Figure 5-11. Synthèse d'une commande neuronale en boucle fermée par rétropropagation récurrente à travers un réseau de Elman.

Le problème est rendu plus difficile par l'adjonction d'un bruit de commande analogue à celui qui a été décrit plus haut dans l'étude sur la robustesse du contrôleur neuronal du pendule inversé. Cette technique permet de résoudre le problème de stabilisation du système de façon satisfaisante dans diverses conditions expérimentales.

Programmation dynamique et commande optimale

Exemple de problème déterministe à espace d'états discret

Reprenons l'exemple de système dynamique commandé simple, à espace d'états discret, représenté sur la figure 4-1, et décrit au début de la section du chapitre 4, « Formalisation et exemples de systèmes dynamiques commandés à temps discret ». Pour définir un problème de commande, nous devons définir le critère sous la forme d'une fonction de coût à minimiser. On peut, par exemple, se fixer pour objectif de rejoindre une case du labyrinthe (la sortie 35), le plus vite possible. Dans ce cas, nous donnerons à chaque triplet (état initial, action, état final) un coût unité, excepté à un triplet d'état final 35 permettant la sortie, auquel nous attribuons un fort coût négatif $-A$ (récompense).

Le problème de la commande optimale consiste à déterminer une commande en boucle fermée (dans le contexte d'un espace d'états discret, on parle plutôt de *politique* ou de *stratégie*), c'est-à-dire une fonction de l'espace d'états $\boldsymbol{E}$ dans l'espace des commandes ou des actions $\boldsymbol{A}$ qui, à tout état, associe une commande (dans ce contexte, on parlera plutôt d'*action*) réalisable dans cet état. Un couple formé par un état et une action réalisable dans cet état sera appelé un couple état-action *admissible*.

En fait, pour les problèmes à horizon fini, on conçoit que la politique optimale ne soit pas stationnaire : si nous parcourons une forêt en début de journée, nous cherchons à avancer le plus rapidement possible ; en revanche, en fin de journée, nous cherchons plutôt à rejoindre un refuge pour y passer la nuit. Dans un lieu donné, les deux directions ne sont généralement pas les mêmes. On devra donc considérer, dans les problèmes à horizon fini, des politiques non stationnaires, c'est-à-dire des fonctions de l'état et du temps à valeurs dans l'espace des actions.

Dans notre exemple simple, les quatre actions possibles N, S, E, O (nord, sud, est, ouest) sont réalisables dans tous les états. À une politique donnée est associé un système dynamique. Si cette politique est stationnaire, le système dynamique est autonome. Ainsi, dans notre exemple, à la politique stationnaire et constante qui, à tout état, associe l'action E, correspond le système dynamique dont des exemples de trajectoires d'état-action sont :

ω_1 = ((12, E), (13, E), (14, E), (15, E), (15, E)...) trajectoire issue de l'état initial 12,
ω_2 = ((21, E), (22, E), (22, E)...) trajectoire issue de l'état initial 21,
ω_3 = ((24, E), (24, E)...) trajectoire issue de l'état initial 24,
ω_4 = ((32, E), (33, E), (34, E), (35, E),(35)...) trajectoire issue de l'état initial 32...

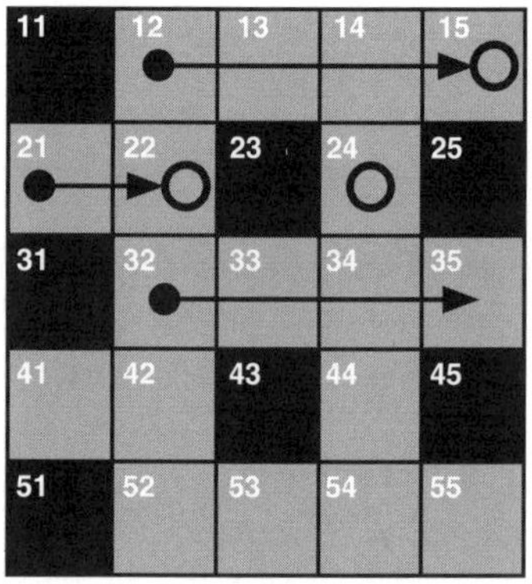

Figure 5-12. Schéma du labyrinthe de la figure 4-1, avec représentation des trajectoires associées à la politique de commande constante E.

Ces trajectoires sont représentées dans la figure 5-12.

À chaque trajectoire d'état-action ω est associé un coût total J qui, en principe, est la somme des coûts de chaque étape de la trajectoire. Il faut distinguer les *problèmes à horizon fini* des *problèmes à horizon infini*. Si le nombre de transitions étudié est fixé à l'avance, par exemple N, il suffit de prendre comme critère la somme effective des coûts de chaque étape, à laquelle s'ajoute éventuellement un coût terminal. Par exemple, à la politique constante consistant à choisir l'action E, et à l'horizon fini $N = 10$, est associée la fonction de coût J^N qui vaut, sur les trajectoires précédentes, dans le cas où l'on ne prend pas en considération un coût terminal :

$J^N(\omega_1) = 10$, $J^N(\omega_2) = 10$, $J^N(\omega_3) = 10$, $J^N(\omega_4) = 3 - 7A$ ...

Dans la modélisation de cet exemple, on peut aussi, plus naturellement, attribuer à chaque couple état-action le coût unité, et choisir un coût terminal égal à $-A$ sur l'état-cible 35, et égal à A sur tout autre état. On obtient alors comme coût total sur les trajectoires précédentes :

$J^N(\omega_1) = 10 + A$, $J^N(\omega_2) = 10 + A$, $J^N(\omega_3) = 10 + A$, $J^N(\omega_4) = 10 - A$ ...

Hélas, on ne connaît généralement pas l'horizon à l'issue duquel on peut atteindre son objectif – même si on le souhaite le plus court possible – et, dans ce cas, il n'est pas possible de restreindre son horizon. On est alors conduit à considérer des problèmes à horizon infini. Pour ces problèmes, on ne peut pas toujours définir le coût total comme la somme effective des coûts des transitions. En effet, la somme de la série représentant le coût total d'une trajectoire peut diverger. On dispose alors de plusieurs solutions pour définir le coût d'une trajectoire infinie.

On peut le définir comme la limite quand N tend vers l'infini quand elle existe du *coût moyen* sur les N premières transitions de la trajectoire. Dans notre problème simple, cette solution serait peu efficace. Elle reviendrait à attribuer à toute trajectoire d'état-action se terminant sur l'équilibre souhaité (35) le coût $-A$, et à toute autre trajectoire le coût 1. On ne peut pas discriminer, parmi les trajectoires menant à l'état souhaité, celles qui y mènent plus rapidement.

Quand le problème consiste à rejoindre un état spécifié ou état terminal en un nombre fini de transitions, on peut prendre comme fonction de coût total la somme du coût des transitions. C'est le cas dans notre exemple.

Dans le cas général, on choisit de prendre comme critère, pour les problèmes à horizon infini, la minimisation du *coût actualisé* J^α, inspiré des calculs financiers où les coûts futurs sont escomptés d'un taux d'actualisation α. Ainsi, dans notre exemple, pour un modèle à horizon infini, nous aurions

$$J^\alpha(\omega_1) = J^\alpha(\omega_2) = J^\alpha(\omega_3) = 1 + \alpha + \alpha^2 + \ldots = \frac{1}{1-\alpha}$$

$$J^\alpha(\omega_4) = 1 + \alpha + \alpha^2 - A\alpha^3 - A\alpha^4 - \ldots = 1 + \alpha + \alpha^2 - \frac{A\alpha^3}{1-\alpha}$$

ce qui valorise bien les trajectoires qui atteignent la sortie et, parmi elles, les trajectoires les plus rapides.

Le problème consiste donc à trouver une politique optimale π_* telle que le coût total de la trajectoire d'état-action associée à cette politique soit minimal pour chaque état initial.

Exemple de problème de décision markovienne

Un *problème de décision markovienne* est la généralisation, à un contexte probabiliste, d'un problème du type précédent. On introduit un aléa dans le modèle d'état et dans les coûts. Le coût total devient alors une variable aléatoire J dont on cherche à minimiser une fonctionnelle que nous prendrons égale à l'espérance mathématique[1] de cette variable aléatoire $J = E(J)$.

Par exemple, dans le problème précédent, comme nous l'avons déjà remarqué, nous pouvons considérer qu'à chaque couple état-action est associée, non pas un état, mais une variable aléatoire qui prend ses valeurs dans l'espace des états, en choisissant la valeur nominale avec la probabilité 0,8, et les deux valeurs voisines chaque fois avec la probabilité 0,1. Les variables aléatoires correspondant à chaque transition sont indépendantes.

1. On rappelle que l'espérance mathématique est la moyenne d'une variable aléatoire pour sa loi de probabilité. Comme il s'agit d'un phénomène dynamique, la probabilité est définie sur l'espace des trajectoires.

Ainsi, à la politique constante E est associée maintenant une chaîne de Markov dont les trajectoires à l'horizon 2, issues par exemple de l'état 24, peuvent être décrites par l'arbre ternaire représenté dans la figure 5-13.

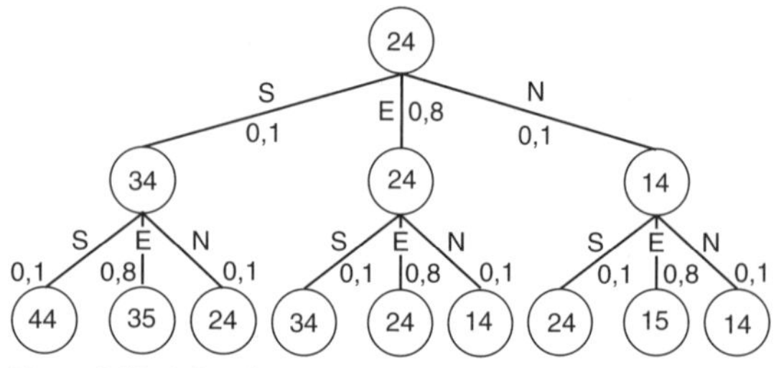

Figure 5-13. Arbre des trajectoires à 2 pas, issues de l'état 24 dans le labyrinthe de la figure 4-1.

Cet arbre comporte $3^2 = 9$ sections de trajectoires. Le résultat de la première transition, associée au couple état-action (24, E), est une variable aléatoire à valeurs dans l'espace des états, qui prend les valeurs 14, 24, 34 avec les probabilités respectives 0,1, 0,8 et 0,1. À l'étape suivante, selon l'état où l'on est, on opère une transition liée aux couples état-action (14, E), (24, E) ou (34, E). Le résultat de la transition associée par exemple au couple (14, E) est une variable aléatoire indépendante de la précédente, prenant les valeurs 24, 15, 14 avec les probabilités respectives 0,1, 0,8 et 0,1. La probabilité d'une *trajectoire à l'horizon N*, c'est-à-dire comportant N transitions, se calcule en effectuant le produit des probabilités de chaque résultat de transition. Par exemple, la probabilité de la trajectoire ((24, E), (14, E), (24)) vaut 0,1*0,1 = 0,01. La probabilité de la trajectoire intéressante ((24, E), (34, E) (35)) vaut 0,1*0,8 = 0,08. Or, l'évaluation du coût d'une politique requiert celle des probabilités de toutes les trajectoires possibles pour calculer le coût moyen.

Nous voyons, encore mieux que sur le problème déterministe, l'impossibilité de recourir à une méthode directe énumérative pour calculer le coût associé à une politique, et la nécessité de méthodes de résolution appropriées, qui seront développées dans la section consacrée à l'apprentissage par renforcement et à la programmation neuro-dynamique. En clair, nous cherchons un algorithme qui nous permette d'énumérer et de calculer les coûts relatifs à chaque couple état-action admissible, et non à chaque trajectoire de couples état-action admissibles, ce qui augmenterait la taille du problème d'une façon exponentielle avec l'horizon.

On peut aussi choisir de modéliser les coûts élémentaires associés à chaque transition par une variable aléatoire. Cette généralisation est minime car on remplace immédiatement cette variable aléatoire par sa moyenne dans le cas où le critère est le coût moyen.

Définition d'un problème de décision markovienne

Chaîne de Markov commandée

On formalise l'exemple précédent avec la définition suivante, que nous limitons sans inconvénient au cas où l'espace d'états et l'ensemble des actions sont finis. Un « problème de décision markovienne » est constitué par la donnée d'une *chaîne de Markov commandée*, d'une fonction de *coût élémentaire*, d'un horizon si le problème est à horizon fini, et éventuellement d'un taux d'actualisation si le problème est à horizon infini.

Nous avons déjà rencontré à plusieurs reprises la notion de processus markovien commandé, qui est l'analogue stochastique d'un système dynamique commandé. Précisons sa définition.

Définition

Une chaîne de Markov commandée est définie par la donnée d'un espace d'états E, d'un ensemble d'actions A, d'un sous-ensemble $\mathbf{A} \subset E \times A$ des couples d'état-action admissibles, et d'une application p de A dans l'ensemble des lois de probabilités sur E qui, au couple état-action admissible (x, u), associe la probabilité notée $P_u(x, y)$ de se trouver dans l'état y quand on effectue l'action u dans l'état x.

Remarque

P_u est bien une probabilité et non une densité de probabilité ; il s'agit d'une probabilité de transition.

Ainsi, partant d'un couple initial (x_0, a_0), la probabilité de la trajectoire à l'horizon N

$\omega = ((x_0, a_0), (x_1, a_1), \ldots, (x_{N-1}, a_{N-1}), (x_N))$

est définie par :

$$P(\omega) = P_{a_0}(x_0, x_1)P_{a_1}(x_1, x_2)\ldots P_{a_{N-1}}(x_{N-1}, x_N).$$

Définition

On appelle *politique* de la chaîne de Markov commandée une application π de $\boldsymbol{E} \times N$ dans $\boldsymbol{A}$ telle que, pour tout état x et pour tout instant k, le couple état-action $(x, \pi(x, k))$ soit admissible.

Si la politique π ne dépend pas du temps, on dit que c'est une *politique stationnaire*. Pour simplifier les notations, on notera aussi π une politique stationnaire comme fonction de l'état. À toute politique stationnaire π est associée une chaîne de Markov de probabilité de transition P_π définie par :

$\mathrm{P}_\pi(x, y) = P_{\pi(x)}(x, y)$.

Définition

On appelle *coût élémentaire* une application c de $\boldsymbol{A} \times \boldsymbol{E}$ dans R, et *coût terminal* une application C de $\boldsymbol{E}$ dans R.

Problème de décision markovienne à horizon fini

On se fixe un entier strictement positif N appelé *horizon*, qui représente le nombre de transitions autorisé. Le problème est de trouver une trajectoire de coût minimal entre les temps 0 et N.

À toute politique π et à tout horizon N est associée la fonction de coût $J_\pi^{0,N}$ de $\boldsymbol{E}$ dans R, associant elle-même à x l'espérance du coût de la trajectoire d'horizon N issue de l'état initial x pour la loi de la chaîne de Markov commandée. La fonction $J_\pi^{0,N}$ est définie par :

$$J_\pi^{0,N}(x) - \sum_{(x_1, \ldots, x_n) \in E^N} P_{\pi(x,0)}(x, x_1)P_{\pi(x_1,1)}(x_1, x_2)\ldots P_{\pi(x_{N-1}, N-1)}(x_{N-1}, x_N) \times \left[c(x, \pi(x, 0)x_1) \right.$$
$$\left. + \sum_{k=1}^{N-1} c(x_k, \pi(x_k, k)x_{k+1}) + C(x_N) \right].$$

Plus généralement, on définit le coût $J_{\pi}^{k, N}$ à partir du temps k par :

$$J_{\pi}^{k, N}(x) - \sum_{(x_{k+1}, \ldots, x_n) \in E^{N-k}} P_{\pi(x, k)}(x, x_{k+1}) P_{\pi(x_{k+1}, k+1)}(x_{k+1}, x_{k+2}) \ldots P_{\pi(x_{N-1}, N-1)}(x_{N-1}, x_N)$$

$$\times \left[c(x, \pi(x, k) x_{k+1}) + \sum_{kk' = k+1}^{N-1} c(x_{k'}, \pi(x_{k'}, k') x_{k'+1}) + C(x_N) \right].$$

Définition du problème de décision markovienne à horizon fini

Le problème de décision markovienne à l'horizon N est de trouver la politique optimale π^* minimisant la fonction de coût $J_{\pi}^{0, N}$.

Problème du plus court chemin stochastique

Le problème qui consiste à rejoindre un état particulier noté x^* est appelé « problème du plus court chemin stochastique » [BERTSEKAS *et al.* 1996]. Dans ce type de problème, il existe nécessairement un état unique appelé *état terminal* et noté x^* tel que, pour toute action admissible, la seule transition possible à partir de cet état terminal soit la transition triviale $x^* \to x^*$. On suppose, par ailleurs, qu'il existe au moins une politique stationnaire telle que son application donne une probabilité non nulle de rejoindre, à partir de tout état, l'état terminal. De telles politiques stationnaires sont appelées des *politiques stationnaires propres*. Ainsi, l'état terminal est l'état d'équilibre (déterministe) de la chaîne de Markov définie par une politique stationnaire propre.

En ce qui concerne les problèmes à horizon infini, les coûts élémentaires étant stationnaires et le coût terminal n'existant pas, il est inutile de rechercher une politique optimale non stationnaire. Pour un état donné, l'action optimale ne dépend pas du temps.

On convient que le coût élémentaire de la transition triviale à partir de l'état terminal est nul, et que le coût élémentaire de toute autre transition est strictement positif, et donc borné inférieurement par une constante positive puisque l'ensemble des états est fini.

On définit le coût moyen total d'une politique stationnaire π par :

$$J_{\pi}(x) = \lim_{N \to \infty} \sum_{(x_1, \ldots, x_N) \in E^N} P_{\pi}(x, x_1) P_{\pi}(x_1, x_2) \ldots P_{\pi}(x_{N-1}, x_N) \left[c(x, \pi(x), x_1) + \sum_{k=1}^{N-1} c(x_k, \pi(x_k), x_{k+1}) \right]$$

que l'on peut aussi écrire, d'une façon plus formelle, en utilisant le formalisme des variables aléatoires

$$J_{\pi}(x) = E_{P_{\pi, x}} \left[c(x, \pi(x), X_1) + \sum_{k=1}^{\infty} c(X_k, \pi(X_k), X_{k+1}) \right]$$

où $P_{\pi, x}$ est la loi de probabilité de la chaîne de Markov associée à la politique stationnaire π et d'état initial x.

On en déduit que, pour toute politique stationnaire impropre, il existe au moins un état initial tel que le coût moyen total soit infini.

Définition du problème du plus court chemin stochastique

Le problème du plus court chemin stochastique consiste à trouver la politique stationnaire propre optimale π^*, minimisant la fonction de coût J_π.

Problème à horizon infini et à coût actualisé

On se donne un nombre réel α strictement compris entre 0 et 1 appelé *taux d'actualisation*.

À toute politique stationnaire π et à tout taux d'actualisation α est associée la fonction de coût J_π^α de $\mathbf{E}$ dans R qui associe à x le coût moyen de la trajectoire issue de l'état initial x pour la loi de la chaîne de Markov de matrice de transition P_π.

$$J_\pi^\alpha(x) = \lim_{N \to \infty} \sum_{(x_1, \ldots, x_N) \in E^N} P_\pi(x, x_1)P_\pi(x_1, x_2)\ldots P_\pi(x_{N-1}, x_N)\left[c(x, \pi(x), x_1) + \sum_{k=1}^{N-1} \alpha^k c(x_k, \pi(x_k), x_{k+1})\right]$$

que l'on peut aussi écrire, comme dans le cas du problème du plus court chemin stochastique :

$$J_\pi^\alpha(x) = E_{P_{\pi,x}}\left[c(x, \pi(x), X_1) + \sum_{k=1}^{\infty} \alpha^k c(X_k, \pi(X_k), X_{k+1})\right].$$

Définition du problème à horizon infini et à coût actualisé

Le problème de décision markovienne à l'horizon infini pour le taux d'actualisation γ consiste à trouver la politique stationnaire optimale π^* minimisant la fonction de coût $J_\pi{}^\alpha$.

Dans la suite, chaque fois que le contexte indiquera clairement la nature du problème, horizon fini ou infini actualisé, nous noterons l'horizon fini N dans le premier cas et le taux d'actualisation α dans le second cas, et nous omettrons l'indice supérieur de la fonction de coût pour alléger les notations.

On peut transformer un problème à horizon infini et à coût actualisé en un problème de plus court chemin stochastique de la façon suivante. On ramène par translation les coûts élémentaires à des quantités strictement positives. On ajoute ensuite artificiellement un état terminal x^*, et l'on modifie les transitions du problème de décision markovienne, quel que soit le couple état-action admissible, en les faisant précéder d'un tirage aléatoire préalable qui peut interrompre le processus avec la probabilité $1 - \alpha$ pour l'envoyer dans l'état terminal (« état cimetière »). Toutes les politiques stationnaires du problème primitif sont des politiques stationnaires propres pour le problème de plus court chemin stochastique (au sens du paragraphe précédent), et il y a égalité entre le coût total moyen du problème transformé et le coût total moyen actualisé du problème primitif. Cette transformation est formelle et vise à montrer que les méthodes utilisées pour les problèmes de plus court chemin stochastique se transposent facilement aux problèmes à horizon infini et à coût actualisé.

Réciproquement, étant donné un problème de plus court chemin stochastique, on peut, dans la pratique des simulations, le transformer en un problème à horizon infini et à coût moyen actualisé, en faisant suivre l'atteinte de l'état terminal, non pas de la transition triviale, mais de la réinitialisation dans un état initial choisi aléatoirement.

Programmation dynamique à horizon fini

Principe d'optimalité de Bellman

Si nous considérons la définition précédente de $J_\pi^{0,N}$, nous pouvons la mettre sous la forme suivante :

$$J_\pi^{0,N}(x) = \sum_{x_1 \in E} P_{\pi(x,0)}(x, x_1)\Bigg[c(x, \pi(x,0), x_1) + \sum_{(x_2,\dots x_n) \in E^N} P_{x(x_1,1)}(x_1, x_2)\dots P_{x(x_{N-1},N-1)}(x_{N-1}, x_N) \times \sum_{k=1}^{N-1} c(x_k, \pi(x_k, k)x_{k+1}) + C(x_N)\Bigg]$$

soit

$$J_\pi^{0,N}(x) = \sum_{x_1 \in E} P_{\pi(x,0)}(x, x_1)[c(x, \pi(x,0), x_1) + J_\pi^{1,N}(x_1)] = E_{P_{\pi(x,0)}}[c(x, \pi(x,0)X_1) + J_\pi^{1,N}(X_1)]$$

une conséquence très simple de l'additivité du coût d'une trajectoire étape par étape.

Cette écriture montre que la politique optimale π_* qui minimise $J_\pi^{0,N}$ minimise aussi les coûts $J_\pi^{k,N}$. On peut donc écrire

$$J_{\pi_*}^{0,N}(x) = \min_{u/(x,u) \in A} E_{P_{u(x_1)}}[c((x,u), X_1) + J_{\pi_*}^{1,N}(X_1)]\,.$$

Cette équation, vérifiée par la politique optimale, s'appelle le *principe d'optimalité de Bellman.*

Algorithme de la programmation dynamique à horizon fini

Le principe d'optimalité de Bellman nous permet de déduire une procédure de résolution du problème de décision markovienne à horizon fini : le célèbre « algorithme de programmation dynamique ». Son principe est de déterminer la politique optimale à partir de la dernière action, puis de remonter le temps en optimisant successivement $J_\pi^{N-1,N}, \dots, J_\pi^{k,k+1}, J_\pi^{0,1}$.

On résout donc successivement, pour k variant de $N - 1$ à 1, le problème

$$\pi_*(x, k) = \text{Arg}\min_{u/(x,u) \in A}\left\{\sum_{y \in E} P_u(x, y)[c(x, u, y) + J_\pi^{k+1,N}(y)]\right\},$$

puis on met à jour le coût optimal

$$J_\pi^{k,N}(x) = \sum_{y \in E} P_\pi(x, k)(x, y)[c(x, \pi_*(x,k), y) + J_\pi^{k+1,N}(y)]\,,$$

Il est commode d'introduire un intermédiaire de calcul : la *fonction de valeur* $Q^{k,N}$ sur l'ensemble des couples état-action admissibles :

$$Q^{k,N}(x, u) = \sum_{y \in E} P_u(x, y)[c(x, u, y) + J_\pi^{k+1,N}(y)]\,.$$

L'algorithme de la programmation dynamique s'écrit alors :

$$Q^{k,N}(x, u) = \sum_{y \in E} P_u(x, y)[c(x, u, y) + J_{\pi_*}^{k+1,N}(y)]$$

$$\pi_*(x, k) = \text{Arg}\min_{u/(x,u) \in A}\{Q^{k,N}(x, u)\}$$

$$J_{\pi_*}^{k+1,N}(x) = Q^{k,N}(x, \pi_*(x,k))\,.$$

Programmation dynamique à horizon infini et à coût actualisé

Principe d'optimalité de Bellman

Comme dans le cas *du problème à horizon fini, nous pouvons transformer la définition de* J_π^α pour obtenir la relation suivante :

$$J_\pi^\alpha(x) = E_{p_{\pi,x}}[c(x, \pi(x), X_1) + \alpha\, J_\pi^\alpha(X_1)]\,.$$

Cette formule peut être appliquée à la politique optimale π_*. Écrivons que celle-ci est meilleure que la politique non stationnaire consistant à appliquer l'action a dans l'état x, puis la politique stationnaire optimale à partir du premier instant. On obtient ainsi l'équation :

$$J_{\pi_*}^\alpha(x) = \min_{u/(x,u)\in A} E_{p_{u(x_1)}}[c((x, u), X_1) + \alpha J_{\pi_*}^\alpha(X_1)]$$

qui exprime le principe d'optimalité de Bellman à horizon infini. Comme dans les problèmes à horizon fini, on peut associer à une fonction de coût donnée J, définie sur l'espace d'états, une fonction de valeur Q, définie sur l'ensemble des couples état-action admissibles par :

$$Q_J^\alpha(x, u) = \sum_{y\in E} P_u(x, y)[c(x, u, y) + \alpha J(y)]\,.$$

Avec cette définition de la fonction valeur, l'équation d'optimalité de Bellman s'écrit :

$$J_*^\alpha(x) = \min_{u/(x,u)\in A} Q_{J_*}^\alpha(x, u)\,.$$

Cette équation est une équation de point fixe sur la fonction de coût optimale J_{π_*}. Contrairement au problème à horizon fini, elle ne fournit pas directement un algorithme pour calculer, en un nombre fini d'itérations, la fonction de coût optimale et la politique optimale. En revanche, on peut montrer le théorème de caractérisation suivant [BERTSEKAS *et al.* 1996].

Théorème

La solution unique de l'équation de Bellman est la fonction de coût optimale J_{π_*}.

Ce théorème se prouve selon une technique dite de la contraction. L'intérêt de cette technique est que, outre l'obtention d'un théorème mathématique d'existence et d'unicité, elle permet de fournir les preuves de convergence d'algorithmes qui aboutissent à la solution. Ces algorithmes sont des algorithmes itératifs que nous allons décrire dans les paragraphes suivants. Pour alléger les notations, nous omettons de réécrire α en indice.

Méthode d'itération de la politique

Cet algorithme passe par la définition d'une suite de politiques stationnaires qui s'améliorent à chaque itération. Nous allons décrire une itération de l'algorithme à partir de la politique π_n obtenue à l'itération n :

```
Jn est calculé comme la fonction de coût moyen de la politique πn
Qn est calculé comme la fonction valeur associée à Jn
πn + 1(x)= Arg minu/(x,u) ∈ A Qn (x,u).
```

L'intérêt de cet algorithme est qu'il permet d'obtenir explicitement une suite de politiques s'améliorant d'une façon monotone, et dont on peut contrôler le coût. Cette itération nous permet d'introduire les méthodes « acteur-critique ». On nomme ainsi ces méthodes où une politique est d'abord « appliquée » (calcul de J_n), puis « critiquée » (ici par minimisation), pour obtenir une nouvelle politique. Évidemment, l'application de la politique est ici théorique (simulation), et assez lourde puisqu'elle demande à chaque étape de calculer J_n.

Ce calcul se fait par la résolution du système linéaire suivant :

$$\forall x \in \boldsymbol{E}, J_n(x) = \sum_{y \in E} P_{\pi_n(x)}(x, y)[c(x, \pi(x), y) + \alpha J_n(y)] .$$

On montre que cet algorithme converge « linéairement » (c'est-à-dire à vitesse géométrique) vers la politique optimale π_*, autrement dit que l'écart entre le coût de la politique courante et celui de la politique optimale tend vers 0, en étant majoré en valeur absolue par une progression géométrique de raison inférieure à 1. Dans certains cas qui relèvent de problèmes classiques, l'algorithme se termine en un nombre fini d'itérations.

Méthode d'itération de la fonction de valeur

Cet algorithme passe par la définition d'une suite de fonctions de coût moyen et fonctions de valeur non nécessairement associées à une politique, qui convergent vers la fonction de coût optimale. Nous allons décrire une itération de l'algorithme à partir de la fonction J_n obtenue à l'itération n :

```
Qn est calculé comme la fonction valeur associée à Jn
Jn+1(x) = min_{u/(x, u)∈A} Q_{Jn}(x, u)
```

On montre que cet algorithme converge « linéairement » (c'est-à-dire à vitesse géométrique) en montrant que la fonction de valeur Q_n converge à vitesse géométrique vers la fonction de valeur Q_* associée à la politique optimale. Cette dernière s'obtient ensuite par la minimisation classique :

$$\pi_*(x) = \text{Arg min}_{u/(x, u) \in A} Q_*(x, u)$$

Problèmes de décision markovienne partiellement observés

Les conditions dans lesquelles se posent nombre d'applications pratiques, et la parenté évidente entre la programmation dynamique dans un espace d'états discret et la commande optimale dans un espace d'états continu, conduisent à se poser le problème de décision markovienne dans le cas où l'état ne serait que partiellement observé, en raison soit de composantes de l'état qui ne sont pas directement observables, soit de perturbations ou bruit de mesure.

Les principes de base de la programmation dynamique peuvent encore s'appliquer, mais dans un cadre bien plus complexe. En effet, les politiques ne sont plus définies sur l'espace d'état, mais sur celui des états de croyance qui est un espace d'états continu : l'espace des probabilités sur l'espace d'états.

À partir d'une trajectoire d'observations, on peut définir l'état de croyance comme la probabilité sur l'espace d'états, conditionnée par la trajectoire des observations effectuées pendant le mouvement. Cette probabilité est mise à jour par la règle de Bayes. On peut donc appliquer une politique optimale qui soit fonction de l'état de croyance.

Hélas, cette approche, qui exige que le modèle soit connu pour mettre à jour l'état de croyance, ne peut pas être exploitée par les stratégies d'apprentissage que nous exposerons dans la suite de ce chapitre. C'est la raison pour laquelle nous n'approfondirons pas ce type de problème, qui fait actuellement l'objet de recherches actives ; nous nous contenterons de signaler les stratégies empiriques mises en œuvre pour l'apprentissage de modèles markoviens partiellement observés.

Apprentissage par renforcement et programmation neuro-dynamique

Évaluation d'une politique par la méthode de Monte-Carlo et apprentissage par renforcement

Les méthodes de la programmation dynamique, exposées dans la section précédente, rencontrent des difficultés d'application dans les problèmes réels, notamment dans l'étape d'évaluation du coût d'une politique par résolution d'un système linéaire :

- cette résolution se donne pour objectif d'évaluer exactement le coût moyen d'une politique, simultanément pour chaque état du système ; si le nombre d'états est très grand, la résolution de ce système *à chaque étape* de l'algorithme itératif a un coût prohibitif ;
- l'écriture du système linéaire suppose que soient exactement connues toutes les probabilités de transition d'un état à un autre selon les différentes actions exécutées ; or, dans les problèmes pratiques, complexes, modernes, même dans les cas où le processus réel est suffisamment connu, cette connaissance est résumée dans un *simulateur informatique* dont le programme suit le déroulement et les événements du processus réel ;. ainsi, la connaissance des probabilités de transition correspondant à chaque couple état-action admissible n'est pas directe, et nécessite, pour son estimation, un premier jeu de simulations.

Ces considérations ont conduit les chercheurs à utiliser directement la simulation dans la détermination de la politique optimale, sans passer par l'identification du modèle par détermination des probabilités de transition.

Pour évaluer le coût d'une politique par *une méthode de Monte-Carlo*, l'idée la plus simple consiste à simuler un grand nombre de trajectoires pour chaque état initial, et à calculer la moyenne des différents coûts des trajectoires obtenues. On peut de même évaluer la fonction de valeur associée à une trajectoire, en faisant la moyenne d'un grand nombre de trajectoires pour chaque couple initial état-action admissible, en appliquant la politique courante après la première transition.

L'avantage de la méthode de Monte-Carlo est qu'elle s'applique aussi quand le modèle n'est pas connu, et que l'on a la possibilité d'effectuer des expériences ou des simulations sur une grande échelle. On ne détermine pas la politique optimale à partir du modèle, mais à partir de l'expérimentation et de la réponse de l'environnement que l'on appelle le « signal de renforcement ». Quand ce signal est positif, il renforce les changements que l'on éprouve dans la politique courante ; quand il est négatif, il les infirme. Ce type d'apprentissage est nommé « apprentissage par renforcement » ; cette terminologie met en valeur les mêmes concepts que la méthode acteur-critique mentionnée plus haut. L'apprentissage par renforcement a toujours intéressé les chercheurs, notamment en intelligence artificielle, car on considère que l'adaptation du comportement des systèmes vivants (et notamment de l'animal) est réglée généralement par ce type de mécanisme (voir les travaux bien connus des psychologues des années 1920, notamment de Pavlov). L'apprentissage par renforcement a d'abord été développé parallèlement à l'apprentissage neuronal, notamment par Barto depuis le début des années 1980 [BARTO *et al.* 1983]. Dans ce paragraphe, nous allons en exposer les méthodes les plus usuelles, qui dépassent largement la méthode de Monte-Carlo directe que l'on vient d'exposer.

En effet, la complexité de la méthode de Monte-Carlo directe qui a été exposée peut être très grande : elle peut dépasser celle de la résolution du système linéaire quand le modèle est connu, et se révéler impraticable quand le modèle n'est pas connu. Par ailleurs, cette méthode gaspille l'information obtenue par les simulations. En effet, les coûts des transitions d'une trajectoire donnent des informations, non seulement sur le coût moyen en l'état initial, mais sur le coût moyen en chacun des états parcourus par la trajectoire : la mise à jour doit donc concerner aussi les valeurs de la fonction de coût en chacun de ces états. La méthode que nous allons présenter dans le paragraphe suivant essaie d'utiliser toute l'information obtenue par la simulation ou l'expérimentation d'une trajectoire d'états, associée à une politique stationnaire.

Nous allons la présenter dans le cadre des problèmes de décision markovienne à horizon infini et à coût actualisé, cadre dans lequel les algorithmes de cette méthode sont le plus nécessaires et le plus employés ; néanmoins, elle s'adapte aussi aux problèmes à horizon fini. Nous présentons les algorithmes avec un taux d'actualisation α, qui s'appliquent aussi très bien à des résolutions de problèmes du plus court chemin stochastique.

Présentation de l'algorithme TD d'évaluation d'une politique

Algorithme TD(1) et définition des différences temporelles

La méthode des « différences temporelles », ou méthode TD (pour *temporal differences*), s'appuie sur l'équation d'additivité du coût énoncée au paragraphe précédent (récrite en omettant les indices supérieurs mentionnant le taux d'actualisation α, fixé une fois pour toutes dans la suite de ce paragraphe) : $J_\pi(x) = E_{P_{\pi,x}}[c(x, \pi(x), X_1) + \alpha J_\pi(X_1)]$.

Quand nous effectuons une transition $(x \rightarrow y)$ consécutive au couple état-action admissible (x, a), le coût correspondant à cette transition $c(x, \pi(x), y)$ doit être utilisé pour mettre à jour l'estimation de $J_\pi(x)$. Cette mise à jour est effectuée par le calcul récursif de la moyenne par une technique de filtrage à gain (ou taux d'apprentissage) γ, qui incorpore, d'une part, la nouvelle information sur le coût moyen total $c(x, \pi(x), y) + \alpha \hat{J}_\pi(y)$, et, d'autre part, l'ancienne information $\hat{J}_\pi(x)$, selon la relation suivante : $\hat{J}_\pi^+(x) = \hat{J}_\pi(x) + \gamma[c(x, \pi(x), y) + \alpha \hat{J}_\pi(y) - \hat{J}_\pi(x)]$.

Nous avons vu les propriétés des filtrages à gain variable et à gain constant dans le chapitre 4. Un filtre à gain décroissant linéairement avec le nombre de mises à jour converge (lentement) vers la valeur souhaitée (estimateur consistant). Un filtre à petit gain constant exhibe, en régime stationnaire, des fluctuations de petite amplitude autour de la valeur souhaitée, mais, en revanche, il sera capable, moyennant un réglage convenable du gain, de poursuivre des variations lentes de l'environnement. Dans la pratique, on met souvent en œuvre, successivement, un filtre à gain décroissant pour se rapprocher plus vite du régime stationnaire, puis un filtre à petit gain constant pour le calcul en régime stationnaire. Il faut noter que la décroissance du gain est ici plus délicate à réaliser, car elle est spécifique à chaque état.

Cependant, les mises à jour des valeurs de J_π ne sont pas découplées. En effet, la mise à jour consécutive à une transition d'état final x incorporera la nouvelle estimation de $J_\pi(x)$. Cette méthode s'appelle une méthode de « différences temporelles » (TD) et peut s'étendre à l'utilisation d'une trajectoire de longueur N.

Étant donné une politique, une estimation courante $\hat{J}_\pi$ de J_π, et une trajectoire d'états d'état initial x_0 et comportant N transitions, notée $(x_0, \ldots, x_N)$, obtenue par application de cette politique, on appelle différence temporelle d'ordre k, la quantité d_k définie par : $d_k = c(x_k, \pi(x_k), x_{k+1}) + \alpha \hat{J}_\pi(x_{k+1}) - \hat{J}_\pi(x)$.

On procède alors à la mise à jour de l'estimation de J_π en chaque état de la trajectoire par la formule : $\forall k \in \{0 \ldots N-1\}, \hat{J}_\pi^+(x_k) = \hat{J}_\pi(x_k) + \gamma[d_k + \alpha d_{k+1} + \ldots + \alpha^{N-k-1} d_{N-1}]$.

On remarquera que la mise en œuvre incrémentale de cette mise à jour se ramène à la règle précédente à condition de faire les mises à jour en remontant le temps le long de la trajectoire.

Algorithme TD(λ) et méthode des traces d'éligibilité

Dans la section précédente, nous avons présenté un algorithme qui incorpore dans la mise à jour du coût en x, soit la transition le suivant immédiatement, soit des transitions ultérieures jusqu'à un certain horizon N. Tous ces algorithmes convergent. Cependant, leur vitesse de convergence dépend de la prise en considération judicieuse de l'information apportée par la trajectoire. Il peut sembler injustifié de donner le même poids dans la mise à jour de l'estimation $\hat{J}_\pi(x)$ aux différences temporelles qui résultent de la transition immédiate à partir de l'état x et des transitions moins probables qui interviennent dans un horizon plus lointain. Il a donc été proposé, dans l'article de base sur l'apprentissage par renforcement [BARTO *et al.* 1983], d'escompter, par un taux d'actualisation noté $\lambda \in \,]0, 1[$, les coûts des transitions selon leur éloignement temporel ; on obtient ainsi l'algorithme suivant appelé TD(λ) :

$$\forall k \in \{1 \ldots N-1\},\ \hat{J}_\pi^+(x_k) = \hat{J}_\pi(x_k) + \gamma[d_k + \alpha\lambda d_{k+1} + \ldots + (\alpha\lambda)^{N-k-1}d_{N-1}].$$

On notera que, historiquement, l'idée d'actualisation par λ est d'abord intervenue dans des problèmes à horizon fini ou infini, où le critère n'était pas actualisé par α, et où l'introduction d'un taux d'actualisation apportait plus de nouveauté qu'un simple changement de paramètres comme dans le problème qui est envisagé ici.

Les algorithmes TD(λ) convergent avec les hypothèses habituelles de l'approximation stochastique [SUTTON 1988]. En particulier, il est indispensable que tous les états soient visités « une infinité de fois », c'est-à-dire, en pratique, à un rythme suffisant ; c'est notamment important pour les états qui sont intéressants pour la politique optimale, ce que l'on ne peut généralement pas prévoir avant l'avancement du calcul. Dans les paragraphes suivants, nous reviendrons sur l'importance de la politique d'exploration dans les algorithmes d'apprentissage par renforcement. Si l'on utilise un simulateur, il est indispensable d'assurer cette hypothèse en ne se contentant pas de suivre une trajectoire, mais en relançant périodiquement ou aléatoirement une trajectoire, par un choix au hasard d'un nouvel état initial. Dans le cas d'une expérience sur le processus réel, il faut veiller à une exploration correcte de l'espace d'état compatible avec les contraintes expérimentales. Si ces conditions sont réalisées, l'algorithme d'approximation stochastique converge sans que ce résultat soit pollué par l'existence de minima locaux sous-optimaux.

Des algorithmes variés ont été engendrés par l'application de la méthode des différences temporelles à divers problèmes de jeux, de planification optimale et d'optimisation combinatoire. La convergence de ces algorithmes a pu être prouvée, et l'on a montré [BERTSEKAS *et al.* 1996] qu'ils entrent tous dans le cadre général suivant, dit des « traces d'éligibilité ».

Dans cette formulation générale, k est un entier qui indexe les étapes de l'algorithme. À l'étape k, on choisit, selon une règle qui dépend de l'histoire passée de l'algorithme et assure globalement une infinité de visites de chaque état, un état initial x_0^k, et, par application de la politique π que l'on cherche à évaluer, on engendre une trajectoire $\omega_k = (x_0^k, x_1^k, \ldots, x_m^k, x_N^k)$ et l'on observe les coûts associés. On calcule alors les différences temporelles associées d_m^k.

On choisit une suite finie de fonctions d'état positives z_m^k, indexée par la longueur de la trajectoire, appelée *trace d'éligibilité* et vérifiant les propriétés suivantes :

- $z_0^k(x) = \delta_{x_0^k}(x)$, de plus $z_m^k(x) = 1$ quand m est le temps de première atteinte de l'état x pour la trajectoire $\boldsymbol{\omega}_k$,
- $z_{m+1}^k(x) \le z_m^k(x)\delta_{x_{m+1}^k}(x)$.

Considérons par ailleurs une suite de fonctions d'état (γ_k) décroissante à valeurs dans]0, 1[, suite des gains ou taux d'apprentissage vérifiant les hypothèses classiques de la théorie de l'approximation stochastique :

- $\sum_k \gamma_k(x) = \infty$;
- $\sum_k \gamma_k(x)^2 < \infty$.

On montre alors que l'algorithme TD généralisé de mise à jour de l'estimation du coût par la formule :

$$\hat{J}_{k+1}(x) = \hat{J}_k(x) + \gamma_k(x) \sum_{m=0}^{N-1} z_m^k(x) d_m^k$$

converge presque sûrement vers J_π.

Par exemple, l'algorithme TD(λ), qui a été exposé dans le paragraphe précédent, est un cas particulier de l'algorithme des traces d'éligibilité, avec la décroissance des traces fixée au moyen de la multiplication par le taux $\alpha\lambda$.

Retour sur la méthodologie acteur-critique et itération optimiste de la politique

L'évaluation d'une politique donnée peut être une fin en soi dans de nombreux problèmes pratiques. Dans ce cas, les algorithmes que nous venons d'étudier s'appliquent sans restriction. En revanche, nous avons introduit l'évaluation du coût d'une politique comme une étape dans une boucle de calcul visant à déterminer la politique optimale. Il apparaît que ces algorithmes eux-mêmes itératifs sont trop longs pour entrer dans des boucles de calcul qui peuvent converger lentement. Il est naturel de chercher à améliorer la politique courante sans attendre la convergence de l'algorithme et sur la base des résultats partiels fournis par une ou quelques itérations de l'algorithme.

Nous avons exposé plus haut, dans le paragraphe « Méthode d'itération de la fonction de valeur » de la section précédente, un algorithme où la politique était mise à jour sur la base d'un calcul intermédiaire d'une approximation de la fonction de coût. Il s'agit de *la méthode acteur-critique* ou encore de la méthode dite de *l'itération optimiste de la politique* puisque la politique est calculée sur la base d'une fonction dont on fait l'hypothèse optimiste que c'est le coût optimal.

Plus précisément, comme dans le paragraphe cité, à partir d'une fonction de coût J_n, on effectue les étapes suivantes dans la n-ième itération :

> Q_N est calculée comme la fonction valeur associée à J_n par la formule
>
> $$Q_n(x, u) = \sum_{y \in E} p_u(x, y) c(x, u, y) + \alpha J_n(y)$$
>
> La politique π_n est définie par minimisation de la fonction valeur Q_n par le calcul
>
> $\pi_n(x) = \text{Arg}\min_{u/(x, u) \in \mathbf{A}} Q_n(x, u)$
>
> Une ou plusieurs itérations d'un algorithme d'évaluation par une méthode de différences temporelles utilisant les résultats d'une simulation ou d'un processus expérimental réel sont pratiquées sur la base de la politique π_n pour obtenir une nouvelle approximation J_{n+1} de la fonction de coût optimale.

Apprentissage par renforcement : méthode du Q-learning

Description de l'algorithme de Q-learning

Les différentes variantes des algorithmes précédents mettent en évidence la fonction valeur Q comme une étape incontournable de la détermination approchée d'une politique optimale. Une version adaptative de l'algorithme d'itération de la fonction de valeur a été proposée par Watkins et Dayan dans [WATKINS *et al.* 1992] sous le nom d'algorithme de Q-learning (pour apprentissage de la fonction Q), lequel s'est imposé rapidement comme un des algorithmes les plus usuels d'apprentissage par renforcement de la politique optimale, notamment dans le cas d'un problème à horizon infini.

L'algorithme précédent d'itération de la fonction de valeur était défini par :

> Q_n est calculée comme la fonction valeur associée à J_n
>
> $J_{n+1}(x) = \min_{u/(x, u) \in \mathbf{A}} Q_n(x, u)$

Dans sa version adaptative, une modification importante intervient :

- La mise à jour de Q_n fait intervenir les résultats d'une expérience ou d'une simulation engendrée par une politique d'exploration des couples état-action admissibles.

On obtient ainsi l'algorithme suivant, défini à partir d'une politique d'exploration π aléatoire qui attribue à chaque état x une probabilité sur l'ensemble des actions u, telles que le couple (x, u) soit admissible. Cette politique d'exploration engendre une chaîne de Markov sur l'espace des couples état-action admissibles. En fait, la preuve mathématique du théorème de convergence de l'algorithme exige simplement que chaque couple admissible soit visité une infinité de fois. Nous discuterons ultérieurement les conséquences pratiques du choix d'une politique d'exploration. Une étape de l'algorithme de Q-learning suit chaque transition obtenue par application de la politique d'exploration selon la procédure :

- $\begin{cases} Q_{k+1}(x, u) = Q_k(x, u) \text{ si } (x, u) \neq (x_k, \pi_{k+1}(x_k)) \\ Q_{k+1}(x_k, \pi_{k+1}(x_k)) = (1-\gamma_{k+1})Q_k(x_k, \pi_{k+1}(x_k)) + \gamma_{k+1}[c(x_k, \pi_{k+1}(x_k), x_{k+1}) + \alpha J_k(x_{k+1})] \end{cases}$;
- $J_{k+1}(x_{k+1}) = \min_{u/(x,u) \in A} Q_{k+1}(x_{k+1}, u)$.

Théorème de convergence de l'algorithme de Q-learning

Cet algorithme converge vers la fonction de valeur Q_* associée à la politique optimale π_* dès lors que tous les couples état-action sont visités une infinité de fois et que la suite des taux d'apprentissage qui leur sont appliqués vérifie, pour chaque couple état-action, les hypothèses de l'approximation stochastique (par exemple, convergence linéairement décroissante par rapport au numéro d'ordre de la visite).

Après convergence vers une estimation acceptée de la fonction valeur optimale Q_*, considérée comme apprise, la politique optimale π_* est déterminée par minimisation, comme dans l'algorithme d'itération de la fonction valeur :

$\pi_*(x) = \text{Arg} \min_{u/(x,u) \in A} Q_*(x, u)$.

Il n'y a aucun lien nécessaire entre la politique d'exploration et la politique optimale. Une politique d'exploration aveugle est hélas très coûteuse et, dans la pratique, on essaie de suivre, dans l'exploration, des politiques sous-optimales qui se rapprochent graduellement de la politique optimale ; c'est ce que nous allons voir dans le paragraphe suivant.

Choix d'une politique d'exploration

Le choix de la politique d'exploration est un problème que l'on rencontre fréquemment en application pratique des méthodes de statistique séquentielle [THRUN 1992]. Si beaucoup de temps est passé à l'exploration, notamment de politiques non optimales, par une *politique aveugle* (choix aléatoire d'une action admissible), l'estimation qui en résulte est précise mais l'exploration est coûteuse

- en temps de calcul si l'on utilise un simulateur,
- en coûts directs expérimentaux si l'on fait des expériences réelles.

Si, au contraire, on adopte une politique d'exploration optimiste en agissant selon la politique optimale déterminée par l'estimation courante, l'estimation de la fonction de valeur peut être fortement biaisée. Pour cette raison, aucune des deux stratégies extrêmes – politique d'exploration aveugle ou politique complètement optimiste (cette dernière est également qualifiée de « gloutonne », traduction de l'anglais *greedy policy*) – n'est à retenir.

Plusieurs schémas d'exploration hybrides ont été proposés ; ils ont tous comme particularité de proposer une politique aléatoire qui suit la politique gloutonne la plupart du temps, tout en comportant des phases d'exploration qui permettent d'explorer des couples état-action nouveaux ou peu fréquentés, et de satisfaire ainsi aux exigences du théorème de convergence cité dans le paragraphe précédent.

- Le *schéma itératif exploration-optimisation* réserve dans l'algorithme, alternativement, des séquences de k_1 itérations pour la politique gloutonne optimiste et de k_2 itérations pour la politique aveugle d'exploration.
- Le *schéma « randomisé »* prévoit, pour chaque itération, un tirage aléatoire qui détermine si la politique appliquée est une politique d'exploration aveugle (probabilité ε) ou une politique gloutonne optimiste (probabilité $1 - \varepsilon$).
- Le *schéma de type recuit simulé*, inspiré de l'algorithme de recuit en optimisation combinatoire (présenté en détail dans le chapitre 8), préconise d'appliquer une politique aléatoire suivant une loi de Gibbs du type

$$P(\pi_k(x_k) = u) = \frac{e^{-\frac{Q_k(x_k, u)}{T_k}}}{\sum_{u/(x,u) \in A} e^{-\frac{Q_k(x_k, u)}{T_k}}}$$

où la suite des températures (T_k) suit une loi de refroidissement à régler selon le problème. Plusieurs lois de refroidissement sont présentées dans le chapitre 8.

Application du Q-learning aux problèmes partiellement observés

On remarque que le Q-learning peut s'appliquer aux problèmes partiellement observés en se limitant aux politiques *réalisables*, c'est-à-dire fonction de l'observation et non pas de l'état. Il a été effectivement pratiqué, notamment dans des problèmes de robotique mobile, où l'observation est généralement limitée aux capteurs du robot qui ne permettent pas de déterminer sans ambiguïté l'état courant. La procédure de Q-learning *peut* donner des politiques sous-optimales convenables. Hélas, le succès n'est pas garanti. On a montré [SINGH *et al.* 1995] que, si l'algorithme de Q-learning converge sous les hypothèses habituelles, sa limite dépend de la politique d'exploration adoptée, contrairement à la situation que l'on rencontre dans les problèmes totalement observés. Par ailleurs, dans les problèmes partiellement observés, la politique réalisable optimale n'est pas nécessairement déterministe ni markovienne.

Une autre voie consiste à chercher à reconstruire l'état à partir d'observations passées. Dans le contexte de l'apprentissage d'un modèle inconnu, cette étape de reconstruction de l'état peut être longue et doit donner lieu à des vérifications statistiques [DUTECH, SAMUELIDES, 2003]. Si des recherches récentes ont permis de dégager des heuristiques intéressantes pour certains problèmes, il n'existe pas actuellement d'algorithme général susceptible de déterminer une solution optimale aux problèmes d'apprentissage par renforcement de modèles markoviens partiellement observés.

Apprentissage par renforcement et approximation neuronale

Apprentissage par renforcement approché

Il est souvent difficile d'appliquer les algorithmes d'apprentissage par renforcement à des problèmes de grande taille en raison de la complexité des algorithmes. Ceux que nous avons exposés jusqu'à présent sont tous fondés sur la mise à jour itérative d'une table de valeurs. L'amélioration apportée par l'approximation stochastique consiste à ne pas mettre à jour simultanément toutes les valeurs de la table, et à utiliser l'information de coût apportée par une transition le plus efficacement possible dans toutes les mises à jour de valeurs des fonctions de coût qui suivent. Néanmoins, lorsque le cardinal de l'espace d'états ou de l'ensemble des couples état-action admissibles dans l'algorithme de Q-learning est très grand, la visite d'un couple donné est rare : en conséquence, les mises à jour se succèdent à un rythme étiré qui provoque des difficultés de convergence de l'algorithme en un temps raisonnable.

Une solution de substitution consiste à utiliser les méthodes d'apprentissage supervisé pour produire une approximation de la fonction que l'on cherche à mettre à jour. On peut utiliser une approximation linéaire ou un réseau de neurones qui code en entrée l'état (méthode d'évaluation-itération de la politique optimiste) ou la fonction de valeur (Q-learning), et délivre en sortie une approximation de la mise à jour de la fonction que l'on veut apprendre.

Plus précisément, il existe nombre d'algorithmes possibles, selon que l'on utilise un simulateur qui permet d'explorer l'espace des états d'une façon complète, ou un dispositif expérimental qui commande de suivre une trajectoire suffisamment longtemps, selon que l'on utilise un schéma de mise à jour complètement adaptatif ou hybride, et encore selon la politique d'exploration utilisée.

Voici la description de la boucle de calcul d'une famille d'algorithmes de Q-learning approché fréquemment utilisés :

On dispose d'une fonction de valeur Q_n qui détermine une politique d'exploration π_n.

On sélectionne aléatoirement un sous-ensemble d'états $\boldsymbol{E}_n$.

Pour chaque état x_k de ce sous-ensemble, on effectue l'action admissible $\pi_n(x_k)$ sélectionnée par l'application de la politique d'exploration π_n qui conduit à l'état y_k.

Le coût $c(x_k, \pi_n(x_k), y_k)$ est retenu.

On dispose alors de la base d'apprentissage qui, aux entrées respectives qui sont les couples état-action $(x_k, \pi_n(x_k))$, associe les sorties respectives

$$Q_k^n = c(x_k, \pi_n(x_k), y_k) + \min_{u/(y_k, u) \in \mathbf{A}} Q_n(y_k, u) .$$

Un cycle d'apprentissage supervisé est alors mis en œuvre pour modifier la fonction de valeur approchée Q_n et lui substitue une nouvelle approximation Q_{n+1}.

Après modification de la fonction de valeur et de la politique d'exploration courante associée, on reprend le processus, soit en prenant pour nouvel ensemble d'états $E_{n+1}=\{y_k\}$ (continuant ainsi les trajectoires utilisées à l'étape précédente), soit en sélectionnant aléatoirement un nouvel ensemble d'états E_{n+1}.

Le principe de ces algorithmes est représenté figure 5-14.

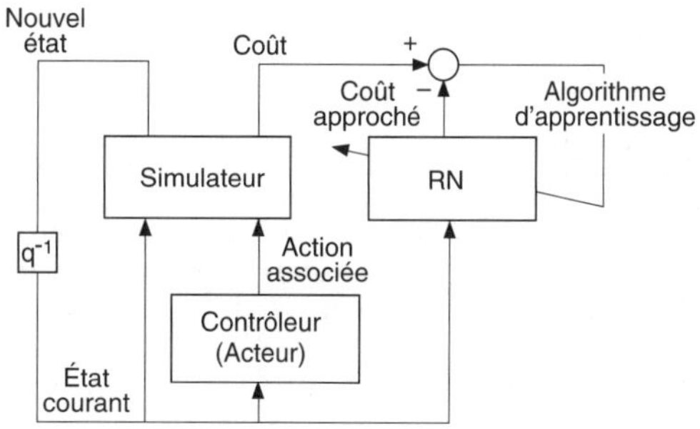

Figure 5-14. Utilisation d'un réseau neuronal pour l'évaluation approchée d'une politique.

Notons d'abord que contrairement à l'approximation stochastique utilisée pour le Q-learning qui est finalement très proche, il n'existe pas de preuve générale de convergence de cet algorithme.

Sur le plan pratique, la compression des calculs est d'autant plus efficace, et l'utilité de l'approximation d'autant plus justifiée, qu'il existe une topologie naturelle sur l'ensemble des couples état-action admissibles, qui permette un codage numérique efficace de l'entrée.

En résumé, une bonne connaissance de l'application est indispensable pour suppléer au manque de généralité de l'algorithme et permettre un usage efficace des approximations qui réduisent la complexité de l'apprentissage en exploitant la régularité de la fonction valeur. Ces algorithmes ont été appliqués efficacement à des problèmes difficiles et de grande taille comme le jeu de jacquet (« backgammon »), la planification des ascenseurs et l'allocation dynamique de fréquences.

Apprentissage par renforcement dans un espace d'états continu discrétisé

L'application de l'apprentissage par renforcement approché, dans des contextes où les fonctions en jeu sont régulières, suggère son application au difficile problème d'apprentissage d'une commande optimale d'un système non linéaire, déjà abordé dans ce chapitre. En fait, l'équation de Bellman n'est autre que la version discrétisée de l'équation de Hamilton-Bellman-Jacobi qui est l'équation variationnelle des problèmes de commande optimale à temps et à espace continus. Des études théoriques précises comparant les discrétisations des équations de Hamilton-Bellmann-Jacobi et l'apprentissage par renforcement et montrant les difficultés d'utilisation dans ce cadre de l'approximation neuronale ont été publiées dans [MUNOS, BAIRD, MOORE 1999] et [MUNOS 2000]

Comme on a vu que l'algorithmique de l'apprentissage par renforcement des problèmes discrets souffre de temps de calcul importants, l'application de la méthodologie pour discrétiser des problèmes continus se heurte au dilemme suivant :

- Une discrétisation grossière de l'espace d'états ou de l'ensemble des couples état-action admissibles conduit à une mauvaise approximation des fonctions valeurs, à la perte du caractère markovien du problème, et à la détermination d'une mauvaise politique d'action.
- Une discrétisation fine entraîne une explosion de la complexité du calcul qui ne pourra être mené à bout.

Pour échapper à ce dilemme, des schémas de discrétisation adaptés à différents problèmes ont été proposés. On peut ainsi avoir une discrétisation de pas variable. Par exemple, dans un problème de robotique mobile, on discrétisera avec soin les régions de l'espace d'états ambiguës, où des changements qualitatifs peuvent se produire (apparition soudaine d'obstacles) et qui doivent entraîner des réactions précises, et l'on tirera profit des modèles locaux plus grossiers dans les régions où la politique optimale est facile à déterminer sans ambiguïté.

Si le problème s'y prête, on peut aussi le décomposer hiérarchiquement en

- actions de base qui prennent en considération des régions plus grossières de l'espace d'états pour planifier des actions à plus long terme,
- actions à plus court terme qui utilisent des maillages plus fins mais locaux.

Algorithme de Q-learning dans un espace d'états continu

Considérons le système dynamique commandé à temps continu dans un espace d'états continu (on considère pour simplifier un système dynamique déterministe).

$$\frac{dx}{dt} = f(x, u) .$$

Au couple admissible (x, u) est associé le taux de coût élémentaire $c(x, u)$; cette fonction permet de définir une intégrale de coût total actualisé sur une trajectoire de couple état-action par :

$$J = \int_0^\infty e^{-\alpha t} c[x(t), u(t)] dt .$$

Une politique stationnaire π définit un système dynamique autonome $\frac{dx}{dt} = f(x, \pi(x))$.
L'évaluation de la politique π consiste donc à calculer la fonction d'état

$J_\pi(x) = \int_0^\infty e^{-\alpha t} c[x(t), \pi(x(t))] dt$ intégrale calculée sur la trajectoire $t \rightarrow x(t)$ du système dynamique d'état initial x.

Une politique stationnaire optimale π_* vérifie donc le principe d'optimalité suivant :

$$\pi_*(x) = \text{Arg}\ \min_{u/(x,u)\in A}\left[c(x,u)+\nabla_x(J_{\pi_*})\frac{dx}{dt}\right] = \text{Arg}\ \min_{u/(x,u)\in A}[c(x,u)+\nabla_x(J_{\pi_*})f(x,t)]\,.$$

Cette équation n'est autre que l'équation de Hamilton-Bellman-Jacobi. Dans le cas où le coût total d'une politique est approché par un réseau de neurones, celui-ci peut être utilisé pour calculer le gradient $\nabla_x(J_{\pi_*})$ et l'injecter dans la formule précédente. On en déduit un algorithme d'apprentissage d'une approximation de la fonction de valeur Q définie sur A par :

$$Q(x, u) = c(x, u) + \nabla_x(J_{\pi_*})f(x, t)$$

qui peut être utilisée dans un algorithme de Q-learning généralisé à un espace d'états continu.

Des publications récentes étudient systématiquement l'exploitation des algorithmes d'apprentissage par renforcement pour la détermination d'une commande optimale quand le modèle n'est pas connu. On pourra consulter par exemple [BERTSEKAS *et al.* 1996] pour une introduction générale à ces techniques, et plus récemment [DOYA 2000] qui formule une dérivation concise de l'adaptation de plusieurs algorithmes d'apprentissage par renforcement au cadre continu, et les applique au modèle du pendule inversé non linéaire.

Bibliographie

ANDERSON B. D. O., MOORE J. B. [1979], *Optimal Filtering*, Prentice Hall.

AZENCOTT R., DACUNHA-CASTELLE D. [1984], *Séries d'observations irrégulières. Modélisation et prévision*, Masson.

BARTO A. G., SUTTON R. S., ANDERSON C. W. [1983], Neuron-like elements than can solve difficult learning control problemes, *IEEE Trans. On Systems, Man and Cybernetics*, 13, p. 835-846.

BENVENISTE A., MÉTIVIER M., PRIOURET P. [1987], *Algorithmes adaptatifs et approximations stochastiques. Théorie et application à l'identification, au traitement du signal et à la reconnaissance des formes*, Masson.

BENGIO Y., SIMARD P, FRASCONI F. [1994], Learning long term dependencies with gradient descent is difficult, *IEEE Trans. on Neural Networks*, 5, p. 157-166.

BERTSEKAS D. P., TSITSIKLIS J. N. [1996], *Neuro-dynamic programming*, Athena Scientific, Belmont, MA.

CHATFIELD C. [1994], *The Analysis of Time series, an Introduction*, Chapman&Hall.

DEMAILLY J.-P. [1991], *Analyse numérique et équations différentielles*, Presses universitaires de Grenoble.

DOYA K. [2000], Reinforcement learning in continuous time and space, *Neural computation*, p. 219-244.

DUFLO M. [1996], *Algorithmes stochastiques*, Springer.

DUTECH A., SAMUELIDES M. [2003], Un algorithme d'apprentissage par renforcement pour les processus de Markov partiellement observés : apprendre une extension sélective du passé, *Revue d'Intelligence Artificielle*, 17-4, p. 559-589.

DUVAUT P. [1994], *Traitement du signal : concepts et applications*, Hermès.

ELMAN J. L. [1990], Finding structure in time, *Cognitive Science*, 14, p. 1179-211.

GIL P., DOURADO A., HENRIQUES J.O., CARVALHO P. [2002], Adaptive Neural Model Based Predictive Control Of A Solar Power Plant, *IJCNN, International Joint Conference on Neural Networks,*

GOURIÉROUX C., MONFORT A. [1995], *Séries temporelles et modèles dynamiques*, Economica.

GRONDIN B. [1994], Les réseaux de neurones pour la modélisation et la conduite des réacteurs chimiques : simulations et expérimentations, thèse de doctorat de l'Université de Bordeaux I.

HAYKIN S. [1996], *Adaptive Filter Theory*, Prentice Hall.

HAYKIN S. [1999], *Neural Networks: a comprehensive foundation*, Prentice Hall.

HENRIQUES J.O., GIL P., DOURADO A. [2002], Non-linear Multivariable Predictive Control: Neural versus First Principle Modelling Approach, *IASTED, Control and Applications*.

HOPFIELD J. J. [1982], Neural networks and physical systems with emergent collective computational abilities, *Proceedings of the National Academy of Sciences*, États-Unis, 79, p. 2554-2558.

ISERMANN R., LACHMANN K. H., MATKO D. [1992], *Adaptive Control Systems*, Prentice Hall.

JAZWINSKY A H. [1970], *Stochastic Processes and Filtering Theory*, Academic Press.

KIRKPATRICK S., GELATT C. D., VECCHI M. P. [1983], Optimization by simulated annealing, *Science*, 220, p. 671-680.

KUSHNER K. H. J., CLARK D. S. [1978] *Stochastic Approximation Method for constrained and unconstrained Systems*, Applied Mathematical Sciences, 26, Springer-Verlag.

KWAKERNAAK H., SIVAN R. [1972], *Linear Optimal Control Systems*, Wiley.

LANDAU I. D., DUGARD L. [1986], *Commande adaptative, aspects pratiques et théoriques*, Masson.

LANDAU I. D. [1993], *Identification et commande des systèmes*, Hermès.

LEE, J. H. [2000], Modeling for Nonlinear Model Predictive Control: Requirements, Current Status and Future Research Needs, in *Nonlinear Model Predictive Control, F. Allgower and A. Zheng (Eds.), Progress in systems and Control Theory Series*, vol. 26 Birkhauser.

LEVIN A. U., NARENDRA K. S. [1993], Control of non linear dynamical systems using neural networks, *IEEE Transactions on neural networks*, 4.2, p. 192-207.

LEVIN A. U., NARENDRA K. S. [1997], Identification of non linear dynamical systems using neural networks *in Neural Systems for Control*, O. Omivar, D. L. Elliott, éd., Academic Press, p. 129-160.

LION M. [2000], Filtrage adaptatif par réseaux neuronaux, application à la trajectographie, thèse de doctorat de l'École nationale supérieure de l'aéronautique et de l'espace.

LJUNG L., SÖDERSTROM T. [1983], *Theory and Practice of Recursive Identification*, MIT Press.

LJUNG L., SJOBERG J., HJALMARSSON H. [1996], On neural network model structures in system identification, *in Identification, Adaptation, Learning. The science of learning models from data*, S. Bittanti, G. Pici, éd., NATO ASI Series, Springer.

MORARI M., LEE J.H. [1999], Model predictive control: Past, present and future. *Computers and Chemical Engineering*, 23, p. 667-682.

MUNOS R., BAIRD L.C., MOORE A.W. [1999], Descent Approaches to Neural-Net-Based Solutions of the Hamilton-Jacobi-Bellman Equation, *International Joint Conference on Neural Networks*.

MUNOS R. [2000], A study of reinforcement learning in the continuous case by the means of viscosity solutions, *Machine Learning Journal*, 40, p. 265-299.

NERRAND O., ROUSSEL-RAGOT P., PERSONNAZ L., DREYFUS G. [1993], Neural networks and nonlinear adaptive filtering: unifying concepts and new algorithms, *Neural Computation*, 5, p. 165-199.

NERRAND O., ROUSSEL-RAGOT P., URBANI D., PERSONNAZ L., DREYFUS G. [1994], Training recurrent neural networks: why and how ? An illustration in dynamical processes modeling, *IEEE Transactions on neural networks*, 5.2, p. 178-184.

NORGAARD M., RAVN O., POULSEN N. K., HANSEN L. K. [2000], *Neural Networks for Modelling and Control of Dynamical Systems*, Springer.

PUSKORIUS G. V., FELDKAMP L. A. [1994], Neurocontrol of non linear dynamical systems with Kalman filter-trained recurrent networks, *IEEE Transactions on Neural Networks*, vol. 5, p. 279-297.

RIVALS I. [1995], Modélisation et commande de processus par réseaux de neurones; application au pilotage d'un véhicule autonome, thèse de doctorat de l'Université Pierre et Marie-Curie, Paris VI.

RIVALS I., PERSONNAZ L. [2000], Nonlinear Internal Model Control Using Neural Networks, *IEEE Transactions on Neural Networks*, vol. 11, p. 80-90.

SINGH S. P., JAAKKOLA T., JORDAN M. [1995], Learning without state estimation in a partially observable Markov decision problems, *Proceedings of the 11th Machine Learning conference.*

SLOTINE J. J. E., LI W. [1991], *Applied Non Linear Control*, Prentice Hall.

SLOTINE J. J. E., SANNER R. M. [1993], Neural Networks for Adaptive Control and Recursive Identification: A Theoretical Framework, in *Essays on Control*, H. L. Trentelman, J. C. Willems, éd., Birkhauser, p. 381-435.

SONTAG E. D. [1990], *Mathematic Control Theory. Deterministic finite dimensional systems*, Springer Verlag.

SONTAG E. D. [1996], *Recurrent Neural Networks: Some Systems-Theoretic Aspects*, Dept. of Mathematics, Rutgers University, NB, États-Unis.

SUTTON R. S. [1988], Learning to predict by the method of temporal differences, *Machine Learning*, 3, p. 9-44.

THRUN S. B. [1992], The role of exploration in learning control, *in Handbook of intelligent control*, D. A. White, D. A. Sofge, éd., p. 527-559, Van Nostrand.

TONG H. [1995], *Non-Linear Time Series, a dynamical system approach*, Clarendon Press.

URBANI D., ROUSSEL-RAGOT P., PERSONNAZ L., DREYFUS G. [1993], The selection of non-linear dynamical systems by statistical tests, *Neural Netwworks for Signal Processing*, 4, p. 229-237.

WATKINS C. J. C. H., DAYAN P. [1992] Q-learning, *Machine Learning*, 8, p. 279-292.

6

La discrimination

On entend par discrimination la tâche qui consiste à séparer des données en classes distinctes, à partir de leurs caractéristiques. Par exemple, le diagnostic médical, la reconnaissance de caractères manuscrits ou les tests non destructifs de défauts, sont des cas particuliers de tâches de discrimination.

Dans le chapitre 1, nous avons présenté une introduction générale au problème de la discrimination, avons préconisé une méthodologie générale de conception de classifieurs statistiques qui fait appel notamment aux considérations développées dans le présent chapitre, et avons présenté en détail quelques applications réelles qui illustrent cette démarche. Nous avons souligné que l'on peut considérer le problème de la classification automatique sous deux angles complémentaires, en fonction de l'application considérée :

- dans certains cas, on désire estimer les probabilités d'appartenance des objets aux classes : on peut alors, soit ramener le problème de la classification à un problème de régression non linéaire, soit mettre en œuvre les techniques que nous exposons dans ce chapitre et appliquer l'interprétation probabiliste décrite dans la section intitulée « Interprétation probabiliste des fonctions de coût du perceptron » ;
- pour d'autres applications, on peut se contenter de déterminer directement les frontières entre les classes ou surfaces discriminantes avec des neurones binaires mettant en oeuvre les techniques exposées dans le présent chapitre ; historiquement, cette approche a été étudiée dès les années 1960, et a connu un regain d'intérêt à partir des années 1980.

C'est ce dernier point de vue qui est largement détaillé dans le présent chapitre : il présente en détail les techniques modernes permettant de déterminer des séparations linéaires entre classes, et éventuellement des séparations plus complexes.

Ce chapitre est orienté vers des justifications théoriques solides inspirées essentiellement, comme en témoigne la bibliographie, des travaux de physiciens. Il est néanmoins indispensable de rappeler l'importance des considérations pratiques suivantes :

- la détermination de la représentation des formes à classer est une question qu'il faut, dans la conception d'un projet de développement, mettre en plus haute priorité, car la réponse qu'on lui apporte détermine, de manière cruciale, la qualité des résultats ; c'est très souvent la représentation des données, *et elle seule*, qui fait la différence entre un système qui devient opérationnel et un système qui reste à l'état de projet ;
- la détermination des classes de rejet, qui permet d'optimiser le classifieur, est également cruciale.

Nous allons considérer le cas où les données à discriminer sont des vecteurs. Leurs composantes sont des caractéristiques que l'on suppose pertinentes pour la discrimination : par exemple, des données concernant un patient (son âge, sa tension artérielle, etc.) dans le cas du diagnostic médical, ou la forme à reconnaître (les pixels d'une image) dans le cas de la reconnaissance de formes. On peut coder les classes par des nombres entiers, qui représentent soit la maladie du patient, soit le type d'image dont il s'agit, etc., selon l'application. Dans ce chapitre, nous aborderons essentiellement les problèmes de classification où les données à classer ne peuvent appartenir qu'à deux classes. Si l'on se trouve face à un problème à plus de deux classes, on peut toujours le réduire à un ensemble de problèmes à deux classes, comme cela sera démontré dans la section qui traite des problèmes à plusieurs classes.

Le chapitre est divisé en cinq parties. Après une présentation générale du problème, nous abordons l'apprentissage de classifieurs destinés à séparer linéairement les classes. Ensuite, nous avançons différentes solutions qui ont été proposées pour l'apprentissage de discriminations plus complexes. Nous présentons en particulier les machines à vecteurs supports. Dans la quatrième partie, nous abordons le cas où le nombre de classes à discriminer est supérieur à deux. À la fin du chapitre, nous introduisons des notions théoriques, telles que la dimension de Vapnik-Chervonenkis ou la capacité d'un classifieur, qui peuvent être utiles dans les applications.

Apprentissage de la discrimination

Le problème posé est le suivant : peut-on apprendre à discriminer de nouvelles données, à partir de l'information contenue dans un ensemble d'exemples classés par un expert ? On retrouve ici la problématique générale rencontrée dans les chapitres précédents, dans lesquels on s'efforçait de prévoir le comportement d'un processus dans de nouvelles situations, non contenues dans l'ensemble des données utilisées pour ajuster les paramètres du modèle. Comme nous l'avons souligné dans le chapitre 1, la recherche d'une régression, comme la discrimination, entre dans la catégorie des « problèmes mal posés ».

Remarque

Certains auteurs réservent le nom de *discrimination* à la classification de données lorsque les classes parmi lesquelles on doit discriminer sont données à l'avance. L'apprentissage est dit dans ce cas *supervisé*, par opposition à l'apprentissage non supervisé, où l'on cherche à organiser les données en classes, inconnues au départ, exclusivement à partir d'un ensemble d'entrées non préalablement classées. Dans ce chapitre, nous considérons l'apprentissage supervisé de la classification, que nous appellerons indifféremment classification ou discrimination.

Comme dans d'autres problèmes où l'on a recours à un apprentissage, nous cherchons à déterminer les paramètres d'un classifieur à partir d'un ensemble d'apprentissage L_M de M exemples, chaque exemple étant un couple formé d'un vecteur de variables, appelé vecteur d'entrée, et de sa classe :

$$L_M = \left\{ \left(\boldsymbol{x}^1, y^1\right), \left(\boldsymbol{x}^2, y^2\right), \ldots, \left(\boldsymbol{x}^M, y^M\right) \right\} \quad (1)$$

où l'entrée

$$\boldsymbol{x}^k = \left[x_1^k \quad x_2^k \quad \quad x_N^k \right]^T \quad (2)$$

est un vecteur de N composantes, qui peuvent prendre des valeurs réelles, discrètes, ou binaires, décrivant l'exemple k (k = 1, 2, ..., M), et où $y^k \in \{-1, +1\}$ représente la classe[1] de $\boldsymbol{x}^k$.

Remarque

On peut coder les deux classes par $z \in \{0, 1\}$. Les codages {–1, +1} et {0, 1} sont formellement équivalents. En effet, la transformation $y = 2z - 1$ permet de passer de l'un à l'autre. Le codage ±1 adopté dans ce chapitre autorise une écriture élégante des équations, et présente des avantages pour la programmation. En revanche, dans les implantations en électronique numérique, il peut être plus convenable d'utiliser le codage en {0, 1}.

La sortie du classifieur, réseau de neurones ou autres, dépend de son entrée $\boldsymbol{x}$, et de ses paramètres (que l'on notera $\boldsymbol{w}$ en général, même si le classifieur n'est pas neuronal) ; pour rappeler que cette sortie est binaire, on utilise la notation $\sigma(\boldsymbol{x}, \boldsymbol{w})$, de préférence à la notation $g(\boldsymbol{x}, \boldsymbol{w})$ utilisée pour la prédiction d'un modèle dans le chapitre 1. La sortie du classifieur en réponse à l'entrée $\boldsymbol{x}^k \in L_M$ sera notée $\sigma^k(\boldsymbol{x}, \boldsymbol{w})$, ou

1. Dans le chapitre 1, l'étiquette (+1 ou –1) indiquant la classe de l'exemple k était notée y_k^p. Dans ce chapitre, elle est notée y^k dans un souci de simplification des formules.

simplement σ^k ($\sigma^k \in \{-1, +1\}$). Le classifieur est en mesure de classer correctement l'exemple $\boldsymbol{x}^k$ si $\sigma^k = y^k$, autrement dit, si la condition suivante est satisfaite :

Condition de classification correcte :

$$\sigma^k y^k > 0 \tag{3}$$

En effet, si l'exemple est mal classé, on a $\sigma^k \neq y^k$, et alors $\sigma^k y^k < 0$.

Erreurs d'apprentissage et de généralisation

On peut caractériser la qualité de l'apprentissage par l'erreur d'apprentissage $\varepsilon_t(\boldsymbol{w})$, qui est la fraction d'exemples de L_M mal classés par le réseau. Compte tenu de (3),

$$\varepsilon_t(\boldsymbol{w}) = \frac{1}{M}\sum_{k=1}^{M}\Theta\left(-y^k\sigma^k(\boldsymbol{x},\boldsymbol{w})\right) \tag{4}$$

où $\Theta(u)$ est la fonction de Heaviside, qui prend la valeur 1 si son argument u est positif ou nul, et 0 s'il est négatif :

$$\Theta(u) = \begin{cases} 1 \text{ si } u \geq 0 \\ 0 \text{ si } u < 0 \end{cases}. \tag{5}$$

Or, l'apprentissage n'a pas forcément pour objet d'apprendre à bien classer les exemples de L_M, mais plutôt de déterminer les paramètres du classifieur qui permettent, avec une forte probabilité, de classer correctement des entrées nouvelles. Si tel est le cas, on dit que le classifieur généralise correctement. En général, on ne connaît pas les données que l'on sera amené à classer après l'apprentissage. Si l'on considère que le vecteur des entrées $\boldsymbol{x}$ est une réalisation d'un vecteur aléatoire à valeurs réelles $\boldsymbol{X}$, et que la sortie y (qui est le code de la classe) est la réalisation d'une variable aléatoire discrète Y, on peut faire l'hypothèse qu'il existe une densité de probabilité $p_{X,Y}(\boldsymbol{x},y) \equiv p_X(\boldsymbol{x})P_Y(y|\boldsymbol{x})$ que l'on ignore, d'où sont tirées :

- les entrées et les classes de l'ensemble d'apprentissage ;
- les nouvelles entrées, dont la classe, réalisation d'une variable aléatoire discrète de probabilité $P_Y(y|\boldsymbol{x})$, est inconnue.

Théoriquement, la quantité que l'on aimerait minimiser lors de l'apprentissage est l'erreur de généralisation $\boldsymbol{\varepsilon}_g(\boldsymbol{w})$, définie par :

$$\varepsilon_g(\boldsymbol{w}) = \sum_{y\in\{\pm 1\}} \Theta\left(-y\sigma(\boldsymbol{x},\boldsymbol{w})\right)p_{X,y}(\boldsymbol{x},y)d\boldsymbol{x} \tag{6}$$

où $\sigma(\boldsymbol{x},\boldsymbol{w})$ est la classe attribuée à l'entrée $\boldsymbol{x}$ par le classifieur. L'erreur de généralisation est la probabilité que le classifieur, de paramètres $\boldsymbol{w}$, commette une erreur de classification sur une entrée $\boldsymbol{x}$, tirée avec la densité de probabilité $p_X(\boldsymbol{x})$, dont la classe y a la probabilité $P_Y(y|\boldsymbol{x})$ (probabilité a posteriori de la classe d'étiquette y pour l'objet décrit par le vecteur $\boldsymbol{x}$). L'expression (6) ne peut pas être calculée dans les applications, car $p_{X,y}(\boldsymbol{x},y)$ est inconnue. Dans la pratique, on estime $\boldsymbol{\varepsilon}_g$ par des méthodes statistiques, notamment par validation croisée, comme indiqué dans le chapitre 1. Dans la dernière partie de ce chapitre, nous reviendrons plus en détail sur cette formulation probabiliste. Elle permet d'interpréter les notions d'apprentissage et de généralisation dans un cadre formel, qui est utilisé dans les approches théoriques de l'apprentissage pour borner ou prédire la valeur typique de l'erreur de généralisation. Plus généralement, du point de vue fondamental, on se pose les questions suivantes :

1. Quelles sont les propriétés du classifieur déterminé par apprentissage, et, en particulier, quelle est son erreur de généralisation ?
2. Quel est le nombre minimal d'exemples dont on doit disposer pour que les régularités des données puissent être appréhendées ?
3. Quelles sont les propriétés des différents algorithmes d'apprentissage ?
4. Les valeurs des poids $\boldsymbol{w}$ sont-elles uniques ? Dans le cas où plusieurs solutions seraient possibles, y a-t-il une solution optimale ?

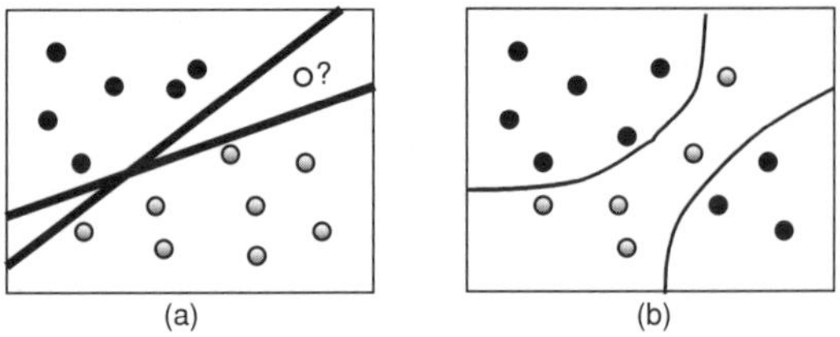

Figure 6-1. Exemples appartenant à deux classes en dimension N = 2. Les lignes représentent des surfaces discriminantes. (a) Ensemble d'exemples linéairement séparables, avec deux séparations sans erreurs d'apprentissage qui classent différemment la nouvelle entrée (cercle blanc). (b) Un cas général.

Surfaces discriminantes

Supposons que les entrées soient des vecteurs $\boldsymbol{x} \in R^N$ (l'hypothèse selon laquelle les valeurs prises par les composantes des entrées sont réelles n'est pas essentielle : les résultats de ce chapitre sont valables quelles que soient ces valeurs, réelles ou discrètes). On peut les représenter comme des points colorés dans un espace à N dimensions, chaque couleur indiquant la classe du point correspondant. La surface qui sépare les points de classes différentes s'appelle surface discriminante. Comme on le voit sur la figure 6-1, cette surface n'est pas nécessairement unique, et, de plus, elle peut être constituée de plusieurs parties. Le but de l'apprentissage est de déterminer l'équation d'une surface discriminante qui soit la plus adéquate possible, c'est-à-dire qui permette la meilleure généralisation.

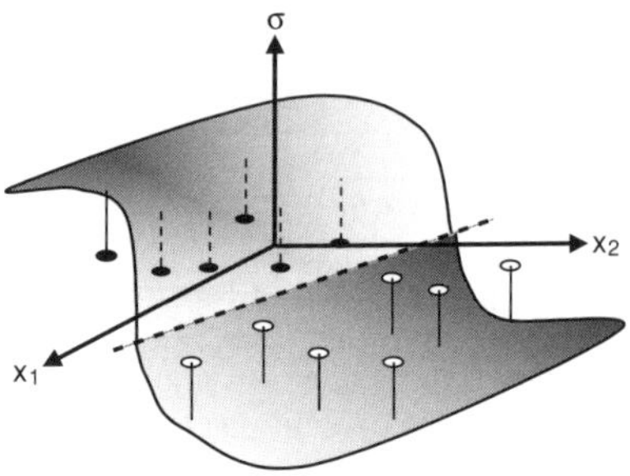

Figure 6-2. Exemples en dimension 2, en noir ceux de classe +1, en blanc ceux de classe –1. La surface ombrée correspond à la régression ; la surface discriminante (une ligne dans ce cas) est représentée en traits pointillés.

Comme nous l'avons indiqué dans le chapitre 1, on peut considérer l'apprentissage d'un classifieur comme un cas particulier de régression. Dans ce cadre, on cherche une surface continue $g(\boldsymbol{x}, \boldsymbol{w})$, qui soit proche de la sortie voulue, +1 pour tous les points $\boldsymbol{x}^k$ de la classe codée par $y^k = 1$, et proche de –1 pour tous les exemples de la classe codée par $y^k = -1$, comme cela est représenté sur la figure 6-2. Il suffit alors d'utiliser les techniques présentées dans les chapitres 1 et 2. On appelle surface discriminante le lieu des points où $g(\boldsymbol{x}, \boldsymbol{w})$ change de signe.

Rappelons (voir chapitre 1) que deux situations peuvent se présenter dans une application :

- si l'on cherche à réaliser un classifieur qui fournit directement la classe d'appartenance de l'objet représenté par $\boldsymbol{x}$, seule la surface discriminante revêt un intérêt, puisque le classifieur réalise une fonction binaire de ses entrées ; nous verrons plus loin qu'il est alors possible de déterminer l'équation de la surface discriminante avec des neurones exclusivement binaires, ce que l'on ne peut pas faire si l'on transforme le problème en une régression;
- si l'on cherche à réaliser un classifieur qui détermine la probabilité d'appartenance de la donnée inconnue à l'une des classes, en vue d'une prise de décision ultérieure (qui peut, par exemple, tenir compte des résultats de plusieurs classifieurs en fonction de plusieurs types de données), la seule connaissance de la surface discriminante est insuffisante. Dans ce cas, on peut utiliser des neurones à sortie continue, notamment sigmoïde, ou des neurones binaires, et faire appel à l'interprétation probabiliste (bayésienne) présentée plus loin dans ce chapitre.

Les conditions de réalisation de l'application envisagée constituent également un élément de décision dans le choix entre neurones binaires ou neurones à sortie continue : si l'application fonctionne sur un ordinateur conventionnel, l'estimation des probabilités d'appartenance ne pose pas de problème. En revanche, dans le cas où le classifieur neuronal doit faire l'objet d'une implantation matérielle dans un circuit spécialisé, l'utilisation de neurones binaires permet de diminuer significativement les temps de calcul et la complexité de réalisation. Par exemple, on peut trouver une évaluation comparative d'implantations matérielles de réseaux de neurones continus et binaires pour une application à la reconnaissance de signaux radar en milieux radiatifs dans la thèse de Christelle Godin [GODIN 2000].

Séparation linéaire : le perceptron

Le réseau le plus simple pour classer des données en deux classes est constitué d'un seul neurone binaire. Introduit par Rosenblatt [ROSENBLATT 1958], qui l'a nommé perceptron, il est représenté sur la figure 6-3. La sortie du perceptron dépend de la somme des composantes x_i du vecteur d'entrée, pondérées par des poids $w_i \in R$. Conformément aux notations utilisées dans cet ouvrage, nous appellerons potentiel cette somme pondérée. Notons que cette quantité est désignée sous le terme de champ linéaire dans les articles écrits par les physiciens, qui ont étudié le perceptron en grand détail, en s'appuyant notamment sur les analogies formelles entre les assemblées de neurones binaires et les assemblées de spins (ou aimants élémentaires) en interaction ; dans ce cadre, la somme pondérée, qui est l'analogue du potentiel de membrane des neurones biologiques, représente un champ magnétique.

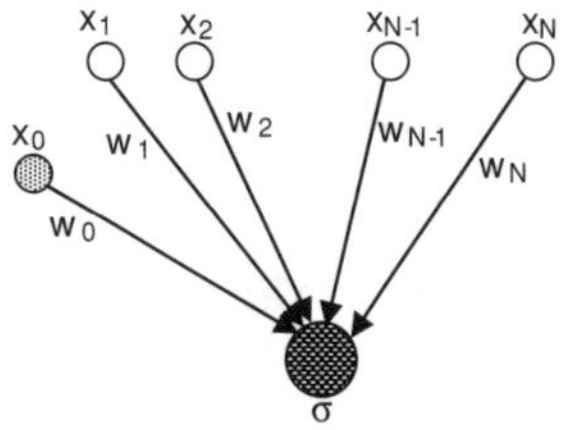

Figure 6-3. Schéma du perceptron

Le potentiel étant une fonction affine des entrées, on appelle aussi le perceptron « séparateur linéaire ». Cependant, comme nous l'avons indiqué dans le chapitre 1, on peut généraliser et considérer des potentiels non linéaires, par exemple polynomiaux (neurones « d'ordre supérieur »).

Si le potentiel dépasse le seuil du neurone, s_0, la sortie du perceptron est $\sigma = +1$. Autrement, elle est $\sigma = -1$. Le perceptron est donc un neurone dont la fonction d'activation est une fonction à seuil. Sur la figure 6-3, conformément aux conventions utilisées dans les chapitres précédents, nous avons inclus une entrée constante $x_0 = 1$ dans l'ensemble des entrées du perceptron, affectée d'un poids $w_0 = -s_0$. Chaque vecteur d'entrée ayant une composante supplémentaire $x_0 = 1$, cela équivaut à considérer un espace des entrées élargi, de dimension $N + 1$ dans lequel on n'a pas de seuil. Dans cet espace, le potentiel se note :

Définition : potentiel

$$v_L = \sum_{i=0}^{N} w_i x_i = \boldsymbol{w} \cdot \boldsymbol{x} \qquad (7)$$

La sortie est donnée par :

Définition : sortie du perceptron

$$\sigma_L = \mathrm{sgn}(v_L) \qquad (8)$$

Lorsque l'on contraint les entrées à être des grandeurs binaires, un perceptron réalise une fonction booléenne de ses entrées, c'est-à-dire une application de $\{0, 1\}^{N+1}$ dans $\{0, 1\}$ (ou de $\{-1, +1\}^{N+1}$ dans $\{-1, +1\}$). Il sépare les entrées $\boldsymbol{x}$ en deux sous-ensembles, suivant la sortie σ qui leur est associée. D'après les équations (7) et (8), le vecteur des poids du perceptron, $\boldsymbol{w}$, est normal à un hyperplan dans R^{N+1} (défini par une équation linéaire, un hyperplan est la généralisation, en dimension N, du plan de l'espace tridimensionnel) qui passe par l'origine, et qui sépare les exemples pour lesquels $\sigma = +1$ de ceux pour lesquels $\sigma = -1$. En effet, les premiers satisfont $\boldsymbol{w} \cdot \boldsymbol{x} > 0$, les seconds $\boldsymbol{w} \cdot \boldsymbol{x} < 0$. Le perceptron réalise des séparations linéaires de ses entrées. En termes de fonctions booléennes, on remarque qu'il ne peut pas réaliser certaines fonctions telles que le OU-EXCLUSIF (en anglais XOR) représentée sur la figure 6-4.b, car les quatre exemples ne sont pas linéairement séparables.

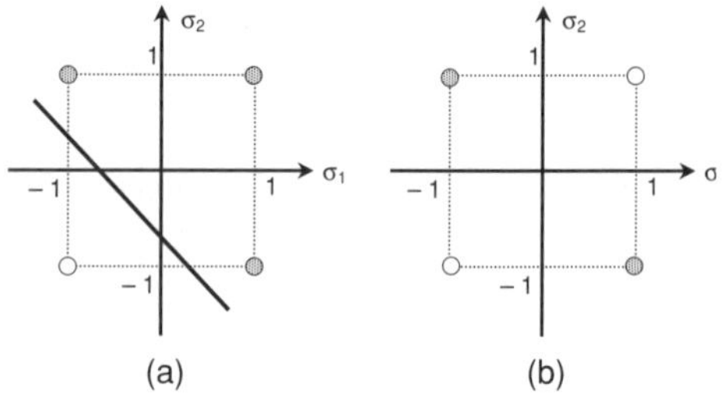

Figure 6-4. Deux fonctions booléennes. Les cercles pleins correspondent à des entrées de classe +1, les cercles creux à des entrées de classe –1. À gauche la fonction OU réalisable par un perceptron, à droite la fonction OU-EXCLUSIF, non réalisable par un perceptron.

Étant données les entrées $\boldsymbol{x}^k$ de l'ensemble d'apprentissage, qui constituent M points dans un espace de dimension N, il existe 2^M fonctions booléennes possibles de ces points. Ce nombre croît exponentiellement avec M, et il devient intraitable numériquement dès que M dépasse la dizaine. Or, bien qu'on ne sache pas calculer combien, parmi ces fonctions booléennes, sont linéairement séparables, on sait que leur nombre varie selon une loi de puissances ($\approx M^n$, où $n > 1$) qui croît bien plus lentement qu'une exponentielle. Ainsi, quand M est grand, elles ne représentent qu'une fraction négligeable des fonctions booléennes possibles. Le perceptron peut donc réaliser un nombre très réduit de fonctions booléennes de ses entrées. Du point de vue de la classification, cela implique qu'il ne pourra apprendre à classer correctement qu'une fraction des possibles ensembles d'apprentissages : ceux linéairement séparables.

Géométrie de la classification

Nous allons analyser quelques aspects géométriques de la classification. On vient de voir qu'il y a 2^M façons différentes d'attribuer des classes aux M vecteurs $\boldsymbol{x}^k \in L_M$, $1 \leq k \leq M$. Chacune correspond :

- à une fonction booléenne (application de $\{-1, +1\}^{N+1}$ dans $\{-1, +1\}$) particulière des entrées si ces dernières sont binaires (une fonction est définie par les valeurs qu'elle prend pour chaque point de son domaine de définition) ;
- à une fonction à valeurs binaires (application de R^N dans $\{-1, +1\}$) lorsque les entrées sont des réels (ce qui est le cas dans la très grande majorité des applications en classification).

Quand on détermine les valeurs des poids, on sélectionne une fonction particulière qui, si l'apprentissage aboutit à une solution sans erreurs, prend exactement les valeurs y^k pour les M éléments de L_M. Par l'apprentissage, on sélectionne donc une seule fonction, déterminée par les poids du réseau. Même si l'on se restreint à des poids qui discriminent correctement les exemples, les fonctions qu'ils représentent peuvent différer sur des points $\boldsymbol{x}$ n'appartenant pas à L_M. En conséquence, chacune de ces fonctions produit des généralisations différentes.

Comme le montre l'équation (7), le potentiel (linéaire) est le produit scalaire du vecteur des poids $\boldsymbol{w}$ et du vecteur d'entrée $\boldsymbol{x}$.

Définition : Hyperplan séparateur

Les points $\boldsymbol{x}^H$ qui satisfont l'équation

$$\boldsymbol{w} \cdot \boldsymbol{x}^H = 0 \quad (9)$$

appartiennent à l'hyperplan séparateur H, normal au vecteur $\boldsymbol{w}$ dans l'espace des entrées élargi, de dimension $N + 1$. Dans l'espace élargi, l'hyperplan défini par (9) passe par l'origine.

Remarque

Si les exemples de l'ensemble d'apprentissage sont linéairement séparables, il existe un continuum, c'est-à-dire un nombre infini, d'hyperplans qui classent correctement ces exemples.

Considérons une entrée quelconque $\boldsymbol{x}$. Nous avons vu que si $\boldsymbol{w} \cdot \boldsymbol{x} > 0$, alors le perceptron lui attribue la classe +1 ; si $\boldsymbol{w} \cdot \boldsymbol{x} < 0$, la classe est –1. Dans les deux cas, le vecteur $\boldsymbol{x}$ se trouve à une distance $|d|$ de l'hyperplan, où d est donnée par :

$$d = \frac{\boldsymbol{w} \cdot \boldsymbol{x}}{\|\boldsymbol{w}\|} \quad (10)$$

et où

$$\|\boldsymbol{w}\| = \sqrt{\sum_{j=0}^{N} w_j^2} \equiv \sqrt{\boldsymbol{w} \cdot \boldsymbol{w}} \quad (11)$$

est la norme du vecteur des poids.

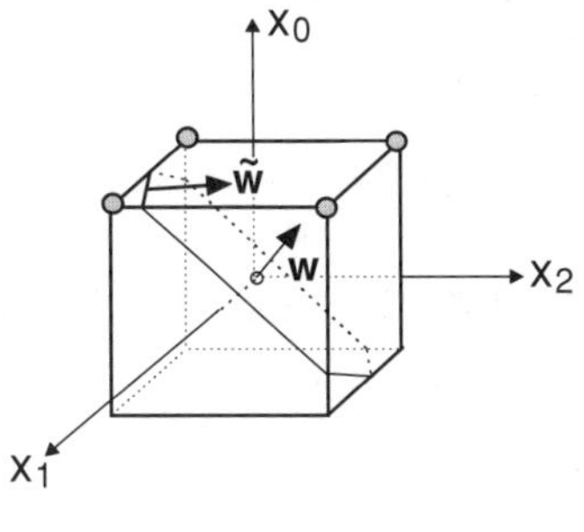

Figure 6-5. Exemples (cercles gris) en deux dimensions, représentés dans l'espace élargi tridimensionnel. Un hyperplan séparateur, normal à w, ainsi que la droite séparatrice correspondante, normale à $\tilde{w}$, dans l'espace des entrées, sont représentés.

Remarque

Il peut être utile de revenir à l'espace original, de dimension N. Les points $\tilde{\boldsymbol{x}}^H \in R^N$ qui satisfont

$$\sum_{j=1}^{N} w_j \tilde{x}_j^H = -w_0 \quad (12)$$

se trouvent sur un hyperplan normal au vecteur $\tilde{\boldsymbol{w}} = \begin{bmatrix} w_1 & w_2 & \cdots & w_N \end{bmatrix}^T$, dont la distance à l'origine est la valeur absolue de

$$d_0^H = \frac{w_0}{\sqrt{\sum_{j=1}^{N} w_j^2}} \,. \quad (13)$$

En particulier, sur la figure 6-5, on peut voir la relation entre $\tilde{\boldsymbol{w}}$ et $\boldsymbol{w}$. L'hyperplan séparateur dans l'espace à N dimensions est l'intersection de l'hyperplan dans l'espace élargi avec le sous-espace $x_0 = 1$. Il est clair que les distances des exemples à l'hyperplan sont différentes selon qu'on les mesure dans l'un ou l'autre espace.

Pour résumer, chaque ensemble de poids $\boldsymbol{w}$ détermine un hyperplan d'équation (9) qui sépare l'espace des entrées en deux régions. Ces poids attribuent des sorties +1 aux entrées $\boldsymbol{x}$ dont la projection sur $\boldsymbol{w}$ est positive, et des sorties –1 aux autres. Un perceptron fait donc des séparations (ou discriminations) linéaires, car l'équation de la surface séparatrice (discriminante) est une fonction linéaire (hyperplan) des entrées.

Comme nous le verrons plus loin dans ce chapitre, pour faire des séparations plus complexes avec des neurones binaires, il faut utiliser soit des potentiels plus complexes, comme c'est le cas du perceptron sphérique ou des machines à vecteurs support, soit des réseaux avec des unités cachées, décrits dans la section consacrée aux heuristiques constructives.

Considérons un élément $\boldsymbol{x}^k$ de L_M, de classe y^k. Une quantité utile par la suite est son champ aligné z^k par rapport à un perceptron de poids $\boldsymbol{w}$, défini par :

Définition : Champ aligné

$$z^k = y^k \boldsymbol{w} \cdot \boldsymbol{x}^k \qquad (14)$$

D'après les relations (3) et (8), on voit que la sortie du perceptron de poids $\boldsymbol{w}$ est correcte si

$$z^k > 0 \qquad (15)$$

Les propriétés de la séparation linéaire ne dépendent pas de la norme du vecteur $\boldsymbol{w}$, mais seulement de son orientation. Si l'on change la norme des poids sans modifier la direction de $\boldsymbol{w}$, en multipliant toutes les composantes w_i (y compris w_0) par une même constante positive, la sortie du perceptron sera la même. Seule l'orientation de l'hyperplan, définie par le vecteur unitaire $\boldsymbol{w}/\|\boldsymbol{w}\|$, est pertinente pour la classification. Pour l'étude des propriétés d'apprentissage des neurones binaires, il est utile d'introduire le concept de stabilité γ d'un exemple, qui est ainsi défini :

Définition : stabilité d'un exemple

$$\gamma^k = \frac{y^k \boldsymbol{w} \cdot \boldsymbol{x}^k}{\|\boldsymbol{w}\|} = \frac{z^k}{\|\boldsymbol{w}\|} \qquad (16)$$

Par comparaison avec (10), et étant donné que $|y^k| = 1$, la valeur absolue de la stabilité, $|\gamma^k|$, n'est autre que la distance de l'exemple k à l'hyperplan séparateur. Cela est illustré sur la figure 6-6 pour des entrées réelles. En termes de stabilité, la condition de classification correcte (3) s'écrit

$$\gamma^k > 0$$

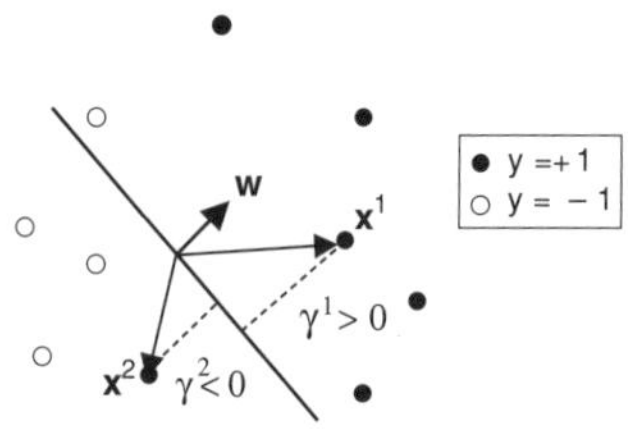

Figure 6-6. Espace des exemples. Sont représentés l'hyperplan correspondant au perceptron de poids $\mathbf{w}$ (avec $\|\mathbf{w}\| = 1$) et les stabilités γ_1 et γ_2 de deux exemples $\mathbf{x}^1$ et $\mathbf{x}^2$, de classe +1.

Remarque

Les stabilités des exemples donnent une idée de la confiance que l'on peut avoir dans la classification. Nous verrons dans la dernière partie de ce chapitre que ces stabilités sont liées à l'interprétation probabiliste de la classification.

Certains exemples ont des propriétés particulières. Le plus proche de l'hyperplan permet de définir la marge du perceptron.

Définition de la marge

La distance κ à l'hyperplan séparateur de l'exemple de L_M le plus proche de l'hyperplan s'appelle marge. La région de l'espace des deux côtés de l'hyperplan, centrée sur ce dernier et d'épaisseur 2κ, ne contient aucun exemple.

Définition : perceptron de marge maximale

Parmi tous les hyperplans séparateurs possibles, celui de marge maximale, aussi appelé perceptron de stabilité optimale, a des propriétés intéressantes : il est le plus robuste par rapport à des perturbations des entrées ou à une détérioration des poids. Les « machines à vecteurs supports », que nous introduirons plus loin, sont fondées sur le concept de marge maximale.

Algorithmes d'apprentissage pour le perceptron

Plusieurs algorithmes d'apprentissage permettent de déterminer les poids du perceptron à partir de l'ensemble d'apprentissage $L_M = \{\mathbf{x}^k, y^k\}_{k=1, ..., M}$. Historiquement, le premier qui a été proposé est l'« algorithme du perceptron ». Bien que, dans la pratique, il soit rarement utilisé, l'étude de ses propriétés est très instructive, et nous verrons que d'autres algorithmes peuvent être vus comme des généralisations de celui-ci.

Algorithme du perceptron

Nous avons vu qu'un perceptron est capable de réaliser n'importe quelle séparation linéaire, à condition que ses poids soient ajustés correctement.

Remarque
Si les exemples de l'ensemble d'apprentissage sont linéairement séparables, un perceptron devrait donc, en principe, pouvoir apprendre à les classer sans erreurs.

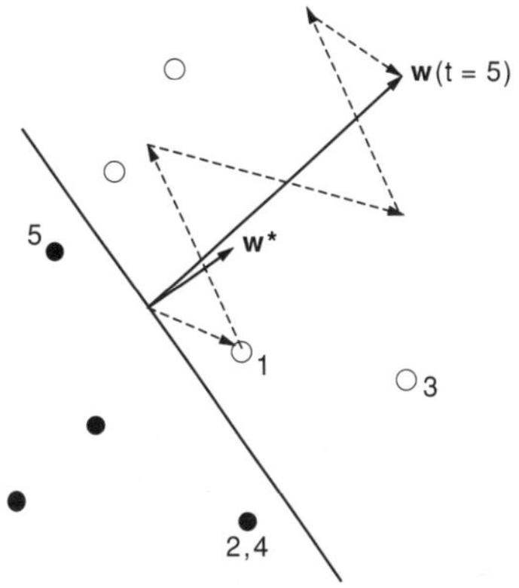

*Figure 6-7. Vecteur **w** après 5 itérations de l'algorithme du perceptron : les exemples utilisés pour l'apprentissage (cercles noirs : classe –1, cercles blancs : classe +1) sont numérotés dans l'ordre d'utilisation. $\mathbf{w}_*$ est un vecteur solution. Le vecteur **w**(t = 5) permet de séparer tous les exemples.*

L'algorithme du perceptron procède de la manière suivante :

Algorithme

- initialisation :
  1. $t = 0$ (compteur des mises à jour) ;
  2. $\mathbf{w}(0) = 0$ (initialisation tabula rasa), ou bien chaque composante de $\mathbf{w}(0)$ est tirée au hasard.
- apprentissage :
  1. on choisit un exemple k de l'ensemble d'apprentissage L_M, soit en le tirant au hasard, soit en suivant un ordre pré-établi ;
  2. si $z^k \equiv y^k \mathbf{w}(t) \cdot \mathbf{x}^k \leq 0$, c'est-à-dire si l'exemple k est mal classé, on modifie les poids selon la relation $w_i(t+1) = w_i(t) + y^k x_i^k$ pour tout i $(0 \leq i \leq N)$;
  3. on incrémente le compteur des mises à jour : $t = t + 1$.
- test :
  1. si $z^k \equiv y^k \mathbf{w}(t) \cdot \mathbf{x}^k > 0$, pour tous les exemples $k = 1, 2, ..., M$, alors ils sont tous bien appris ; l'algorithme s'arrête ;
  2. sinon, on va à apprentissage.

L'algorithme du perceptron itère donc les modifications des poids tant qu'il reste des exemples dont le champ aligné z^k est négatif, c'est-à-dire des exemples qui sont mal classés. La figure 6-7 illustre l'application de l'algorithme du perceptron. Il est évident que si l'ensemble d'apprentissage n'est pas linéairement séparable, l'algorithme ne s'arrête jamais (contrairement à l'algorithme de Ho et Kashyap présenté dans le chapitre 2). Si les exemples sont linéairement séparables, l'algorithme du perceptron converge, comme le démontre le théorème ci-dessous.

Remarque

On ne peut donc pas utiliser l'algorithme du perceptron pour déterminer si un ensemble d'exemples est, ou n'est pas, linéairement séparables. En effet, on ne peut pas, en un temps de calcul « raisonnable », distinguer un algorithme du perceptron qui ne converge pas (parce que les exemples ne sont pas linéairement séparables) et un algorithme du perceptron qui converge très lentement (bien que les exemples soient linéairement séparables). Comme nous l'avons indiqué dans le chapitre 2, il faut utiliser l'algorithme de Ho et Kashyap [Ho 1965], qui fournit la réponse en un nombre fini d'itérations : si les exemples sont linéairement séparables, il trouve une solution (qui n'est pas du tout optimale) ; si les exemples ne sont pas linéairement séparables, l'algorithme l'indique après un nombre fini d'itérations.

Théorème de convergence du perceptron

Théorème

Si les exemples de l'ensemble d'apprentissage sont linéairement séparables, l'algorithme du perceptron trouve un hyperplan séparateur en un nombre fini d'itérations.

Pour la démonstration, on supposera que l'on a initialisé les poids à zéro, suivant l'option tabula rasa. Cette hypothèse n'est pas nécessaire, car on peut tout aussi bien commencer avec des poids quelconques, mais elle rend la démonstration plus simple.

Puisque, par hypothèse, les exemples de l'ensemble d'apprentissage L_M sont linéairement séparables, il existe un vecteur de poids $\boldsymbol{w}_*$, qu'on appellera perceptron de référence, qui classe correctement les exemples. Sans perte de généralité, nous supposerons que $\boldsymbol{w}_*$ est unitaire. Si ce n'était pas le cas, il suffirait de le diviser par sa norme. Les stabilités des exemples dans L_M par rapport à l'hyperplan de référence sont positives. Puisque $\boldsymbol{w}_*$ est unitaire, elles sont égales aux champs alignés correspondants :

$$\gamma_*^k = y^k \boldsymbol{x}^k \cdot \boldsymbol{w}_* = z_*^k . \tag{17}$$

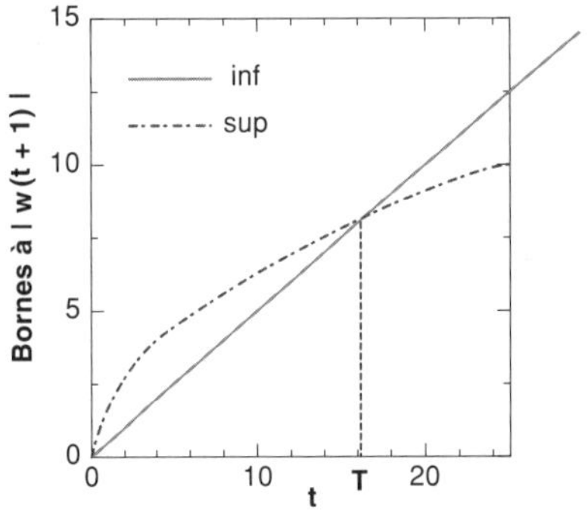

Figure 6-8. Comportement des bornes supérieure et inférieure au cours des itérations, pour un cas où $\gamma_*^{min} = 0.5$ et $\|\boldsymbol{x}^{max}\| = 2$.

Pour démontrer le théorème, on détermine des bornes, supérieure et inférieure, de la norme du vecteur de poids engendré par l'algorithme du perceptron. On peut démontrer (voir nos « Compléments » en fin de ce chapitre) que ces bornes sont des fonctions croissantes du nombre t d'itérations, mais elles augmentent à une allure différente. En effet, la borne inférieure croît linéairement avec le nombre d'itérations t, tandis que la borne supérieure le fait plus lentement, comme $\sqrt{t}$ (voir figure 6-8). Ces bornes se croisent, ce qui est absurde, au-delà d'un certain nombre d'itérations T, donné par

$$T = \left(\frac{\left\| \boldsymbol{x}^{\max} \right\|}{\gamma_*^{\min}} \right)^2 \tag{18}$$

où $\left\| \boldsymbol{x}^{\max} \right\|$ est la norme de l'exemple de L_M dont la norme est maximale, et $\gamma_*^{\min}$ est la plus petite stabilité par rapport à l'hyperplan de référence parmi celles des exemples de L_M.

L'algorithme du perceptron converge donc nécessairement, car le nombre d'itérations ne peut pas dépasser T. S'il y a des exemples très proches (avec γ petit relativement à $\|x^{\max}\|$) de l'hyperplan de référence, le temps de convergence peut être très long. Cependant, l'algorithme peut converger en un temps bien plus court que celui qui est donné par la relation (18), pour deux raisons :

- d'une part, parce que l'hyperplan de référence w_* est arbitraire et que la valeur de $\gamma_*^{\min}$ correspondante peut être particulièrement petite,
- d'autre part, parce que le temps de convergence dépend de la séquence particulière d'exemples qui est utilisée pour les mises à jour successives. De ce fait, il est une variable aléatoire.

Remarque 1

Le résultat (18) a une interprétation intuitive simple. La correction des poids lors de chaque itération de l'algorithme est bornée, car sa norme ne peut être supérieure à celle de l'exemple appris à cette itération-là, $\|x^k\|$. En revanche, l'apprentissage des exemples successifs augmente la norme des poids. La correction qu'un même exemple produit à chaque itération où il est appris perturbe donc de moins en moins w : les ajustements successifs orientent l'hyperplan par des modifications relativement décroissantes. S'il existe des exemples très proches de l'hyperplan séparateur, il faut que les corrections deviennent suffisamment faibles pour atteindre la précision nécessaire. C'est ce qui explique que le temps de convergence soit inversement proportionnel à $\gamma_*^{\min}$.

Remarque 2

Puisque, par hypothèse, les exemples de l'ensemble d'apprentissage sont linéairement séparables, au lieu de considérer les entrées x^k de classes y^k, on peut les remplacer par des entrées $x'^k \equiv y^k x^k$ de classes $y'^k = +1$. En effet, si w classe correctement l'ensemble des x^k, il procède de même avec les x'^k, car $y'^k w \cdot x'^k \equiv y^k w \cdot x^k > 0$.

Apprentissage par minimisation d'un coût

La plupart des algorithmes d'apprentissage du perceptron permettent d'obtenir w par la minimisation d'une fonction de coût dérivable, somme de coûts partiels par exemple. Nous avons vu que la condition d'un bon apprentissage peut se formuler en termes des seuls champs alignés des exemples, qui doivent être positifs (équation (15)). Il est donc raisonnable de considérer pour chaque exemple k un coût partiel fonction de z^k : $V(z^k)$. Ce coût partiel représente la contribution de l'exemple k au coût total. Alors, la fonction de coût est

$$C(w) = \frac{1}{M}\sum_{k=1}^{M} V(z^k). \tag{19}$$

Elle dépend des poids w par l'intermédiaire des champs alignés des exemples. Nous verrons plus loin que le fait que (19) soit une somme sur les exemples est cohérent avec l'hypothèse que les exemples sont des variables aléatoires indépendantes.

Remarque

Le facteur $1/M$ devant la somme dans (19) ne joue aucun rôle dans la minimisation du coût. Il permet de définir le coût moyen unitaire, c'est-à-dire le coût moyen de chaque exemple, quantité qui peut être utile si l'on veut comparer des résultats sur des bases d'apprentissage de tailles différentes.

La fonction V qui entre dans la définition (19) doit satisfaire certaines contraintes pour que la minimisation du coût permette de trouver des poids adéquats. Les poids w qui produisent des champs alignés négatifs sur un grand nombre d'exemples doivent avoir un coût plus fort que ceux qui produisent une majorité de champs alignés positifs. $V(z)$ doit donc être une fonction non croissante de son argument. Remarquons que, si les exemples de l'ensemble d'apprentissage L_M sont linéairement séparables par w_*, alors tout vecteur de la forme aw_* avec $a > 1$ produit la même séparation que w_*, mais avec un coût inférieur. En conséquence, si V est une fonction non croissante du champ aligné, un algorithme de minimisation peut ne pas converger, car, quand l'ensemble L_M est linéairement séparable, on peut toujours diminuer le coût en augmentant la norme de w sans modification de l'orientation de l'hyperplan. Pour éviter cela, on peut imposer la contrainte $\|w\| = \text{cte}$. Les normalisations $\|w\| = 1$ et $\|w\| = N + 1$ dans l'espace élargi (ou $\|w\| = N$, si l'on travaille dans l'espace des entrées de dimension N), sont celles qui sont les plus utilisées.

Si $V(z)$ est dérivable, alors $V'(z) \leq 0$. Dans ce cas, la méthode la plus simple pour procéder à une minimisation de (19) est la méthode du gradient simple, décrite au chapitre 2. Rappelons qu'elle consiste à modifier les poids itérativement, suivant

$$\boldsymbol{w}(t+1) = \boldsymbol{w}(t) + \Delta\boldsymbol{w}(t) \tag{20}$$

avec

$$\Delta\boldsymbol{w}(t) = -\mu\frac{\partial C(\boldsymbol{w})}{\partial \boldsymbol{w}}(t) = -\mu\frac{1}{M}\sum_{k=1}^{N}\frac{\partial V(z^k)}{\partial z^k}(t)\,y^k\boldsymbol{x}^k \tag{21}$$

$$= \sum_{k=1}^{M} c^k(t)\,y^k\boldsymbol{x}^k \tag{22}$$

où μ est le pas d'apprentissage. Dans (22) on a utilisé la relation $\partial z^k/\partial \boldsymbol{w} = y^k\,\boldsymbol{x}^k$ *(cf. (14))* et l'on a introduit des coefficients $c^k(t)$, définis par $c^k(t) \equiv -\frac{\mu}{M}\frac{\partial V(z^k)}{\partial z^k}$. Comme $\frac{\partial V(z^k)}{\partial z^k} \leq 0$, $c^k(t) \geq 0$. Il convient de normaliser les poids après chaque itération (20).

Le résultat (22) montre que, d'une manière générale, les poids obtenus avec des algorithmes d'apprentissage peuvent s'écrire comme suit :

$$\boldsymbol{w} = \sum_{k=1}^{M} c^k y^k\boldsymbol{x}^k \tag{23}$$

où les coefficients c^k, qui sont la somme des $c^k(t)$ sur toutes les itérations, sont positifs ou nuls. Leurs valeurs dépendent de l'algorithme d'apprentissage. Nous verrons plus bas comment les propriétés des machines à vecteurs supports se déduisent de celles des coefficients c^k. L'expression (23) avec $c^k = c > 0$ (où c est une constante quelconque) est connue sous le nom de règle de Hebb. Elle exprime mathématiquement (quoique de façon non rigoureuse) un modèle d'apprentissage neuronal proposé par D. Hebb pour expliquer la capacité de mémoire du système nerveux (voir le livre de P. Peretto pour une discussion plus approfondie de cette règle). Remarquons tout de suite que la règle de Hebb a de très mauvaises performances pour faire des discriminations de données. Même si, dans le contexte de l'apprentissage automatique, son intérêt est plutôt historique, on verra que l'on peut accélérer la convergence de certains algorithmes en initialisant les poids avec la règle de Hebb.

Remarque

Si l'on ne normalisait pas les poids après chaque itération de l'algorithme pour satisfaire la contrainte $\|\boldsymbol{w}\| = \text{cte}$, on pourrait contrôler la convergence en arrêtant les itérations dès que les corrections aux poids deviennent parallèles aux poids eux-mêmes, c'est-à-dire, si $\boldsymbol{w}(t+1)\cdot\boldsymbol{w}(t) = \|\boldsymbol{w}(t+1)\|\,\|\boldsymbol{w}(t)\|$ (dans les limites de la précision requise par l'application).

Dans la suite de ce paragraphe, nous présentons quelques coûts partiels $V(z)$ proposés dans la littérature.

Fonctions de coût pour le perceptron

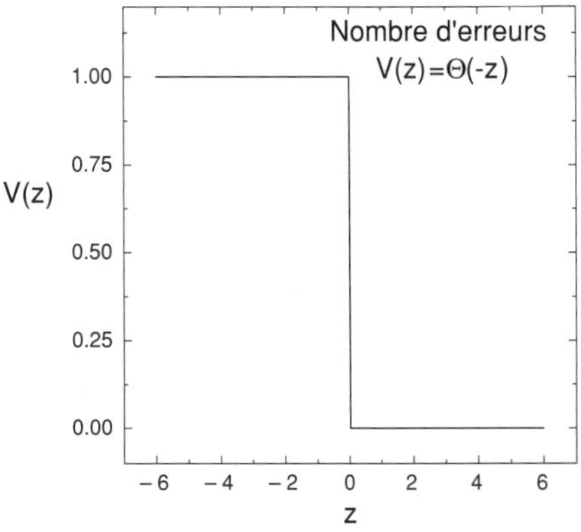

Figure 6-9. Coût partiel correspondant au nombre d'erreurs d'apprentissage

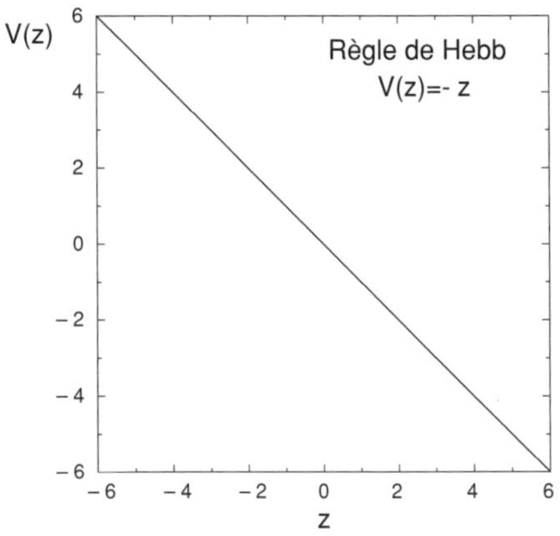

Figure 6-10. Coût partiel correspondant à la règle de Hebb

La fonction de coût qui semble la plus appropriée intuitivement est le nombre d'erreurs d'apprentissage. Le coût partiel correspondant, représenté sur la figure 6-9, est :

$$V(z) = \Theta(-z) \tag{24}$$

où $\Theta(x)$ est la fonction de Heaviside définie par la relation (5). Elle vaut 1 si l'exemple est mal classé, et 0 autrement. À son minimum, le coût total est donc proportionnel au plus petit nombre d'exemples mal classés. Cette fonction n'étant pas différentiable, on ne peut pas la minimiser par une méthode de gradient. Il faut faire appel à des techniques d'optimisation combinatoire, comme, par exemple, le recuit simulé.

Considérons maintenant des coûts dérivables. Le coût partiel suivant, représenté sur la figure 6-10,

$$V(z) = -z \tag{25}$$

est la fonction monotone décroissante la plus simple. Après introduction de sa dérivée dans (22), on trouve

$$\Delta \boldsymbol{w} = \mu \frac{1}{M} \sum_{k=1}^{M} y^k \boldsymbol{x}^k \tag{26}$$

qui n'est autre que la règle de Hebb. Comme cela a été discuté plus haut, le coût partiel étant monotone décroissant, il faut, pour que l'algorithme s'arrête, introduire la contrainte de normalisation des poids. Une seule itération suffit alors pour trouver le minimum du coût. Dans la suite de cette section, nous utiliserons ce résultat pour initialiser l'algorithme Minimerror.

L'algorithme du perceptron correspond à l'utilisation du coût partiel suivant :

$$V(z) = -z\Theta(-z) \tag{27}$$

représenté sur la figure 6-11. Les corrections des poids à chaque itération lors de la minimisation du coût correspondant sont :

$$\Delta \boldsymbol{w} = \mu \frac{1}{M} \sum_{k=1}^{M} \Theta(-z^k) y^k \boldsymbol{x}^k \tag{28}$$

ce qui équivaut à une version non adaptative (« batch ») de l'algorithme du perceptron car ici, à chaque itération, les poids sont mis à jour avec tous les exemples mal classés (grâce à la fonction Θ dans (30)), alors que, dans l'algorithme du perceptron, on ne prend en considération qu'un seul exemple à chaque mise à jour des poids.

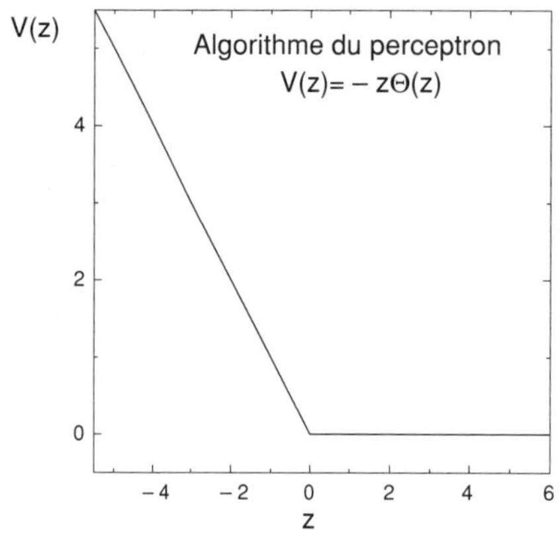

Figure 6-11. Coût partiel correspondant à une version non adaptative (« batch ») de l'algorithme du perceptron

L'algorithme « Adaline », aussi appelé « règle Delta », algorithme de Widrow-Hoff, ou encore « algorithme de relaxation », dérive du coût partiel suivant :

$$V(z)=\frac{1}{2}z^2\Theta(-z), \tag{29}$$

représenté sur la figure 6-12.

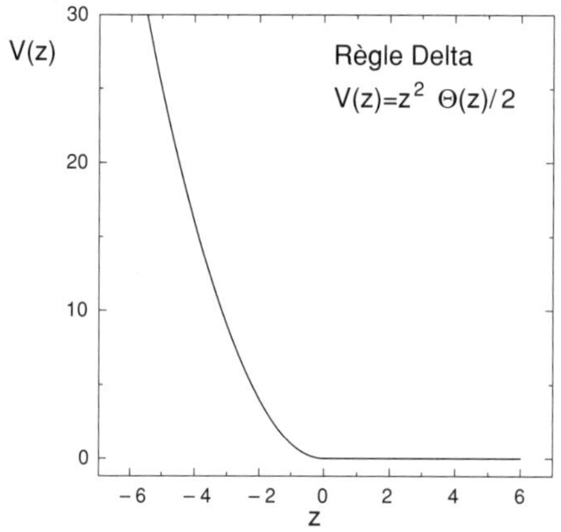

Figure 6-12. Coût partiel correspondant à la règle Delta

Les modifications des poids lors des itérations successives sont données par :

$$\Delta \boldsymbol{w}=-\mu\frac{1}{M}\sum_{k=1}^{M}z^k\Theta\left(-z^k\right)y^k\boldsymbol{x}^k. \tag{30}$$

Remarque

Si les exemples de l'ensemble d'apprentissage sont linéairement séparables les algorithmes que l'on vient de présenter trouveront généralement une solution $\boldsymbol{w}$ sans erreurs d'apprentissage, avec plus ou moins d'itérations suivant l'algorithme. Pour cela, rappelons que μ, le pas d'apprentissage, doit être suffisamment petit.

Les algorithmes précédents pénalisent les poids qui donnent des erreurs d'apprentissage, car les coûts partiels correspondant à des champs alignés négatifs ont des valeurs positives. Les exemples bien classés ont un coût nul (sauf pour la règle de Hebb), où qu'ils se trouvent. Or, l'intuition nous dit qu'on est plus « sûr » de la classification des exemples très éloignés de l'hyperplan que de ceux qui en sont tout près. On devrait donc pénaliser les hyperplans qui se placent trop près des exemples, même s'ils les classent bien. C'est le but des algorithmes qui cherchent l'hyperplan de marge κ, c'est-à-dire, les poids $\boldsymbol{w}(\kappa)$ tels que, pour tous les exemples k,

$$\gamma^k \equiv \frac{z^k}{\|\boldsymbol{w}\|} \geq \kappa. \tag{31}$$

Afin de pénaliser les poids qui, même s'ils classent bien tous les exemples, présentent des exemples plus proches de l'hyperplan que la marge κ. il suffit de modifier les coûts (24), (25), (27) et (29) en remplaçant partout le champ aligné z^k par $z^k - \|\boldsymbol{w}\|\kappa$. Dans ce cas, les solutions de coût nul vérifient (31) pour tous les exemples. La plus grande valeur de κ pour laquelle il existe une solution de coût nul correspond au perceptron de marge maximale. Il faut remarquer que, dans la pratique, le procédé qui consiste à maximiser κ peut être assez complexe et coûteux en temps de calcul.

D'autres fonctions de coût ont un paramètre ajustable, plus ou moins équivalent à κ, que l'on appelle hyperparamètre. Elles permettent de trouver des solutions qui ont de meilleures propriétés de généralisation que celles que l'on vient de présenter [3, 4, 5, 6].

En général, quand les exemples de l'ensemble d'apprentissage ne sont pas linéairement séparables, on peut représenter la surface discriminante à l'aide de neurones cachés. L'hyperplan défini par chaque neurone doit séparer correctement les exemples de classes différentes, au moins dans un voisinage limité de l'hyperplan. Or, lorsque les exemples ne sont pas séparables, les fonctions de coût présentées dans ce paragraphe ont plusieurs minima locaux, et, généralement, la solution vers laquelle convergent les algorithmes ne possède pas cette propriété de séparation locale. Une fonction qui permet de trouver une telle solution est le coût partiel suivant (utilisé par l'algorithme Minimerror qui est décrit plus bas), lequel est fonction de la stabilité γ, définie par (16), et non pas du champ aligné z :

$$V_\beta(\gamma) = \frac{1}{2}[1 - \mathrm{th}(\beta\gamma)] \tag{32}$$

où β est un hyperparamètre. Le coût partiel (32) est représenté en fonction de γ sur la figure 6-13 (à gauche), pour deux valeurs de β différentes.

Faisant l'apprentissage par la méthode du gradient, la contribution de chaque exemple est proportionnelle à

$$-\frac{\partial V_\beta(\gamma)}{\partial w} \propto \frac{\beta}{2\|\boldsymbol{w}\|\cosh^2(\beta\gamma)}\left(y\boldsymbol{x} - \gamma\frac{\boldsymbol{w}}{\|\boldsymbol{w}\|}\right). \tag{33}$$

Elle est le produit de deux termes. Un préfacteur qui dépend de la stabilité de l'exemple, et la quantité $y\boldsymbol{x} - \gamma\boldsymbol{w}/\|\boldsymbol{w}\|$. Le préfacteur $\cosh^{-2}(\beta\gamma)$ dans (33), est représenté sur la figure 6-13 (à droite) en fonction de γ, pour deux valeurs de β. L'hyperparamètre β a une signification intuitive très simple : rappelons que $|\gamma^k|$ est la distance de l'exemple k à l'hyperplan défini par les poids $\boldsymbol{w}$. Si $|\gamma^k| >> 1/\beta$, le préfacteur $\cosh^{-2}(\beta\gamma^k)$ a des valeurs négligeables, et la contribution de l'exemple correspondant à $\Delta\boldsymbol{w}$ dans (21) est faible. Seuls les exemples suffisamment proches de l'hyperplan, ceux ayant $|\gamma| < 1/\beta$, contribuent significativement à la modification des poids. Tout se passe comme si l'on avait une fenêtre de largeur proportionnelle à $1/\beta$ centrée sur l'hyperplan, et au travers de laquelle on ne verrait que les exemples *effectivement* utilisés pour l'apprentissage. Plus β est grand, plus cette fenêtre est étroite, comme le montre la figure 6-13 (à droite).

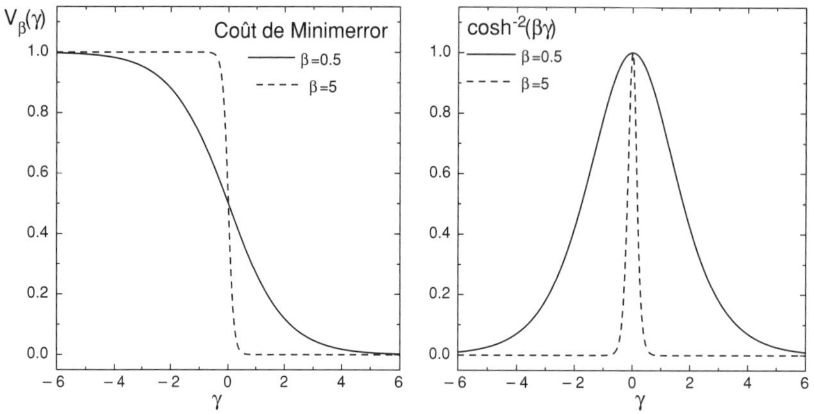

Figure 6-13.
À gauche : coût partiel correspondant à Minimerror ; à droite : préfacteur de la modification des poids (équation (35)), pour deux valeurs de l'hyperparamètre β.

Remarque 1

Par rapport aux algorithmes dont le coût partiel est fonction du champ aligné, la dérivée de (32) par rapport aux poids fait apparaître un terme supplémentaire, $\gamma \mathbf{w}/\|\mathbf{w}\|$, qui provient de la norme des poids au dénominateur de la stabilité (définie par l'équation (16)). La quantité $\gamma \mathbf{w}/\|\mathbf{w}\|$ est la composante de l'exemple parallèle à $\mathbf{w}$. Dans le terme entre parenthèses de l'équation (33), $y\mathbf{x} - \gamma \mathbf{w}/\|\mathbf{w}\|$ est la composante de $y\mathbf{x}$ (le terme hebbien qui apparaît dans tous les algorithmes d'apprentissage) orthogonale à $\mathbf{w}$. Seule cette composante contribue effectivement à l'apprentissage ; la composante parallèle à $\mathbf{w}$ n'est pas utile pour l'apprentissage car elle ne peut pas contribuer à changer l'orientation de $\mathbf{w}$. Si l'on normalise les poids après chaque itération de l'algorithme, le terme $\gamma \mathbf{w}/\|\mathbf{w}\|$ peut être négligé.

Remarque 2

Même les exemples bien classés, avec $\gamma > 0$, contribuent à l'apprentissage ; ils le font d'autant plus qu'ils sont proches de l'hyperplan.

Remarque 3

Si β est suffisamment petit ($\beta\gamma^k << 1$ pour tout k), alors tous les exemples contribuent à l'apprentissage avec pratiquement le même préfacteur, comme dans la règle de Hebb discutée plus haut. En effet, dans la limite $\beta \to 0$, les stabilités de tous les exemples se trouvent dans la région où le coût décroît linéairement (autour de $\gamma = 0$), et le préfacteur dans (33) est le même pour tous les exemples.

Remarque 4

Pour des valeurs intermédiaires de β, les exemples suffisamment éloignés de l'hyperplan pour satisfaire $\beta\gamma >> 1$, c'est-à-dire ceux dont les stabilités sont grandes par rapport à $1/\beta$, contribuent peu à l'apprentissage, car leur préfacteur dans (35) est exponentiellement faible (dans la limite $\beta\gamma >> 1$, on a $\frac{1}{\cosh^2(\beta\gamma)} < 4 \exp(-2\beta|\gamma|)$. Par exemple, si $\beta\gamma > 5$, le préfacteur est de l'ordre de 10^{-4}.

Les remarques précédentes sont à la base de l'algorithme Minimerror, qui permet non seulement d'obtenir une séparation linéaire de grande marge si elle existe, mais, dans les cas où la séparation linéaire n'existe pas, trouve une surface localement discriminante grâce à l'hyperparamètre β, qu'il ajuste pour optimiser la solution. Pour cela, on initialise les poids avec la règle de Hebb (donnée par (23) avec c^k = cte). On commence les itérations avec une valeur initiale de β, β_{ini}, suffisamment petite pour que tous les exemples figurent à l'intérieur de la fenêtre d'apprentissage. Si $\|\mathbf{x}^{max}\|$ correspond à la plus grande norme parmi les vecteurs de L_M, il suffit de prendre, par exemple, $\beta_{\text{ini}} = 0{,}01/\|\mathbf{x}^{max}\|$. Ensuite, à chaque pas d'apprentissage, on modifie les poids et l'on augmente β d'une petite quantité $\delta\beta$. Ce procédé est connu dans la littérature comme étant celui du recuit déterministe ; il est conceptuellement proche du recuit simulé, utilisé en particulier pour des problèmes d'optimisation. En effet, l'hyperparamètre β peut être interprété comme l'inverse d'un bruit, ou d'une température, $T = 1/\beta$ [GORDON 1995]. Nous reviendrons sur cette interprétation. L'expérience a montré que, dans de nombreuses applications, il est convenable d'utiliser deux valeurs de β différentes, β_+ pour les exemples de stabilité positive (bien appris), et β_- pour ceux de stabilité négative. Pour ne pas introduire trop de paramètres, on garde le rapport β_+/β_- constant pendant tout l'apprentissage. L'algorithme Minimerror a donc trois paramètres : le pas d'apprentissage μ, le pas de recuit $\delta\beta$ et l'asymétrie $\beta_\pm \equiv \beta_+/\beta_-$. Il procède comme suit :

Algorithme Minimerror

- Choisir :
  1. μ, le pas d'apprentissage (valeur conseillée : 10^{-2}),
  2. β_+, l'hyperparamètre (valeur conseillée $\beta_+ = 10^{-2}/\|x^{max}\|$),
  3. $\beta_\pm$, le rapport β_+/β_- (valeur conseillée : 6),
  4. $\delta\beta_+$, le pas du recuit (valeur conseillée : 10^{-2}).
- Initialisation :
  1. compteur de mises à jour : t = 0,
  2. poids : $\boldsymbol{w}(0)$ (initialisation conseillée : appliquer la règle de Hebb et normaliser les poids à $\|\boldsymbol{w}\| = N + 1$).
- Apprentissage :
  1. à chaque itération, on modifie et l'on normalise les poids selon :

$$\left\|\boldsymbol{w}(t+1)\right\| = \frac{\boldsymbol{w}(t) + \Delta\boldsymbol{w}}{\left\|\boldsymbol{w}(t) + \Delta\boldsymbol{w}\right\|} \text{ avec } \Delta\boldsymbol{w} = -\frac{\mu}{M}\left(\delta\boldsymbol{w}_+ + \delta\boldsymbol{w}_-\right) \quad (34)$$

  et

$$\delta\boldsymbol{w}_\pm = \sum_{k/\gamma^k \in \gamma_\pm} \frac{\beta_\pm}{\cosh^2 \beta_\pm \gamma^k} \gamma^k \boldsymbol{x}^k \quad (35)$$

  où $\gamma_\pm$ représente les sous-ensembles d'exemples de stabilité positive (γ_+) et négative (γ_-), respectivement,

  2. on met à jour le compteur et les différents paramètres :
  $t \leftarrow t + 1$,
  $\beta_+ \leftarrow \beta_+ + \delta\beta_+$, $\beta_- = \beta_+/\beta_\pm$.
- Condition d'arrêt :
  1. si β_+ et β_- sont suffisamment grands pour qu'aucun exemple ne puisse contribuer significativement aux poids (dans la limite de la précision requise), l'algorithme s'arrête ;
  2. autrement, on va à apprentissage.

On peut, et c'est souvent utile, modifier le pas d'apprentissage et l'adapter au fur et à mesure des itérations, comme cela a été discuté au chapitre 2.

Remarque

L'algorithme Minimerror combine une descente de gradient avec une modification de l'hyperparamètre β. Il converge vers un minimum local. On a démontré [Gordon 1995] que, si les exemples de l'ensemble d'apprentissage sont linéairement séparables, la minimisation de (19), avec V donné par (32), pour des valeurs croissantes de β permet de trouver l'hyperplan de marge maximale. Si les exemples ne sont pas linéairement séparables, l'algorithme converge vers des poids qui minimisent le nombre d'erreurs d'apprentissage et maximisent la marge *localement* (au voisinage de l'hyperplan). Ces propriétés sont très utiles pour les algorithmes d'apprentissage constructifs, présentés plus bas dans ce chapitre.

On trouvera plus de détails, ainsi que des exemples d'utilisation de Minimerror, dans [Torres Moreno 1997] et [Godin 2000].

Remarque

Un coût partiel assez intéressant est celui des moindres carrés appliqué à un réseau sans neurones cachés, et dont le neurone de sortie a une fonction d'activation sigmoïdale. Puisque $y^k = \pm 1$, on a :

$$\begin{aligned} V(z^k) &= \frac{1}{2}(y^k - \text{th}(\boldsymbol{w}\cdot\boldsymbol{x}^k))^2 \\ &= \frac{1}{2}(1 - y^k \text{th}(\boldsymbol{w}\cdot\boldsymbol{x}^k))^2 \\ &= \frac{1}{2}(1 - \text{th}(z^k))^2 \end{aligned} \quad (36)$$

car th(–z) = – th(z). Remarquons que l'argument de V n'est pas la stabilité, mais le champ aligné. La modification des poids par l'algorithme du gradient simple prend la forme (22), avec :

$$\begin{aligned} c^k(t) & \frac{\mu}{M}\frac{1-\text{th}(z^k)}{\cosh^2(z^k)} \\ & \frac{\mu}{M}\frac{1-\text{th}(\|\boldsymbol{w}\|\gamma^k)}{\cosh^2(\|\boldsymbol{w}\|\gamma^k)} \end{aligned} \quad (37)$$

L'expression (37) est similaire à celle de l'algorithme Minimerror. Ici, $\|\boldsymbol{w}\|$ joue le même rôle que β. La différence essentielle entre les deux algorithmes est que β est un paramètre contrôlable par Minimerror, tandis que $\|\boldsymbol{w}\|$ ne peut pas être contrôlé lors de la minimisation de (36).

Exemple d'application : la classification de signaux de sonar

Cette application historique a été proposée [Gorman et Sejnowski 1988] pour tester les performances des réseaux de neurones. Les données sont disponibles à l'adresse Internet suivante : *http://mlearn.ics.uci.edu/databases/undocumented/connectionist-bench/sonar/* [Blake 1998].

Il s'agit de discriminer entre des signaux de sonar provenant de mines cylindriques et des signaux qui émanent de roches de même forme. Pour cela, on dispose d'un ensemble de 208 spectres de sonar prétraités, définis par $N = 60$ valeurs réelles $x_i \in [0, 1]$ ($i = 1, \ldots, N$), avec leurs classes. Conventionnellement, on utilise les 104 premiers exemples pour l'apprentissage, et les 104 derniers pour estimer l'erreur de généralisation. Bien que ce problème ait été utilisé pour tester de nombreux algorithmes de classification, avec différentes architectures de réseaux de neurones, nous avons montré avec Minimerror que, non seulement les ensembles d'apprentissage et de test étaient chacun linéairement séparable, mais que l'ensemble des 208 données sont aussi linéairement séparables [Torres Moreno *et al.* 1998], ce qui est conforme au résultat, mentionné dans le chapitre 2, obtenu avec l'algorithme de Ho et Kashyap. À gauche de la figure 6-14, nous avons représenté les distances des données à l'hyperplan séparateur qui est trouvé avec Minimerror, avec un signe correspondant à la classe qui leur est attribuée par le perceptron, lorsque l'on « apprend » avec les 104 premiers exemples de la base. La solution a une marge $\kappa = 0{,}1226$: aucun exemple d'apprentissage ne se trouve à une distance de l'hyperplan plus petite que κ. En revanche, parmi les 104 exemples de test, on en trouve 23 qui sont mal classés par cet hyperplan. À droite de la figure 6-14, on a représenté les distances des données à l'hyperplan (avec le signe donné par le classifieur) lorsque l'apprentissage est effectué avec l'ensemble des 208 signaux. La marge dans ce cas est plus petite ($\kappa = 0{,}0028$). Nous avons représenté sur la figure 6-15 l'histogramme des stabilités de toutes les données par rapport à ce dernier hyperplan. Nous verrons qu'en faisant l'hypothèse que les données sont des mesures bruitées de grandeurs physiques, ces distances permettent d'attribuer un degré de plausibilité (ou une densité de probabilité) à la classe que le perceptron attribue aux entrées.

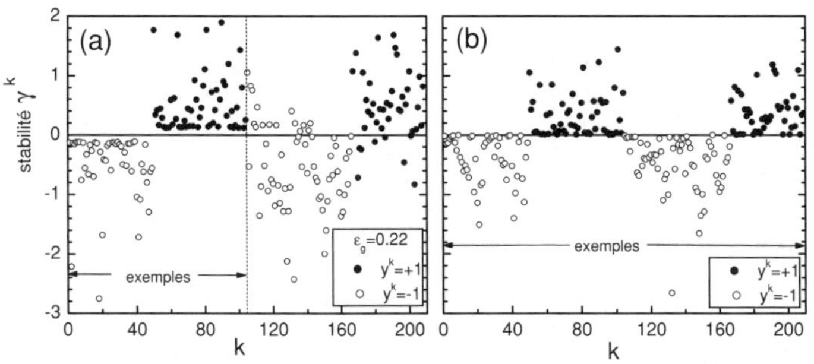

Figure 6-14. Distance des données à l'hyperplan séparateur, avec des couleurs correspondant à leurs classes. Le signe de γ^{μ} sur la figure représente la classe attribuée par le perceptron après apprentissage. À gauche : apprentissage avec les $M = 104$ premiers exemples de la base. Les derniers $G = 104$ exemples appartiennent à la base de test. À droite : distances par rapport à l'hyperplan déterminé avec toutes les données, montrant qu'elles sont linéairement séparables.

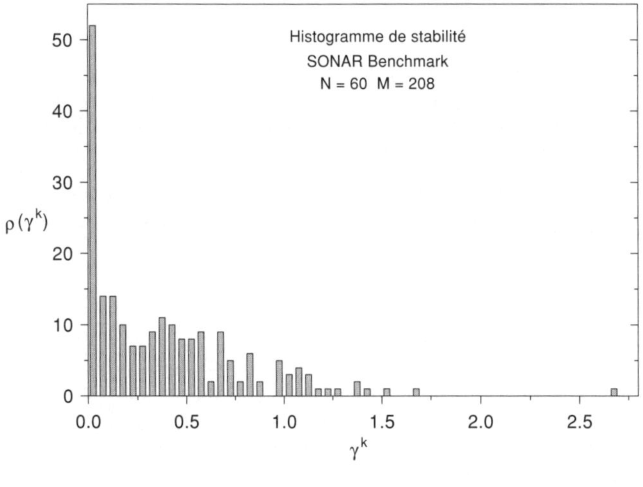

Figure 6-15. Histogramme des stabilités des exemples correspondant à l'hyperplan qui sépare toute la base.

Remarque 1

Le fait que l'on ait trouvé que les 208 données de ce problème sont linéairement séparables n'est pas étonnant, comme le démontre le théorème de Cover (et sa généralisation par Gardner au cas de données corrélées [ENGEL *et al.* 2001]) mentionné au dernier paragraphe du chapitre, et dont la grande importance a déjà été mentionnée dans le chapitre 2. Ils ont établi que la probabilité qu'un ensemble de données (en position générale, c'est-à-dire tel qu'il n'y ait pas N points dans un même hyperplan) soit linéairement séparable ne dépend que du rapport M/N, où M est le nombre de données et N la dimension de l'espace des entrées. En particulier, si $N = 60$ et $M = 208$, et si les données présentent des corrélations, ce qui est le cas dans ce problème du sonar, cette probabilité n'est pas négligeable.

Remarque 2
On peut se demander pourquoi on n'a pas découvert plus tôt que les données étaient linéairement séparables, alors que l'algorithme de Ho et Kashyap [Ho 1965] fournit le résultat en quelques minutes. Ceci résulte du caractère fondamentalement pluridisciplinaire du domaine des réseaux de neurones, qui amène à ignorer, voire à redécouvrir, des résultats importants établis dans d'autres disciplines ; les auteurs de cet ouvrage espèrent que celui-ci contribuera à surmonter cette difficulté.

Algorithmes d'apprentissage adaptatifs (« en ligne »)

Rappelons que sont ainsi nommés les algorithmes qui modifient les poids juste après la présentation de chaque exemple, comme le fait l'algorithme du perceptron. Nous avons souligné, dans les chapitres précédents, que ce type d'apprentissage est utile lorsque l'ensemble d'apprentissage est trop important pour qu'il puisse être gardé en mémoire dans sa totalité, ainsi que l'exigent les algorithmes de minimisation que l'on vient de voir, ou dans des problèmes où les exemples arrivent un par un, comme dans le cas d'un robot qui explore un domaine.

Comme nous l'avons vu dans les chapitres 2 et 4, il est possible de réaliser des apprentissages en ligne en modifiant les poids proportionnellement à la dérivée des coûts partiels décrits dans la section précédente. On parle alors de méthodes de gradient stochastique. La stochasticité est due à l'ordre, plus ou moins arbitraire, selon lequel les exemples sont présentés.

Parmi les algorithmes d'apprentissage en ligne pour le perceptron, on peut citer « Minover » [Krauth 1987] et « Adatron » [Anlauf 1989], qui sont plus performants que l'algorithme du perceptron. L'algorithme « Adatron » peut être considéré comme une version en ligne de l'algorithme de « relaxation ».

Interprétation de l'apprentissage en termes de forces

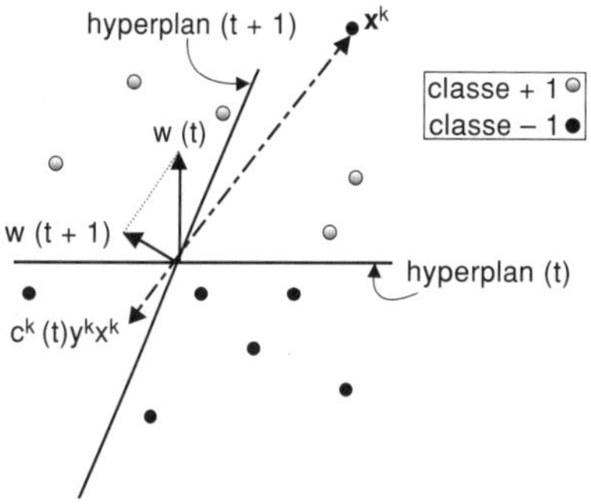

Figure 6-16. Forces sur l'hyperplan. À l'itération t, l'exemple k, mal classé, produit une force attractive sur l'hyperplan. Sa contribution à la correction des poids est indiquée par le vecteur $c^k(t)y^k\mathbf{x}^k$, qui est ajouté à $\mathbf{w}(t)$ pour donner $\mathbf{w}(t+1)$.

Dans ce paragraphe, nous introduisons une interprétation de l'apprentissage en termes de forces produites par les exemples sur l'hyperplan ; nous percevrons mieux pourquoi certains algorithmes ne convergent pas si l'ensemble n'est pas linéairement séparable.

En effet, étant donné l'hyperplan à l'itération t, la contribution d'un exemple k à la modification des poids peut être interprétée comme une force

$$\mathbf{F}^k(t) = -\frac{\mu}{M}\frac{\partial V(z^k)}{\partial \mathbf{w}}(t) \tag{38}$$

$$= -\frac{\mu}{M}\frac{\partial V(z^k)}{\partial z^k}(t)\, y^k \mathbf{x}^k$$

$$= c^k(t)\, y^k \mathbf{x}^k$$

qui agit sur l'hyperplan. On peut remarquer que cette force est la dérivée d'un potentiel qui n'est autre que le coût partiel V (c'est pourquoi ce dernier est appelé potentiel dans la littérature des chercheurs physiciens qui étudient ces problèmes ; pour éviter toute confusion avec le potentiel du neurone, nous n'utiliserons pas ce terme). Si $V(z)$ est une fonction non croissante de son argument, alors $c^k \geq 0$. On peut voir, sur la figure 6-16, que si la stabilité de l'exemple k est négative, alors la force attire l'hyperplan vers l'exemple, lequel voudrait passer de l'autre côté de l'hyperplan. Si la stabilité de l'exemple k est positive, l'exemple repousse l'hyperplan. Puisque l'hyperplan passe nécessairement par l'origine de l'espace élargi, ces forces le font pivoter.

Remarque

L'angle de rotation est proportionnel au pas d'apprentissage μ. S'il est grand, l'effet de la force peut être excessif, et risque d'introduire des oscillations au cours des itérations successives.

L'orientation de l'hyperplan se stabilise, et donc l'algorithme converge, quand les forces dues aux exemples des deux côtés s'équilibrent. Si le coût partiel V est nul pour les stabilités positives, seuls les exemples non appris exercent des forces, qui sont attractives, sur l'hyperplan. Si $V > 0$ pour les stabilités positives, comme c'est le cas de l'algorithme Minimerror, les exemples bien classés exercent aussi des forces (répulsives) sur l'hyperplan.

Si l'ensemble d'apprentissage n'est pas linéairement séparable, les algorithmes dont le coût partiel diverge pour les stabilités négatives peuvent avoir des problèmes de convergence. En effet, s'il y a des exemples de la même classe des deux côtés de l'hyperplan, comme cela arrive dans les cas non séparables, les exemples mal classés exercent des forces attractives, d'autant plus grandes qu'ils sont éloignés de l'hyperplan. L'orientation de ce dernier peut alors osciller au cours des itérations successives, sans jamais se stabiliser. Pour éviter ce problème, on diminue le pas d'apprentissage μ au fur et à mesure que l'apprentissage progresse. La même remarque s'applique à l'apprentissage adaptatif (« en ligne ») : la solution que l'on trouve dépend non seulement de la vitesse à laquelle μ a été modifié, mais aussi de l'ordre de présentation des exemples.

Au-delà de la séparation linéaire

Nous avons vu que le perceptron ne peut réaliser que des séparations linéaires des entrées. Nous avons indiqué, dans le chapitre 2, que, pour surmonter cette limitation, on introduit habituellement des réseaux multicouches. Cependant, il existe d'autres possibilités, dont la plus facile à mettre en œuvre consiste à utiliser des potentiels (ou activités) non linéaires. Dans la section suivante, nous définirons une nouvelle activité, qui permet de réaliser des séparations sphériques des données *avec le même nombre de paramètres* qu'un perceptron linéaire. Bien évidemment, cette solution est encore trop restrictive. C'est pourquoi nous présentons ensuite deux approches très différentes, permettant toutes les deux de produire des surfaces discriminantes de formes arbitraires, ce qui nécessite l'apprentissage d'un plus grand nombre de paramètres. On peut, soit rendre le réseau plus complexe par la construction d'une couche cachée avec des méthodes incrémentales, soit augmenter le nombre de paramètres du perceptron, comme le font les « machines à vecteurs support ».

Perceptron sphérique

On peut produire des surfaces discriminantes hypersphériques à partir d'une généralisation très simple du perceptron. En effet, au lieu du potentiel linéaire (7) on définit un potentiel ou activité sphérique

$$v_S = \sum_{i=1}^{N} (x_i - \tilde{w}_i)^2 - w_0^2 \tag{39}$$

où la somme sur i est le carré de la distance entre l'entrée $\boldsymbol{x}$ et le vecteur des poids dans l'espace non élargi $\tilde{\boldsymbol{w}} = \begin{bmatrix} w_1 & w_2 & \cdots & w_N \end{bmatrix}$. Le vecteur $\tilde{\boldsymbol{w}}$ est le centre d'une hypersphère de rayon w_0. La sortie du perceptron sphérique est :

$$\sigma_S = \operatorname{sgn}(v_S)\,. \tag{40}$$

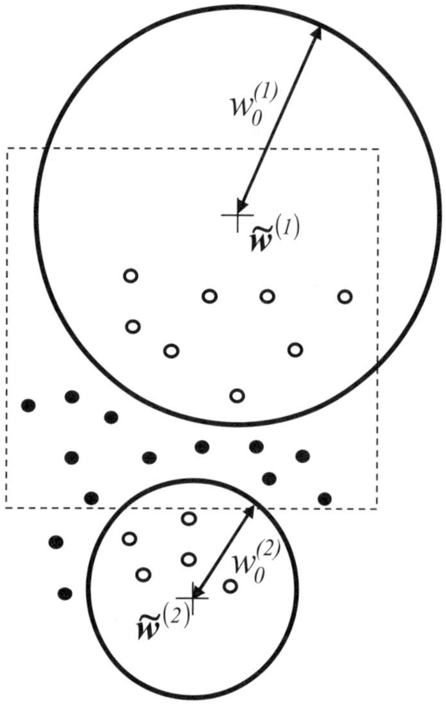

Figure 6-17. Deux surfaces discriminantes sphériques en dimension N = 2. La première (en haut) a un rayon $w_0^{(1)}$ et son centre se trouve au point $\tilde{w}^{(1)}$. La deuxième, de rayon $w_0^{(2)}$, est centrée sur $\tilde{w}^{(2)}$. On peut remarquer que le centre de la surface discriminante peut se trouver à l'extérieur de la région occupée par les exemples.

Puisque le vecteur $\tilde{w}$ est le centre d'une hypersphère de rayon w_0, alors $\sigma_S = +1$ si le point x se trouve à l'extérieur de l'hypersphère, et $\sigma_S = -1$ s'il se trouve à l'intérieur (voir figure 6-17). Remarquons que le perceptron sphérique a le même nombre de paramètres que le perceptron linéaire. Seule l'expression du potentiel est différente. Tous les algorithmes d'apprentissage pour le perceptron linéaire se transposent facilement au perceptron sphérique, en introduisant pour le champ aligné d'un exemple k l'expression suivante :

$$z_S^k = y^k v_S \,. \tag{41}$$

Remarquons que, dans ce cas, il ne faut pas normaliser les poids, car cela reviendrait à imposer que le centre de l'hypersphère se trouve à une distance de l'origine qui serait fixée par la constante de normalisation.

Heuristiques constructives

Comme cela a déjà été mentionné, on peut transformer la classification en un problème de régression et appliquer les techniques d'apprentissage et de sélection de modèle décrites aux chapitres 1 et 2. Notons que, dans ce cadre, tous les neurones du réseau doivent avoir des fonctions d'activation dérivables ; comme nous l'avons indiqué au début de ce chapitre, des unités cachées binaires peuvent suffire si l'on cherche à déterminer directement les surfaces discriminantes. Si la surface discriminante n'est ni linéaire ni sphérique, on peut la décomposer en morceaux (linéaires ou sphériques) à l'aide de neurones cachés. Alors, les probabilités d'appartenance à chaque classe se déterminent à partir des stabilités, utilisant les résultats présentés dans la section Questions Théoriques, plus loin dans ce chapitre.

Définition : représentation interne

L'état des neurones cachés associé à un exemple s'appelle représentation interne de l'exemple. Remarquons que plusieurs exemples peuvent avoir la même représentation. Cela est souhaitable, pourvu qu'ils appartiennent à la même classe, car ainsi on comprime l'information contenue dans L_M.

En général, on incorpore les unités cachées au réseau les unes après les autres, suivant des heuristiques constructives qui utilisent différents critères pour associer une représentation interne binaire à chaque élément de l'ensemble d'apprentissage. Si ces représentations internes sont linéairement séparables, un perceptron de sortie, connecté aux unités cachées, peut apprendre à les discriminer.

Remarque

On dit que les représentations internes de l'ensemble d'apprentissage sont fidèles si les exemples de classes différentes ont des représentations différentes. Si deux exemples de classes différentes ont la même représentation interne, la représentation n'est pas fidèle. Dans ce cas, comme le neurone de sortie est connecté seulement aux neurones cachés, il attribuera la même classe aux deux exemples, faisant donc nécessairement une erreur de classification.

Les différents algorithmes constructifs ou incrémentaux qui existent dans la littérature permettent d'engendrer les représentations internes par des ajouts successifs d'unités cachées. Ces algorithmes constituent donc une approche de l'apprentissage avec des réseaux de neurones spécialement adaptés aux problèmes de discrimination. Ils diffèrent les uns des autres par l'heuristique qui est proposée (ce qu'il faut apprendre aux unités ajoutées), par l'architecture du réseau obtenu (en arbre, en couches, etc.) et par l'algorithme d'apprentissage qui est utilisé pour déterminer les poids de chaque neurone. En particulier, le nombre d'unités cachées, qui détermine la dimension des représentations internes, dépend, de façon cruciale, de l'efficacité de l'algorithme d'apprentissage utilisé.

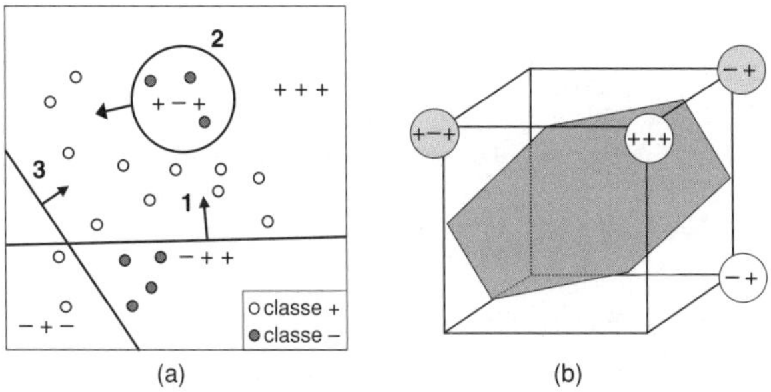

Figure 6-18. (a) Surfaces discriminantes déterminées avec l'algorithme NetLS. (b) Représentations internes correspondant aux régions de la figure (a). La surface indiquée correspond précisément à la séparation linéaire des représentations internes, qui est effectuée par le neurone de sortie.

Dans la suite, nous décrivons brièvement l'algorithme constructif NetLS, qui permet de réaliser des séparations comme celle qui est montrée sur la figure 6-18(a). Dans cet exemple, le premier neurone caché (dont l'hyperplan est indiqué par le chiffre 1 sur la figure) fait une séparation linéaire des entrées. Le deuxième effectue une séparation sphérique, et le troisième une séparation linéaire. Ils découpent l'espace des entrées en régions auxquelles ils attribuent des représentations internes fidèles, représentées sur la figure 6-18(b). Ces derniers sont des vecteurs binaires (de dimension 3 car dans notre exemple il y a 3 neurones cachés). Ils se situent à des sommets de l'hypercube en dimension 3. Sur la même figure est représenté un hyperplan séparateur : ces représentations internes sont linéairement séparables. Un perceptron de sortie, connecté aux unités cachées, peut faire la discrimination correctement. Remarquons que, pour obtenir des représentations internes binaires, il faut que les neurones cachés soient des perceptrons. Or, comme leur fonction d'activation n'est pas dérivable, il est impossible d'entraîner le réseau avec un algorithme de gradient. La seule façon d'obtenir un réseau dont les neurones cachés sont binaires est de le construire par ajouts successifs de neurones.

Algorithme constructif NetLS

L'algorithme NetLS ajoute des neurones cachés, successivement, jusqu'à ce que le nombre d'erreurs d'apprentissage soit inférieur à une valeur choisie par l'utilisateur. Pour l'apprentissage de chaque neurone, on utilise Minimerror, avec un potentiel linéaire (7), et un potentiel sphérique (39), et l'on garde celui des deux neurones, linéaire ou sphérique, qui fait le moins d'erreurs.

Le premier neurone caché apprend l'ensemble d'apprentissage L_M. Si tous les exemples sont bien classés, le problème est linéairement ou sphériquement séparable, et, dans les deux cas, l'algorithme s'arrête. Autrement, ce neurone devient le premier de la couche cachée, $h = 1$. Sa sortie $\sigma_1{}^k$, pour chaque exemple k de L_M, est la première composante de la représentation interne de $\boldsymbol{x}^k$, comme nous le verrons par la suite. On augmente h d'une unité ($h = 2$), et l'on procède comme suit :

1. On définit de nouvelles « cibles » à apprendre : $y_h^k = +1$ si l'exemple k a été bien classé, $y_h^k = -1$ autrement, en constituant ainsi un nouvel ensemble d'apprentissage $L_{M,h}$ de paires $\{\boldsymbol{x}^k, y_h^k\}$.

2. On entraîne deux perceptrons, linéaire et sphérique, avec $L_{M,h}$, et l'on garde celui des deux qui fait le moins d'erreurs d'apprentissage.
3. On connecte un neurone de sortie aux h neurones cachés, et on lui fait apprendre les cibles originales y^k avec, comme entrées, les représentations internes apprises, $\boldsymbol{\sigma}^k = (\sigma_1{}^k,..., \sigma_h{}^k)$. S'il le fait sans erreurs, l'algorithme s'arrête. Autrement, on supprime le neurone de sortie, on augmente le compteur de neurones cachés, $h \leftarrow h + 1$, et l'on revient à 1.

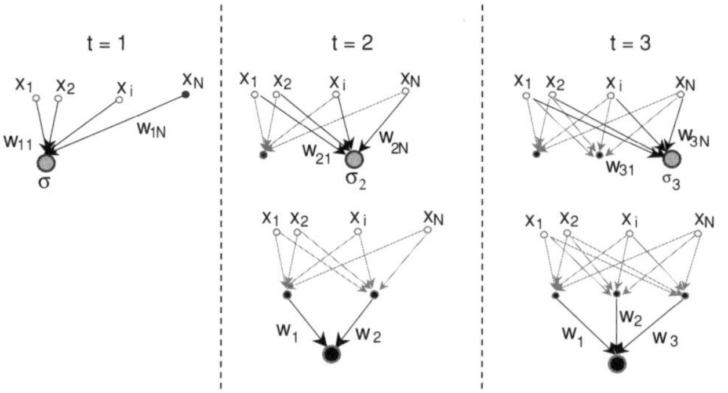

Figure 6-19. Schéma de déroulement de l'apprentissage avec NetLS (pour la clarté de la figure, on n'a pas représenté les entrées associées aux seuils, x_0 et σ_0)

La figure 6-19 présente schématiquement le déroulement de l'algorithme. À l'itération $t = 1$, on entraîne deux perceptrons (un linéaire et un autre sphérique) avec l'ensemble d'apprentissage original, L_M. Si l'on trouve une solution sans erreurs d'apprentissage, l'algorithme s'arrête. Autrement, on modifie les cibles d'apprentissage comme cela est indiqué dans l'algorithme, ce qui définit $L_{M,2}$, l'ensemble d'apprentissage pour le neurone caché suivant. À $t = 2$, on entraîne deux perceptrons (un linéaire et un sphérique) avec l'ensemble $L_{M,2}$, afin de ne garder que celui qui fait le moins d'erreurs. On connecte un neurone de sortie aux perceptrons cachés, et l'on apprend à discriminer les classes des exemples en utilisant comme entrées leurs représentations internes. Si l'on trouve une solution sans erreurs, l'algorithme s'arrête. Autrement, on modifie les cibles d'apprentissage suivant que le perceptron de sortie a bien ou mal classé les exemples, définissant ainsi l'ensemble d'apprentissage $L_{M,3}$ pour le neurone caché suivant . On supprime le neurone de sortie, avec ses poids. À $t = 3$, on entraîne deux perceptrons (un linéaire et un sphérique) avec l'ensemble $L_{M,3}$, pour ne garder que celui qui fait le moins d'erreurs. Ensuite, on connecte un nouveau neurone de sortie, etc.

Il y a plusieurs variantes de NetLS qui permettent d'accélérer l'algorithme. Le lecteur intéressé peut consulter les thèses de Juan Manuel Torres Moreno et de Christelle Godin (déjà citées), qui détaillent des applications de l'algorithme à plusieurs problèmes.

Il faut toutefois rappeler que notre objectif n'est pas de minimiser l'erreur d'apprentissage mais l'erreur de généralisation. Il convient donc d'insister sur le fait, déjà mentionné dans le chapitre 1, que les techniques de construction de modèles ne dispensent donc aucunement de mettre en œuvre les techniques de sélection par validation croisée décrites dans les chapitres 1 et 2.

Remarque 1

Un des intérêts des algorithmes constructifs est leur rapidité d'apprentissage. À chaque étape, on détermine les poids d'un seul neurone. Les poids des unités cachées introduites précédemment sont inchangés.

Remarque 2

On construit un réseau avec une seule couche cachée parce que l'on a démontré [CYBENKO 1989] qu'une seule couche cachée est suffisante pour représenter n'importe quelle fonction des entrées.

Remarque 3

Un des principaux défauts que présentent les algorithmes constructifs tient à ce que le résultat dépend beaucoup de la séparation qui est faite par le premier neurone caché introduit. Dans certains cas, garder le neurone qui fait le moins d'erreurs peut ne pas être la meilleure stratégie. Puisque les neurones suivants apprennent à corriger les représentations internes afin de les rendre fidèles, un mauvais choix pour la première séparation (c'est-à-dire, du premier neurone) a des conséquences importantes sur la qualité du classifieur. Pour surmonter cette difficulté, il convient donc de réaliser plusieurs séparations initiales, et d'utiliser des techniques de sélection de modèles, selon une démarche analogue à celle que nous avons décrite dans les chapitres 1 et 2, pour surmonter le problème des minima locaux de la fonction de coût.

Machines à vecteurs supports (Support Vector Machines)

Ces dernières années, les applications des machines à vecteurs supports (SVM pour *Support Vector Machines*, que certains auteurs français appellent sous le nom plus évocateur de *Séparateurs à Vaste Marge*, pour respecter l'acronyme) se sont considérablement développées ; elles permettent de trouver des surfaces discriminantes de n'importe quelle forme, avec un algorithme dont nous allons présenter le principe. Un des intérêts des SVM est que la fonction de coût que l'on minimise durant l'apprentissage est convexe. Elle présente donc un seul minimum, alors que la fonction de coût des moindres carrés utilisée pour la régression avec des modèles non linéaires par rapport aux paramètres, ou la fonction de coût d'entropie croisée utilisée pour la classification (voir chapitre 2), présentent des minima locaux, et que les algorithmes constructifs trouvent des solutions différentes suivant l'heuristique employée. Il faut cependant remarquer que le fait que la solution soit unique ne garantit pas qu'elle ait de bonnes propriétés de généralisation.

L'idée à la base des SVM est assez ancienne [COVER 1965] : au lieu d'utiliser un réseau de neurones multicouche, Cover proposait de faire une application de l'espace des entrées $\boldsymbol{x} \in R^N$ vers un espace $\boldsymbol{\Phi}(\boldsymbol{x}) \in R^{N'}$ de plus grande dimension $N' > N$, appelé espace des caractéristiques ou encore espace des représentations, où la tâche serait linéairement séparable. Nous verrons plus loin comment on résout le problème posé par ce choix. Ainsi, l'application quadratique

$$\boldsymbol{x} \rightarrow \boldsymbol{\Phi} = (x_1 \ x_2 \ \cdots \ x_N \ x_1^2 \ x_1x_2 \ \cdots \ x_1x_N \ x_2^2 \ x_2x_3 \ \cdots \ x_{N-1}x_N \ x_N^2) \tag{42}$$

est un exemple où le vecteur $\boldsymbol{\Phi}$ a $N' = N + N(N+1)/2$ composantes : les N composantes de $\boldsymbol{x}$ plus les $N(N+1)/2$ monômes formés par les produits de paires de composantes de $\boldsymbol{x}$.

Remarque

Comme pour le perceptron, nous travaillerons dans l'espace élargi, qui inclut une composante constante $\Phi_0 = x_0$ pour pouvoir traiter le seuil w_0 comme un poids supplémentaire dans l'espace des caractéristiques. Cette convention n'est pas utilisée par tous les auteurs. Certains explicitent le seuil, généralement dénoté *b*. Cela oblige à ajouter des équations dans la relation (48) (voir plus loin), compliquant inutilement la formulation du problème.

Un ensemble d'apprentissage qui serait séparable par une fonction quadratique dans l'espace des entrées $\boldsymbol{x} \in R^N$ devient linéairement séparable dans l'espace des caractéristiques quadratiques $R^{N'}$. Alors, un simple perceptron dans l'espace des vecteurs $\boldsymbol{\Phi}$ peut résoudre le problème de discrimination. Remarquons que le perceptron sphérique présenté plus haut dans ce chapitre est une application particulière de la même idée : le potentiel sphérique est une fonction quadratique des variables.

Par exemple, supposons que $N = 2$, et que l'on ait choisi l'espace des caractéristiques quadratiques défini par (42). On aura :

$$\boldsymbol{x} \rightarrow \boldsymbol{\Phi} = \left(x_1 \quad x_2 \quad x_1^2 \quad x_1x_2 \quad x_2^2\right)^T \tag{43}$$

qui a $N' = 5$. Si l'on tient compte du seuil, les poids d'un perceptron dans cet espace aura 6 composantes. Le potentiel (7) dans cet espace s'écrit :

$$\boldsymbol{w} \cdot \boldsymbol{\Phi}(\boldsymbol{x}) = w_0 + w_1 x_1 + w_2 x_2 + w_{11} x_1^2 + w_{12} x_1 x_2 + w_{22} x_2^2$$

où les indices de chaque poids rappellent la forme du monôme qu'il pondère. L'ensemble d'apprentissage est bien classé par ce perceptron dans l'espace $\boldsymbol{\Phi}$ si les poids $\boldsymbol{w}$ satisfont, pour tous les exemples, la condition (15) qu'on réécrit ici : $y^k \boldsymbol{\Phi}(\boldsymbol{x}^k) \cdot \boldsymbol{w} > 0$.

Un autre exemple simple, qui a l'avantage d'être facile à visualiser car les entrées sont unidimensionelles, est représenté sur la figure 6-20. Pour séparer ces exemples, il faut deux hyperplans séparateurs, représentés sur la figure 6-20 (a). Comme nous l'avons vu avec les méthodes constructives, il faudrait un réseau avec au moins deux unités cachées pour apprendre cette séparation. Par contre, si l'on représente les points dans un espace de caractéristiques quadratiques $\boldsymbol{\Phi}(\boldsymbol{x}) = \begin{pmatrix} x & x^2 \end{pmatrix}^T$ à deux dimensions (voir figure 6-20 (b)), où, mis à part le seuil x_0 (non représenté), la première coordonnée de chaque point est x et l'autre est son carré x^2, l'ensemble est linéairement séparable. Dans l'espace $\boldsymbol{\Phi}$, les poids $\boldsymbol{w} = \begin{pmatrix} w_0 & w_1 & w_2 \end{pmatrix}^T$ qui définissent l'hyperplan séparateur (la droite représentée sur la figure) satisfont $y^k \boldsymbol{\Phi}(\boldsymbol{x}^k) \cdot \boldsymbol{w} > 0$, c'est-à-dire, $y^k \left(w_0 + w_1 x^k + w_2 \left(x^k \right)^2 \right) > 0$, pour tous les exemples.

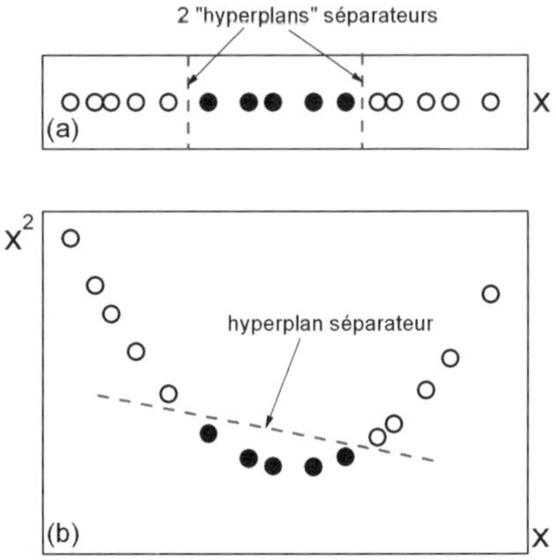

Figure 6-20. (a) Exemples appartenant à deux classes en dimension 1, avec deux « hyperplans » séparateurs. (b) Représentation dans l'espace des caractéristiques quadratiques $\boldsymbol{\Phi}(\boldsymbol{x}) = \begin{pmatrix} x_0 & x & x^2 \end{pmatrix}^T$ où l'ensemble est linéairement séparable (par souci de clarté, nous avons représenté la séparation dans le sous-espace x_0=1 ; voir aussi la figure 6-5).

Or, nous avons déjà vu que, en général, si un problème est linéairement séparable, il existe une infinité d'hyperplans séparateurs. La solution SVM consiste à choisir, dans l'espace $\boldsymbol{\Phi}$, l'hyperplan de *marge maximale*. Mais au lieu d'utiliser un des algorithmes présentés plus haut dans ce chapitre, on utilise une formulation qui ouvre d'autres possibilités.

Les poids $\boldsymbol{w}$ qui définissent l'hyperplan séparateur des SVM dans l'espace $\boldsymbol{\Phi}$ doivent satisfaire les conditions suivantes, pour tous les exemples :

$$y^k \boldsymbol{\Phi}(\boldsymbol{x}^k) \cdot \boldsymbol{w} \geq 1 \;\; ; \;\; 1 \leq k \leq M \tag{44}$$

Remarque

Les contraintes (44) sont plus fortes que les conditions (15). Ces dernières assurent simplement que tous les exemples sont bien classés.

Si l'on divise les deux membres de (44) par la norme des poids, ces conditions s'écrivent :

$$\frac{y^k \boldsymbol{w} \cdot \boldsymbol{\Phi}(\boldsymbol{x}^k)}{\|\boldsymbol{w}\|} \geq \frac{1}{\|\boldsymbol{w}\|}. \tag{45}$$

Le membre de gauche n'est autre que la stabilité de l'exemple k dans l'espace $\boldsymbol{\Phi}$. Comme nous l'avons vu dans la géométrie de la classification, la valeur absolue de cette quantité est la distance de l'exemple à l'hyperplan séparateur. Si (44) est vérifiée, les exemples qui satisfont *l'égalité* sont à une distance $1/\|\boldsymbol{w}\|$

de l'hyperplan séparateur, tous les autres se trouvent plus loin. Autrement dit, $1/\|w\|$ est la marge de l'hyperplan défini par les poids w. Donc, la marge est maximale si $\|w\|$ est le plus petit possible, compatible avec les conditions (44). Remarquons que ces conditions ne sont pas triviales : si $\|w\|$ est trop petit, certains exemples, même bien classés, pourraient ne pas les satisfaire.

Ainsi posée, la recherche d'une SVM devient un problème de minimisation quadratique sous contraintes. En effet, il faut minimiser $\|w\|$ (ou, ce qui est équivalent, son carré) :

$$E = \frac{1}{2} \boldsymbol{w} \cdot \boldsymbol{w} \tag{46}$$

sous les M contraintes (44). On introduit le facteur 1/2 dans (46) pour des raisons purement pratiques (quand on dérive par rapport à $\boldsymbol{w}$, le 2 au dénominateur se simplifie).

Si l'ensemble d'apprentissage est linéairement séparable dans l'espace $\boldsymbol{\Phi}$, alors le domaine de minimisation est convexe, défini par les contraintes (44). Dans le cadre de la théorie de la programmation non linéaire, que nous ne présenterons pas ici mais dont nous utiliserons certains résultats, on démontre que, dans ce cas, le minimum de (46) est unique ; on l'appelle *SVM à marge dure*. Par contre, si l'ensemble d'apprentissage n'est pas linéairement séparable dans l'espace des caractéristiques choisi, les contraintes (44) sont incompatibles. Alors, le problème de minimisation n'a pas de solution. Dans ce cas, quand on applique l'algorithme que nous détaillons par la suite, on reçoit des messages d'erreur. Il y a alors deux possibilités : soit on change d'application $\boldsymbol{\Phi}$, soit on accepte des solutions avec des erreurs d'apprentissage. Mais alors, il faut reformuler le problème, comme nous le verrons plus loin.

SVM à marge dure

Comme on le fait habituellement pour minimiser une fonction sous contraintes, pour minimiser (46) sous les contraintes (44), on met en oeuvre la méthode des multiplicateurs de Lagrange. On écrit les M contraintes sous la forme $1 - y^k \boldsymbol{\Phi}(\boldsymbol{x}^k) \cdot \boldsymbol{w} \leq 0$, on multiplie chacun des termes de gauche par un multiplicateur de Lagrange différent c^k, et on les additionne à E (relation (46)) pour définir le Lagrangien :

$$L\left(\boldsymbol{w}, \{c^k\}\right) = \frac{1}{2} \boldsymbol{w} \cdot \boldsymbol{w} + \sum_{k=1}^{M} c^k \left[1 - y^k \boldsymbol{w} \cdot \boldsymbol{\Phi}(\boldsymbol{x}^k)\right] \tag{47}$$

qui est une fonction de $N' + M + 1$ variables (les $N' + 1$ poids plus les M coefficients c^k).

La théorie de la programmation non linéaire établit que la solution recherchée s'obtient au point col de (47) : c'est un minimum par rapport aux $\boldsymbol{w}$, mais un maximum par rapport aux multiplicateurs de Lagrange.

Remarque

Pour tenir compte du fait que les contraintes (44) sont des *inégalités* et non pas des égalités, il faut modifier un peu la méthode des multiplicateurs de Lagrange habituelle. En particulier, il faut faire attention aux signes des différents termes dans (47). Avec la convention utilisée, il faut imposer une condition sur les coefficients c^k qui n'existe pas dans la méthode des multiplicateurs de Lagrange habituelle : les c^k doivent être *non négatifs*, pour assurer que l'extremum de (47) minimise (46).

La solution recherchée doit satisfaire les conditions suivantes, qu'on appelle de Karush-Kuhn-Tucker :

$$\left.\begin{array}{r} c^k \geq 0 \\ \dfrac{\partial L}{\partial c^k} = 1 - y^k \boldsymbol{w} \cdot \boldsymbol{\Phi}(x^k) \leq 0 \\ c^k \dfrac{\partial L}{\partial c^k} = c^k[1 - y^k \boldsymbol{w} \cdot \boldsymbol{\Phi}(x^k)] = 0 \end{array}\right\} \quad \forall k = 1, \ldots, M \tag{48}$$

$$\frac{\partial L}{\partial c^k} = w_i - \sum_{k=1}^{M} c^k y^k \Phi_i(x^k) = 0 \qquad \forall i = 0,1, \ldots, N'.$$

La première ligne de (48) est la condition mentionnée dans la remarque. Les autres correspondent à l'annulation des dérivées partielles de $L(\boldsymbol{w}, \{c^k\})$ par rapport à chacune des variables. En particulier la deuxième ligne n'est autre que l'ensemble des contraintes (44).

La quatrième ligne nous dit que, tout comme dans le cas général du perceptron (voir équation (23)), les poids de la SVM sont une combinaison linéaire des exemples (dans l'espace $\boldsymbol{\Phi}$) avec coefficients positifs c^k. La troisième ligne nous indique que certains de ces coefficients sont strictement nuls. Dans l'ensemble d'apprentissage il y a donc deux types d'exemples, ceux pour lesquels $c^k > 0$, et alors nécessairement $y^k \boldsymbol{w} \cdot \boldsymbol{\Phi}(\boldsymbol{x}^k) = 1$, et ceux qui ont $c^k = 0$, qui peuvent avoir $y^k \boldsymbol{w} \cdot \boldsymbol{\Phi}(\boldsymbol{x}^k) > 1$. Les exemples qui ont $c^k > 0$ sont essentiels : ce sont les *seuls* qui contribuent à la valeur des poids. On les appelle vecteurs supports. Pour la suite on dénotera SV l'ensemble des vecteurs supports, et M_{SV} leur nombre. La relation (45) montre que tous les vecteurs supports se trouvent à une distance $1/\|\boldsymbol{w}\|$ de l'hyperplan séparateur : ils sont *exactement* sur la marge. Les vecteurs supports sont finalement les seuls exemples importants. Si l'ensemble d'apprentissage ne contenait que ces exemples, la solution SVM serait la même. Mais, évidemment, on ne les connaît pas a priori.

Remarque 1

Il est tout à fait possible d'utiliser une minimisation quadratique sous contraintes, comme celle que l'on vient de présenter, pour trouver le perceptron de marge maximale dans l'espace des entrées. Cependant, si les exemples de l'ensemble d'apprentissage ne sont pas linéairement séparables, l'algorithme ne converge pas, et, par conséquent, il ne fournit même pas une approximation de la solution cherchée.

Remarque 2

L'espace des caractéristiques nécessaire pour la séparation (et donc, pour que l'algorithme d'apprentissage converge) peut être de très grande dimension.

Remarque 3

Si l'apprentissage se fait par minimisation d'un coût, comme nous l'avons présenté au paragraphe correspondant, on *déduit* que les coefficients c^k sont non négatifs. Dans le cadre des SVM, on l'*impose*.

Formulation duale

En pratique, on ne fait pas la minimisation de (47) par rapport aux $N' + M + 1$ variables. Il est bien plus convenable d'aller un peu plus loin dans la formulation théorique avant d'aborder l'aspect algorithmique.

Introduisons la dernière des équations (48)

$$w_i = \sum_{k=1}^{M} c^k y^k \Phi_i\left(x^k\right) \tag{49}$$

dans l'expression du lagrangien (47), pour éliminer les poids. On obtient alors le lagrangien dual, qui est une fonction des seuls multiplicateurs de Lagrange :

$$L^D(\{c^k\}) = \sum_{k=1}^{M} c^k - \frac{1}{2}\sum_{k,k'} c^k D^{kk'} c^{k'} \tag{50}$$

où

$$D^{kk'} \equiv y^k y^{k'} \boldsymbol{\Phi}\left(\boldsymbol{x}^k\right)\cdot \boldsymbol{\Phi}\left(\boldsymbol{x}^{k'}\right) \tag{51}$$

est l'élément d'indices k et k' de la matrice $\boldsymbol{D}$ qui ne dépend que des produits scalaires des paires d'exemples. Maintenant il faut *maximiser* (50) par rapport aux c^k, sous les contraintes $c^k \geq 0$. Cette maximisation s'appelle *problème dual*, le *primal* étant la minimisation de (46) sous les contraintes (44).

Le problème dual a des caractéristiques intéressantes. D'abord, comme il ne dépend que des c^k, le nombre d'inconnues est M, indépendamment de la dimension de l'espace des caractéristiques. Ceci est intéressant si $N' >> M$, comme c'est souvent le cas. On peut démontrer que la solution qui maximise (50) est unique (à condition qu'elle existe !). Et, ce qui est très important, il y a des algorithmes très performants pour maximiser une fonction quadratique sous contraintes. On peut en obtenir quelques-uns à l'URL *http://www.kernel-machines.org*.

Conséquences

Une fois obtenus les c^k par maximisation de (50), on peut calculer les poids en utilisant (49). Cependant, il n'est pas nécessaire de garder en mémoire les poids (dont le nombre $N'+1$ peut être très grand). Il peut être avantageux de ne garder que les vecteurs support $\boldsymbol{x}^k$ avec leurs classes y^k et les M_{SV} multiplicateurs de Lagrange c^k correspondants, dont le nombre est au plus égal à M car, dans le pire des cas, tous les exemples sont supports.

La sortie de la SVM, qui est un perceptron dans l'espace $\boldsymbol{\Phi}$, est donnée par $y = \text{sgn}\left(\boldsymbol{w}\cdot\boldsymbol{\Phi}(\boldsymbol{x})\right)$. En principe, pour classer un nouveau vecteur $\boldsymbol{x}$, il faut le transformer en $\boldsymbol{\Phi}(\boldsymbol{x})$ utilisant l'application choisie, et remplacer les valeurs des w_i par leurs expressions (49). On obtient :

$$y = signe\left(\sum_{k\in SV} c^k y^k \boldsymbol{\Phi}\left(\boldsymbol{x}^k\right)\cdot\boldsymbol{\Phi}(\boldsymbol{x})\right). \tag{52}$$

Machines à noyaux (Kernel machines)

Une des conséquence de la formulation duale est qu'elle a permis une généralisation très intéressante des SVM. En effet, on peut remarquer que le lagrangien dual, comme la classe attribuée à tout nouveau vecteur, ne dépendent que de *produits scalaires* de vecteurs dans l'espace des caractéristiques $\boldsymbol{\Phi}$. Or, on peut démontrer (nous ne le ferons pas ici) qu'un produit scalaire entre deux vecteurs dans cet espace peut toujours s'écrire sous la forme

$$\boldsymbol{\Phi}(\boldsymbol{x})\cdot\boldsymbol{\Phi}(\boldsymbol{y}) = K(\boldsymbol{x},\boldsymbol{y}) \tag{53}$$

où la fonction $K(\boldsymbol{x}, \boldsymbol{y})$ s'appelle fonction *noyau* (*kernel* en anglais). Par exemple, il est facile de vérifier que le noyau correspondant aux transformations quadratiques (42) et (43) s'écrit :

$$K(\boldsymbol{x},\boldsymbol{y}) = \boldsymbol{x}\cdot\boldsymbol{y}(1+\boldsymbol{x}\cdot\boldsymbol{y}). \tag{54}$$

Remarque

En réalité, avec (54) on ne retrouve pas exactement les produits scalaires des caractéristiques (42) et (43), mais des expressions qui ont d'autres coefficients. Par exemple, considérons le cas à dimension 2. On a $\boldsymbol{\Phi}(\boldsymbol{x})\cdot\boldsymbol{\Phi}(\boldsymbol{y}) = x_1y_1 + x_2y_2 + x_1^2y_1^2 + x_1x_2y_1y_2 + x_2^2y_2^2$ tandis que, si l'on utilise l'expression (54), on a $K(\boldsymbol{x},\boldsymbol{y}) = x_1y_1 + x_2y_2 + x_1^2y_1^2 + 2x_1x_2y_1y_2 + x_2^2y_2^2$, qui correspond en fait à l'application $\boldsymbol{\Phi} \leftarrow \begin{pmatrix} x_1 & x_2 & x_1^2 & \sqrt{2}x_1x_2 & x_2^2 \end{pmatrix}$. La quatrième composante de cette dernière diffère, d'un facteur $\sqrt{2}$, de l'application (45).

La propriété (54) permet d'exprimer les SVM en termes de fonctions noyaux. Introduisant l'expression (53) dans (51) et (52), on obtient :

$$D^{kk'} = y^k y^{k'} K\left(\boldsymbol{x}^k, \boldsymbol{x}^{k'}\right) \tag{55}$$

$$y = \operatorname{sgn} \sum_{k\in SV} c^k y^k K\left(\boldsymbol{x}^k, \boldsymbol{x}\right). \tag{56}$$

On peut donc résoudre le problème dual et classer toute entrée nouvelle en ne faisant des calculs que dans l'espace des entrées, au moyen du noyau K. Il n'est pas nécessaire d'expliciter l'application $\boldsymbol{\Phi}$: il suffit de connaître le noyau correspondant. Mieux encore, tout noyau ayant les propriétés d'un produit scalaire peut être utilisé par une SVM, même si l'on ne sait pas expliciter l'application $\boldsymbol{\Phi}$ correspondante. C'est pour cela que les SVM sont aussi appelées *machines à noyaux*, ou en anglais, *kernel machines*.

Les noyaux acceptables, qui possèdent les propriétés des produits scalaires, sont symétriques et semi-définis positifs. Autrement dit, ils doivent satisfaire les conditions suivantes (théorème de Mercer) :

$$\begin{aligned} &K(\boldsymbol{x},\boldsymbol{y}) = K(\boldsymbol{y},\boldsymbol{x}) \\ &\int K(\boldsymbol{x},\boldsymbol{y})g(\boldsymbol{x})g(\boldsymbol{y})d\boldsymbol{x}\,d\boldsymbol{y} \geq 0 \quad \forall \ g(\boldsymbol{x}) \text{ tel que } \int g(\boldsymbol{x})^2\, d\boldsymbol{x} < \infty. \end{aligned} \tag{57}$$

L'application correspondante peut être déterminée à partir des vecteurs propres et des valeurs propres du noyau. Cependant, nous avons vu que cela n'est pas nécessaire.

Le noyau gaussien est un des plus utilisés :

$$K(\boldsymbol{x},\boldsymbol{y}) = \exp\left(\frac{-\|\boldsymbol{x}-\boldsymbol{y}\|^2}{2\sigma^2}\right) \tag{58}$$

qui correspond à un espace de caractéristiques de dimension infinie. Les classifieurs qui les utilisent sont appelés *SVM à fonctions de base radiales*. Pour comprendre le sens de ce noyau, on peut l'introduire dans (56), ce qui donne :

$$y = \operatorname{sgn} \sum_{k\in SV} c^k y^k \exp\left(-\frac{\left\|\boldsymbol{x}-\boldsymbol{x}^k\right\|^2}{2\sigma^2}\right). \tag{59}$$

La classe d'une nouvelle entrée $\boldsymbol{x}$ est donnée par une somme pondérée de gaussiennes centrées sur les vecteurs supports. Comme les gaussiennes ont une décroissance rapide, il y a, en général, un seul terme dominant dans la somme : celui du vecteur support le plus proche de $\boldsymbol{x}$. Les c^k étant positifs, la classe sera celle de ce SV. Bien que cette conclusion ne soit pas rigoureuse, car il peut y avoir des contributions de plusieurs gaussiennes, elle permet de se faire une idée intuitive sur ces noyaux. La figure 6-21 illustre le fonctionnement des SVM à fonctions de base radiales.

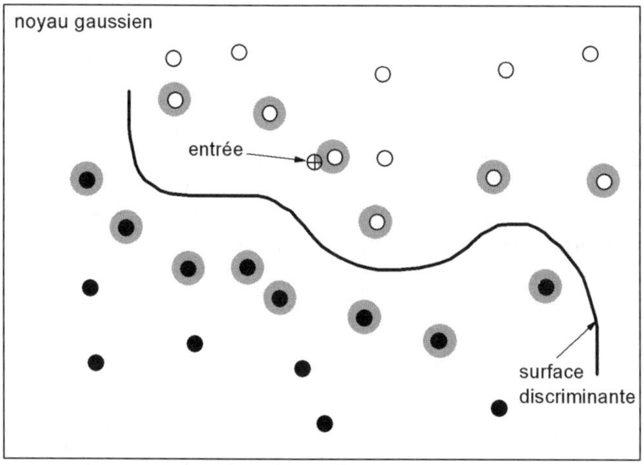

Figure 6-21. Une surface discriminante avec un noyau gaussien. Les vecteurs supports, à la marge de la surface discriminante, sont indiqués avec des « halos » grisés qui représentent l'étendue des gaussiennes. La nouvelle entrée sera classée comme le vecteur support le plus proche.

SVM à marge floue (Soft margin SVM)

Le problème des SVM à marge dure est qu'elles sont complètement inutiles si les exemples ne sont pas linéairement séparables dans l'espace des caractéristiques choisi. Elles sont incapables de fournir ne serait-ce qu'une approximation de la discrimination à apprendre, car, s'il n'y a pas de solution, les algorithmes de minimisation quadratique sous contraintes ne convergent pas. Pour rémédier à cela, on relâche les contraintes de marge dure (44), afin d'accepter des solutions avec des exemples plus proches de la surface de séparation, ou même mal classés. On introduit M variables supplémentaires ζ^k dites de relaxation (*slack variables* en anglais), et l'on remplace (44) par les $2M$ conditions suivantes :

$$y^k \mathbf{w} \cdot \boldsymbol{\Phi}\left(\mathbf{x}^k\right) \geq 1 - \zeta^k \quad \text{pour } 1 \leq k \leq M \tag{60}$$

$$\zeta^k \geq 0 \cdot \tag{61}$$

Rappelons que si l'on divise par $\|\mathbf{w}\|$ *le membre de gauche de* (60) on obtient la distance des exemples à l'hyperplan séparateur dans l'espace Φ. Donc, les exemples qui sont tels que $0 < \zeta^k < 1$ sont à une distance de l'hyperplan inférieure à $1/\|\mathbf{w}\|$, mais sont bien classés. En revanche, ceux pour lesquels $\zeta^k > 1$ sont mal classés. Pour minimiser le nombre d'exemples mal classés, il faut les pénaliser. Alors, au lieu de minimiser (46), on cherche à minimiser

$$\Gamma(C) = \frac{1}{2} \mathbf{w} \cdot \mathbf{w} + C \sum_{k=1}^{M} \left(\zeta^k\right)^n \tag{62}$$

où C est un hyperparamètre positif ($C > 0$) qu'il faudra ajuster, et n est un exposant positif ($n \geq 1$). La solution pour laquelle $\Gamma(C)$ est minimum s'appelle *SVM à marge floue* (*Soft margin SVM* en anglais).

La valeur de C dans (62) permet de contrôler le rapport entre le nombre d'exemples mal classés et la grandeur de la marge. Des études théoriques ont montré que sa valeur a une grande influence dans les propriétés de généralisation des machines à marge floue. Une grande valeur de C donne plus d'importance aux variables de relaxation qu'à la norme des poids. Elle induit des solutions ayant plutôt peu d'exemples mal classés quitte à avoir une marge faible. Inversement, une petite valeur de C induit des solutions ayant une grande marge, avec éventuellement plus d'exemples mal classés. Généralement, on cherche un compromis par tâtonnements, ce qui impose une exploration coûteuse, car il faut résoudre le problème plusieurs fois avec des valeurs de C différentes.

L'exposant n permet de contrôler l'influence des exemples mal classés. Plus il est grand, plus on pénalise les exemples mal classés, qui ont $\zeta^k > 1$, et plus on s'approche alors d'une solution qui minimise le nombre d'exemples mal classés. Cependant, pour rester dans le cadre de la minimisation *quadratique* sous contraintes, et pouvoir généraliser ce qui a été développé pour les machines à marge dure, on est limité aux valeurs $n = 1$ ou $n = 2$. Dans ces conditions, la solution de marge floue est unique, et on peut la trouver avec des algorithmes de minimisation quadratique sous contraintes. Elle s'exprime, comme (49), en termes des seuls vecteurs supports, dont maintenant les exemples qui ont des $\zeta^k \neq 0$ font partie.

Introduisant les contraintes (60) et (61) dans (62), on définit le lagrangien des SVM à marge floue :

$$L_{soft}\left(\boldsymbol{w},\left\{c^k\right\}\right)=\frac{1}{2}\boldsymbol{w}\cdot\boldsymbol{w}+C\sum_{k=1}^{M}\left(\zeta^k\right)^n+\sum_{k=1}^{M}c^k\left[1-\zeta^k-y^k\boldsymbol{w}\cdot\boldsymbol{\Phi}\left(\boldsymbol{x}^k\right)\right]-\sum_{k=1}^{M}d^k\zeta^k. \quad (63)$$

Les conditions Karush-Kuhn-Tucker sont maintenant un peu plus complexes :

$$\left.\begin{array}{l} c^k \geq 0 \;;\; d^k \geq 0 \\ d^k\zeta^k = 0 \\ c^k[1-\zeta^k - y^k\boldsymbol{w}\cdot\Phi(x^k)] = 0 \\ \dfrac{\partial L_{soft}}{\partial d^k} = -\,\zeta^k \leq 0 \\ \dfrac{\partial L_{soft}}{\partial c^k} = 1-\zeta^k - y^k\boldsymbol{w}\cdot\Phi(x^k) \leq 0 \\ \dfrac{\partial L_{soft}}{\partial \zeta^k} = nC(\zeta^k)^{n-1} - c^k - d^k = 0 \end{array}\right\} \quad \forall k = 1, \ldots, M$$
$$\frac{\partial L_{soft}}{\partial w_i} = w_i - \sum_{k=1}^{M} c^k y^k \Phi_i(x^k) = 0 \qquad \forall i = 0,1,\ldots,N'. \quad (64)$$

Introduisant ces équations dans (63), on obtient, après quelques manipulations, le lagrangien dual. Nous considérons dans la suite les cas $n = 1$ et $n = 2$ séparément.

Cas $n = 1$

Pour $n = 1$, le lagrangien dual a exactement la même expression que dans le cas de marge dure (équation (50)), mais les coefficients c^k doivent satisfaire $0 \leq c^k \leq C$. Comme pour le cas de marge dure, on appelle vecteurs supports les exemples pour lesquels $c^k > 0$. Mais maintenant, il y a deux sortes de vecteurs supports :

- ceux qui satisfont $c^k < C$: ils sont tels que $\zeta^k = 0$, donc ils se trouvent exactement sur la marge, comme dans le cas des SVM à marge dure ;

- ceux qui satisfont $c^k = C$: ils sont tels que $\zeta^k > 0$. On peut remarquer que, parmi ces derniers, il y a tous les exemples bien classés qui se trouvent à l'intérieur de la marge, mais aussi tous les exemples mal classés (pour lesquels $\zeta^k > 1$).

Cas $n = 2$

Pour $n = 2$, le lagrangien dual est

$$L_f^D\left(\{c^k\}\right) = \sum_{k=1}^{M} c^k - \frac{1}{2}\sum_{k,k'}^{M} c^k D^{kk'} c^{k'} - \frac{1}{4C}\sum_{k=1}^{M}\left(c^k\right)^2 \tag{65}$$

qui peut s'écrire comme (50) si l'on redéfinit la matrice $\boldsymbol{D}$ comme suit :

$$D^{kk'} \leftarrow D^{kk'} + \frac{1}{2C}\delta_{k,k'}\,. \tag{66}$$

On peut démontrer, à partir des équations (64), que les contraintes sur les c^k pour $n = 2$ sont les mêmes que pour les SVM à marge dure, $c^k \geq 0$. La constante C n'est pas une borne comme pour $n = 1$. Mais, à présent, seuls sont vecteurs supports les exemples pour lesquels $\zeta^k > 0$. Les exemples qui se trouvent sur la marge, et pour lesquels $\zeta^k = 0$, *ne sont pas* vecteurs supports.

SVM pratique

Pour résumer cette introduction aux SVM, nous présentons la démarche à suivre dans les applications. Dans la pratique, l'apprentissage avec des SVM comporte les étapes suivantes :

1. choisir un noyau $K(\boldsymbol{x},\boldsymbol{y})$;
2. choisir la valeur de C : si $C = 0$, on cherche une SVM à marge dure ; si $C > 0$, on cherche une SVM à marge floue. Dans ce dernier cas il faut choisir n ($n = 1$ ou $n = 2$) ;
3. calculer la matrice $D^{kk'}$ où les indices k, k' parcourent toutes les paires d'exemples (si $C = 0$, ou si $C > 0$ et $n = 1$, on utilise la définition (55) ; si $C > 0$ et $n = 2$, on utilise la définition (66) ;
4. minimiser le lagrangien dual pour trouver les coefficients c^k, à l'aide d'un des algorithmes disponibles (voir sur le site *http://www.kernel-machines.org*)
5. garder en mémoire les exemples (entrées et classes) qui sont vecteurs supports (pour lesquels $c^k > 0$) et les coefficients c^k correspondants.

Ensuite, pour classer une entrée quelconque, on utilise l'équation (56), que nous réécrivons ici :

$$y = \operatorname{sgn} \sum_{k \in SV} c^k y^k K\left(\boldsymbol{x}^k, \boldsymbol{x}\right).$$

Remarque

Les SVM constituent une approche élégante pour l'apprentissage de la discrimination. Cependant, leurs propriétés de généralisation ne sont pas nécessairement supérieures à celles que l'on peut obtenir avec d'autres méthodes et algorithmes, comme par exemple avec des réseaux de neurones. La popularité des SVM est, en grand partie, due à leur simplicité d'application et au fait satisfaisant que leur solution est unique. Il faut quand même garder à l'esprit qu'unicité n'est pas synonyme de qualité. Dans tous les cas, de bonnes performances ne sont atteintes que par une application judicieuse et réfléchie des méthodes.

Nous avons vu dans le chapitre 1, et nous verrons à nouveau à la fin du présent chapitre, que l'erreur de généralisation d'un classifieur obtenu par apprentissage est une fonction décroissante du rapport entre le nombre d'exemples M et le nombre de paramètres du classifieur. Dans le cas d'un perceptron, ce nombre est la dimension de l'espace où il effectue la séparation, lequel, dans le cas des SVM, est l'espace des caractéristiques. Si la dimension de ce dernier augmente mais que M reste constant, on peut se demander si les SVM sont capables de généralisation [BUHOT *et al.* 2000]. Une première réponse à cette question réside dans le fait que l'erreur de généralisation des SVM est bornée par la fraction d'exemples qui sont vecteurs supports (cette fraction est donc inférieure à 1). Bien qu'elle soit quantifiable lors des applications (il suffit de déterminer la fraction de vecteurs supports), cette borne a souvent des valeurs trop grandes : elle *surestime* la probabilité de faire des erreurs de classification. Ce problème, ainsi que d'autres propriétés des SVM, fait l'objet de nombreuses études théoriques (voir par exemple [RISAU-GUSMAN *et al.* 2000a], [RISAU-GUSMAN *et al.* 2000b], [RISAU-GUSMAN *et al.* 2001], [DIETRICH *et al.* 1999], [RISAU-GUSMAN *et al.* 2002]). Le lecteur intéressé peut consulter la thèse de [RISAU-GUSMAN 2001]

Problèmes à plusieurs classes

Pour effectuer des discriminations lorsqu'on a plusieurs classes avec des classifieurs binaires, l'idée la plus naturelle consiste à séparer chaque classe de toutes les autres. Ainsi, un problème à K classes y_1, y_2, ..., y_K est réduit à K problèmes à deux classes. Cependant, lors de l'apprentissage de ces K classifieurs, il peut arriver qu'un même exemple soit « reconnu » par plus d'un classifieur. Dans ce cas, pour les départager, on peut utiliser un vote, fondé sur la valeur du potentiel du neurone de sortie. La philosophie sous-jacente à ce procédé, appelé *winner takes all* (WTA) et que l'on peut traduire par « le gagnant prend tout », est la suivante : plus le potentiel du perceptron de sortie est grand, plus on est sûr de sa classification. Nous verrons qu'il est possible de donner une interprétation probabiliste de la classification fondée sur la distance des exemples aux surfaces discriminantes, qui est égale à la valeur absolue du potentiel divisée par la norme des poids. Il semble donc qu'il vaudrait mieux fonder la discrimination sur des considérations par rapport aux distances et non aux valeurs des potentiels. Mais un problème plus profond soulevé par le procédé du WTA est le suivant : ce qui importe pour être sûr de la classification, ce sont les distances des exemples aux surfaces discriminantes dans l'espace des entrées. Or, celles-ci sont les distances des exemples aux surfaces définies par les unités cachées. En effet, la stabilité à la sortie ne reflète que les propriétés des représentations internes. Or, des exemples très proches des surfaces discriminantes des neurones cachés, et dont la classification pourrait être douteuse, peuvent avoir des représentations internes qui produisent des grands potentiels normalisés sur le neurone de sortie (voir figure 6-18).

Il y a une autre façon d'aborder le problème des classes multiples : on peut construire des arbres de réseaux. On choisit une séquence de classes dans un ordre quelconque. Par exemple y_K, y_2, …, y_1 et l'on apprend à séparer la première des $K - 1$ autres. Dans notre exemple, on prend comme cibles $y = 1$ pour les exemples de la première classe (en l'occurrence, y_K), et $y = -1$ pour tous les autres. Ensuite, on restreint l'ensemble d'apprentissage aux exemples des classes encore non discriminées (y_2, ..., y_1 dans notre exemple), et l'on sépare y_2 des autres, et ainsi de suite, jusqu'à ce qu'il ne reste que les deux dernières classes. L'intérêt de cette heuristique réside dans le fait que les ensembles d'apprentissage des réseaux successifs sont de taille décroissante. Le réseau qui en résulte est un arbre, en ce sens que, pour classer une entrée nouvelle, il faut d'abord la classer avec le premier réseau. S'il lui attribue la sortie $\sigma = +1$, la classe est y_K. Mais si la sortie est $\sigma = -1$, cela veut dire que l'entrée n'est pas de la classe y_K, et qu'il faut alors la faire classer par le deuxième réseau. On s'arrête dès qu'un réseau reconnaît l'entrée.

Puisque la séquence des classes choisie est arbitraire, en principe il faudrait comparer les sorties de plusieurs arbres, chacun correspondant à une séquence différente de classes. Les arbres de réseaux ont été appliqués au problème des ondes de Breiman dans [TORRES MORENO 1997].

Enfin, comme nous l'avons préconisé dans le chapitre 2, section « Méthodologie de conception d'un classifieur », on peut, si chaque classe n'est pas linéairement séparable de toutes les autres, séparer les classes deux à deux, ce qui, pour un problème à K classes, conduit à la construction de $K(K-1)/2$ petits classifieurs, souvent linéaires. Contrairement à l'approche par arbres, on ne choisit pas de séquence arbitrairement, donc il n'est pas nécessaire de comparer les résultats obtenus avec les $K!$ séquences possibles ; de plus, il n'est pas nécessaire d'utiliser les mêmes ensembles de descripteurs pour les différentes séparations, ce qui peut simplifier considérablement le problème. Nous avons également montré, dans le chapitre 2, qu'il est très facile d'estimer les probabilités d'appartenance de l'objet à chaque classe, à partir des résultats obtenus par chacun des classifieurs « deux à deux ». Le lecteur trouvera, dans le chapitre 2, plusieurs applications réelles mettant en œuvre cette démarche, et les références bibliographiques correspondantes.

Questions théoriques

Dans la première partie de ce chapitre nous avons présenté une liste de questions conceptuelles posées par l'apprentissage automatique. La théorie de l'apprentissage tente de répondre à ces questions dans un cadre statistique, en supposant que l'ensemble d'apprentissage, ainsi que les nouvelles entrées qu'on doit classer, sont indépendants, tirés au hasard à partir d'une densité de probabilité inconnue. Cette formulation, que nous présentons dans le prochain paragraphe, permet d'interpréter les hypothèses sous-jacentes aux applications algorithmiques, et constitue un cadre cohérent pour la théorie. Bien que ce chapitre n'ait pas pour objet d'entrer dans les détails théoriques, nous décrivons quelques résultats intéressants qui, étant donné la nature probabiliste de la théorie, sont des résultats statistiques. Le premier permet d'estimer l'espérance d'erreur de classification d'un perceptron binaire. Ensuite nous présentons : l'approche bayésienne de la discrimination ; une borne inférieure de l'erreur de généralisation, qui ne dépend que des caractéristiques du classifieur, du nombre d'exemples et de la dimension de l'espace des entrées ; la capacité du perceptron, qui est l'espérance mathématique du nombre d'exemples linéairement séparables dans un espace d'entrée de grande dimension, quelles que soient leurs classes.

Avertissement

Les sections qui suivent ne peuvent être abordées avec profit que par les lecteurs qui ont bien assimilé les bases des statistiques et probabilités.

Formulation probabiliste de l'apprentissage et inférence bayésienne

Rappelons la formulation probabiliste de l'apprentissage, indiquée dans le chapitre 1 : on suppose que les exemples de l'ensemble L_M sont des couples {classe, entrée} tirés au hasard, indépendamment, à partir d'une distribution $p(\mathbf{x}, y)$ inconnue (dans cette partie, pour alléger la notation, nous omettrons les indices $\mathbf{X}$, Y et nous écrirons, par exemple, $p(\mathbf{x},y)$ à la place de $p_{\mathbf{X},Y}(\mathbf{x},y)$) :

$$p(L_M) = \prod_{k=1}^{M} p(\mathbf{x}^k, y^k) = \prod_{k=1}^{M} p(\mathbf{x}^k) P(y^k | \mathbf{x}^k). \qquad (67)$$

Le deuxième terme de (67) correspond au processus suivant : on tire d'abord l'entrée $\mathbf{x}^k$ avec la densité de probabilité $p(\mathbf{x}^k)$, puis on tire la classe y^k, étant donnée l'entrée $\mathbf{x}^k$, avec une probabilité conditionnelle $P(y^k | \mathbf{x}^k)$. Un cas particulier de probabilité conditionnelle $P(y^k | \mathbf{x}^k)$ est le cas déterministe.

Remarque

Le paradigme « maître-élève », suggéré au chapitre 2 pour tester des programmes, est souvent utilisé pour formuler, dans ce cadre probabiliste, les questions théoriques. Ainsi, on suppose souvent que chaque composante des entrées est tirée aléatoirement avec une densité qui est soit gaussienne $p\left(x_i^k\right)=\frac{1}{\sqrt{2\pi}}\exp\left(-\frac{\left(x_i^k\right)^2}{2}\right)$, soit uniforme dans un certain intervalle [0, *a*], avec $p\left(x_i^k\right)=1/a$. On demande ensuite au « réseau maître », de poids $\boldsymbol{w}^*$, la sortie qu'il attribue à l'entrée $\boldsymbol{x}^k$. Par exemple, si le maître est un perceptron déterministe de poids $\boldsymbol{w}^*$, on a $P\left(y^k \middle| \boldsymbol{x}^k\right)=\Theta\left(y^k \boldsymbol{w}^* \cdot \boldsymbol{x}^k\right)$. Le but de l'apprentissage est de trouver les poids $\boldsymbol{w}$ d'un réseau dit élève. En principe, il doit classer correctement les exemples de L_M, mais surtout des entrées nouvelles, tirées avec probabilité $p(\boldsymbol{x})$.

Puisque L_M suit une loi probabiliste, suivant la réalisation particulière de L_M, les poids appris $\boldsymbol{w}$ seront différents (dans cette section, on notera $\boldsymbol{w}$ les poids appris, qu'il s'agisse d'un perceptron ou d'un réseau plus complexe). Donc, $\boldsymbol{w}$ est une variable aléatoire, de distribution de probabilité $p(\boldsymbol{w}|L_M)$, dont la détermination pose un problème d'inférence statistique. Dans ce paragraphe, nous présentons la méthode d'inférence bayésienne. Elle part du théorème de Bayes, introduit dans le chapitre 1, que l'on peut écrire formellement comme suit :

$$p\left(\boldsymbol{w}\middle|L_M\right)p_B\left(L_M\right)=p\left(L_M\middle|\boldsymbol{w}\right)p_0\left(\boldsymbol{w}\right) \tag{68}$$

où $p_B(L_M)$ est défini ci-après (équation (70)) ; $p_0(\boldsymbol{w})$ est la probabilité a priori des paramètres du classifieur (les poids dans le cas d'un réseau de neurones) avant de commencer l'apprentissage, et $p(L_M|\boldsymbol{w})$, appelée évidence, est la probabilité de l'ensemble d'apprentissage L_M prédite par un élève qui aurait des paramètres $\boldsymbol{w}$. Pour réaliser l'inférence, on doit faire des hypothèses sur l'a priori *et l'évidence,* qui apparaissent dans le membre de droite de l'équation (68) de l'inférence bayésienne. On peut alors déduire la densité de probabilité a posteriori des poids:

$$p\left(\boldsymbol{w}\middle|L_M\right)=\frac{p\left(L_M\middle|\boldsymbol{w}\right)p_0\left(\boldsymbol{w}\right)}{p_B\left(L_M\right)} \tag{69}$$

où

$$p_B\left(L_M\right)=\int p\left(L_M\middle|\boldsymbol{w}\right)p_0\left(\boldsymbol{w}\right)d\boldsymbol{w} \tag{70}$$

est la probabilité marginale des exemples dans la classe des élèves (des réseaux) correspondant à notre a priori p_0. Suivant les hypothèses implicites dans la probabilité a priori $p_0(\boldsymbol{w})$ et l'évidence $p(L_M|\boldsymbol{w})$, on obtiendra des résultats différents.

Remarque

La relation (69) est la formule de Bayes *appliquée aux paramètres du classifieur* qui sont considérés comme des variables aléatoires dépendant de l'ensemble d'apprentissage. Il faut noter que, dans le chapitre 1, nous avons appliqué la formule de Bayes *aux classes* que nous avons considérées comme des réalisations de variables aléatoires dépendant du vecteur des descripteurs $\boldsymbol{x}$. Ce sont donc là deux utilisations entièrement différentes de la formule de Bayes, appliquée à deux problèmes distincts dans le cadre de la classification.

Les a priori les plus usuels, au niveau de chaque neurone du réseau, sont l'a priori gaussien,

$$p_0(\boldsymbol{w}) = \frac{1}{\sqrt{(2\pi)^N}} \exp\left(-\frac{\|\boldsymbol{w}\|^2}{2}\right) \tag{71}$$

ou la loi uniforme sur une hypersphère dont le rayon est la norme du vecteur des poids. Par exemple,

$$p_0(\boldsymbol{w}) = \delta\left(\|\boldsymbol{w}\|^2 - 1\right) \tag{72}$$

impose que la norme soit unitaire. Dans le cas d'un élève perceptron qui fait de la discrimination avec des hyperplans, (72) est un choix judicieux, car nous avons vu que seule l'orientation de $\boldsymbol{w}$ est pertinente et doit être apprise. Il faut remarquer que les a priori (71) et (72) n'introduisent aucune information. Ils attribuent une probabilité non nulle, et uniforme dans le cas (72), à tous les poids possibles. Si l'on a des informations supplémentaires sur le problème à traiter, par exemple, si l'on possède des connaissances sur l'orientation la plus probable de l'hyperplan, ou sur un modèle des données, il faut les inclure dans l'a priori par un choix judicieux de $p_0(\boldsymbol{w})$. L'autre terme de (69) qu'il faut expliciter est l'évidence, qui contient toute l'information sur les performances du classifieur par rapport à l'ensemble d'apprentissage (s'il classe correctement ou non les exemples). Si les exemples sont indépendants, on peut écrire :

$$p(L_M|\boldsymbol{w}) = \prod_{k=1}^{M} P\left(y^k|\boldsymbol{x}^k, \boldsymbol{w}\right) p\left(\boldsymbol{x}^k\right) \tag{73}$$

où $p(\boldsymbol{x}^k)$ est la densité de probabilité des entrées. $P(y^k|\boldsymbol{x}^k, \boldsymbol{w})$ est la probabilité que le réseau, muni des poids $\boldsymbol{w}$, attribue la classe correcte, y^k, à l'entrée $\boldsymbol{x}^k$ de L_M.

Remarque 1

Tous les choix faits avant l'apprentissage, quelle que soit l'architecture du réseau (réseau multicouche, fonction d'activation binaire ou réelle, espace des caractéristiques des SVM, etc.), correspondent à des a priori différents ; ils sont inclus dans $p_0(\boldsymbol{w})$.

Remarque 2

Rappelons que si l'évidence est multiplicative, comme on l'a supposé, l'espérance mathématique de toute fonction additive des exemples est la somme des espérances. Cette remarque, développée dans le paragraphe suivant, permet de justifier le fait que les fonctions de coût que l'on utilise soient des sommes des coûts partiels des exemples.

Interprétation probabiliste des fonctions de coût du perceptron

Choisir comme élève un perceptron équivaut à faire l'hypothèse que le problème de discrimination est linéairement séparable (ou que nous cherchons une séparation linéaire même si le problème est plus complexe, comme dans le cas des neurones cachés des algorithmes constructifs). Si, en outre, nous supposons que la tâche à apprendre est déterministe, l'évidence d'un exemple k s'écrit :

$$P\left(y^k|\boldsymbol{x}^k, \boldsymbol{w}\right) = \Theta\left(z^k\right) \tag{74}$$

où $z^k = y^k \boldsymbol{x}^k \cdot \boldsymbol{w}$ est le champ aligné (14). Notons que l'espérance mathématique que l'élève de poids $\boldsymbol{w}$ fasse une erreur de classification sur l'exemple k est :

$$\varepsilon_t^k = 0 \times \Theta\left(z^k\right) + 1 \times \Theta\left(-z^k\right). \tag{75}$$

L'espérance mathématique du nombre d'erreurs d'apprentissage est donc :

$$E = \sum_{k=1}^{M} \Theta\left(-z^k\right) \tag{76}$$

qui est, à un facteur 1/M près, la fonction de coût (24).

Remarque

L'équation précédente montre que les poids qui minimisent (24) sont ceux qui minimisent l'espérance mathématique du nombre d'erreurs d'apprentissage, si la classification est déterministe.

Si l'on suppose que les entrées sont perturbées par un bruit additif, on a $\boldsymbol{x}^k = \bar{\boldsymbol{x}}^k + \boldsymbol{\eta}_x^k$, où $\boldsymbol{\eta}_x \in R^N$ est un vecteur de composantes aléatoires de moyenne nulle, satisfaisant $\eta_{x,i}^k << \bar{x}_i^k$. La stabilité d'un exemple k s'écrit alors $\gamma^k = \bar{\gamma}^k + \delta^k$, où $\bar{\gamma}^k \equiv y^k \frac{\bar{\boldsymbol{x}}^k \cdot \boldsymbol{w}}{\|\boldsymbol{w}\|}$, et où $\delta^k = \frac{\boldsymbol{\eta}_x^k \cdot \boldsymbol{w}}{\|\boldsymbol{w}\|}$ est une variable aléatoire de moyenne nulle et de densité de probabilité $p(\delta^k)$. Alors, la probabilité de faire une erreur de classification sur l'exemple k de l'ensemble d'apprentissage s'écrit :

$$P\left(\gamma^k + \delta^k < 0\right) = P\left(\delta^k < -\gamma^k\right) = \int_{-\infty}^{-\gamma^k} p\left(\delta^k\right) d\delta^k. \tag{77}$$

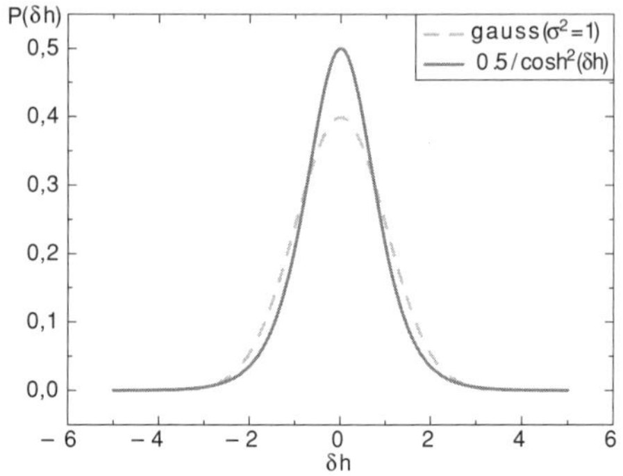

Figure 6-22. Comparaison entre une gaussienne et la distribution de bruit proposée dans le texte

Suivant la forme du terme de bruit $p(\delta)$, la probabilité d'erreur de classification a des expressions différentes. Supposons que $p(\delta)$ soit de la forme

$$p(\delta) = \frac{\beta}{2\cosh^2(\beta\delta)} \tag{78}$$

qui est une distribution en forme de cloche, similaire à une gaussienne, comme le montre la figure 6-22. Dans (78), le paramètre β joue le même rôle que l'inverse de la variance de la gaussienne : plus β est grand, plus la distribution (78) est étroite. En introduisant (78) dans (77), on obtient l'espérance mathématique de l'erreur d'apprentissage sur l'exemple k en présence de bruit additif sur les entrées :

$$\varepsilon_t^k = \frac{1}{2}\left[1 - \text{th}\left(\beta\gamma^k\right)\right]. \tag{79}$$

Cette expression est le coût partiel de l'algorithme Minimerror.

Remarque 1

Le coût partiel de Minimerror s'interprète, dans la formulation probabiliste de l'apprentissage, comme l'espérance d'erreur d'apprentissage d'un perceptron en présence d'un bruit additif de la forme (78) sur l'exemple $\boldsymbol{x}^k$.

Remarque 2

Si l'on suppose que le bruit est gaussien, $p(\delta) = \frac{1}{\sqrt{2\pi}} \exp\left(-\frac{\delta^2}{2\sigma^2}\right)$, on trouve que l'erreur d'apprentissage est proportionnelle à la fonction Erreur. Cette dernière est moins aisée à traiter numériquement que la tangente hyperbolique, ce qui justifie de faire l'hypothèse (78) dans les algorithmes d'apprentissage.

Le classifieur bayésien optimal

Dans le cadre bayésien, la probabilité que la classe d'une entrée nouvelle soit σ, conditionnée par le fait que l'on a « appris » avec l'ensemble d'apprentissage L_M, s'écrit :

$$P(\sigma|x,L_M) = \int P(\sigma|x,w)\,p(w|L_M)\,dw \tag{80}$$

où $p(w|L_M)$ est la probabilité a posteriori (69), qui dépend de l'évidence $p(L_M|w)$ et de l'a priori $p_0(w)$.

> **Remarque**
>
> Si le classifieur élève est déterministe, et si ses poids ont des valeurs w_{appris}, apprises par la minimisation d'un coût, comme c'est le cas des classifieurs considérés dans tout ce chapitre, alors $p(w|L_M) = \delta(w - w_{\text{appris}})$, et $P(\sigma|x,w_{\text{appris}})$ dans (80) est soit 1, soit 0. Pour un élève perceptron, $P(\sigma|x,w_{\text{appris}}) = \Theta(\sigma x \cdot w_{\text{appris}})$. Donc, si $x \cdot w_{\text{appris}} > 0$, on a $P(\sigma = +1|x,w_{\text{appris}}) = 1$ et $P(\sigma = -1|x,w_{\text{appris}}) = 0$, et symétriquement pour $x \cdot w_{\text{appris}} < 0$. La sortie d'un perceptron déterministe bayésien n'est en conséquence rien d'autre que la sortie du perceptron simple. Il dépend de l'algorithme d'apprentissage par l'intermédiaire de l'évidence.

Certains classifieurs ne sont pas déterministes. Il en est ainsi si la sortie suit une loi de probabilité $P(\sigma|x, w)$ qui n'est pas une fonction Theta, comme nous l'avons supposé dans ce chapitre, ou parce qu'il existe un ensemble de poids acceptables, dont la distribution $p(w|L_M)$ n'est pas un pic delta. Ainsi, la sortie σ d'un perceptron linéaire avec l'hypothèse de bruit additif δ sur le champ (dû à des entrées bruitées) a une probabilité :

$$\begin{aligned} P(\sigma|x,L_M) &= P\left(\sigma\left(x \cdot w_{\text{appris}} + \delta\right) > 0\right) \\ &= P\left(\sigma\delta > -\sigma x \cdot w_{\text{appris}}\right) \\ &= \int_{-\sigma x \cdot w_{\text{appris}}}^{+\infty} p(\delta)\,d\delta \end{aligned} \tag{81}$$

où la dernière égalité n'est vraie que si $p(\delta)$ est symétrique.

Un autre cas de sortie probabiliste est celui présenté par un perceptron qui apprend une classification linéaire sur un ensemble d'exemples linéairement séparables. Dans ce cas, il existe un continuum de poids qui permettent un apprentissage sans erreurs (plus généralement, ce continuum existe dans tous les cas où le problème est réalisable sans erreurs par le classifieur élève). On peut les échantillonner en « apprenant » L_M avec l'algorithme du perceptron, commençant chaque fois avec une initialisation différente. Cela permet d'estimer la densité $p(w|L_M)$. On a alors :

$$P(\sigma|x,L_M) = \int_{\{w_{\text{appris}}(L_M)\}} \Theta\left(\sigma x \cdot w_{\text{appris}}\right) dw_{\text{appris}} \tag{82}$$

où l'intégrale doit être calculée sur tous les poids correspondant à une erreur d'apprentissage nulle. Comme nous l'avons vu dans le chapitre 1 (règle de décision de Bayes), le classifieur bayésien optimal classe les entrées de façon à maximiser la probabilité a posteriori de la classe, $P(\sigma|x, L_M)$, équation (80). Dans le cas du perceptron, il attribue à chaque nouvel exemple x la classe σ qui maximise (81), ou (82), suivant les hypothèses faites. Si $P(+1|x, L_M) > P(-1|x, L_M)$, la décision bayésienne optimale est que la classe de x est $\sigma = +1$, autrement elle est $\sigma = -1$.

> **Remarque**
>
> Dans le cas d'un perceptron qui apprend une classification linéaire, la décision bayésienne optimale est celle qui classe les nouvelles entrées comme la majorité des vecteurs $w_{\text{appris}}(L_M)$.

Théorie statistique de l'apprentissage

Dans ce paragraphe, nous allons présenter et commenter quelques résultats de la théorie statistique de l'apprentissage, développée par V. Vapnik, qui a été introduite brièvement dans le chapitre 1. Nous ne donnerons pas les démonstrations (voir [VAPNIK 1998]). Ce mathématicien a établi sous quelles conditions la minimisation de l'erreur d'apprentissage permet d'obtenir une « machine à apprentissage » (*learning machine*), de nature quelconque (polynôme, réseau de neurones, machine à vecteurs supports...) avec une faible erreur de généralisation, lorsque la distribution $p(\boldsymbol{x}, y)$ n'est pas connue. Il s'agit de conditions qui assurent que, quel que soit l'ensemble d'apprentissage et quelle que soit sa distribution de probabilités, minimiser l'erreur d'apprentissage $\boldsymbol{\varepsilon}_t$ produit des solutions qui minimisent aussi l'erreur de généralisation ε_g, définie par l'équation (6) de ce chapitre pour la classification, et dont la définition générale est donnée dans le chapitre 1, section « Fonction de perte, erreur de prédiction théorique ». Cela n'est possible que si le minimum de l'erreur d'apprentissage ou risque empirique (ce que l'on minimise effectivement) tend vers l'erreur de généralisation ou risque fonctionnel (ce que l'on voudrait minimiser) lorsque le nombre d'exemples augmente. Plus précisément, si :

$$\lim_{M\to\infty} \varepsilon_t\left(\boldsymbol{w}_{\text{appris}}, L_M\right) = \inf_w \varepsilon_g\left(\boldsymbol{w}\right) \tag{83}$$

où $\boldsymbol{w}_{\text{appris}}$ est le vecteur des poids du classifieur, par exemple ceux qui minimisent le coût. Si la relation (83) est vérifiée, l'erreur d'apprentissage est un bon estimateur de l'erreur de généralisation. Dans ce cas, minimiser la première est une bonne manière de minimiser la seconde. On peut remarquer que si l'élève a une architecture bien adaptée à la tâche, le membre de droite de (83) s'annule. C'est en particulier le cas d'un perceptron qui apprend des exemples linéairement séparables. Nous avons vu qu'il y a alors une infinité de poids qui annulent $\boldsymbol{\varepsilon}_t$. On peut dire qu'il y a un volume fini de solutions $\boldsymbol{w}_{\text{appris}}$ dans l'espace $\boldsymbol{w}$. Dans ce cas, la relation (83) est vérifiée par tout algorithme d'apprentissage capable de trouver la séparation linéaire. Cependant, dans le cas général, l'architecture de l'élève n'est pas nécessairement adaptée au problème ; alors $\inf_w \varepsilon_g(\boldsymbol{w})$ 0 et il est difficile d'assurer qu'un algorithme trouvera les poids qui vérifient (83), surtout s'il existe des minima locaux. Puisque l'ensemble d'apprentissage est aléatoire, il faut établir les conditions générales qui assurent la convergence (83) quel que soit L_M. Vapnik a établi que la relation (83) est vérifiée si et seulement si la probabilité du plus grand écart entre les deux membres de (83) s'annule uniformément :

$$\lim_{M\to\infty} P\left\{\sup_{w,L_M}\left[\varepsilon_g\left(\boldsymbol{w}\right) - \varepsilon_t\left(\boldsymbol{w}, L_M\right)\right] > \delta\right\} = 0\,. \tag{84}$$

Voici le sens de (84) : supposons que l'on dispose de tous les ensembles de M exemples d'apprentissage L_M possibles, tirés au hasard avec une probabilité inconnue. L'argument entre crochets dans (84) signifie que l'on détermine, pour chaque L_M, la valeur des poids qui correspondent au plus grand écart entre l'erreur ε_t (la fraction d'exemples mal classés) et l'erreur de généralisation ε_g. La probabilité P dans (84) représente alors la fraction des ensembles d'apprentissage pour lesquels cet écart est supérieur à δ. Il faut noter que, de cette manière, P est la probabilité du pire cas possible : c'est la fraction des ensembles d'apprentissage pour lesquels on peut trouver des poids tels que l'erreur d'apprentissage soit très différente de l'erreur de généralisation. Or, pour avoir confiance dans la qualité de l'apprentissage, on veut s'assurer que ces deux quantités soient proches dans tous les cas (c'est la raison pour laquelle on considère le pire des cas). Si la condition (84) de convergence uniforme est vérifiée, alors ε_t est une bonne estimation de ε_g quel que soit L_M et quel que soit l'algorithme d'apprentissage. Elle garantit que l'on ne pourra pas avoir de classifieur pour lequel ε_t est minimum, mais qui, néanmoins, généralise très mal, au moins si le nombre d'exemples M est supérieur à un certain seuil, car (84) est une loi asymptotique (valable pour M suffisamment grand). Plus précisément, Vapnik a établi l'inégalité suivante, quel que soit δ :

$$\lim_{M\to\infty} P\left\{ \sup_{w,L_M} \left|\varepsilon_g(w) - \varepsilon_t(w, L_M)\right| > \delta \right\} \leq 4\exp\left[-\left(M\,\delta^2 - G(2M)\right)\right] \tag{85}$$

où $G(2M)$, appelée fonction de croissance (*growth function*), permet de donner une borne supérieure au nombre N de dichotomies (séparations en deux sous-ensembles) que le réseau élève peut faire des M points $\boldsymbol{x}^1, ..., \boldsymbol{x}^M$ de l'ensemble d'apprentissage. $G(2M)$ est une fonction croissante de son argument, indépendante de la tâche à réaliser ; elle ne dépend que des caractéristiques de la machine : le nombre de paramètres, le nombre de neurones cachés, etc. Remarquons que, pour que le membre de droite de l'équation (85) soit une borne utile (≤ 1), il est nécessaire que $G(2M)/M < \delta^2$. (85) a donc un sens seulement si G augmente avec M plus lentement qu'une fonction linéaire.

Ainsi, le problème de la convergence uniforme (84), qui garantit généralisation à partir de l'apprentissage de M exemples, est ramené à celui qui consiste à déterminer la fonction de croissance de la machine, $G(2M)$. La borne (85) établit que, si G augmente plus lentement qu'une fonction linéaire du nombre d'exemples M, l'erreur de généralisation est inférieure à 1.

La conséquence de ces considérations théoriques est qu'il suffit de connaître la fonction G pour tous les types de classifieurs. La borne (85) établit alors le degré de confiance dans la classification de nouvelles données, car comme ε_t et M sont des quantités connues, elle nous permet de borner ε_g.

Dimension de Vapnik-Chervonenkis

Étant donné un classifieur, la question qui se pose est celle de savoir comment varie G avec M. Plus précisément, $\exp\left[G(M)\right]$ est un majorant du nombre de dichotomies $N(L_M)$ réalisables par l'élève. Autrement dit,

$$G(M) = \ln\left[\sup_{L_M} N(L_M)\right]. \tag{86}$$

Il faut donc calculer le nombre de dichotomies de M points que le réseau est capable de faire. Une dichotomie d'un ensemble L_M de M points est une séparation de L_M en deux sous-ensembles. Par exemple, il y a 2^M dichotomies possibles de M points dans l'espace des entrées. Elles correspondent à toutes les manières possibles d'attribuer des classes ± 1 aux exemples. Si le réseau est capable de les réaliser toutes, alors $G(M) = M \ln 2 \propto M$ (où $\propto$ signifie proportionnel), et la borne est complètement inutile. Or, il est clair que si le nombre de points M est suffisamment petit, même un perceptron pourra réaliser toutes les dichotomies. Ainsi, comme nous l'avons vu dans le chapitre 1, deux exemples dans l'espace à deux dimensions sont toujours séparables par un perceptron. Si les exemples sont au nombre de trois, ils sont séparables, à condition qu'ils soient en position générale (ce qui signifie qu'aucun sous-ensemble de plus de N points ne se trouve sur un même hyperplan). Au-delà de trois points, seule une fraction de toutes les dichotomies possibles est linéairement séparable. Tant que toutes les 2^M dichotomies sont réalisables, on peut dire que le réseau « apprend par cœur », que $G(M) \propto M$, et que la borne est inutile.

En général, quelle que soit la complexité du réseau élève, il y a un nombre d'exemples maximal, M_{VC}, appelé dimension de Vapnik-Chervonenkis, au-delà duquel le réseau ne peut réaliser qu'un sous-ensemble de toutes les dichotomies possibles. Pour $M > M_{VC}$, $G(M)$ augmente plus lentement avec M, et (85) est une vraie borne. Voici le comportement de G :

$$G(M) \propto \begin{cases} M & \text{si } M < M_{VC} \\ M_{VC} \ln \dfrac{M}{M_{VC}} & \text{si } M > M_{VC} \end{cases}. \tag{87}$$

Si $M < M_{VC}$, les données de l'ensemble d'apprentissage ne constituent pas une contrainte suffisamment forte pour appréhender les régularités de la tâche avec le réseau utilisé : celui-ci est sur-dimensionné. Il est donc très important de connaître la dimension M_{VC} des réseaux. Pour le perceptron de N entrées et un seuil, on a :

$$M_{VC} = N + 1. \tag{88}$$

En effet, si l'on a M exemples à apprendre, il faut trouver des poids $\boldsymbol{w}$ qui vérifient les M inégalités $\gamma^k(\boldsymbol{w}) > 0$ ($k = 1, ..., M$). Or, le nombre maximal d'inéquations indépendantes compatibles (c'est-à-dire, qui admettent une solution non triviale) est $N + 1$. Si l'on en compte davantage, le système d'inéquations peut être incompatible. Donc, pour $M > N + 1$, on n'est pas certain qu'il y ait une solution quel que soit l'ensemble d'apprentissage. En fait, il en existe seulement si l'ensemble d'apprentissage est linéairement séparable. Pour des réseaux plus complexes, M_{VC} est en général difficile à déterminer, et l'on n'en connaît que des estimations pour certaines architectures de réseaux particulières. Ainsi, pour un réseau à une couche cachée de H neurones comportant $N_w = (N + 1)H + (H + 1)$ poids (biais inclus), on a [BAUM 1989]

$$2N\left\lceil \frac{H}{2} \right\rceil \leq M_{VC} \leq 2N_w \log_2(eH) \tag{89}$$

où $\lceil\ \rceil$ représente la partie entière et e la base du logarithme népérien. Puisqu'il faut que $M << M_{VC}$ pour avoir une bonne généralisation, bien des efforts théoriques ont été consacrés à la détermination de la dimension de Vapnik-Chervonenkis des réseaux de neurones. Le terme de gauche dans (89) nous dit que, si l'on a M exemples, on doit utiliser un nombre d'unités cachées $H << M/N$. Ce résultat confirme simplement qu'il faut que le nombre de paramètres du réseau (qui est de l'ordre de NH) soit très inférieur au nombre de données.

Prédiction du comportement typique des classifieurs

Une autre approche théorique essaie de caractériser les systèmes par leurs propriétés typiques. On appelle ainsi les propriétés qui se vérifient avec une probabilité 1, ce qui signifie que, parmi tous les systèmes que l'on considère, ceux qui ne possèdent pas ces propriétés typiques constituent une fraction négligeable. Autrement dit, la fraction de systèmes qui se comportent autrement que ce qui est prédit dans le cas typique a une mesure nulle. Par exemple, la loi des grands nombres établit que, lorsqu'on prend la moyenne de N réalisations indépendantes d'une variable aléatoire, le résultat est égal à l'espérance de la variable aléatoire si $N \to \infty$, avec une probabilité 1. Dans le même ordre d'idées, la théorie de Vapnik établit les conditions pour que l'écart typique entre ε_t et ε_g soit arbitrairement petit dans la limite asymptotique où $M \to \infty$. Les propriétés typiques sont donc des propriétés asymptotiques, dans la limite des très grands ensembles d'apprentissage : plus précisément, lorsque le nombre d'exemples tend vers l'infini.

Une limite asymptotique qui permet de déterminer les propriétés d'apprentissage typiques consiste à prendre $N \to \infty$, $M \to \infty$, où N est le nombre de variables et M le nombre d'exemples, avec $\alpha \equiv M/N$ constant. La quantité α est appelée *taille relative* de l'ensemble d'apprentissage. Dans cette limite, la quantité d'exemples comparée à la dimension de l'espace des entrées est constante. Cette limite, souvent appelée limite thermodynamique, est étudiée notamment, mais non exclusivement, avec des méthodes de la physique statistique [ENGEL 2001]. Ce qui est intéressant, c'est que les résultats ainsi obtenus restent valables pour M et N grands, mais finis. Il faut remarquer que dans la pratique, lorsqu'on apprend les paramètres du réseau, N et M sont fixés et finis. Le rapport $\alpha \equiv M/N$ est donc bien défini. Les résultats théoriques (calculés dans la limite thermodynamique pour des raisons techniques) sont valables pour les systèmes à M et N finis, d'autant plus que ces deux quantités sont grandes.

Il y a une autre limite intéressante : celle où la quantité constante, lors du passage à la limite, est le rapport du nombre d'exemples au nombre de paramètres du réseau. Dans le cas du perceptron, auquel nous nous restreignons dans la suite, ces deux limites coïncident puisque le nombre de paramètres du réseau est égal à la dimension de l'espace des entrées.

Capacité typique du perceptron

On appelle capacité d'un réseau le plus grand nombre de données que le perceptron peut séparer avec probabilité 1, quelle que soit la tâche de classification, c'est-à-dire, quelles que soient les étiquettes y^k des exemples. Par exemple, la dimension de Vapnik-Chervonenkis du perceptron est $N + 1$; autrement dit, si $M < N + 1$, M exemples en position générale seront toujours linéairement séparables. Cependant, la probabilité que plus de M_{VC} points soient séparables n'est pas nulle. La capacité typique du perceptron a été déterminée par Cover en 1965 avec un raisonnement géométrique par induction. Pour cela, on compte le nombre de dichotomies de m points qu'un perceptron peut réaliser dans un espace de n dimensions, pour n et m croissants. Le perceptron peut faire les dichotomies par des hyperplans orientés ; les deux orientations de l'hyperplan sont considérées comme des dichotomies différentes. Généralement, une même dichotomie de L_m (la même attribution des classes aux m points) peut être réalisée par plusieurs hyperplans différents, mais il ne faut la compter qu'une seule fois.

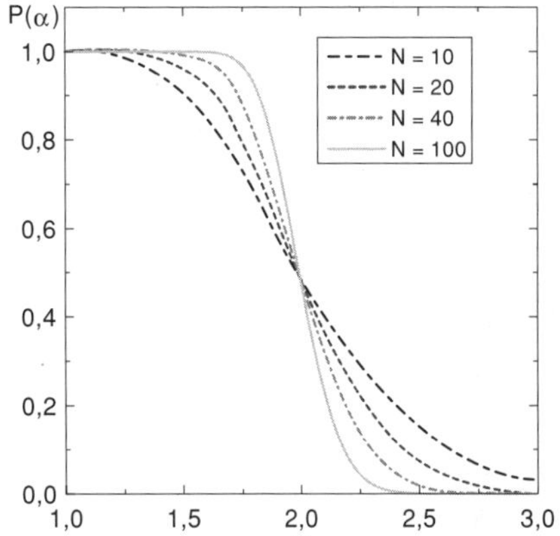

Figure 6-23. Probabilité de séparation linéaire de M *points en* N *dimensions*

Voici le résultat que l'on obtient dans le cas particulier où le perceptron n'a pas de seuil. Pour $M < N$, le nombre de dichotomies linéairement séparables de M points en dimension N est $D(M, N) = 2^M$. Pour $M > N$, on trouve :

$$D(M,N) = 2\sum_{m=0}^{N-1}\binom{M-1}{m}. \tag{90}$$

Le résultat (90) est une propriété géométrique des points dans l'espace de N dimensions ; il est indépendant de l'algorithme d'apprentissage.

Puisque le nombre total de dichotomies possibles de M points est 2^M, la probabilité $P_{LS}(L_M)$ qu'un ensemble de M points dans l'espace de N dimensions soit linéairement séparable est :

$$P_{LS}(L_M) = \frac{D(M,N)}{2^M} \tag{91}$$

que l'on peut écrire comme la somme des $N - 1$ premiers termes du développement du binôme $(1/2 + 1/2)^{M-1}$. Cette somme vaut 1/2 lorsque $N - 1 = M/2$. La figure 6-21 montre la probabilité (91) pour différentes valeurs de M et N. On voit que, lorsque la dimension de l'espace est grande, la probabilité de séparation linéaire est pratiquement égale à 1 pour $M \leq 2N$. Cette probabilité tombe abruptement à zéro au voisinage de $M/N \sim 2$. En conséquence, bien que l'on ne puisse pas assurer que tout ensemble d'apprentissage de $M = 2N$ exemples soit linéairement séparable, la probabilité qu'il le soit est très grande ; elle est d'autant plus grande que N et M sont grands. Dans la limite thermodynamique $N \to \infty$, $M \to \infty$, avec $\alpha \equiv M/N$ = cte, la capacité typique (ou plus probable) du perceptron correspond à $\alpha_c = 2$. Strictement, cette valeur marque la transition entre la probabilité 1 et la probabilité 0 de séparation linéaire, dans la limite thermodynamique considérée. Il est néanmoins important de remarquer que, pour des valeurs de N de l'ordre de 100, le comportement de (91) est déjà proche du comportement asymptotique. Cela montre bien que le calcul des propriétés typiques d'apprentissage fournit des résultats utiles à dimension N grande mais finie.

Compléments

Bornes du nombre d'itérations de l'algorithme du perceptron

Nous allons détailler le calcul des bornes qui permettent de démontrer le théorème du perceptron. Pour établir une borne inférieure à la norme des poids, on tient compte de ce que $\boldsymbol{w}_*$ est unitaire, pour écrire :

$$\begin{aligned}\|\boldsymbol{w}(t+1)\| &= \|\boldsymbol{w}(t+1)\|\|\boldsymbol{w}^*\| \\ &\geq \boldsymbol{w}(t+1)\cdot\boldsymbol{w}^*.\end{aligned} \tag{92}$$

Supposons que l'exemple qui a été appris à l'itération t soit $k(t)$. À la fin de l'itération t, le vecteur des poids $\boldsymbol{w}(t+1)$ s'écrit :

$$\begin{aligned}\boldsymbol{w}(t+1) &= \boldsymbol{w}(t) + y^{k(t)}\boldsymbol{x}^{k(t)} \\ &= \boldsymbol{w}(t-1) + y^{k(t)}\boldsymbol{x}^{k(t)} + y^{k(t-1)}\boldsymbol{x}^{k(t-1)} \\ &= \cdots \\ &= \sum_{i=1}^{t} y^{k(i)}\boldsymbol{x}^{k(i)}\end{aligned} \tag{93}$$

où l'on a tenu compte de l'initialisation $\boldsymbol{w}(0) = 0$. En prenant le produit scalaire de (93) avec le vecteur unitaire $\boldsymbol{w}_*$, compte tenu de (92), on déduit la borne inférieure suivante :

$$\begin{aligned}\|\boldsymbol{w}(t+1)\| &\geq \sum_{i=1}^{t}\gamma^{k(i)}\boldsymbol{w}^* \\ &\geq t\gamma_{\min}(\boldsymbol{w}^*)\end{aligned} \tag{94}$$

où $\gamma_{\min}(\boldsymbol{w}_*)$ est la plus petite stabilité parmi les exemples de L_M. Puisque $\boldsymbol{w}_*$ est un hyperplan séparateur, $\gamma_{\min}(\boldsymbol{w}_*) > 0$.

Par ailleurs, on peut établir une borne supérieure de $\|\boldsymbol{w}(t+1)\|^2$, à partir de l'expression suivante :

$$\begin{aligned}\|\boldsymbol{w}(t+1)\|^2 &= \left(\boldsymbol{w}(t) + y^{k(t)}\boldsymbol{x}^{k(t)}\right)\cdot\left(\boldsymbol{w}(t) + y^{k(t)}\boldsymbol{x}^{k(t)}\right) \\ &= \|\boldsymbol{w}(t)\|^2 + 2y^{k(t)}\boldsymbol{x}^{k(t)}\cdot\boldsymbol{w}(t) + \left\|y^{k(t)}\boldsymbol{x}^{k(t)}\right\|^2.\end{aligned} \tag{95}$$

Le produit croisé dans (95) est négatif. En adoptant la même démarche que pour la projection, on a :

$$\begin{aligned}\|\boldsymbol{w}(t+1)\|^2 &\leq \|\boldsymbol{w}(t)\|^2 + \left\|\boldsymbol{x}^{k(t)}\right\|^2 \\ &\leq \cdots \\ &\leq \sum_{i=1}^{t}\left\|y^{k(i)}\boldsymbol{x}^{k(i)}\right\|^2 \\ &\leq t\left\|\boldsymbol{x}^{\max}\right\|^2\end{aligned} \tag{96}$$

où l'on a utilisé le fait que $|y^k| = 1$. $\|x^{max}\|$ correspond à l'exemple de L_M dont la norme est maximale. La figure 6-7 illustre la croissance du module du vecteur w au cours de l'apprentissage. De (94) et (96) on déduit

$$t\gamma_{\min}(w^*) \leq \|w(t+1)\| \leq \sqrt{t}\|x^{\max}\|. \quad (97)$$

Nombre de dichotomies linéairement séparables

Considérons un ensemble L_m de m points dans un espace de dimension n. Comme nous l'avons déjà mentionné, si $m \leq n$, toutes les dichotomies sont linéairement séparables. Le calcul qui suit est intéressant lorsque $m > n$.

Soit $D(m, n)$ le nombre de dichotomies de L_m induites par des hyperplans dans l'espace de n dimensions. Ce nombre ne dépend que de m et n, à condition qu'aucun sous-ensemble de $k < n$ parmi les m points ne soit linéairement dépendant, c'est-à-dire, ne se trouve sur un même hyperplan. On dit alors que les m points se trouvent en position générale. Si les composantes x_i des entrées prennent des valeurs réelles, la probabilité que cela arrive est nulle, car un hyperplan est de mesure nulle dans l'espace n-dimensionnel. En revanche, si les entrées sont binaires, la probabilité que $k > n$ points soient linéairement dépendants n'est pas nulle. Nous nous limitons donc au cas où les composantes sont réelles. On a :

$$D(m+1) = 2 \ ; \ D(1,n) = 2 \text{ pour tout } m,n \quad (98)$$

car il y a deux façons de séparer m points (attribuer des classes ± 1) en une dimension avec un plan qui passe par l'origine, ou de séparer un seul point en dimension n quelconque. Si l'on ajoute un nouveau point à l'ensemble d'apprentissage $L_{m+1} = L_m \cup x^{m+1}$, il peut arriver que deux hyperplans qui induisaient la même dichotomie de L_m attribuent à x^{m+1} des classes différentes. Dans ce cas, il existe un hyperplan H^0 qui contient x^{m+1}, et qui induit la même dichotomie de L_m. On dit que H^0 est ambigu par rapport à x^{m+1}. Projetons les points de L_m dans le sous-espace de dimension $n-1$ orthogonal à x^{m+1}. H^0 induit une dichotomie de L_m dans le sous-espace de dimension $n-1$. Il y a donc une correspondance biunivoque entre les $D(m, n-1)$ dichotomies dans l'espace projeté et les dichotomies ambiguës par rapport au nouveau point dans l'espace de n dimensions. Puisqu'il y a $D(m, n)$ dichotomies de L_m, et que chaque dichotomie ambiguë donne lieu à deux dichotomies de L_{m+1}, on a la formule de récurrence suivante

$$D(m+1,n) = D(m,n) + D(m,n-1). \quad (99)$$

Compte tenu de (98), on trouve (90).

Bibliographie non commentée

ANLAUF J. K., BIEHL, M. [1989], The AdaTron : An adaptive perceptron algorithm, Europhys. Lett. 10, p. 687-692.

BAUM E. B., HAUSSLER D. [1989], What size net gives valid generalization ?, Neural Computation **1**, p. 151-160.

BUHOT A., GORDON M. B. [1997], Cost function and pattern distribution of the Bayesian Perceptron, Phys. Lett. A 228, p. 73-78.BLAKE, C. L., MERZ C. J. [1998], UCI Repository of machine learning databases, disponible sur le site Web à l'adresse http://mlearn.ics.uci.edu/databases/undocumented/connectionist-bench/sonar/

BUHOT A., TORRES MORENO J. M., GORDON M. B. [1997], Finite size scaling of the Bayesian Perceptron, Phys. Rev. E 55, p. 7434-7440.

BUHOT A., TORRES MORENO J. M., GORDON M. B. [1997], Numerical simulations of an optimal algorithm for supervised learning, European Symposium on Artificial Neural Networks, Proceedings, M. Verleysen éd., p. 151-156.

BUHOT A., GORDON M. B. [2000], Storage capacity of a constructive learning algorithm, J. Phys. A 33, p. 1713-1727.

COVER T. M. [1965], IEEE Trans. Elect. Comp., 14, p. 326-334.

COVER T. M., THOMAS J. A. [1991], Elements of Information Theory, John Wiley.

CYBENKO G. [1989], Approximation by superpositions of a sigmoidal function, Mathematics of Control, Signals and Sytems 2, p. 303-314.

DIETRICH R., OPPER M., SOMPOLINSKY H. [1999], Statistical Mechanics of Support Vectors Networks, Phys. Rev. Lett. 82, p. 2975-2978.

DUDA R. O., HART P. E, STORK D. G. [2000], Pattern Classification (Wiley-Interscience)

ENGEL A., BROECK C. [2001], Statistical Mechanics of Learning, Cambridge University Press, ISBN 0521774799, 9780521774796, 329 pages.

GODIN Ch. [2000], Contributions à l'embarquabilité et à la robustesse des réseaux de neurones en environnement radiatif, thèse de l'École nationale supérieure de l'aéronautique et de l'espace.

GORDON M. B., GREMPEL D. [1995], Learning with a temperature dependant algorithm. Europhys. Lett. 29, p. 257-262.

GORMAN, R.P., SEJNOWSKI T.J. [1998], Analysis of hidden units in a layered network trained to clasiffy sonar targets, Neural Networks 1.

HOPFIELD J. J. [1982], Proc. Natl. Acad. Sci. USA, 79, p. 2554.

KRAUTH W., MÉZARD M. [1987], Learning algorithms with optimal stability in neural networks, J. Phys. A 20, L745-L752.

MCCULLOCH W. S., PITTS W. [1943], A logical calculus of ideas immanent in nervous activity, Bull. Math. Biophys **5**, p. 115.

MEIR R., FONTANARI J. F. [1992], Learning from examples in weight-constrained neural networks, J. Phys. A : Math. Gen. 25, p. 1149-1168.

MINSKY M., PAPERT S. [1969], Perceptrons, MIT Press, Cambridge, MA, États-Unis.

RISAU-GUSMÁN S., GORDON M. B. [2000a], Understanding stepwise generalization of Support Vector Machines : a toy model, Advances in Neural Information Processing Systems 12, S. A. Solla, T. K. Leen, K.-R. Miller (éd.), MIT Press, p. 321-327.

RISAU-GUSMÁN S., GORDON M. B. [2000b], Generalization properties of finite size polynomial Support Vector Machines, Phys Rev E 62, p. 7092-7099.

RISAU-GUSMÁN S., GORDON M. B. [2001], Statistical Mechanics of Soft Margin Classifiers, Phys. Rev. E 64, 031907.

RISAU-GUSMÁN S. [2001], Étude de propriétés d'apprentissage des machines à exemples supports (SVM) par des méthodes de physique statistique, thèse de l'Université de Grenoble I – Joseph-Fourier.

RISAU-GUSMÁN S., GORDON M. B. [2002], Hierarchical learning in polynomial support vector machines, à paraître dans Machine Learning.

ROSENBLATT F. [1958], The Perceptron : A probabilistic model for information storage and organization in the brain, Phys. Rev. 65, p. 386.

TORRES MORENO J. M. [1997], Apprentissage et généralisation par des réseaux de neurones : étude de nouveaux algorithmes constructifs, thèse de l'Institut national polytechnique de Grenoble, disponible sur le site Web à l'adresse http://www.professeurs.polymtl.ca/juan-manuel.torres-moreno/homepage/publicaciones/doctorado/index.html.

TORRES MORENO J. M., GORDON M. B. [1998], Characterization of the Sonar Signals Benchmark, Neural Processing Letters 7, p. 1-4.

VAPNIK V. [1998], The nature of statistical learning theory, Springer.

7

Cartes auto-organisatrices et classification automatique

Ce chapitre est consacré à la seconde grande famille de réseaux de neurones : les cartes topologiques auto-organisatrices. Ces dernières font partie de la famille des modèles dits à « apprentissage non supervisé » ; par opposition avec les perceptrons multicouches qui ont été présentés précédemment. Cela signifie que, dans une première approche, ces modèles seront utilisés dans un but descriptif. Les données à analyser sont maintenant constituées d'observations dont on cherche à comprendre la structure : il n'y a pas de but précis à atteindre, ni de réponse souhaitée.

Les méthodes, dites d'apprentissage « non supervisé », utilisées par les modèles de cartes topologiques auto-organisatrices, proviennent des techniques initialement mises au point pour l'apprentissage compétitif. Parmi les premiers travaux dans le domaine, on peut citer ceux de Didday [DIDDAY 1970] et de von der Malsburg [VON DER MALSBURG 1973]. Les modèles proposés à cette époque définissent des ensembles de filtres qui effectuent en parallèle l'analyse d'une même observation. Pour cette observation, la réponse produite par chaque filtre est différente, et l'un des filtres (le « gagnant ») produit une réponse supérieure aux autres. « L'apprentissage compétitif » favorise alors ce filtre, et cherche à le rendre plus sensible encore à l'observation qu'il vient de « gagner ». La même opération est itérée pour toutes les observations de l'ensemble d'apprentissage jusqu'à stabilisation des valeurs attribuées aux différents filtres. Chacun des filtres est, à ce stade, rendu sensible à un ensemble de caractéristiques communes à une partie des observations étudiées : il se transforme en détecteur de caractéristiques.

Les cartes topologiques ou cartes auto-organisatrices ont été introduites pour la première fois par T. Kohonen en 1981. Les premiers modèles cherchaient tout particulièrement à représenter des données multidimensionnelles. Les applications visées devaient pouvoir concerner de très grands ensembles de données, pour lesquelles les observations traitées pouvaient atteindre de grandes dimensions. Afin de répondre à ces critères, la visualisation par cartes topologiques envisagée par Kohonen cherche, par apprentissage à partir des données, à partitionner l'ensemble des observations disponibles en groupements similaires. Les groupements proposés possèdent la particularité caractéristique d'avoir une structure de voisinage qui peut être matérialisée à l'aide d'un espace discret que l'on appelle « carte topologique ». Il s'agit le plus souvent d'un treillis de faible dimension (grille 1D, 2D ou 3D) sur lequel les structures de voisinages sont prises en considération par le modèle.

La particularité la plus importante des cartes auto-organisatrices est qu'elles rendent possible la comparaison des groupements qui ont été réalisés directement à partir des données. Une observation est affectée à un groupe qui est projeté en un nœud de la carte. La comparaison des projections liées à deux observations distinctes permet d'apprécier la proximité des groupes dont elles sont issues. Les observations « semblables » ont la même projection ; si les projections sont différentes, la dissemblance grandit avec la distance qui existe entre les projections ; cette distance est calculée sur la carte. Ainsi, l'espace des sous-ensembles s'identifie à la carte, et il est possible, d'une certaine manière, de regarder simultanément l'espace des sous-ensembles et celui des observations.

Classification automatique et cartes auto-organisatrices sont proches, puisque la plupart des méthodes de classification automatiques cherchent à regrouper les données « similaires », ce dernier mot signifiant dans ce cas proche pour le domaine d'application dont les données sont issues et pour la métrique utilisée. La notion d'ordre topologique constitue l'apport des réseaux de neurones à apprentissage non supervisé au domaine de la classification automatique, qui est un des grands thèmes abordés en analyse des données [DUDA *et al.* 1973], [JAIN *et al.* 1988], [SAPORTA 1990].

Toutes les méthodes de classification automatique, si l'on considère les systèmes de décision actuels, permettent d'aborder aussi des tâches de type supervisé. Une grande partie des applications qui ont été développées à l'aide des cartes auto-organisatrices sont des classifieurs, certaines effectuent même des tâches de régression. Cela peut s'expliquer de plusieurs manières :

- des modifications simples de l'algorithme de base permettent de l'utiliser en tant qu'algorithme supervisé [CERKASSKY *et al.* 1991] ;
- les résultats des algorithmes « non supervisés » peuvent facilement être intégrés dans des chaînes de traitement concernant les mêmes domaines applicatifs que ceux qui sont abordés par les perceptrons multicouches. Les cartes auto-organisatrices sont utilisées pour effectuer un prétraitement des données. Les informations extraites par les cartes peuvent alors être facilement employées par d'autres algorithmes (régression, classification) d'une manière spécifique.

La discrimination (ou « classification supervisée »), présentée au chapitre 6, et la classification « non supervisée » sont en fait complémentaires. On peut considérer, dans un certain sens, que toutes les applications que l'on cherche à résoudre utilisent une proportion d'information « supervisée ». Avant d'utiliser un système, il faut le valider, ce qui sous-entend que l'on a recours à un expert capable de juger des résultats. Il existe donc toujours un certain nombre de données expertisées pour lesquelles la réponse « désirée » est connue. Ces données peuvent être utilisées pour faire progresser les modèles non supervisés. Si l'on possède beaucoup d'expertise on peut l'introduire dès le début de l'analyse en recourant aux formes supervisées des cartes auto-organisatrices. En revanche, si l'expertise n'est disponible qu'en petite quantité, elle ne peut servir qu'à l'interprétation des résultats. Cette seconde possibilité conduit à se servir du groupement produit par les cartes auto-organisatrices et à le faire suivre d'une phase d'introduction d'expertise. L'approche est alors séquentielle : on cherche d'abord une partition de l'espace des données, la reconnaissance n'intervenant que dans une seconde phase.

La suite de ce chapitre présente les cartes topologiques auto-organisatrices et leurs fondements théoriques. Ces algorithmes sont présentés en utilisant un formalisme unifié qui permet de faire le lien avec les méthodes d'analyse des données dont elles découlent. Les algorithmes de cartes auto-organisatrices peuvent être vus comme des extensions d'algorithmes très connus du domaine de la reconnaissance des formes et de la classification automatique. Ce formalisme est légèrement différent de celui qui est employé dans les premiers modèles proposés par Kohonen. Tous les liens qui permettent de situer les différentes versions de l'algorithme initial seront présentés. Un paragraphe détaille les méthodologies possibles d'introduction d'expertise qui font suite à l'apprentissage « non supervisé ».

Ce chapitre a également un but pratique : il présente donc deux études détaillées de cas réels. Les domaines d'application qui comptent des réalisations fondées en grande partie sur les méthodes de cartes auto-organisatrices sont très nombreux. Plusieurs livres récents présentent ces applications [OJA *et al.* 1999], [KOHONEN 2001]. Un article présente une bibliographie complète de tous les articles parus entre 1981 et 1997 ([KASKI *et al.* 1998] *www.icsi.berkeley.edu/ jagota/NCS/*). Le site de l'Université de Helsinki (*http://www.cis.hut.fi/research/som-research/*) aborde des thèmes très divers : vision, analyse d'image, compression d'image, imagerie médicale, reconnaissance de l'écriture, reconnaissance de la parole continue, analyse du signal, de la musique, commande de processus, robotique, recherche sur le Web, etc.

La première application présentée dans ce chapitre appartient au domaine de la télédétection. Cela permet, en entrant dans les détails de la modélisation, de comprendre comment il est possible de mener une analyse des données en utilisant les cartes auto-organisatrices. La seconde application a été réalisée par le groupe de recherche initié par Kohonen. Il s'agit du système Websom qui permet d'effectuer des recherches documentaires sur le Web. Cette application est intéressante à cause des dimensions mêmes mises en jeu. Il s'agit d'un exemple frappant, qui montre la puissance de calcul que l'on peut attendre des modélisations par cartes auto-organisatrices.

Le dernier paragraphe montre comment le formalisme des cartes topologiques peut être étendu au traitement de données qualitatives ou catégorielles. De manière à conserver le caractère appliqué de ce livre, nous donnons des exemples d'applications des méthodes présentées. Ces exemples permettent de bien comprendre les possibilités qu'offrent ces méthodes en termes de visualisation et de compréhension des données multidimensionnelles.

Notations et définitions

Ce paragraphe introduit les notations utilisées dans l'ensemble de ce chapitre. L'ensemble $\mathfrak{D}$ représente l'espace des observations ; les observations sont supposées réelles et de dimension multiple ; on suppose que l'espace des observations est de dimension n et que $\mathfrak{D} \subset R^n$. Chaque vecteur de $\mathfrak{D}$ correspond à un codage particulier des individus issus d'une population donnée. On suppose, par la suite, que l'on dispose d'observations correspondant à N individus, représentées par le sous-ensemble $\mathcal{A} = \{\mathbf{z}_i; i = 1, ..., N\}$ de $\mathfrak{D}$. On fait, bien entendu, l'hypothèse que $\mathcal{A}$ est représentatif de la population en cours d'étude, et qu'il constituera l'ensemble d'apprentissage permettant d'estimer les paramètres des différents modèles.

L'ensemble de toutes les méthodes présentées cherchent, dans un premier temps, à réduire l'information contenue dans $\mathfrak{D}$; elles le font :

- en la résumant sous la forme d'un ensemble $\mathcal{W} = \{\mathbf{w}_c; c = 1, ..., p\}$ de p vecteurs de $\mathfrak{D}$; ces vecteurs de dimension n seront appelés les référents dans toute la suite du chapitre ;
- en définissant une fonction d'affectation χ qui est une application de $\mathfrak{D}$ dans l'ensemble des indices $\{1, ..., p\}$; cette fonction permet de réaliser une partition $P = \{P_1, ..., P_c, ..., P_p\}$ de $\mathfrak{D}$ en p sous-ensembles, $P_c = \{\mathbf{z} \in \mathfrak{D} / \chi(\mathbf{z}) = c\}$.

La figure 7-1 montre le principe général de la modélisation : une observation $\mathbf{z}$ est associée à un indice c choisi parmi p à l'aide de la fonction χ ; cet indice permet de définir le référent $\mathbf{w}_c$. On peut donc considérer que le vecteur référent $\mathbf{w}_c$ est un représentant de l'ensemble P_c dont il résume l'ensemble des observations. Dans la suite de l'exposé, on utilisera selon le cas $\mathbf{w}_c$ ou son indice c pour représenter le sous-ensemble des observations de P_c. Les paramètres des différents modèles étant estimés à partir des observations de l'ensemble d'apprentissage $\mathcal{A}$, on note n_c le nombre d'observations de $\mathcal{A}$ qui appartiennent à P_c.

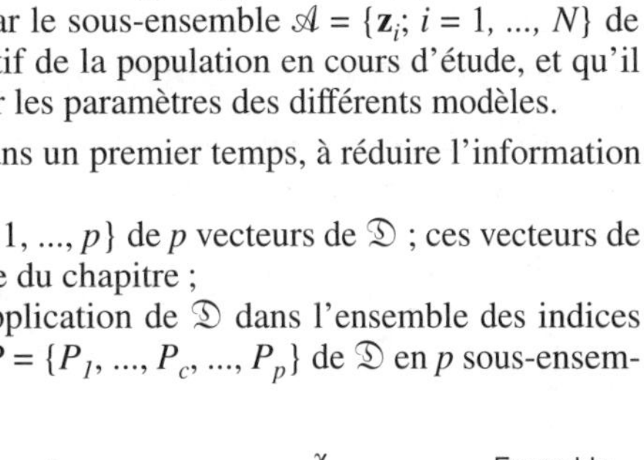

Figure 7-1. Principe général de la modélisation : une observation z est associée à un indice c choisi parmi p à l'aide de la fonction χ ; cet indice permet de définir le référent $\mathbf{w}_c$.

La connaissance de l'ensemble des vecteurs référents $\mathcal{W}$ et de la fonction d'affectation χ détermine ce que l'on appelle une quantification vectorielle. Pour l'ensemble des méthodes présentées, la détermination de $\mathcal{W}$ et de χ se fait par minimisation d'une fonction de coût. Celle-ci est différente pour chaque méthode : elle traduit les caractéristiques propres de la quantification que l'on va obtenir. La quantification vectorielle est utilisée pour affecter une observation $\mathbf{z} \in \mathfrak{D}$ à son référent $\mathbf{w}_{\chi(z)}$; $\chi(\mathbf{z})$ représente l'indice du référent auquel est associée l'observation $\mathbf{z}$. La connaissance de la fonction χ permet donc, au-delà de la quantification vectorielle, de définir la partition P de $\mathfrak{D}$ en p sous-ensembles.

Bien que la fonction de coût change pour chaque méthode, les différentes méthodes partagent un certain nombre de caractéristiques communes. Dans la suite de ce chapitre, on utilisera le plus souvent le formalisme des nuées dynamiques qui procède par itérations successives. Chaque itération est constituée de deux étapes : une étape de minimisation qui permet de déterminer les référents, une étape d'affectation qui redéfinit la fonction d'affectation. Dans le cas où les deux étapes répondent à certains critères, ce formalisme assure que la fonction de coût décroît et converge vers un minimum local. Celui-ci dépend fortement des vecteurs référents que l'on a choisis pour initialiser la procédure de minimisation.

L'algorithme des k-moyennes est un algorithme de classification automatique très ancien qui est à l'origine des cartes auto-organisatrices. La section qui suit présente cet algorithme sous sa forme la plus classique, ainsi que différentes variantes permettant d'expliquer les liens avec les cartes auto-organisatrices.

Pour toutes les méthodes, nous commencerons par décrire la version la plus classique des algorithmes. Nous présenterons ensuite les formes dérivées les plus connues (stochastiques ou probabilistes).

Méthode des k-moyennes

Présentation de l'algorithme

La méthode des k-moyennes, qui est la méthode de quantification vectorielle la plus connue, détermine l'ensemble des vecteurs référents $\mathcal{W}$; et la fonction d'affectation χ, en minimisant la fonction de coût :

$$I(\mathcal{W},\chi)=\sum_{\mathbf{z}_i\in\mathcal{A}}\left\|\mathbf{z}_i-\mathbf{w}_{\chi(\mathbf{z}_i)}\right\|^2=\sum_{c}\sum_{\mathbf{z}_i\in P_c\cap\mathcal{A}}\left\|\mathbf{z}_i-\mathbf{w}_c\right\|^2. \tag{1}$$

L'expression :

$$I_c=\sum_{\mathbf{z}_i\in P_c\cap\mathcal{A}}\left\|\mathbf{z}_i-\mathbf{w}_c\right\|^2$$

représente l'inertie locale, par rapport au référent $\mathbf{w}_c$, des observations de l'ensemble d'apprentissage $\mathcal{A}$ qui lui sont affectées ; ces observations appartiennent donc au sous-ensemble P_c. L'inertie I_c représente l'erreur de quantification obtenue quand on décide de remplacer les observations de P_c par le référent $\mathbf{w}_c$ qui les représente. La quantité $I(\mathcal{W}, \chi)$ que l'on cherche à minimiser représente la somme des inerties locales I_c. Pour procéder à la minimisation de $I(\mathcal{W}, \chi)$, il faut faire apparaître la fonction d'affectation χ ; la quantité que l'on cherche à minimiser s'écrit alors :

$$I(\mathcal{W},\chi)=\sum_{c}\mathcal{I}_c=\sum_{c}\sum_{\substack{\mathbf{z}_i\in\mathcal{A}\\ \chi(\mathbf{z}_i)=c}}\left\|\mathbf{z}_i-\mathbf{w}_c\right\|^2. \tag{2}$$

L'algorithme présenté procède d'une manière itérative, chaque itération comportant deux phases. La première phase minimise $I(\mathcal{W}, \chi)$: en supposant les valeurs des référents fixées aux valeurs calculées précédemment, elle calcule une valeur de la fonction χ. La seconde phase suppose que la fonction d'affectation est fixée à la valeur qui vient d'être calculée ; elle minimise alors la fonction $I(\mathcal{W}, \chi)$ par rapport aux paramètres $\mathcal{W}$. En procédant ainsi en deux phases, on fait décroître la valeur de $I(\mathcal{W}, \chi)$ à chaque itération.

Une itération se résume donc de la manière suivante :

- **Phase d'affectation.** Il s'agit, dans cette phase, de minimiser la fonction $I(\mathcal{W}, \chi)$ par rapport à la fonction d'affectation χ ; à cette étape, l'ensemble $\mathcal{W}$ des référents est fixé : il est égal à la valeur calculée précédemment. La minimisation s'obtient en affectant chaque observation $\mathbf{z}_i$ au référent $\mathbf{w}_c$ à l'aide de la fonction d'affectation χ :

  $$\chi(\mathbf{z}) = \arg\min_r \|\mathbf{z} - \mathbf{w}_r\|^2 . \quad (3)$$

  Dans cette expression, r varie de 1 à p (nombre de référents). En affectant chaque observation $\mathbf{z}_i$ au référent le plus proche $\mathbf{w}_c$, on réduit le terme correspondant à z_i dans la fonction de coût $I(\mathcal{W}, \chi)$. La nouvelle fonction d'affectation définit une nouvelle partition P de l'ensemble $\mathfrak{D}$, chaque observation $\mathbf{z}$ étant affectée au référent le plus proche au sens de la distance euclidienne. Par la suite, n_c représente le nombre déléments de $\mathcal{A} \cap P_c$.
- **Phase de minimisation.** La seconde phase de l'itération fait décroître à nouveau $I(\mathcal{W}, \chi)$ en fonction de l'ensemble des référents $\mathcal{W}$; la fonction d'affectation χ utilisée à la phase précédente est fixée. La fonction $I(\mathcal{W}, \chi)$ est alors une fonction quadratique convexe par rapport à $\mathcal{W}$, dont le minimum global est atteint pour

  $$\frac{\partial I}{\partial W} = \left[\frac{\partial z}{\partial w_1}, \frac{\partial I}{\partial w_2}, \dots \frac{\partial I}{\partial w_p}\right]^T = 0 .$$

Le calcul du vecteur gradient associé à tout référent $\mathbf{w}_c$ permet d'obtenir un ensemble d'équations vectorielles :

$$2\sum z_{i \in A} \chi_{(zi) = c}(z_i - w_c) = 0 .$$

qui définissent les p nouveaux référents :

$$\mathbf{w}_c = \frac{\sum_{\mathbf{z}_i \in P_c \cap \mathcal{A}} \mathbf{z}_i}{n_c} \quad (4)$$

Il existe pour cet algorithme une preuve de convergence. Si l'on applique la fonction d'affectation calculée durant la première phase, une observation **z** ne change de sous-ensemble que si sa contribution à l'inertie totale, calculée en fonction du système de référents $\mathcal{W}$, diminue. Cette inertie totale est donc inférieure à la valeur courante de $I(\mathcal{W}, \chi)$. La seconde phase redéfinit l'ensemble $\mathcal{W}$ des valeurs des référents. Chaque référent $\mathbf{w}_c$ calculé à partir de l'équation (4) définit le centre de gravité de l'ensemble des observations de $P_c \cap \mathcal{A}$, ce qui entraîne la décroissance de $I(\mathcal{W}, \chi)$ qui représente l'inertie par rapport aux centres de gravité de la partition P. L'alternance des deux phases fait décroître à chaque itération la fonction $I(\mathcal{W}, \chi)$. L'expression (1) montre que $I(\mathcal{W}, \chi)$ s'exprime en fonction de la trace de la partition P sur l'ensemble $\mathcal{A}$; cette trace correspond à une partition de $\mathcal{A}$. Le nombre de partitions de $\mathcal{A}$ étant fini, le processus itératif se stabilise vers un minimum local de la fonction $I(\mathcal{W}, \chi)$ par rapport à l'ensemble des vecteurs référents et à la fonction d'affectation.

Sur le plan algorithmique, l'algorithme des k-moyennes se résume de la manière suivante :

Algorithme des k-moyennes

1. Phase d'initialisation : t = 0, choisir les p référents initiaux (en général d'une manière aléatoire), fixer le nombre maximal d'itérations N_{iter}.
2. Étape itérative : à l'itération t, l'ensemble des référents $\mathcal{W}^{t-1}$ de l'étape précédente sont connus :
Phase d'affectation : mise à jour de la fonction d'affectation χ^t associée à $\mathcal{W}^{t-1}$: on affecte chaque observation **z** au référent défini à partir de l'expression (3).
Phase de minimisation : calcul des nouveaux référents $\mathcal{W}^t$ en appliquant l'équation (4).
3. Répéter l'étape itérative jusqu'à ce que l'on atteigne $k > N_{iter}$ itérations ou une stabilisation de I.

L'algorithme des k-moyennes peut être considéré comme étant un algorithme de type « nuée dynamique » qui est une méthode générale permettant d'obtenir un minimum local d'un critère à optimiser. Cette méthode repose sur l'utilisation de deux entités : l'ensemble des partitions, en p sous-ensembles, de l'espace des données, et l'espace $\mathcal{W}$ des représentations (qui peut être différent de l'espace de données). Ainsi, un sous-ensemble P_k sera représenté par un élément $\boldsymbol{w}_k$ qui sera son représentant dans $\mathcal{W}$. L'adéquation d'une donnée $\mathbf{x}$ à un représentant donné $\mathbf{w}_k$ sera quantifiée par une fonction positive d, ainsi plus $d(\boldsymbol{x}, w_k)$ est petite, plus $\mathbf{x}$ est en adéquation avec le représentant $\boldsymbol{w}_k$. Il s'agit donc de définir une partition en p sous-ensembles $P = \{P_k/k = 1...p\}$ de l'espace de données et un ensemble de p représentants $\mathbf{W} = \{\boldsymbol{w}_k/k = 1...p\}$ qui minimisent un critère donné. Ce dernier sera défini par l'intermédiaire d'un ensemble d'apprentissage $\mathcal{A}$ de la manière suivante :

$$\mathcal{H}(\mathcal{P}, \mathcal{W}) = \sum_{k=1}^{p} \sum_{\mathbf{x}_i \in P_k \cap \mathcal{A}} d(\boldsymbol{x}, \boldsymbol{w}_k). \tag{5}$$

L'algorithme des nuées dynamiques minimise cette fonction d'une manière itérative en commençant par un choix des p représentants initiaux. Chaque itération est décomposée en deux phases : en premier lieu, une phase d'affectation, qui consiste à minimiser $\mathcal{H}$ par rapport à la partition et en supposant que les représentants courants (déterminés à l'itération précédente) sont constants ; en second lieu, une phase de minimisation, qui consiste à minimiser $\mathcal{H}$ par rapport aux p représentants et en supposant que la partition est fixée à celle qui est obtenue à l'itération précédente. Il est alors facile de voir que cet algorithme décroît la valeur de $\mathcal{H}$ à chaque itération et que l'algorithme converge vers un minimum local. Ainsi, dans le cas des k-moyennes, les référents constituent les représentants et la distance euclidienne correspond à la fonction d.

Version stochastique des k-moyennes

L'algorithme décrit au paragraphe précédent présente les défauts des algorithmes déterministes d'optimisation. Ces algorithmes dépendent des conditions initiales et peuvent mener la fonction de coût vers un minimum local : le mécanisme de l'optimisation ne permet pas d'explorer les différents minima de la fonction $I(\mathcal{W}, \chi)$. Comme nous l'avons vu au chapitre 2 pour l'apprentissage supervisé, il est possible d'effectuer plusieurs minimisations qui partent de conditions initiales différentes, et de choisir, après coup, la partition et l'ensemble des référents les meilleurs. Dans le cas de l'apprentissage non supervisé, on choisit le plus souvent, parmi toutes les solutions trouvées, celles qui réduisent au mieux $I(\mathcal{W}, \chi)$.

Au cours de la phase de minimisation de chaque itération t, l'algorithme détermine l'ensemble des référents $\mathcal{W}$ qui donnent, pour cette itération et pour une fonction d'affectation χ fixée, le minimum global de $I(\mathcal{W}, \chi)$. Or, le minimum global n'est pas nécessaire pour assurer la décroissance de $I(\mathcal{W}, \chi)$ à chaque itération. Il suffit de trouver un ensemble de référents $\mathcal{W}^t$ tel que pour χ^t fixée :

$$\mathcal{I}(\mathcal{W}^t, \chi^t) \leq \mathcal{I}(\mathcal{W}^{t-1}, \chi^t).$$

Pour obtenir cette décroissance, on peut utiliser une simple méthode de gradient qui permet la décroissance de $I(\mathcal{W}, \chi)$ à chaque itération. Le calcul du gradient nécessite celui des dérivées partielles de $I(\mathcal{W}, \chi^t)$ par rapport à chaque composante de chaque vecteur référent $\mathbf{w}_c$:

$$\frac{\partial \mathcal{I}}{\partial \mathbf{w}_c} = \sum_{\substack{\mathbf{z}_i \in \mathcal{A} \\ \chi^t(\mathbf{z}_i) = c}} 2(\mathbf{w}_c - \mathbf{z}_i). \tag{6}$$

Dans cette version de l'algorithme des k-moyennes, la fonction de coût que l'on minimise est toujours donnée par la relation (1) ; le calcul des vecteurs référents effectué à chaque itération (équation 4) est remplacé par :

$$\mathbf{w}_c^t = \mathbf{w}_c^{t-1} - \mu^t \frac{\partial \mathcal{I}}{\partial \mathbf{w}_c} = \mathbf{w}_c^{t-1} - 2\mu^t \sum_{\substack{\mathbf{z}_i \in \mathcal{A} \\ \chi(\mathbf{z}_i)=c}} (\mathbf{w}_c^{t-1} - \mathbf{z}_i). \tag{7}$$

On reconnaît ici la minimisation par méthode du gradient simple, présentée au chapitre 2. La fonction d'affectation χ^t qui apparaît dans l'expression du gradient est celle qui est définie dans la phase d'affectation de l'itération t, la quantité μ^t représente le pas de la correction pour l'itération t, le référent $\mathbf{w}_c^{t-1}$ est celui qui a été calculé à l'itération précédente. Cette méthode de minimisation n'est pas adaptative, car elle fait intervenir la fonction $I(\mathcal{W}, \chi)$, et donc la globalité de la base d'apprentissage $\mathcal{A}$.

La version adaptative, ou stochastique, de l'algorithme des k-moyennes est une adaptation de la minimisation non adaptative qui vient d'être présentée. La minimisation de $I(\mathcal{W}, \chi)$ s'effectue maintenant d'une manière stochastique : on envisage séparément les différents termes de la somme qui apparaissent dans l'expression (1). À chaque itération, une seule observation $\mathbf{z}_i$ de la base d'exemples est présentée ; elle entraîne la correction du vecteur référent $\mathbf{w}_{\chi(z^i)}$ le plus proche. Cela revient à faire décroître le seul terme $\|\mathbf{z}_i - \mathbf{w}_{\chi^t(z^i)}\|^2$ de la fonction $I(\mathcal{W}, \chi)$ par une méthode de gradient ; la sommation disparaît de l'expression de la dérivée partielle du gradient (7). On utilise maintenant le gradient partiel $2(\mathbf{w}_{\chi(\mathbf{z}i)}{}^t - \mathbf{z}_i)$ et l'on modifie le référent de $\mathbf{w}_{\chi(z^i)}$ en appliquant la règle :

$$\mathbf{w}_{\chi^t(\mathbf{z}_i)}^t = \mathbf{w}_{\chi^t(\mathbf{z}_i)}^{t-1} - 2\mu^t(\mathbf{w}_{\chi^t(\mathbf{z}_i)}^{t-1} - \mathbf{z}_i). \tag{8}$$

Un bon minimum s'obtient en présentant chacune des observations de $\mathcal{A}$ un grand nombre de fois (N_{iter} suffisamment grand). Dans la formule de modification des vecteurs référents, le pas de gradient μ^t décroît avec les itérations. Au début de l'algorithme, la valeur de μ^t est relativement grande et la décroissance de la fonction $I(\mathcal{W}, \chi)$ n'est pas strictement assurée. Par la suite, le pas de gradient μ^t devient suffisamment petit : la modification des référents à chaque itération est petite. À ce stade, il faut un cumul de plusieurs modifications avant de faire apparaître une modification appréciable de la fonction I : dans ce cas, il n'y a plus de différence entre le gradient total et le gradient partiel. L'algorithme stochastique (8) présente alors le même comportement que la version classique de l'algorithme des k-moyennes. L'algorithme stochastique montre que la méthode des k-moyennes peut être présentée comme une méthode compétitive, où chaque observation de l'ensemble d'apprentissage attire vers lui le référent le plus proche. Le fait de présenter un grand nombre de fois chacune des observations, joint à la décroissance du pas de gradient μ^t, permet de trouver une bonne partition P et de placer les vecteurs référents aux centres de gravité des sous-ensembles de cette partition.

Sur le plan algorithmique, l'algorithme stochastique des k-moyennes se résume de la façon suivante :

Algorithme stochastique des k-moyennes

1. Phase d'initialisation : $t = 0$,
choisir les p référents initiaux (en général, d'une manière aléatoire),
fixer le nombre de passage de la base d'exemples N_{iter}, la valeur initiale et la loi de décroissance du pas de correction μ^t.
2. Étape itérative *t* : l'ensemble des référents $\mathcal{W}^{t-1}$ de l'étape précédente étant connus, choisir une observation $\mathbf{z}_i$ (de manière aléatoire ou séquentielle), calculer le pas du gradient μ^t.
Phase d'affectation : on suppose $\mathcal{W}^{t-1}$ connu. On affecte $\mathbf{z}_i$ au référent le plus proche parmi ceux de $\mathcal{W}^{t-1}$, ce qui définit la nouvelle fonction d'affectation χ^t.
Phase de minimisation : calcul du nouveau référent de $\mathrm{w}_{\chi^t(z^i)}$ en appliquant l'équation (8).
3. Répéter l'étape itérative jusqu'à atteindre $k > N_{iter} - N$ itérations ou une stabilisation de I.

Le pas du gradient μ^t doit être une fonction décroissante du nombre d'itération t. Elle peut être constante par morceau, égale à $1/(\sqrt{t})$ ou prendre d'autres formes.

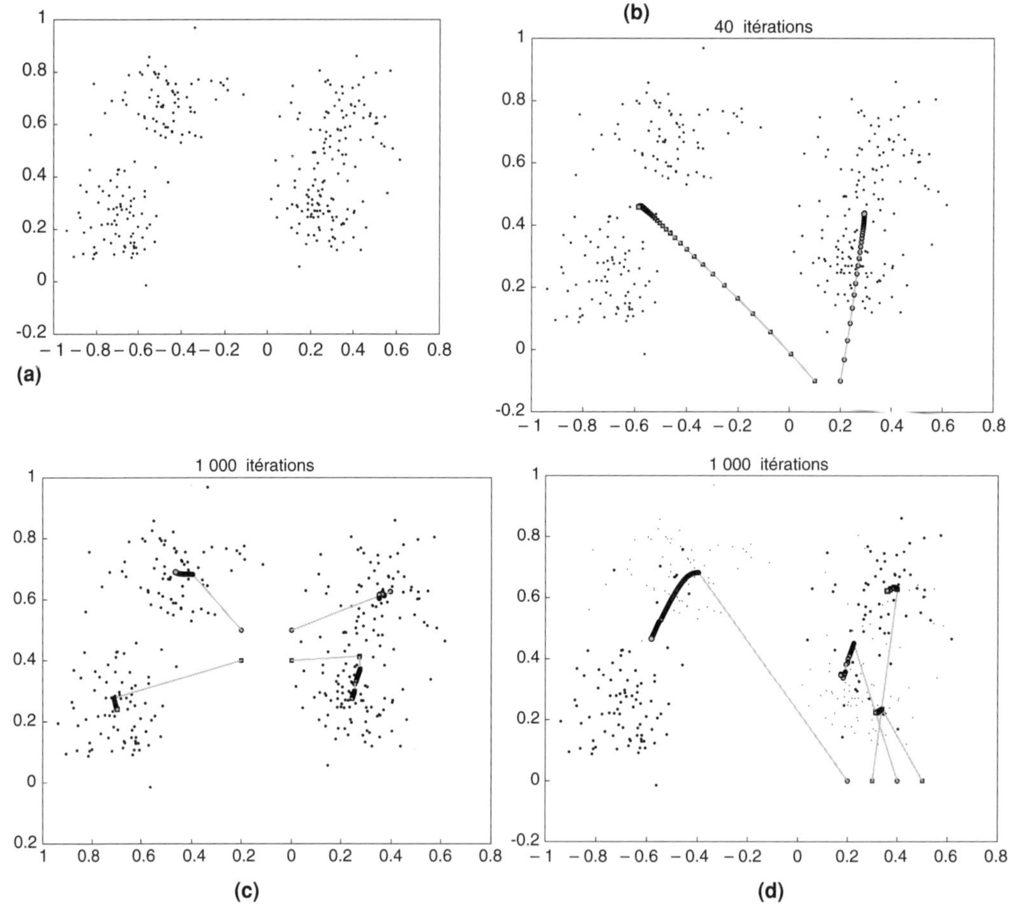

Figure 7-2. Exemple d'application de l'algorithme des k-moyennes : sensibilité aux conditions initiales et au nombre de référents. On a représenté sur la même figure les observations et les vecteurs référents. (a) Ensemble d'apprentissage A, les données sont engendrées, d'une manière équiprobable, à partir de quatre gaussiennes. (b) Évolution de deux référents initialisés en bas et à droite de la figure. Chaque référent capte les observations issues de deux gaussiennes. Les figures (c) et (d) représentent l'évolution de quatre référents initialisés de deux manières différentes. (c)Les référents sont initialisés au centre de la figure ; ils captent chacun les observations issues d'une gaussienne. (d) Les quatre référents sont initialisés en bas et à droite de la figure ; trois référents se partagent les observations liées à deux gaussiennes ; le dernier référent capte celles qui sont issues des deux autres gaussiennes.

Les trois expériences qui suivent, et qui sont présentées sur la figure 7-2, permettent de comprendre l'évolution de l'algorithme des k-moyennes, qu'il s'agisse de l'algorithme classique ou de sa version stochastique. Elles illustrent en particulier la sensibilité de la solution trouvée par rapport aux paramètres de l'algorithme qui sont le nombre de référents et leur initialisation. Pour ces expériences, les observations ont été engendrées à partir de distributions gaussiennes, sphériques, d'écart-type $\sigma = 0.1$. La première expérience recherche une partition à deux classes et montre l'évolution des référents qui vont capter les observations issues des quatre distributions gaussiennes. Durant l'apprentissage, les deux référents sont attirés par les deux blocs constitués par les deux gaussiennes de gauche et de droite. Ils se stabilisent au centre des observations qui forment les deux blocs. La deuxième expérience utilise les mêmes observations, et cherche à localiser quatre référents initialisés de deux manières différentes : au centre, la première fois, en bas et à droite, la seconde. La position, symétrique par rapport au problème, permet de retrouver les quatre classes formées par les quatre gaussiennes, la seconde initialisation conduisant trois référents à recouvrir les deux gaussiennes de droite et le dernier d'entre eux à regrouper les deux autres.

Interprétation probabiliste des k-moyennes

L'algorithme des k-moyennes minimise la fonction de coût $I(\mathcal{W}, \chi)$ (1) qui est la somme des inerties partielles I_c. Cette fonction de coût est définie d'une manière géométrique. Il est possible d'aborder le problème sous une autre forme et de donner à cette fonction une interprétation probabiliste. Dans le but d'obtenir le modèle probabiliste, il importe de définir un modèle probabiliste du générateur des observations. On fait alors l'hypothèse que les observations de l'ensemble d'apprentissage $\mathcal{A}$ sont les réalisations d'une variable aléatoire dont la fonction densité est un mélange de p lois normales :

$$p(\mathbf{z}) = \sum_{c=1}^{p} \alpha_c \mathbf{f}_c(\mathbf{z}) \text{ avec } \sum_{c=1}^{p} \alpha_c = 1\cdot \tag{9}$$

Chaque fonction densité normale f_c admet $\mathbf{w}_c$ comme vecteur moyenne et Σ_c comme matrice de variance-covariance ; elle est donc définie par :

$$f_c(\mathbf{z}) = \frac{1}{(2\pi)^{\frac{n}{2}} det(\Sigma_c)^{\frac{1}{2}}} exp\Big(- \frac{1}{2}\Big(\mathbf{z} - \mathbf{w}_c\Big)^T \Sigma_c^{-1}\Big(\mathbf{z} - \mathbf{w}_c\Big)\Big)\cdot \tag{10}$$

Le modèle de mélange de lois normales est un formalisme général qui permet de modéliser des lois de probabilités complexes [DUDA *et al.* 1973]. L'hypothèse du mélange suppose implicitement que chaque observation est issue de l'un des p phénomènes aléatoires cachés, représentés par les densités normales f_c et pouvant se réaliser avec la probabilité a priori α_c. Ce modèle suppose donc que les données soient engendrées en procédant d'abord au tirage de l'une des p densités normales suivant les probabilités discrètes α_c, et en tirant ensuite l'observation suivant la densité choisie. Ce modèle donne une représentation des observations de $\mathcal{A}$ sous la forme de p sous-ensembles, où le sous-ensemble d'indice c contient un nombre de l'ordre de $\alpha_c N$ observations. Les observations sont réparties autour du vecteur moyenne $\mathbf{w}_c$ et ont une forme ellipsoïdale définie par les vecteurs propres et les valeurs propres de la matrice de variance-covariance Σ_c. Ce modèle de mélange est général puisqu'il permet, en choisissant convenablement le nombre p et les différents paramètres des gaussiennes, d'approcher n'importe quelle fonction densité. En utilisant cette modélisation, on peut donner une expression analytique de la répartition géométrique des données de l'ensemble $\mathcal{A}$.

En plus de ce formalisme, le passage à l'interprétation probabiliste de l'algorithme des k-moyennes demande d'introduire des hypothèses supplémentaires :

- Les probabilités a priori α_c (définition 9) sont toutes égales à $\frac{1}{P}$
- Les p fonctions normales f_c ont des matrices de variance-covariance identiques, égales à $\sigma^2 I$, où I représente la matrice unité et σ est l'écart-type considéré constant pour toutes ces lois normales. Dans ce cas, les densités ont pour expression :

$$\mathbf{f}_c(\mathbf{z}) = \frac{1}{(2\pi)^{\frac{n}{2}}\sigma^n} exp\Big(- \frac{\left\|\mathbf{z} - \mathbf{w_c}\right\|^2}{2\sigma^2}\Big)\cdot \tag{11}$$

- L'ensemble $\mathcal{A}$ est un échantillon dont toutes les observations sont tirées de manière indépendante ; elles proviennent d'une variable aléatoire de densité $p(z)$.

L'introduction de ces hypothèses restreint le domaine de validité de l'interprétation. Elle suppose que les observations de $\mathcal{A}$ soient regroupées autour de leurs moyennes en p groupes. Ces groupes sont supposés avoir chacun une enveloppe sphérique ayant approximativement un même nombre d'éléments et une même répartition.

La version probabiliste de l'algorithme des k-moyennes cherche à estimer les vecteurs moyens $\mathbf{w}_c$ et l'écart-type σ commun à ces fonctions densités en essayant de rendre la réalisation de l'échantillon de l'ensemble $\mathcal{A}$ le plus probable possible. Cette méthode, dite du maximum de vraisemblance, consiste à maximiser la probabilité $p(\mathbf{z}_1, \mathbf{z}_2, ..., \mathbf{z}_N)$ de ces observations (elle est appelée aussi la vraisemblance). Si l'on tient compte de l'indépendance des observations, on obtient :

$$p(\mathbf{z}_1, \mathbf{z}_2, \ldots, \mathbf{z}_N) = \prod_{i=1}^{N} p(\mathbf{z}_i). \tag{12}$$

Comme dans le paragraphe précédent, l'utilisation d'une fonction d'affectation notée χ permet d'affecter l'observation $\mathbf{z}_i$ à son générateur aléatoire (l'une des composantes du mélange). La fonction χ définit donc une partition de l'ensemble d'apprentissage $\mathcal{A}$. Si l'on définit la vraisemblance « classifiante » par l'expression :

$$p(\mathbf{z}_1, \mathbf{z}_2, \ldots, \mathbf{z}_N|\chi) = \prod_{i=1}^{N} \alpha_{\chi(\mathbf{z}_i)} f_{\chi(\mathbf{z}_i)}(\mathbf{z}_i) = \left(\frac{1}{p}\right)^N \prod_{i=1}^{N} f_{\chi(\mathbf{z}_i)}(\mathbf{z}_i), \tag{13}$$

maximiser la vraisemblance classifiante revient à minimiser :

$$\begin{aligned} V(\mathcal{W}, \sigma, \chi) &= -\ln p(\mathbf{z}_1, \mathbf{z}_2, \ldots, \mathbf{z}_N) \\ &= \frac{1}{2\sigma^2} \sum_{i=1}^{N} \left\|\mathbf{z}_i - \mathbf{w}_{\chi(\mathbf{z}_i)}\right\|^2 + Nn \ln \sigma + \text{Constante}. \\ &= \frac{1}{2\sigma^2} \mathcal{I}(\mathcal{W}, \chi) + Nn \ln \sigma + Constante \end{aligned} \tag{14}$$

La minimisation de $V(\mathcal{W}, \sigma, \chi)$ peut se faire en deux étapes :

- Dans la première étape, on minimise le terme $I(\mathcal{W}, \chi)$ de l'expression (14), qui correspond à la fonction d'inertie totale du paragraphe précédent. On applique pour cela l'algorithme des k-moyennes (deux phases) qui permet de déterminer un minimum local de $I(\mathcal{W}, \chi)$; il est noté I_{min}.
- Dans la seconde étape, on minimise l'expression

  $$\frac{1}{2\sigma^2} \mathcal{I}_{min} + Nn \ln \sigma$$

  par rapport à σ. Cette expression est minimale lorsque la dérivée est nulle, ce qui donne :

  $$\sigma = \sqrt{\frac{\mathcal{I}_{min}}{Nn}}.$$

On voit donc que l'algorithme des k-moyennes peut s'interpréter conjointement à la version probabiliste qui vient d'être présentée. La minimisation de la fonction $I(\mathcal{W}, \chi)$, qui correspond à l'algorithme des k-moyennes, contient implicitement la recherche d'un modèle probabiliste dont les hypothèses sont très restrictives. L'interprétation probabiliste de l'algorithme peut être donnée à partir des paramètres qui sont déterminés au moment de la convergence. Comme cela a été souligné plus haut, la densité des données est supposée avoir la forme d'un mélange très particulier de densités normales. Les hypothèses probabilistes sous jacentes sont très contraignantes puisqu'elles supposent que les matrices de variance-covariance soient toutes identiques, diagonales et égales à $\sigma^2 I$. D'un point de vue géométrique, cet algorithme donne donc une représentation particulière des observations : il suppose que les données sont réparties d'une manière équiprobable en p groupes ayant comme centre les vecteurs de $\mathcal{W}$ et qu'ils ont tous une forme sphérique de même rayon. Cette interprétation ne correspond pas nécessairement à la réalité, ce qui constitue une limitation de l'algorithme des k-moyennes.

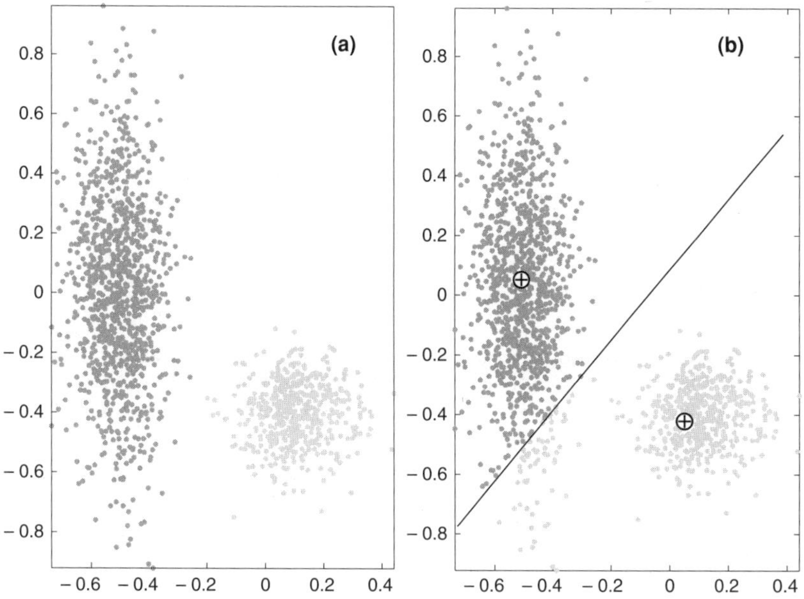

Figure 7-3. Exemple d'application de l'algorithme des k-moyennes sur des observations distribuées selon deux lois normales de matrice de variance-covariance différentes et non sphériques. Les croix représentent la position des référents. (a) Ensemble d'apprentissage $\mathcal{A}$. (b) Représentation des deux référents et des deux sous-ensembles obtenus après convergence de l'algorithme ; ces deux sous-ensembles sont séparés par la droite oblique. Les deux classes sous-jacentes n'ont pas été trouvées.

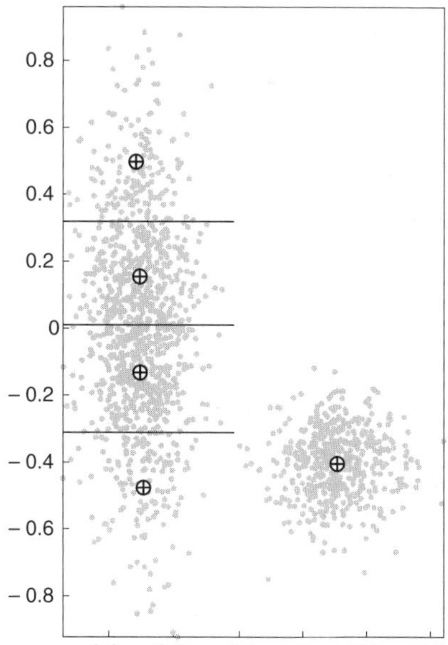

Figure 7-4. Application de l'algorithme des k-moyennes avec cinq référents sur les distributions de l'exemple de la figure 7-3 ; observations distribuées selon deux lois normales de matrice de variance-covariance différentes et non sphériques. Les croix représentent les positions des cinq référents. L'ensemble des observations générées par la gaussienne de gauche a été retrouvée avec l'aide de quatre référents, le dernier référent permettant de retrouver la seconde distribution.

L'expérience qui suit permet de comprendre le comportement de l'algorithme des k-moyennes lorsque la distribution des observations s'éloigne franchement des hypothèses du modèle probabiliste. Les observations qui sont présentées sur la figure 7-3 s'éloignent d'une manière significative de l'hypothèse qui impose aux distributions d'être sphérique et de même écart-type. L'application de l'algorithme avec deux référents favorise les solutions pour lesquelles les observations sont réparties de la manière qui soit la plus « sphérique » possible ; les partitions proposées repré-sentent alors mal les deux sous-ensembles de la partition (figure 7-3b). Une manière de lutter contre ce phénomène peut consister à chercher à placer un plus grand nombre de référents : la figure 7-4 montre les partitions et les référents obtenus si l'on choisit, pour la même distribution des observations, cinq référents. Les observations engendrées par la gaussienne de gauche appartiennent aux sous-ensembles attachés aux quatre référents représentés sur la figure 7-4, et le dernier sous-ensemble (et son référent) permet de retrouver les observations issues de la seconde gaussienne. Le problème qui se pose alors est de retrouver les deux classes en regroupant les cinq sous-ensembles de la partition qui a été proposée par l'algorithme des k-moyennes. Cela peut se faire en utilisant d'autres méthodes d'analyse des données comme la classification hiérarchique. Cette méthodologie sera abordée dans la section « Classification et carte topologique » consacrée à l'introduction d'expertise.

Pour retrouver directement les deux distributions, il faut lever la contrainte sur l'isotropie des matrices de variance-covariance, imposée par la modélisation précédente. Cela peut se faire en supposant que les différentes matrices de variance-covariance Σ_c des différentes gaussiennes f_c sont quelconques (symétriques définies positives). Il faut alors estimer les $(n(n-1))/2$ coefficients de chaque matrice Σ_c ainsi que les vecteurs moyens $\mathbf{w}_c$. Ce modèle plus complexe contient bien plus de paramètres ; ces derniers peuvent être estimés en minimisant la vraisemblance au moyen de l'algorithme EM (*Expectation Maximisation)*, voir [DEMPSTER *et al.* 1977].

Carte topologique auto-organisatrice

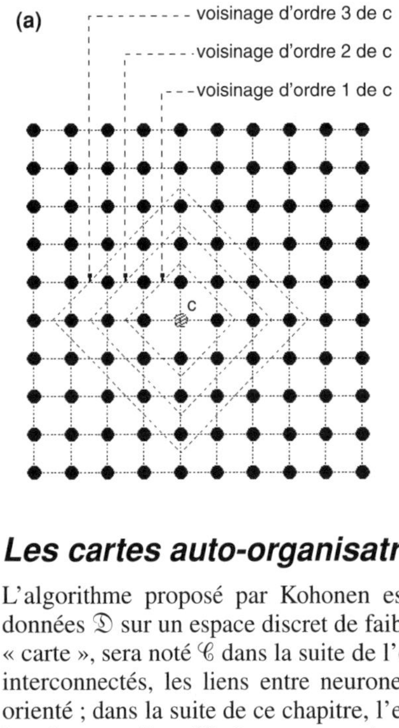

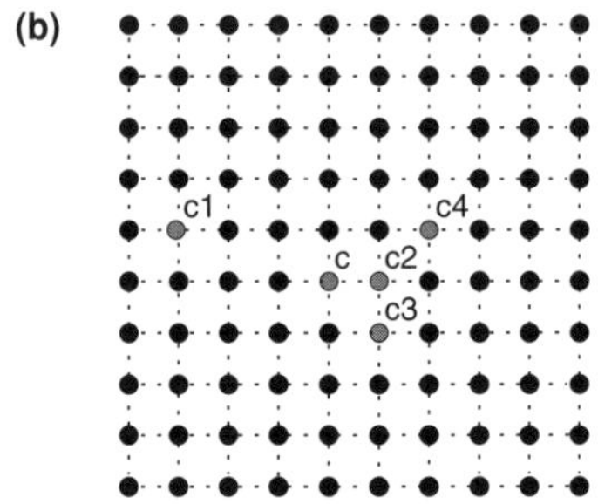

Figure 7-5. Représentation de la topologie discrète d'une carte topologique à deux dimensions constituée de 10 × 10 neurones ; chaque point de la figure représente un neurone **c**. *La distance δ entre deux neurones est définie sur le maillage. (a) représente* $V_c(1), V_c(2), V_c(3)$ *qui sont les voisinages du neurone* **c** *d'ordre 1, 2 et 3, (b) présente quelques distances entre les neurones :* $\delta(c, c_1) = 4$, $\delta(c, c_2) = 1$, $\delta(c, c_3) = 2$, $\delta(c, c_4) = 3$.

Les cartes auto-organisatrices

L'algorithme proposé par Kohonen est un algorithme d'auto-organisation qui projette l'espace des données $\mathfrak{D}$ sur un espace discret de faible dimension (en général 1, 2 ou 3) ; cet espace, qu'on appelle la « carte », sera noté $\mathcal{C}$ dans la suite de l'exposé. L'ensemble $\mathcal{C}$ est constitué par un ensemble de neurones interconnectés, les liens entre neurones se faisant par l'intermédiaire d'une structure de graphe non orienté ; dans la suite de ce chapitre, l'ensemble des neurones $\mathcal{C}$ et le graphe sous-jacent seront notés de la même manière ($\mathcal{C}$). La structure de graphe induit une distance discrète δ sur $\mathcal{C}$: pour toute paire de neurones (c, r) de cette « carte », $\delta(c, r)$ est définie comme étant la longueur du plus court chemin entre c et r sur le graphe $\mathcal{C}$. Pour chaque neurone c, cette distance discrète permet de définir la notion de voisinage d'ordre d de c :

$$V_c(d) = \{r \in \mathcal{C}, \delta(c, r) \leq d\}.$$

Les cartes utilisées dans la pratique sont le plus souvent des treillis réguliers dont chaque nœud est occupé par un neurone ; la notion de distance entre neurones ou de voisinage découle alors directement de cette structure graphique, et définit la topologie discrète de la carte. La figure 7-5 présente l'ensemble de ces notions de distance et de voisinage pour une carte topologique constituée par un treillis à deux dimensions.

Pour les cartes auto-organisatrices, comme pour les k-moyennes, on veut associer à chaque neurone de $\mathcal{C}$ un vecteur référent $\mathbf{w}_c$ de l'espace des données $\mathfrak{D}$. L'apprentissage effectué par les cartes auto-organisatrices fait en sorte que ces vecteurs référents captent au mieux la densité de probabilité sous-jacente aux observations. Il introduit une contrainte supplémentaire liée à la conservation de la topologie de la carte, et impose que deux neurones c et r, « voisins » par rapport à la topologie discrète de la carte, soient associés à deux vecteurs référents $\mathbf{w}_c$ et $\mathbf{w}_r$, « proches » par rapport à la distance euclidienne sur $\mathfrak{D}$.

On voit dans cette brève description que l'algorithme des cartes auto-organisatrices est une extension de l'algorithme des k-moyennes : comme lui, il minimise une fonction de coût convenablement choisie. Cette fonction de coût doit tenir compte, d'une part, de l'inertie interne de la partition dans l'espace $\mathfrak{D}$, et chercher, d'autre part, à assurer la conservation de la topologie. Une manière de réaliser ce double objectif consiste à généraliser la fonction d'inertie utilisée par l'algorithme des k-moyennes en introduisant dans l'expression de cette fonction des termes spécifiques qui sont définies à partir de la carte. Cela est réalisé par l'intermédiaire de la distance définie sur la carte et de la notion de voisinage qui lui est attachée.

La notion de voisinage peut être introduite à l'aide de fonctions noyaux positives et symétriques K ($\lim_{|x| \to \infty} k(x) = 0$). Ces fonctions permettent d'introduire des zones d'influence autour de chaque neurone c. Les distances $\delta(c, r)$ qui lient le neurone c aux autres neurones (r) de la carte permettent de faire varier l'influence relative des différents neurones : cette importance est quantifiée par $K(\delta(c, r))$.

Afin de gérer la taille du voisinage, on utilise la famille de fonction K^T paramétrée par T :

$$K^T(\delta) = K(\delta/T). \tag{15}$$

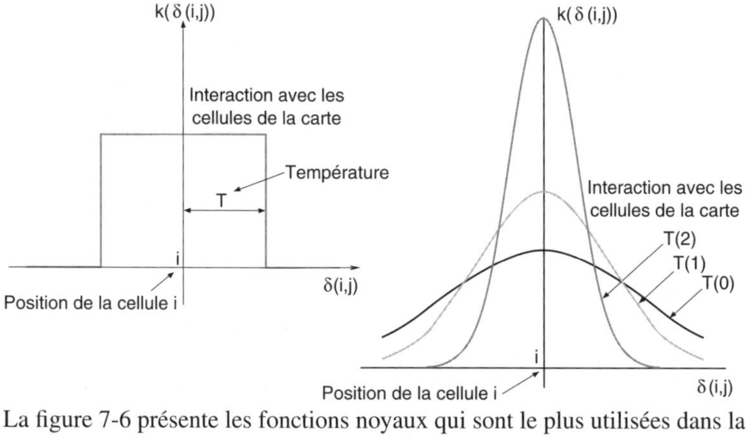

Figure 7-6. Fonction de voisinage à seuil (à gauche) et fonction de voisinage de type gaussien (à droite). Dans la fonction de voisinage à seuil, les neurones du voisinage ont la même influence, en dehors ils n'en ont aucune. Dans la fonction de voisinage de type gaussien, l'influence entre deux neurones dépend de la distance entre ces neurones.

La figure 7-6 présente les fonctions noyaux qui sont le plus utilisées dans la pratique :

- $K(\delta) = \begin{cases} 1 & \text{si } \delta < 1 \\ 0 & \text{sinon} \end{cases}$ Ainsi $K^T(\delta) = \begin{cases} 1 & \text{si } \delta < T \\ 0 & \text{sinon} \end{cases}$;
- $K(\delta) = \exp(-|\delta|)$ d'où $K^T(\delta) = \exp\left(\frac{-|\delta|}{T}\right)$;

- $K(\delta) = \exp(-\delta^2)$ d'où $K^T(\delta) = \exp\left(\frac{\delta^2}{-T^2}\right)$.

La figure 7-7 présente les courbes associées à différentes fonctions noyaux K pour différentes valeurs du paramètre T. Il est clairement possible, en choisissant une valeur α en dessous de laquelle on considère que l'influence d'un neurone sur un autre est nulle ($K^T(\delta) < \alpha$), de déterminer, pour chaque valeur de T, la taille du voisinage significatif, associé à un neurone. Pour un neurone c, cette zone d'influence est définie par $V_c^T = \{r \in \mathcal{C} / K^T(\delta(c, r)) > \alpha\}$. La figure 7-7 montre que la taille du voisinage décroît avec la valeur de α : plus le paramètre T est petit, plus le nombre de neurones inclus dans le voisinage V_c^T est réduit.

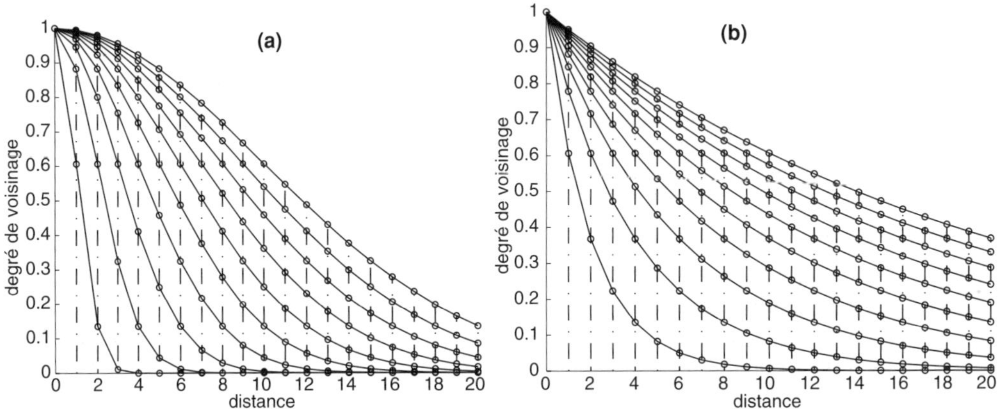

Figure 7-7. Familles de fonctions noyaux utilisées pour gérer le voisinage de la carte ; l'axe des abscisses représente la distance sur la carte (longueur du plus court chemin sur le graphe entre les neurones). Les différentes courbes représentent la fonction pour des valeurs différentes du paramètre T : du haut vers le bas, T prend les valeurs de 10 à 1 ; (a) $K^T(\delta(c_1, c_2)) = \exp(-0.5 * \delta(c_1, c_2/T)$ *(b)* $K^T(\delta(c_1, c_2)) = \exp(-0.5 * \delta^2(c_1, c_2/T^2)$.

Les algorithmes des cartes auto-organisatrices minimisent une fonction de coût dont le minimum fournit une partition formée de sous-ensembles qui sont suffisamment compacts, mais pour lesquels on est capable de définir un ordre induit à partir de la topologie de la carte. Cette fonction, que nous noterons J^T_{som} dans la suite du chapitre, remplace la fonction I introduite dans le paragraphe précédent. La fonction J^T_{som} que l'on considère ici est celle qui a été proposée pour le modèle le plus classique de cartes auto-organisatrices ; elle a pour expression :

$$J^T_{som}(\chi, \mathcal{W}) = \sum_{\mathbf{z}_i \in \mathcal{A}} \sum_{c \in C} K^T(\delta(c, \chi(\mathbf{z}_i)) \|\mathbf{z}_i - \mathbf{w}_c\|^2 . \quad (16)$$

Dans cette expression, χ représente une fonction d'affectation, et $\mathcal{W}$ l'ensemble des p vecteurs référents qui forment la carte. L'expression $\chi(\mathbf{z}_i)$ représente le neurone particulier de la carte C qui est affecté à l'observation $\mathbf{z}_i$, et $\delta(c, \chi(\mathbf{z}_i))$ représente la distance sur la carte C entre un neurone c quelconque et le neurone $\chi(\mathbf{z}_i)$ affecté à l'observation $\mathbf{z}_i$. De la même manière que pour l'algorithme des k-moyennes, on peut représenter d'une façon schématique les liens existant entre la carte et l'espace des observations. La figure 7-8 montre que les principes des deux algorithmes sont très proches ; la grande différence vient de ce que l'ensemble des indices présentés à la figure 7-1 est remplacé par les indices ordonnés de la carte. L'expression (16) est une extension de la fonction de coût des k-moyennes (1), dans laquelle la distance euclidienne d'une observation $\mathbf{z}_i$ à son référent $\mathbf{w}_{\chi(z_i)}$ est remplacée par une distance généralisée, notée d^T, qui fait intervenir tous les neurones de la carte :

$$d^T(\mathbf{z}_i, \mathbf{w}_{\chi(\mathbf{z}_i)}) = \sum_{c \in C} K^T(\delta(c, \chi(\mathbf{z}_i)) \|\mathbf{z}_i - \mathbf{w}_c\|^2. \quad (17)$$

On observe que la distance entre $\mathbf{z}$ et $\mathbf{w}_{\chi(z)}$, relativement à la distance d^T, est une somme pondérée de la distance euclidienne de $\mathbf{z}$ à tous les vecteurs référents $\mathbf{w}_c$ du voisinage du neurone $\chi(\mathbf{z})$. La fonction J^T_{som} coïncide avec la fonction $I(\mathcal{W}, \chi)$ lorsque la valeur de T est suffisamment petite. Dans ce cas, la distance d^T coïncide avec la distance euclidienne.

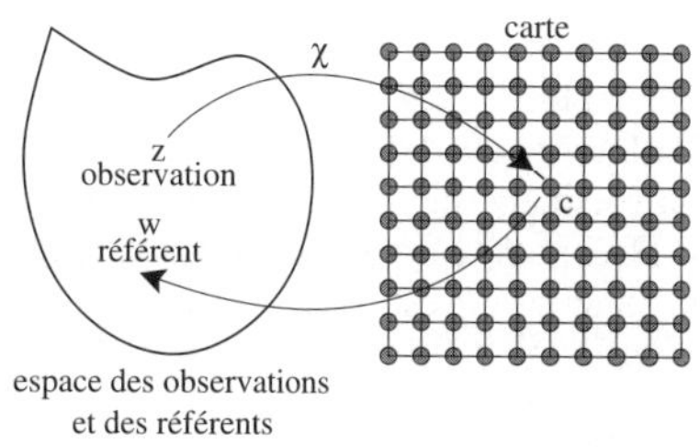

Figure 7-8. Principe général de la modélisation par carte auto-organisatrice : une observation z est associée à un indice c choisi sur la carte (parmi p neurones) à l'aide de la fonction χ ($\chi(z_i = c)$; cet indice permet de définir le référent $\mathbf{w}_c$.

La minimisation de la fonction $J^T_{som}(\chi, \mathcal{W})$ peut se faire de différentes manières, selon que l'on cherche à l'optimiser d'une manière adaptative ou non. À chacune de ces approches correspond une version différente de l'algorithme. Par ailleurs, l'introduction d'un formalisme probabiliste permet de proposer une troisième version, qui estime explicitement des densités de probabilité. Ces trois versions des cartes topologiques sont présentées dans la suite de ce chapitre.

L'algorithme d'optimisation non adaptative des cartes topologiques

Ce paragraphe présente la méthode utilisée pour minimiser la fonction $J^T_{som}(\chi, \mathcal{W})$. La différence entre l'algorithme des k-moyennes et celui des cartes auto-organisatrices réside en ceci que ces dernières minimisent des fonctions de coût différentes. À T fixé, la minimisation de J^T_{som} peut être reformulée à l'aide du formalisme des nuées dynamiques (voir plus haut section « Méthode des k-moyennes »). Comme pour l'algorithme des k-moyennes, cette formulation permet de démontrer la convergence vers un minimum local de la fonction de coût.

La minimisation d'une fonction J^T_{som}, pour une valeur de T fixée, est donc réalisée par itérations successives, chacune se décomposant en deux phases. La première phase affecte l'ensemble des observations, la seconde minimise la valeur de la fonction de coût associée à la partition :

- **Phase d'affectation**. Cette phase minimise la fonction $J^T_{som}(\chi, \mathcal{W})$ par rapport à la fonction d'affectation χ. On suppose que l'ensemble $\mathcal{W}$ des référents est constant et égal à la valeur calculée précédemment. Les relations (16) et (17) montrent que l'affectation qui minimise J^T_{som} pour $\mathcal{W}$ fixé est celle qui est définie pour chaque observation z par :

$$\chi^T(\mathbf{z}) = \underset{r \in C}{\text{argmin}} \sum_{c \in C} K_T\left(\delta(c, r)\right)\left\|\mathbf{z} - \mathbf{w}_c\right\|^2 = \underset{r \in C}{\text{argmin}}\, d^T(\mathbf{z}, \mathbf{w}_r). \quad (18)$$

  Cette phase permet de définir une fonction d'affectation et une partition de l'ensemble des données $\mathcal{D}$. Chaque observation $\mathbf{z}$ est affectée au référent le plus proche au sens de la distance pondérée d^T (17).
- Phase de minimisation. Il s'agit maintenant de minimiser la quantité J^T_{som} par rapport à l'ensemble des référents $\mathcal{W}$. Cette minimisation est effectuée en gardant la fonction d'affectation χ fixée et égale à la fonction calculée durant la phase précédente. La fonction J^T_{som} étant convexe par rapport aux paramètres $\mathcal{W}$, la minimisation est obtenue pour la valeur qui annule la dérivée, ce qui définit l'ensemble des nouveaux référents :

$$\mathbf{w}_c^T = \frac{\sum_{r \in C} K(\delta(c, r))\mathbf{Z}_r}{\sum_{r \in C} K(\delta(c, r))n_r}, \quad (19)$$

où $Z_r = \sum_{z_i \in A \,;\, \chi(z_i) = r} z_i$ représente la somme de toutes les observations de l'ensemble d'apprentissage $\mathcal{A}$

qui ont été affectées au neurone r. On remarque que chaque référent w_c ainsi recalculé est le barycentre des vecteurs moyens Z_r/n_r des sous ensembles $P_r \cap \mathcal{A}$ et que chaque barycentre est pondéré par la valeur $K(\delta(c, r))n_r$.

Sur le plan algorithmique, la version « nuée dynamique » des cartes topologiques pour une valeur de T fixée se résume de la manière suivante :

Algorithme « nuées dynamiques » des cartes topologiques : *T* fixé

1. Phase d'initialisation : $t = 0$ Choisir les p référents initiaux (en général, d'une manière aléatoire), la structure et la taille de la carte, le nombre d'itérations N_{iter}.
2. Étape itérative *t*. L'ensemble des référents $\mathcal{W}^{t-1}$ de l'étape précédente est connu,
– phase d'affectation : mise à jour de la fonction d'affectation χ^t associé à W^{t-1}. On affecte chaque observation $\mathbf{z}_i$ au référent défini à partir de l'expression (18) ;
– étape de minimisation : appliquer l'équation (19) afin de déterminer l'ensemble des nouveaux référents $\mathcal{W}^t$.
3. Répéter l'étape itérative jusqu'à ce que l'on atteigne N_{iter} itérations ou une stabilisation de J^T_{som}.

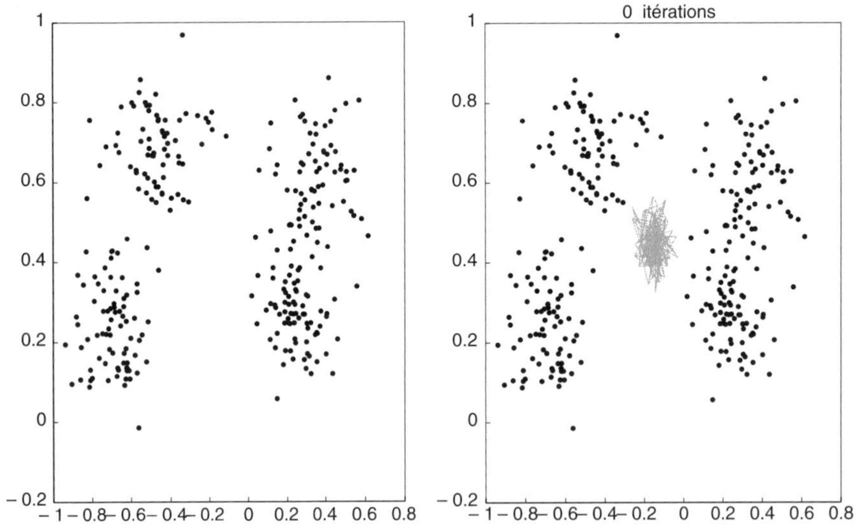

Figure 7-9. Ensemble des observations et ordre initial aléatoire induit sur la carte entre les référents.

Comme dans le cas de l'algorithme des k-moyennes, l'étude du comportement de l'algorithme des cartes auto-organisatrices sur des exemples simples permet de comprendre les difficultés de mise en œuvre qui peuvent survenir. L'expérience qui suit illustre le rôle de la valeur du paramètre T dans la minimisation. Les données utilisées sont celles de la figure 7-2 présentées plus haut au paragraphe dédié à l'algorithme des k-moyennes : les observations sont équi-réparties entre quatre distributions normales qui se recouvrent partiellement deux à deux. Dans la figure 7-9, les résultats (ordre topologique et quantifications) sont montrés dans l'espace des observations, en utilisant les représentations introduites par Kohonen. On a représenté simultanément sur la même figure les observations et les référents ; on peut voir également l'ordre induit par la carte sur les référents : les référents qui représentent des neurones voisins directs sur le graphe de la carte sont reliés sur la figure. La figure 7-9 présente l'ensemble des observations, et l'ordre initial induit par la carte. Les référents ont été initialisés d'une manière aléatoire au centre du nuage d'observations selon une gaussienne d'écart-type 0,01 : on ne peut observer aucun ordre entre les référents.

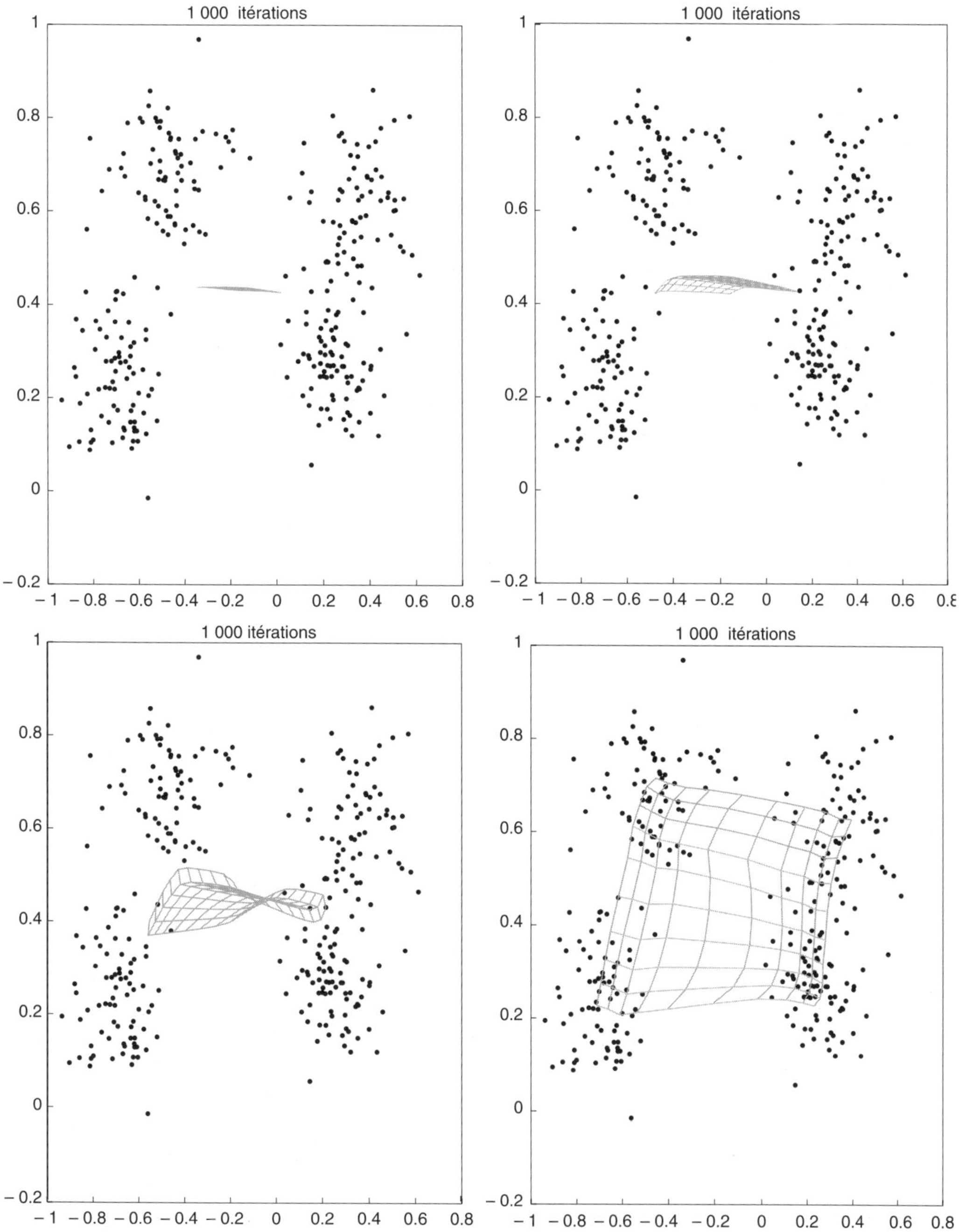

*Figure 7-10. Déroulement de l'algorithme nuées dynamiques à **T** fixé (de haut en bas et de gauche à droite **T = 10**, **T = 5**, **T = 3** et **T = 1**).*

La figure 7-10 montre la carte obtenue pour quatre valeurs distinctes de T :
$T = 10$, $T = 5$, $T = 3$ et $T = 1$.

Pour une grande valeur de T l'ensemble des référents liés à la carte se regroupent d'une manière très dense au centre de gravité du nuage de points. Pour une petite valeur de T les relations de voisinages interviennent moins et la carte se déplie à partir de la même initialisation.

La procédure qui vient d'être présentée permet donc d'atteindre, pour une valeur fixée du paramètre T, un minimum local de la fonction de coût J^T_{som} (16) par rapport à χ et $\mathcal{W}$. La procédure proposée par Kohonen répète cette minimisation un certain nombre de fois en faisant décroître la valeur de T. Dans cette approche, on passe donc progressivement par toutes les étapes présentées à la figure 7-10. Les référents étant initialisés d'une manière aléatoire, l'ordre apparaît au moment où la valeur de T est grande : la carte se déplie alors peu à peu de manière à recouvrir la distribution réelle des observations. Les propriétés du modèle que l'on obtient lors de la dernière itération, les qualités de la partition et de la quantification qui lui sont associées, ainsi que celles de l'ordre topologique, dépendent des différents paramètres utilisés durant la procédure de minimisation. Les paramètres déterminants de cette minimisation sont :

- l'intervalle de variation de T, la valeur initiale utilisée (T^{max}) et la valeur finale atteinte (T^{min}) ;
- le nombre de fois N_{iter} où l'étape itérative est effectuée ;
- la manière dont le paramètre T décroît dans l'intervalle $[T^{min}, T^{max}]$.

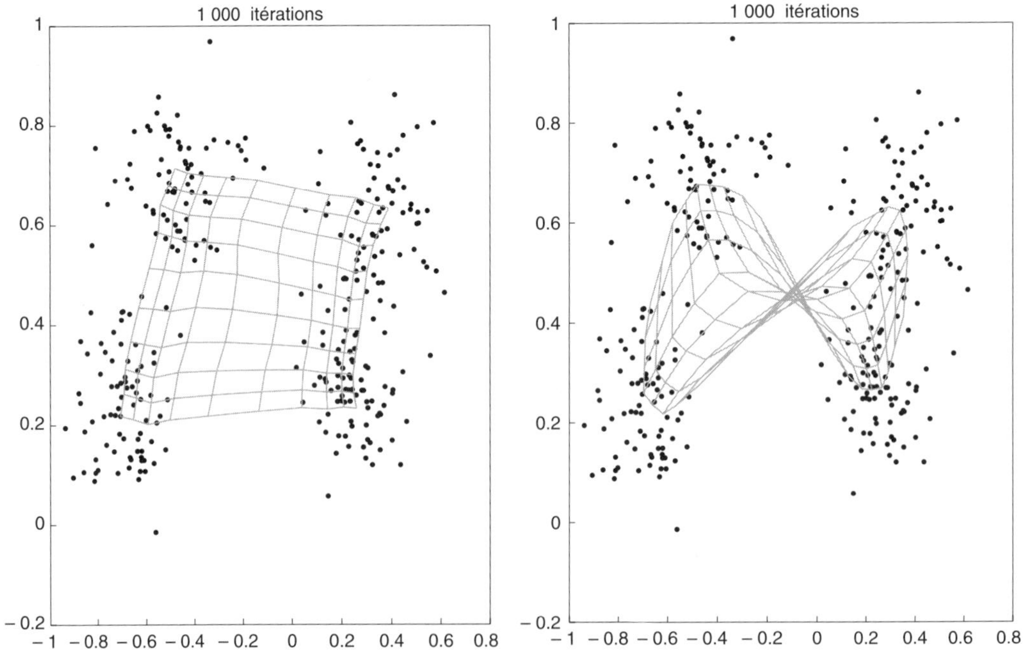

Figure 7-11. Représentation de l'ordre induit par la carte topologique pour deux décroissances différentes de T, une même initialisation aléatoire au centre du nuage et un même intervalle de croissance.

La figure 7-11 met en évidence l'importance de la loi de décroissance sur la carte obtenue. Sur cette figure, on observe l'ordre induit sur les référents pour un même ensemble d'observations, une même initialisation aléatoire au centre du nuage d'observations, et un même intervalle de décroissance. On observe que si la décroissance est rapide l'ordre se forme mal et les relations de voisinage ne représentent pas l'ordre des sous-ensembles. L'ordre topologique est très sensible à l'ensemble des paramètres qui interviennent dans l'algorithme ; il n'existe pas de loi permettant de s'assurer de cet ordre. Il faut donc, avant d'utiliser les résultats proposés par cette loi là, tester l'ordre (voir dans la dernière section de ce chapitre le paragraphe consacré à l'application qui peut en être faite en océanographie) afin de s'assurer que l'algorithme a bien fonctionné.

Sur le plan algorithmique, l'algorithme global des cartes topologiques pour une fonction particulière de décroissance de T (utilisée dans la pratique) se présente de la manière suivante :

Optimisation globale des cartes topologiques

1. Phase d'initialisation. Effectuer l'algorithme nuées dynamiques des cartes auto-organisatrices pour la valeur $T = T_{max}$, $t = 0$

2. Étape itérative *t*. L'ensemble des référents $\mathcal{W}^{t-1}$ de l'étape précédente sont connus. Calculer la nouvelle valeur de T en appliquant la formule :

$$T = T_{max} \star \left(\frac{T_{min}}{T_{max}} \right)^{\frac{t}{N_{iter}-1}}. \qquad (20)$$

Pour cette valeur du paramètre T, effectuer les deux phases suivantes :

phase d'affectation : mise à jour de la fonction d'affectation χ^t associée à $\mathcal{W}^{t-1}$. On affecte chaque observation z_i au référent défini à partir de l'expression (18) ;

phase de minimisation : appliquer l'équation (19) afin de déterminer l'ensemble des nouveaux référents $\mathcal{W}^t$.

3. Répéter l'étape itérative jusqu'à que l'on atteigne $T = T_{min}$.

La formule (19) montre que les cartes auto-organisatrices utilisent la fonction voisinage $K^T(\delta)$ paramétrée par T pour introduire l'ordre topologique. Pour des grandes valeurs de T, une observation $\mathbf{z}_i$ permet de modifier un grand nombre de vecteurs référents. À l'opposé, pour des petites valeurs de T, $K^T(\delta(c, r))$ est négligeable si $c \neq r$: une observation intervient uniquement dans le calcul du référent $\mathbf{w}_c$ qui lui est le plus proche. Les différentes valeurs de T utilisées pendant le déroulement de l'algorithme permettent aux vecteurs référents de la carte de se localiser. Plus précisément, la formule (19) montre que, pour un paramètre T donné, le calcul du référent $\mathbf{w}_c$ dépend des observations de $\mathcal{A}$ qui appartiennent, d'une part, au sous-ensemble P_c, et, d'autre part, aux observations de P_r qui sont dans un voisinage significatif ;

$r \in V_c^T = \{r | K^T(\delta(c,r) \leq \alpha\}$.

Plus T est petit, moins le voisinage V_c^T contient de neurones, et le nombre d'observations de $\mathcal{A}$ qui interviennent pour calculer $\mathbf{w}_c$ diminue. Pour des valeurs de T suffisamment petites, V_c^T se restreint au seul neurone c, et J_{som}^T représente exactement l'expression (1) ; dans ce cas, il n'y a plus aucune différence entre l'algorithme des cartes auto-organisatrices et celui des k-moyennes.

Puisque l'apprentissage des cartes auto-organisatrices proposé par Kohonen fait décroître le paramètre T dans l'intervalle $[T_{\min}, T_{\max}]$, la convergence vers la solution peut se décomposer en deux étapes. La première étape correspond aux grandes valeurs de T ; l'utilisation répétée de l'algorithme des nuées dynamiques à T fixé a tendance à assurer la conservation de l'ordre topologique. La seconde étape a lieu pour les petites valeurs de T ; l'algorithme commence à se rapprocher de l'algorithme des k-moyennes et se confond avec ce dernier lorsque T devient très petit et que $K(\delta(c, r)) \equiv 0$ pour deux neurones distincts. On peut donc considérer que la première étape initialise la seconde (k-moyennes) par des référents qui ont comme propriétés de respecter l'ordre topologique.

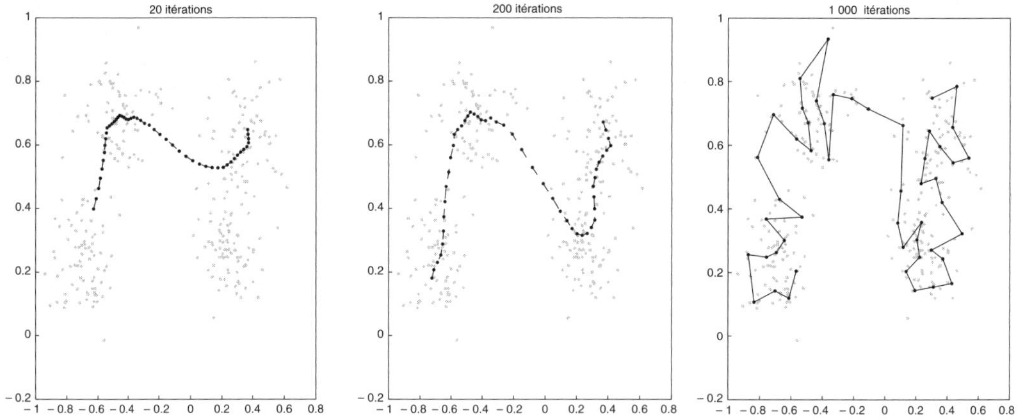

(a)

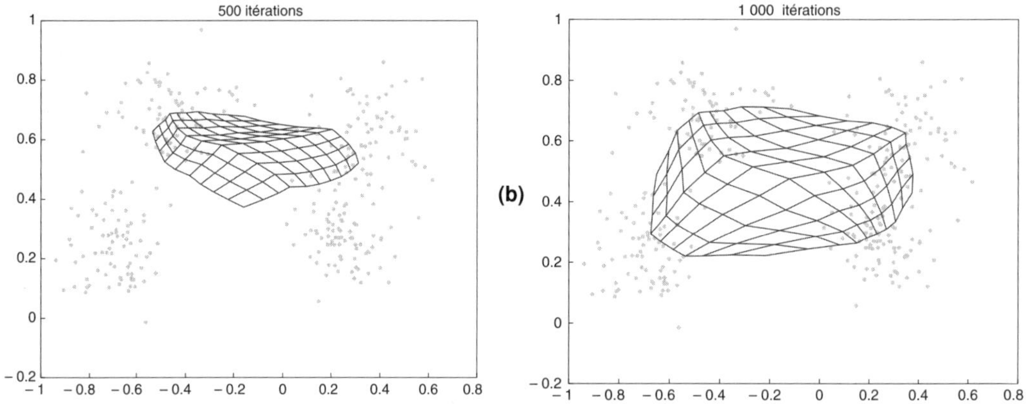

(b)

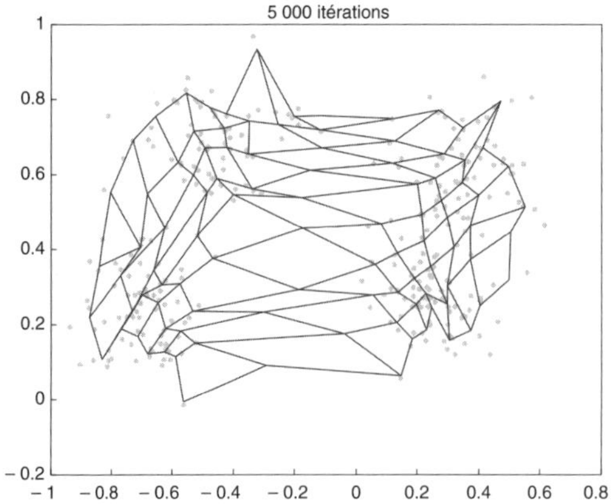

Figure 7-12. Évolution de l'apprentissage d'optimisation globale appliqué à l'exemple des quatre gaussiennes (figures a et b pour deux topologies différentes : 1-D avec 50 neurones et 2-D avec 10 × 10 neurones). Les figures du haut montrent le déploiement de la carte 1-D au bout de 20, 200, 1000 itérations. La même expérience est effectuée pour la carte 2-D ; les figures du bas montrent l'évolution au bout de 500, 1000 et 5000 itérations. Dans les deux cas, au moment de la convergence, la carte recouvre la distribution des observations.

Les expériences qui suivent permettent de comprendre de quelle manière, pendant le déroulement de l'algorithme d'optimisation globale, les cartes se déplient et recouvrent la variété engendrée par les observations. La figure 7-12 montre, pour deux topologies différentes (1-D, 2-D) et pour l'exemple des quatre gaussiennes (figures 12 [a] et 12 [b]), l'évolution de l'apprentissage. La carte 1-D contient 50 neurones, celle 2-D est constituée de 10 × 10 neurones. Pour les deux cartes, on peut observer le comportement suivant, les référents ayant été initialisés d'une manière aléatoire au centre de la carte :

- Durant la première phase, quand la valeur de T est grande, la carte se replie vers le centre de gravité et l'ordre topologique se forme. Plus la valeur de T diminue, plus la carte se déploie et minimise l'inertie totale (2) de la partition proposée par l'algorithme. À la fin de l'algorithme, une partie des neurones (référents) se positionnent au milieu des observations. Certains neurones, qui ne représentent aucune observation, indiquent une zone de faible densité ou de vide.
- Une inspection des partitions trouvées peut permettre d'interpréter la disposition cachée des observations. La figure 7-13 présente la carte, les neurones en noir étant ceux qui n'ont rien capturé. On voit que l'on peut séparer de cette manière les quatre gaussiennes en deux groupes distincts, ce qui permet de mettre en évidence des frontières naturelles.

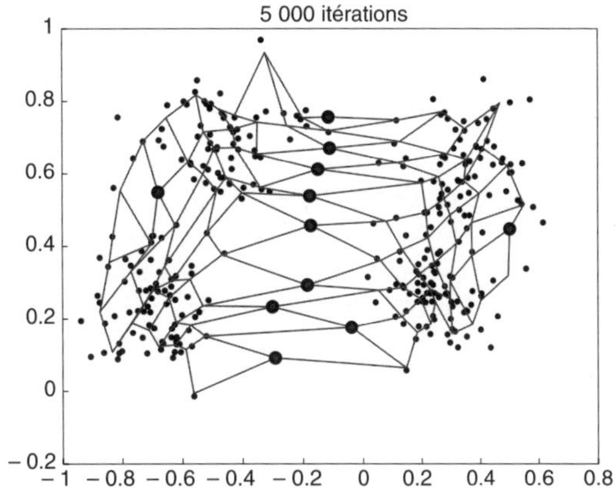

Figure 7-13. Visualisation des frontières naturelles qui séparent l'ensemble des observations en deux sous-ensembles. Les neurones qui n'ont capté aucune observation sont marqués par des points noirs.

L'algorithme de Kohonen

L'algorithme présenté initialement par Kohonen découle de la version nuées dynamiques dont on vient de traiter. Il présente quelques particularités que nous allons maintenant exposer. Comme pour l'algorithme des k-moyennes, on peut proposer une version stochastique de l'algorithme des cartes topologiques. Il suffit de remarquer que, lors de la phase de minimisation, il n'est pas obligatoire de trouver le minimum global de $J^T_{som}(\mathcal{W}, \chi)$ pour χ fixée : il suffit de faire décroître sa valeur. Il est donc possible de remplacer la relation (19) par une méthode de gradient simple. Ainsi, à l'itération t et pour un neurone c, on a :

$$\mathbf{w}_c^t = \mathbf{w}_c^{t-1} - \mu^t \frac{\partial J^T_{som}}{\partial \mathbf{w}_c^{t-1}},$$

où μ^t est le pas du gradient de l'itération t et :

$$\frac{\partial J^T_{som}}{\partial \mathbf{w}_c} = 2 \sum_{\mathbf{z}_i \in \mathcal{A}} K^T(\delta(c, \chi(\mathbf{z}_i))(\mathbf{z}_i - \mathbf{w}_c). \quad (21)$$

Cette méthode non adaptative suppose que l'on dispose de toutes les observations de l'ensemble d'apprentissage $\mathcal{A}$. La contribution d'une seule observation $\mathbf{z}_i$ à la correction de $\mathbf{w}_c$ est représentée par le terme de la somme $2K^T(\delta(c, \chi(\mathbf{z}_i))(\mathbf{z}_i - \mathbf{w}_c^{t-1})$. De même que pour l'algorithme des k-moyennes, on peut utiliser la méthode du gradient stochastique, qui recalcule les référents chaque fois qu'une observation $\mathbf{z}_i$ est présentée. C'est cette version qui a été initialement présentée par Kohonen : la différence avec la version d'optimisation globale de l'algorithme présentée plus haut intervient en ceci que l'on utilise une seule observation par itération et aussi dans le choix de la fonction d'affectation. La fonction χ est, dans l'algorithme de Kohonen, celle qui est utilisée pour l'algorithme des k-moyennes (relation [3]) : $\chi(\mathbf{z}_i) = \arg\min_c \|\mathbf{z}_i - \mathbf{w}_c\|^2$.

À chaque présentation d'une observation z_i les nouveaux référents sont alors calculés pour tous les neurones de la carte C en fonction du neurone sélectionné :

$$\mathbf{w}_c^t = \mathbf{w}_c^{t-1} - \mu^t K^T(\delta(c, \chi_t(\mathbf{z}_i)))(\mathbf{w}_c^{t-1} - \mathbf{z}_i). \quad (22)$$

L'algorithme de Kohonen se résume donc de la manière suivante :

Algorithme de Kohonen

1. Phase d'initialisation

– choisir la structure et la taille de la carte et les p référents initiaux (en général, d'une manière aléatoire) ;

– fixer les valeurs de T_{max}, T_{min} et le nombre d'itérations N_{iter} ; prendre $t = 0$.

2. Étape itérative t : l'ensemble des référents $\mathcal{W}^{t-1}$ de l'étape précédente étant connus :

– choisir une observation $\mathbf{z}_i$ (en général, d'une manière aléatoire) ;

– calculer la nouvelle valeur de T en appliquant la formule :

$$T = T_{max} \star \left(\frac{T_{min}}{T_{max}}\right)^{\frac{t}{N_{iter}-1}}. \quad (23)$$

Pour cette valeur du paramètre T effectuer les deux phases suivantes :

– phase d'affectation : on suppose $\mathcal{W}^{t-1}$ connu ; on affecte l'observation $\mathbf{z}_i$ au neurone $\chi^t(\mathbf{z}_i)$ défini à partir de la fonction d'affectation (3) ;

– phase de minimisation : calcul de l'ensemble des nouveaux référents $\mathcal{W}^t$; les vecteurs référents sont modifiés selon la formule (22) en fonction de leur distance au neurone sélectionné à l'étape d'affectation.

3. Répéter l'étape itérative en faisant décroître la valeur du paramètre T jusqu'à ce que l'on atteigne $t = N_{iter}$.

Discussion

Une analyse fine du comportement de cet algorithme permet de comprendre l'originalité de l'algorithme proposé par Kohonen.

- Dans la formule de modification des vecteurs référents, le pas de gradient μ^t décroît avec les itérations. Au début de l'algorithme, la valeur de μ^t est grande et la décroissance de la fonction J^T_{som} n'est pas strictement assurée. Par la suite, le pas de gradient μ^t devient suffisamment petit : la modification des référents à chaque itération est petite. Dans ce cas, l'algorithme présente le même comportement que la version nuées dynamiques des cartes topologiques.
- Si l'on suppose que $K^T(\delta)$ devient négligeable pour une distance $\delta \geq d^T$, la valeur $K^T(\delta(c, r))$ n'est significative que pour les neurones r situés dans un voisinage d'ordre d^T du neurone c ; ce voisinage sera noté $V_c(d^T)$ par la suite. De cette manière, la présentation d'un exemple particulier $\mathbf{z}_i$ modifie le référent qui est associé au neurone $\chi(z_i)$, ainsi que tous les référents des neurones du voisinage $V_{\chi(z_i)}(d^T)$.
- Du point de vue de la représentation neuronale, il est possible d'interpréter cela en imaginant des connexions latérales entre les neurones : chaque neurone c est connecté à tous les neurones r de son voisinage $V_c(d^T)$, et toute modification de $\mathbf{w}_c$ entraîne des modifications de tous les neurones appartenant à $V_c(d^T)$ avec une intensité $K_T(\delta(c, r))$ qui décroît lorsque la distance $\delta(c, r)$ croît.

- Si l'on choisit comme fonction $K^T(\delta)$ une fonction à seuil (voir figure 7-6) qui est constante sur l'intervalle $[-d^T, d^T]$ et nulle ailleurs, on fait clairement apparaître la différence entre l'algorithme de Kohonen et l'algorithme des k-moyennes : la modification des poids est identique pour les deux algorithmes ; la différence réside dans le fait que l'algorithme de Kohonen modifie le référent le plus « proche » mais aussi ceux de son voisinage $V_c(d^T)$ au sens de la distance euclidienne. C'est ainsi que s'introduit peu à peu l'ordre topologique, des neurones proches sur la carte représentant des observations proches dans l'espace des données.
- Lorsque le paramètre T est petit, les modifications de la relation (22) ne concernent qu'un ensemble réduit de neurones et l'on peut remarquer que, lorsque $d^T < 1$, l'algorithme de Kohonen est similaire à la version stochastique de l'algorithme des k-moyennes. En effet, dans ce cas, seul le neurone sélectionné par la fonction χ va modifier ses paramètres.

L'appartenance des cartes auto-organisatrices à la famille des méthodes neuronales s'expliquent en ceci que le formalisme neuronal permet une présentation claire et compacte des différents phénomènes mis en jeu. Le paragraphe suivant présente ce formalisme appliqué aux cartes auto-organisatrices.

Architecture neuronale et carte topologique

Les algorithmes qui viennent d'être présentés permettent de déterminer par apprentissage l'ensemble de tous les référents $\mathcal{W} = \{\mathbf{w}_c ; c \in C\}$ d'une carte auto-organisatrice. On peut représenter l'ensemble constitué par la carte et les référents sous la forme d'un réseau de neurones constitué de deux couches (figure 7-14) :

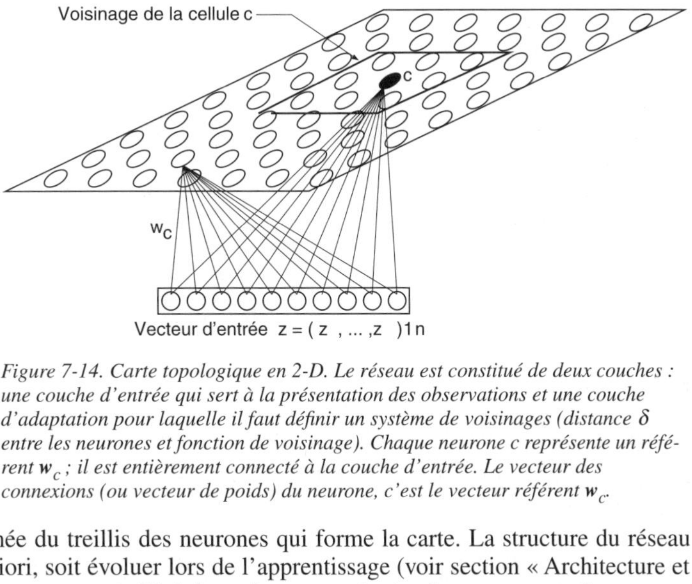

Figure 7-14. Carte topologique en 2-D. Le réseau est constitué de deux couches : une couche d'entrée qui sert à la présentation des observations et une couche d'adaptation pour laquelle il faut définir un système de voisinages (distance δ entre les neurones et fonction de voisinage). Chaque neurone c représente un référent $\mathbf{w}_c$; il est entièrement connecté à la couche d'entrée. Le vecteur des connexions (ou vecteur de poids) du neurone, c'est le vecteur référent $\mathbf{w}_c$.

- La couche d'entrée sert à la présentation des observations à classer ; les états de tous ses neurones sont forcés aux valeurs des observations. Cette couche contient donc exactement n neurones (n étant la dimension de l'espace des observations).
- La couche d'adaptation est formée du treillis des neurones qui forme la carte. La structure du réseau employé peut soit être fixée a priori, soit évoluer lors de l'apprentissage (voir section « Architecture et carte topologique évolutive »). Les neurones utilisés à ce niveau sont de simples neurones « distances », chacun d'entre eux étant connecté à tous les éléments de la couche d'entrée. Le vecteur référent **wc** = (w1, w2, ..., wn) associé à un neurone c de la carte n'est autre que le vecteur des connexions (ou vecteur de poids) qui arrive au neurone c. Puisque le réseau est totalement connecté à la couche d'entrée, chaque neurone possède n connexions (poids). En réponse à une observation z, un neurone distance c de C détermine son état en calculant $\|\mathbf{z} - \mathbf{w}_c\|^2$.

Afin de permettre que le processus d'auto-organisation s'effectue, les poids qui lient les deux couches du réseau sont adaptatifs : ils sont modifiés à l'aide des différentes règles de modification des référents qui ont été présentées. Dans ce réseau, les neurones de la carte calculent leur état (distance), en parallèle, à partir des mêmes informations fournies par l'observation qui figure en entrée. La principale caractéristique du processus d'auto-organisation est de ne permettre une adaptation des paramètres du réseau que sur la région de la carte la plus « active ». L'algorithme le plus simple (celui de Kohonen) détermine ce centre d'activité comme étant le voisinage de la carte associé au neurone dont l'état ($\|\mathbf{z} - \mathbf{w}_c\|^2$) est le plus petit. C'est l'utilisation de ce voisinage qui introduit les contraintes topologiques dans la représentation finale. Comme cela a été signalé dans le paragraphe précédent, cela modélise de façon simplifiée un couplage latéral entre un neurone sélectionné et ses voisins dans la structure graphique de la carte. De cette façon, en fin d'apprentissage, les poids de chaque neurone convergent vers des valeurs telles qu'un neurone ne sera plus actif que pour un sous-ensemble bien déterminé d'observations de la base d'apprentissage. Un neurone c qui est représenté par son vecteur référent $\mathbf{w}_c$ peut être considéré comme une observation « moyenne » qui résume le sous-ensemble P_c des observations qui lui sont affectées. L'ensemble des neurones de la carte représente donc une quantification vectorielle de l'ensemble $\mathcal{D}$, obtenue par l'analyse de l'ensemble d'apprentissage $\mathcal{A}$. La qualité de la quantification dépend donc de celle de l'ensemble d'apprentissage.

Architecture et carte topologique évolutive

Les cartes auto-organisatrices permettent de faire une représentation simplifiée des données décrites dans un espace de grande dimension $\mathcal{D}$. Cette représentation se fait dans un espace discret $\mathcal{C}$ de petite dimension qui est défini par une structure de graphe. Le problème est donc de choisir une structure de carte bien adaptée au problème particulier qui est traité ; pour ce faire, il faut définir les critères qui permettent de juger de l'adéquation d'une carte à un problème donné. L'espace des données et la carte sont liés par deux applications : une application de $\mathcal{C}$ dans $\mathcal{D}$ qui permet d'affecter à un neurone c de la carte un référent $\mathbf{w}_c$ qui est une observation « moyenne », et une fonction d'affectation χ qui permet d'associer, à tout vecteur de $\mathcal{D}$, un neurone c de la carte qui est son représentant. Ces deux applications doivent vérifier la propriété de conservation de topologie :

- deux neurones voisins dans l'espace de la carte doivent être représentés par deux référents voisins dans l'espace des données ;
- réciproquement, des données similaires doivent être affectées à des neurones voisins.

Si la dimension de la carte n'est pas en adéquation avec la dimension sous-jacente aux données (dimension de la variété engendrée par les observations), deux observations proches dans l'espace $\mathcal{D}$ peuvent sélectionner des neurones éloignés de la carte. Or, la propriété de conservation de la topologie est intéressante, car elle permet de réaliser une réduction de la dimension des données en les représentant dans un espace plus petit, tout en conservant la notion de similitude. Dans les paragraphes précédents, on a supposé que la carte était choisie a priori, indépendamment de la structure des données. Or, cette façon de procéder présente des inconvénients évidents, puisqu'un choix a priori de la carte peut être insuffisant pour capter la structure interne des données.

En général, dans les applications, les observations n'occupent pas tout l'espace des données : elles sont réparties dans des régions dont les concentrations sont variables. Une manière de décrire cette répartition consiste à utiliser une fonction densité de probabilité qui permette de donner une description analytique de cette répartition. La carte doit modéliser cette densité, en permettant une répartition des référents qui reflète au mieux la répartition des observations. Les référents doivent être concentrés dans les régions de forte densité, et éviter les régions ayant une densité nulle. Le choix de la structure graphique de la carte est très important, car c'est lui qui permet d'assurer une conservation de la topologie et de capturer la densité de probabilité sous-jacente aux données.

Une manière de procéder est de considérer une carte (par exemple, une grille) surdimensionnée par rapport au problème traité, et d'appliquer l'algorithme de Kohonen à cette carte. À la fin de l'apprentissage, on considère la partition $\{P_r;\ r \in \mathcal{C}\}$ et l'on supprime de la carte les neurones r pour lesquels

$P_r \cap \mathcal{A} = \varnothing$. L'élimination de ces neurones se justifie par le fait que les référents associés sont placés dans des régions de $\mathfrak{D}$ où la densité de probabilité des données est nulle. On peut alors appliquer l'algorithme de Kohonen à la carte obtenue afin de réadapter la nouvelle carte aux données, et itérer cette procédure autant qu'il est nécessaire.

Une seconde technique consiste à définir la carte (nombre de neurones et structure graphique) lors de l'apprentissage, en même temps que la mise au point des référents. Il s'agit donc de construire la carte d'une manière évolutive, en permettant l'ajout de certains neurones et la suppression d'autres. Plusieurs méthodes ont été proposées dans la littérature ; on peut globalement les classer en deux catégories :

- La première catégorie fixe a priori la dimension k de la carte, et construit la carte d'une manière évolutive par adjonction et suppression de neurones. Afin d'implémenter simplement ces deux opérations, cette méthode propose de manipuler des structures graphiques ayant comme éléments de base les hyper-tétraèdres (les segments pour $k = 1$, les triangles pour $k = 2$ et les tétraèdres pour $k = 3$) [OJA *et al.* 1999].
- Une seconde catégorie de méthodes laisse aux données elles-mêmes le choix de la dimension de la carte, qui peut varier d'une région à une autre. L'algorithme « neural gas » [OJA *et al.* 1999] construit le graphe en introduisant les connexions directement dans l'espace des données. Ainsi, chaque fois qu'une observation est présentée, on retient les deux référents les plus proches ; s'ils sont déjà reliés par une connexion, alors cette dernière est réactivée, sinon elle est créée. L'algorithme supprime les connexions qui restent inactives après un nombre fixé d'itérations.

Interprétation de l'ordre topologique

Une étude détaillée de la fonction J^T_{som} permet de comprendre d'une manière plus intuitive comment se forme l'ordre topologique durant l'apprentissage. Les sous-ensembles $\{P_r \cap \mathcal{A}\}$ réalisant une partition de l'ensemble d'apprentissage $\mathcal{A}$, J^T_{som} (16) peut s'exprimer sous la forme :

$$J^T_{som} = \sum_r \sum_{\mathbf{z}_i \in P_r \cap \mathcal{A}} \sum_c K^T(\delta(c,r)) \|\mathbf{z}_i - \mathbf{w}_c\|^2 = \sum_c \sum_r \sum_{\mathbf{z}_i \in P_r} K^T(\delta(c,r)) \|\mathbf{z}_i - \mathbf{w}_c\|^2. \quad (24)$$

Une décomposition de cette expression permet de faire apparaître la double fonctionnalité attachée à la fonction J^T_{som} : obtenir une quantification vectorielle et assurer la conservation de la topologie.

$$J^T_{som} = \left[\sum_c \sum_{r \neq c} \sum_{\mathbf{z}_i \in P_r} K_T(\delta(c,r)) \|\mathbf{z}_i - \mathbf{w}_r\|^2 \right] + \left[K^T(\delta(c,c)) \textstyle\sum_c \sum_{\mathbf{z}_i \in P_c} \|\mathbf{z}_i - \mathbf{w}_c\|^2 \right]$$

$$= \frac{1}{2} \sum_c \sum_{r \neq c} K^T(\delta(c,r)) \left[\sum_{\mathbf{z}_i \in P_r} \|\mathbf{z}_i - \mathbf{w}_c\|^2 + \sum_{\mathbf{z}_i \in P_c} \|\mathbf{z}_i - \mathbf{w}_r\|^2 \right] \quad (25)$$

$$+ K^T(\delta(c,c)) \textstyle\sum_c \sum_{z_i \in P_c} \|\mathbf{z}_i - \mathbf{w}_c\|^2 .$$

Cette décomposition fait apparaître deux termes dont il faut minimiser la somme :

- Le second terme de l'expression correspond à la fonction I, utilisée par l'algorithme des k-moyennes, pondérée par $K^T(\delta(c, c)) = K(0)$. Son importance relative dépend du paramètre T : plus T est petit, plus ce terme est pris en considération durant la minimisation. Ce terme a tendance à faire une partition dont les sous-ensembles sont compacts, et pour laquelle les vecteurs référents deviennent les centres de gravité des différents sous-ensembles de la partition.
- Le premier terme introduit la contrainte de conservation de la topologie. En effet, si deux neurones c et r sont proches sur la carte, $K^T(\delta(c, r))$ est grand, car $\delta(c, r)$ est petit ; la minimisation de ce terme rapproche les deux sous-ensembles P_c et P_r liés à c et r. Les proximités sur la carte entraînent des proximités dans l'espace des données $\mathfrak{D}$.

La présentation de l'algorithme en deux étapes successives, qui dépendent de la valeur de T (voir section « l'algorithme d'optimisation non adaptative des cartes topologiques »), se comprend bien mieux grâce à la décomposition qui vient d'être faite de l'expression J^T_{som}. La première étape correspond aux grandes valeurs de T ; dans ce cas, le premier terme de la somme, qui définit J^T_{som}, est prépondérant, et l'algorithme a tendance à assurer la conservation de l'ordre topologique. La seconde étape a lieu pour les petites valeurs de T ; dans ce cas, c'est le second terme de J^T_{som} qui devient prépondérant ; l'algorithme minimise alors la partie de l'expression liée à l'inertie. La valeur de T permet de réaliser un compromis entre les deux termes de J^T_{som}. L'ordre topologique ayant été obtenu pendant la première partie de l'algorithme, la minimisation s'emploie par la suite à obtenir des sous-ensembles aussi compacts que possible. Il s'agit de la phase « k-moyennes » de l'algorithme, qui consiste à s'adapter localement aux différentes densités des données. On peut donc résumer l'algorithme comme le calcul d'une solution des k-moyennes sous une contrainte d'ordre sur les référents.

L'expérience qui suit permet de comprendre la différence entre l'algorithme des cartes topologiques et celui des k-moyennes ; elle reprend l'exemple présenté à la figure 7-2[d] pour l'algorithme des k-moyennes. On utilise dans ce cas une carte topologique 1-D de quatre neurones et on estime les paramètres de la carte avec les observations de l'exemple de la figure 7-2 (observations issues de quatre gaussiennes).

Les quatre référents ont été initialisés en bas et à droite de la figure, comme lors de l'expérience relative à l'algorithme des k-moyennes. Les deux solutions obtenues à la convergence, pour l'algorithme des k-moyennes et pour les cartes auto-organisatrices, sont montrées sur la figure 7-15. La topologie qui existe au niveau de la carte permet aux quatre référents de se localiser au centre des quatre gaussiennes. L'algorithme des cartes topologique a trouvé une solution des k-moyennes sous la contrainte d'ordre topologique (figure 7-15 [b]) ; cette solution est différente de celle trouvée par l'algorithme des k-moyennes (figure 7-15 [a]). L'utilisation de la carte permet une représentation plus répartie de l'espace des observations.

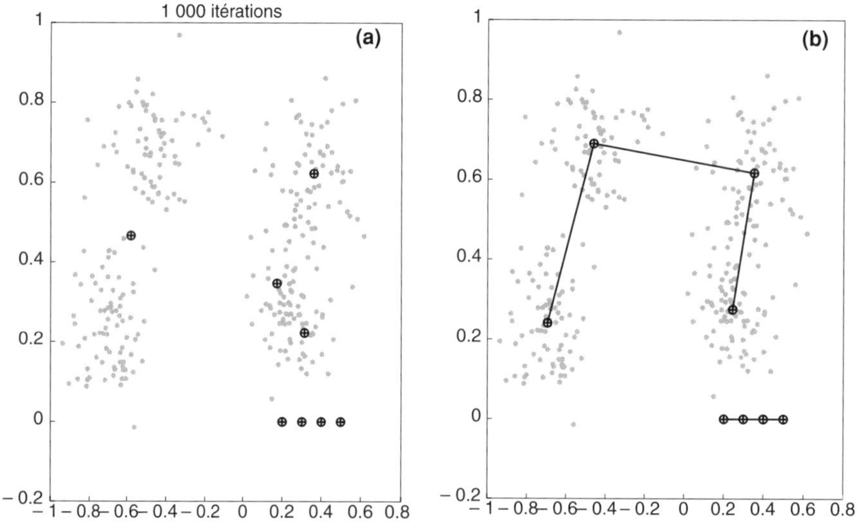

Figure 7-15. Comparaison k-moyennes (a) et SOM (b) pour la même initialisation. Les référents sont initialisés en bas et à droite.

Carte topologique probabiliste

Comme pour l'algorithme des k-moyennes, il est possible de modifier l'algorithme des cartes topologiques afin d'en donner une version probabiliste. Nous appellerons PRSOM ce nouveau modèle [ANOUAR *et al.* 1997], [GAUL *et al.* 2000]. La différence entre les algorithmes de cartes auto-organisatrices présentés précédemment et le modèle PRSOM réside en ceci que ce dernier associe à chaque neurone c de la carte une fonction densité normale f_c, la notion de voisinage permettant d'introduire un ensemble de mélanges de gaussiennes. Chaque fonction densité est complètement définie par son vecteur moyen (vecteur référent) qui est un vecteur de dimension n: $\mathbf{w}_c = (w_c^1, w_c^2, ..., w_c^n)$, ainsi que par sa matrice de variance-covariance Σ_c qui est une matrice carrée de dimension n définie positive. Dans le cadre du modèle PRSOM, on se limite à la famille de matrices diagonales, définie par $\Sigma_c = \sigma_c^2\mathbf{I}$, où $\mathbf{I}$ est la matrice unité. Ces fonctions ont pour expression :

$$\mathbf{f}_c(\mathbf{z}) = \frac{1}{(2\pi)^{\frac{n}{2}}\sigma_c^n} exp\left(-\frac{\left\|\mathbf{z}-\mathbf{w_c}\right\|^2}{2\sigma_c^2}\right). \qquad (26)$$

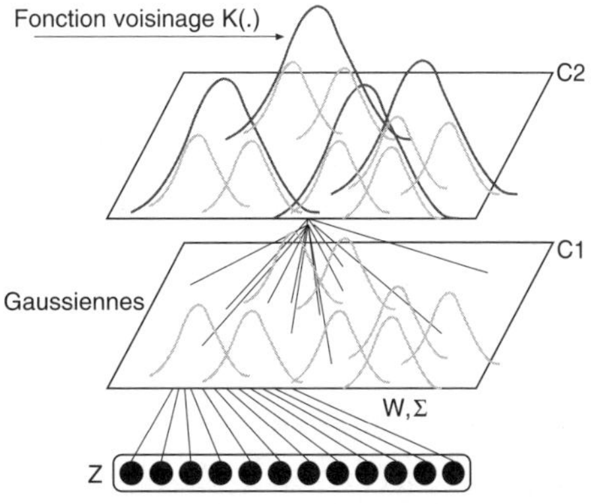

Figure 7-16. Modélisation de la carte auto-organisatrice sous forme d'un modèle de mélange de densités. La carte est représentée selon le formalisme neuronal – Architecture à trois couches : une couche d'entrée et deux couches C_1 et C_2 qui sont deux cartes de même taille, munies de la même topologie. Un neurone de C_1 représente une gaussienne de vecteur moyen $\mathbf{w}_c$ et de matrice de variance-covariance $\sigma_c\mathbf{I}$; un neurone de C_2 représente un mélange de gaussiennes dont la densité est représentée par les expressions (28) (27).

Ainsi, dans le modèle PRSOM, on attribue à chaque neurone c de la carte le vecteur moyen $\mathbf{w}_c$ et le nombre positif σ_c. Comme pour les cartes auto-organisatrices, l'ensemble $\mathcal{D}$ est partitionné par la famille $\{P_c/c \in \mathcal{C}\}$. Le sous-ensemble P_c est décrit par la fonction densité f_c : $\mathbf{w}_c$ représente son référent et σ_c décrit la dispersion des observations de $P_c \cap \mathcal{A}$ autour de $\mathbf{w}_c$. Les deux ensembles $\mathcal{W} = \{\mathbf{w}_c; c \in \mathcal{C}\}$ et $\sigma = \{\sigma_c; c \in \mathcal{C}\}$ définissent complètement le modèle PRSOM ; l'ensemble des valeurs de leurs éléments doivent être estimées durant la phase d'apprentissage en utilisant l'ensemble $\mathcal{A}$.

Si l'on fait l'hypothèse que la distribution sous-jacente aux données est un mélange de lois gaussiennes, le modèle PRSOM permet d'estimer les paramètres de ce mélange. Il est possible de donner une représentation neuronale du modèle. Le réseau correspondant au modèle PRSOM possède une architecture à trois couches :

- La couche d'entrée sert à la présentation des observations à classer.
- La carte $\mathcal{C}$ est dupliquée et donne naissance aux deux cartes semblables $\mathcal{C}_1$ and $\mathcal{C}_2$ qui ont la même topologie que la carte $\mathcal{C}$ présentée pour le modèle des cartes auto-organisatrices. Sur ces deux couches, on notera par c_1 (ou c_2) un neurone de la couche $\mathcal{C}_1$ (ou $\mathcal{C}_2$).

Ce modèle a été introduit par Luttrel [LUTTREL 1994] ; il suppose qu'un phénomène de propagation probabiliste, dans les deux sens, se réalise à travers les trois couches du réseau. Ainsi, dans le sens qui va de la carte vers l'espace des données, cette propagation est décrite par les probabilités : $p(c_1|c_2)$ et $p(\mathbf{z}|c_1, c_2)$. On suppose en outre que ce modèle vérifie la propriété (dite de Markov) : $p(\mathbf{z}|c_1, c_2) = p(\mathbf{z}|c_1)$. Il devient possible d'exprimer la probabilité de chaque observation $\mathbf{z}$ sous la forme :

$$p(\mathbf{z}) = \sum_{c_2} p(c_2)p_{c_2}(\mathbf{z}), \qquad (27)$$

avec $p_{c_2}(\mathbf{z}) = \sum_{c_1} p(c_1|c_2)p(\mathbf{z}|c_1).$ (28)

La densité de probabilité est entièrement déterminée par l'architecture du réseau qui permet de donner une expression à la densité conditionnelle $p(c_1|c_2)$ en utilisant les relations de voisinages sur la carte et la densité conditionnelle des observations $p(\mathbf{z}|c_1)$. Chaque neurone représente en effet une loi normale qui permet d'exprimer la densité conditionnelle des observations $p(\mathbf{z}|c_1) = f_{c1}(\mathbf{z}, \mathbf{w}_{c1}, \sigma_{c1})$. Si l'on fait l'hypothèse que les relations de voisinage permettent de définir :

$$p(c_1|c_2) = [1/T_{c_2}]K^T(\delta(c_1, c_2)), \quad avec \quad T_{c_2} = \sum_r K^T(\delta(c_2, r)) \tag{29}$$

les densités de probabilités a posteriori (relation 28) des observations peuvent s'exprimer en fonction des distributions gaussiennes des différents neurones.

$$p_{c_2}(\mathbf{z}) = [1/T_{c_2}] \sum_{r \in C_1} K^T(\delta(c_2, r)) f_r(\mathbf{z}, \mathbf{w}_r, \sigma_r) \,. \tag{30}$$

Ainsi, $p_{c_2}(\mathbf{z})$ apparaît comme un mélange local de densités gaussiennes qui fait intervenir tous les neurones de la carte. L'ensemble des vecteurs moyens $\mathcal{W} = \{\mathbf{w}_c; c \in \mathcal{C}\}$ et les écarts-types $\sigma = \{\sigma_c; c \in \mathcal{C}\}$ sont les paramètres qu'il faut estimer à l'aide de l'ensemble d'apprentissage $\mathcal{A}$ pendant la phase d'apprentissage. Grâce au formalisme probabiliste, il est maintenant possible, comme pour la version probabiliste des k-moyennes (voir plus haut la section « Interprétation probabiliste des k-moyennes »), de maximiser la vraisemblance classifiante de l'ensemble $\mathcal{A}$. Si l'on fait l'hypothèse que les observations de l'ensemble $\mathcal{A}$ sont indépendantes, que chaque observation $\mathbf{z}_i$ est engendrée par le générateur $p_{\chi(z^i)}$ qui est associé au neurone $\chi(\mathbf{z}_i)$, et si en plus on suppose que les neurones c_2 de $\mathcal{C}_2$ ont des probabilités a priori égales, la vraisemblance classifiante devient alors :

$$p(\mathbf{z}_1, \mathbf{z}_2, \ldots, \mathbf{z}_N | \mathcal{W}, \sigma, \chi) = \prod_{i=1}^{N} p_{\chi(\mathbf{z}_i)}(\mathbf{z}_i), \tag{31}$$

expression qu'il s'agit de maximiser par rapport aux paramètres du modèle $\mathcal{W}$, σ et de la fonction d'affectation χ. D'une manière classique, on réalise cet objectif en minimisant l'opposé de la vraisemblance classifiante :

$$E(\mathcal{W}, \sigma, \chi)) = -\sum_{i=1}^{N} Ln[\sum_{r \in C} K_T(\delta(\chi(\mathbf{z}_i), r)) f_r(\mathbf{z}_i, \mathbf{w}_r, \sigma_r)] \tag{32}$$

et en utilisant le formalisme des nuées dynamiques. Les deux phases d'affectation et de minimisation sont effectuées alternativement jusqu'à convergence :

- Phase d'affectation. On suppose que l'ensemble des paramètres $\mathcal{W}$ et celui des écarts-types σ sont constants et qu'ils prennent les valeurs courantes. Il faut minimiser E par rapport à la fonction d'affectation χ. Il s'agit donc de trouver une nouvelle fonction d'affectation, qui affecte précisément chaque observation z à un neurone de la carte. Cette étape permet d'obtenir une nouvelle partition de l'ensemble des données $\mathfrak{D}$. Il est facile de voir que la fonction d'affectation qui permet de minimiser E est celle qui consiste à affecter chaque observation $\mathbf{z}_i$ au neurone le plus probable selon la densitée p_{c_2} (30) :

$$\chi(\mathbf{z}) = \arg\max_{c_2} p_{c_2}(\mathbf{z}) \,; \tag{33}$$

- Phase de minimisation. Au cours de cette phase, on suppose que la fonction d'affectation est constante et égale à la fonction d'affectation courante. On cherche alors à minimiser $E(\mathcal{W}, \sigma, \chi)$ par rapport à $\mathcal{W}$ et σ.

Les paramètres $\mathcal{W}$ et σ sont adaptés comme il en va pour la version globale de l'algorithme des cartes topologiques, en annulant les dérivées partielles de la fonction $E(\mathcal{W}^t, \sigma^t, \chi^t)$. Pour résoudre l'équation, on utilise, comme dans [DUDA *et al.* 1973], une procédure itérative qui suppose que, pour la $i^{\text{ème}}$ itération, la valeur initiale des paramètres est assez proche des vraies valeurs. On obtient alors les formules de mise à jour suivantes :

$$\mathbf{w}_r^t = \frac{\sum_{i=1}^{N} \mathbf{z}_i K(\delta(r, \chi^{t-1}(\mathbf{z}_i))) \frac{f_r(\mathbf{z}_i, \mathbf{w}_r^{t-1}, \sigma_r^{t-1})}{P_{\chi^{t-1}(\mathbf{z}_i)}(\mathbf{z}_i)}}{\sum_{i=1}^{N} K(\delta(r, \chi^{t-1}(\mathbf{z}_i))) \frac{f_r(\mathbf{z}_i, \mathbf{w}_r^{t-1}, \sigma_r^{t-1})}{P_{\chi^{t-1}(\mathbf{z}_i)}(\mathbf{z}_i)}} \tag{34}$$

$$(\sigma_r^t)^2 = \frac{\sum_{i=1}^{N} \|w_r^{t-1} - \mathbf{z}_i\|^2 K(\delta(r, \chi^{t-1}(\mathbf{z}_i))) \frac{f_r(\mathbf{z}_i, \mathbf{w}_r^{t-1}, \sigma_r^{t-1})}{P_{\chi^{t-1}(\mathbf{z}_i)}(\mathbf{z}_i)}}{n \sum_{i=1}^{N} K(\delta(r, \chi^{t-1}(\mathbf{z}_i))) \frac{f_r(\mathbf{z}_i, \mathbf{w}_r^{t-1}, \sigma_r^{t-1})}{P_{\chi^{t-1}(\mathbf{z}_i)}(\mathbf{z}_i)}}. \tag{35}$$

Dans ces deux expressions, les paramètres à l'itération t s'expriment en fonction de ceux de l'itération $t-1$.

La complexité du modèle suppose que la minimisation est effectuée à partir de bonnes conditions initiales. Le modèle PRSOM, qui peut être considéré comme une extension des modèles de cartes auto-organisatrices SOM, peut utiliser les paramètres estimés par ces modèles pour l'initialisation de l'ensemble des référents $\mathcal{W}$.

L'algorithme PRSOM se résume donc de la manière suivante.

Algorithme PRSOM avec un paramètre T constant

1. Phase d'initialisation : t = 0. Les paramètres d'initialisation $\mathcal{W}^0$ sont calculés en effectuant l'apprentissage avec un algorithme de cartes auto-organisatrices. La fonction d'affectation χ^0 est définie à l'aide de l'équation (34) et σ^0 est calculé en appliquant (35). Le nombre maximal d'itérations N_{iter} est choisi.

2. Étape itérative t : $\mathcal{W}^{t-1}$ et σ^{t-1} sont connus et calculés à l'itération précédente.

– phase de minimisation : calcul des nouveaux paramètres $\mathcal{W}^t$ et σ^t en appliquant les équation (34) et (35) ;

– phase d'affectation : mise à jour de la fonction d'affectation χ^t associée à $\mathcal{W}^t$ et σ^t selon l'équation (33).

3. Répéter l'étape itérative jusqu'à ce que l'on atteigne $t > N_{iter}$ itérations ou une stabilisation de la fonction $E(\mathcal{W}, \sigma, \chi)$.

Comme il en va pour l'algorithme classique des cartes topologiques, PRSOM utilise un système de voisinages dont la taille, contrôlée par T, décroît durant l'apprentissage. À la fin de la phase d'apprentissage, la carte donne l'ordre topologique ; la partition associée à la carte est définie à partir de la dernière fonction d'affectation χ^N_{iter}. De même que pour les autres algorithmes de cartes auto-organisatrices, l'ensemble $\mathcal{D}$ est divisé en M sous-ensembles : chaque neurone c de la carte représente un sous-ensemble $P_c = \{\mathbf{z}/\chi^N_{iter}(\mathbf{z}) = c\}$. Cette carte et cette partition ont été déterminées en tenant compte des distributions de probabilités. Voilà pourquoi les résultats proposés par PRSOM sont différents de ceux proposés par l'algorithme classique des cartes auto-organisatrices qui utilise la distance euclidienne. L'estimation des probabilités permet d'obtenir des informations supplémentaires qui peuvent être utilisées avec profit dans des applications. Ces informations sont en effet primordiales si l'on cherche à traiter des problèmes de classifications. Il n'existe pas, pour l'algorithme PRSOM, de version stochastique : l'estimation de la variance demande de prendre en considération toute la base d'exemples avant de modifier les différentes valeurs des paramètres.

L'algorithme PRSOM permet d'obtenir un grand nombre d'informations supplémentaires sur l'ensemble des observations étudié (recherche des données aberrantes, calcul de probabilité...). Cependant, ce modèle ne peut être utilisé que si le nombre d'observations est assez grand pour permettre une estimation suffisamment précise des variances attachées aux gaussiennes. La télédétection, qui peut disposer d'un nombre gigantesque de données, est un domaine privilégié pour l'utilisation de PRSOM. Un exemple de méthodologie possible pour la détection de la couleur de l'océan est exposé dans la prochaine section.

Classification et carte topologique

Parmi les différentes applications réalisées à l'aide des cartes auto-organisatrices, un assez grand nombre sont des tâches de classification. L'auto-organisation, telle que nous venons de la décrire, ne permet pas de résoudre directement ce type de problèmes : le résultat de l'apprentissage non supervisé permet d'affecter une observation à un sous-ensemble d'une partition, indépendamment de toute notion de classe. On considère que l'on dispose d'un très grand nombre d'observations bruitées dont on ne connaît pas exactement la classe. La partition proposée dépend de la densité de probabilité qui est sous-jacente à l'ensemble des observations de l'ensemble d'apprentissage. Les régions ayant une forte densité d'observations vont être décrites par une sous-partition fine, celles de faible densité par une sous-partition plus grossière. La grande quantité de données disponibles dans les régions de fortes densités permet d'obtenir une information plus précise pour ces régions. Par ailleurs, la partition proposée est de nature géométrique et dépend du codage choisi pour représenter les observations. Ainsi, pour un même problème, différents codages peuvent être à l'origine de différentes partitions de l'espace des observations. Avec l'algorithme des cartes auto-organisatrices, le choix du codage introduit d'une manière implicite des informations sur le problème à traiter. L'idée principale de l'algorithme est de faire apparaître des groupements cohérents (les sous-ensembles de la partition) en relation avec l'application traitée. Si l'application envisagée consiste en un problème de classification en S classes, les différents sous-ensembles doivent s'intégrer au mieux avec celles-ci. On cherche alors à affecter chaque sous-ensemble de la partition à l'une des S classes. Puisque chaque sous-ensemble est associé à un neurone de la carte, le problème de classification se résume à celui de l'étiquetage de chaque neurone de la carte au moyen de l'une des S classes du problème. L'étiquetage peut se faire de deux manières différentes :

1. Puisque chaque sous-ensemble de la partition P est représenté par un référent et que celui-ci est une observation moyenne, il est possible de demander à un expert du domaine d'application de reconnaître, grâce aux caractéristiques de cette observation, la classe à laquelle elle appartient.
2. En utilisant des données expertisées.
3. En regroupant les neurones de la carte d'une manière statistique, le recours à l'expertise ne se faisant qu'à l'issue de cette phase.

Étiquetage de la carte par données expertisées

On suppose ensuite que l'on cherche à effectuer une classification en S classes et que les étiquettes de ces classes sont prises dans l'ensemble des étiquettes $\mathcal{L} = \{l_i, i = 1, ..., S\}$. En fin d'apprentissage, quand tous les paramètres de la carte ont été estimés, chaque observation $\mathbf{z}$ peut être affectée à un neurone $c = \chi(\mathbf{z})$ de la carte, et prendre comme étiquette celle de ce neurone (l_c). Le problème est donc de répartir les différentes étiquettes de $\mathcal{L}$ sur tous les neurones de la carte.

L'étiquetage des neurones de la carte représente la première phase à mettre en œuvre si l'on veut obtenir un classifieur ; si le nombre de données expertisées est très grand, l'étiquetage peut se faire à l'aide d'un vote majoritaire (voir ci-après figure 7-17) :

- Affecter l'ensemble des données expertisées aux différents neurones de la carte en utilisant la règle d'affectation de l'algorithme d'apprentissage considéré.
- Parmi l'ensemble des données affectées au neurone c, choisir l'étiquette l_i qui est apparue le plus souvent : le neurone c devient un représentant de la classe l_i.
- Le sous-ensemble affecté au neurone c est considéré comme un sous-ensemble de la classe l_i ; toutes les observations de ce sous-ensemble prennent alors l'étiquette l_i.

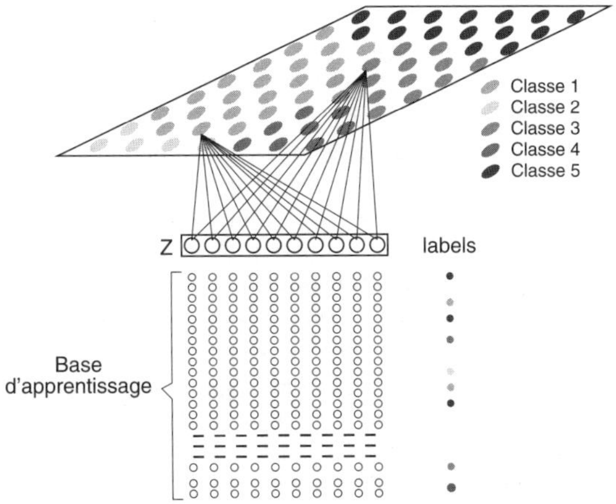

Figure 7-17. Principe de l'étiquetage de la carte à partir des données expertes. Les données expertisées sont affectées à leur neurone par la carte. Les neurones prennent une étiquette parmi S, selon le vote majoritaire obtenu en utilisant des données expertes de chaque neurone.

À la fin de la phase d'étiquetage, l'ensemble des neurones $\mathscr{C}_i$ qui ont la même étiquette l_i correspondent aux différentes fonctions densités qui approchent la répartition des données de la classe l_i. Le grand nombre de données expertes garantit dans ce cas la qualité du classifieur. Bien entendu, les neurones qui représentent des observations situées aux frontières de différentes classes peuvent être mal étiquetés. Il se peut également que des neurones n'aient capté aucune donnée experte : les zones de l'espace des observations relatives à ces neurones sont alors mal connues.

Recherche d'une partition adaptée aux classes recherchées

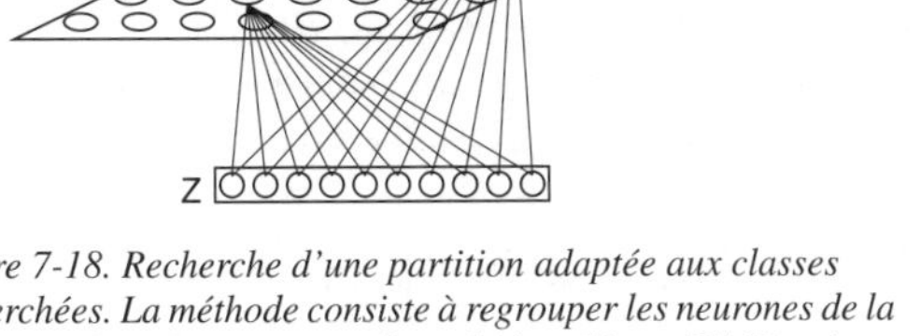

Figure 7-18. Recherche d'une partition adaptée aux classes recherchées. La méthode consiste à regrouper les neurones de la carte par classification ascendante hiérarchique (CAH) et à tester les différentes partitions obtenues en fonction des données expertisées.

Si le nombre d'observations étiquetées par l'expert est trop restreint, la méthode d'étiquetage que l'on vient d'exposer est mal adaptée. Le vote majoritaire peut introduire nombre d'erreurs ; la présence d'une seule observation étiquetée, si celle-ci est erronée, entraîne l'étiquetage du neurone. Si cette observation a été mal identifiée par l'expert, ou si elle n'est pas représentative du neurone auquel elle a été affectée, une région tout entière de l'espace des observations est elle-même mal étiquetée. Cette région, qui peut être importante, va entraîner par la suite des erreurs de classification. Par ailleurs, étant donné le nombre réduit des données étiquetées, un nombre conséquent de sous-ensembles de la partition peuvent se retrouver sans aucune observation expertisée : les neurones correspondants ne se voient attribuer aucune étiquette.

Il est possible, dans ce cas, d'envisager une autre approche en regroupant « au mieux » les différents sous-ensembles d'observations. On cherche alors à obtenir une partition plus grossière, l'étiquetage n'intervenant qu'après cette première phase de regroupement des neurones. Le fait de regrouper plusieurs neurones permet de fusionner plusieurs sous-ensembles de la partition, et d'utiliser un nombre plus grand de données expertes pour l'étiquetage du regroupement. Bien entendu, la même restriction subsiste sur la qualité de la représentation : les ambiguïtés ne disparaissent que si les groupements sont cohérents avec la classification recherchée, et si le vote majoritaire permet de choisir la bonne classe.

Si l'on considère que la carte et la partition obtenues à la fin de l'auto-organisation sont de bonne qualité, la prise en considération des propriétés des algorithmes de carte auto-organisatrice autorise que l'on émette les deux hypothèses suivantes :

- La quantification des données est de bonne qualité : chaque vecteur référent représente bien l'ensemble des observations qui lui sont affectées.
- L'ordre topologique est bon, deux sous-ensembles relatifs à des neurones proches sur la carte sont constitués d'observations proches dans l'espace des observations.

La seconde hypothèse suppose en outre qu'il existe une structure dans les données qui est sous-jacente au problème de classification, et il est possible avec l'ordre topologique de la carte d'exhiber cette structure : deux sous-ensembles représentés par des neurones voisins ont donc une forte probabilité de représenter des observations appartenant à la même classe.

Bien entendu, les hypothèses que nous venons de considérer sont très fortes, et sous-entendent de plus que le bon codage des données a été identifié pour effectuer la classification. Cela suppose qu'une étude préalable a été faite dans le but d'obtenir une bonne représentation des observations, et donc une sélection adéquate des variables et un codage pertinent pour le problème de classification traité. Un exemple de l'effet des différents codages sur la classification sera donné dans le paragraphe consacré aux applications.

La classification ascendante hiérarchique [Jain *et al.* 1988], qui est une méthode de classification automatique, permet d'effectuer la seconde phase nécessaire à l'élaboration du classifieur en regroupant « au mieux » les neurones (voir figures 7-18 et 7-19).

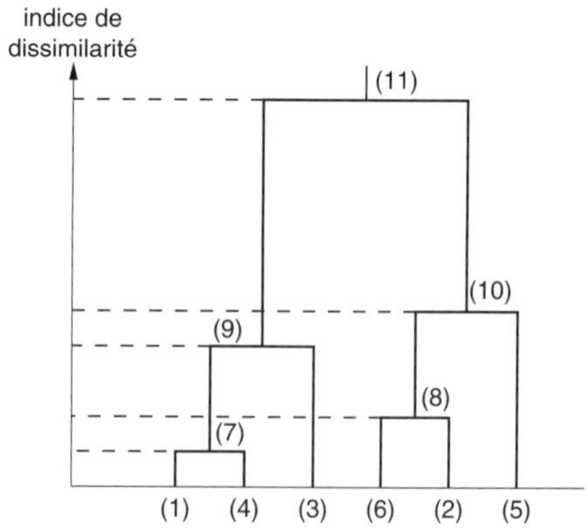

Figure 7-19. Regroupement des neurones de la carte par classification ascendante hiérarchique : les feuilles de l'arborescence représentent les neurones (ici six neurones) ; l'axe des ordonnées donne, pour chaque regroupement ou palier agrégatif, l'indice d'agrégation pour la similarité choisie.

Il s'agit d'une méthode qui calcule une hiérarchie de partitions, chaque partition permettant de regrouper d'une manière différente les neurones de la carte. Les différentes partitions de la hiérarchie sont déterminées d'une manière itérative, en commençant par la partition la plus fine qui est composée de l'ensemble des singletons (les neurones). La classification hiérarchique utilise cette partition initiale et procède à des regroupements successifs en fusionnant à chaque itération deux sous-ensembles de neurones. Le choix des deux sous-ensembles qui vont fusionner à une étape donnée est effectué à l'aide d'une mesure de similitude, définie entre deux sous-ensembles. On choisit, parmi tous les couples de sous-ensembles qui constituent la partition à cette étape, les deux sous-ensembles de neurones les plus semblables, au sens de la mesure choisie.

L'algorithme de classification hiérarchique se résume de la manière suivante :

Algorithme de classification hiérarchique

1. Initialisation. Considérer la partition formée par les singletons ; chaque neurone est alors affecté à un sous-ensemble distinct. Choisir le nombre K de groupement que l'on souhaite former.

2. Pour une partition donnée, trouver les deux sous-ensembles les plus proches au sens du critère de similitude choisi, et les fusionner de manière à former un seul sous-ensemble.

3. Si le nombre de groupement de la partition courante est inférieur à K, revenir à l'étape (2), sinon l'algorithme se termine.

Différentes mesures de similitude sont proposées dans la littérature [JAIN *et al.* 1988]. La mesure de similitude la plus connue est celle de Ward, qui consiste à opérer des regroupements de sorte que la somme des inerties des groupements obtenus reste la plus petite possible : cela revient à favoriser des groupements les plus compacts possible dans l'espace (euclidien) des données. En retenant le critère de Ward pour effectuer des groupements de neurones de la carte, on se place dans l'espace des observations ; le regroupement se fait alors par l'intermédiaire des vecteurs poids $\mathbf{w}_c$. Mais les neurones appartiennent à la carte qui a une structure topologique discrète définie par le graphe : il est alors possible de favoriser des groupements en tenant compte de cette structure discrète. On sera amené à favoriser des groupements de neurones représentant des régions connexes sur la carte [MURTAGH 1985], [YACOUB *et al.* 2001]. Le choix de l'une de ces représentations, ou d'une stratégie mixte en combinant les deux, a une influence fondamentale sur les regroupements obtenus.

La classification hiérarchique permet d'engendrer un nombre variable de sous-ensembles, car le processus de regroupement peut être arrêté à tout moment. Pour une mesure de similarité donnée, le nombre d'éléments de la partition que l'on choisit dépend du nombre S de classes recherchées. Ce nombre dépend aussi de la consistance entre la partition (qui est calculée d'une manière exclusivement statistique) et les S classes du problème traité que l'on cherche à déterminer. Ce nombre peut être plus grand que S si, statistiquement, une classe n'est pas très homogène. On considère alors que l'expert a regroupé en une même classe des cas qui, du point de vue de l'espace des observations, sont assez différents. L'analyse de la partition la plus cohérente obtenue à l'aide de la méthode de classification hiérarchique permet de voir s'il y a homogénéité ou pas des classes proposées par l'expert. Elle peut donc amener à proposer une classification plus fine en S' classes ($S' > S$).

Étiquetage et classification

Une fois que l'étiquetage de la carte est effectué, l'utilisation de la version probabiliste de l'algorithme des cartes auto-organisatrices (PRSOM), qui définit pour chaque neurone une loi normale, permet de réaliser une classification probabiliste. Une observation $\mathbf{z}$ peut être affectée à chaque neurone c avec la probabilité $p(c|\mathbf{z})$ qui est définie par la relation (38). On obtient ainsi une procédure d'affectation probabiliste. La carte étant étiquetée par l'une des procédures décrites au paragraphe précédent, il est alors possible de calculer la probabilité a posteriori d'appartenance à la classe l_i. L'algorithme PRSOM provient d'une modélisation probabiliste qui fait l'hypothèse que les observations sont engendrées suivant la loi de mélange :

$$p(\boldsymbol{z}) = \sum_{c} p(c) p_c(\mathbf{z}), \tag{36}$$

où $p_c(\mathbf{z})$ est elle-même un mélange local de lois normales :

$$p_c(\mathbf{z}) = \frac{1}{T_c} \sum_{c} K_T(\delta(c, r)) f_r(\mathbf{z}, \mathbf{w_r}, \sigma_r), \tag{37}$$

où $T_c = \sum_c K_T(\delta(c, r))$ et f_r est une loi normale de moyenne $\mathbf{w}_r$ et de matrice de variance-covariance $\sigma_r^2\mathbf{I}$. Les quantités $p_c(\mathbf{z})$ sont calculées à partir des neurones de la carte et les quantités $p(c)$ à partir de la partition proposée par PRSOM. Si l'on note N le nombre d'observations de la base d'apprentissage $\mathcal{A}$ et n_c le nombre d'observations de $\mathcal{A}$ affectées au neurone c par la règle d'affectation $\chi(z) = \text{ARGMAX}_c\, p(\mathbf{z}|c)$, il est classique d'estimer la probabilité a priori $p(c)$ du neurone c par n_c/N. La règle de Bayes permet de calculer les probabilités a posteriori du neurone c, connaissant l'observation $\mathbf{z}$:

$$p(c|\mathbf{z}) = \frac{p(c)p_c(\mathbf{z})}{p(\mathbf{z})} = \frac{n_c p_c(\mathbf{z})}{\sum_{r \in \mathcal{C}} n_r p_r(\mathbf{z})}. \tag{38}$$

En fin d'apprentissage, la carte topologique proposée par l'algorithme PRSOM détermine les paramètres des lois normales qui caractérisent les différents neurones. Pour chaque observation $\mathbf{z}$, il devient possible de calculer les probabilités a posteriori d'appartenance à chaque neurone en appliquant la relation (38). Une classe étant la réunion d'un ensemble de neurones, la probabilité a posteriori que l'observation $\mathbf{z}$ appartienne à la classe l_i se fait en considérant tous les neurones étiquetés par l_i. Si l'on note $\mathcal{C}_i$ l'ensemble de tous ces neurones on obtient :

$$p(l_i|\mathbf{z}) = \sum_{c \in \mathcal{C}_i} p(c|\mathbf{z}) = \frac{\sum_{c \in \mathcal{C}_i} n_c p_c(\mathbf{z})}{\sum_{r \in \mathcal{C}} n_r p_r(\mathbf{z})}, \tag{39}$$

où $p_c(\mathbf{z})$ est définie par la relation (37). On remarque que cette probabilité est conditionnée par le système d'étiquetage de la carte qui représente une phase importante pour le calcul des probabilités a posteriori. Ces probabilités a posteriori dépendent de l'étiquetage de la carte, et leur consistance est fonction de la qualité de cette carte. Les performances du classifieur ainsi déterminé dépendent donc tout à la fois du nombre de données expertisées, de la précision avec laquelle la densité des observations est approchée, et de l'ordre topologique établi par l'auto-organisation.

La connaissance des S probabilités a posteriori d'appartenance permet de proposer un classifieur fondé sur l'estimation des probabilités. Au moyen de ces formules, il est possible de calculer, pour chaque observation $\mathbf{z}$, les probabilités d'appartenances à chaque classe. L'affectation peut se faire en appliquant la règle de décision bayésienne et en choisissant la classe pour laquelle la probabilité d'appartenance est la plus grande.

Applications

Les cartes auto-organisatrices ont permis l'émergence d'un grand nombre d'applications ; leur mise en œuvre a demandé des développements spécifiques assez longs, mais ces réalisations sont maintenant opérationnelles. À l'heure actuelle, le centre de recherche le plus important impliqué dans ce domaine est situé à l'Université de technologie de Helsinki (UTH). En effet, la plus grande partie des activités menées dans son laboratoire d'informatique (*Laboratory of Computer and Information Science*) est guidée par le centre de recherche sur les réseaux de neurones (*Neural Network Research Center*) créé par T. Kohonen en 1994 et dirigé maintenant par E Oja. Une grande partie des études qui y sont développées sont accessibles sur le site Web de NNR (*http://www.cis.hut.fi/research/*). Les grands thèmes de recherche et les applications en cours aujourd'hui sont presque tous centrés autour des cartes auto-organisatrices. Un grand nombre de ces applications sont maintenant au stade de l'exploitation industrielle ; elles ont donné naissance à des recherches originales largement pluri-disciplinaires qui ont amené à la constitution d'équipes de recherche spécialisées dans des domaines comme la bio-informatique, l'analyse et la reconnaissance du langage (écrit, parlé) et l'analyse d'images.

D'une manière générale, utiliser les cartes auto-organisatrices à l'intérieur de systèmes plus vastes fait intervenir à part entière les spécificités des domaines d'applications concernés. Le codage de l'information, l'organisation des bases de données, la présentation et la visualisation des résultats, donnent lieu à des recherches pluridisciplinaires. Ce sont les solutions spécifiques, apportées en réponse aux problèmes posés, qui conditionnent la qualité des résultats obtenus par les cartes auto-organisatrices.

La suite de ce chapitre est consacrée à la présentation de plusieurs applications des cartes auto-organisatrices. Deux domaines, particulièrement bien adaptés à ces méthodes ont été choisis : la télédétection et la recherche documentaire.

La télédétection satellitaire est un domaine en pleine expansion qui pose aux physiciens et aux modélisateurs un grand nombre de problèmes qui sont de nature statistique. Le fait que les mesures concernées soient numériques et disponibles en quantités gigantesques rend ce domaine particulièrement adapté à la modélisation neuronale. Cependant, malgré le nombre des données acquises par les satellites, les mesures qui permettraient de faire appel aux méthodes d'apprentissage supervisé sont en nombre très limité. Il s'agit en général de mesures effectuées sur le terrain qui nécessitent un équipement complexe et des analyses très longues à effectuer. L'enjeu est donc bien d'analyser les mesures de télédétection d'une manière non supervisée et de reconnaître les groupements effectués à l'aide de toute l'information que l'on peut recueillir par ailleurs. Nous présentons deux exemples sur le problème de la détection des aérosols à partir des mesures satellitaires. Le premier, qui présente le domaine de la couleur de l'océan, a un but pédagogique et permet d'illustrer l'ensemble des notions théoriques présentées dans le chapitre. Le second exemple, détaille les développements méthodologiques nécessaires à la résolution d'une application opérationnelle : la typologie des aérosols et l'établissement de cartes d'épaisseur optique. On montrera à cette occasion :

- Comment faire coopérer modèles théoriques et observations, ce qui permet de prendre en compte une véritable introduction d'expertise.
- L'intérêt des cartes probabilistes (PRSOM).

Le second paragraphe décrit rapidement une des applications les plus connues à l'heure actuelle, qui a été réalisée à l'Université de technologie de Helsinki (UTH) : le système WEBSOM. Il s'agit d'une application dédiée à la recherche d'information sur le Web. Les premières versions remontent à l'année 1995. La principale caractéristique de cette application est de traiter d'un problème où la dimension des variables prises en compte est particulièrement grande. Les différentes recherches menées au centre UTH ont permis de résoudre les problèmes de dimensionnement de la carte topologique (prise en compte d'un nombre très important de neurones) et ceux de la mise au point de l'algorithme (temps et précision de convergence). La réalisation de WEBSOM a permis également l'emergence de recherches ayant pour but de réduire au mieux la durée de l'apprentissage, et, pendant l'exploitation, le temps nécessaire à la recherche documentaire.

Une application en télédétection satellitaire

L'observation de la Terre par le biais des capteurs embarqués permet de recueillir des données qui sont utilisées pour l'étude de phénomènes physiques. Toutes les méthodes neuronales présentées dans ce livre sont d'une grande aide pour le traitement de ces données puisqu'elles permettent d'aborder les problèmes de la statistique multidimensionnelle. Parmi elles, les méthodes non supervisées sont particulièrement adaptées car elles autorisent l'extraction d'information concernant des observations pour lesquelles peu d'expertise existe. Le recueil d'observations expertisées requiert le plus souvent que l'on effectue des analyses coûteuses (mission sur le terrain, analyse biologique, chimique...) ; le nombre de données disponibles est pour ces raisons toujours très faible si on le compare à celles fournies par les satellites.

Les caractéristiques des cartes auto-organisatrices les rendent précieuses dans l'analyse des observations satellitaires. En effet, la connaissance de la densité de probabilité des observations, leur quantification et la constitution de partitions représentatives, autrement dit les informations que l'on peut extraire, sont susceptibles d'apporter une connaissance nouvelle sur le phénomène physique étudié :

- L'utilisation des cartes topologiques probabilistes (PRSOM) permet, à l'aide du calcul de la variance, d'estimer des incertitudes locales pour les observations.

- Les partitions que l'on peut obtenir sont utiles aux experts des différents domaines d'application concernés (physiciens, chimistes...) puisqu'elles peuvent constituer un résumé précis de l'ensemble des phénomènes observables. Ce résumé peut être d'une grande importance au cours de l'étude du phénomène.
- Dans tous les domaines qui relèvent des sciences expérimentales, des expériences difficiles à mettre en œuvre, longues à développer et lourdes financièrement, sont menées régulièrement par des experts du domaine d'étude. Par comparaison avec le nombre d'observations satellitaires, le nombre de données expertes est faible, mais l'information qu'elles contiennent est de la plus grande importance. Les quelques observations expertisées permettent l'identification de sous-ensembles de la partition qui est obtenue à partir de la carte topologique. La méthodologie de classification présentée plus bas à la section « Classification et PRSCOM » permet cette identification.
- De manière à faire apparaître les différentes possibilités des modèles de cartes auto-organisatrices, la présentation de l'application qui va suivre est organisée de la façon suivante :
  - présentation du domaine d'application, des différents problèmes qui se posent et des données disponibles pour les différentes expériences ;
  - présentation des expériences permettant de comprendre l'impact du codage sur les partitions et sur l'ordre topologique obtenu ;
  - présentation des expériences permettant de juger de l'impact de l'introduction d'expertise.

La couleur de l'océan

L'activité biologique de l'océan joue un rôle important dans l'économie naturelle de la planète, car elle contrôle les ressources halieutiques et participe d'une manière active aux cycles biogéochimiques, avec les impacts climatiques qui en résultent. Plusieurs capteurs mesurant la « couleur de l'océan » ont été récemment lancés (MOS, POLDER-1, OCTS, SEAWIFS, MODIS), ou vont être lancés (MERIS, POLDER-2, GLI), à bord de divers satellites. Ces capteurs multi-spectraux permettent d'estimer la teneur en chlorophylle dans la couche superficielle de l'océan, d'en déduire (via des modèles de lumière – photosynthèse) la production de matière organique, et d'appréhender sa variabilité spatiale et temporelle.

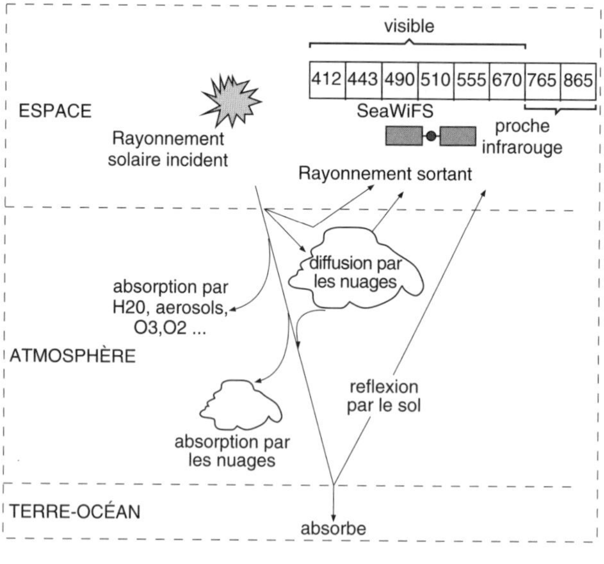

Figure 7-20. Présentation des phénomènes physiques étudiés sous-jacents à l'observation. Les observations sont constituées par l'ensemble des spectres de réflectances recueillis par le radar de SeaWifs, qui analyse la surface à partir de huit longueurs d'ondes différentes.

La restitution des champs de pigments à partir des données satellitaires de couleur de l'océan nécessite deux étapes distinctes, l'une prenant en considération la traversée de l'atmosphère (qui contribue pour plus de 80 % au signal reçu par le satellite), l'autre l'interaction avec l'océan (figure 7-20). L'algorithme de correction atmosphérique calcule les réflectances au niveau de la mer en corrigeant les effets atmosphériques (molécules de l'air et aérosols). La seconde étape cherche à inverser ces réflectances marines pour fournir la concentration en pigments chlorophylliens. Le problème est délicat car l'inversion des réflectances marines doit prendre en considération, d'une part, les incertitudes dues aux corrections atmosphériques, et, d'autre part, celles qui sont liées à la variabilité des peuplements biologiques et à leurs conséquences bio-optiques. Une bonne connaissance du milieu traversé – ou plus précisément l'identification des principaux aérosols et des différentes classes d'eau qui sont sur le trajet du signal – est donc fondamentale. Les expériences qui vont suivre ont pour objet de retrouver différentes classes d'aérosols et d'eaux, en utilisant directement les spectres enregistrés au sommet de l'atmosphère par les capteurs.

Cartes auto-organisatrices et « couleur de l'océan »

Les données

Bandes k	Longueurs d'ondes (nanomètres) λ_k
1	412
2	443
3	490
4	510
5	555
6	670
7	765
8	865

Tableau 7-1. Bandes spectrales de SeaWifs.

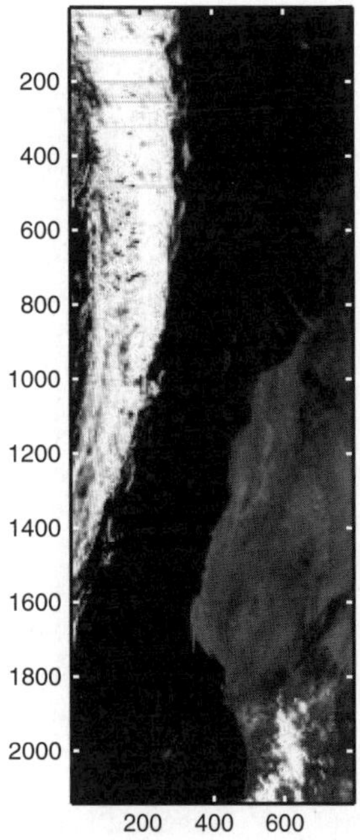

Figure 7-21. Image SeaWifs prise au-dessus l'Afrique de l'Ouest et des îles Canaries le 5 janvier 1999 (LAC 2141 × 793).

Les données utilisées dans les différentes expériences qui vont suivre proviennent du radiomètre américain SeaWifs embarqué à bord du satellite *SeaStar*. Ce capteur comporte huit bandes spectrales qui mesurent dans le visible et dans le proche infrarouge (voir tableau 7-1).

Les observations consistent, pour chaque point mesuré à la surface de l'océan, en un vecteur de dimension 8 dont les composantes sont les huit radiances mesurées au sommet de l'atmosphère. L'ensemble des résultats qui vont suivre constituent un prototype de traitement des données de couleurs de l'océan ; ce prototype a été mis au point à partir d'une image SeaWifs prise au-dessus l'Afrique de l'Ouest et des îles Canaries le 5 janvier 1999. Pour cette journée, il existe deux images avec des résolutions différentes : une image LAC (*Local Area Coverage*) de dimension 2141 × 793 = 1 697 813 pixels (figure 7-21), et une image de résolution dégradée GAC (*Global Area Coverage*) de dimension 536 × 199 = 106 664 pixels. La mise au point des différentes cartes topologiques a été réalisée à partir d'un échantillonnage de l'image LAC qui faisait intervenir une ligne de l'image sur 10. L'ensemble d'apprentissage est donc constitué de 238 × 793 = 188 734 pixels. Les tests qui ont été réalisés pour juger de la qualité de la quantification vectorielle obtenue ont été réalisés sur l'image LAC dans son entier. Étant donné que 9/10 des pixels n'ont pas participé à l'apprentissage des cartes topologiques, et vu la grande quantité de données impliquées, les performances obtenues peuvent être considérées comme représentatives de performances en test.

L'expertise a été introduite en utilisant l'image GAC, pour laquelle des informations supplémentaires existaient. L'expertise dont on dispose pour cette image se présente sous deux formes distinctes :

- On trouve différentes informations distribuées par SeaWifs : masque de terre, indications de nuage.
- Une classification des pixels de l'image GAC obtenue à partir de différents modèles optiques mis au point par les spécialistes de l'atmosphère. La figure 7-22 présente l'image GAC expertisée ; dans cette image, l'expert a identifié cinq classes : les aérosols désertiques, les eaux dites du cas 2 qui sont des eaux très troubles chargées de matières organiques, les aérosols marins, les nuages, la Terre. La classe attribuée à la Terre contient tous les pixels pour lesquels l'expert n'a pas voulu ou pas pu donner d'étiquette.
- Les informations fournies par SeaWifs, tout comme les classifications proposées par l'expert, peuvent présenter des erreurs qui sont dues à la grande complexité des phénomènes étudiés. En particulier, l'expert a recherché cinq classes : il a pu regrouper sous un même nom les différents types d'aérosols s'il ne possédait pas les modèles physiques appropriés.

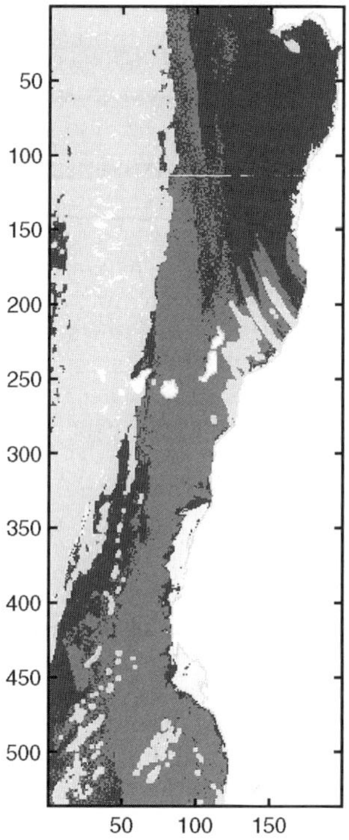

Figure 7-22. Image GAC expertisée ; l'image représente les cinq zones déterminées par l'expert : les aérosols désertiques (en noir), les eaux du cas 2 (en gris clair), les aérosols marins (en gris foncé), les nuages (en gris moyen), la Terre (en blanc).

Rôle du codage

Différentes expériences ont été menées en codant de deux manières différentes les spectres de SeaWifs.

Le premier codage utilise directement les réflectances au sommet de l'atmosphère. Afin de donner la même importance à chaque longueur d'onde, les valeurs des spectres de réflectance ont été réduites par longueur d'onde, de sorte qu'elles appartiennent à l'intervalle [–1, +1]. Si l'on note $\rho(\lambda_k)$ la réflectance pour la longueur d'onde λ_k, la normalisation a été calculée sur chaque longueur d'onde ($k = 1 \dots 8$) à partir de l'ensemble d'apprentissage. Chaque observation (un spectre) est donc représentée par un vecteur de dimension 8 : chaque composante de ce vecteur est constituée par une réflectance normalisée, dédiée à une longueur d'onde. Comme les valeurs des réflectances sont des réels compris entre 0 et 1, les valeurs ont été ramenées entre –1 et 1 à l'aide de la formule $(2 \times \rho(\lambda_k)) - 1$.

La partie de l'image LAC réservée à l'apprentissage (1 ligne sur 10), et codée selon ce procédé, sera identifiée sous le nom de App_{cod1}. Le second codage a permis de faire ressortir la forme des spectres étudiés. Dans ce but, on a introduit les pentes des spectres, calculées en chaque longueur d'onde. La $k^{\text{ième}}$ composante du vecteur est alors déterminée à partir des réflectances :

$$\Delta\rho(\lambda_k) = \frac{\rho(\lambda_{k+1}) - \rho(\lambda_k)}{\lambda_{k+1} - \lambda_k}.$$

On calcule de cette manière sept pentes $k = 1 \dots 7$. Afin de conserver une information sur l'intensité du spectre, une composante du vecteur d'observation a été affectée à la norme du spectre ($\| \rho \|$). Pour ce codage, les vecteurs de dimension 8 utilisés en entrée de la carte sont de la forme : $(\Delta\rho(\lambda_1), \dots, \Delta\rho(\lambda_7), \| \rho \|)$.

On appellera App_{cod2} la partie de l'image LAC réservée à l'apprentissage codé selon ce deuxième procédé. De même que précédemment, les vecteurs ainsi constitués ont été normalisés entre –1 et +1, composante par composante, sur la partie de l'image LAC réservée à l'apprentissage. Comme les pentes des spectres et la norme ne sont pas de même ordre de grandeur, elles ont été normalisées séparément. La normalisation est effectuée à partir de la formule suivante : $(\frac{x-min}{max-min} \times 2) - 1$. Dans cette formule, si x représente une dérivée ($\Delta\rho(\lambda_k)$ $k = 1 \dots 7$) *min* (respectivement *max*) représente le minimum (respectivement le maximum), sur l'ensemble de toutes les valeurs rencontrées pour les dérivées dans App_{cod2}.

Pour tous les tests effectués, les données ont été transformées en utilisant les codages définis sur l'ensemble d'apprentissage. Les expériences qui vont suivre vont permettre d'illustrer la méthodologie de classification exposée dans la section « Classification et PRSOM ». Celles-ci utilisent des quantifications suivies de classifications ; les quantifications sont obtenues à partir de cartes probabilistes (algorithme PRSOM), et les regroupements sont effectués par classification hiérarchique. Les différentes cartes auto-organisatrices ont toutes la même architecture :

- La couche d'entrée est composée de 8 entrées.
- La carte est en 2D et contient (10 × 10) neurones ; les voisinages sont définis à partir de la famille de fonctions: $K(\delta) = \exp(-\delta^2)$.

Quantification par PRSOM

La première partie de l'étude a consisté à utiliser le modèle PRSOM pour déterminer les référents qui représentent un résumé de l'ensemble des spectres observables ; on cherche dans ce cas une quantification fine de l'ensemble d'apprentissage. En fait, le résumé obtenu est celui de l'ensemble d'apprentissage ; si cet ensemble est statistiquement représentatif, il résume l'ensemble des observations possibles. Dans le cas contraire, la généralisation peut être imparfaite, des zones de l'ensemble d'observation ayant été négligées. Les deux codages introduits précédemment (valeurs des radiances au sommet de l'atmosphère pour le codage 1, pentes et norme du spectre pour le codage 2) ont mis au jour deux cartes différentes ; ces cartes montreront l'importance du codage pour la quantification et l'ordre topologique. Chaque carte permet la quantification de l'espace des observations en cent sous-ensembles. La figure 7-23 représente la carte obtenue avec App_{cod1} ; sur cette figure, le nombre situé au-dessus du neurone indique le nombre de pixels de l'ensemble d'apprentissage affectés, en fin d'apprentissage, à chaque neurone. La figure 7-24 présente sur la même carte et pour chaque neurone, la variance de la gaussienne qui lui est attachée. Clairement, la zone en haut et à droite de la carte correspond à des zones pour lesquelles les réflectances sont

696 [1]	863 [2]	638 [3]	551 [4]	685 [5]	305 [6]	418 [7]	408 [8]	1 041 [9]	495 [10]
1 553 [11]	546 [12]	264 [13]	409 [14]	718 [15]	953 [16]	1 035 [17]	940 [18]	745 [19]	533 [20]
1 053 [21]	1 036 [22]	1 578 [23]	839 [24]	167 [25]	512 [26]	1 035 [27]	940 [28]	1 041 [29]	495 [30]
1 098 [31]	792 [32]	142 [33]	738 [34]	168 [35]	514 [36]	686 [37]	434 [38]	671 [39]	1 191 [40]
1 004 [41]	1 206 [42]	657 [43]	550 [44]	397 [45]	401 [46]	452 [47]	506 [48]	402 [49]	361 [50]
1 755 [51]	576 [52]	1 441 [53]	933 [54]	292 [55]	459 [56]	471 [57]	521 [58]	1 301 [59]	475 [60]
1 706 [61]	889 [62]	1 406 [63]	391 [64]	569 [65]	480 [66]	512 [67]	4 [68]	556 [69]	584 [70]
3 372 [71]	1 506 [72]	458 [73]	510 [74]	567 [75]	512 [76]	314 [77]	651 [78]	495 [79]	608 [80]
2 016 [81]	619 [82]	365 [83]	472 [84]	616 [85]	644 [86]	339 [87]	655 [88]	442 [89]	419 [90]
2 873 [91]	877 [92]	697 [93]	487 [94]	643 [95]	620 [96]	592 [97]	750 [98]	718 [99]	932 [100]

Figure 7-23. Carte PRSOM (10 × 10) obtenue après apprentissage de App_{cod1}*. La représentation de la carte montre l'ordre topologique (2D) ; chaque carré porte un nombre à l'intérieur qui représente le numéro du neurone, et un au-dessus qui représente le nombre de pixels de l'ensemble d'apprentissage affectés au neurone.*

dispersées, et celle en bas et à gauche à des zones de R^8 pour lesquelles les différents spectres sont très semblables. La physique de la mesure permet d'interpréter les différentes zones de la carte :

- les spectres sont beaucoup plus stables si le ciel est dégagé et si le signal permet d'analyser la mer ;
- les zones de forte variabilité peuvent correspondre à la traversée de l'atmosphère en présence d'aérosols, ou bien à la réflexion sur les nuages.

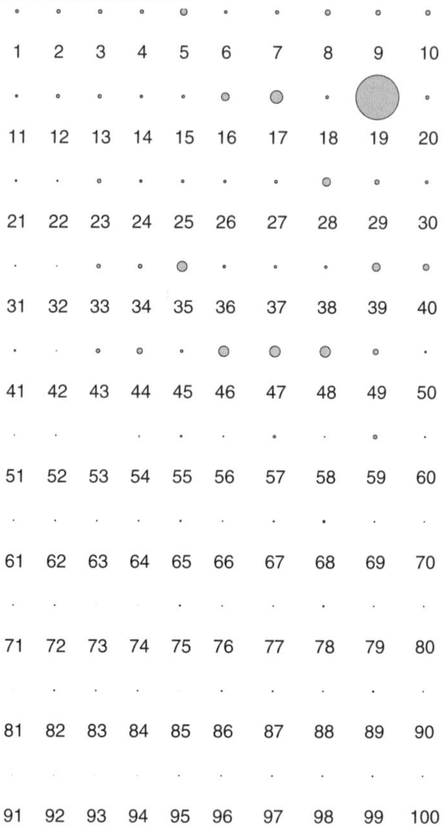

Figure 7-24. Variance estimée par PRSOM, carte (10 × 10) (voir figure précédente). La surface du disque situé au-dessus du neurone est proportionnelle à la variance estimée pour la gaussienne du neurone.

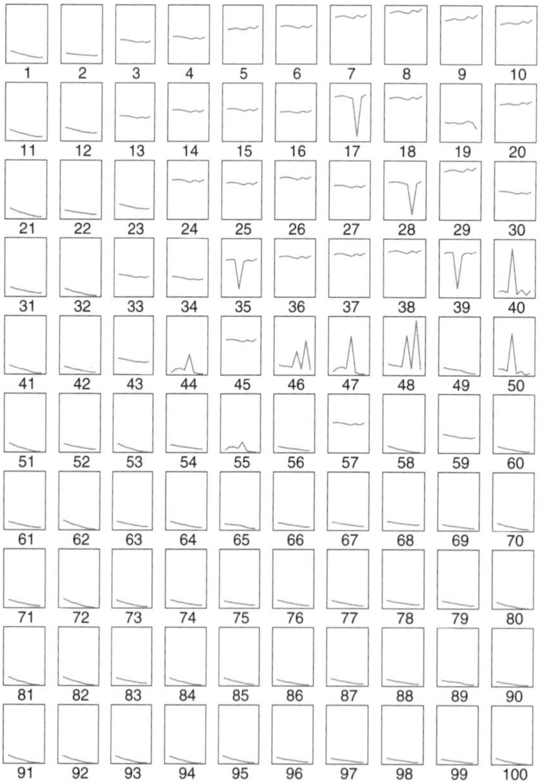

Figure 7-25. Quantification vectorielle associée à la carte PRSOM (10 × 10) déterminée à partir de App_{cod1}. Le numéro du neurone se situe au-dessus du cadre, le spectre du référent $\mathbf{w}_c$ est représenté à l'intérieur de chaque cadre.

Les 100 référents représentant les 100 neurones sont des spectres de même nature que les observations (spectres de R^8) ; la figure 7-25 présente, pour le codage 1, l'ensemble des référents et l'ordre topologique qui les lie. Il s'agit de la même carte que pour les figures 7-23 et 7-24, chaque neurone étant maintenant représenté par son référent. Chaque référent est un spectre moyen représentant le sous-ensemble des réflectances qui lui sont affectées. Les référents sont organisés selon un ordre qui apparaît visuellement sur la carte. Les référents qui correspondent aux zones de faible variance ont des formes proches : l'ensemble d'observation est ici très finement échantillonné. Les référents qui appartiennent aux zones de forte variance (en haut à droite) échantillonnent plus grossièrement l'espace des observations. Le procédé de visualisation permet de choisir certains spectres et de procéder à une étude de l'ensemble des réflectances captées par le neurone, ou à leur localisation sur l'image SeaWifs.

Une première inspection permet de procéder à un contrôle de qualité (figure 7-25) : il est possible d'identifier les spectres pour lesquels des erreurs de mesure ont dû se produire. En effet, sur cette carte, les neurones 17, 28, 35, 39 ont des référents pour lesquels une longueur d'onde est nulle. Si l'on recherche toutes les observations captées par ces neurones, on observe qu'elles présentent la même anomalie. Il est possible d'en conclure que, dans certains cas, un canal de transmission n'a pas fonctionné, et que certains neurones se sont spécialisés dans la détection de cette anomalie.

La figure 7-26 montre les spectres qui représentent les référents des neurones 17 et 35, ainsi que leurs variances.

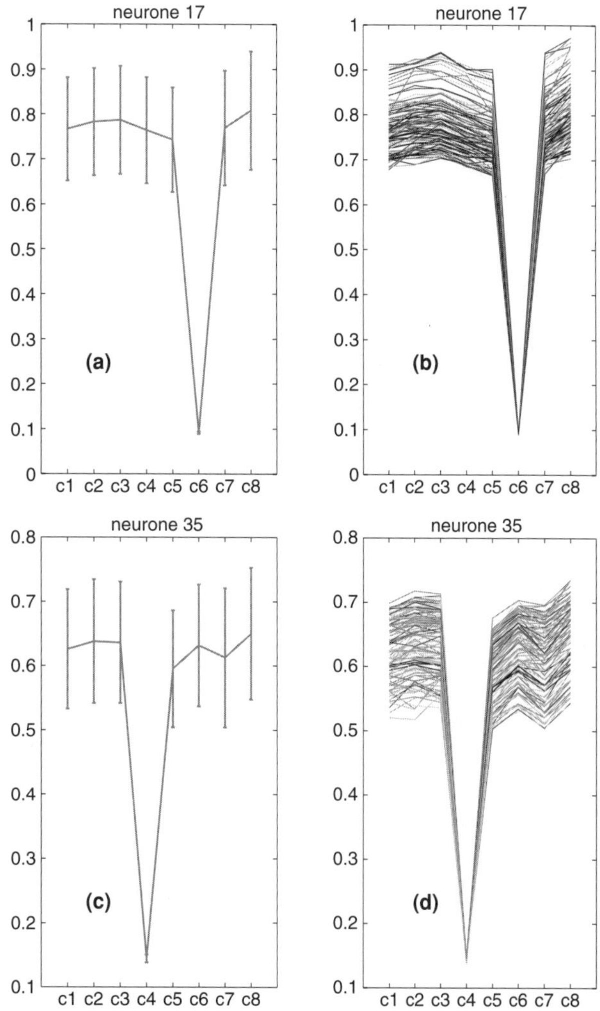

Figure 7-26. Les figures (a) et (c) représentent les spectres liés aux neurones 17 et 35 ; les barres verticales représentent la variance associée à chaque longueur d'onde. Les figures (b) et (d) représentent les sous-ensembles de radiance captées respectivement par les neurones 17 et 35 (carte PRSOM 10 × 10 entraînée à partir de App_{cod1}).

Une analyse semblable peut être faite pour chacun des 100 neurones de la carte. La figure 7-27 montre, pour un neurone situé dans la zone de forte densité (neurone 51), le spectre qui est associé au référent de ce neurone, l'ensemble des spectres de radiance captés par ce neurone, et la zone géographique correspondante sur l'image SeaWifs. Par comparaison avec l'image SeaWifs (voir figure 7-21), on peut remarquer que le neurone 51 identifie une zone claire de l'image située sur la mer et sur laquelle il ne semble pas y avoir d'aérosol désertique ou de nuages. En examinant l'ordre des spectres proposé dans la figure 7-25, on observe que le codage qui vient d'être étudié est organisé en fonction de l'intensité des spectres. L'ordre obtenu fait en priorité ressortir les propriétés physiques sous-jacentes à cette intensité. Les mêmes expériences ont été réalisées à l'aide d'un deuxième codage des spectres qui prend en compte à la fois l'intensité et la forme des spectres (App_{cod2}). La figure 7-28 montre le nouvel ordre obtenu sur les référents (sur cette figure, les référents des neurones ont été décodés afin de les représenter sous la forme de spectres). Les référents des neurones sont maintenant organisés en fonction de l'intensité, mais également selon les différentes formes.

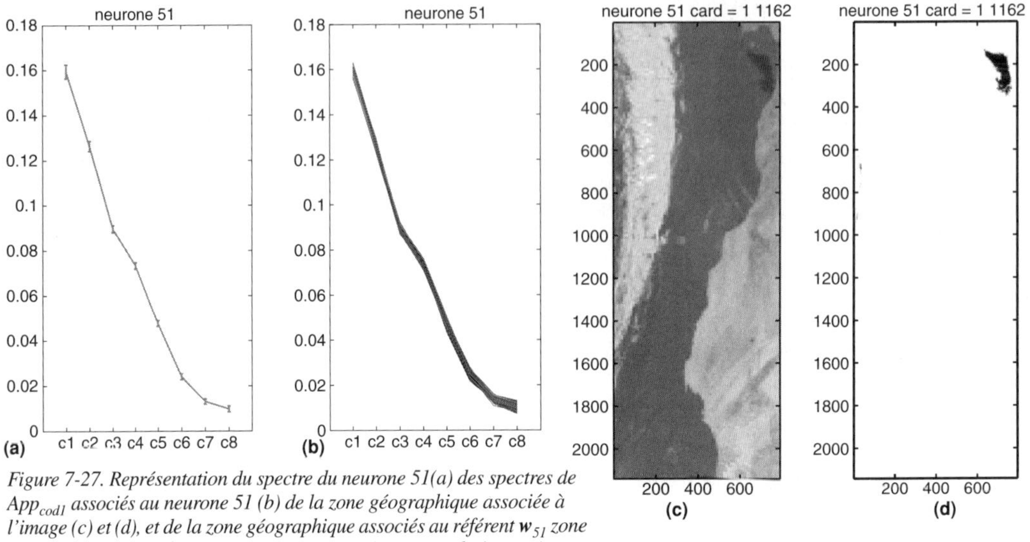

Figure 7-27. Représentation du spectre du neurone 51(a) des spectres de App_{cod1} associés au neurone 51 (b) de la zone géographique associée à l'image (c) et (d), et de la zone géographique associés au référent $\mathbf{w}_{51}$ zone noire (c) et (d) (carte PRSOM 10 × 10 entraînée à partir de App_{cod1}).

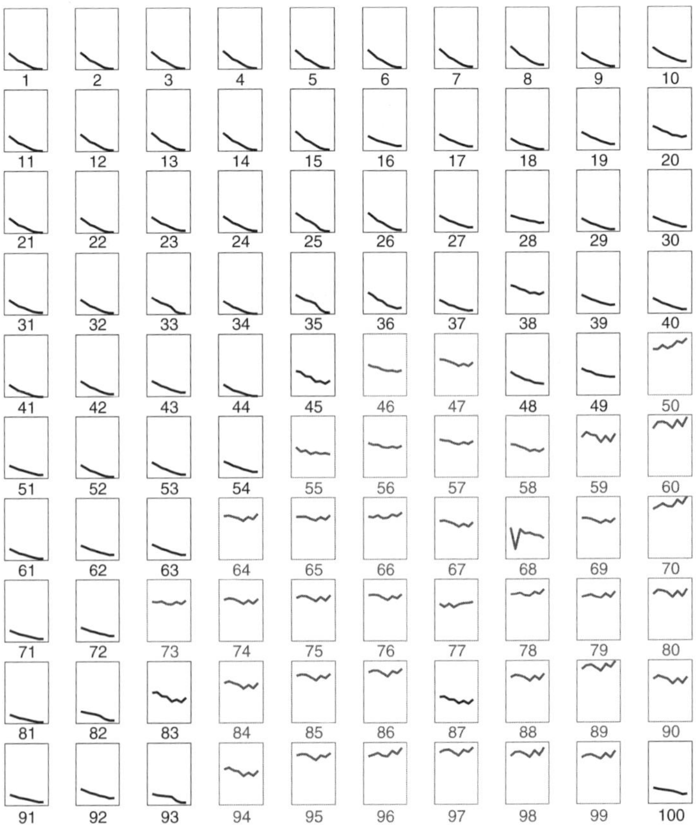

Figure 7-28. Représentation de la quantification vectorielle associée à la carte PRSOM (10 × 10), déterminée à partir de App_{cod2}. Le numéro du neurone se situe au-dessus du cadre ; le spectre du référent $\mathbf{w}_c$ est représenté à l'intérieur de chaque cadre.

Classification et PRSOM

La première série d'expériences a permis de juger de la qualité des quantifications vectorielles obtenues à l'aide de PRSOM. Ces quantifications vont maintenant être utilisées à des fins de classification.

Une première possibilité consiste à effectuer, comme cela a été présenté au paragraphe précédent, l'étude physique de chaque référent. Cette étude doit être menée par un expert qui reconnaît chaque référent à partir des propriétés de son spectre et en déduit le type d'aérosol concerné. Si l'ensemble des neurones est identifié, la partition proposée par la carte permet de l'utiliser en tant que classifieur pour étiqueter l'image SeaWifs dans son entier. Par ailleurs, si l'ensemble d'apprentissage est représentatif du problème traité, il peut être utilisé pour étiqueter d'autres cartes qui reflètent la même physique.

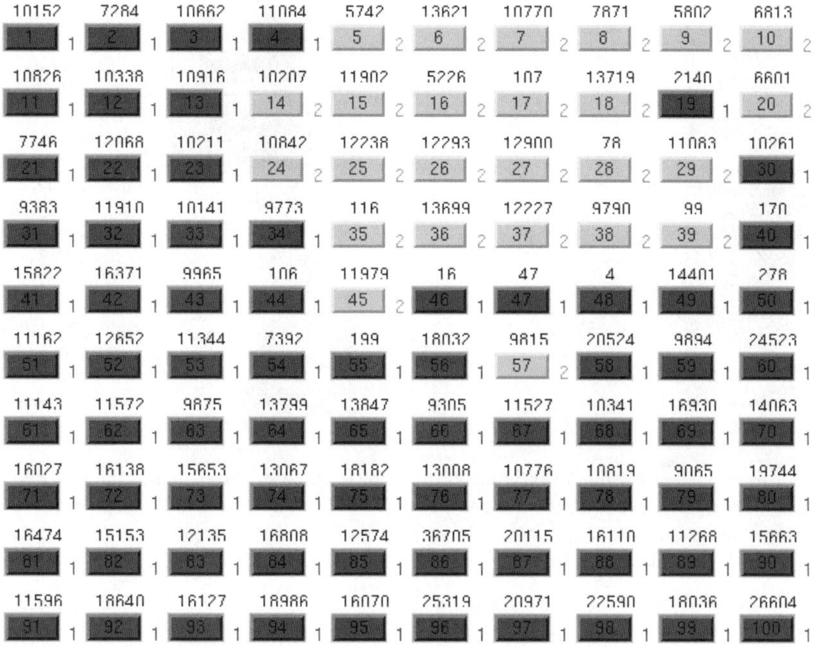

Figure 7-29. Présentation sur la carte des deux classes proposées par PRSM + CAH : PRSOM a été déterminé à partir de App_{cod1}, la CAH utilise l'indice de Ward. Le numéro qui figure à droite du neurone représente le numéro de la classe obtenue par classification hiérarchique. L'ensemble des neurones gris foncé représentent les neurones de la classe 1 et ceux en gris clair sont ceux de la classe 2.

Si la procédure d'identification n'est pas possible, c'est-à-dire si l'expert ne peut pas avec certitude attribuer une étiquette à chaque neurone, il est possible de mettre en œuvre une approche non supervisée de regroupements des neurones. On procède alors, comme cela a été montré à la section « Classification et carte topologique », en regroupant les neurones de la carte, et l'on cherche à identifier les classes qui ont été obtenues à l'aide de la classification hiérarchique. Afin d'illustrer, dans la mesure du possible, la qualité des performances obtenues par l'enchaînement des algorithmes PRSOM et CAH (classification ascendante hiérarchique), deux sortes d'expériences d'une complexité différente sont présentées :

- La première expérience porte sur la détermination d'un masque qui reconnaît les nuages forts et les distingue de l'ensemble des autres spectres. On sait que les nuages réfléchissent davantage le signal : les spectres enregistrés au niveau du satellite présentent des intensités plus fortes et plus variables que celles qui sont relatives à la mer ou aux aérosols. Séparer les nuages forts des autres constituants de l'atmosphère revient à définir un classifieur à deux classes. Puisque, physiquement, le problème présente deux séries d'observations très distinctes, les deux classes recherchées doivent être bien séparées.

- La seconde expérience cherche à reconnaître les cinq classes identifiées par l'expert ; ces classes ont été déterminées par comparaison avec des modèles physiques d'aérosols. Le nombre de classes étant plus grand, et l'expert ayant pu introduire un grand nombre d'erreurs, ce problème est bien plus complexe.

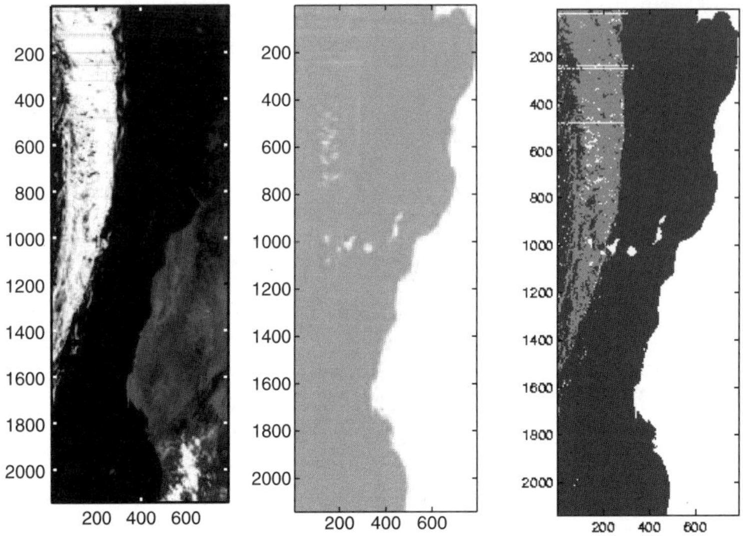

Figure 7-30. Présentation sur l'image SeaWifs des deux classes proposées par PRSM + CAH : l'image de gauche représente la composition colorée SeaWifs ; l'image centrale correspond au masque de terre SeaWifs (zone blanche sur l'image) et celle de droite à la classification en deux PRSOM + CAH (la zone gris clair correspond à la classe 2 de la carte, figure 7-29, et représente les nuages forts, la zone foncée contient les différents aérosols) ; PRSOM a été déterminé à partir de App_{cod1}, la CAH utilise l'indice de Ward.

Les deux quantifications vectorielles obtenues au moyen de PRSOM vont maintenant être utilisées pour reconnaître les classes proposées par un expert. La détermination des classes va se faire par classification ascendante hiérarchique en utilisant l'indice de Ward défini plus haut au paragraphe « Recherche d'une partition adaptée aux classes recherchées ».

	PRSOM + CAH	
	Nuages	Mer visible
Nuages SeaWiFS	0.91	0.09

Tableau 7-2. Matrice de confusion comparant le produit distribué par SeaWifs et celui proposé par PRSM + CAH ; PRSOM a été déterminé à partir de App_{cod1}, la CAH utilise l'indice de Ward.

Dans la première expérience, la classification ascendante hiérarchique est appliquée sur la carte 10×10 obtenue après l'apprentissage de App_{cod1}. Comme il s'agit de déterminer les nuages forts, les regroupements ont été poursuivis jusqu'à l'obtention de deux classes. Les figures 7-29 et 7-30 montrent la classification obtenue sur la carte topologique et sur l'image. La visualisation de la carte permet d'observer les neurones de chaque classe : clairement, les deux classes de neurones constituent des zones contiguës de la carte. Afin de montrer que les deux classes obtenues représentent les nuages forts de l'ensemble de l'image, on a comparé cette classification à celle proposée par l'expert en calculant la matrice de confusion. L'expertise est obtenue ici en utilisant le masque de nuage distribué aux utilisateurs par SeaWifs. La matrice de confusion est présentée dans le tableau 7-2 ; elle permet de comparer les deux classifications, celle proposée par le satellite et celle proposée par PRSOM.

La division en deux zones géographiques (voir figure 7-30) qui correspondent bien à celles observées sur l'image SeaWifs montre que les deux classes ont été trouvées par l'application de l'algorithme PRSOM, suivie d'un regroupement par classification ascendante hiérarchique, sans qu'aucune information experte n'ait été introduite dans le classifieur. La bonne cohérence de la classification hiérarchique au plus haut niveau de l'arbre peut laisser espérer un regroupement physiquement cohérent des observations pour tous les niveaux de la hiérarchie.

La deuxième expérience, qui va confirmer la qualité de la quantification vectorielle, cherche à retrouver une des classes proposées par l'expert : les eaux du cas 2. Dans la figure 7-22, cette zone, aux propriétés optiques particulières, est représentée en jaune. L'inspection des différentes zones géographiques attachées aux 100 neurones de la carte proposée par PRSOM permet de sélectionner trois neurones dont les sous-ensembles de spectres ont une représentation géographique superposable à celle proposée par l'expert. La figure 7-31 montre les trois référents ($\mathbf{w}_{33}$, $\mathbf{w}_{82}$, $\mathbf{w}_{93}$) et les zones géographiques, attachés à ces neurones.

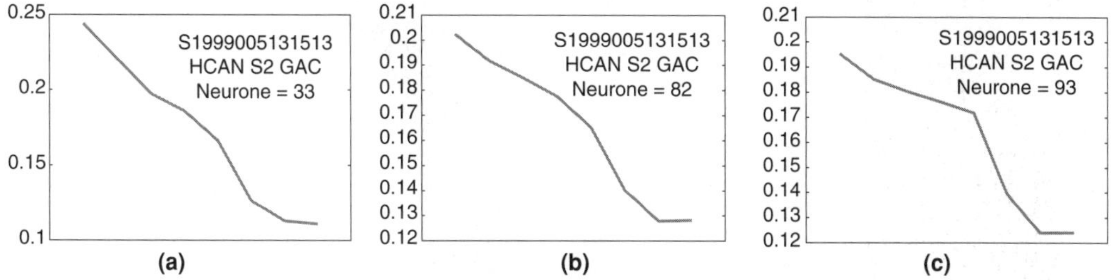

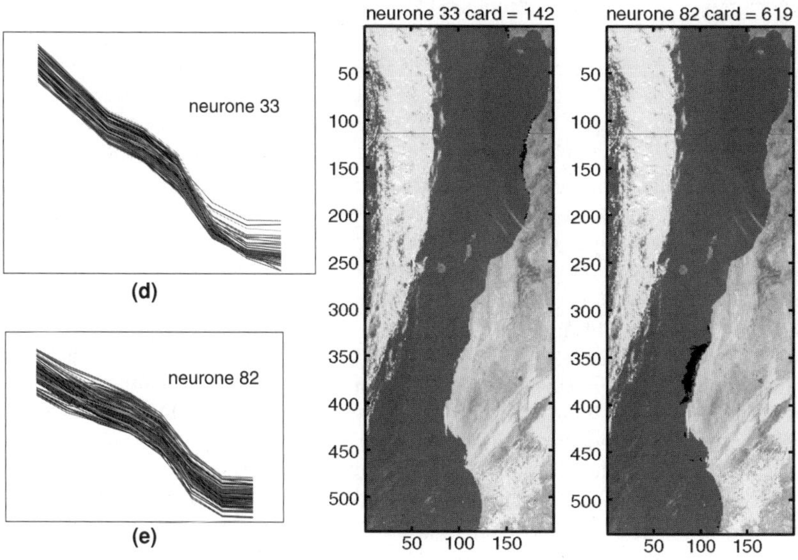

Figure 7-31.
Représentation des référents, des sous-ensembles d'observations et des zones géographiques associés aux neurones 33, 82 et 93 (carte PRSOM 10 × 10 entraînée à partir de App_{cod2}).
Les figures (a), (b), (c) représentent les spectres des neurones 33, 82, 93 ; les figures (d) et (e) représentent les spectres de App_{cod2} associés aux neurones 33 et 82. Les zones correspondantes aux neurones 33 et 93 de la figure sont représentées en noir.

Si l'on inspecte la hiérarchie complète qui a été définie à partir de CAH, on s'aperçoit que les trois neurones concernés (33, 82, 93) forment un sous-ensemble qui se situe au niveau 35 de la hiérarchie. Il est donc possible, à partir de ce résultat, de proposer un classifieur permettant l'identification automatique des eaux du cas 2. Les neurones (33, 82, 93) vont être étiquetés cas 2, tous les autres neurones prenant une même étiquette indiquant leur non-appartenance au cas 2. On voit que l'utilisation du regroupement sans introduction d'expertise peut, à ce stade, permettre de retrouver une information qui provient de la physique de la mesure.

La dernière expérience utilise directement l'expertise. Cette dernière est introduite au niveau des neurones en utilisant la méthode présentée dans la section qui traite de classification et de topologie. L'ensemble de test utilisé est celui qui est proposé par l'expert (image GAC). Les observations de cet ensemble sont projetées sur la carte. Chaque neurone capte ainsi un certain nombre de pixels de l'image GAC qui lui sont affectés. Chaque observation ayant une des étiquettes proposées par l'expert, on effectue, au niveau du sous-ensemble relatif à chaque neurone, un vote majoritaire ; le neurone prend alors le nom de l'étiquette majoritaire. On compare alors, à l'aide d'une matrice de confusion, les deux classifications (tableau 7-3). Clairement, les neurones reproduisent bien l'expertise proposée par l'expert.

		PRSOM + vote majoritaire			
		Classe1	**Classe2**	**Classe3**	**Classe4**
Expert	Aérosols marins	0.8	0.04	0	0.16
	nuages	0.03	0.91	0.01	0.05
	Cas 2	0.03	0.22	0.71	0.03
	Aérosols désertiques	0.1	0.04	0	0.86

Tableau 7-3. Matrice de confusion permettant de comparer la classification proposée par l'expert (image GAC) et celle proposée par la carte. Sur cette carte, les 100 neurones ont été étiquetés par vote majoritaire en utilisant les données expertisées.

L'ensemble des résultats obtenus pour cette application montre le bon fonctionnement des algorithmes de cartes topologiques lorsqu'elles sont employées pour traiter des données numériques. L'application suivante due à Kohonen va montrer son bon fonctionnement quand elle est utilisée sur des données textuelles.

Typologie des aérosols et carte d'épaisseur optique

Le problème que l'on cherche à résoudre dans ce paragraphe fait suite à celui qui vient d'être présenté, il est cependant plus complexe. Il s'agit maintenant de résoudre un problème inverse pour lequel on possède beaucoup d'observations, mais quasiment pas de données pour superviser l'apprentissage. On va donc effectuer la résolution du problème inverse en deux phases : une phase de classification non supervisée pour trouver les groupements cohérents suivie d'une introduction d'expertise pour achever l'inversion recherchée. L'originalité de l'approche employée ici tient à la manière dont l'expertise qui est contenue dans les modèles théoriques d'aérosols proposés par les physiciens est utilisée pour effectuer l'inversion. D'autre part, les dimensions de l'application traitée (taille des bases de données, dimension des observations, dimension des cartes auto-organisatrices) permettent de juger de la puissance de calcul mise à la disposition des modélisateurs par les cartes auto-organisatrices.

Dans la suite du chapitre, les cartes auto-organisatrices vont être utilisées pour mettre au point un procédé automatique pour analyser les images de spectre de réflectance (vecteur de dimension 8) du satellite SeaWifs. On veut maintenant un procédé valable pour toute la durée de vie du satellite ; il s'agit de produire pour chaque jour de l'année deux cartes : une typologie des aérosols (problème de classification) et une carte d'épaisseur optique (problème de régression). On voit donc qu'il s'agit d'une application de type opérationnel : l'apprentissage va porter sur un nombre limité (mais important) d'observations satellitaires, la généralisation, elle, doit être très bonne (toutes les années à venir).

Les données

Les résultats présentés ci-après représentent une phase de faisabilité, pour cette raison, la zone géographique étudiée a été limitée à la mer Méditerranée. Traiter l'ensemble du globe nécessite simplement d'appliquer aux images SeaWifs, sur l'océan global, la même méthodologie que celle qui va être présentée. Pour la même raison le nombre de modèles d'aérosols que l'on veut reconnaître a été limité ; on a choisi 5 types d'aérosols. Quatre sont utilisés de manière opérationnelle par la chaîne opérationnelle de SeaWifs dont les produits sont distribués par la NASA, la cinquième famille est celle des aérosols désertiques pour laquelle l'algorithme mis au point pour le décodage des données SeaWifs échoue. Augmenter le nombre de types d'aérosols ne nécessite aucune modification de la méthodologie, seule importe la qualité des modèles théoriques que l'on introduit. Plus les spectres théoriques sont proches de l'observation, meilleure sera l'élaboration des cartes d'aérosols.

Les données utilisées pour mettre au point le prototype neuronal qui permettra le décodage des images SeaWifs sont de trois sortes en fonction des observations (spectre de réflectance SeaWifs), des modèles d'aérosols (spectres de réflectance théoriques) ou des mesures de terrain utilisées pour la validation. Pour chaque spectre observé on a la connaissance de la géométrie de visée et pour chaque spectre théorique on a, en plus de la géométrie de visée, la connaissance de l'épaisseur optique et du type d'aérosol concerné.

L'ensemble des observations disponibles est constitué par une année d'images SeaWifs prises sur la Méditerranée en 1999. De cet ensemble, on a extrait un ensemble d'apprentissage, constitué à partir de l'ensemble des images utilisables (certains jours les capteurs fonctionnent mal) :

- en appliquant un masque de terre et de nuages afin de retirer les pixels de terre et ceux contaminés par les nuages ;
- en conservant pour chaque image une ligne de pixels sur 10.

L'ensemble d'apprentissage contient alors 2 346 147 pixels qui vont servir à estimer, à l'aide de l'algorithme PRSOM, les paramètres d'une carte auto-organisatrice des spectres de réflectance observés (dimension 8). Si l'on se reporte à l'application qui a été présentée en première partie, on peut constater que l'échantillonnage permet maintenant de représenter la variabilité saisonnière et la variabilité liée à la géométrie de visée.

Les calculs de transfert radiatif permettent, à partir des paramètres optiques des différents types d'aérosols, de calculer d'une manière théorique les spectres de réflectance auxquels ils sont associés [5]. Il s'agit de calculs qui sont longs à effectuer, aussi pour conserver la connaissance théorique disponible nécessaire à la reconnaissance des aérosols, on génère de grandes bases de données (*Look Up Table* : LUT). Ces LUTs permettent de conserver sous forme de fichiers, les paramètres optiques, la géométrie de visée ainsi que le spectre de réflectance qui correspond au calcul de transfert radiatif effectué. Le prototype dont les performances sont présentés ci-après ici prend en compte :

- Les aérosols Côtier, Maritime, Troposphérique, Océanique utilisés pour les corrections atmosphériques de SeaWifs [GORDON, WANG 1994].
- La famille désertique provient d'un travail effectué sur l'Atlantique par Moulin [MOULIN *et al.* 2001] qui est une évolution du modèle de Shettle [SHETTLE 1984].

La LUT disponible pour la mise au point du prototype neuronal est composée de 9.278.362 spectres de réflectance échantillonnés aux longueurs d'onde de SeaWifs. Étant donné que le prototype recherché est spécialisé sur la Méditerranée, les spectres théoriques qui constituent la LUT ont été limités à ceux dont la géométrie de visée correspond à la Méditerranée .

Les données de terrain sont issues des bases de données du réseau AERONET (AErosol RObotic NETwork) [*http://www.aeronet.gsfc.nasa.gov*]. Ce programme a pour but d'établir les propriétés optiques des aérosols et de valider les algorithmes de restitutions de ces propriétés par les satellites. La mesure de l'épaisseur optique des aérosols s'effectue en un point de la terre ou de l'océan à l'aide de photomètres solaires CIMEL (*http://www.cimel.fr*) [Holben *et al.* 1998]. Ces données terrain sont extrêmement importantes, elles représentent la seule connaissance observée des quantités physiques que l'on veut retrouver. Dans les expériences présentées, on utilisera, pour valider l'approche neuronale, les mesures de l'épaisseur optique mesurée par le photomètre à celle estimée par le prototype neuronal. Cependant juger les résultats de la comparaison est une opération délicate, les mesures AERONET sont effectuées en un point alors que les mesures satellitaires accessibles intègrent la mesure sur une grille spatiale. D'autre part, le CIMEL mesure l'épaisseur optique à partir du sol, et le satellite à partir du ciel ; la couverture nuageuse peut faire que le phénomène mesuré ne soit pas le même dans les deux cas. On a choisi pour valider le prototype une station située en Méditerranée, il s'agit de la station de Lampedusa (35.52 N 12.62 E) pour l'année 2000. Étant donné que pour valider la méthodologie, il faut disposer pour chaque point de mesure des spectres de réflectance correspondant, le nombre de points disponibles pour cette validation dépend des images disponibles (capteur en fonctionnement et sans nuage) : on a donc pour cette raison uniquement 46 points permettant d'effectuer la comparaison.

Démontrer le bien-fondé de la méthodologie proposée est, comme souvent dans les applications qui utilisent l'apprentissage non supervisé, un exercice délicat. Le problème principal provient, de ce que la vérité (ici le type d'aérosol ou son épaisseur optique) n'est pratiquement jamais observée. On voit donc que pour juger des performances, il va falloir décider d'un certain nombre de tests qualitatifs et quantitatifs : c'est la cohérence de tous les tests qui va permettre de conclure à l'efficacité de la méthode proposée. Dans la suite, on validera les performances du prototype qualitativement et quantitativement à partir des images SeaWifs de 1999 pour lesquelles 9/10e des données n'ont pas participé à l'apprentissage. Pour compléter sa validation, les mesures d'épaisseur optique estimées par le prototype seront comparées, pour l'année 2000, aux valeurs mesurées pendant des campagnes de mesure AERONET. Pour les mesures de l'année 2000, les performances qui sont présentées démontrent le pouvoir prédictif du prototype neuronal, puisque aucune observation de l'année 2000 ne participe à l'apprentissage.

Méthodologie

L'ensemble de la méthodologie proposée pour mettre au point le prototype neuronal est complexe et requiert un grand nombre de traitements. Ces traitements vont être détaillés et justifiés dans les paragraphes suivants. Afin d'aider à la compréhension du procédé, les traitements détaillés dans les paragraphes b et c ci-après sont résumés sous forme d'organigramme à la figure 7-36.

a) Élaboration de la carte PRSOM des réflectances

Comme dans l'application précédente, l'ensemble des vecteurs référents (spectres de réflectance synthétiques de dimension 8) d'une carte auto-organisatrice en 2D de 20×20 neurones sont estimés à partir d'un ensemble d'apprentissage. Étant donné le grand nombre de spectres utilisés pour la base d'apprentissage et le grand nombre de neurones, l'ensemble des référents peut être considéré comme un résumé très complet de l'ensemble des spectres observables par satellite sur la Méditerranée. On dénote par la suite cette carte : carte PRSOM des réflectances ou PRSOM-R.

Les algorithmes de corrections atmosphériques utilisés par la chaîne opérationnelle SeaWifs déterminent l'épaisseur optique en calculant les rapports des réflectances mesurées à 765 nm et 865 nm. L'objectif final des corrections atmosphériques est d'obtenir des valeurs de réflectance marine qui permettent d'inverser le signal pour calculer la concentration en chlorophylle, les matières dissoutes et les matières en suspension. Les algorithmes d'inversion [Aiken *et al.* 1995], [Mitchell, Kahru 1998], [Frouin *et al.* 1998] utilisent des rapports de réflectance dans le visible pour retrouver les concentrations en chlorophylle : par exemple les rapports à 490 nm et 555 nm, ceux à 510 nm et 555 nm [Mitchell, Kahru 1998]. Il est clair, si l'on prend en compte la connaissance qu'ont les physiciens de la mesure des spectres de réflectance, que la valeur du rapport de réflectance pour certaines longueurs d'onde est caractéristique des paramètres que l'on veut retrouver. Une organisation des référents de la carte qui exhibent une structure en fonction des rapports de réflectance indique que l'organisation des neurones s'est bien effectuée en fonction des propriétés physiques des paramètres atmosphériques et océaniques.

Afin de montrer l'organisation obtenue par la carte PRSOM-R , on a calculé (figure 7-32), à partir des spectres des référents, les rapports de réflectance de trois longueurs d'onde à la valeur obtenue pour la longueur d'onde 555 nm et le rapport de réflectance dans l'infrarouge. On voit clairement si l'on regarde les quatre figures obtenues pour les quatre rapports, qu'une organisation spatiale apparaît au niveau de la carte pour chaque rapport. On en déduit que décoder l'information physique contenue par l'ensemble des référents doit permettre d'estimer les paramètres physiques recherchés.

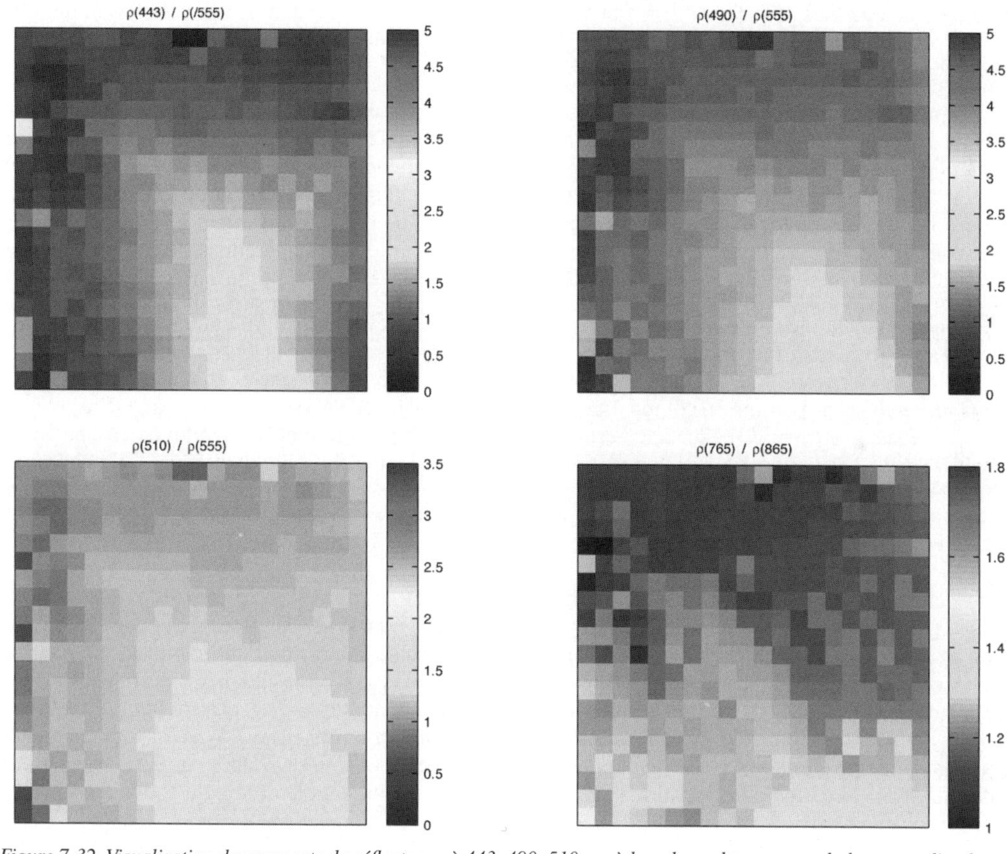

Figure 7-32. Visualisation des rapports de réflectance à 443, 490, 510 nm à la valeur obtenue pour la longueur d'onde 555 nm et le rapport de réflectance dans l'infrarouge. Chaque petit carré d'une imagette représente la valeur du rapport calculé pour un neurone.

Le problème à résoudre est donc d'utiliser la connaissance contenue dans la carte PRSOM-R des réflectances afin de retrouver les paramètres physiques qui caractérisent les aérosols. L'inversion que l'on veut résoudre est multivaluée, le grand nombre de paramètres qui interviennent pour former un spectre de réflectance fait qu'un même spectre peut correspondre à des configurations de paramètres physiques différentes. Une manière de résoudre le problème est d'avoir recours à des informations extérieures. Pour le problème exposé ici, cela se fera de deux manières distinctes :

- en prenant en compte la géométrie de visée ;
- en introduisant de l'expertise.

b) Prise en compte de la géométrie de visée

Afin de reconnaître le type d'aérosol et son épaisseur optique, l'algorithme de la chaîne opérationnelle de SeaWifs effectue une recherche dans la LUT et utilise la valeur exacte de 4 angles (la position du soleil : angle zénithal θ_s et angle azimutal ϕ_o ; les conditions de visée du satellite (θ_v et ϕ_v) qui constituent la géométrie de visée. Un autre angle peut être calculé à partir des angles précédents, il s'agit de l'angle de diffusion γ(angle entre la direction de la lumière incidente sur un point et sa direction émergente) calculé à l'aide de la formule $\gamma = \arccos(-\cos\theta_v \cos\theta_s + \sin\theta_v \sin\theta_s \cos\Delta\Phi)$

avec $\Delta\Phi = \phi_o - \phi_v$.

Utiliser γ permet de réduire le système de coordonnées. Dans la suite, afin de limiter la complexité du prototype neuronal, seuls deux angles seront pris en compte : l'angle zénithal solaire et l'angle de diffusion.

Retrouver les cartes de typologie des aérosols et d'épaisseur optique consiste à repérer dans la LUT, le spectre (ou les spectres) théoriques « le plus ressemblant » au spectre observé. L'algorithme utilisé par la chaîne opérationnelle SeaWifs recherche directement dans la LUT et prend en compte les 4 angles de visée. La taille de la LUT fait qu'une recherche exacte est longue et couteuse et des méthodes heuristiques permettent alors d'obtenir une solution sub-optimale. Au contraire, l'approche neuronale permet d'organiser la recherche et de prendre en compte l'aspect statistique de la recherche. Comme l'effet de la géométrie de visée sur le spectre de réflectance est continu, le prototype neuronal va prendre en compte cette géométrie, mais d'une manière moins fine en regroupant les géométries en classes. Une telle approche permettra d'introduire une marge d'incertitude sur les spectres théoriques et de sélectionner le spectre théorique le plus ressemblant d'une manière statistique. Pour cela, on va organiser les géométries de visée à l'aide d'une seconde carte auto-organisatrice : la carte PRSOM-A des angles.

Étant donné que l'on a limité la prise en compte de la géométrie aux deux angles θ_s et γ, l'espace des données à classer est à deux dimensions. Le regroupement des géométries est effectué par une carte auto-organisatrice de 10×10 neurones dont l'apprentissage est effectué à partir de l'ensemble des géométries (2D) qui caractérisent les observations de l'ensemble d'apprentissage (voir les données). Comme le prototype neuronal est mis au point pour la Méditerranée, l'ensemble d'apprentissage se restreint aux angles de diffusion compris entre 113,67° et 180°, et aux angles solaire θ_s compris entre 7,5° et 74° qui sont ceux recouvrant la région étudiée. À la fin de l'apprentissage, les neurones sont regroupés par CAH en utilisant l'indice de Ward). La meilleure partition a été sélectionnée en appliquant le critère du coude qui indique 10 classes de géométrie.

La figure 7-33 montre, dans le plan (θ_s,γ), la partition en 10 classes obtenue après classification hiérarchique. Le découpage proposé par la carte PRSOM-A est non linéaire et prend en compte la distribution de (θ_s,γ). Les critères statistiques utilisés font que les frontières entre deux classes se situent dans les zones de plus faible densité. Un tel découpage permet, au moment du décodage d'une image sur la Méditerranée, d'avoir un minimum de pixels situés aux frontières des différentes classes, et de limiter de cette manière les effets de bords, inévitables si l'on prend en compte la géométrie de visée par classes.

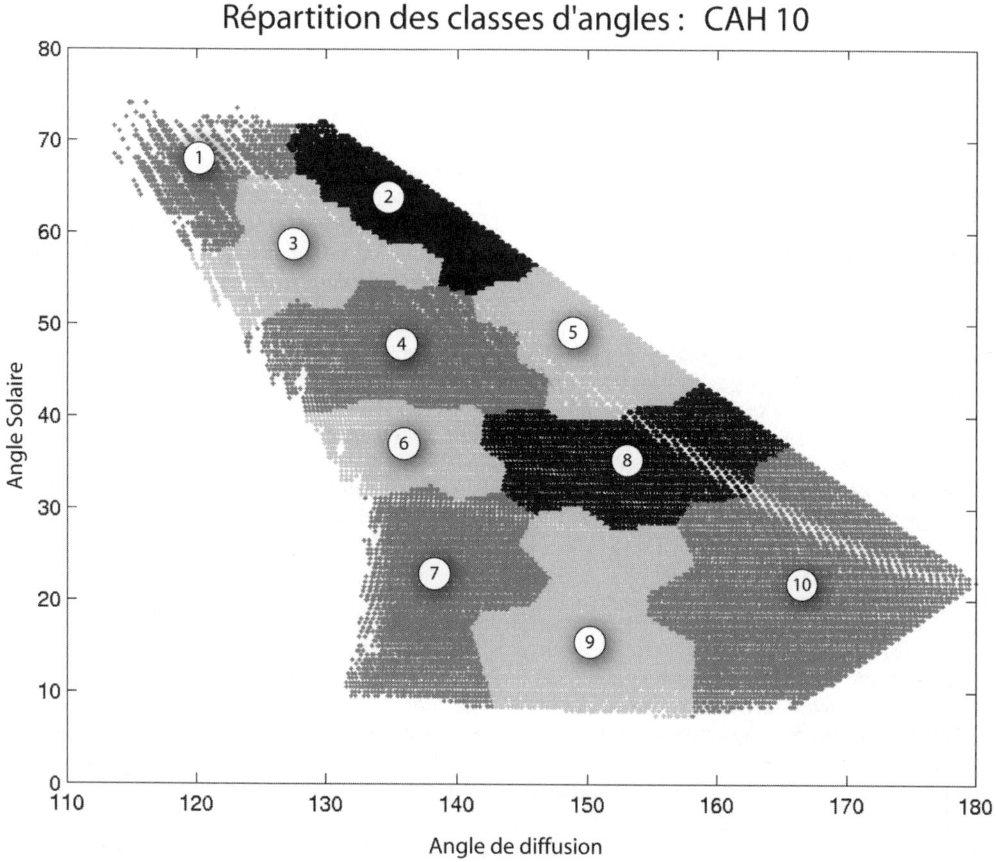

Figure 7-33. Représentation dans le plan des deux angles du découpage effectué par la carte PRSOM des angles sur les géométrie de visée qui apparaissent au niveau de la mer Méditerranée.

Cette classification va permettre de spécialiser l'introduction d'expertise et donc le décodage des spectres de réflectance en fonction de la classe de géométrie à laquelle ils appartiennent. Pour cette raison, l'ensemble des spectres observés et l'ensemble des spectres de la LUT vont être classés à partir de la carte des géométries. Chaque spectre, qu'il soit observé ou théorique, va conserver l'information de la classe de géométrie à laquelle il appartient. On découpe alors la LUT en dix bases de données en fonction des 10 classes de géométrie. On notera LUTi, la base de donnée qui contient l'ensemble des spectres théoriques de la géométrie i.

c) Introduction de l'expertise

Afin de décoder les informations satellitaires on utilise:

- l'indication de la géométrie ;
- les informations sur les aérosols contenues dans les LUTi, c'est-à-dire le type T et l'épaisseur optique **τ(865 nm)** des spectres théoriques.

Dans notre cas, les observations sont représentées par l'ensemble des référents de la carte PRSOM-R. Chaque LUTi va permettre par introduction d'expertise, à partir de la carte PRSOM-R, de générer une nouvelle carte expertisée, elle est appelée par la suite carte de réflectance, et celle dédiée à la classe de géométrie i est notée PRSOM-Ri. Ce transfert de connaissance de la LUTi vers PRSOM-R va se faire en faisant coïncider les spectres théoriques de la LUTi et ceux de la carte PRSOM-R . Cette mise en coïncidence s'opère en projetant les spectres théoriques de LUTi sur la carte de réflectance PRSOM-R. On obtient alors la carte PRSOM-Ri. Chaque neurone de PRSOM-Ri va de cette manière capter un certain nombre de spectres théoriques de LUTi dont la forme et la norme vont être proches du référent du neurone capteur. Les modèles théoriques ne peuvent pas représenter exactement la multitude des interactions qui apparaissent durant la traversée de l'atmosphère et de l'océan. L'ensemble des spectres théoriques captés par un neurone peut donc avoir une variance forte, indiquant une certaine dissimilarité entre l'observation et les modèles théoriques.

L'algorithme d'apprentissage PRSOM permet d'estimer, pendant l'apprentissage, pour chacun des neurones les écarts-types des neurones. Ces écarts-types représentent la variabilité de l'observation autour des référents attachés aux neurones. Pour affiner l'expertise, on va restreindre l'ensemble des spectres théoriques affectés à un neurone, à ceux dont les propriétés physiques sont en accord avec l'observation. Dans notre cas, les canaux les plus informatifs sur les aérosols sont les 3 longueurs d'onde 510 nm, 670 m, 865 nm ; on décide donc de n'affecter à un neurone que les spectres théoriques qui, pour ces longueurs d'onde, sont compris dans un intervalle de largeur 2 écarts-types autour de la valeur du référent. La figure 7-34 montre, pour une carte de géométrie PRSOM-Ri, l'opération de filtrage des spectres de LUTi captés par un des neurones de cette carte. Cette opération est répétée pour les 20×20 neurones des 10 cartes de géométrie PRSOM-Ri, définissant 10 cartes de réflectance qui chacune a retenu l'expertise liée à une géométrie.

Le problème qui reste à résoudre est celui du décodage de l'information extraite à l'aide des LUT, cette étape va se faire successivement pour chaque carte PRSOM-Ri. À la fin de la phase de labellisation de l'expertise, différents cas peuvent se produire selon les spectres théoriques de la LUTi retenus par le neurone :

- Certains neurones, appelés « neurones purs » n'ont capté que des spectres théoriques d'un même type, type que l'on a défini précédemment selon ses propriétés physiques ; on peut dans ce cas inférer le type du neurone. Un « neurone pur » prend comme étiquette celle du type d'aérosol commun aux spectres théoriques captés et comme épaisseur optique τ(865 nm) la moyenne des épaisseurs optiques de ces spectres. Pour le prototype neuronal, on a introduit une marge d'incertitude en appliquant la règle du « neurone pur » si le nombre de spectres d'un même type dépasse 95 % du nombre total de LUTi gagnés. De même font partie des « neurones purs » tous les neurones dont la moyenne des épaisseurs optiques à 865 nm des spectres théoriques captés par un neurone est inférieur à 0,1. L'épaisseur optique étant très faible, on décide alors de lui attribuer le type Maritime, et on affecte à ces neurones la moyenne des épaisseurs optiques de l'ensemble des spectres théoriques captés par le neurone tous types confondus. En effet, dans ce cas, les propriétés physiques des aérosols n'influeront quasiment pas la correction atmosphérique.

  À l'issue de cette première opération, un certain nombre de neurones n'ont pas d'étiquette, ce qui s'explique par l'imperfection des modèles d'aérosols à reproduire l'observation et à la prise en compte partielle de la géométrie de visée. Deux cas vont se présenter : un neurone peut avoir capté des spectres théoriques de plusieurs types (« neurone mixte ») ou, étant vraiment différent de tous les spectres de la LUT, n'avoir capté aucun spectre théorique (« neurone blanc »).
- Pour un « neurone mixte », on poursuit la prise en compte de l'expertise en séparant l'ensemble des spectres théoriques captés selon leur type. On estime alors pour chaque type un spectre théorique et une épaisseur optique en moyennant les spectres de la LUT qui ont été sélectionnés. Un « neurone mixte »

est maintenant représenté par son référent et l'ensemble des spectres moyens calculés et l'épaisseur optique moyenne (il peut y avoir jusqu'à 5 spectres moyens représentant les 5 types possibles). La figure 7-35 montre un « neurone mixte » auxquel sont associés 4 types d'aérosols (donc 4 spectres moyens). On effectue cette opération pour chaque « neurone mixte » et pour chaque carte PRSOM-Ri.

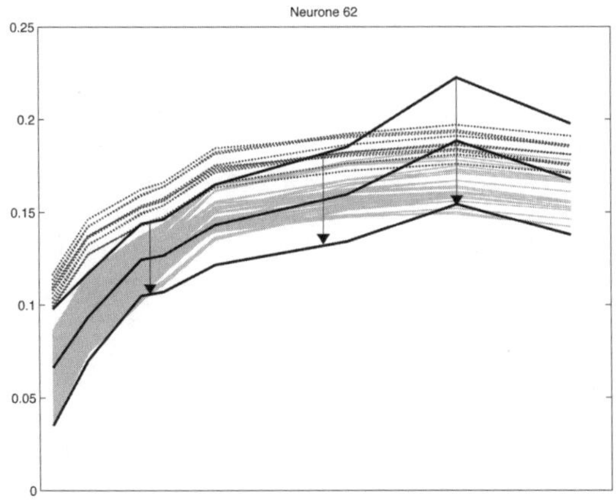

Figure 7-34. Représentation d'une opération de filtrage des Luts pour le neurone 62.

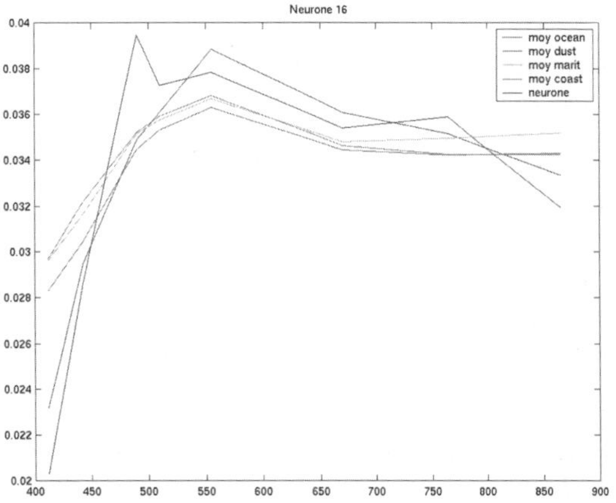

Figure 7-35. Représentation d'un neurone avec les barres d'erreurs à deux écarts-types calculés au cours de l'apprentissage par l'algorithme PRSOM ; et spectres théoriques moyens attachés à ce neurone. Ce neurone est un « neurone mixte ».

La détermination du type et de l'épaisseur optique d'un « neurone mixte », ainsi que l'épaisseur optique d'un « neurone blanc » se feront lors de la phase d'analyse (et non plus de labellisation) de chaque image. Cette détermination pourra donc varier d'une image à l'autre selon ses propriétés physiques et va se faire en prenant en compte l'ensemble des informations contenues dans l'image satellitaire. Mis à part les « neurones purs » dont le type est fixé, un neurone prendra son type et son épaisseur optique après une première phase d'analyse de l'image SeaWifs tout entière. Cette première phase permet de pendre en compte les informations de contexte contenues dans l'image et dans la topologie de la carte.

d) Décodage d'une image

Le décodage d'une image se fait en présentant deux fois l'image à la carte. La première présentation permet de déterminer le type de chaque « neurone mixte » et l'épaisseur optique de tous les neurones. La seconde présentation utilise les résultats que l'on vient de trouver afin de traiter chaque pixel de l'image.

Pour la première présentation, l'ensemble des pixels de l'image SeaWifs est projeté sur les cartes PRSOM-Ri en fonction de leur géométrie.

- Chaque pixel affecté à un « neurone pur » prend son type et son épaisseur optique.
- Chaque pixel affecté à un « neurone mixte », sélectionne le type dont le spectre moyen est le plus proche de lui au sens de la distance euclidienne pour les 3 longueurs d'onde 510 nm, 670 nm, 865 nm. On affecte à chaque « neurone mixte » un compteur qui indique le nombre de pixels de chaque type qui lui est affecté. On attribue alors, en fin de traitement, à chaque pixel du « neurone mixte » le type du compteur majoritaire et la moyenne de l'épaisseur optique du type qui a été sélectionné.

À la fin de l'étiquetage les « neurones mixtes » et les « neurones purs » ont chacun un type et une épaisseur optique. Les « neurones blancs » n'ont en fait capté aucune expertise. Utilisant les propriétés de voisinage des cartes auto-organisatrices ils peuvent déduire leur épaisseur optique de ceux des neurones voisins. Un « neurone blanc » calcule son épaisseur optique en effectuant la moyenne des épaisseurs optiques des « neurones purs » et « neurones mixtes » de sa classe déterminée par CAH. Dans le prototype neuronal de la Méditerranée , on a effectué pour chaque carte PRSOM-Ri une CAH en 30 classes (chiffre optimisé à l'aide du critère du coude). Dans l'état actuel du prototype neuronal on ne prend pas de décision sur le type des « neurones blancs ».

D'autre part, chaque neurone peut être considéré comme représentant les 5 types d'aérosols avec des probabilités différentes. Les cartes auto-organisatrice utilisées ici (algorithme PRSOM) sont issues d'un formalisme probabiliste qui permet de calculer pour chaque pixel de l'image SeaWifs analysée, en fonction de l'ensemble des 20×20 neurones de la carte, les probabilités a posteriori des 5 types possibles. Ceci va permettre, dans les images présentées ci-après, d'estimer la confiance que l'on a de la typologie des aérosols proposés.

Le deuxième passage de l'image consiste simplement à projeter chaque pixel de l'image SeaWifs sur les cartes PRSOM-Ri en fonction de sa géométrie. Le pixel reçoit alors le type et l'épaisseur optique du neurone auquel il est affecté.

Le processus peut se résumer d'une manière schématique (voir figure 7-36) et par l'algorithme encadré.

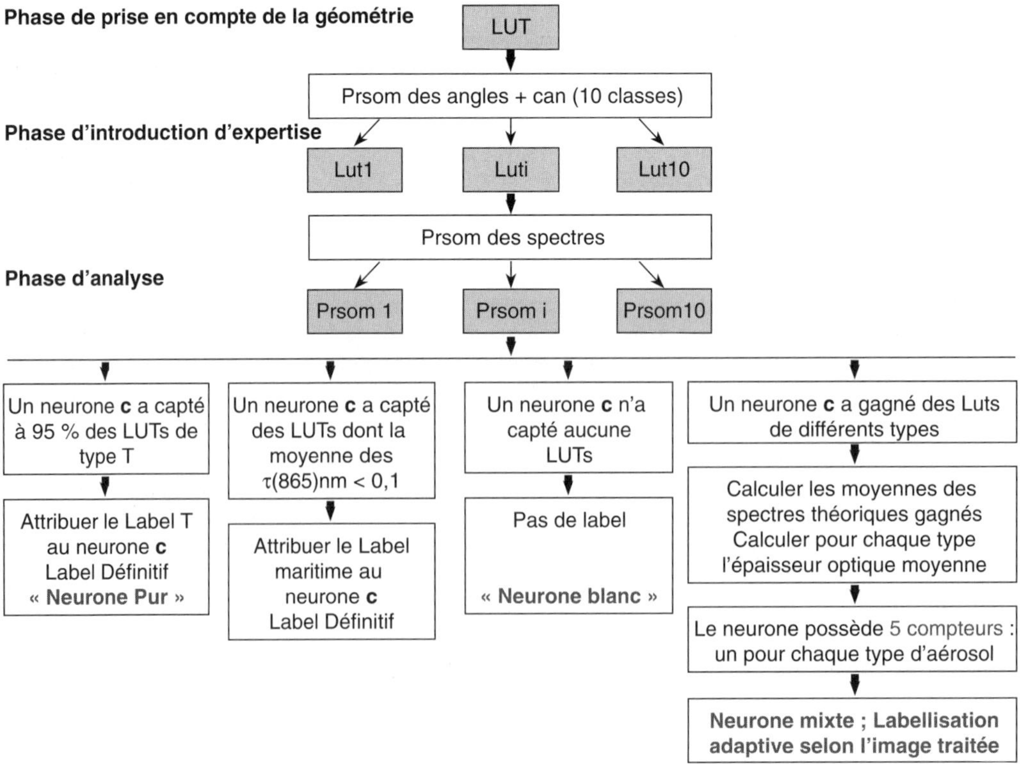

Figure 7-36. Schéma de l'algorithme général de décodage d'une image.

Algorithme de décodage d'une image.

Algorithme de décodage d'une image

1. Pour chaque pixel p de l'image analysée
 1.1 Projeter les angles de géométrie sur la carte PRSOM-A.
 1.2 Récupérer la classe de géométrie k de p.
 1.3 Projeter le spectre du pixel p sur la carte PRSOM-R_k, soit N le neurone sélectionné.
 Si N est un « Neurone mixte »
  ALORS
  Parmi les 5 spectres théoriques moyens affectés au neurone N, déterminer le spectre le plus proche de p. Soit T son type.
  Incrémenter de 1 le compteur du neurone N relatif au type T.
  Retour à l'étape 1.

2. Calculer l'épaisseur optique des « neurones mixtes ».
3. Calculer l'épaisseur optique des « neurones blancs ».
4. Étiqueter l'image.

Résultats

Le paragraphe qui suit présente le décodage d'images fournies par le radiomètre SeaWifs pour une semaine d'août 1999 (du 6 au 11 août). Un intense nuage de poussière désertique originaire du nord de l'Afrique, s'amplifiant puis s'étalant vers le Nord-Est a été observé à cette date. Les cartes météorologiques, présentées dans la figure 7-37, nous montrent que le sens du vent est du Sud-Ouest vers le Nord-Est (en raison de l'effet de Coriolis, le vent se dirige à droite de la ligne allant des hautes pressions vers les basses pressions). On s'attend donc à ce que les images fournies par le prototype révèlent bien le passage de ces poussières allant dans le même sens que la trajectoire du vent. La figure 7-38 illustre les résultats de la typologie et des épaisseurs optiques fournies par le prototype pour les journées du 7, 8, 9 août. En analysant les images, on constate effectivement l'élargissement et le déplacement du panache d'aérosols, d'ouest en est, à partir de la côte tunisienne.

Afin d'obtenir plus d'informations sur les nuages d'aérosols retrouvés, on calcule en utilisant les formules du paragraphe « étiquetage et probabilité » la probabilité a posteriori de chaque type pour chacun des pixels de l'image. La figure 7-39 donne pour le 28 juin 2000 la typologie des aérosols proposée par le prototype neuronal et la figure 7-40 présente pour le type « poussière » les différentes probabilités estimées par le calcul. On remarque la bonne adéquation entre la carte des typologies et celle des probabilités. Les pixels ont des probabilités proches de 1 au centre du nuage et des probabilités faibles sur les bords.

On a comparé les épaisseurs optiques données par le prototype neuronal aux 46 mesures de l'année 2000 obtenues avec l'expérience AERONET à la station de Lampedusa ; comparaison qui ne doit pas omettre le nombre important d'incertitudes pesant sur les observations (satellitaire ou *in situ*) :

- Pour les épaisseurs optiques calculées à partir des données satellitaires on considère les épaisseurs optiques sur un pavé de 3×3 pixels autour de la position du photomètre au sol. On effectue alors un test d'homogénéité spatiale en ne gardant que les mesures (parmi les 9) qui sont comprises entre +/– un écart-type autour de leur moyenne. La valeur finale qui sera comparée est la valeur moyenne des mesures répondant au test.
- Les épaisseurs optiques du réseau AERONET utilisées pour la validation sont les moyennes des mesures effectuées entre 10 h et 13 h. En effet, les mesures SeaWifs au-dessus de la Méditerranée sont acquises vers 11 h (+/– 1 h) tous les jours.

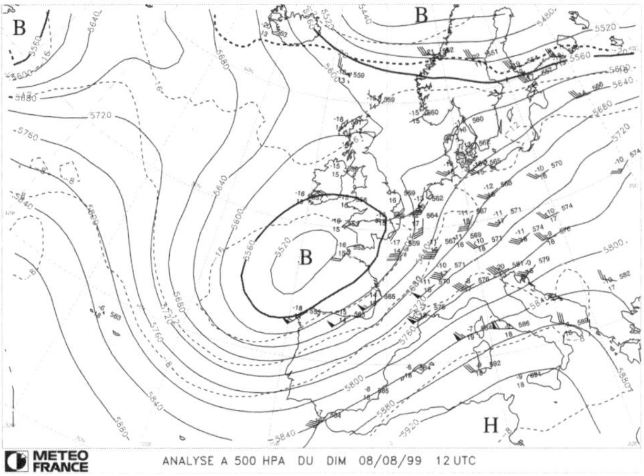

Figure 7-37. Carte météorologique pour la journée du 8 août 1999 fournie par Météo France. Le vent se dirige à droite de la ligne allant des hautes pressions vers les basses pressions.

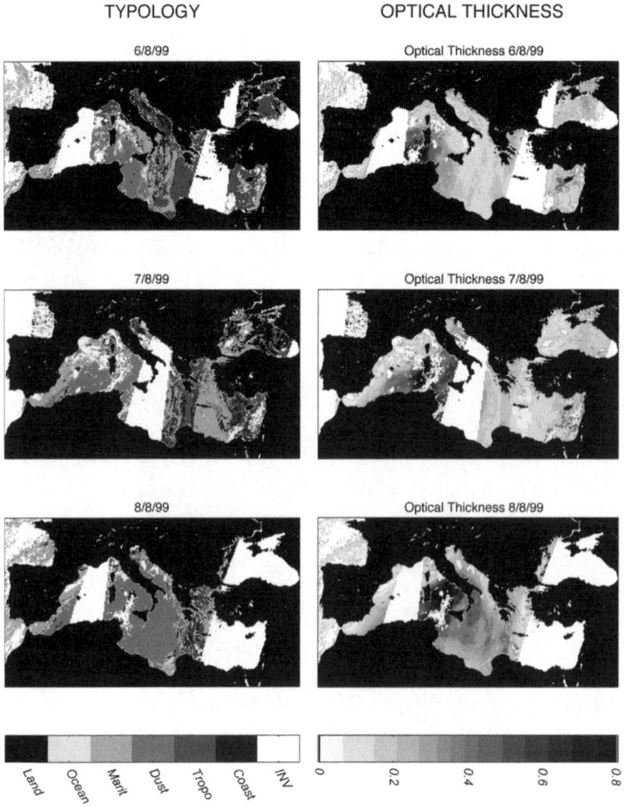

Figure 7-38. Typologie des aérosols (à gauche) proposée par le prototype neuronal pour les images du 7 au 9 août 1999 (de haut en bas) et cartes d'épaisseur optique (à droite) pour les mêmes jours.

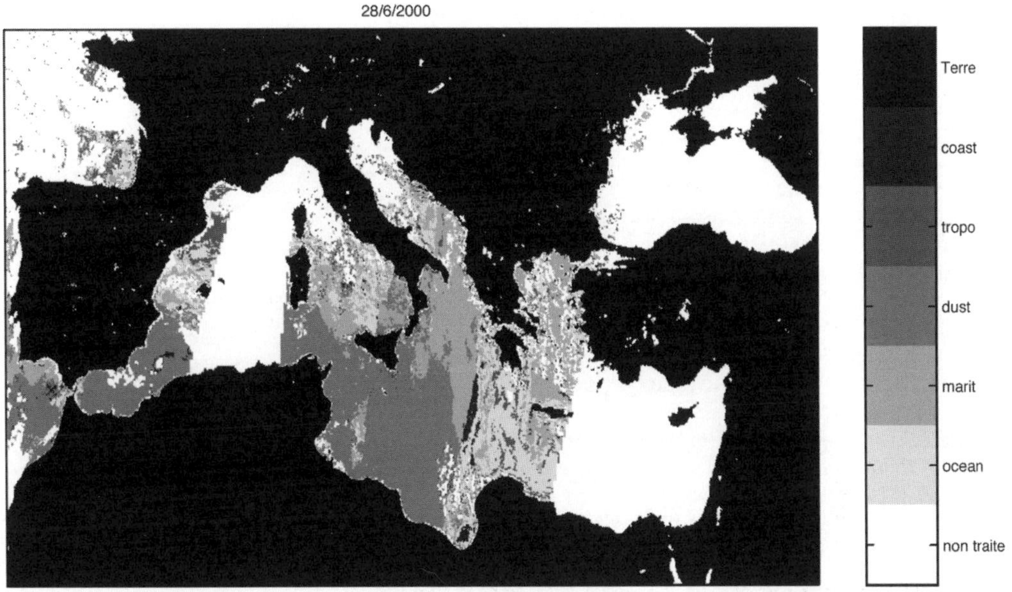

Figure 7-39. Typologie des aérosols proposés par le prototype neuronal pour la journée du 28 juin 2000.

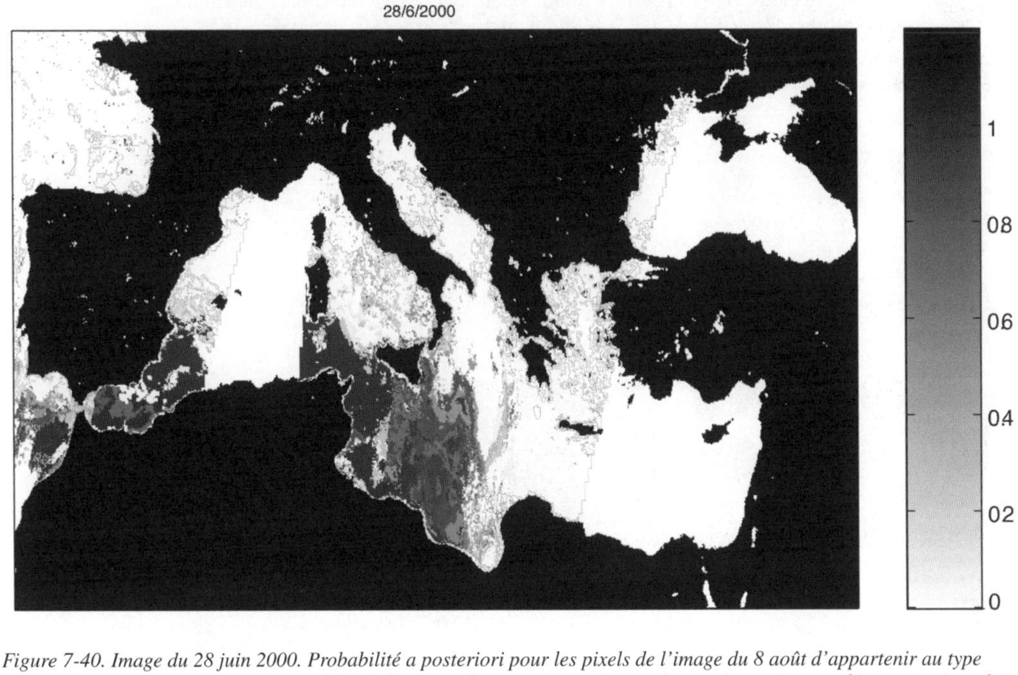

Figure 7-40. Image du 28 juin 2000. Probabilité a posteriori pour les pixels de l'image du 8 août d'appartenir au type « poussière ». Les valeurs négatives sur l'échelle de couleur sont imposées par la représentation graphique pour introduire le masque de terre. Sur la mer, les niveaux de gris correspondent bien aux probabilités calculées à partir du « prototype ».

On utilisera pour la comparaison des épaisseurs optiques les performances obtenues sur deux indices :

- l'erreur quadratique;
- l'erreur relative moyenne.

Le tableau 7-4 donne les erreurs quadratiques et les erreurs relatives obtenues en comparant les mesures AERONET aux estimations du prototype et à celles produites par la chaîne opérationnelle de SeaWifs. Seuls 34 points sont utilisés dans cette comparaison, la chaîne opérationnelle de SeaWifs écartant les 12 points restant qui ont été éliminés par le masque de nuage. La figure 7-41 compare pour ces mêmes mesures les diagrammes de dispersion obtenus pour le prototype neuronal et par la chaîne opérationnelle de SeaWifs. On constate une amélioration des performances si l'on utilise le prototype neuronal. D'autre part, le prototype neuronal donne une estimation de l'épaisseur optique pour l'ensemble des 46 points de mesure disponibles en 2000. Une comparaison entre les mesures AERONET et les estimations du prototype est donnée à la figure 7-42 avec les barres d'erreur attachées à chaque mesure. Sur la figure, il est facile de voir que les variations temporelles observées par le radiomètre sont reproduites par les estimations données par le prototype, les valeurs étant plutôt surestimées. Les deux indices ont été calculés sur l'ensemble des 46 points (tableau 7-5) ; où l'on observe une amélioration des performances. Il est clair que le prototype réalisé peut décoder avec succès des situations pour lesquelles les épaisseurs optiques sont fortes, ces situations étant écartées par la chaîne opérationnelle de SeaWifs.

	Prototype	SeaWiFS
RMS	0.0364	0.0381
Erreur relative	0.3085	0.3282

Tableau 7-4. Comparaisons des indices de performances obtenues par le prototype neuronal et l'algorithme de la chaîne opérationnelle SeaWifs sur les 34 points de mesure de la station AERONET de Lampedusa.

	Prototype
RMS	0.0410
Erreur relative	0.2774

Tableau 7-5. Comparaisons des indices de performances obtenues par le prototype neuronal sur les 46 points de mesure de la station AERONET de Lampedusa.

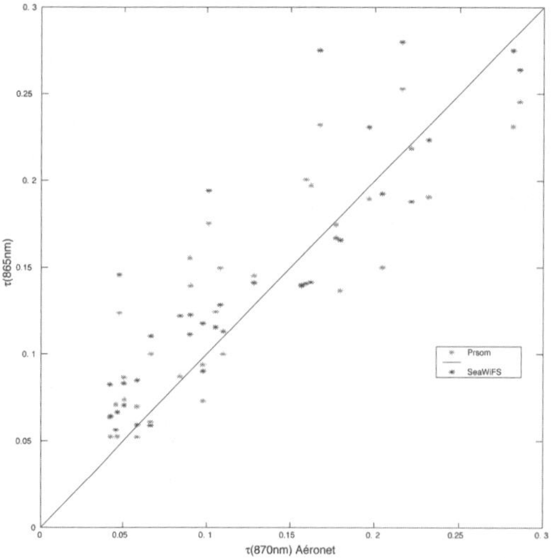

Figure7-41. Comparaison des deux diagrammes de dispersion obtenus par le prototype neuronal et la chaîne opérationnelle de SeaWifs pour l'analyse des 34 mesures de l'année 2000 de l'expérience AERONET.

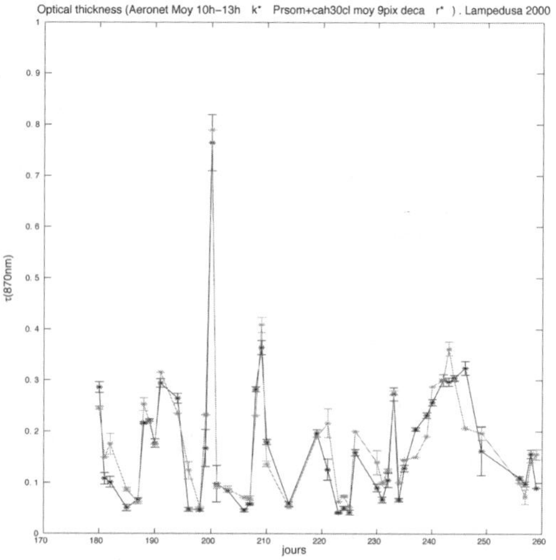

Figure 7-42. Comparaison des épaisseurs optique obtenues par le prototype neuronal et des mesures effectués par le radiomètre CIME. La comparaison est effectuée sur les 46 points disponibles pour l'année 2000 dans la station de Lampedusa. Chaque point est représenté avec l'incertitude qui a été calculée.

Conclusion

Les performances obtenues prouvent la validité du prototype neuronal. L'approche statistique que l'on vient de décrire présente un caractère de généralité qui permet d'envisager le décodage d'autres mesures satellitales en ayant recours à la même méthodologie. On peut, par classification puis introduction d'expertise, mettre l'accent sur des cartographies spécifiques (sol, culture…).

Carte topologique et recherche documentaire

Ce dernier paragraphe présente une application opérationnelle dans un domaine tout à fait différent : la recherche documentaire. D'une manière générale, le système Websom, créé par Kohonen et son équipe, cherche à ranger un ensemble de textes selon leur contenu. Le système proposé actuellement permet d'organiser 7 millions de textes en une seule base de données documentaire. Des documents dont les significations sont proches sont ainsi classés d'une manière proche les uns des autres dans la base de donnés. En procédant à une représentation visuelle d'une telle base, une fois qu'elle est organisée, il est possible d'avoir une impression globale du contenu des documents affectés à une zone particulière de la base. La vision de l'ensemble des mots-clés de la zone, des thèmes abordés par les différents documents, permet, par les rapprochements qu'elle suggère et la synthèse qu'elle autorise, de procéder à une recherche documentaire originale. Cette description très brève des caractéristiques principales du système Websom permet cependant de comprendre pourquoi la modélisation proposée pour ce système est basée sur les cartes auto-organisatrices : des observations proches (les textes) doivent se retrouver proches visuellement (donc sur des cartes en dimension 2). Rendre opérationnelle l'application nécessite de répondre à différents critères supplémentaires :

- Comme il en va pour l'application sur les données satellitaires, la qualité du système obtenu dépend du codage des données. Dans une recherche documentaire, il faut pouvoir extraire une information pertinente sur la signification des documents étudiés.
- La recherche documentaire n'a de sens que si le nombre de documents que l'on peut consulter est suffisamment élevé et si la visualisation est assez fine. La dimension de la carte doit être très grande.
- Comme le système doit permettre d'effectuer des recherches documentaires en ligne, la rapidité d'exécution est une de ses spécifications.
- Les algorithmes de base qui ont été présentés dans les paragraphes précédents ont été modifiés de manière qu'il soit possible :
  - d'introduire une connaissance linguistique qui permette la manipulation de textes,
  - d'entraîner des cartes de grande dimension afin de rendre aussi vaste que possible l'ensemble des documents qui seront pris en compte pendant la recherche documentaire,
  - de réaliser un système de visualisation performant qui soit un véritable guide de la recherche,
  - de réduire le temps nécessaire à la recherche documentaire.

Le codage de l'information

Le prétraitement effectué sur un texte doit permettre d'en extraire une information significative qui est directement conditionnée par les particularités du domaine d'étude. Bien entendu, ce codage doit également prendre en considération les particularités attachées au formalisme des cartes topologiques : l'algorithme de Kohonen traite des données quantitatives multidimensionnelles ; chaque texte doit, pour cette raison, être représenté par un vecteur de R^n. La dernière version du système Websom traite d'un corpus de 6 840 568 résumés de langue anglaise, dans lequel en moyenne chaque *abstract* est représenté par un ensemble de 132 mots. Pour effectuer le codage de l'ensemble des chiffres et des symboles spéciaux, les mots apparaissant moins de 50 fois ainsi que 1335 mots trop communs ont été supprimés. On considère finalement, pour le corpus dans son entier, un ensemble de 43 222 mots. Plusieurs versions de Websom existent ; la première codait directement l'histogramme du texte à l'aide d'un vecteur dont la dimension était égale au nombre de mots. Dans ce codage, chaque composante de ce vecteur correspond à la fréquence d'occurrence d'un mot particulier, affecté d'un poids qui représente l'importance du mot pour la signification du texte. Différentes méthodes de compression de l'information pour diminuer cette dimension prohibitive ont été proposées : réduction par projection (analyse en composantes principales) ou utilisation d'une des méthodes de projections aléatoires. C'est la méthode des projections aléatoires qui est actuellement implémentée : chaque texte est représenté par un vecteur de dimension 500 qui résume le texte en analysant son vocabulaire d'une manière statistique. La complexité du codage est $O(NL) + (n)$, où N représente le nombre de documents. Le nombre moyen de mots différents contenu dans un texte, et n la dimension initiale des histogrammes. Pour comparaison, la méthode la plus simple qui compresse les histogrammes par projection est en $O(NLd)$. Ces améliorations substantielles ont permis d'envisager une utilisation opérationnelle de Websom sur le corpus tout entier.

Les particularités de l'apprentissage

L'utilisation d'une carte à deux dimensions permet une représentation visuelle de l'organisation recherchée, ce qui constitue une aide à la recherche documentaire. En fin d'apprentissage, la phase d'affectation, qui met en correspondance un document et un neurone, permet de situer chaque document par rapport à l'ensemble du corpus mémorisé : des textes aux significations proches se trouvent dans des zones contiguës de la carte. Dans la dernière version de Websom (Websom2), le corpus est divisé en vingt et un types (agriculture, transport, chimie, électricité…). Pour faire apparaître cette information, on associe à chaque neurone un type de textes et un ensemble de mots-clés qui sont déterminés à partir du sous-ensemble des textes dont il est le référent. On attribue à un neurone le type qui représente les textes majoritairement affectés à ce neurone, et l'on détermine les mots-clés à partir de l'intersection des ensembles de mots-clés de chaque texte. Au moment de l'utilisation de Websom, des textes dont les significations sont proches se projettent dans des zones contiguës d'une carte topologique à deux dimensions. De cette manière, la projection d'un texte permet de situer son contenu par rapport à l'ensemble des textes ayant servi à l'apprentissage, et donc par rapport à la base de données. Au moyen de l'étiquetage réalisé sur la carte, on peut interpréter le contenu d'un texte qui n'a pas participé à l'apprentissage d'une manière automatique, les classes des neurones voisins permettant d'en affiner la compréhension.

Étant donné le grand nombre de documents qui constituent la base, une analyse documentaire fine requiert que l'on utilise un très grand nombre de neurones. La principale modification apportée à l'algorithme de Kohonen permet d'entraîner rapidement des cartes de grande dimension. La carte topologique utilisée pour Websom est constituée de 1 002 240 neurones. Cette carte ne peut être entraînée directement en raison du nombre de paramètres à estimer, qui s'élève dans ce cas à 1 002 240 × 500 connexions. La modification introduite repose sur l'idée qu'une bonne initialisation des paramètres permet d'améliorer d'une manière très importante la vitesse de convergence. Cette « bonne » initialisation est trouvée de proche en proche de manière à guider la convergence. Dans le cas de Websom, les 1 002 240 paramètres de la carte sont initialisés de proche en proche à partir d'une première carte rectangulaire de 435 neurones ; cette première carte est mise au point à l'aide du corpus d'apprentissage. Une seconde carte utilisant un maillage plus fin est initialisée à l'aide de la première : les neurones de la carte la plus fine sont initialisés à partir des 435 premiers neurones. Les valeurs initiales d'un nouveau neurone sont obtenues par interpolation linéaire en fonction des trois neurones de la carte initiale les plus proches. Le nombre de neurones de la première carte est augmenté jusqu'à ce qu'il atteigne 1 002 240 neurones ; chaque augmentation du nombre de neurones est suivie d'un ré-apprentissage du corpus tout entier à l'aide de l'algorithme de Kohonen. Pour l'apprentissage de la première carte, l'algorithme de Kohonen effectue 300 000 itérations ; chaque augmentation de la carte ne demande que cinq itérations de la version « nuées dynamiques » de l'algorithme. Procéder de cette manière permet d'obtenir la convergence et l'ordre topologique pour de très grandes cartes. De plus, une amélioration de la rapidité de convergence est obtenue en utilisant une recherche rapide du plus proche voisin, qui se sert explicitement de l'ordre topologique trouvé par les cartes successives.

Les performances de Websom

L'intérêt des différentes améliorations introduites dans Websom est évident si l'on considère la complexité du nombre d'opérations traitées. La méthodologie qui vient d'être exposée permet de diminuer le nombre d'opérations de $O(dN^2)$ pour l'algorithme de Kohonen à $O(dM^2) + O(dN) + O(M^2)$ pour Websom ; dans cette expression, N représente le nombre de neurones de la carte finale, M le nombre de neurones de la carte initiale et d la dimension de la couche d'entrée (d = 500 pour Websom). Les comparaisons effectuées avec l'algorithme de Kohonen montrent que l'implémentation choisie permet de conserver les mêmes performances (erreur de quantification, erreur de classification) qu'avec l'algorithme classique. La version finale a été obtenue après six semaines d'apprentissage sur une machine à six processeurs (SGI O2000). Les performances obtenues sur la base des 7 millions de texte atteignent 64 % de bonne classification. Comme pour toutes les applications en fouille de données, l'aspect de visualisation a été très soigné ; la carte est présentée sous la forme d'une suite de pages HTML qui permettent de l'explorer à l'aide de la souris : cliquer sur un endroit de la carte permet d'atteindre les documents, de les visualiser et de les lire.

Extension des cartes topologiques aux données catégorielles

L'ensemble des algorithmes présentés dans les paragraphes précédents fait appel à des traitements numériques de l'information : celle-ci est présentée sous la forme de nombres (en général des réels), qui sont traités numériquement. Ceci peut être peu approprié quand on traite des informations symboliques, dont la signification n'est pas complètement traduite par des nombres, et encore moins par des opérations sur ceux-ci. Les modèles et les algorithmes présentés dans les paragraphes précédents ne sont donc pas directement applicables à ces données. Cependant, les principes généraux des modèles des cartes topologiques peuvent être repris dans leur ensemble, et adaptés à la spécificité des données catégorielles.

Le choix de codages et de métriques appropriées peut permettre de conserver les propriétés des méthodes qui ont été mises au point sur des données numériques, les adaptant ainsi au traitement des données catégorielles.

Le paragraphe suivant présente quelques rappels classiques concernant le codage et la représentation des données catégorielles. On présentera ensuite les modifications des cartes topologiques qui permettent :
- Le traitement des données binaires : un premier modèle de cartes topologiques binaires (*Binary Topological Map* ou BTM), et l'algorithme d'apprentissage associé seront présentés.
- Le traitement de données catégorielles : un second modèle de cartes topologiques *Categorical Topological Map* (CTM) reprendra le formalisme probabiliste de PRSOM.

Comme pour la partie numérique, un paragraphe sera consacré aux applications de ces nouvelles approches en classification et en visualisation.

Codage et analyse des données catégorielles

De nombreuses variables ne peuvent prendre qu'un nombre restreint de modalités. Citons par exemple les variables associées aux caractéristiques physiques telles que la taille (grande, moyenne, petite), ou encore à la situation familiale (célibataire, veuf, divorcé, marié). Les variables ainsi définies sont appelées variables catégorielles ; elles sont classées en deux groupes : les variables catégorielles ordinales, qui se caractérisent par l'existence d'un ordre implicite entre les modalités (comme la taille), et les variables catégorielles nominales (comme la situation familiale). Si l'on utilise un codage adapté, les données catégorielles peuvent devenir des données binaires. Les codages utilisés le plus souvent sont :

- Le codage binaire additif : s'appliquant aux variables ordinales, il permet essentiellement de conserver l'ordre implicite entre les modalités d'une variable.
- Le codage disjonctif complet : ce codage s'applique aux variables nominales.

Le tableau 7-6 présente ces deux types de codage binaire d'une variable catégorielle à trois modalités.

Modalités	Codage additif	Codage disjonctif
1	1 0 0	1 0 0
2	1 1 0	0 1 0
3	1 1 1	0 0 1

Tableau 7-6. Codage des modalités

La statistique descriptive permet de résumer un ensemble d'observations par des grandeurs caractéristiques. Dans le cas des données numériques, si l'on utilise la distance euclidienne, il est possible de résumer un ensemble d'observations dans l'espace des données par sa moyenne et son écart-type. Si les observations sont en dimensions multiples, on peut utiliser le centre de gravité et l'inertie. Des caractéristiques équivalentes ont été définies pour le traitement des données binaires si l'on utilise la distance de Hamming [GOVAERT 1990, CELEUX 1991, GIROLAMI 2001, PATRIKAINEN 2004, BISHOP 1998, VERBEEK 2005] ; l'ensemble des données est décrit à l'aide d'un centre médian, lui-même binaire. Pour des données formées de vecteurs dont les composantes sont catégorielles, le résumé peut être effectué par le calcul de tables de probabilités liées à chaque modalité de chaque variable.

Comme indiqué plus haut, les cartes topologiques numériques minimisent une fonction de coût qui dépend des inerties intra-classe définies à partir de la distance euclidienne, ou bien maximisent une fonction de vraisemblance (cas de PRSOM). Pour proposer une classification de la même manière, les cartes topologiques binaires et probabilistes minimisent :

- une fonction d'inertie définie à partir de la distance de Hamming pour le modèle BTM (données binaires) ;
- une fonction de vraisemblance pour le modèle CTM (données catégorielles).

Les deux sections suivantes présentent les modèles BTM et CTM.

Cartes topologiques et données binaires

Comme nous l'avons vu, les données binaires proviennent souvent d'un codage binaire de données catégorielles. La distance de Hamming entre deux observations $z_1 = \left(z_1^1;...;z_1^n\right)$ et $z_2 = \left(z_2^1;...;z_2^n\right)$ de $\beta^n = \{0,1\}^n$ est égale au nombre de composantes différentes entre ces deux vecteurs. Elle est définie par la relation suivante :

$$H\left(z_1;z_2\right) = \sum_{j=1}^{n} \left|z_1^j - z_2^j\right|. \qquad (40)$$

Comme pour le modèle classique des cartes topologiques, on utilise, pour le modèle BTM, un réseau de neurones avec une couche d'entrée pour les variables et une carte $\boldsymbol{C}$ possédant une structure de graphe régulier [LEBBAH 2000], [LEBBAH 2003]. On détermine les référents en minimisant une fonction de coût $J_{bin}^T(\chi;W)$ (formule 41) en utilisant la distance de Hamming, semblable à $J_{Som}^T(\chi;W)$ (relation 16). À chaque neurone c de C est associée un référent $\boldsymbol{w}_c$ et $W = \{\boldsymbol{w}_c \,/\, c \in C\}$. Comme pour J_{Som}^T, la minimisation de J_{bin}^T par rapport χ et W permet de réaliser la conservation de la topologie de la carte C, et de fournir une partition de l'ensemble d'apprentissage A en sous-ensembles homogènes. La fonction de coût qui détermine le modèle BTM a pour expression :

$$J^T_{bin}(\chi;W)=\sum_{z_i\in A}\sum_{r\in C}K^T\left(\delta\left(\chi(z_i);r\right)\right)H\left(z_i;w_r\right). \quad (41)$$

L'expression (41) est semblable à la fonction de coût J^T_{som} (relation 16), dans laquelle la distance euclidienne entre l'observation z et un référent w_r est remplacée par la distance de Hamming. Si l'on définit une distance de Hamming pondérée, notée d^T_{bin}, qui fait intervenir l'ensemble de tous les référents

$$d^T_{bin}(z;w_{\chi(z_i)})=\sum_{r\in C}K^T(\delta(\chi(z_i);r))H(z_i;w_r) \quad (42)$$

la fonction de coût (41), peut se mettre sous forme :

$$J^T_{bin}(\chi;W)=\sum_{z_i\in A}d^T_{bin}\left(z_i;w_{\chi(z_i)}\right).$$

Algorithme d'optimisation à *T* fixé

On peut définir un algorithme itératif, de type nuées dynamiques, qui permet d'assurer une convergence vers un minimum local de J^T_{bin}. La minimisation s'effectue en deux phases qui sont réalisées alternativement au cours d'itérations successives.

La phase d'affectation : on suppose, lors de cette phase, que l'ensemble des référents W déterminés à l'étape précédente est fixé et reste constant ; il s'agit donc de minimiser $J^T_{bin}(\chi;W)$ par rapport à χ. Il est facile de voir que ce minimum est atteint pour une fonction d'affectation $\chi:\beta^n\to C$ définie par :

$$\forall z\in\beta^n\ \chi(z)=\arg\min_c d^T_{bin}\left(z;w_c\right). \quad (43)$$

Cette fonction affecte une observation z au neurone le plus proche au sens de la distance d^T_{bin}.

La phase de minimisation consiste à minimiser la fonction de coût par rapport à W en fixant la fonction d'affectation χ à celle déterminée à l'étape précédente. En intervertissant les deux sommations dans la formule (41), on obtient :

$$J^T_{bin}(\chi;W)=\sum_{r\in C}\sum_{z_i\in A}K^T\left(\delta\left(\chi(z_i);r\right)\right)H\left(z_i;w_r\right)=\sum_{r\in C}I_r \quad (44)$$

avec

$$I_r=\sum_{z_i\in A}K^T\left(\delta\left(\chi(z_i);r\right)\right)H\left(z_i;w_r\right). \quad (45)$$

La formule (45) fait apparaître une expression qui correspond à l'inertie relativement à la distance de Hamming des observations de A par rapport au vecteur référent w_r, chaque observation z_i étant pondérée par $\gamma_i^r=K^T\left(\delta\left(\chi(z_i)\right);r\right)$.

Pour χ fixé, la minimisation de $J^T_{bin}(\chi;W)$ par rapport à W revient à minimiser chaque inertie par rapport au référent w_r. Le minimum de I_r dans $\beta^n=\{0;1\}^n$ n'est autre que le centre médian de A lorsque chaque observation z_i est pondérée par $\gamma_i^r=K^T\left(\delta\left(\chi(z_i)\right);r\right)$. Le référent trouvé est toujours de même type que celui des observations z_i et possède une interprétation symbolique. La définition du centre médian et la démonstration du résultat sont données dans la remarque qui suit.

Remarque

Si l'on considère l'inertie par rapport à $\mathbf{w} = (w^1; w^2; ...; w^n) \in \beta^n$ de l'ensemble A dont les observation z_i sont pondérées par les coefficients γ_i :

$$I(\mathbf{w}) = \sum_{z_i \in A} \gamma_i H(\mathbf{z}_i; \mathbf{w}) = \sum_{z_i \in A} \gamma_i \sum_{j=1}^{n} | z_i^j - w^j |$$

qui s'écrit : $I(\mathbf{w}) = \sum_{j=1}^{n} I(w^j)$ où $I(w^j) = \sum_{z_i \in A} \gamma_i (1 - z_i^j) w^j + \sum_{z_i \in A} \gamma_i z_i^j (1 - w^j)$.

En posant $\Gamma_0^j = \sum_{z_i \in A} \gamma_i (1 - z_i^j)$ et $\Gamma_1^j = \sum_{z_i \in A} \gamma_i z_i^j$, on a $I(w^j) = w^j \Gamma_0^j + (1 - w^j) \Gamma_1^j$

où Γ_0^j représente la somme des pondérations des observations de A dont la valeur de la j composante j est égale à 0, et Γ_1^j représente la somme des pondérations des observations de A dont la valeur de la composante j est égale à 1. Il est facile de voir que cette expression est minimisée par la médiane définie par $w^j = \begin{cases} 0 \text{ si } \Gamma_0^j \geq \Gamma_1^j \\ 1 \text{ si } \Gamma_1^j \geq \Gamma_0^j \end{cases}$.

Le vecteur w qui minimise $I(\mathbf{w})$ est formé par l'ensemble des médianes relatives à toutes les composantes ; ce vecteur est appelé le centre médian de A relativement aux pondérations choisies.

Ce résultat montre que le référent ω_r n'est autre que le centre médian des observations de A lorsque celles-ci sont pondérées par les $\gamma_i^r = K^T\left(\delta\left(\chi(\mathbf{z}_i); r\right)\right)$.

Algorithme des cartes topologiques binaires à T fixé

Étape d'initialisation à $t = 0$

Choisir la structure et la taille p de la carte. Choisir les p référents initiaux, en général d'une manière aléatoire, et le nombre d'itérations N_{iter}.

Étape itérative t

L'ensemble des référents W^{t-1} de l'étape précédente étant connu :

- Phase d'affectation : mise à jour de la fonction d'affectation χ^t. On affecte chaque observation z_i à l'indice du référent défini à partir de l'expression (43).
- Phase de minimisation : χ^t étant fixé, pour chaque neurone r prendre comme référent $\mathbf{w}_r^t$ le centre médian des observations de A lorsque chaque observation z_i est pondérée par $\gamma_i^r = K^T\left(\delta\left(\chi^t(z_i); r\right)\right)$.

Répéter l'étape itérative jusqu'à $t = N_{iter}$

Ainsi, l'algorithme d'apprentissage de BTM reprend les caractéristiques principales des cartes topologiques présentées dans les sections précédentes. Les mêmes notions de topologie sur la carte et d'optimisation par algorithme de nuées dynamiques sont utilisées. La minimisation de $J_{bin}^T(\chi; W)$ s'effectue par itérations successives jusqu'à un nombre d'itérations définies à l'avance. La fonction $J_{bin}^T(\chi; W)$ (comme $J_{som}^T(\chi; W)$) se présente comme un compromis entre deux termes : un terme représentant l'ordre sur la carte, et un terme représentant l'inertie intra-classe. Ce compromis est réalisé par le paramètre T. L'algorithme d'apprentissage de BTM reprend la même démarche que celle des cartes topologiques classiques : le paramètre T varie entre deux valeurs T_{max} et T_{min} avec ($T_{max} > T_{min}$).

Algorithme d'apprentissage de BTM

Étape d'initialisation

Effectuer quelques itérations de l'algorithme précédent avec T constante égal à T_{max}. Prendre $t = 0$ et choisir le nombre d'itérations N_{iter}.

Étape itérative (t ≥ 1)

L'ensemble des référents W^{t-1} de l'étape précédente étant connu, calculer la nouvelle valeur de T par la relation :

$$T = T_{\max}\left(\frac{T_{\min}}{T_{\max}}\right)^{\frac{t}{N_{iter}-1}}.$$

Pour cette valeur du paramètre T, effectuer les deux phases suivantes :

- Phase d'affectation : mise à jour de la fonction d'affectation c^t associée à W^{t-1}. On affecte chaque observation z_i au référent défini à partir de l'expression (43).
- Phase de minimisation : la fonction c^t étant fixée, pour chaque neurone r, déterminer le nouveau référent en calculant le centre médian des observations pondérées par γ_i^r. L'ensemble des nouveaux référents constitue W^t.

Répéter l'étape itérative jusqu'à $t = N_{iter}$.

Cartes topologiques probabilistes et données catégorielles (CTM)

Cette section est consacrée au modèle de carte topologique CTM dédié aux données catégorielles qui permet de travailler sur ces données sans faire intervenir un codage binaire [LEBBAH 2003], [LEBBAH 2004)]. Ce modèle repose sur un formalisme probabiliste précédemment introduit pour le modèle de cartes topologiques probabilistes. Il suppose que les données observées sont engendrées par la loi de mélange définie ci-dessous :

$$p(z) = \sum_{c_2 \in C_2} p(c_2) p_{c_2}(z) \text{ avec } p_{c_2}(z) = \sum_{c_1 \in C_1} p(c_1|c_2) p(z|c_1). \quad (46)$$

où les probabilités conditionnelles $p(c_1|c_2) = \frac{K^T(\delta(c_1,c_2))}{T_{c_2}}$ sont supposées connues (T_{c_2} étant un terme de normalisation). Elles dépendent d'un paramètre T, et permettent l'introduction du voisinage, donc de l'ordre topologique. Les coefficients à estimer sont les paramètres des probabilités a priori $p(c_2)$, et les tables de probabilités relatives à chaque élément du mélange qui sont données par $p(z|c_1)$.

Nous supposons, pour la suite, que les n composantes catégorielles du vecteur multidimensionnel $z = (z^1; z^2; ...; z^k; ...; z^n)$ sont indépendantes. Chaque composante z^k appartient à un ensemble fini M_k formé de m_k modalités $\{x_1^k; x_2^k; ...; x_{m_k}^k\}$: dans ce cas, $z \in D = M_1 \times M_2 \times .... \times M_n$. Si l'on fait l'hypothèse de l'indépendance des composantes de z, on peut alors écrire : $p(z|c_1) = \prod_{k=1}^{n} p(z^k|c_1)$, où $p(z^k|c_1)$ représente une table unidimensionnelle de probabilités (de dimension m_k) contenant les probabilités des m_k modalités de la composante z^k. Cette table de probabilités sera notée par la suite $\theta^{k;c_1} = \{\theta_j^{k;c_1}; j = 1...m_k\}$. L'ensemble des paramètres permettant de définir les différentes probabilités $p(z|c_1)$ d'un neurone c_1 de la carte est constitué de l'union de toutes les tables de probabilités des variables composantes : $\theta^{c_1} = \cup_{k=1}^{n} \theta^{k;c_1}$. On note par la suite $p(z|c_1;\theta^{c_1})$ lorsqu'on a fixé les valeurs des paramètres θ^{c_1}. On désigne l'ensemble des tables de probabilités par $\theta^1 = \cup_{c=1}^{p}\theta^{c_1}$, et l'ensemble des probabilités a priori par $\theta^2 = \{\theta^{c_2}; c_2 = 1..p\}$ où $\theta^{c_2} = p(c_2)$.

Le modèle CTM nécessite la définition de l'ensemble des coefficients du mélange $\theta = \theta^1 \cup \theta^2$. L'estimation des paramètres θ est obtenue en maximisant la vraisemblance des observations :

$V^T(A;\theta) = \prod_{i=1}^{N} p(z_i|\theta)$, où T représente le paramètre définissant les probabilités conditionnelles $p(c_1|c_2)$.

Estimation des paramètres du modèle

La maximisation de $V(A;\theta)$ par rapport à θ n'est pas simple. Cependant, on peut remarquer que le modèle générateur des données, défini par la formule (46), suppose qu'une observation z est engendrée de la manière suivante :

- Choisir un neurone noté c_2 en utilisant la probabilité a priori $p(c_2)$.
- Connaissant c_2, choisir un neurone noté c_1 en utilisant les probabilités conditionnelles $p(c_1|c_2)$.
- Générer l'observation z en utilisant les tables de probabilités $p(z|c_1)$.

Ainsi, à cette observation z est associée une variable non observée (cachée) notée ξ. Cette variable cachée est constituée par le couple de neurones c_1 et c_2, $\xi = (c_1; c_2)$, responsable de la création de l'observation z. On a alors :

$$p(z) = \sum_{\xi} p(z;\xi) = \sum_{\xi=(c_1;c_2)} p(z|c_1)\,p(c_1|c_2)\,p(c_2),$$

car $p(z;c_1,c_2) = p(c_2)\,p(c_1|c_2)\,p(z|c_2)$.

Ainsi, à chaque donnée réellement observée z_i correspond une donnée catégorielle disjonctive non observée $\boldsymbol{x}_i$ qui appartient à $C_1 \times C_2$; on définit $\Xi = \{\xi_i, i = 1..N\}$. Si l'on code la variable ξ_i par le codage binaire disjonctif, on obtient un vecteur binaire y_i, de dimension $p \times p$, dont les composantes $y^i_{(c_1;c_2)}$ sont définies par : $y^i_{(c_1;c_2)} = \begin{cases} 1 \text{ si } \xi_i = (c_1, c_2) \\ 0 \text{ sinon} \end{cases}$.

Avec cette notation, la vraisemblance des données complétées par les variables cachées correspondantes s'écrit :

$$V^T(A;\Xi;\theta) = \prod_{i=1}^{N} p(z_i;\xi_i|\theta) = \prod_{i=1}^{N}\prod_{c_2\in C_2}\prod_{c_1\in C_1}\left[\theta^{c_2}\,\frac{K^T(\delta(c_2;c_1))}{T_{c_2}}\,p(z_i|c_1;\theta^{c_1})\right]^{y^i_{(c_1;c_2)}}$$

où T_{c_2} est un facteur de normalisation. Le logarithme de la vraisemblance s'écrit :

$$\ln V^T(A;\Xi;\theta) = \sum_{z_i\in A}\sum_{c_2\in C_2}\sum_{c_1\in C_1} y^i_{(c_1;c_2)}\left[\ln(\theta^{c_2}) + \ln\frac{K^T(\delta(c_2;c_1))}{T_{c_2}} + \ln p(z_i / c_1;\theta^{c_1})\right]. \quad (47)$$

Le terme entre crochets est calculable, et dépend des paramètres θ à estimer. En revanche, les $y^i_{(c_1;c_2)}$ sont des variables aléatoires de Bernoulli ; il est possible de les estimer par leur valeur moyenne. Ainsi, à une itération t, on fixe la valeur des paramètres à θ^t, on calcule alors la moyenne :

$$E_{\theta^t}(y^i_{c_1,c_2}) = p(y^i_{c_1,c_2}= 1|\theta^t) = p(c_1, c_2|z_i;\theta^t) = \frac{p(c_1, c_2|z_i;\theta^t)}{p(z_i|\theta^t)} = \frac{p(c_2|\theta^t)p(c_1|c_2)p(z_i|c_1, \theta^t)}{p(z_i|\theta^t)}$$
$$= \frac{\theta^{t,c_2}p(c_1|c_2)p(z_i|c_1, \theta^{t,c_1})}{p(z_i|\theta^t)}. \quad (48)$$

L'expression (48) dépend des paramètres θ^t.

En remplaçant $y^i_{(c_1;c_2)}$ par la moyenne (48) dans l'expression (47) on obtient :

$$Q^T(\theta,\theta^t) = E_{\theta^t}\left[\ln V^T(A;\Xi;\theta)|A,\theta^t\right] =$$
$$\sum_{z_i\in A}\sum_{c_2\in C_2}\sum_{c_1\in C_1} E_{\theta^t}\left(y^i_{(c_1;c_2)}\right)\left[\ln\left(\theta^{c_2}\right) + \ln\left(\frac{K^T\left(\delta(c_2;c_1)\right)}{T_{c_2}}\right) + \ln p\left(z_i / c_1;\theta^{c_1}\right)\right]. \quad (49)$$

Résultat

On démontre alors que si les paramètres θ^t sont fixés et si θ^{t+1} maximise $Q^T(q;q^t)$ par rapport à θ, alors on a $V^T\left(A;\theta^{t+1}\right) \geq V^T\left(A;\theta^t\right)$. Autrement dit, θ^{t+1} améliore la vraisemblance des observations $V^T\left(A;\theta\right)$ par rapport à la vraisemblance calculée en θ^t.

Ce résultat suggère un algorithme itératif, où chaque itération recalcule des paramètres qui améliorent la valeur de la fonction de vraisemblance des observations par rapport aux paramètres calculés à l'itération précédente. Ainsi, partant des paramètres θ^t calculés à l'itération t, l'itération $t+1$ recalcule les paramètres θ^{t+1}. Pour cela, on doit d'abord estimer $Q^T(\theta;\theta^t)$ par la formule (48) et ensuite estimer θ^{t+1} qui maximise $Q^T(\theta;\theta^t)$par rapport à θ et pour θ^t fixé.

Nous ne présentons pas ici les détails des calculs des paramètres qui maximisent $Q^T(\theta;\theta^t)$. Ces calculs donnent les formules suivantes :

$$\theta^{c_2} = \frac{\sum_{z_i\in A} p\left(c_2|z_i,\theta^t\right)}{p\left(c_2|z_i,\theta^t\right)} \quad (50)$$

$$\theta_j^{k,c_1} = \frac{\sum_{z_i\in\tau_{k,j}} p\left(c_1|z_i,\theta^t\right)}{\sum_{z_i\in A} p\left(c_1|z_i,\theta^t\right)} \quad (51)$$

avec $p\left(c_1|z_i;\theta^t\right) = \sum_{c_2\in C_2} p\left(c_1;c_2|z_i;\theta^t\right)$.

Dans ces formules, $\tau_{k;j} = \left\{z_i \in A\ ;\ z_i^k = x_j^k\right\}$ correspond à l'ensemble des individus z_i qui ont répondu par la modalité j à leur composante k.

Il est alors possible de proposer l'algorithme suivant :

Algorithme pour T fixé

- Initialisation.
- Choisir les paramètres initiaux θ^0 et un nombre d'itérations N_{iter}.
- Itération de base ($t \geq 1$).

- Ayant estimé les paramètres θ^t à l'itération précédente, l'itération en cours estime les nouveaux paramètres θ^{t+1} en appliquant les formules (50) et (51).

Répéter l'itération de base jusqu'à $t = N_{iter}$

Remarque 2

Le résultat précédent, et l'algorithme qui en résulte, constituent des cas particuliers d'un résultat plus général, duquel découle l'algorithme E-M (Expectation-Maximization) [DEMPSTER 1977].

Algorithme d'apprentissage CTM

L'algorithme précédent permet d'estimer les coefficients du modèle de mélange, en supposant que les probabilités $p(c_2|c_1)$ sont fixées pour une valeur donnée de T. L'algorithme général d'apprentissage CTM consiste à faire décroître la valeur de T au cours des itérations. Pour une fonction particulière de décroissance de T, l'algorithme se présente de la manière suivante :

Étape d'initialisation.

Prendre $t = 0$. Choisir $T_{\max}$, $T_{\min}$ ($T_{\max} > T_{\min}$). Choisir les paramètres initiaux θ^0 et le nombre d'itérations N_{iter}.

Étape itérative ($t \geq 1$)

L'ensemble des paramètres θ^t de l'étape précédente étant connu, calculer la nouvelle valeur de T par la relation : $T = T_{\max}\left(\frac{T_{\min}}{T_{\max}}\right)^{\frac{t}{N_{iter}-1}}$.

Pour cette valeur du paramètre T, calculer θ^{t+1} à l'aide des relations (50) et (51).

Répéter l'étape itérative jusqu'à $t = N_{iter}$

Discussion

On note que l'algorithme d'apprentissage CTM dépend de l'initialisation des paramètres. Les résultats obtenus en dépendent également. Dans tous les exemples qui vont suivre, les paramètres sont pris égaux à $\frac{1}{p}$ et les paramètres θ_0^1 sont initialisés à l'aide de la partition trouvée par l'algorithme BTM en appliquant un codage (binaire) adéquat aux données catégorielles. Les tables de probabilités $p(z|c_1)$ sont donc initialisées par comptage sur cette partition. On estime la probabilité d'apparition de chaque modalité x_j^k (modalité j de composante k) par sa fréquence relative dans le sous-ensemble des observations affectées au neurone c_1. Ainsi, si l'on désigne par $\tau_{k;j}^{c_1} = \left\{z_i \in P_{c_1} ; z_i^k = x_j^k\right\}$ l'ensemble des individus z_i du sous-ensemble P_{c_1} de la partition qui ont répondu par la modalité j à la composante k, les probabilités initiales seront données par $\theta_{0;j}^{k;c_1} = \dfrac{card(\tau_{k;j}^{c_1;0})}{n_{c_1}}$ où n_{c_1} est la cardinalité du sous-ensemble P_{c_1}.

Exemples d'application

Le modèle BTM

Pour illustrer le comportement du modèle BTM, on considère un exemple pris dans [TENENHAUS 1998]. Il s'agit d'une petite base de données symbolique qui représente les qualités attribuées à 27 races de chiens. Chacune d'elles est représentée par 7 variables catégorielles. Pour le modèle BTM, chaque observation z est ici une race de chiens dont les caractéristiques sont spécifiées à l'aide des variables et des modalités suivantes : Taille (Petite, Moyenne, Grande), Poids (Petit, Moyen, Grand), Vélocité (Petite, Moyenne, Grande), Intelligence (Petite, Moyenne, Grande), Affectation (Affectueux, Non Affectueux), Agressivité (Agressif, Non Agressif), Fonction (Utile, Chasse, Compagnie).

Pour présenter les différents résultats de l'apprentissage et effectuer les analyses nous utiliserons les notations suivantes :

- PT = Petite Taille, MT = Moyenne Taille, GT = Grande Taille.
- PP = Petit Poids, MP = Moyen Poids, GP = Grand Poids.
- PV = Petite Vélocité, MV = Moyenne Vélocité, GV = Grande Vélocité.
- PI = Petite Intelligence, MI = Moyenne Intelligence, GI = Grande intelligence.
- AF = Affectueux, NAF = Non Affectueux.
- AG = Agressif, NAG = Non Agressif.
- U = Utile, CH = Chasse, CM = Compagnie.

La base des races de chiens est donc constituée d'un tableau binaire de 27 lignes et 19 colonnes qui représentent l'ensemble des modalités des 7 variables catégorielles.

	PT	MT	GT	PP	MP	GP	PV	MV	GV	PI	MI	GI	NAF	AF	NAG	AG	CM	CH	U
Beauceron	0	0	1	0	1	0	0	0	1	0	0	1	0	1	0	1	0	0	1
Basset	1	0	0	1	0	0	1	0	0	1	0	0	1	0	0	1	0	1	0
Berger allemand	0	0	1	0	1	0	0	0	1	0	0	1	0	1	0	1	0	0	1
Boxer	0	1	0	0	1	0	0	1	0	0	1	0	0	1	0	1	1	0	0
Bulldog	0	1	0	1	0	0	1	0	0	0	1	0	0	1	0	1	1	0	0
Bullmastiff	0	0	1	0	0	1	1	0	0	0	0	1	1	0	0	1	0	0	1
Caniche	1	0	0	1	0	0	0	1	0	0	0	1	0	1	1	0	1	0	0
Chihuahua	1	0	0	1	0	0	1	0	0	1	0	0	0	1	1	0	1	0	0
Cocker	0	1	0	1	0	0	1	0	0	0	1	0	0	1	0	1	1	0	0
Colley	0	0	1	0	1	0	0	0	1	0	1	0	0	1	1	0	1	0	0
Dalmatien	0	1	0	0	1	0	0	1	0	0	1	0	0	1	1	0	1	0	0
Doberman	0	0	1	0	1	0	0	0	1	0	0	1	1	0	0	1	0	0	1
Dogue allemand	0	0	1	0	0	1	0	0	1	1	0	0	1	0	0	1	0	0	1
Épagneul breton	0	1	0	0	1	0	0	1	0	0	0	1	0	1	1	0	0	1	0
Épagneul français	0	0	1	0	1	0	0	1	0	0	1	0	1	0	1	0	0	1	0
Foxhound	0	0	1	0	1	0	0	0	1	1	0	0	1	0	0	1	0	1	0
Fox terrier	1	0	0	1	0	0	0	1	0	0	1	0	0	1	0	1	1	0	0
Grand bleu de Gascogne	0	0	1	0	1	0	0	1	0	1	0	0	1	0	0	1	0	1	0
Labrador	0	1	0	0	1	0	0	1	0	0	1	0	0	1	1	0	0	1	0
Lévrier	0	0	1	0	1	0	0	0	1	1	0	0	1	0	1	0	0	1	0
Mastiff	0	0	1	0	0	1	1	0	0	1	0	0	1	0	0	1	0	0	1
Pékinois	1	0	0	1	0	0	1	0	0	1	0	0	0	1	1	0	1	0	0
Pointer	0	0	1	0	1	0	0	0	1	0	0	1	1	0	1	0	0	1	0
St Bernard	0	0	1	0	0	1	1	0	0	0	1	0	1	0	0	1	0	0	1
Setter	0	0	1	0	1	0	0	0	1	0	1	0	1	0	1	0	0	1	0
Teckel	1	0	0	1	0	0	1	0	0	0	1	0	0	1	1	0	1	0	0
Terre-Neuve	0	0	1	0	0	1	1	0	0	0	1	0	1	0	1	0	0	0	1

Tableau 7-7. Les caractéristiques canines

Étant donnée la petite taille de la base, nous avons utilisé une carte de 5 × 5 neurones, et l'ensemble des données a été utilisé pour l'apprentissage. Il s'agit ici d'effectuer une analyse descriptive. Les classifications paramétrées ont été obtenues avec les valeurs des paramètres suivants : $T_{max} = 5$, $T_{min} = 1$, $N_{iter} = 50$. Après 50 itérations, on obtient la grille représentée par la figure 7-43. Cette carte illustre les races de chiens captées par chaque neurone, ainsi que la caractéristique de ce groupement qui est le référent représentant le centre médian du sous-ensemble. La carte fait apparaître un ordre topologique : on retrouve les chiens de petite taille, petit poids, petite vélocité, affectueux et de compagnie autour de nœuds voisins dans le coin gauche en haut de la carte. La différence réside dans le fait que les chiens captés par le neurone contenant (Bull-Dog, Cocker, Fox-Terrier) sont agressifs par rapport à ceux du neurone voisin (Caniche, Chihuahua, Pékinois, Teckel) qui ne le sont pas. Dans le coin inférieur gauche de la carte se trouvent les chiens utiles, non affectueux et de grand poids avec une grande taille. On observe les mêmes caractéristiques chez les chiens des neurones voisins (Terre Neuve, Bull Mastiff, Saint Bernard, Mastiff, Dogue Allemand). On peut faire la même analyse pour les classes restantes.

PT, PP, PV, AF, NAG, CM Caniche, Chihuahua, Pékinois, Teckel 0	PT, PP, PV, MI, AF, AG, CM Bull Dog, Cocker, Fox-Terrier 1	MT, MP, MV, MI, AF, NAG, CM Boxer, Colley, Dalmatien 2	MT, MP, MV, MI, AF, NAG, CH Labrador 3	MT, MP, MV, GI,AF, NAG, CH Épagneul Breton 4
5	6	7	8	GT, MP, PI, NAF, AG, CH Fox Hound, Gr bleu de Gascogne 9
GT, GP, PV, MI, NAF, NAG, U Terre Neuve 10	11	GT, MP, GV, GI, AF, AG, U Beauceron, Berger Allemand, Doberman 12	13	PT, PP, PV, PI, NAF, AG, CH Basset 14
GT, GP, PV, NAF, AG, U Bull Mastiff, Saint Bernard 15	16	17	GT, MP, GV, NAF, NAG, CH Lévrier, Pointer, Setter 18	19
GT, GP, PV, PI, NAF, AG, U Mastiff 20	GT, GP, GV, PI, NAF, AG, U Dogue allemand 21	22	GT, MP, MV, MI, NAF, NAG, CH Épagneul français 23	24

Figure 7-43. Carte topologique engendrée par l'algorithme BTM ; dans chaque case se trouve l'interprétation du référent, ainsi que les chiens captés par le neurone dont le numéro est indiqué (25 neurones). Les cases vides sont celles qui n'ont capté aucun chien.

Analyse des correspondances multiples

Le même exemple a été traité par l'analyse des correspondances multiples (ACM) [Tenenhaus 1998] ; l'étude qui est présentée cherche à relier la fonction d'une race canine à ses caractéristiques physiques et psychiques. Une analyse des correspondances multiples des variables physiques et psychiques (les six premières variables catégorielles) est effectuée ; la projection obtenue ne tient pas compte de la dernière variable catégorielle, qui est la fonction (Utile, Chasse, Compagnie). Celle-ci n'est utilisée que comme variable explicative afin de voir si la fonction est une conséquence directe des 6 variables catégorielles. La figure 7-44, qui représente la projection des 27 races de chiens sur les deux premiers axes principaux de l'ACM, montre qu'il existe une séparation grossière entre les 3 modalités de la variable qualité. À droite, on trouve les chiens de compagnie, à l'exception des chiens de chasse Basset, Épagneul breton et

Labrador. Les chiens du quadrant inférieur gauche sont tous des chiens d'utilité. Le quadrant supérieur gauche mélange les chiens de chasse et d'utilité restants. Si l'on compare ces résultats avec ceux de la figure 7-43, on remarque, sur la carte topologique, que les chiens captés par les neurones voisins 0, 1 et 2 correspondent aux chiens de compagnie, et les chiens des neurones 3, 4 et 9 sont des chiens de chasse. Les chiens du quadrant gauche correspondent aux chiens captés par les neurones voisins 10, 15, 20 et 21. Finalement, le mélange de chiens qui se trouve sur la carte issue de l'ACM peut s'expliquer par le lien de voisinage qui se crée entre les chiens captés par des neurones voisins. On voit donc que le modèle BTM permet une classification plus fine des différents groupes. Le fait de travailler directement dans l'espace des données permet d'éviter la projection sur un plan qui peut permettre un mélange de certains groupes.

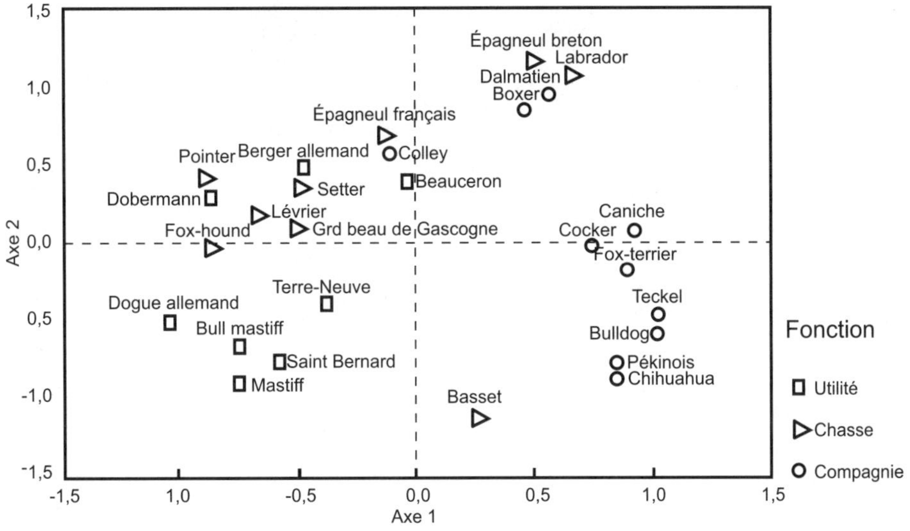

Figure 7-44. Prise de [TENENHAUS 1998], page 226, figure 88. Analyse des correspondances multiples.

Le modèle CTM

Le deuxième exemple traite un problème réel [SAPORTA 1990], mettant en œuvre des données provenant d'une compagnie d'assurance. Les 1 106 observations présentes dans la base caractérisent différents conducteurs, classés en deux groupes suivant les accidents qu'ils ont provoqué. Chaque individu est caractérisé par 9 variables catégorielles à deux ou trois modalités : **U**tilité (**Pri**vée, **P**rofessionnelle), **S**exe (**H**omme, **F**emme, **V**éhicule de **S**ociété), **Lang**ue (**Fr**ançais, **Au**tre), **Âg**e (**V**ieux, **M**oyen, **J**eune) **Loc**alisation (**C**apitale, **Pro**vince), **B**onus (**O**ui, **N**on), **Po**lice (86, Autre), **Pu**issance (**Gr**ande, **Pet**ite), **Â**ge **V**éhicule (**An**cien, **Nou**veau). On distingue deux types de conducteurs, ceux qui n'ont jamais subi d'accidents (Classe 1) et ceux qui sont responsables d'au moins un accident (Classe 2).

La présentation qui suit permet d'illustrer le comportement de CTM selon plusieurs axes :

- introduction de l'ordre topologique : analyse exploratoire ;
- utilisation de variables explicatives : discrimination entre bon conducteur (1) et mauvais conducteur (2)

Ici encore, on a choisi, pour la clarté de l'exposé, une carte de petite dimension (5 × 5 neurones) et l'on a effectué l'apprentissage sur l'ensemble des 1 106 individus. Chacun des 25 neurones est donc représenté par un référent constitué de 9 tables de probabilités de dimension deux ou trois selon le nombre de composantes de la variable catégorielle.

Chaque observation représentant un assuré est affectée au neurone c_1 ayant la plus forte probabilité a posteriori $p(c_1|z)$. La figure 7-45 montre les 25 probabilités a posteriori calculées sur toute la carte 5 × 5 pour une observation de la base :

$z = (Pf, H, Fr, V, Pr, 1, 86, Pt, Nou)$.

On constate sur la figure 7-45 que la distribution de probabilités $p(c_1|z)$ est une région connexe autour du neurone le plus probable (couleur noire).

Afin de montrer les facilités de représentation qu'offre la mise en ordre de la partition obtenue après apprentissage sur la carte CTM, présentons quelques exemples simples de visualisation. Le tableau 7-8 présente la table de probabilités estimées par l'algorithme d'apprentissage CTM pour le premier neurone situé en haut et à gauche de la carte. On remarque que certaines modalités sont très probables. L'analyse de l'importance des probabilités nous permet d'interpréter ce neurone comme représentant les individus qui sont **Prof**essionnels avec une probabilité de 0,99, qui vivent en **Pr**ovince avec la probabilité de 0,85 et qui ont un **An**cien véhicule avec la probabilité 0,81. On constate que ces individus ont le bonus avec une probabilité de 0,98.

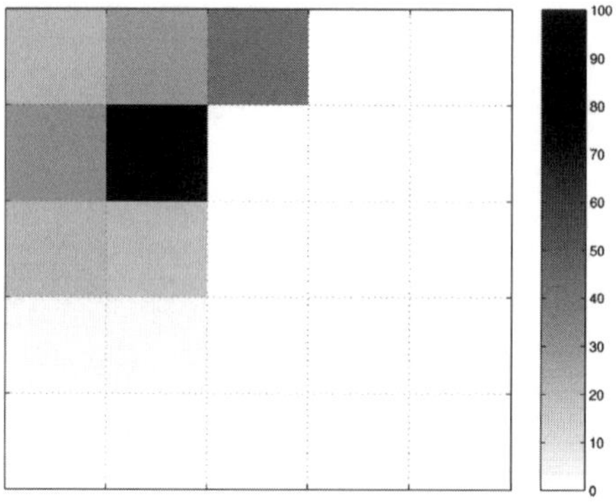

*Figure 7-45. Représentation sur la carte CTM des probabilités à posteriori $p(c_1|z)$, pour l'observation z = (*Pf, H, Fr, V, Pr, *1, 86.* Pt. Nou*)*

Variable k	$\theta^{c_1;k}$		
Utilité	P : 0,01	Pf : 0,99	
Sexe	H : 0,67	F : 0,32	VS : 0,01
Langue	Fr : 0.68	Au : 0.32	
Âge	V : 0,63	M : 0,13	J : 0,24
Localisation	C : 0,15	Pr : 0,85	
Bonus	O : 0,98	N : 0,02	
Police	86 : 0,75	A : 0,25	
Puissance	Gr : 0,43	Pt : 0,57	
Âge du Véhicule	An : 0,81	Nou : 0,19	

Tableau 7-8. Les 9 tables de probabilités associées au neurone situé en haut à gauche de la carte.

La visualisation sur la carte des probabilités liées à tous les neurones permet de vérifier qu'un ordre est bien apparu pendant l'apprentissage. Comme dans les exemples précédents, la prise en considération simultanée des cartes associées aux différentes variables permet une interprétation des différentes directions, et d'une manière plus générale, de la carte. La figure 7-46 qui représente la distribution de probabilités des deux modalités (**P**rivée et **Pro**fessionnelle) de la variable **U**tilité du véhicule permet d'observer la cohérence entre l'amplitude des 2 modalités et la structure topologique de la carte.

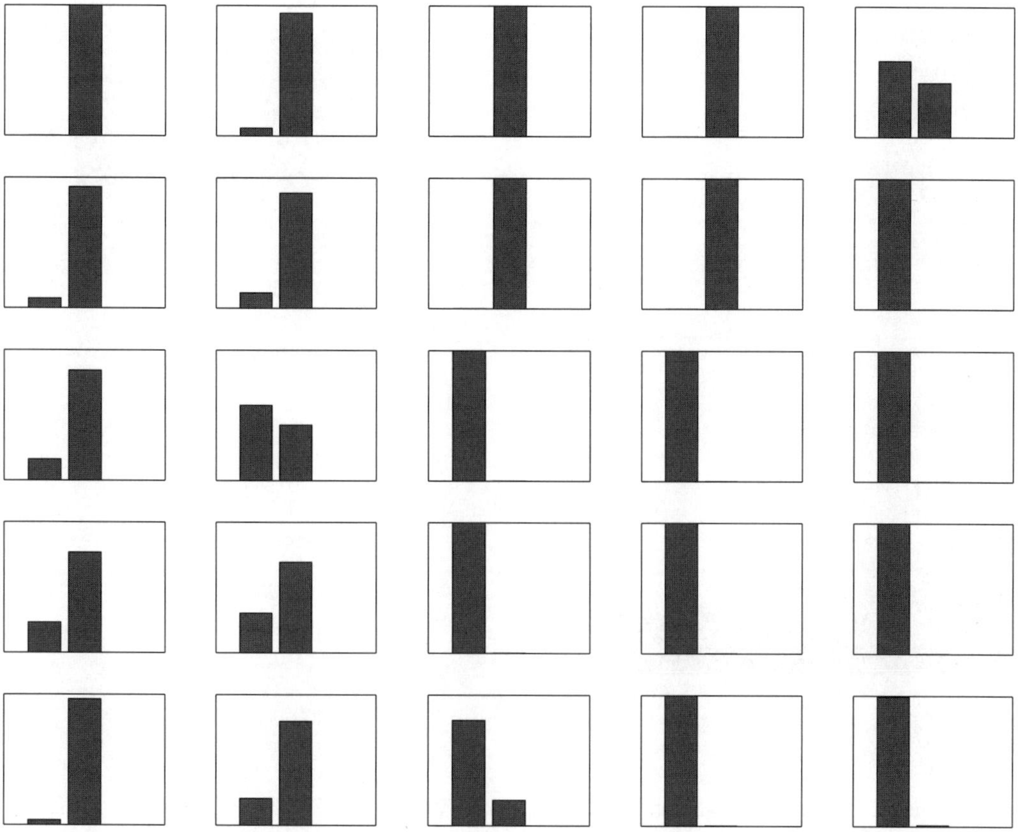

Figure 7-46. Distribution de la probabilité de la variable Utilité du véhicule. Chaque neurone de la carte est représenté par un histogramme ; la première barre indique la modalité Privée ; la deuxième barre indique la modalité Professionnel.

La figure 7-47 montre la distribution des trois modalités (**V**ieux, **M**oyen et **J**eune) de la variables **Âg**e. La représentation simultanée des 3 cartes en niveaux de gris, fait apparaître la disposition des différents groupes : à gauche, les personnes âgées (**V**), les conducteurs jeunes (**J**) sont groupés avec une forte probabilité dans le coin supérieur droit, et la tranche d'âge moyen (**M**) est plutôt située dans le coin inférieur droit. Certaines zones sont franchement dédiées à une modalité, alors que les deux premières colonnes de la carte montrent clairement qu'une partie des conducteurs se ressemble du point de vue des caractéristiques, quel que soit leur âge.

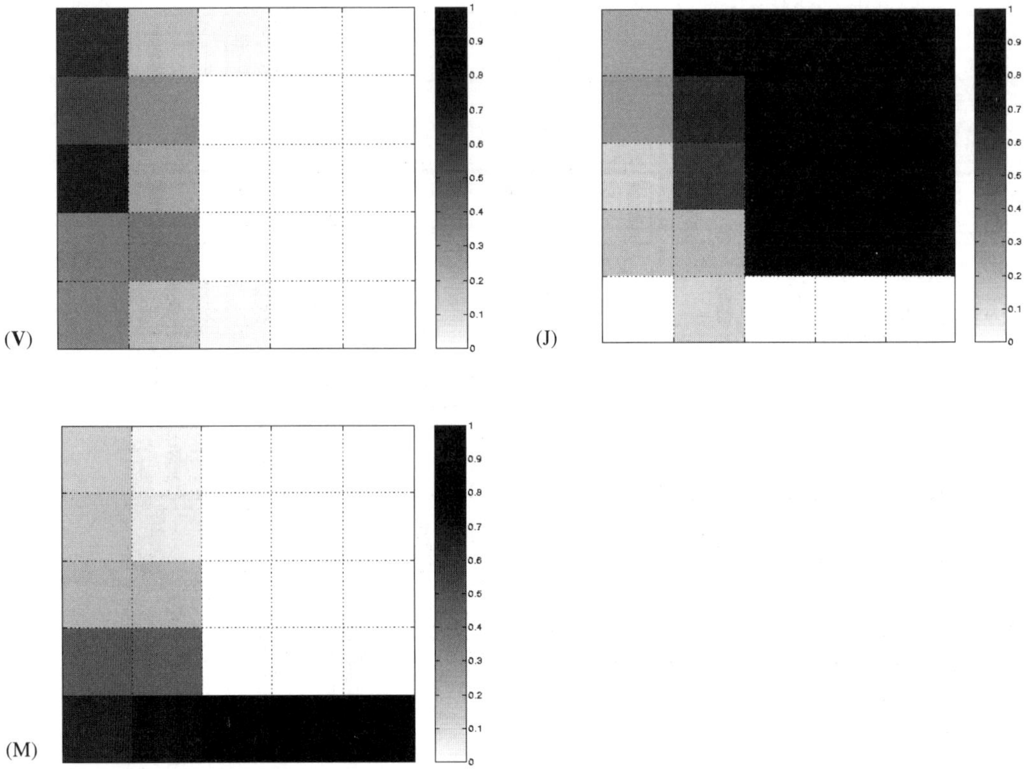

Figure 7-47. Carte topologique représentant la distribution des trois modalités de la variable Âge (V : Vieux, M : âge Moyen, J : Jeune)

Si l'on poursuit ces visualisations variable par variable, il devient possible de caractériser les différents groupements qui apparaissent. Cependant, rechercher des visualisations plus complexes, qui font intervenir plusieurs variables, et utiliser les tables de probabilités pour trier l'information, permettent de faire une meilleure interprétation des groupements proposés par la classification CTM.

Visualisation multidimensionnelle **:** la figure 7-48 présente les 4 histogrammes des 4 variables catégorielles : **S**exe, **Â**ge, **Pu**issance, **Â**ge **V**éhicule. Les formes qui apparaissent au niveau de chaque neurone mettent en évidence, comme dans la figure 7-46, des neurones ayant des caractéristiques communes, et l'on peut apprécier la dose de mélange qui apparaît au niveau des différentes variables (nombre de modalités significativement positives). Afin de faire apparaître les groupements les plus importants, nous avons choisi de ne représenter sur la figure 7-49, que la modalité la plus forte, à condition qu'elle soit supérieure à 0,8 pour les variables à deux modalités et à 0,6 pour celles qui en ont trois. On considère alors que la modalité est significativement majoritaire, et la carte devient plus explicable en termes symboliques. Les neurones situés en haut à droite de la carte représentent des jeunes conducteurs ayant majoritairement des véhicules neufs ; les conducteurs âgés sont localisés dans la partie gauche de la carte ; les conducteurs ayant un âge moyen se trouvent en bas de la carte.

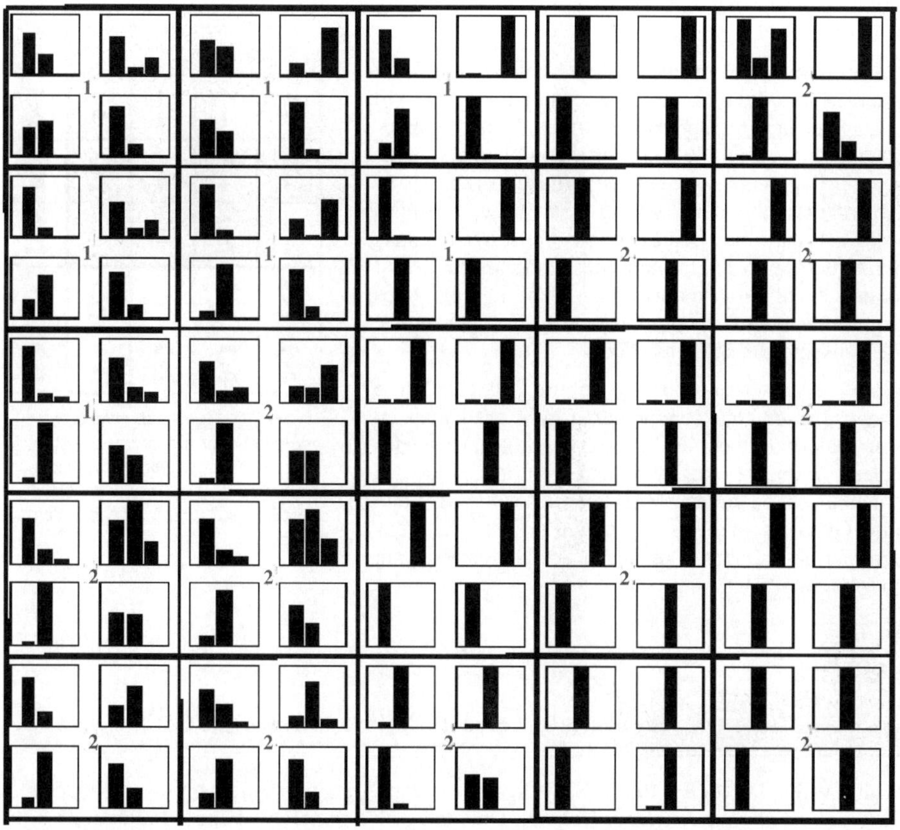

Figure 7-48. Distribution de la probabilité des quatre variables ; chaque neurone de la carte est représenté par 4 histogrammes ; dans chaque neurone, la ligne du haut présente la variable Sexe qui correspond au premier histogramme ; sur la même ligne, on a la variable Âge ; sur la deuxième ligne, on a la variable Puissance, suivie de la variable Âge Véhicule. La mention 1 et 2 indique l'étiquette obtenue après avoir effectué un vote majoritaire dans chaque sous-ensemble de la partition obtenue.

H V - lAn	- J - lAn	H J - lAn	F J Pt Nou	- J Gr-
 - -	- J - lAn	H J Gr lAn	F J Pt Nou	VS J Gr Nou
H V Gr -	H - Gr -	VS J Pt Nou	VS J Pt Nou	VS J Gr Nou
- - 	H - Gr -	VS J Pt An	VS J Pt lAn	VS J Gr Nou
H M Gr -	- M - -	F M Pt -	F M Pt Nou	F M Pt Nou

Figure 7-49. Carte 5 × 5, pour chaque neurone on affiche pour chaque variable la modalité ayant la plus forte probabilité. H : Homme, F : Femme, J : Jeune, M : âge Moyen, V : Vieux, VS : Véhicule de Service, An : Ancien véhicule, Nou : Nouveau véhicule. Gr : Grande puissance, Pt : Petite puissance.

Ces visualisations peuvent maintenant servir à caractériser les bons et les mauvais conducteurs ; elles peuvent également servir à la prédiction.

Dans un but de classification, on utilise à présent la carte 5×5 pour discriminer les bons des mauvais conducteurs. La figure 7-50 montre l'étiquetage de la carte, après avoir effectué un vote majoritaire dans chaque sous-ensemble de la partition obtenue, à partir des neurones, après l'apprentissage. On distingue deux régions sur la carte, qui sont dédiées aux deux types d'assurés. Les neurones en haut à gauche de la carte sont dédiés aux assurés n'ayant jamais eu d'accident (étiquetés par 1) ; les neurones étiquetés par 2 sont dédiés aux assurés ayant eu au moins un accident. Les neurones sans étiquette présentent des neurones vides, n'ayant capté aucune observation de l'ensemble d'apprentissage.

1	1	1	-	2
1	1	1	2	2
1	2	-	-	2
2	2	-	2	-
2	2	2	-	2

Figure 7-50. Carte étiquetée après application du vote majoritaire ; les neurones sans étiquette représentent des sous-ensembles vides. 1 : bon conducteur, 2 : mauvais conducteur.

Il est alors possible, en observant à la fois la figure 7-49 et la figure 7-50, de constater que les bons conducteurs (qui n'ont jamais eu d'accident) sont majoritairement des jeunes (modalité **J**) avec des véhicules anciens (modalité **An**). On peut voir aussi que les mauvais conducteurs ont eu des accidents avec des véhicules puissants (modalité **Gr**). Les mauvais conducteurs sont constitués majoritairement par des personnes jeunes et des personnes ayant un âge moyen (modalité **M**).

Bibliographie

Aiken J., Moore G.F., Trees C.C., Hooker S.B., Clark D.K. [1995], *The SeaWifs CZCS-pigment algorithm,* NASA tech. Memo 104566, vol.29, 34 p.

Anouar F., Badran F., Thiria S. [1997], Self Organized Map, A Probabilistic Approach, *Proceedings of the Workshop on Self-Organized Maps*, Helsinki University of Technology, Espoo, Finlande, 4-6 juin 1997.

Bishop C. M., Svensén M., Williams C K I. [1998], GTM : The Generative Topographic Mapping, *Neural Computation*, 10, p215-234.

Bock H. H. [1996], Probabilistic Models in Data Analysis, *Computational Statistics and Data Analysis*, 23, p. 5-28.

Bock H. H. [1998], Clustering and neural networks, *in* Rizzi *et al.* (éd.), *Advances in data science and classification*, Springer verlag, p. 265-278.

Celeux G., Govaert G. [1991], Clustering criteria for discrete data and latent class Models, *Journal of classification* 8, p. 157-176.

Cerkassky Y., Larmnajafih [1991], Constrained topological mapping for non parametric regression analysis, *Neural Network*, vol. 4, p. 27-40.

Dempster A. P., Laird N. M., Rubin D. [1977], Maximum Likelihood from incomplete data via the E.M algorithm (with discussion), *Journal of the Royal Statistical Society,* series B 39, p.1-38.

Didday E., Simon J. C. [1976], Clustering Analysis, *in Digital Pattern Recognition*, K. S. Fu, Springer verlag.

DUDA R. O., HART P. E. [1973], *Pattern Classification and Scene Analysis*, John Wiley.

FROUIN R., DESCHAMPS P. Y., MITCHELL B. G., KAHRU M. [1998], *The normalized difference phytoplankton index for satellite ocean color applications*, EOS Transactions, vol. 79, no. 1, p. 191.

GAUL W., OPITZ O., SCHADER M. (éd.) [2000], *Data Analysis Scientific Modeling and Practical Application*, Springer.

GIROLAMI, M. [2001], The Topographic Organisation and Visualisation of Binary Data using Mutivariate-Bernoulli Latent Variable Models, *IEEE Transactions on Neural Networks* 12, p. 1367 - 1374.

GORDON H. R., WANG M. [1994], *Retrieval of water-leaving radiances and aerosol optical thickness over the oceans with SeaWifs: a preliminary algorithm*, App. Opt. vol. 33, no. 3, p. 443-453.

GOVAERT G [1990], Classification binaire et modèles, *Revue de Statistique Appliquée* 38, p. 67-81.

HOLBEN B., ECK T., SLUTSKER I., TANRÉ D., BUIS J. P., SETZER E., VERMOTE E., REAGAN J., KAUFMAN Y., NAKAJIMA T., LAVENU F., JANKOWIAK, SMIRNOV A. [1998], *AERONET - A federate instrument network and data archive for aerosol characterization*, Remote Sens. Environ., 66, p. 1-16.

JAIN A. K., DUBES R. C. [1988], *Algorithms for Clustering Data*, Prentice Hall.

KASKI S, HONKELA T, LAGUS K, KOHONEN T [1998], WEBSOM-self-organizing maps of document collections, *Neurocomputing*, vol. 21, p.101-117.

KASKI S, KANGAS J., KOHONEN T. [1998], Bibliography of self organizing map (SOM) papers 1981-1997, Neural Computing Survey, vol. 1, p. 102-350. On peut trouver cet article à l'adresse : *http://www.icsi.berkeley.edu/~JAGOTA/ncs/*.

KOHONEN T. [1984], Self organization and associative memory, Springer Series *in Information Sciences*, 8, Springer Verlag, Berlin (2nd éd. 1988).

KOHONEN T, KASKI S, LAGUS K, SALOJRVI J, HONKELA J, PAATERO V, SAARELA A [2000], Self organization of a massive document collection, *IEEE transaction on neural networks*, vol. 11, no 3.

KOHONEN T. [2001], *Self Organizing Maps*, Springer, 3e édition.

LEBBAH M, THIRIA S., BADRAN F. [2000], Topological Map for Binary Data, *Proceedings of the European Symposium on Artificial Neural Networks*.

LEBBAH M., THIRIA S., BADRAN F. [2004], Visualization and classification with categorical topological map, *Proceedings of the European Symposium on Artificial Neural Networks*.

LEBBAH M. [2003], Carte topologique pour données catégorielles : application à la reconnaissance automatique de la densité du trafic routier. *Thèse de l'Université de Versailles Saint-Quentin en Yvelines*.

LUTTREL S. P. [1994], A bayesian analysis of self-organizing maps, *Neural Comput*, 6.

MITCHELL B.G., KAHRU M. [1998], *Algorithms for SeaWifs developed with the CalCOFI data set*, CalCOFI, report 39, Calif. Coop. Oceanic Fish. Invest. Rep., Lajolla, Calif., 26 p.

MOULIN C., GORDON H. R., CHOMKO R., BANZO V. F., EVANS R. H. [2001], *Atmospheric correction of ocean color imagery through thick layers of Saharan dust*, Geophys. Res. Lett., 28, p. 5-8.

MURTAGH F. [1985], A survey of algorithms for contiguity-constrained clustering and related problems, *The Computer Journal*, vol. 28, p. 82-88.

OJA E., KASKI S. [1999], *Kohonen Maps*, Elsevier.

PATRIKAINEN A., MANNILA H. [2004], Subspace clustering of high-dimensional binary data – a probabilistic approach, , *SIAM International Conference on Data Mining*.

SAPORTA G. [1990], *Probabilités, analyse des données et statistiques*, Éditions Technip.

SHETTLE E.P. [1984], Optical and radiative properties of a desert aerosol model, *in Proc. Symposium on Radiation in the Atmosphere*, ed. G. Fiocco, Hampton, Va.: A.Deepak.

TENENHAUS M. [1998], *La régression PLS, théorie et pratique*, Edition Technip,

THIRIA S., LECHEVALLIER Y., GASCUEL O., CANU S. [1997], *Statistique et méthodes neuronales*, Dunod.

VERBEEK J., VLASSIS N., KRÖSE B. [2005], Self-organizing mixture models, *Neurocomputing* 63, p. 99-123.

VICHI M., BOCK H. H. [1998], *Advances in Data Science and Classification*, Springer, Heidelberg, p. 397-402.

VON DER MALSBURG C. [1973], Kybernetik 14, 85.

YACOUB M., BADRAN F., THIRIA S. [2001], *Topological Hierarchical Clustering : Application to Ocean Color Classification*, ICANN'2001, Springer 2001, Proceedings, p. 492-499.

Bibliographie commentée

Le lecteur notera que chacune des références est suivie du ou des numéros de chapitre pour lesquels elle est pertinente.

AARTS E., KORST J. [1989], *Simulated Annealing and Boltzmann Machines – a Stochastic Approach to Combinatorial Optimization and Neural Computing*, Wiley.

Cet ouvrage présente, de manière détaillée, les principaux résultats théoriques concernant le recuit simulé et les machines de Boltzmann. Destiné à des lecteurs avertis, il illustre bien les démarches permettant d'étudier finement la convergence des algorithmes stochastiques. *Chapitre 8.*

AARTS E., LENSTRA J. K. [1997], *Local Search in Combinatorial Optimization*, Wiley.

Cet ouvrage constitue une excellente introduction aux métaheuristiques, c'est-à-dire au recuit simulé, à la recherche tabou, aux algorithmes génétiques et aux réseaux de neurones récurrents. *Chapitre 8.*

ANDERSON B. D. O., MOORE J. B. [1979], *Optimal Filtering*, Prentice Hall.

Le filtrage optimal est un sujet qui peut être abordé de beaucoup de points de vue différents : adaptatif ou non, stationnaire ou non, probabiliste ou non, linéaire ou non. Ces points de vue différents conduisent à des formulations calculatoires différentes dont l'équivalence n'est pas évidente. Le mérite de ce livre est de reprendre tous ces aspects et de les articuler entre eux, avec une présentation soignée et pédagogique des calculs parfois fastidieux qui établissent les liens entre différentes approches. Les rappels mathématiques nécessaires figurent en appendice dans un style clair et concis. *Chapitre 4.*

ANTONIADIS A., BERRUYER J., CARMONA R. [1992], *Régression non linéaire et applications,* Economica.

Moins fouillé que l'ouvrage de Seber et Wild commenté plus loin, cet ouvrage a des qualités didactiques incontestables. Destiné à constituer un support de cours de 3ème cycle, il est clair mais rigoureux, et peut être recommandé comme ouvrage de référence dans le domaine. *Chapitre 2.*

BALDI P., BRUNAK S. [1998], *Bioinformatics, the Machine Learning Approach,* Bradford Books.

Cet ouvrage présente les fondements de l'application des techniques d'apprentissage automatique, et notamment de réseaux de neurones, dans le domaine de la bioinformatique. La problématique de la bioinformatique est présentée de manière très claire, et la mise en œuvre de l'apprentissage dans ce contexte applicatif spécifique est clairement décrite. *Chapitre 1.*

BERTSEKAS D. P., TSITSIKLIS J. N. [1996], *Neuro-dynamic Programming*, Athena Scientific.

Ce livre se situe au carrefour des deux disciplines, « réseaux de neurones » et « programmation dynamique, apprentissage par renforcement », que les auteurs ont contribué à rapprocher. Bien que proche des algorithmes et des applications, ce livre est écrit dans un style mathématique : les énoncés sont distingués et classés, les hypothèses sont précises, les démonstrations identifiées. Le début du livre constitue des introductions à la programmation dynamique et aux réseaux de neurones. La théorie de l'approximation stochastique est ensuite exposée le plus clairement possible, pour en déduire les algorithmes classiques d'apprentissage par renforcement. Le livre se conclut par des études de cas. *Chapitre 4.*

BISHOP C. M. [1995], *Neural Networks for Pattern Recognition*, Oxford University Press.

Ce livre est l'ouvrage de référence incontournable sur les réseaux de neurones pour la classification automatique, notamment en reconnaissance des formes ; il contient aussi beaucoup d'informations utiles pour la régression non linéaire, et sur les techniques d'apprentissage en général. Il contient de nombreux petits exemples illustratifs, mais peu d'applications réelles. Lecture indispensable pour tout étudiant débutant une recherche sur les réseaux de neurones pour la classification, cet ouvrage, en revanche, ignore complètement les réseaux récurrents et leurs applications à la modélisation dynamique et à la commande. *Chapitres 2 et 6.*

CICHOCKI A., UNBEHAUEN R. [1993], *Neural Networks for Optimization and Signal Processing*, Wiley.

Ce livre présente d'une manière simple mais très complète de nombreux problèmes d'optimisation combinatoire, de programmation linéaire, quadratique, etc. et de traitement du signal, ainsi que la manière dont ils peuvent être résolus au moyen de réseaux de neurones. Des architectures électroniques pour mettre en œuvre les réseaux de neurones y sont décrites. *Chapitre 8.*

DEMAILLY J.-P. [1991], *Analyse numérique et équations différentielles*, Presses Universitaires de Grenoble.

Cet ouvrage mathématique très accessible (fin de premier cycle) est utile à qui souhaite comprendre l'intérêt des algorithmes d'ordre supérieur implantés dans les logiciels commerciaux, intégrant les trajectoires des systèmes dynamiques à temps continus. Il présente l'intérêt de ne pas se limiter au seul aspect numérique, mais de l'introduire par les résultats fondamentaux sur les solutions des systèmes avec condition initiale et des systèmes linéaires. L'analyse des différents algorithmes qui suit cette introduction permet au lecteur une utilisation éclairée des logiciels. *Chapitre 4.*

DEMARTINES P. [1995], *Analyse de données par réseaux de neurones auto-organisés,* thèse de l'Institut National Polytechnique de Grenoble.

Un mémoire excellent, très pédagogique, sur l'apprentissage non supervisé. Après avoir présenté et illustré la quantification vectorielle, les cartes de Kohonen et l'algorithme « neural gas », l'auteur propose une nouvelle technique, l'analyse en composantes curvilignes (*vector quantization and projection*) adaptée à la réduction de dimension. Les applications portent sur la fusion multicapteur, le contrôle de procédé, la fabrication de métrique et l'appariement de graphes. *Chapitres 3 et 7.*

DRAPER N. R., SMITH H. [1998], *Applied Regression Analysis,* Wiley

Très bien présenté, enrichi de nombreux exercices et applications, cet ouvrage de 600 pages est incontestablement une remarquable référence pour son introduction à l'ensemble de la problématique de la régression. Consacré essentiellement (500 pages) à la régression linéaire, il en présente tous les aspects de manière lucide et agréable. *Chapitre 2.*

DUDA R. O., HART P. E., STORCK D. [2001], *Pattern Classification and Scene Analysis*, Wiley.

La « bible » de la reconnaissance de formes depuis la parution de la première édition (1973), qui décrit notamment les fondements de la classification automatique classique (algorithme des k-moyennes, quantification vectorielle, classification hiérarchique) et de la discrimination (séparateurs linéaires…). Très mathématique, il présente de manière rigoureuse les différents algorithmes, et en fournit de nombreuses illustrations. *Chapitres 1, 6, 7.*

DUFLO M. [1996], *Algorithmes stochastiques*, Springer.

Ce livre reprend les cours de DESS et de DEA de l'auteur, et développe l'ensemble des notions mathématiques à la base des algorithmes stochastiques (approximation stochastique, recuit simulé, algorithmes génétiques). Les énoncés mathématiquement corrects des théorèmes de convergence sont détaillés avec de nombreux exemples et contre-exemples, sans que les grands théorèmes utilisés soient complètement démontrés. Ainsi, ce livre conçu pour des étudiants probabilistes ou statisticiens peut être consulté avec fruit par l'utilisateur curieux de connaître les hypothèses de validité rigoureuses des algorithmes usuels, ainsi que la nature des théories mathématiques permettant de les valider. *Chapitre 4.*

DUVAUT P. [1994], *Traitement du signal : concepts et applications*, Hermès.

Cet ouvrage est considéré comme l'un des ouvrages de référence français de traitement du signal. Il est conçu pour la formation des ingénieurs : il contient donc des rappels simples des outils mathématiques usuels (Transformées de Fourier et de Laplace, Probabilités et Processus aléatoires, algèbre linéaire). L'auteur s'attache à dégager de diverses applications usuelles une méthodologie commune qui lui permet de caractériser les fonctions de base du traitement du signal (estimation, détection, classification, codage…) puis d'exposer les algorithmes permettant de les mettre en œuvre. Cet ouvrage qui veut rester « initiatique » privilégie le modèle linéaire gaussien et n'aborde qu'à la fin la problématique du filtrage adaptatif. *Chapitre 4.*

EFRON B., TIBSHIRANI R. J. [1993], *An Introduction to the Bootstrap*, Chapman et Hall.

Ce livre est une introduction générale au *bootstrap*, méthode qui connaît un succès grandissant de par ses nombreux domaines d'application en statistique : estimation, tests d'hypothèses, intervalles de confiance. De nombreux exemples illustrent la méthode, et plusieurs exercices permettent au lecteur d'approfondir et de contrôler ses connaissances. *Chapitre 3.*

ENGEL A., VAN DEN BROECK C. P. L. [2001] *Statistical Mechanics of Learning*, Cambridge University Press.

Ce livre présente les fondements de ce que l'on appelle « mécanique statistique » de l'apprentissage. Il s'agit de la théorie qui permet de déduire les comportements typiques des réseaux de neurones. Les auteurs présentent le sujet de manière très pédagogique, avec beaucoup d'exemples et d'exercices. C'est une lecture conseillée à ceux qui désirent approfondir cette approche théorique de l'apprentissage. *Chapitre 6.*

GAREY M. R., JOHNSON D. S. [1979], *Computers and Intractability. A Guide to the Theory of NP-completeness*, W. H. Freeman.

Cet ouvrage recense des problèmes d'optimisation combinatoire et analyse leur complexité. Il est difficile d'accès, mais constitue une référence pour l'étude de la complexité des problèmes. *Chapitre 8.*

GOODWIN, G. C., PAYNE R. L. [1977], *Dynamic System Identification : Experiment Design and Data Analysis,* Academic Press.

Comme l'ouvrage de L. Ljung commenté plus loin, ce livre traite, en profondeur, de l'identification des paramètres de systèmes dynamiques linéaires. Partant des bases des statistiques, il traite de la méthode des moindres carrés classique, puis des estimateurs du maximum de vraisemblance, et applique ces concepts à l'estimation des paramètres de modèles linéaires, de manière récursive ou non récursive. L'auteur traite avec soin le problème important de la conception des expériences. C'est donc un ouvrage fondamental pour la modélisation linéaire. *Chapitre 2 et 4.*

GLOVER F., LAGUNA M. [1997], *Tabu Search*, Kluwer.

Cet ouvrage détaille les principes de la « recherche tabou », son application à des problèmes d'optimisation combinatoire tels que la programmation linéaire en nombres entiers, ainsi qu'à un grand nombre de problèmes d'optimisation rencontrés dans l'industrie des transports, des télécommunications, etc. *Chapitre 8.*

HAYKIN S. [1999], *Neural Networks, a Comprehensive Foundation*, Prentice Hall.

Ce livre couvre l'ensemble des techniques neuronales ayant fait l'objet de recherches ces quinze dernières années, ainsi que l'ensemble des théories y conduisant (théorie de l'apprentissage, apprentissage supervisé et non supervisé, machines stochastiques, réseaux dynamiques). Il est destiné à des ingénieurs et est accessible à tout lecteur ayant les connaissances mathématiques usuelles des formations d'ingénieur. Les notations sont clairement introduites et les indications sont généralement assez claires pour que les algorithmes puissent être développés. Les exemples donnés sont bien choisis mais uniquement destinés à des illustrations pédagogiques. Les applications réelles sont très peu traitées bien que l'auteur du livre soit connu pour avoir développé des applications des techniques neuronales notamment en traitement du signal. *Chapitres 2, 4, 6 et 7.*

HERTZ J., KROGH A., PALMER R. G. [1991], *Introduction to the Theory of Neural Computation*, Addison-Wesley Publishing Company.

Pendant plusieurs années, ce livre a été l'unique ouvrage de référence sur les réseaux de neurones. Il présente maintenant un intérêt essentiellement historique, notamment pour éclairer les motivations qui ont amené les physiciens théoriciens à s'investir dans ce domaine. Il contient néanmoins une grande quantité d'informations et réflexions intéressantes et encore actuelles. *Chapitres 2, 6, 8.*

KOHONEN T. [1984], *Self Organization and Associative Memory*, Springer Series in Information Sciences.

Premier livre écrit par T. Kohonen, il présente les liens existants entre les algorithmes adaptatifs et la modélisation de phénomènes biologiques. Notons en particulier que les expériences et les simulations qui y sont présentées illustrent fort bien les phénomènes d'auto-organisation. *Chapitre 7.*

KOHONEN T. [2001], *Self Organizing Maps*, Springer.

Dernière édition de l'ouvrage de T. Kohonen, il comporte de nombreuses applications. *Chapitre 7.*

LANDAU I. D., DUGARD L. [1986], *Commande adaptative, aspects pratiques et théoriques*, Masson.

Cet ouvrage, édité par un des spécialistes français de commande adaptative, est avant tout un ouvrage pratique où sont recensées, dans des chapitres indépendants, des applications industrielles à différents domaines. Le chapitre initial est une introduction à la commande adaptative. D'autres chapitres généraux abordent la mise en œuvre, les systèmes multivariables et l'étude de robustesse. L'ouvrage est limité aux modèles linéaires. *Chapitre 5.*

LJUNG L. [1987], *System Identification, Theory for the User,* Prentice Hall.

Ouvrage de référence pour la modélisation de systèmes dynamiques linéaires, ce livre est remarquable de clarté et de précision. On y trouve l'essentiel de la théorie de l'estimation des paramètres d'un système linéaire dynamique, avec une présentation rigoureuse mais néanmoins, comme l'indique le titre de l'ouvrage, orientée vers l'utilisateur. Cet ouvrage est ndispensable pour tout praticien qui veut acquérir des bases solides. *Chapitre 2 et 4.*

McQuarrrie A. D. R., Tsai C. [1998], *Regression and Time Series Model Selection,* World Scientific.

Malgré un effort de pédagogie limité, cet ouvrage présente, sous une forme compacte, une multitude de critères de sélection de modèles qui peuvent être utilisés en complément de ceux qui sont décrits dans le présent ouvrage. Une lecture utile pour qui a acquis les bases de la modélisation et désire approfondir les techniques de sélection de modèles. *Chapitres 2 et 4.*

Mood A. M., Graybill F. A., Boes D. [1974], *Introduction to the Theory of Statistics,* McGraw Hill.

Cet ouvrage est un bon livre d'introduction aux statistiques, clair, avec des notations cohérentes, et suffisamment pédagogique pour pouvoir être utile à des débutants. Il part de la théorie des probabilités et introduit les concepts de base de statistiques à partir de cette théorie. C'est un ouvrage didactique, ni livre de recettes, ni traité de mathématiques. *Chapitre 2.*

Peretto P. [1992], *An Introduction to the Modeling of Neural Networks*, Cambridge University Press, Cambridge (Royaume-Uni), collection Aléa-Saclay.

Ce livre présente les réseaux de neurones artificiels, en montrant comment ils ont été inspirés par les systèmes biologiques. Il est utile pour ceux qui s'intéressent à la modélisation en neurobiologie. C'est un livre qui sort des chemins balisés. *Chapitres 2 et 6.*

Reinelt G. [1994], *The Travelling Salesman. Computational Solutions for TSP Applications*, Lecture Notes in Computer Science, Springer.

Cet ouvrage présente le problème du voyageur de commerce et ses variantes. De nombreuses heuristiques non neuronales sont décrites, ainsi que des problèmes typiques. *Chapitre 8.*

Seber G. A. F. [1977], *Linear Regression Analysis,* Wiley.

Complément de l'ouvrage suivant, ce livre présente une introduction rigoureuse et très complète à la régression linéaire et à l'analyse des résultats obtenus par cette technique, notamment par régression linéaire multiple, et par régression polynomiale. Il est plus austère que l'ouvrage de Draper et Smith commenté plus haut. *Chapitre 2.*

Seber G. A. F., Wild C. J. [1989], *Nonlinear Regression,* Wiley.

Ouvrage de référence sur la régression non linéaire, ce livre aborde de manière rigoureuse et complète la problématique de la régression non linéaire. Partant de la régression linéaire, les auteurs présentent l'estimation des paramètres des modèles non linéaires et les problèmes associés à cette estimation ; l'influence de la courbure, qui n'est pas abordée dans le présent ouvrage, y est étudiée en détail. Ce livre est un complément de lecture indispensable pour qui veut aller très loin dans l'optimisation d'un modèle non linéaire. *Chapitre 2.*

Takefuji Y. [1992], *Neural Network Parallel Computing*, Kluwer Academic Publishers, 1992.

Cet ouvrage présente de nombreux problèmes combinatoires formulés comme des problèmes de théorie des graphes. Ils sont particulièrement intéressants pour illustrer la manière de coder certains problèmes de grande complexité sous la forme d'un réseau de neurones récurrent. *Chapitre 8.*

Thiria S., Lechevalier Y., Gascuel O., Canu S. [1997], *Statistique et méthodes neuronales*, Dunod.

Ouvrage écrit conjointement par des statisticiens et par des spécialistes de modélisation neuronale, il présente le point de vue des deux communautés. *Chapitres 2 et 6.*

Vapnik V. N. [1995], *The Nature of Statistical Learning Theory*, Springer.

Ce livre est la référence en théorie de l'apprentissage statistique. D'un niveau mathématique et statistique élevé, il s'adresse à ceux qui souhaitent approfondir leurs connaissances autour des nouveaux concepts proposés par l'auteur sur la dimension de Vapnik-Cervonenkis, et les machines à vecteurs supports dont il est, avec Isabelle Guyon, un des inventeurs. *Chapitre 6.*

Vapnik V. N. [1998], *Statistical Learning Theory*, John Wiley & Sons.

Dans ce livre, qui présente les fondements de la théorie statistique de l'apprentissage, l'auteur développe les concepts et donne toutes les démonstrations des énoncés présentés dans l'ouvrage commenté du même auteur (ci-dessus), dont celui-ci peut être considéré comme la version longue. *Chapitre 6.*

Wonnacott T. H., Wonnacott R. J. [1990], *Statistique économie-gestion-sciences-médecine*, Economica.

Manuel de statistique par excellence, le livre présente de façon très pédagogique la statistique descriptive et l'ensemble des méthodes de la statistique inductive : estimation, tests, méthodes bayésiennes, analyse de la variance, régression, etc. Les méthodes y sont présentées à partir de nombreux exemples. Des exercices avec éléments de réponses permettent au lecteur de contrôler ses acquisitions. *Chapitres 2 et 3.*

Outils pour les réseaux de neurones et contenu du CD-Rom

Depuis le développement théorique des réseaux de neurones à la fin des années 1980-1990, plusieurs outils ont été mis à la disposition des utilisateurs. Les fonctionnalités et les statuts de ces outils sont très variables. On consultera avec intérêt le site *www.aiaccess.net/f_ww.htm*, pour un large panorama des produits disponibles.

Dans la catégorie des outils libres, fournis avec une licence de type GNU, ou analogue, on trouve principalement le travail de chercheurs de l'Université de Stuttgart, SNNS, disponible sous forme de code compilable sur le site *www-ra.informatik.uni-tuebingen.de/SNNS/*.

La plupart des autres outils disponibles relèvent du monde commercial. Les grands éditeurs de logiciels de statistiques, comme SAS Institute ou SPSS, incluent des modules de réseaux de neurones dans leur offre.

Les éditeurs de logiciels de calcul scientifique ou de Data Mining à usage général proposent, la plupart du temps, une boîte à outils Réseaux de neurones. Dans ce cas, l'intérêt du logiciel réside dans l'accumulation des nombreuses possibilités. Mais chacune de ces possibilités prises séparément n'est pas optimisée.

Les logiciels dédiés, tel Neuro One proposé ici en version d'évaluation, sont spécialisés et offrent des fonctionnalités beaucoup plus proches des derniers résultats théoriques. Consultez à ce propos le site *www.netral.com/*.

Le contenu du CD-Rom de cet ouvrage est le suivant :

- une version d'évaluation de Neuro One, valide 30 jours ;
- cinq exemples de modèles, avec données et codes source ;
- une bibliothèque de modélisation non linéaire NDK_0 libre ;
- un compilateur C pour Windows.

Parmi les logiciels dédiés, Neuro One, édité par Netral, est l'un des plus anciens, et celui qui a le plus évolué pour rester au fait des derniers développements. C'est aussi, à notre connaissance, le seul qui offre un calcul des intervalles de confiance et des leviers sur les modèles développés.

Neuro One fournit un produit annexe, Neuro Code, qui permet de convertir un modèle neuronal en code source C. Avec ce code, il devient possible d'utiliser le modèle neuronal sous tout système d'exploitation qui admet un compilateur C. Ce code permet également l'apprentissage dans le nouvel environnement.

Les exemples de codes source présentés dans le CD-Rom ont été réalisés avec Neuro Code.

Installer Neuro One

La configuration minimale requise pour l'installation de Neuro One est la suivante :

- processeur Pentium 2, équivalent ou supérieur ;
- fréquence supérieure à 400 MHz ;
- Windows NT4, 2000, XP ou plus récent ;
- espace disque disponible : 40 Mo ;
- mémoire vive disponible : 100 Mo.

Neuro One 6.10.7 est un outil fonctionnant sous Windows (Windows NT, Windows 2000, Windows XP).

Dans le répertoire NeuroOne, lancez le fichier SetUp.exe. Vous pouvez également cliquer sur Installer Neuro One à la page d'accueil du CD-Rom. Cliquez ensuite sur Ouvrir.

La boîte de dialogue d'introduction suivante apparaît alors, elle vous permet de choisir la langue du programme d'installation.

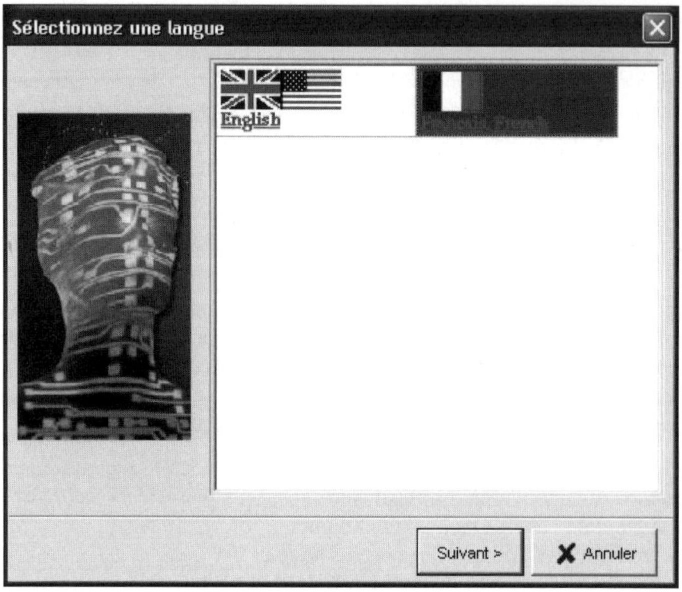

Figure A-1

Cliquez sur Suivant pour afficher la fenêtre d'introduction.

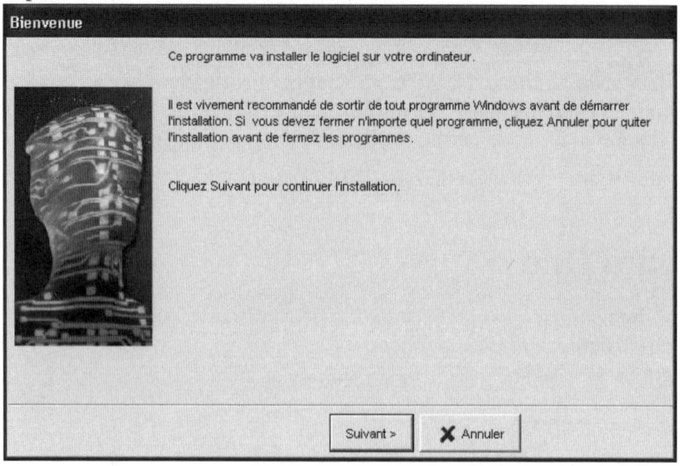

Figure A-2

Cliquez à nouveau sur Suivant et la boîte de dialogue du contrat de licence de Neuro One s'affiche.

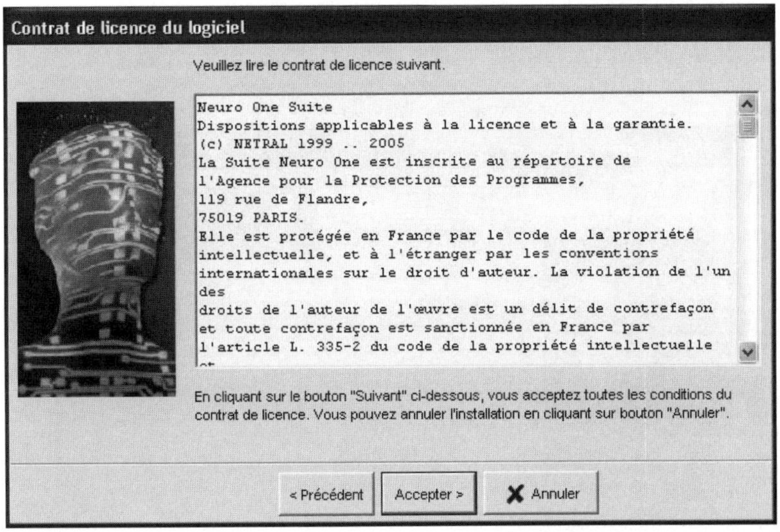

Figure A-3

Lisez attentivement ce contrat. Si vous n'êtes pas d'accord avec les termes de ce contrat, cliquez sur Annuler. Dans ce cas, vous ne pouvez pas utiliser Neuro One. Si vous êtes d'accord avec les termes de ce contrat, cliquez sur Accepter.

Lorsque la boîte de dialogue suivante apparaît, entrez votre nom, votre organisation, et le chiffre 0 (zéro), puis cliquez sur le bouton Pour une évaluation 30 jours.

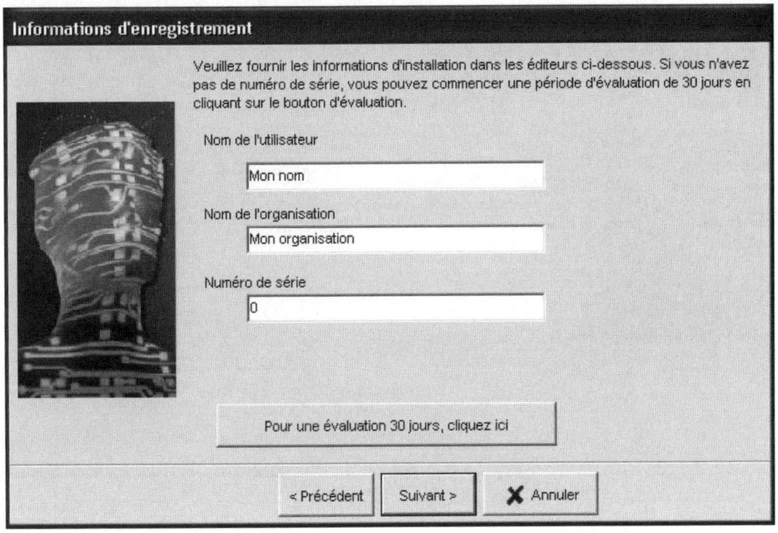

Figure A-4

Puis, cliquez sur Suivant, la boîte de dialogue suivante apparaît.

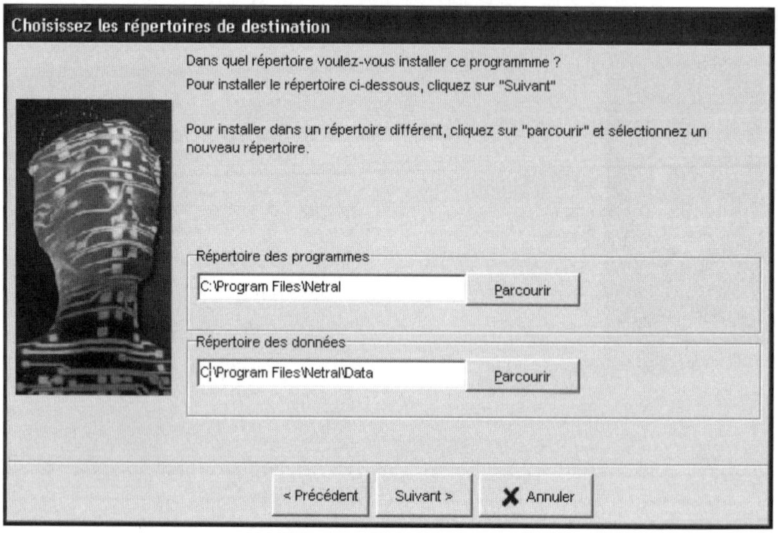

Figure A-5

Choisissez à présent le répertoire où seront enregistrés tous les fichiers de travail de Neuro One et cliquez sur Suivant pour accéder à la prochaine fenêtre.

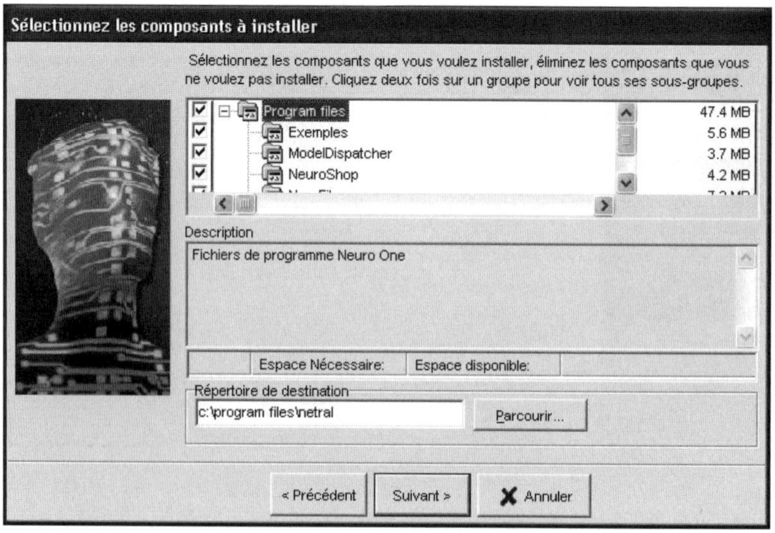

Figure A-6

Sélectionnez Par défaut, et cliquez sur Suivant pour passer à la fenêtre qui suit.

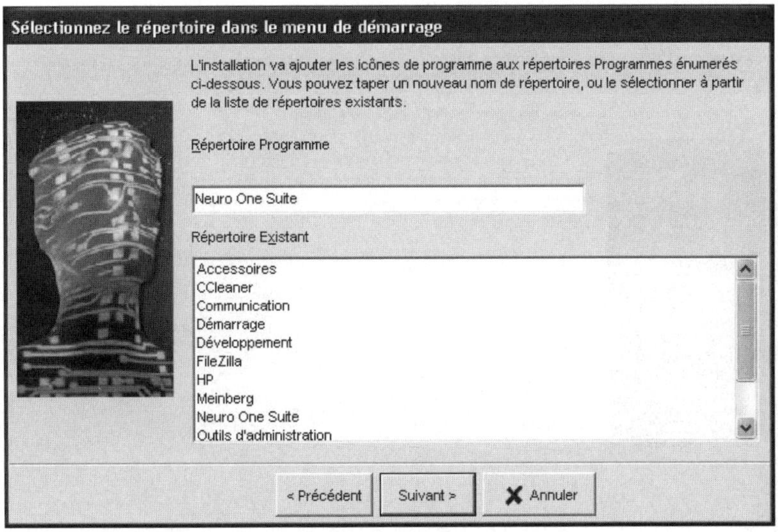

Figure A-7

Sélectionnez un répertoire de programme, et cliquez sur Suivant.

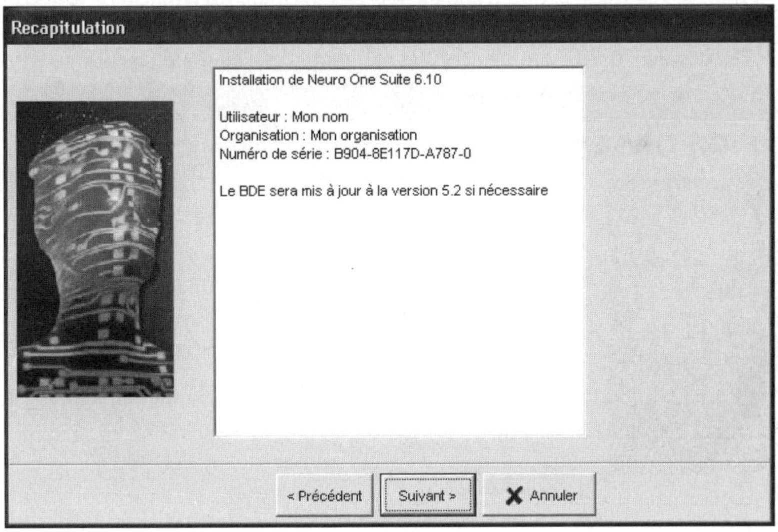

Figure A-8

Cette fenêtre présente un résumé de vos demandes. Si vous êtes satisfait, cliquez sur Suivant. Sinon, revenez en arrière en cliquant sur Précédent, corrigez l'erreur, et revenez en cliquant autant que nécessaire sur Suivant.

Le processus d'installation est alors engagé et se poursuit.

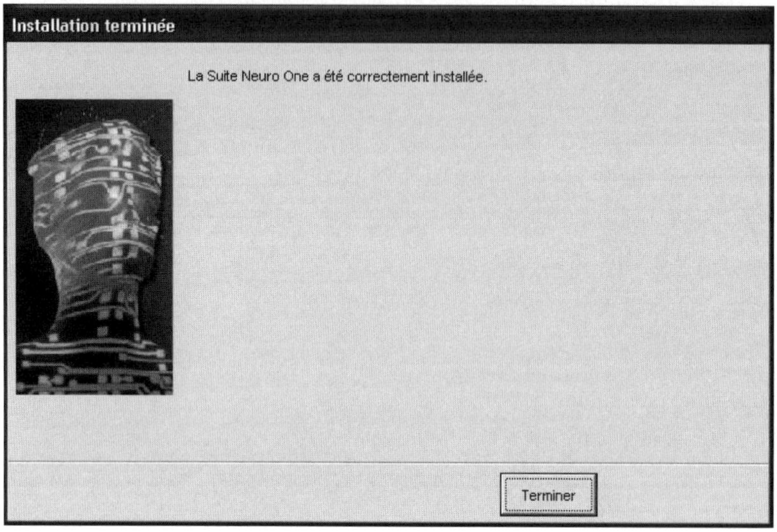

Figure A-9

Cliquez alors sur Terminer.

En cas de problème lors de l'installation, ou dès le premier démarrage de Neuro One, reportez-vous au site web de NETRAL *www.netral.com/index-fr.html*, à la page support technique.

Présentation des exemples

Exemple 1

Voici un exemple académique, avec une entrée et une sortie :

Une entrée X varie de –1 à +1.

Une sortie Y et une sortie Yb bruitées sont disponibles.

Le modèle cherche à retrouver Y en utilisant les données X et Yb.

Les modèles présentés comportent 0, 1, 2, 3, 5 et 10 neurones cachés.

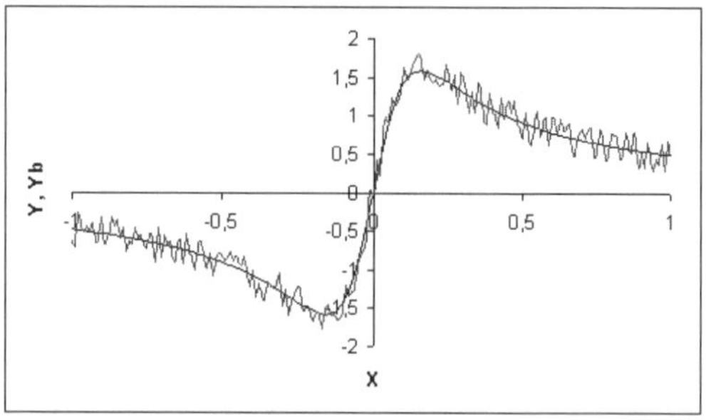

Figure A-10

Exemple 2

Il s'agit de la construction d'un modèle du LogP de molécules chimiques en fonction de quelques descripteurs de la molécule.

Cet exemple est tiré de la publication :

Toward a Principled Methodology for Neural Network Design and Performance Evaluation in QSAR. Application to the Prediction of LogP. A. F. Duprat, T. Huynh et G. Dreyfus. J. Chem. Inf. Comput. Sci. 1998, 38, 586-594.

Elle est utilisée ici avec l'aimable autorisation de A. F. Duprat.

Les entrées sont des caractéristiques des molécules qui sont au nombre de 7. La sortie représente le LogP.

Les modèles présentés comportent 2, 4, 6 et 7 neurones cachés.

Exemple 3

Cet exemple modélise la température de liquidus de verres binaires Lithium/Silicium.

L'entrée est la fraction molaire de LiO2. La sortie est la température de liquidus.

Les modèles présentés comportent 2, 4, 5 et 6 neurones cachés.

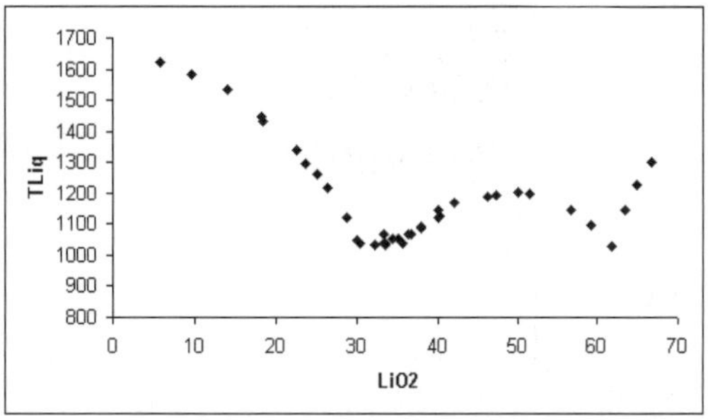

Figure A-11

Exemple 4

Cet exemple modélise la température de liquidus de verres ternaires Aluminium/Potassium/Silicium.

Les entrées sont les fractions molaires de Al2O3 et K2O. La sortie est la température de liquidus.

Les modèles présentés comportent 2, 4, 6, 8 et 10 neurones cachés.

Exemple 5

Cet exemple modélise la température de liquidus de verres quaternaires Sodium/Calcium/Aluminium/Silicium.

Les entrées sont les fractions molaires de CaO, Na2O, Al2O3. La sortie est la température de liquidus.

Les modèles présentés comportent 2, 4, 6, 8 et 10 neurones cachés.

Installation des exemples

Les exemples fournis peuvent être copiés dans un répertoire quelconque de votre machine, en respectant les termes de la licence rappelée à la fin de cette annexe à la section Licence. Pour effectuer l'installation, copiez le répertoire ncode, avec la totalité de son contenu et ses sous-répertoires sur votre machine.

Attention

Le répertoire ncode du CD-Rom doit être entièrement copié, avec son arborescence, sous peine de dysfonctionnements des compilations. Certaines inclusions de fichiers, nécessaires lors de la compilation, ont des adresses relatives. L'arborescence doit donc être conservée.

Compiler le code source

Pour chaque projet, il existe deux fichiers nommés `makefileuse` et `makefiletrain`. Ces fichiers sont des fichiers Makefile destinés à la compilation des deux applications disponibles, dont les fichiers principaux sont : `xxxmainuse.c`[1] et `xxxmaintrain.c`[1].

La compilation pourra être différente en fonction du compilateur C que vous utilisez. Si le compilateur GCC est disponible sur votre machine, le nom de la commande `make` est : `mingw32-make`.

Placez-vous dans le répertoire où sont situées les sources.

Pour compiler l'application d'utilisation, lancez la commande :

```
mingw32-make –f makefileuse
```

L'exécutable créé porte le nom de `xxxuse.exe1`.

Pour compiler l'application d'apprentissage, lancez la commande :

```
mingw32-make –f makefiletrain
```

L'exécutable créé porte le nom de `xxxtrain.exe1`.

Exécuter le code source

Les exécutables compilés peuvent être produits. Chacun nécessite un fichier de description nommé `ndesc.txt`. Lisez attentivement le fichier d'aide concernant les fichiers : `lisezmoidesc.txt`, dans le répertoire `doc`.

Ces fichiers permettent d'indiquer au programme comment lire les données, insérer les résultats ou ce qu'il faut calculer. Pour chaque exemple, un fichier de description a été proposé dans le répertoire des sources. Un exemple de lancement d'un programme d'apprentissage est donné ci-après :

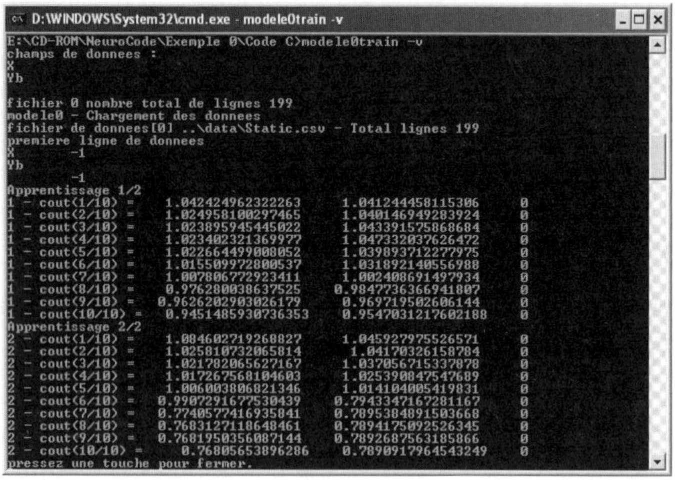

Figure A-12

1. Les mentions « xxx » sont remplacées par le nom du modèle Neuro One qui est à l'origine du code.

L'option -v permet un affichage détaillé. L'analyse du fichier de description donne deux champs de données : X et Yb. Le nombre total de lignes s'élève à 199 dans le fichier « ..\data\static.csv ». Il y a deux apprentissages, chacun contenant 10 époques.

Pour chaque époque, les deux valeurs affichées sont respectivement l'écart-type d'apprentissage, et l'écart-type de généralisation obtenu par la méthode du Leave-One Out virtuel. Le dernier chiffre entier est le nombre de secondes écoulé depuis le début de l'apprentissage.

Vous pouvez consulter les fichiers créés dans le répertoire de résultat pour obtenir tous les détails de l'apprentissage :
- les fichiers « xxxhistoryy.txt »[1,2] retracent l'histoire de l'apprentissage ;
- les fichiers « xxxresy.txt »[1,2] donnent les coûts d'apprentissage et de généralisation, les poids et la matrice de dispersion ;
- le fichier « xxxweights.txt »[1,2] donne les poids et la matrice de dispersion de l'apprentissage qui présente le coût d'apprentissage le plus faible.

Le lancement du programme d'utilisation donne une fenêtre qui ressemble à la fenêtre suivante.

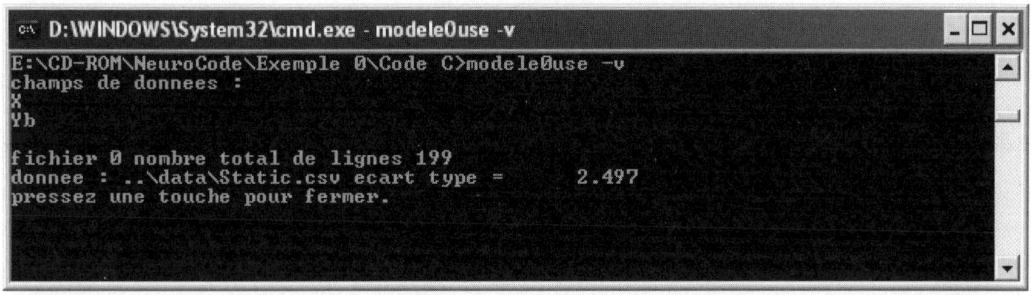

Figure A-13

Les fichiers de description et de données sont analysés. Les champs X et Yb sont trouvés. Le modèle est appliqué à toutes les données lisibles et complètes du fichier de données, et l'écart-type obtenu est affiché.

Vous pouvez consulter les fichiers créés dans le répertoire de résultat :
- les fichiers « xxxusehisty.txt »[1,2] retracent l'historique de l'utilisation ;
- les fichiers « xxxusey.csv »[1,2] donnent, pour chaque ligne du fichier de données, le résultat de l'application du modèle neuronal aux données présentées.

Exécuter le code source Visual Basic

Pour les exemples proposés, un code Visual Basic est également fourni.

Pour compiler et exécuter ce code, il faut effectuer les opérations suivantes :
- ouvrir Excel, et l'éditeur Visual Basic d'Excel ;
- ouvrir un nouveau module ;
- copier le contenu du fichier « xxx.bas »[1] dans le code du nouveau module ;
- compiler la macro ;

2. Les mentions y sont remplacées par une valeur entière représentant le numéro de l'apprentissage ou de l'utilisation.

- retourner à Excel.

La macro xxx[1] est alors disponible, sous forme de fonction Excel.

Visualiser les modèles

Pour chacun des exemples, le modèle est fourni sous forme de fichier `xxx.nml`[1]. Ces fichiers utilisent le langage XML, avec le fichier de schéma sur le site *www.netral.com/public/xml/xsd/model.xsd.*

Ces fichiers sont prévus pour être visualisés par un navigateur Internet sous forme de dessin SVG, en utilisant le fichier de transformation XSLT `neuronnethtm.xsl`, téléchargé depuis le site de NETRAL.

Si votre navigateur est capable de lire les fichiers d'images SVG, ouvrez le fichier de modèle NML, et vous obtiendrez le dessin du réseau de neurones du modèle. Sur ce dessin, les traits noirs représentent les synapses normales, susceptibles d'apprentissage. Les traits rouges représentent des synapses fixes, invariables pendant l'apprentissage. Ces synapses assurent la normalisation et le centrage des données, de façon à ce que le réseau de neurones puisse voir des données correctement calibrées.

La librairie NDK (Neuro Developer Kit)

La librairie NDK est disponible en quatre niveaux de licences :

- niveau 0, `MonaEx70_0.dll` : réseaux de neurones pour régression et classification, réseaux de Kohonen, création de modèles neuronaux, chargement de données, apprentissage ;
- niveau 1, `MonaEx70_1.dll` : niveau 1 plus sauvegarde et chargement des résultats ;
- niveau 2, `MonaEx70_2.dll` : niveau 2 plus leviers, intervalles de confiance, analyse de données, analyse de réseaux, mode inverse, information détaillée, apprentissages multiples, calculs des gradients et hessiens directs et par différences finies ;
- niveau 3, `MonaEx70.dll` : niveau 2 plus modélisation de processus dynamiques, modification quelconque de modèles, modèles de connaissance, modèles compilés, génération de code.

Une version spéciale de ndk est capable de traiter les graph machines (modélisation structurée et modèles multiples à paramètres partagés).

Ce CD-Rom propose la librairie `MonaEx70_0.dll` de niveau 0. Cette librairie est gratuite et son utilisation ne peut en aucun cas engager la responsabilité de NETRAL. La documentation de la librairie `MonaEx70` peut être consultée dans le fichier `MonaEx70.chm`.

Programme de démonstration de la librairie

La librairie NDK est fournie avec un programme de démonstration écrit en Python. Ce programme a été développé et testé avec Python 2.4. Il nécessite la présence des modules Pylab et Numeric.

Pour le lancer, ouvrez une invite de commande sous Windows. Placez-vous dans le répertoire ou se trouve le NDK, et lancez la commande :

```
python.exe demo.py
```

Ce programme crée un modèle neuronal à une entrée, une sortie et deux neurones cachés, charge un jeu de données, lance un apprentissage, et affiche le résultat.

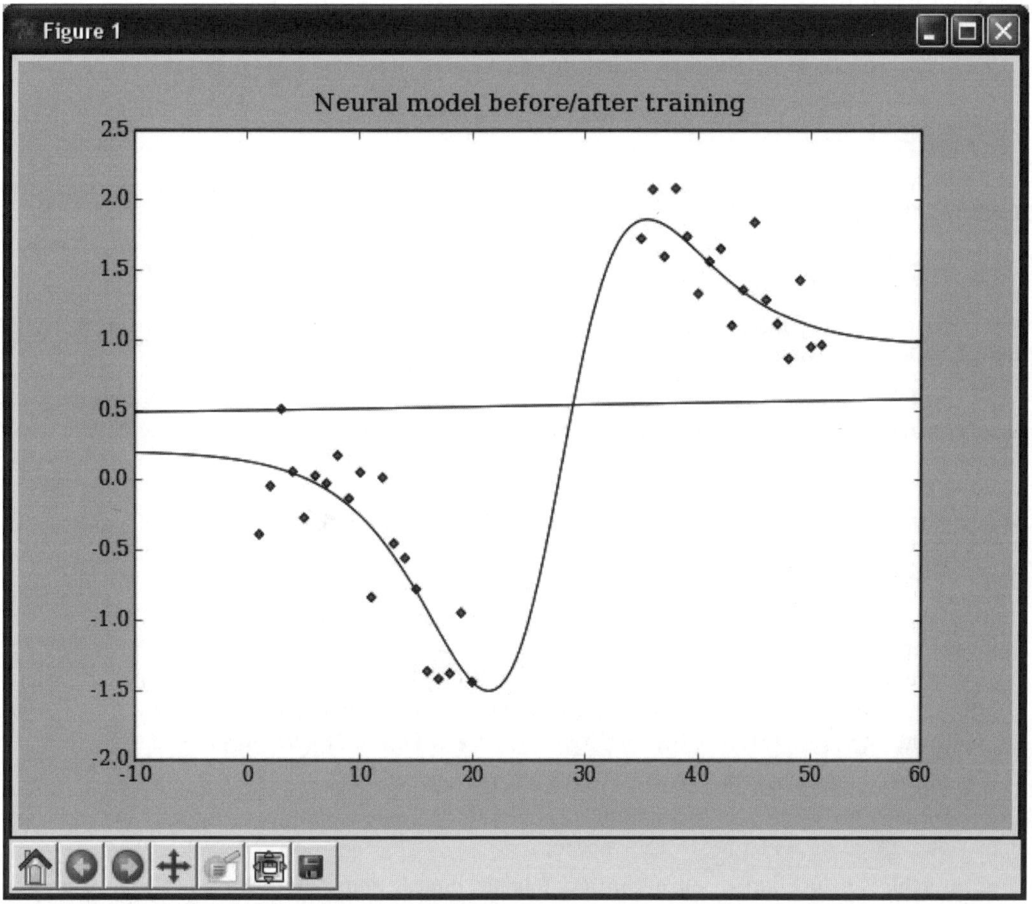

Figure A-14

Les points rouges représentent les exemples présentés, et les deux courbes pleines, la réponse du modèle neuronal avant et après apprentissage.

Les compilateurs C

La compilation des exemples fournis nécessite la présence d'un compilateur C. Les utilisateurs de Windows trouveront ici deux exemples de compilateurs gratuits :

- GCC, disponible sous licence GNU, dans le répertoire `gcc` ;
- Turbo C, mis à disposition par Borland, sur le site *http://community.borland.com/museum.*

Pour l'installation d'un compilateur C, il est recommandé de disposer des droits d'administrateur. Pour installer GCC, cliquez sur `MinGW-2.0.0-3-gnuwin.exe` dans le répertoire `gcc`. Vous pouvez également cliquer sur Installer GCC dans la page d'accueil, puis sur Ouvrir.

À la fin de l'installation du compilateur, assurez-vous que celui-ci peut être appelé depuis tous les répertoires de votre machine. Pour cela, il peut être nécessaire de modifier la variable d'environnement `PATH` de votre machine en y incluant le chemin du binaire du compilateur.

Licence

La licence de Neuro One est lisible pendant l'installation du logiciel, et doit être acceptée avant l'installation complète de celui-ci. Les codes source fournis en langage C relèvent de la licence suivante.

Les présents codes source générés par le progiciel NEURO CODE sont fournis à titre gracieux par la société NETRAL. Ces codes sont protégés tant par les dispositions nationales qu'internationales en matière de droits de la propriété intellectuelle, dont les droits sont détenus, à titre exclusif, par la société NETRAL.

L'utilisation et la modification de ces codes source sont soumises à un contrat de licence d'utilisation.

Ces codes sont utilisés sous la responsabilité pleine et entière de l'utilisateur. La société NETRAL ne saurait en aucun cas être tenue pour responsable des résultats de cette utilisation, tant sur les machines qui les utilisent que sur les données incluses dans ces machines.

La modification ou la copie même partielle de ce code, est strictement interdite, à l'exception des parties de commentaire et des fichiers de description. L'utilisateur possesseur du CD-Rom est autorisé à faire une unique copie de ce code à des fins de compilation. Toute autre copie de ce code est strictement interdite.

L'utilisation de ce code à des fins commerciales est strictement interdite. On entend, par fin commerciale, toute cession à titre onéreux du code lui-même, ou toute cession, à titre onéreux ou à titre gratuit, des résultats obtenus par l'utilisation de ce code une fois compilé.

TOUTE EXTENSION DU DROIT D'UTILISATION NON PRÉVUE DANS CE CONTRAT DE LICENCE EST INTERDITE ET SERA CONSTITUTIVE D'UN ACTE DE CONTREFAÇON.

La contrefaçon est un délit pénal, puni de 2 ans d'emprisonnement et de 150 000 € d'amende.

Le fait de copier le code en vue de sa compilation ou de le compiler sans le copier signifie que vous avez donné votre accord sur les termes de cette licence.

Pour les fichiers principaux des programmes fournis, dont le nom se termine par « maintrain » et « mainuse », avec les extensions « .h » et « .c », et pour ceux-là seulement, la modification des codes est autorisée.

Index

D

E

F

G

H

I

W

X

Dans le cadre de sa politique de développement durable,
Jouve initie en 2007 une démarche visant à la certification ISO 14001.
Cet ouvrage est imprimé sur papiers Amber Graphic des papeteries Arctic Paper pour l'intérieur et Ensocoat des papeteries Stora Enso pour la couverture. Ces papiers sont fabriqués sur des sites papetiers certifiés ISO 14001 et enregistrés EMAS à partir de fibres d'origine de forêts gérées de manière durable.

Mise en page : FGCompo
Dépôt légal : Septembre 2008
N° d'éditeur : 7815
Imprimé en France

JOUVE, 11, bd de Sébastopol, 75001 PARIS
N° 466299F